D1150043

Langenscheidt
Universal-Wörterbuch Türkisch

Türkisch – Deutsch
Deutsch – Türkisch

Herausgegeben von der
Langenscheidt-Redaktion

Langenscheidt

Berlin · München · Wien · Zürich
London · Madrid · New York · Warschau

Neubearbeitung von Ingrid Lenz-Aktaş
Bearbeitung der zugrunde liegenden Fassung: Tevfik Turan
Muttersprachliche Durchsicht: Gül Tokoğlu
Projektleitung: Eveline Ohneis-Borzacchiello
Neue deutsche Rechtschreibung nach den gültigen amtlichen Regeln und DUDEN-Empfehlungen

Ergänzende Hinweise, für die wir jederzeit dankbar sind, bitten wir zu richten an:
Langenscheidt Verlag, Postfach 40 11 20, 80711 München
redaktion.wb@langenscheidt.de

Typografisches Konzept nach: KOCHAN & PARTNER GmbH, München
Satz: Claudia Wild, Stuttgart
Druck: CS-Druck CornelsenStürtz GmbH, Berlin
Printed in Germany
ISBN 978-3-468-18375-1

11030

Inhalt | İçindekiler

Hinweise für die Benutzer

Die Tilde (~) ersetzt das Stichwort in den Beispielen und idiomatischen Ausdrücken, z. B.:

aufgelegt **gut** ~ *fig* keyfi yerinde = **gut aufgelegt** *fig* keyfi yerinde
abuk: ~ **sabuk** unüberlegt = **abuk sabuk** unüberlegt

Das grammatische Geschlecht der deutschen Substantive ist immer angegeben:
M, *m* (= männlich, Artikel „der")
F, *f*, (= weiblich, Artikel „die")
N, *n* (= sächlich, Artikel „das").

Der deutsch-türkische Teil enthält auch die Pluralendungen der Substantive mit Ausnahme der auf **-chen** (-), auf **-in**, **ion**, **-tät**, **-ung** (sämtlich *-en*) und **-mus** (*-men*) ausgehenden.

Die Rektion der Verben und Substantive wird weitgehend berücksichtigt. Abkürzungen wie *akk*, *dat* usw. gelten bei übereinstimmenden Kasus für beide Sprachen.

Im türkisch-deutschen Teil werden bei den einsilbigen Verbstämmen die Aoristvokale angegeben (also *-ar*/*-er*; *-ir*/*-ır*/*-ür*/*-ur*). Bei den Nomen wird auf Lautveränderungen, die durch das Hinzutreten von Endungen erfolgen (z. B. **normal**, *-li*; **boyun**, *-ynu*; **bucak**, *-ğı*) hingewiesen. Die Erweichung *k* → *ğ* bei der Endung *-lik*/*-lık*/*-lük*/*luk* wird nicht angegeben.

Bei Berufs-, Tätigkeits-, Herkunftsbezeichnungen etc. wird in der deutschen Übersetzung zur männlichen Form die weibliche in Klammern angegeben: **öğrenci** Schüler(in) *m(f)*; Student(in) *m(f)*. Bei vom Adjektiv abgeleiteten Substantiven wird die männliche Endung eingeklammert und der Artikel nicht angegeben: **ihtiyar** Alte(r).

Sözlüğün Kullanımı

Tekrar işareti (~), örnek ve deyimlerde madde başı kelimenin yerini tutar, örneğin:

> **aufgelegt** **gut ~** *fig* keyfi yerinde = **gut aufgelegt** *fig* keyfi yerinde
> **abuk**: **~ sabuk** unüberlegt = **abuk sabuk** unüberlegt

Almanca isimlerinin cinsi her defasında şöyle belirtilmiştir:
M, *m* (= eril, tanım edatı „der")
F, *f* (= dişil, tanım edatı „die")
N, *n* (= cinssiz, tanım edatı „das").

Almanca-Türkçe kısmı, **-chen** (-), **-in**, **-ion**, **-tät**, **-ung** (*-en*) ve **-mus** (*-men*) ile biten isimler hariç isimlerde çoğul eklerini de içermektedir.

Fiillerin ve isimlerin halleri mümkün olduğu kadar gösterilmiştir. *akk*, *dat* gibi kısaltmalar, iki dildeki haller örtüşüyorsa, hem Almanca, hem Türkçe için geçerlidir.

Türkçe-Almanca kısmında, tek heceli fiil köklerinde geniş zaman ünlüsü (yani *-ar/-er; -ir/-ır/-ür/-ur*) ve ısım türünden kelimelerde takıların eklenmesi nedeniyle olan ses değişmeleri gösterilmiştir (örneğin **normal**, *-li*; **boyun**, *-ynu*; **bucak**, *-ğı*). *-lik/-lık/-lük/luk* ekindeki *k* → *ğ* yumuşaması beliritilmemiştir.

Meslek, faaliyet, vatandaşlık vs. terimlerinin Almanca karsılığı eril şeklinde verilmiş, dişil biçiminin aldığı ek ve tanım edatı parantez içinde gösterilmıştır: **öğrenci** Schüler(in) *m(f)*; Student(in) *m(f)*. Sifattan türeme isimlerde eril eki parantez içine alınmış, tanım edatı belirtilmemiştir: **ihtiyar** Alte(r).

Zur Aussprache des Türkischen

Vokale

Die türkischen Vokale a, e, i, o, ö, u, ü klingen wie die entsprechenden Laute im Deutschen; sie werden im Allgemeinen kurz oder halblang ausgesprochen, jedoch gibt es noch eine Reihe Fremdwörter meist arabischer Herkunft mit langen Vokalen. Das Türkische kennt außer dem İ/i (mit Punkt) noch ein I/ı (ohne Punkt). Dieses ı klingt dumpf, etwa wie das e in „Bulle", z. B. **kırmızı** (rot).

a wie B**a**ch
e wie **E**cke
i wie b**i**n
o wie d**o**ch
ö wie k**ö**nnen
u wie **u**nten
ü wie d**ü**nn

Konsonanten

Von den Konsonanten klingen b, d, f, m, n, p, t ähnlich wie im Deutschen. Zu beachten ist die Aussprache folgender Konsonanten:

c **dsch** wie in englisch **g**entleman.

ç **tsch** wie in deu**tsch**.

g meist wie das deutsche **g**, vor â (→ unten) jedoch erweicht und etwa wie **gj** gesprochen; z. B. **ikametgâh** (Wohnsitz).

ğ (yumuşak g)

1. nach dumpfen Vokalen nicht hörbar; längt lediglich den davorstehenden dumpfen Vokal;
2. nach hellen Vokalen etwa wie das deutsche **i**;
3. zwischen Vokalen in der Aussprache kaum hörbar.

h wie das deutsche **h** mit Neigung nach **ch**; in der Umgebung von dumpfen Vokalen klingt es etwa wie das **ch** in deutsch au**ch**: a**h**bap (guter Bekannter),
in der Umgebung von hellen Vokalen wie **ch** in deutsch i**ch**: tari**h** (Datum).
Es steht aber niemals als Dehnungs-h; a**h**bap, i**h**san werden also etwa wie a**ch**bap, i**ch**san gesprochen.

j wie das französische **j** in **j**ournal.

k
1. in Wörtern mit dumpfen Vokalen etwa wie das deutsche **k**: **k**um (Sand), **k**urt (Wolf);
2. in Wörtern mit hellen Vokalen wird es erweicht und klingt etwa wie **kj**, wobei das nachklingende **j** nur schwach zu hören ist; z. B. **k**öy (Dorf), ma**k**ine (Maschine), e**k** (Anhang, Endung).

l
1. in Wörtern mit hellen Vokalen wie das deutsche **l**;
2. in Wörtern mit dumpfen Vokalen immer dunkel wie das englische **l** in a**ll**, fu**ll**.

r ist meist Zungenspitzen-**r**, das im Auslaut (am Wortende) seinen Stimmton verliert, d. h. es entwickelt sich ein deutliches Reibungsgeräusch.

s ist immer stimmlos wie **ß** in Ma**ß**, wei**ß**.

ş **sch.**

v **w.**

y wie das deutsche **j** in **J**agd, **j**etzt.

z ist immer stimmhaft, also wie **s** in Ha**s**e, Ro**s**e.

Die am Ende eines Wortes befindlichen harten Konsonanten p, t, ç, k werden meist zu b, d, c und g bzw. ğ erweicht, wenn das Wort eine vokalisch anlautende Endung bekommt; z. B. **çorap** (Strumpf) → **çorabım** „mein Strumpf", **dert** (Kummer) → **derdimiz** „unser Kummer", **ağaç** (Baum) → **ağaca** „an den Baum", **renk** (Farbe) → **rengi** „seine/ihre Farbe", **gök** (Himmel) → **göğe** „zum Himmel".

Zirkumflex und Apostroph

Der Zirkumflex (ˆ) (düzeltme işareti) bezeichnet die gleichzeitige Erweichung der vorangegangenen Konsonanten **g** und **k** bei Dehnung des Vokals (hauptsächlich **a**), z. B. **ikametgâh** (Wohnsitz), **kâtip** (Sekretär).

Außerdem dient der Zirkumflex der Unterscheidung gleich geschriebener Wörter, z. B. **alem** (Fahne) – **âlem** (Weltall).

Die Verwendung des Zirkumflex in diesem Wörterbuch orientiert sich an den aktuellen Richtlinien der Türk Dil Kurumu (TDK, Türkische Sprachgesellschaft).

Der Apostroph (') (kesme işareti) bezeichnet die Grundform eines Eigennamens vor den Flexionsendungen, z. B. Almanya'**da** (in Deutschland), Ankara'**ya** (nach Ankara).

Er wird bei Buchstaben, Zahlen und Abkürzungen gebraucht, wenn diese Endungen bekommen, z. B. a'**dan** z'**ye** (von A bis Z), saat 9'**da** (um neun Uhr), KDV'**siz** (ohne MwSt.).

Betonung

Der Ton liegt gewöhnlich auf der letzten Silbe; wichtige Ausnahmen von dieser Regel sind:

1. Der Ton liegt stets auf der letzten Silbe vor der Frage- und Verneinungspartikel mı, mi, mu, mü, ma, me: geldi mi? yapma!
2. Das Suffix **-le** (von ile (mit)) ist niemals betont: bisikletle (mit dem Fahrrad).
3. Suffixe, die die Zeit des Verbs bestimmen, sind betont: yapacağız, gidersin usw. (Ausnahme: geziyorum).

Almanca'nın Söylenişi

Ünlüler ve Bileşik Ünlüler

Ünlüler, Almancada kısa veya uzun söylenir. Ünlünün kısa söylenişi bazan ondan sonra gelen ünsüzün ikilenmesi ile işaretlenir, ünlünün uzun söylenişi ise kendisinin ikilenmesi veya okunmayan uzatma harfi (h) ile gösterilir. Çoğu zaman ünlülerin kısa veya uzun söylenişi belirlenmez. (') işareti, vurguyu göstermektedir.

a	ganz	(gants)	bütün
	Halle	(hálı)	salon, hal
	sagen	(záagın)	söylemek, demek
	Waage	(váagı)	terazi, kantar
	Fahrt	(faart)	gidiş, yolculuk

e Türkçedekinden daha dar (yani i'ye yakın) bir sestir. Uzun hali kimi kelimelerde **ee** şeklinde gösterilir.

e	**E**nde	(éndı)	son, bitiş
	Ebbe	(ébı)	cezir, inme
	eben	(éebın)	düz
	T**ee**	(tee)	çay
	Ehre	(éerı)	şeref

Uzun okunan **i** çift yazılmaz, bazan sonra gelen **e** veya **h** ile gösterilir.

i	b**i**lden	(bíldın)	teşkil etmek
	b**i**llig	(bílih, bílik)	ucuz
	Ol**i**ve	(olívı)	zeytin
	B**ie**r	(biir)	bira
	ihn	(iin)	onu (eril)

Uzun söylenen **o** bazı kelimelerde çift yazılır.

o	**O**rden	(órdın)	nişan, madalya
	k**o**mmen	(kómın)	gelmek
	h**o**len	(hóolın)	alıp getirmek
	M**oo**r	(moor)	bataklık, turba
	h**o**hl	(hool)	oyuk

Uzun okunan **u** çift yazılmaz.

u	H**u**nd	(hunt)	köpek
	kn**u**rren	(knúrın)	hırlamak
	g**u**t	(guut)	iyi
	St**u**hl	(ştuul)	sandalye

Y harfi yalnız yabancı kelimelerde bulunur ve **ü** gibi okunur.

y	Physik	(füzík)	fizik
	Psychologie	(psühologí)	psikoloji

Kısa söylenen **ä/ae** Türkçedeki **e** gibi geniştir, uzun söylenen **ä/ae** ise çoğu zaman uzun **e** (**ee**) gibi söylenir.

ä/ae	g**ä**nzlich	(géntslih)	tamamen
	f**ä**llen	(félın) (ağaç)	kesmek
	M**ä**rchen	(mêrhen, méerhen)	masal
	Z**ä**hler	(tsêlır, tséelır)	sayaç

Uzun söylenen **ö** ve **ü** de çift yazılmaz.

ö/oe	B**ö**rse	(börzı)	borsa
	H**ö**lle	(hölı)	cehennem
	sch**ö**n	(şöön)	güzel
	H**ö**hle	(hööli)	in, mağara
ü/ue	B**ü**rger	(bürgır)	şehirli, vatandaş
	H**ü**lle	(hülı)	kılıf
	m**ü**de	(müüdı)	yorgun
	B**ü**hne	(büünı)	sahne

Bileşik ünlülerden özellikle şunlara dikkat edilmelidir:

ei/ey	m**ei**n	(mayn)	benim
eu	d**eu**tsch	(doyç)	Alman(ca)

Ünsüzler

Ünsüzlerden **b, d, f, m, n, p, r** ve **t** hemen hemen Türkçedekiler gibi söylenir.

c tek başına yalnız yabancı kelimelerde bulunur ve çoğu zaman **ts** gibi söylenir. Sonra gelen **h** ile birlikte hemen hemen Türkçedeki **h** gibi okunur: **ich** (ih) ben, Kra**ch** (krah) gürültü. **Chs** ünsüzler grubu **ks** gibi okunur: Bü**chs**e (bü**ks**ı) kutu. **Ck** iki **k** yerine yazılır.

g kelimenin sonunda **k** veya **h** gibi söylenir: Ta**g** (taa**k**) gün, farbi**g** (fárbi**k**, fárbi**h**) renkli. G'den önce gelen **n** genizden söylenir, yalnız kelimenin sonundaki **g, k** gibi söylenir: **g**in**g**en (**g**iñen) gittiler, fakat **g**in**g** (**g**iñ**k**) gitti.

h kelimenin veya hecenin başında Türkçedeki **h** gibi söylenir: **H**aar (**h**aar) saç, Ge**h**alt (gı**h**ált) aylık, maaş. Uzatma harfi olarak söylenmez: ge**h**t (g**ee**t) gidiyor, st**ehe**n (şt**ée**ın) ayakta durmak.

j Almanca kelimelerde y gibi, yabancı kelimelerde **j** gibi söylenir: **J**ahr (yaar) yıl, **J**ournalist (jurnalist) gazeteci.

k daima Türkçedeki kalın ünlülerin yanındaki **k** gibi söylenir: **K**ampf (**k**ampf) kavga.

l daima Türkçedeki ince ünlülerin yanındaki **l** gibi söylenir: **L**ampe (**l**ámpı) lamba, **L**ager (**l**agır) depo.

ph = **f**: **Ph**ysik (**f**üsik) fizik.

q daima u ile birlikte **kv** gibi söylenir: **Qu**elle (**kv**élı) kaynak.

s kelime veya hecenin başında bir ünlüden önce **z** gibi söylenir: **S**ahne (**z**áanı) kaymak, be**s**itzen (bı**z**ıtsın) sahip olmak.

sch = **ş**: **Sch**ule (**ş**úulı) okul.
sp ve **st** kelime veya hecenin başında **şp** ve **şt** gibi söylenir: **Sp**atz (**şp**ats) serçe, ge**sp**rochen (gı**şp**róhın) konuş(ul)muş, **St**ein (**şt**ayn) taş, ge**st**ehen (**gışt**éeın) itiraf etmek.
sz/ß s gibi söylenir, belli durumlarda **ss** biçiminde yazılır.
v Almanca kelimelerde **f** gibi, yabancı kelimelerde **v** gibi söylenir: **v**oll (**f**ol) dolu, **V**ase (**v**áazı) vazo.
w = **v**: **W**agen (**v**áagın) araba.
x = **ks**: A**x**t (a**ks**t) balta.
z = **ts**: **Z**eitung (**ts**áytuñ) gazete.

Vurgu

Vurgu genellikle kök hecededir: **ge**ben (vermek), geschr**ie**ben (yaz(ıl)mış). Ayrılabilen fiillerde vurgu ayrılan önektedir: **über**setzen (er setzt **über**) (gemiyle geçmek), fakat über**set**zen (er über**setzt**) (tercüme etmek), ver**wan**deln (er ver**wan**delte) (değiştirmek).
Bileşik kelimelerde vurgu tamlayan kelimededir:
Sicherheitsgurt (emniyet kemeri).

Das türkische Alphabet

A a   B b   C c   Ç ç   D d   E e   F f   G g

Ğ ğ   H h   I ı   İ i   J j   K k   L l   M m

N n   O o   Ö ö   P p   R r   S s   Ş ş   T t

U u   Ü ü   V v   Y y   Z Z

Almanca Alfabe

A a   Ä ä   B b   C c   D d   E e   F f   G g

H h   I i   J j   K k   L l   M m   N n   O o

Ö ö   P p   Q q   R r   S s   (ß ss)   T t   U u

Ü ü   V v   W w   X x   Y y   Z z

Abkürzungen | Kısaltmalar

a.	auch	dahi
ADJ	Adjektiv, adjektivisch	sıfat
ADV	Adverb, adverbial	zarf
AGR	Landwirtschaft	ziraat, tarım
akk	Akkusativ	ismin -i hali, belirtme durumu
ANAT	Anatomie	anatomi
ARCH	Architektur	mimarlık
ASTRON	Astronomie	astronomi
AUTO	Auto	otomobil(cilik)
BAHN	Eisenbahn	demiryolu
b.	biri	ein(er), eine, ein(s)
b-e	birine	einem, einer (*dat*)
bes	besonders	özellikle
BEST ART	bestimmter Artikel	belirli tanım edatı
BERGB	Bergbau	madencilik
b-i	birini	einen, eine, ein(s) (*akk*)
b-in	birinin	eines, einer (*gen*)
BOT	Botanik	botanik
b.ş-e	bir şeye	etwas, e-r Sache (*dat*)
b.ş-i	bir şeyi	etwas (*akk*)
b.ş-in	bir şeyin	e-r Sache (*gen*)
CHEM	Chemie	kimya
dat	Dativ	ismin -e hali, yönelme durumu
-de hali	ismin	Lokativ
DEM PR	Demonstrativpronomen	işaret zamiri
-den	ismin -den hali	Ablativ

-e	ismin -e hali	Dativ
e-e	eine	bir, bir -i (*dişil*)
ELEK	Elektrotechnik, Elektrizität	elektroteknik, elektrik
e-m	einem	birine, bir -e
e-n	einen	birini, bir -i
e-r	einer	birinin, bir -in, birine, bir -e (*dişil*)
e-s	eines	birinin, bir -in
etm.	etmek	machen (*als Hilfsverb*)
etw	etwas (*nom, dat, akk*)	bir şey(i), bir şeye
F, *f*	Femininum	dişil
fig	figurativ	mecazî
FIN	Finanzen	maliye, finans
FLUG	Luftfahrt	havacılık
FOTO	Fotografie	fotoğrafçılık
gen	Genitiv	ismin -in hali, tamlayan durumu
GEOG	Geografie	coğrafya
GRAM	Grammatik	gramer, dilbilgisi
hist	historisch	tarihî
-i	ismin -i hali	Akkusativ
INDEF PR	Indefinitpronomen	belirsizlik zamiri
in	ismin -in hali, tamlayan durumu	Genitiv
inf	Infinitiv	mastar
INT	Interjektion	ünlem
INT PR	Interrogativpronomen	soru zamiri
iron	ironisch	alay yollu
IT	Informatik	informatik, bilişim
j-d	jemand	biri

j-m	jemandem	birine
j-n	jemanden	birini
j-s	jemandes	birinin
JUR	Rechtswesen	hukuk
KONJ	Konjunktion	bağlaç
liter	literarisch	edebî
M, *m*	Maskulinum	eril
SCHIFF	Schifffahrt	denizcilik
MATH	Mathematik	matematik
MED	Medizin	tıp
MIL	Militär	askeri
MUS	Musik	müzik
nom	Nominativ	ismin yalın hali, yalın durum
N, *n*	Neutrum	cinssiz
od	oder	veya
olm.	olmak	sein, werden
pers	Personen betreffend, persönlich	bir şahısla ilgili
PERS PR	Personalpronomen	şahıs zamiri
PHYS	Physik	fizik
PL	Plural	çoğul
POL	Politik	politika
POSS PR	Possessivpronomen	iyelik zamiri
PRÄP	Präposition	edat, ilgeç
PRON	Pronomen	zamir
®	eingetragene Marke	tescilli marka
RADIO	Rundfunk	radyo
REFL PR	Reflexivpronomen	dönüşlü zamir
REL	Religion	din

REL PR	Relativpronomen	nispî zamir
S	Substantiv	isim
SG	Singular	tekil
SPORT	Sport	spor
TECH	Technik	teknikle ilgili
TEL	Telekommunikation	telekomünikasyon
THEAT	Theater	tiyatro
türk.	türkisch(e, -er, -es)	Türk
TV	Fernsehen	televizyon
u.	und	ve
umg	umgangssprachlich	konuşma dili
UNBEST ART	unbestimmter Artikel	belirsiz tanım edatı
unpers	unpersönlich	gayrı şahsî
etc	und so weiter	ve saire
vb.	ve benzerleri	und Ähnliche(s)
V/I	intransitives Verb	geçişsiz fiil
V/R	reflexives Verb	dönüşlü fiil
V/T	transitives Verb	geçişli fiil
vgl.	vergleiche	karşılaştırınız
vs.	ve saire	und so weiter
vulg	vulgär	kaba
WIRTSCH	Wirtschaft	ekonomi, iktisat
z. B.	zum Beispiel	örneğin
ZOOL	Zoologie	zooloji

Türkisch – Deutsch

A

-a (-e, -ya, -ye; *Dativsuffix*) zu, nach *dat*, in *akk etc*
abajur S Lampenschirm *m*
abanmak V/T *-e* sich stützen auf *akk*
abartı S Übertreibung *f* **abartılı** ADJ übertrieben **abartmak** V/T *akk* übertreiben
abes ADJ absurd; unsinnig; **~ kaçmak** *fig* fehl am Platz sein; **~le iştigal olmak, ~le uğraşmak** *fig* sich in Kleinkram verlieren
abi → ağabey
abide S Denkmal *n*, Monument *n*
abla S (*a. Anrede*) ältere Schwester *f*
abone S Abonnement *n*; Abonnent(in) *m(f)*; **~ olmak** *-e* abonnieren, beziehen *akk*; *-in* **~liğinden vazgeçmek** abbestellen *akk* **abonman**: **~ bileti** Zeitkarte *f*
abuk: **~ sabuk** unüberlegt
abur: **~ cubur** alles durcheinander (*essen*)
acaba ADV ob wohl ...?, vielleicht?
acayip ADJ ⟨-bi⟩ sonderbar, merkwürdig, komisch
acele **A** S Eile *f*; **~ etmek** sich beeilen **B** ADJ eilig **aceleci** **A** ADJ aufgeregt, überstürzt, hektisch **B** S hektischer Mensch
acemi **A** ADJ unerfahren **B** S Anfänger(in) *m(f)* **acemilik** S Unerfahrenheit *f*
acente S WIRTSCH Agent(in) *m(f)*, Vertreter(in) *m(f)* **acentelik** S Agentur *f*, Vertretung *f*
acı **A** ADJ bitter; (*Essen*) scharf; (*Nachricht*) traurig **B** S Schmerz *m*; Kummer *m*; **~ çekmek** leiden, Schmerzen haben **acıklı** ADJ traurig; sentimental
acıkmak V/I Hunger bekommen; **acıktım** ich bin hungrig
acılaşmak V/I bitter werden
acımak V/I (*Wunde*) schmerzen; (*Gurke*) bitter werden; bedauern, bemitleiden (*b-e j-n*)
acımarul S BOT Chicorée *f od m*
acımasız ADJ erbarmungslos, gnadenlos
acınacak ADJ bedauernswert
acil ADJ eilig, dringend; Eil...; **~ durum** Notfall *m*; **~ çıkış**

Notausgang *m*; **~ servis** Notaufnahme *f*
âciz ADJ unfähig, hilflos; nicht in der Lage (zu)
aç ADJ hungrig; **~ karnına** auf nüchternen Magen
açacak S (*Flaschen etc*) Öffner *m*
açgözlü ADJ unersättlich, gierig
açı S MATH Winkel *m*; *fig* Gesichtspunkt *m*, Aspekt *m*
açık ‹-ğı› **A** ADJ offen, geöffnet; (*Himmel*) klar, heiter; (*Veranstaltung*) öffentlich; (*Farbe*) hell; **~ artırma** Versteigerung *f*, Auktion *f*; **~ çek** Blankoscheck *m*; **~ saçık** obszön; **~ seçik** deutlich; **açığa vurmak** *akk* verraten, enthüllen **B** S FIN Defizit *n* **açıkça** ADV offen, freimütig, unverhohlen
açıkgöz **A** ADJ schlau **B** S Schlaukopf *m*
açıkhava ADJ Freiluft..., Open-Air-...
açıklama S Erklärung *f* **açıklamak** V/T *j-m etw* erklären, bekannt geben
açıklık S Abstand *m*; Öffnung *f*; Aufrichtigkeit *f*
açıköğretim S Fernstudium *n*
açılış S Eröffnung *f* **açılmak** V/I aufgehen; sich öffnen (*-e* nach, zu *dat*)
açlık S Hunger *m*
açmak V/T ‹-ar› (er)öffnen, aufspannen, einschalten, aufdrehen, andrehen; **bavul ~** auspacken
ad S Name *m*; (*guter/schlechter*) Ruf *m*; GRAM Nomen *n*; **~ı geçen** erwähnt, genannt; **~ına** im Namen *gen*, im Auftrag von *dat*
ada S Insel *f*
adabalığı S ZOOL Schleie *f*
adaçayı S BOT Salbei *m*
adak S REL Gelübde *n*; REL Opfer *n*
adale S ANAT Muskel *m*
adalet S Gerechtigkeit *f*; Justiz *f* **adaletsiz** ADJ ungerecht
adalı S Inselbewohner(in) *m(f)*
adam S Mann *m*; Mensch *m*; **~ gibi** vernünftig, mit Hand und Fuß; **~dan saymak** (*j-n*) ernst nehmen
adamak V/T widmen; REL ein Gelübde ablegen (*-e* für), geloben
adamakıllı ADV ziemlich, recht; *umg* ganz schön, toll
adapte: **~ etmek** anpassen
adaptör S TECH Adapter *m*
adaş S Namensvetter *m*
adatavşanı S ZOOL Kaninchen *n*
aday S Kandidat(in) *m(f)*
adaylık S Kandidatur *f*
Âdem S Adam
âdemelması S ANAT Adamsapfel *m*
adet S ‹-di› Zahl *f*; Stück(zahl *f*) *n*; Exemplar *n*; **üç ~ elma** drei Äpfel
âdet S Sitte *f*, Gewohnheit *f*; MED Menstruation *f*

âdeta ADV fast; sozusagen, quasi
adım S Schritt *m*; *-e* **~ atmak** e-n Schritt tun, hineingehen in *akk*, zugehen auf *akk*
âdi ADJ gewöhnlich, normal; banal
âdil ADJ gerecht
adlandırmak V/T *-i* benennen *akk*, e-n Namen geben *dat* **adlı** ADJ namens *gen*
adlî ADJ Justiz..., Gerichts...
adliye S Justiz *f*, Rechtspflege *f*
adres S Adresse *f*; Anschrift *f*; **~ defteri** Adressbuch *n*
aerobik S SPORT Aerobic *n*
af S ⟨-ffı⟩ Verzeihung *f*; Amnestie *f*; **~ dilemek** um Verzeihung bitten; **(Uluslararası) Af Örgütü** Amnesty International
afacan S Bengel *m*, Schlingel *m*
aferin INT bravo!, sehr gut!
afet S Unglück *n*, Katastrophe *f* **afetzede** S Opfer *n*, Geschädigte(r) *m/f(m)*
affetmek V/T verzeihen, vergeben; **affedersiniz!** entschuldigen Sie!
afiş S Plakat *n*
afiyet S Gesundheit *f*; **~ olsun!** guten Appetit!
Afrika S Afrika *n*
afyon S Opium *n*
ağ S *a.* IT Netz *n*
ağa S Großgrundbesitzer *m*; (*volkstümliche Anrede*) Meister, Chef
ağabey S (*a. Anrede*) ältere(r) Bruder *m*
ağaç S ⟨-cı⟩ Baum *m*; Holz *n*
ağaççık S Strauch *m* **ağaçlandırmak** V/T *akk* aufforsten
ağaçlık S Wäldchen *n*
ağarmak V/I verbleichen; (*Morgen*) grauen **ağartmak** V/T bleichen, weiß machen
ağda S Enthaarungsmittel *n*
ağıl S Koppel *f*, Pferch *m*
ağır ADJ schwer; (*Lage*) schwierig; (*Mensch*) schwerfällig, langsam; **~ ~** allmählich
ağırbaşlı ADJ ernst, besonnen, seriös
ağırlamak V/T bewirten
ağırlaşmak V/I schwerer werden; (*Krankheit*) ernster werden **ağırlık** S Schwere *f*; Gewicht *n*; Langsamkeit *f*, Trägheit *f*
ağız S ⟨-ğzı⟩ Mund *m*, Maul *n*, Rachen *m*; (*Fluss, Straße*) Mündung *f*; Dialekt *m*, Mundart *f*
ağızlık S Zigarettenspitze *f*; Mundstück *n*
ağlamak V/I weinen (*-e od* **için** über *akk*) **ağlatmak** V/T zum Weinen bringen
ağrı S Schmerz *m*; Wehen *pl*; **~ dindirici, ~ kesici** schmerzstillend; **baş ~sı** Kopfschmerzen *m/pl*
Ağrı (Dağı) S GEOG Ararat *m*
ağrımak V/I schmerzen, wehtun **ağrısız** ADJ schmerzlos
ağtabaka S ANAT Netzhaut *f*

ağustos S (*Monat*) August *m*
ağustosböceği S ZOOL Zikade *f*, Grille *f*
ah INT ach!; oh!
aha! INT hier!, da!
ahbap S ‹-bı› gute(r) Bekannte(r) *m/f(m)*
ahçı → aşçı
ahenk S ‹-gi› MUS Harmonie *f*; Eintracht *f*
ahır S Stall *m*
ahiret S Jenseits *n*, Leben *n* nach dem Tode
ahize S Telefonhörer *m*
ahlâk S *pl* Sitten *pl*, Moral *f*; Charakter *m* **ahlâkî** ADJ moralisch, ethisch, sittlich **ahlâksız** ADJ unmoralisch; sittenlos; ungezogen
ahmak S ‹-ğı› Dummkopf *m*
ahşap ADJ ‹-bı› aus Holz, Holz...; hölzern
ahtapot S ZOOL Krake *f*, Oktopus *m*
ahu S ZOOL Gazelle *f*, Antilope *f*
ahududu S BOT Himbeere *f*
aidat S (Mitglieds-)Beitrag *m*
aile S Familie *f*; **~ boyu** Familienpackung *f* **ailevi** ADJ Familien...; häuslich
ait ADJ *-e* gehörig *dat*, betreffend *akk*
ajan S Agent(in) *m(f)*; Vertreter(in) *m(f)*
ajanda S Terminkalender *m*
ajans S Nachrichtenagentur *f*
ak ADJ weiß; *fig* rein
akademi S Akademie *f*
akarsu S fließende(s) Gewässer *n*; Perlenhalskette *f*
akaryakıt S flüssiger Brennstoff *m*
akasya S BOT Akazie *f*
akbaba S ZOOL Geier *m*
akciğer S ANAT Lunge *f*
Akdeniz S Mittelmeer *n*
akı S PHYS Fluss *m*, Strom *m*
akıcı ADJ flüssig
akıl S ‹-klı› Verstand *m*, Vernunft *f*; (*Sinn*) Geist *m*; **~ almaz** unglaublich; **aklı başına gelmek** wieder zur Vernunft kommen; *-in* **aklına gelmek** *j-m* in den Sinn kommen **akılcı** ADJ rational(istisch) **akıldışı** ADJ irrational **akıllı** ADJ vernünftig, klug; (*a.* IT) intelligent
akılsız ADJ unvernünftig, unklug
akım S *a.* ELEK Strom *m*; (geistige) Strömung *f* **akıntı** S Strömung *f* **akışkan** **A** S Flüssigkeit *f* **B** ADJ flüssig
akıtmak V/T fließen lassen; einträufeln
akis S ‹-ksi› Reflex *m*; Umkehrung *f*; **aksini söylemek** das Gegenteil sagen
aklî ADJ geistig; rational; Verstandes...
akmak V/I ‹-ar› fließen; durchlaufen, auslaufen
akordeon S Akkordeon *n*
akort S ‹-du› MUS Stimmen *n*; Harmonie *f*
akraba S Verwandte(r) *m/f(m)*; Verwandte *pl*

akrep S ⟨-bi⟩ ZOOL Skorpion *m*; (*Uhr*) Stundenzeiger *m*
aks S AUTO Achse *f*
aksak ADJ hinkend, lahm **aksaklık** S ⟨-ğı⟩ Defekt *m*; Hinken *n*, Lahmen *n*; *fig* Lücke *f*
aksamak V/I hinken, lahmen; (*Arbeit*) sich verzögern; (*Motor*) stottern
aksan S Akzent *m*; Betonung *f*
aksesuar S Zubehör *n*; Requisit *n*; (*Mode*) Accessoires *pl*
aksetmek V/I sich spiegeln; widerhallen **aksettirmek** V/T *akk* reflektieren; zur Kenntnis bringen (*-e j-m*)
aksırık S ⟨-ğı⟩ Niesen *n* **aksırmak** V/I niesen
aksi ADJ (*Richtung*) entgegengesetzt; (*Umstände*) widrig, unfreundlich; störrisch; **~ halde, ~ takdirde** sonst, ander(e)nfalls **aksilik** S Widrigkeit *f*; Hindernis *n*, *umg* Haken *m*; **bir ~ çıkmazsa** wenn nichts dazwischenkommt **aksine** ADV im Gegenteil
akşam S Abend *m*; **iyi ~lar!** guten Abend! **akşamları** ADV abends **akşamleyin** ADV abends **akşamüstü** ADV gegen Abend
aktarma S Umladen *n*; Umsteigen *n*; **~ yapmak** umsteigen **aktarmak** V/T umschütten; umladen; weitergeben, weiterleiten **aktarmalı** ADJ mit Umsteigen, Anschluss…
aktif ADJ aktiv
aktör S Schauspieler *m* **aktris** S Schauspielerin *f*
aktüel ADJ aktuell
akü(mülatör) S Akku(mulator *m*) *m*, (Auto-)Batterie *f*
akyuvar S MED weißes Blutkörperchen *n*
al ADJ rot
ala ADJ bunt, gefleckt
âlâ ADJ sehr gut, vorzüglich
alabalık S ⟨-ğı⟩ ZOOL Forelle *f*
alabildiğine ADJ & ADV nach Kräften; *fig* unglaublich, unendlich
alabora: **~ olmak** SCHIFF kentern; *fig* durcheinandergeraten
alaca ADJ bunt
alacak S ⟨-ğı⟩ WIRTSCH Forderung *f* **alacaklı** S Gläubiger(in) *m(f)*
alafranga ADJ auf europäische Art, europäisch
alâka S Interesse *n*; Beziehungen *pl*; Zusammenhang *m*; **ne ~sı var?** was hat das damit zu tun? **alâkadar** ADJ zusammenhängend (**ile** mit *dat*); interessiert (an *dat*) **alâkalı** ADJ interessiert (**ile** an *dat*); zuständig (für *akk*)
alan S Platz *m*, Feld *n*; Gebiet *n*, Bereich *m*; **oyun ~ı** Spielfeld *n*; **~ kodu** TEL Vorwahl (-nummer *f*) *f*, Ortsnetzkennzahl *f*
alarm S Alarm *m*
alaşım S CHEM Legierung *f*
alaturka ADJ auf türkische Art,

…türkisch
alay[1] S Festzug *m*; MIL Regiment *n*
alay[2] S Spott *m*; **~ etmek** verspotten, auslachen (*b.* **ile** *j-n*)
albay S MIL Oberst *m*
albüm S Album *n*
albümin S Eiweißstoff *m*
alçak ADJ niedrig; seicht; flach; (*Statur*) klein; (*Stimme*) leise; *fig* niederträchtig; **~ basınç** Tiefdruck *m* **alçaklık** S Gemeinheit *f*, Niedertracht *f* **alçalmak** V/I sich senken; *fig* sich erniedrigen **alçaltmak** V/T senken
alçı S Gips *m*; MED Gipsverband *m*
aldanmak V/I sich täuschen, sich irren **aldatılmak** V/I PASSIV getäuscht werden **aldatmak** V/T täuschen, betrügen
aldırmak V/T sich kümmern (*-e* um *akk*), hören (auf *akk*)
alelâde ADJ gewöhnlich, normal
alem S Fahne *f*; (*Minarett*) Spitze *f*
âlem S Weltall *n*; *fig* die Leute *pl*; *umg* Party *f*
alerji S MED Allergie *f*
alet S Werkzeug *n*, Gerät *n*, Instrument *n*
alev S Flamme *f*; **~ almak**, **alevlenmek** *v/i* aufflammen
Alevî REL **A** S Alevit(in *f*) *m* **B** ADJ alevitisch
aleyh: gegen *akk*, zuungunsten *gen*; *-in* **~inde olmak** gegen *j-n od etw* sein **aleyhtar** S Gegner(in) *m(f)*
aleykümselâm Grüß Gott, Gott sei mit dir! (*Antwort auf die Grußformel* **selâmünaleyküm**)
alfabe S Alphabet *n*, Abc *n* **alfabetik** ADJ alphabetisch
algı S Wahrnehmung *f* **algılamak** V/T wahrnehmen
alıcı S Käufer(in) *m(f)*, Kunde *m*, Kundin *f*; TECH (*a. Post*) Empfänger(in) *m(f)*
alık ADJ blöd, dumm
alıkoymak V/T zurück(be)halten; (*j-n*) aufhalten, abhalten (von *-den*)
alım S Kauf *m*; **~ satım** Kauf und Verkauf *m*, Handel *m*
alın S ANAT Stirn *f*
alındı S Quittung *f*
alıngan ADJ (*Person*) empfindlich, leicht gekränkt
alınmak **A** V/I PASSIV genommen werden **B** V/T übel nehmen (*-den etw*)
alıntı S Zitat *n*; Entlehnung *f*
alınyazısı S Schicksal *n*
alış S Kauf *m*; Kaufpreis *m*
alışık ADJ gewöhnt (*-e* an *akk*)
alışılmadık ADJ ungewöhnlich **alışkın** ADJ (*Tier*) gezähmt; gewöhnt (*-e* an *akk*)
alışmak V/R sich gewöhnen (*-e* an *akk*) **alıştırma** S Übung *f* **alıştırmak** V/T gewöhnen (*-i -e j-n* an *akk*); zähmen (*-i etw*); (*Automotor*) einfahren
alışveriş S Einkauf(en *n*) *m*,

Einkäufe *pl*
âlim S Gelehrte(r) *m/f(m)*
alkış S Beifall *m*, Applaus *m*
alkışlamak V/T applaudieren (*-i dat*)
alkol S ⟨-lü⟩ Alkohol *m* **alkolizm** S Alkoholismus *m* **alkollü** ADJ alkoholhaltig **alkolsüz** ADJ alkoholfrei
Allah S Gott (*m*); **~ ~!** mein Gott!; Donnerwetter!; **~ aşkına!** um Gottes willen!; **~ bilir** was weiß ich, wer weiß schon; **~ göstermesin!**, **~ saklasın!** Gott behüte!; **~a ısmarladık!** auf Wiedersehen!
almak V/T ⟨-ır⟩ nehmen, kaufen; bekommen
Alman A S Deutsche(r) *m/f(m)* B ADJ deutsch **Almanca** S Deutsch *n*, deutsche Sprache *f* **Almancı** S *umg* Deutschtürke *m*, Deutschtürkin *f* **Almanya** S Deutschland *n*
alo INT TEL hallo!; **Alo ...** *Name von Telefondiensten, z. B.* **Alo Post** für *Paketkurier*
Alp: **~ Dağları**, **~ler** Alpen *pl*
alt A S untere(r) Teil *m*, Unterseite *f*; Sohle *f*; **~tan almak** *fig* nachgeben B ADJ Unter...; *-in* **~ına** unter *akk*; *-in* **~ında** unter *dat*; **~ında kalmamak** *fig* (*Dankbarkeit*) erwidern; (*Wort*) halten; **~ından kalkmak** *fig* (*Schwierigkeit*) überwinden können
alternatif S Alternative *f*; ~
akım ELEK Wechselstrom *m*
altgeçit S ⟨-di⟩ Unterführung *f*
altı ADJ *Zahl* sechs
altın A S Gold *n* B ADJ golden
altıntop S Grapefruit *f*, Pampelmuse *f*
altmış ADJ *Zahl* sechzig
altüst: **~ etmek** durcheinanderbringen
altyapı S Infrastruktur *f*; Grundlage *f*
altyazı S (*Film*) Untertitel *m*
alüminyum S Aluminium *n*; **~ kâğıt** Alufolie *f*
alyuvar S MED rote(s) Blutkörperchen *n*
ama KONJ aber ...
amaç S ⟨-cı⟩ Zweck *m*, Absicht *f* **amaçlamak** V/T beabsichtigen
aman S Verzeihung *f*; Pardon *m*; **~ ~!** um Himmels willen!
amansız ADJ (*Krankheit*) unheilbar; (*Mensch*) gnadenlos, unbarmherzig
amatör S Amateur(in) *m(f)*, Laie *m*, Laiin *f*
ambalaj S Verpackung *f*
ambar S Speicher *m*, Lager (-haus *n*) *n*
ambargo S Embargo *n*
ambülans S Krankenwagen *m*
amca S (*Bruder des Vaters*) Onkel *m*; *umg Anrede für älteren Mann*; **~ kızı** Cousine *f*; **~ oğlu** Vetter *m*, Cousin *m* **amcazade** S Cousin *m*; Cousine *f*

…e S Arbeiter(in) *m(f)*
…eliyat S *pl* MED Operation …; **~ olmak** operiert werden
ameliyatlı ADJ frisch operiert
Amerika S Amerika *n*; **~ Birleşik Devletleri** Vereinigte Staaten von Amerika, USA *pl*
Amerikalı A S Amerikaner(in) *m(f)* B ADJ amerikanisch **Amerikan** ADJ amerikanisch; **~ bar** Bar *f*, Theke *f*
amfi S Hörsaal *m*
amin S REL Amen *n*
amir S Vorgesetzte(r) *m/f(m)*, Chef(in) *m(f)*
amiral S ⟨-li⟩ SCHIFF Admiral *m*
amma → ama
amorti: **~ etmek** sich amortisieren
amortisman S WIRTSCH Tilgung *f*
amortisör S AUTO Stoßdämpfer *m*
amper S ELEK Ampere *n*
ampul S ⟨-lü⟩ Ampulle *f*; ELEK Glühbirne *f*
an S Augenblick *m*, Moment *m*; **bir ~ evvel** (*od* **önce**) sofort, so bald wie möglich
ana A S Mutter *f* B ADJ Haupt…, Zentral…; **~bilim dalı** Hauptfach *n*; **~ cadde** Hauptstraße *f*; **~ musluk** Hauptventil *n*; **~ sayfa** IT Homepage *f*
anababa S Eltern *pl*
anadili S Muttersprache *f*
Anadolu S Anatolien *n*, Kleinasien *n*; **Doğu ~** Ostanatolien *n*; **Güneydoğu ~** Südostanatolien *n*; **İç ~** Zentralanatolien *n*
anafor S Strudel *m*; Gegenströmung *f*; *umg* Bestechungsgeld *n*
anahtar S *a.* MUS Schlüssel *m*; *a.* TECH Schalter *m*; **~ deliği** Schlüsselloch *n*
anakent S Metropole *f*
anal ADJ MED anal
analiz S Analyse *f*
ananas S BOT Ananas *f*
anaokulu S Kindergarten *m*
anarşi S Anarchie *f*
anason S BOT Anis *m*
anatomi S Anatomie *f*
anavatan S Heimat *f*
anayasa S Grundgesetz *n*, Verfassung *f*; **~ mahkemesi** Verfassungsgericht *n*
anayol S Hauptstraße *f*
ancak A ADV lediglich; höchstens; erst (morgen *etc*) B KONJ jedoch
ançüez S Anchovis *f*
andırmak V/T erinnern (*-i -e* *j-n* an *akk*)
anestezi S MED Anästhesie *f*, Betäubung *f*
angaje: **~ etmek** (*j-n*) engagieren; **~ olmak** sich engagieren
angarya S Zwangsarbeit *f*; *fig* Knochenarbeit *f*; Ausbeutung *f*
anı S Erinnerung *f* **anımsamak** V/T sich erinnern (*-i* an *akk*)

anıt S Ehrenmal *n*, Denkmal *n* **Anıtkabir** S Mausoleum *n* (*bes von Atatürk in Ankara*)
anî ADJ plötzlich, überraschend
anket S Umfrage *f*, Erhebung *f*
anlam S Bedeutung *f*, Sinn *m* **anlamak** V/T verstehen, begreifen **anlaşılır** ADJ verständlich **anlaşma** S Verständigung *f*; Abkommen *n*, Vertrag *m* **anlaşmak** V/R sich verständigen (**hususunda** *od* **hakkında** über *akk*) **anlaşmazlık** S Konflikt *m*; Differenzen *pl*; Meinungsverschiedenheit *f*
anlatım S Ausdruck *m* **anlatmak** V/T *j-m etw* erklären, erzählen
anlayış S Verständnis *n*; Auffassung *f*; Auffassungsgabe *f*
anmak V/T ⟨-ar⟩ *-i* sich erinnern an *akk*, gedenken *gen*
anne S Mutter *f* **anneanne** S (*mütterlicherseits*) Großmutter *f* **anne-baba** S Eltern *pl*
anonim ADJ anonym; **~ şirket** WIRTSCH Aktiengesellschaft *f*
anons S Ansage *f*, Durchsage *f*
anormal ADJ ⟨-li⟩ anormal
ansızın ADV plötzlich
ansiklopedi S Enzyklopädie *f*
ant S ⟨-dı⟩ Schwur *m*; **~ içmek** schwören, e-n Eid leisten
anten S Antenne *f*; ZOOL Fühler *m*
antepfıstığı S BOT Pistazie *f*
antifriz S AUTO Frostschutzmittel *n*
antika **A** S Antiquität *f* **B** ADJ antik **antikacı** S Antiquitätenhändler(in) *m(f)*
antilop S ZOOL Antilope *f*
antipati S Antipathie *f*, Abneigung *f*
antlaşma S POL Abkommen *n*; Pakt *m*
antre S Eingang *m*, Vorhalle *f*
antrenman S SPORT Training *n* **antrenör** S Trainer(in) *m(f)*
antrepo S Lagerhaus *n*
antrparantez ADV nebenbei bemerkt, beiläufig gesagt
apandis S MED Blinddarm *m* **apandisit** S MED Blinddarmentzündung *f*
apar: **~ topar** Hals über Kopf, in aller Eile
apartman S Mietshaus *n*; **~ dairesi** Etagenwohnung *f*
APS (= **Acele Posta Servisi**) *s* Expressdienst *m*
apse S MED Abszess *m*
aptal **A** ADJ dumm, einfältig, blöd **B** S Idiot(in) *m(f)*
aptes S REL religiöse Waschung *f*; **~ almak** REL (*vor dem Gebet*) sich waschen **apteshane** S Toilette *f*
ara S Zwischenraum *m*; Beziehungen *pl*; **~ sıra** manchmal; **~ vermek** *-e* unterbrechen *akk*; Pause machen; **bu ~da** inzwischen, mittlerweile; **~da bir** hin und wieder; **~mız iyi** wir verstehen uns gut; **~mız açık** wir haben uns gezankt;

-*in* **~sına** zwischen *akk*; -*in* **~sında** zwischen *dat*; **~ya girmek** vermitteln
araba S Wagen *m*; Auto *n*; **~ kiralama** Autovermietung *f*; **~ vapuru** Autofähre *f*; **çocuk ~sı** Kinderwagen *m* **arabacı** S Kutscher *m*
arabesk S **A** *orientalisch angehauchte Musikart* **B** Arabeske *f*; Ornament *n*
Arabistan S Arabien *n*
arabulucu S (*Streit*) Vermittler(in) *m(f)* **aracı** S Vermittler(in) *m(f)*; WIRTSCH Zwischenhändler(in) *m(f)*
araç S ⟨-cı⟩ Mittel *n*; Werkzeug *n*; Fahrzeug *n*
aralamak V/T *akk* trennen; öffnen
aralık[1] S ⟨-ğı⟩ Zwischenraum *m*
aralık[2] S ⟨-ğı⟩ Dezember *m*
aramak V/T suchen; fragen nach; **telefonla ~** *j-n* anrufen
aranmak V/I PASSIV gesucht *od* durchsucht werden
Arap ⟨-bı⟩ **A** S Araber(in) *m(f)* **B** ADJ *umg* dunkelhäutig
Arapça S Arabisch *n*
araştırıcı S Forscher(in) *m(f)*
araştırma S Forschung *f*; Untersuchung *f* **araştırmak** V/T untersuchen; prüfen; (er-)forschen
aratmak V/T *akk* (unter)suchen lassen
arazi S *pl* Gelände *n*; Grund *m*, Grundstück *n*; **~ arabası** Geländewagen *m*
ardakalmak V/I übrig bleiben, zurückbleiben
ardıç S ⟨-cı⟩ BOT Wacholder *m*
ardıçkuşu S ZOOL Drossel *f*
ardıl S Nachfolger(in) *m(f)*
arena S Arena *f*
argo S Slang *m*; Jargon *m*; Vulgärsprache *f*
arı **A** ADJ rein, unschuldig **B** S ZOOL Biene *f*; **~ kovanı** Bienenkorb *m* **arıcı** S Imker(in) *m(f)*
arınmak **A** V/I PASSIV gereinigt werden **B** V/I sich reinigen
arıtma S Klären *n*; **~ tesisi** Kläranlage *f* **arıtmak** V/T *akk* reinigen
arıza S Störung *f*, Defekt *m*; Panne *f*; Zwischenfall *m* **arızalı** ADJ mit Hindernissen versehen; defekt
arife S Vorabend *m*
Arjantin S Argentinien *n*
arka **A** S Rücken *m*; Lehne *f* **B** ADJ Hinter…; -*in* **~sına** hinter *akk*; -*in* **~sında** hinter *dat* **~ ~ya** aufeinanderfolgend
arkadaş S Freund(in) *m(f)*; Kamerad(in) *m(f)*; Kollege *m* Kollegin *f*
arkalık S Rücken *m*, Lehne *f*
arkeolog S ⟨-ğu⟩ Archäologe *m*, Archäologin *f* **arkeoloji** S Archäologie *f*
arma S Wappen *n*; SCHIFF Takelage *f*
armağan S Geschenk *n*, Gabe *f*, Preis *m*

armoni S Harmonie *f*
armut A S BOT Birne *f* B ADJ *umg* dumm, beschränkt
Arnavut A S Albaner(in) *m(f)* B ADJ albanisch **Arnavutça** S Albanisch *n* **Arnavutluk** S Albanien *n*
aroma S Aroma *n*
arpa S BOT Gerste *f* **arpacık** S ⟨-ğı⟩ MED Gerstenkorn *n*; (*Visierteil*) Korn *n*
arsa S Grundstück *n*, Baugelände *n*
arsız ADJ unartig, frech; schamlos, dreist; lästig
arslan → aslan
arşiv S Archiv *n*
art S ⟨-dı⟩ hinterer Teil *m*; **~ arda** hintereinander
artan ADJ übrig geblieben; (*Mond*) zunehmend
artı ADJ MATH plus; **~ değer** Mehrwert *m*
artık ⟨-ğı⟩ A S Rest *m* B ADV endlich, nunmehr; mehr **artıkyıl** S Schaltjahr *n*
artırma S WIRTSCH Versteigerung *f* **artırmak** V/T vermehren; (*Preis*) erhöhen **artış** S Steigerung *f*, Zunahme *f*
artist S Schauspieler(in) *m(f)*, Künstler(in) *m(f)*
artmak V/I ⟨-ar⟩ sich vermehren, zunehmen
arz S Darlegung *f*; WIRTSCH Angebot *n*; **~ etmek** *j-m etw* unterbreiten, darlegen; **~ ve talep** WIRTSCH Angebot und Nachfrage
arzu S Wunsch *m*; **~ etmek** wünschen; **~ üzerine** auf Wunsch; **başka ~nuz?** sonst noch (einen Wunsch)?
as... MIL Unter...
asal: **~ sayı** MATH Primzahl *f*
asalak S ⟨-ğı⟩ Parasit *m*, Schmarotzer *m*
asalet S Adel *m*
asansör S Fahrstuhl *m*, Aufzug *m*
aseton S CHEM Azeton *n*; Nagellackentferner *m*
asfalt A S Asphalt *m* B ADJ asphaltiert
asgarî ADJ mindest..., geringst...; **~ ücret** Mindestlohn *m*
asıl A S ⟨-slı⟩ Ursprung *m*, Herkunft *f* B ADJ Haupt..., der/die/das eigentlich ...; **~ önemlisi** das Wichtigste; **~ sayı** Grundzahl *f*; **aslı yok** unbegründet
asılı ADJ aufgehängt; **~ durmak, ~ olmak** hängen (*-de* an *dat*) **asılmak** A V/I PASSIV aufgehängt werden (*-e* an *dat*) B V/I *vulg* anmachen, anbaggern (*-e akk*)
asılsız ADJ grundlos
asır S ⟨-srı⟩ Jahrhundert *n*; Epoche *f*, Zeitalter *n*
asi A ADJ rebellisch B S Rebell(in) *m(f)*
asistan S Assistent(in) *m(f)*
asit S ⟨-di⟩ CHEM Säure *f*; **~ yağmuru** saurer Regen *m*
asker S Soldat *m* **askerî** ADJ

Militär...; militärisch **askerlik** S Wehrdienst *m*
askı S Kleiderhaken *m*; (*Kleidung*) Träger *m*; **~da kalmak** in der Schwebe sein
asla ADV (*mit Verneinung*) überhaupt nicht, niemals
aslan S ZOOL Löwe *m*
aslında ADV eigentlich, genau genommen
aslî ADJ ursprünglich; grundlegend, eigentlich **asliye**: **~ mahkemesi** JUR Landgericht *n*
asma A S BOT Weinrebe *f* B ADJ Hänge...; **~ kilit** Vorhängeschloss *n* **asmak** V/T ⟨-ar⟩ (auf)hängen (-*e* an *akk*); (*Schule etc*) schwänzen; IT abstürzen
aspiratör S Lüfter *m*
asrî ADJ modern; zeitgenössisch
astar S (*Kleidung*) Futter *n* **astarlamak** V/T (*Rock*) füttern
astım S MED Asthma *n*
astroloji S Astrologie *f* **astronomi** S Astronomie *f* **astronot** S Astronaut(in) *m(f)*
Asya S Asien *n* **Asyalı** S Asiat(in) *m(f)*
aş S Speise *f*
aşağı ADV unten; (*Wert*) niedrig; **~ yukarı** ungefähr; **~da** unten; **~ya** nach unten, hinunter **aşağılamak** V/T erniedrigen **aşağılık** ADJ niederträchtig
aşama S Rang *m*, Stufe *f*; Etappe *f*
aşçı S Koch *m*, Köchin *f* **aşçıbaşı** S Küchenchef(in) *m(f)*
aşı S Impfung *f*; Impfstoff *m*; BOT Pfropfen *n*, Veredeln *n*
aşık (**kemiği**) S ANAT Knöchel *m*
âşık ⟨-ğı⟩ A ADJ verliebt (-*e* in *akk*) B S Verehrer(in) *m(f)*; Volksdichter(in) *m(f)*
aşılamak V/T impfen; BOT veredeln, pfropfen **aşılı** ADJ geimpft
aşındırmak V/T abnutzen, zerfressen **aşınmak** V/I sich abnutzen, sich abreiben; *umg* ausleiern
aşırı ADJ übertrieben; extrem
aşırmak V/T bringen, transportieren (-*i* -*den etw* über *akk*); stibitzen (-*den* -*i j-m etw*)
aşikâr ADJ offenkundig
aşk S Liebe *f*; **Allah ~ına!** um Gottes willen!
aşmak ADJ ⟨-ar⟩ überschreiten; *fig* übersteigen; (*Meer, Schlucht*) durchqueren
aşure S *Süßspeise aus Weizenschrot, Sultaninen etc*
at S ZOOL Pferd *n*; **~a binmek** reiten
ata S Vater *m*; Vorfahr *m*
ataerkil ADJ patriarchalisch
atak A ADJ mutig, ungestüm B S ⟨-ğı⟩ Attacke *f*; **~ yapmak** SPORT, MED attackieren
atalar S *pl* Ahnen *pl*, Vorfahren *pl*
atamak V/T ernennen (-*e* zu *dat*)
atardamar S ANAT Schlag-

ader *f*, Arterie *f*; AUTO Verkehrsader *f*
atasözü S Sprichwort *n*
ataşe S POL Attaché *m*, Attachée *f*
Atatürkçülük S Kemalismus *m*
ateş S Feuer *n*; Fieber *n*; **~ almak** sich entzünden, Feuer fangen; *fig* wütend werden; **~ etmek** (*Schuss*) abfeuern; **~e dayanıklı** feuerfest; **~e vermek** in Brand stecken
ateşkes S MIL Waffenstillstand *m*
ateşlemek V/T anzünden
ateşlenmek V/I Fieber bekommen **ateşli** ADJ fiebrig, hitzig
atfetmek V/T *j-m etw* zuschreiben
atılmak V/I PASSIV (*von Pferd*) abgeworfen werden, (*Ballspiel*) abgeschossen werden; sich stürzen (*-e* auf *akk*); **işten ~** (*Arbeit*) gefeuert werden
atış S Schlag *m*; Wurf *m*; Schuss *m*
Atina S Athen *n*
atkı S Halstuch *n*, Schal *m*
atlamak V/I springen (*-den* über *akk*); überspringen (*-i etw*)
Atlantik S ⟨-ği⟩ Atlantische(r) Ozean *m*
atlas S (*Gewebe*) Atlas *m*; Satin *m*
atlayış S Sprung *m*
atlet S SPORT Athlet(in) *m(f)*; (ärmelloses) Unterhemd *n*
atlı **A** ADJ beritten **B** S Reiter(in) *m(f)* **atlıkarınca** S Karussell *n*
ATM S Geldautomat *m*
atmak V/T ⟨-ar⟩ (ab-, weg)werfen; (*j-n*) hinauswerfen; (*Kugel, Pfeil*) abschießen; *fig* übertreiben, lügen
atmosfer S Atmosphäre *f*
atom S Atom *n*; **~ bombası** Atombombe *f*; **~ santralı** Atomkraftwerk *n*
atölye S Atelier *n*; Werkstatt *f*
av S Jagd *f*; Jagdbeute *f*
avadanlık S ⟨-ğı⟩ Werkzeug (-kasten *m*) *n*
avans S WIRTSCH Vorschuss *m*; SPORT Vorgabe *f*
avantaj S Vorteil *m*
avare ADJ faul, untätig
avarya S SCHIFF Havarie *f*
avcı S Jäger *m*; Schütze *m* **avcılık** S Jägerei *f*; Fischerei *f*
avize S Kronleuchter *m*
avlamak V/T jagen, fangen
avlu S Innenhof *m*
avro S Euro *m* **Avrupa** S Europa *n*; **~ Birliği** Europäische Union *f*; **~ Konseyi** Europarat *m*; **~ Para Birimi** Europäische Währungseinheit *f*; **~ Parlamentosu** Europaparlament *n*
Avrupalı **A** S Europäer(in) *m(f)* **B** ADJ europäisch **Avrupalılaşmak** V/R sich europäisieren
avuç S ⟨-cu⟩ Handfläche *f*; Handvoll *f*
avukat S Rechtsanwalt *m*,

Rechtsanwältin *f*
avunmak VI sich trösten
Avustralya S Australien *n*
Avusturya S Österreich *n*
Avusturyalı A S Österreicher(in) *m(f)* B ADJ österreichisch
avutmak VT beschwichtigen; *(j-n)* hinhalten
ay[1] S Mond *m*; Monat *m*; **~ çekirdeği** Sonnenblumenkern *m*; **~ tutulması** Mondfinsternis *f*
ay![2] INT au!; *(Frauensprache a.)* ach!; **~ ne güzel!** oh wie schön!
ayak S ‹-ğı› Fuß *m*; Huf *m*; Pfote *f*; **~ parmağı** Zeh *m*, Zehe *f*; **~ üzeri** im Stehen; zwischen Tür und Angel; **~ yapmak** schwindeln; **~ta** → ayakta
ayakkabı S ‹-yı› Schuh *m*
ayakkabıcı S Schuster *m*, Schuhmacher(in) *m(f)*
ayaklanma S Aufstand *m*
ayaklı ADJ mit Füßen versehen
ayakta A stehend, im Stehen B MED ambulant **ayakyolu** S *umg* Klo *n*
ayar S Feingehalt *m*; *(Gold)* Karat *n*; *(Uhr)* Einstellung *f*; **~ etmek**, **ayarlamak** *v/t* einstellen, regulieren **ayarlı** ADJ reguliert; ...karätig **ayarsız** ADJ *(Uhr usw)* falsch eingestellt; *(Verhalten)* unkontrolliert
ayartmak VT verführen
Ayasofya S Hagia Sophia *f*
ayaz S trockene Kälte *f*
aybaşı S Monatsanfang *m*; MED Menstruation *f*
ayçiçeği S BOT Sonnenblume *f*
aydın A ADJ hell, klar; *(Person)* intellektuell, aufgeklärt B S Intellektuelle(r) *m/f(m)* **aydınlanmak** VI sich aufklären **aydınlatmak** VT erklären; *a. fig* beleuchten **aydınlık** S Helligkeit *f*; Lichtschacht *m*
ayet S REL Koranvers *m*
aygır S ZOOL Hengst *m*
aygıt S Gerät *n*, Apparat *m*
ayı S ZOOL Bär *m*
ayıbalığı S ZOOL Seehund *m*
ayık ADJ nüchtern; *fig* umsichtig
ayılmak VI wieder zu sich kommen
ayıp ‹-bı› A S Schande *f*; Fehler *m* B ADJ beschämend; ungehörig, unhöflich; **size ~tır** schämen Sie sich! **ayıplamak** VT tadeln, kritisieren; missbilligen
ayırmak VT trennen, abteilen, auswählen; reservieren; einteilen *(-e in akk)* **ayırt**: **~ etmek** trennen; heraussuchen
ayırtmak VT bestellen, reservieren (lassen)
ayin S REL religiöse Feier *f*; Messe *f*
aykırı ADJ *-e* im Widerspruch zu *dat*
aylak ADJ untätig, müßig
aylık ‹-ğı› A S Monatsgehalt *n* B ADJ monatlich; Monats...

ayna S Spiegel *m* **aynalı** ADJ mit Spiegel(n) versehen
aynen ADV wörtlich, unverändert; genauso **aynı** ADJ gleich; der-, die-, dasselbe
aynî ADJ dinglich, materiell; Sach...
ayol! INT he, du!; Mensch!; (*Frauensprache*) huhu!
ayraç S ⟨-cı⟩ GRAM Klammer *f*
ayran S Ayran *m* (*mit Wasser verdünnter Joghurt*), Buttermilch *f*
ayrı ADJ getrennt, gesondert; Einzel...; Sonder... **ayrıca** ADV außerdem; besonders **ayrılış** S Trennung *f* **ayrılmak** V/I *-den* sich trennen von *dat*, verlassen *akk*; abreisen
ayrım S Unterschied *m*; **yol ~ı** Weggabelung *f*
ayrıntı S Einzelheit *f*, Detail *n* **ayrıntılı** ADJ ausführlich, detailliert
ayva S BOT Quitte *f*
ayyaş S Trinker(in) *m(f)*, Säufer(in) *m(f)* **ayyaşlık** S Trunksucht *f*
az ADJ wenig, gering; selten; **~ kalsın, ~ kaldı** beinahe; **~ ve öz** kurz und bündig **azalmak** V/I sich vermindern, abnehmen **azaltmak** V/T vermindern, verringern
azamî ADJ maximal; Höchst...; **~ sürat** Höchstgeschwindigkeit *f*
azar: **~ azar** nach und nach, allmählich
azar(lama) S Verweis *m*; Tadel *m* **azarlamak** V/T tadeln, (aus)schelten
Azerî S Aserbeidschaner(in) *m(f)*
azgın ADJ wild, rasend
azıcık ADJ ein wenig
azık S ⟨-ğı⟩ Proviant *m*
azınlık S ⟨-ğı⟩ Minderheit *f*
azışmak V/I (*Streit*) heftiger werden
aziz **A** ADJ lieb, teuer, geschätzt **B** S REL Heilige(r) *m/f(m)*
azletmek V/T absetzen, entlassen
azmak V/I ⟨-ar⟩ toben; (*Wind*) heftiger werden; *umg* geil werden **azman** S Ungetüm *n*
azmetmek V/T entschlossen sein (*-e* zu *dat*)
azot S CHEM Stickstoff *m*
Azrail S REL Todesengel *m*

B

baba S Vater *m* **babaanne** S (*väterlicherseits*) Großmutter *f*
babacan ADJ (*Mann*) väterlich, gutmütig **babalık** S Vaterschaft *f*; Stiefvater *m*
baca S Schornstein *m*; Schacht *m*, Kamin *m*
bacak S ⟨-ğı⟩ Bein *n*; (*Spielkarte*) Bube *m* **bacaksız** **A** ADJ

fig untersetzt, klein **B** S Dreikäsehoch *m*; Schlingel *m*
bacanak S ‹-ğı› (*einer von Männern, die Schwestern geheiratet haben*) Schwager *m*
bacı S Schwester *f*; (*Anrede a.*) Tante
badana S Tünche *f*, Kalk *m*; **~ etmek**, **badanalamak** *v/t* tünchen, weißen, streichen
badem S BOT Mandel *f*; **~ ezmesi** Marzipan *n*; **~ şekeri** Zuckermandeln *pl* **bademcik** S ANAT Mandel(n *pl*) *f*
bagaj S Gepäck *n*
bağ[1] S Band *n*; Binde *f*; Verbindung *f*; **ayakkabı ~ı** Schnürsenkel *m*
bağ[2] S Weinberg *m* **bağbozumu** S Weinlese *f*
bağcık S ‹-ğı› Schnur *f*
bağdaş S Schneidersitz *m*
bağdaşmak V/I in Einklang sein, harmonieren (**ile** mit *dat*)
bağımlı ADJ *-e* abhängig von *dat*; *-e* verfallen *dat*, befallen von *dat*; süchtig **bağımlılık** S Abhängigkeit *f*; ...sucht *f*
bağımsız ADJ unabhängig
bağıntı S Beziehung(en *pl*) *f*
bağırmak V/I schreien, brüllen; *-e j-n* anbrüllen
bağırsak → barsak
bağırtı S Gebrüll *n*
bağış S Schenkung *f*, Gabe *f*, Spende *f*
bağışık V/I MED immun **bağışıklık** S Immunität *f*
bağışlamak V/T *j-m etw* schenken; spenden; verzeihen (*-i dat*)
bağlaç S ‹-cı› GRAM Konjunktion *f*, Bindewort *n*
bağlam S Zusammenhang *m*
bağlama **A** S Binden *n*; MUS Langhalslaute *f* (*mit drei Doppelsaiten*) **B** ADJ Verbindungs... **bağlamak** V/T binden; befestigen (*-e* an *dat*), verbinden (*-e* mit *dat*) **bağlanmak** **A** V/I PASSIV gebunden werden maximal verpflichtet sein (*-e* zu *dat*) **bağlantı** **A** S Verbindung *f*; BAHN, FLUG Anschluss *m* **B** ADJ TECH Verbindungs... **bağlayıcı** ADJ verbindlich **bağlı** ADJ *-e* gebunden an *akk*; abhängig von *dat* **bağlılık** S Verbundenheit *f*, Treue *f*
bahane S Vorwand *m*
bahar S Frühling *m*
baharat S *pl* Gewürz(e *pl*) *n* **baharatlı** ADJ gewürzt; aromatisch
bahçe S Garten *m* **bahçeli** ADJ mit Garten **bahçıvan** S Gärtner(in) *m(f)*
bahis S ‹-hsi› Thema *n*; Wette *f*; **bahse girmek** wetten
bahriye S Marine *f*
bahsedilen erwähnt, genannt **bahsetmek** V/T *-den* sprechen über *akk*, erwähnen; (*Thema*) behandeln *akk*
bahşiş S Trinkgeld *n*
bahtiyar ADJ glücklich **bahtsız** **A** ADJ unglücklich **B** S

Pechvogel *m*
bakan S Minister(in) *m(f)*; **~lar kurulu** Ministerrat *m*, Kabinett *n* **bakanlık** S Ministerium *n*
bakıcı S Pfleger(in) *m(f)* **bakılmak** V/I PASSIV gepflegt werden
bakım S Pflege *f*; Gesichtspunkt *m*; **bir ~a** (*od* **~dan**) in gewisser Hinsicht; **bu ~dan** in dieser Hinsicht **bakımsız** ADJ ungepflegt, verwahrlost
bakınmak V/I sich umsehen, umschauen (*-e* nach *dat*)
bakır S Kupfer *n*
bakış S Blick *m*, Blicken *n*
bakire S Jungfrau *f*
bakiye S WIRTSCH Saldo *m*
bakkal S Krämer(in) *m(f)*, Lebensmittelhändler(in) *m(f)*; Lebensmittelgeschäft *n*
bakla S BOT Saubohne *f*
baklava S *Gebäck aus Blätterteig, Nüssen und Zuckersirup*
bakliyat S Hülsenfrüchte *pl*
bakmak V/T ⟨-ar⟩ *-e* schauen, blicken auf *akk*; pflegen *akk*, Sorge tragen für *akk*; **bana bak!** hallo!; hör mal her!; (**bir de**) **bakarsın** eh du dich's versiehst
bakteri S Bakterie *f*
bal S Honig *m*; **~ gibi** honigsüß; **~ gibi bilmek** *iron* ganz genau wissen **balarısı** S ZOOL Biene *f*
balayı S Flitterwochen *pl*; **~ gezisi** Hochzeitsreise *f*
baldır S ANAT Wade *f*; Unterschenkel *m*; **~ kemiği** Schienbein *n*
baldız S (*Schwester der Ehefrau*) Schwägerin *f*
balgam S MED Schleim *m*, Auswurf *m*
balık S ⟨-ğı⟩ ZOOL Fisch *m*; **~ tutmak** fischen, angeln; **~ yumurtası** Fischrogen *m* **balıkçı** S Fischer(in) *m(f)*; Fischhändler(in) *m(f)* **balıketi** S Fischfilet *n* **balıketinde** ADJ *umg* vollschlank **balıklama** S Kopfsprung (*ins Wasser*) **balıksırtı** S Fischgrätenmuster *n*
balina S ZOOL Wal(fisch *m*) *m*
Balkanlar S *pl* GEOG Balkan *m*, Balkanhalbinsel *f*
balkon S Balkon *m*
balmumu S Wachs *n*
balo S (*Fest*) Ball *m*
balon S Ballon *m*
balta S Axt *f*, Beil *n* **baltalamak** V/T fällen; *fig* verhindern, sabotieren
Baltık Denizi S Ostsee *f*
balya S (*Stoff*) Ballen *m*
balyoz S Vorschlaghammer, Schmiedehammer *m*
bambaşka ADJ ganz anders
bambu S BOT Bambus *m*
bamya S BOT Okra *f*
bana PRON *dat von* **ben**; mir, zu mir; **~ kalırsa** nach meiner Ansicht; **~ ne** meinetwegen, ist mir egal
bandıra S SCHIFF Flagge *f*
bandırol S Banderole *f*, (Steuer-)Marke *f*
bando S MUS Militärkapelle *f*

bangırdamak V/I laut brüllen
bank S (*Sitzbank*) Bank *f*
banka S WIRTSCH Bank *f* **bankamatik** S Geldautomat *m* **banker** S Bankier *m* **banknot** S Banknote *f*, Geldschein *m*
banliyö S Vorort(e *pl*) *m*; **~ treni** Vorortzug *m*
bant S ‹-dı› Band *n*, Streifen *m*
banyo S Bad *n*; **~ etmek** FOTO entwickeln; **~ yapmak** baden, ein Bad nehmen
bar S Bar *f*
baraj S Staudamm *m*, Talsperre *f*
baraka S Baracke *f*
barbar A S Barbar(in) *m(f)* B ADJ barbarisch
barbekü S (gemauerter) Gartengrill *m*
barbunya S ZOOL Meerbarbe *f*; BOT *eine Bohnenart*
bardak S ‹-ğı› Glas *n*, Becher *m*
barınak S ‹-ğı› Schlupfwinkel *m*, Unterschlupf *m* **barındırmak** V/T (*j-n*) unterbringen **barınmak** V/I Unterkunft finden (*-de* in *dat*)
barış S Friede *m*, Versöhnung *f*; **~ gücü** (UNO-)Friedenstruppe *f* **barışçı** ADJ friedliebend **barışmak** V/I sich versöhnen **barıştırmak** V/T (*j-n*) versöhnen
bari ADV wenigstens; nun denn, so
barikat S Barrikade *f*
bariz ADJ klar, offenkundig, offensichtlich
barmen S Barkeeper *m*
baro S Anwaltskammer *f*
barometre S Barometer *n*
barsak S ‹-ğı› ANAT Darm *m*; **~ tıkanması** MED Verstopfung *f*
basamak S ‹-ğı› Stufe *f*, Trittbrett *n*, Sprosse *f*
basık ADJ niedrig
basılmak V/I PASSIV (*Buch etc*) gedruckt werden; (*Mensch*) ertappt werden
basım S Druck *m*; Auflage *f* **basımevi** S Druckerei *f* **basın** S Presse *f*; **~ açıklaması** Presseerklärung *f*; **~ toplantısı** Pressekonferenz *f*
basınç S Druck *m*
basit ADJ einfach; leicht
basketbol S ‹-lü› SPORT Basketball *m*
baskı S Druck *m*; TECH Presse *f*; (*Buch*) Auflage *f*
baskın S Überfall *m*
basma A S Druck(erzeugnis *n*) *m* B S bedruckte(r) Baumwollstoff *m* C ADJ gedruckt
basmak V/T ‹-ar› treten, drücken (*-e* auf *akk*); *a.* IT drucken (*-i etw*); überfallen **bastırmak** V/T *akk* (*Buch*) drucken lassen; (*Aufstand*) unterdrücken
baston S (Spazier-)Stock *m*
basur S ANAT Hämorrhoiden *pl*
baş A S *a.* ANAT Kopf *m*; An-

fang *m*; Chef(in) *m(f)*; ~ **ağrısı** Kopfschmerzen *pl*; ~ **göstermek** auftreten, sich zeigen **B** ADJ Haupt...; **iş ~ında** bei der Arbeit; **tek ~ına** allein; **~ta** an der Spitze; **~tan** von Anfang an; **~tan ~a** von einem Ende zum anderen, durchweg

başak S ‹-ğı› Ähre *f*; ASTRON Jungfrau *f*

başarı S Erfolg *m* **başarılı** ADJ erfolgreich **başarmak** V/T *-i* zustande bringen *akk*; Erfolg haben in *dat*

başbakan S Ministerpräsident(in) *m(f)*, Premierminister(in) *m(f)*, Kanzler(in) *m(f)* **başbakanlık** S Ministerpräsidium *n*

başıboş ADJ frei (umherlaufend); (*Hund etc*) herrenlos

başka ADJ ander...; verschieden (*-den* von *dat*); **~?** noch jemand?, noch etwas?; *-den* ~ außer; **bundan** ~ außerdem

başkan S Präsident(in) *m(f)*, Vorsitzende(r) *m/f(m)* **başkanlık** S Präsidium *n*, *a. fig* Präsidentenamt *n*

başkent S Hauptstadt *f*

başkonsolos S Generalkonsul(in) *m(f)* **başkonsolosluk** S Generalkonsulat *n*

başlamak V/T *-e* anfangen, beginnen *akk* **başlangıç** S Anfang *m*, Beginn *m*

başlıca ADJ hauptsächlich, wesentlich; Haupt...

başlık S Kopfbedeckung *f*; Überschrift *f*

başoyuncu S Hauptdarsteller(in) *m(f)*

başörtü(sü) S Kopftuch *n*

başparmak S Daumen *m*

başşehir ‹-hri› → başkent

başta, baştan → baş

başucu S Kopfende *n*; **~mda** an meinem Bett; dicht neben mir; ~ **kitabı** Lieblingsbuch *n*; Standardwerk *n*

başvurmak V/T *-e* sich wenden an *akk*; beantragen **başvuru** S Antrag(stellung *f*) *m*; ~ **kitabı** Nachschlagewerk *n*

başyazar S Chefredakteur(in) *m(f)*

batak ‹-ğı› **A** S Sumpf *m* **B** ADJ sumpfig **bataklık** S ‹-ğı› Sumpf *m*

bateri S MUS Schlagzeug *n*

batı **A** S Westen *m* **B** ADJ West...

batıl: ~ **itikat** Aberglaube *m*

batılı ADJ zum Westen gehörig, westlich **batılılaşmak** V/R sich verwestlichen, sich europäisieren

batırmak V/T versenken **batış** S Bankrott *m*; Untergang *m*

batmak V/I ‹-ar› (*Sonne, Boot*) (ver)sinken, untergehen; (*Nadel usw*) eindringen (*-e* in *akk*); WIRTSCH pleitegehen

battaniye S Wolldecke *f*

bavul S Koffer *m*; ~ **turizmi** Einkaufstourismus *m*

Bavyera S Bayern *n*

bay S Herr *m*

bayağı **A** ADJ üblich, gewöhnlich; (*Qualität*) schlecht **B** ADV beinahe, fast; ziemlich
bayan S Dame *f*; Frau *f*
bayat ADJ (*Lebensmittel*) alt, verdorben; (*Bier*) abgestanden; (*Nachricht*) überholt
baygın ADJ ohnmächtig; (*Geruch*) betäubend **baygınlık** S Ohnmacht *f* **bayılmak** V/I in Ohnmacht fallen; *fig* entzückt sein (*-e* von *dat*) **bayıltıcı** ADJ betäubend
bayındırlık S ⟨-ğı⟩ Stadtentwicklung *f*; Aufbau *m*
bayır S Abhang *m*
bayi S ⟨-ii⟩ WIRTSCH Vertretung *f*; **yetkili ~** Vertragshändler(in) *m(f)*
baykuş S ZOOL Eule *f*
bayrak S ⟨-ğı⟩ Fahne *f*
bayram S Fest *n*, Feiertag *m*; **~ınız kutlu olsun!** frohe Feiertage! **bayramlık** ADJ (*Kleid etc*) Fest...
baytar S Veterinär(in) *m(f)*, Tierarzt *m*, Tierärztin *f*
baz S Grundlage *f*, Ausgangspunkt *m*; MATH Basis *f*; CHEM Base *f*
bazalt S Basalt *m*
bazen ADV manchmal
bazı ADJ einige, manche *pl*; **~ defa, ~ kere** manchmal; **~ları** *pl* einige
be! INT doch!, Mensch!, Mann!
bebe S Baby *n*, Säugling *m*
bebek S ⟨-ği⟩ Baby *n*; Puppe *f*; **~ yuvası** (Kinder-)Krippe *f*
beceri S Geschick *n*, Geschicklichkeit *f* **becerikli** ADJ geschickt **beceriksiz** ADJ ungeschickt **becermek** V/T *akk* mit Erfolg erledigen, schaffen; *vulg* vergewaltigen
bedava ADJ unentgeltlich; ohne Gegenleistung
bedbaht ADJ unglücklich
beddua S Fluch *m*, Verwünschung *f*
bedel S Gegenwert *m*, Preis *m*; Ersatz(leistung *f*) *m*; **buna ~** stattdessen, dafür
beden S Körper *m*, Rumpf *m*; (Kleider-)Größe *f*; **~ eğitimi** Sport(unterricht *m*) *m* **bedenî** ADJ körperlich, physisch
bedesten S (Antiquitäten-)Basar *m*
begonya S BOT Begonie *m*
beğenmek V/T gernhaben, lieben; **bunu beğeniyorum** das gefällt mir
beher ADJ je, pro
bek S SPORT Verteidiger(in) *m(f)*
bekâr **A** ADJ unverheiratet, ledig **B** S Junggeselle *m*, Junggesellin *f*
bekçi S Wächter *m*; Nachtwächter *m*
beklemek V/T *-i* erwarten *akk*, warten auf *akk*; hoffen auf *akk*; bewachen *akk* **beklenmek** V/I PASSIV erwartet werden **beklenti** S Erwartung *f*
Bektaşî S REL Mitglied *n* des Bektaschi-Ordens

bektaşîüzümü S BOT Stachelbeere *f*
bel S ANAT Lende *f*; Taille *f*; GEOG Bergpass *m*; AGR (zweizinkiger) Spaten *m*
belâ S Unglück *n*, Unheil *n*, Verhängnis *n*; Plage *f*
Belçika S Belgien *n*
belde S Ort *m*, Gemeinde *f*
belediye S Stadtverwaltung *f*; **~ başkanı** Bürgermeister(in) *m(f)*
beleş ADJ *umg* kostenlos, gratis
belge S Urkunde *f*, Dokument *n* **belgelemek** V/T beurkunden, belegen
belirlemek V/T bestimmen; festsetzen **belirli** ADJ bestimmt **belirmek** V/I erscheinen, sich zeigen **belirsiz** ADJ unbestimmt, unklar **belirti** S Anzeichen *n* **belirtmek** V/T klarstellen
belki ADV vielleicht
bellek S ‹-ği› Gedächtnis *n*; IT Speicher *m*; **belleğe almak** IT speichern; **~ yeri** IT Speicherplatz *m*
bellemek V/T **A** auswendig lernen; sich merken **B** mit dem Spaten umgraben
belli ADJ klar, offenbar; bekannt; **~ başlı** hauptsächlich
ben[1] S ANAT Muttermal *n*
ben[2] PRON ich; **~im** mein(e); **~im için** für mich **bencil** ADJ egoistisch **bencillik** S Egoismus *m*
benek S ‹-ği› Fleck *m* **benekli** ADJ gesprenkelt, getupft, gefleckt
benimsemek V/T sich zu eigen machen; zustimmen *dat*
benlik S ‹-ği› Persönlichkeit *f*
bent S ‹-di› Staudamm *m*, Deich *m*
benzemek V/I *dat* ähneln **benzer** ADJ ähnlich **benzersiz** ADJ beispiellos
benzetmek V/T vergleichen (*-e* mit *dat*); verwechseln (*-e* mit *dat*); *umg akk* verderben
benzin S Benzin *n*; **~ almak** tanken; **~ borusu** AUTO Benzinleitung *f*; **~ pompası** Benzinpumpe *f* **benzinci** S Tankwart *m*; Tankstelle *f*
beraat S ‹-ti› Freispruch *m*; **~ etmek** freigesprochen werden
beraber ADV zusammen; **bununla ~** trotzdem
berat S Patent *n*; **~ gecesi** REL *Nacht der Berufung Mohammeds zum Propheten*
berbat ADJ schlecht; verdorben
berber S Friseur *m*
bere[1] S ANAT blauer Fleck *m*
bere[2] S Baskenmütze *f*
bereket S Segen *m*; Reichtum *m* **bereketli** ADJ fruchtbar, segensreich **bereketsiz** ADJ unergiebig; ohne Segen
beri: *-den* **~** seit *dat*
berrak ADJ klar, durchsichtig
bertaraf: **~ etmek** beiseitelegen; beseitigen

besbelli ADJ ganz klar
besin S Nahrung(smittel *n*) *f*; Ernährung *f*; **~ değeri** Nährwert *m* **besleme** S Ernährung *f* **beslemek** V/T ernähren, verpflegen; (*Tier, Baby*) füttern **besleyici** ADJ nahrhaft
beste S MUS Melodie *f* **besteci, bestekâr** S Komponist(in) *m(f)*
beş ADJ *Zahl* fünf
beşik S ⟨-ği⟩ Wiege *f*
beter ADJ schlimmer (*-den* als)
betimlemek V/T beschreiben, schildern
beton S Beton *m* **betonarme** S Stahlbeton *m*
bey S (*nach dem Vornamen*) Herr *m*
beyan S Erklärung *f*, Deklaration *f*; **~ etmek** erklären, verkünden **beyanat** S *pl* (Presse-)Erklärung *f*
beyaz ADJ weiß; **~ eşya** elektrische Haushaltsgeräte *pl*; **~ zehir** Heroin *n* **beyazlatmak** V/T weiß machen; bleichen
beyefendi S Herr *m*
beygir S ZOOL Pferd *n*; Wallach *m*; **~ gücü** AUTO Pferdestärke *f*
beyhude ADJ & ADV vergeblich
beyin S ⟨-yni⟩ Gehirn *n*; **~ sarsıntısı** MED Gehirnerschütterung *f*; **~ yıkama** Gehirnwäsche *f*
beyit S ⟨-yti⟩ Doppelvers *m*
bez[1] S Tuch *n*; Lappen *m*
bez[2] S ANAT Drüse *f*
bezelye S BOT Erbse *f*
bezgin ADJ niedergeschlagen, frustriert
bıçak S ⟨-ğı⟩ Messer *n* **bıçaklamak** V/T mit e-m Messer verletzen, (er)stechen
bıçkı S Säge *f*
bıkkın ADJ überdrüssig (*-den gen*); müde, gelangweilt **bıkmak** V/I ⟨-ar⟩ *-den* überdrüssig werden *gen*
bırakmak V/T ⟨-ır⟩ lassen, bleiben lassen; verlassen, hinterlassen; (*Gewohnheit*) aufgeben
bıyık S ⟨-ğı⟩ Schnurrbart *m*
biber S Pfeffer *m*; **~ dolması** gefüllte Paprikaschote *f*; **kara ~** schwarzer Pfeffer *m*; **kırmızı ~** roter Pfeffer *m*, Paprika *m*
biçare ADJ arm, elend
biçerdöver S Mähdrescher *m*
biçim S Form *f*, Schnitt *m* **biçimsiz** ADJ formlos; schlecht sitzend
biçki S Zuschneiden *n* **biçmek** V/T (zu)schneiden; (*Gras*) mähen
bidon S Kanister *m*
biftek S ⟨-ği⟩ Beefsteak *n*
bilakis ADV im Gegenteil
bilanço S WIRTSCH Bilanz *f*
bilardo S Billard *n*
bildiri S Mitteilung *f*; Flugblatt *n* **bildirim** S (*Zoll*) Deklaration *f* **bildirmek** V/T *j-m etw* mitteilen, melden
bile ADV sogar, selbst
bilek S ⟨-ği⟩ ANAT Handgelenk *n*

bilemek V/T schleifen
bileşik ADJ ⟨-ği⟩ zusammengesetzt, vereinigt; **~ faiz** WIRTSCH Zinseszinsen *m/pl*
bileşim S Zusammensetzung *f*; CHEM Verbindung *f*
bilet S Fahrkarte *f*, Fahrschein *m*; Eintrittskarte *f*; **~ gişesi** Schalter *m* **biletçi** S Fahrkartenverkäufer(in) *m(f)*
bilezik S ⟨-ği⟩ Armband *n*
bilgi S Wissen *n*, Kenntnis *f*; Daten *pl*; **~ bankası** IT Datenbank *f*; **~ işlem** IT Datenverarbeitung *f* **bilgin** S Gelehrte(r) *m/f(m)* **bilgisayar** S Computer *m* **bilgisiz** ADJ unwissend
bilhassa ADV besonders, insbesondere; absichtlich
bilim S Wissenschaft *f*; **~ adamı**, **bilimci** S Wissenschaftler(in) *m(f)*
bilimkurgu S Science-Fiction *f*
bilimsel ADJ wissenschaftlich
bilinç S ⟨-ci⟩ Bewusstsein *n* **bilinçaltı** S Unterbewusstsein *n*
bilinen ADJ bekannt, geläufig
bilinmek V/I bekannt sein **bilinmeyen** ADJ unbekannt
bilirkişi S Sachverständige(r) *m/f(m)*, Kenner(in) *m(f)*
bilişim S Informatik *f*
billur S Kristall *n*
bilmece S Rätsel *n* **bilmek** V/T ⟨-ir⟩ wissen, kennen; können
bilye S Kugel *f*, Murmel *f*; **~li yatak** TECH Kugellager *n*
bin ADJ *Zahl* tausend
bina S Gebäude *n*
binbaşı S ⟨-yı⟩ MIL Major *m*
bindirmek V/T einsteigen lassen, besteigen lassen, aufsitzen lassen, (-*e* in *akk*); einladen, verladen **binici** S Reiter(in) *m(f)* **binmek** V/T ⟨-er⟩ -*e* einsteigen in *akk*, besteigen *akk*; aufsitzen
bir **A** ARTIKEL ein, eine; **~ şey** etwas; **~ şey değil!** nichts zu danken! **B** ADJ *Zahl* eins
bira S Bier *n*
birader S Bruder *m*
birahane S Bierstube *f*
biraz ADV etwas, ein wenig
birbiri PRON einander
birçok ADJ viele, zahlreiche *pl*
birden ADV auf einmal; zusammen **birdenbire** ADV plötzlich
birer ADJ je ein(e)
birey S Individuum *n* **bireysel** ADJ individuell, persönlich
biri PRON eine(r, s), jemand
birikinti S Ansammlung *f* **birikmek** V/I sich ansammeln **biriktirmek** V/T ansammeln; (*Geld*) sparen
birisi → biri
birkaç PRON einige, ein paar *pl*
birleşik ADJ vereinigt **birleşmek** V/R sich vereinigen (**ile** mit *dat*) **birleştirmek** V/T vereinigen, verbinden
birlik S ⟨-ği⟩ Vereinigung *f*, Bund *m*; Einheit *f* **birlikte**

ADV zusammen, gemeinsam
birtakım ADJ irgendwelche *pl*
bisiklet S Fahrrad *n*; **~ yolu** Radfahrweg *m*
bisküvi S Keks *m*; Kekse *pl*
bismillah! INT im Namen Gottes!
bit S ZOOL Laus *f*
bitik ADJ erschöpft
bitim S Ende *n* **bitirmek** V/T beenden, vollenden, zu Ende bringen
bitişik ADJ angrenzend
bitki S Pflanze *f*
bitkin ADJ erschöpft
bitkisel ADJ pflanzlich
bitlenmek V/I Läuse bekommen
bitmek V/I ⟨-er⟩ fertig, beendet, vollendet sein; (*Vorräte*) aufgebraucht sein
bitpazarı S Flohmarkt *m*
biyografi S Biografie *f*
biyoloji S Biologie *f*
biz PRON wir; **~im** unser(e)
Bizans S Byzanz *n*
bizzat ADV persönlich, selbst
blok S ⟨-ğu, -ku⟩ Block *m*
bloke: **~ etmek** blockieren
bloknot S Notizblock *m*
blöf S Bluff *m*
blucin S Jeans *pl*
bluz S Bluse *f*
bobin S TECH Spule *f*
bodrum S Keller *m*
bodur ADJ (*Wuchs*) klein
boğa S ZOOL Stier *m*, Bulle *m*
boğaz S ANAT Kehle *f*, Hals *m*; GEOG Pass *m*, Meerenge *f*
Boğaziçi S GEOG Bosporus *m*
boğazlamak V/T *-i* die Kehle durchschneiden *dat*
Boğazlar S GEOG (*Bosporus und Dardanellen*) Meerengen *pl*
boğmaca S MED Keuchhusten *m*
boğmak V/T ⟨-ar⟩ erwürgen, ersticken
boğuk ADJ dumpf, heiser
boğulmak V/I ersticken; ertrinken
boğum S Verengung *f*
boğuşmak V/R sich balgen, raufen
bohça S Einschlagtuch *n*
bok **A** S Kot *m*, Dreck *m*; **~ yemek** *vulg* Scheiße bauen **B** ADJ *vulg* Scheiß...
boks S SPORT Boxen *n*; **~ maçı** Boxkampf *m* **boksör** S Boxer(in) *m(f)*
bol ADJ weit (*a. Kleidungsstück*); *fig* reichlich **bollaşmak** V/I (zu) weit, (zu) groß werden; reichlich vorhanden sein **bolluk** S Überfluss *m*
bomba S Bombe *f* **bombalamak** V/T bombardieren **bombardıman** S Bombardierung *f*
bomboş ADJ ganz leer
bonbon S Bonbon *m od n*
boncuk S ⟨-ğu⟩ (Glas-)Perle *f*
bonfile S Filet *n*
bono S WIRTSCH Wechsel *m*
bonservis S Arbeitszeugnis *n*
bora S Orkan *m*
borazan S MUS Trompete *f*

borç S ⟨-cu⟩ WIRTSCH Schuld *f*; Pflicht *f*; ~ **almak** Schulden machen; Geld borgen (*-den* von *dat*); ~ **vermek** *dat* Geld leihen **borçlanmak** V/T sich verschulden (*-e* bei *dat*) **borçlu** ADJ verschuldet; *fig dat* verpflichtet
borda S SCHIFF Schiffdeck *f*, Bordwand *f*
bordo ADJ weinrot
bornoz S Bademantel *m*
borsa S WIRTSCH Börse *f* **borsacı** S Börsenmakler(in) *m(f)*
boru S Rohr *n*, Röhre *f*; MUS Horn *n*
bostan S (*Gemüsegarten*) Garten *m*
boş ADJ leer; (*Platz, Stelle*) frei; (*Arbeiter*) unbeschäftigt; *fig* nichtig; ~ **vites** AUTO Leerlauf *m*; ~ **zaman** freie Zeit; ~**ta** arbeitslos **boşalmak** V/I leer *od* frei werden; sich entladen; sich entleeren **boşaltmak** V/T leeren, ausräumen, entladen
boşamak V/T sich scheiden lassen (*-i* von *dat*) **boşanmak** V/T sich scheiden lassen (*-den* von *dat*)
boşboğaz ADJ schwatzhaft
boşluk S Leere *f*, Hohlraum *m*
boşuna ADV vergeblich, umsonst
botanik ⟨-ği⟩ **A** S Botanik *f* **B** ADJ botanisch
boy S Größe *f*, Statur *f*; Format *n*; ~ **atmak** wachsen
boya S Farbe *f*; Ölfarbe *f* **boyacı** S Maler(in) *m(f)*, Anstreicher(in) *m(f)*; Schuhputzer *m*
boyahane S Färberei *f* **boyalı** ADJ gefärbt, angestrichen; ~ **basın** Regenbogenpresse *f* **boyamak** V/T färben, anstreichen
boykot S Boykott *m*; Studentenstreik *m*; ~ **etmek** boykottieren
boylam S GEOG Länge *f*
boylu ADJ von großer Statur, hochgewachsen
boynuz S ZOOL Horn *n*; Geweih *n*
boysuz ADJ von kleiner Statur, kleinwüchsig
boyun S ⟨-ynu⟩ ANAT Hals *m*, Nacken *m*; GEOG Pass *m*
boyunca ADV *nom* längs *gen*, entlang *akk* (*nachgestellt*) *od dat, gen* (*vor dem Substantiv*)
boyut S Dimension *f*; Format *n*; **üç** ~**lu** dreidimensional
boz ADJ (asch)grau
boza S Hirsebier *n*
bozdurmak V/T *akk* verderben lassen; (*Geld*) wechseln lassen
bozgun(luk) S völlige(r) Zusammenbruch *m*, Niederlage *f*
bozkır S Steppe *f*
bozmak V/T ⟨-ar⟩ verderben, zerstören; (*Geld*) wechseln
bozuk ADJ ⟨-ğu⟩ verdorben, kaputt; ~ **para** Kleingeld *n*
bozukluk S Panne *f*, Störung *f*, Defekt *m*; Kleingeld *n* **bozulmak** V/I verderben; zer-

stört werden **bozuşmak** V/R sich verkrachen
böbrek S ⟨-ği⟩ ANAT Niere *f*; **~ iltihabı** MED Nierenentzündung *f*
böbürlenmek V/I sich brüsten
böcek S ⟨-ği⟩ ZOOL Insekt *n*, Käfer *m*
böğür S ⟨-ğrü⟩ Flanke *f*
böğürmek V/I brüllen
böğürtlen S BOT Brombeere *f*
bölen S MATH Divisor *m*
bölge S Region *f*, Gebiet *n* **bölgesel** ADJ regional
bölme S MATH Division *f*; abgetrennte Kammer *f*; Scheidewand *f* **bölmek** V/T ⟨-er⟩ teilen, zerlegen (*-i -e etw* in *akk*) **bölü** PRÄP MATH (geteilt) durch **bölücü** POL **A** S Separatist(in) *m(f)* **B** ADJ separatistisch
bölük S ⟨-ğü⟩ MIL Kompanie *f*
bölüm S Teil *m*; Kapitel *n*, Abschnitt *m* **bölünmek** V/I PASSIV geteilt, gegliedert werden (*-e* in *akk*)
bön ADJ dumm, einfältig
börek S ⟨-ği⟩ Pastete *f*; Teigtasche *f*
böyle ADV so **böylece, böylelikle** ADV derart, auf diese Weise
branş S Zweig *m*, Branche *f*; Arbeitsgebiet *n*
bre! INT Mensch!; he!
Brezilya S Brasilien *n*
brifing S Briefing *n*
briket S Brikett *n*; Betonziegel *m*
bronşit S MED Bronchitis *f*
broş S Brosche *f*
brülör S TECH Brenner *m*
bu PRON ⟨-nu⟩ dieser, diese, dieses; **~ arada** inzwischen; **~ kadar** so viel, so sehr; *int* das ist alles!; **~nun için** deshalb, darum; **~nunla beraber** trotzdem, dennoch
bucak S ⟨-ğı⟩ Winkel *m*, Ecke *f*; Bezirk *m*
buçuk ⟨-ğu⟩ **A** S Hälfte *f* **B** ADJ (*nach Zahlen*) halb; **bir ~** eineinhalb
budak S ⟨-ğı⟩ (*a. im Holz*) Ast *m*
budala ADJ einfältig, dumm
budamak V/T ausholzen, beschneiden
bugün ADV heute; **~den itibaren** ab heute, von heute an
bugünkü ADJ heutig **bugünlük** ADV für heute; heutzutage
buğday S BOT Weizen *m*
buğu S Dunst *m*, Dampf *m* **buğulanmak** V/I beschlagen
buhar S Dampf *m* **buharlı** ADJ Dampf…
buhur S Weihrauch *m*
buji S AUTO Zündkerze *f*
buket S Blumenstrauß *m*
bulandırmak V/T trüben; verderben **bulanık** ADJ trübe, diesig **bulanmak** V/I trübe werden; **midesi ~** übel werden *j-m* **bulantı** S Übelkeit *f*
bulaşıcı ADJ ansteckend

bulaşık S ⟨-ğı⟩ schmutziges Geschirr *n*, Abwasch *m*
bulaşmak V/I schmutzig machen (*-e akk*); MED anstecken (mit *dat*) **bulaştırmak** V/T beschmutzen; verseuchen
Bulgar **A** S Bulgare *m*, Bulgarin *f* **B** ADJ bulgarisch **Bulgaristan** S Bulgarien *n*
bulgur S Weizengrütze *f*
bulmaca S Rätsel *n* **bulmak** V/T ⟨-ur⟩ finden; erfinden
bulundurmak V/T bereithalten **bulunmak** **A** V/I PASSIV gefunden werden **B** V/I sich befinden; vorhanden sein
buluş S Erfindung *f*
buluşmak V/R sich treffen
bulut S Wolke *f*; **~ gibi** *umg* sehr betrunken; **~ kesilmek** *umg* sich besaufen **bulutlanmak** V/I sich bewölken **bulutlu** ADJ bewölkt
bulvar S Boulevard *m*
bunak ADJ ⟨-ğı⟩ senil
bunalım S Krise *f* **bunalmak** V/I fast ersticken *od* umkommen (*-den* vor) **bunaltıcı** ADJ erstickend
bura S hier, diese Stelle, dieser Ort; **~da** hier; **~dan** von hier; **~sı** hier, diese Stelle; **~ya** hierher
burç S ⟨-cu⟩ ASTRON Tierkreiszeichen *n*
burgu S Bohrer *m*; MUS Wirbel *m*
burkmak V/T ⟨-ar⟩ umdrehen; MED verrenken
burs S Stipendium *n*
buruk ADJ (*Seil etc*) gedreht; (*Geschmack*) herb-sauer
burun S ⟨-rnu⟩ ANAT Nase *f*; **~ kıvırmak** die Nase rümpfen (*-e* über *akk*); GEOG Vorgebirge *n*; Kap *n*
burunlu ADJ hochmütig **burunsuz** ADJ bescheiden
buruşmak V/I Falten bilden **buruşturmak** V/T zerknüllen, zerknittern **buruşuk** ADJ zerknittert; faltig
but S ⟨-du⟩ ANAT Oberschenkel *m*; Keule *f*
butik S ⟨-ği⟩ Boutique *f*
buyruk S ⟨-ğu⟩ Befehl *m*, Erlass *m*, Gebot *n*
buyrun! → buyurun(uz)!
buyurmak V/T *akk* befehlen; (*belieben*) geruhen zu *inf* **buyurun(uz)!** INT bitte!; herein!
buz **A** S Eis *n* **B** ADJ eisig **buzdağı** S Eisberg *m* **buzdolabı** S Kühlschrank *m* **buzlu** ADJ eisgekühlt; (*Glasscheibe*) undurchsichtig **buzul** S Gletscher *m*
büfe S Büfett *n*; Kiosk *m*
bükmek V/T biegen; drehen
bükülmek V/I gebogen werden, sich biegen **bükülü** ADJ gekrümmt; (*Faden*) gesponnen
büküm S Falte *f*, Knick *m*
bülbül S ZOOL Nachtigall *f*
bülten S Bericht *m*; Zeitschrift *f*
bünye S MED Konstitution *f*; Struktur *f*

büro S Büro *n* **bürokrasi** S Bürokratie *f* **bürokrat** S Bürokrat(in) *m(f)*
bürümcük S ‹-ğü› Rohseide *f*
bürümek V/T einhüllen **bürünmek** V/I eingehüllt werden; sich einhüllen (-*e* in *dat*)
büsbütün ADV ganz und gar, völlig
büst S Büste *f*; Brustbild *n*
bütçe S Haushalt *m*, Budget *n*
bütün ADJ **A** ganz; alle *pl* **B** Ganze(s) **bütünleme**: ~ **sınavı** Nachprüfung *f* **bütünlemek** V/T vervollständigen **bütünlük** S Gesamtheit *f*
büyü S Zauberei *f*, Magie *f* **büyücü** S Zauberer *m*, Zauberin *f*; Hexe *f*
büyük ADJ groß, geräumig; **Büyük Millet Meclisi** Große Nationalversammlung *f*
büyükanne S Großmutter *f*; Oma *f* **büyükbaba** S Großvater *m*; Opa *m*
büyükelçi S Botschafter(in) *m(f)*
büyüklük S Größe *f*
büyülemek V/T verzaubern
büyümek V/I groß werden, wachsen **büyüteç** S Lupe *f*; Vergrößerungsglas *n* **büyütmek** V/T vergrößern; (*Kind*) großziehen
büzmek V/T ‹-er› kräuseln **büzük** ADJ gefaltet; gekräuselt; geschrumpft **büzülmek** V/I schrumpfen **büzüşmek** V/R sich zusammenziehen

C

cabadan ADV obendrein, noch dazu
cacık S Zaziki *m od n* (*Gurken-Joghurt-Kaltschale*)
cadaloz S *umg* alte(s), hässliche(s), gemeine(s) Weib *n*
cadde S Straße *f*
cadı S Hexe *f*
cahil ADJ unwissend; unerfahren
caka S Prahlen *n*
cam S Glas *n*, Glasscheibe *f*
cambaz **A** S Akrobat(in) *m(f)* **B** ADJ *fig* listig
camcı S Glaser(in) *m(f)* **camekân** S Schaufenster *n*; Gewächshaus *n*
cami S ‹-i, -si› Moschee *f*
camlamak V/T verglasen
camlı ADJ mit Glas; Glas...
can S Seele *f*, Leben *n*; lieb; ~ **çekişmek** im Sterben liegen; ~ **vermek** sterben; **~ı pek** widerstandsfähig; **~ı sıkılmak** sich langweilen; enttäuscht sein (-*e* über *akk*); **~ım** (*Kosewort*) Liebling, Schatz
canavar S Ungeheuer *n*; wildes Tier *n*; ~ **düdüğü** Sirene *f*
candan ADJ herzlich; aufrichtig
cani S Mörder(in) *m(f)*
cankurtaran S Rettungswa-

gen *m*; Krankenwagen *m*; ~ **sandalı** Rettungsboot *n*; ~ **simidi** Rettungsring *m* **canlandırmak** V/T beleben **canlanmak** V/I sich beleben, lebendig werden **canlı** ADJ lebend, lebendig; (*Musik etc*) live; Live... **cansız** ADJ leblos
cari: ~ **hesap** FIN Girokonto *n*
casus S Spion(in) *m(f)*, Agent(in) *m(f)* **casusluk** S Spionage *f*
caydırmak V/T *-i -den j-m etw* ausreden **caymak** V/I *-den* verzichten auf *akk*
caz(müziği) S Jazz *m*
cazibe S Anziehung(skraft *f*) *f* **cazibeli** ADJ anziehend, attraktiv **cazip** ADJ (*Vorschlag*) attraktiv, interessant
cebir[1] S (*-bri*) MATH Algebra *f*
cebir[2] S (*-bri*) Zwang *m*, Gewalt *f*
cehennem S Hölle *f*
ceket S Jacke *f*
celp(name) S JUR Vorladung *f*
cemaat S ⟨-ti⟩ Versammlung *f*; REL Gemeinde *f* **cemiyet** S Verein *m*, Verband *m*; Gesellschaft *f*
cenaze S Leiche *f*; ~ **alayı** Leichenzug *m*
cendere S Wäschemangel *f*
cennet S Paradies *n*
centilmen S Gentleman *m* **centilmence** ADJ & ADV wie ein Gentleman, fair, anständig
cep S ⟨-bi⟩ (*Hose etc*) Tasche *f*; ~ **feneri** Taschenlampe *f*; ~ **harçlığı** Taschengeld *n*; ~ **telefonu** Handy *n*
cephane S MIL Munition *f*
cephe S Vorderseite *f*; Fassade *f*; MIL Front *f*
cerahat S ⟨-ti⟩ MED Eiter *m*
cereyan S Fließen *n*, Strömen *n*; Strom *m*; ~ **etmek** sich ereignen
cerrah S MED Chirurg(in) *m(f)* **cerrahlık** S Chirurgie *f*
cesaret S Mut *m*, Kühnheit *f*; ~ **etmek** *-e* wagen *akk* **cesaretlendirmek** V/T ermutigen (*-e* zu *dat*)
ceset S ⟨-di⟩ Leiche *f*
cesur ADJ kühn, verwegen
cetvel S Tabelle *f*; Lineal *n*
cevap S ⟨-bı⟩ Antwort *f*; ~ **vermek** antworten; (*-e -i j-m* auf *etw*) **cevaplandırmak** V/T beantworten
cevher S Erz *n*; Substanz *f*
ceviz S BOT Walnuss *f*
ceylan S ZOOL Gazelle *f*
ceza S Strafe *f*; ~ **çekmek** *e-e* Strafe verbüßen (*-den* wegen *gen*) **cezaevi** S Strafanstalt *f*; Gefängnis *n* **cezalandırmak** V/T bestrafen **cezalı** ADJ verurteilt; bestraft
Cezayir S Algerien *n*
cezbetmek V/T *fig* anziehen; betören
cezir S ⟨-zri⟩ GEOG Ebbe *f*
cezve S kleine Stielkanne *f* (*zur Bereitung von türk. Mokka*)
cılız ADJ kraftlos, schwach **cılızlaşmak** V/I kraftlos werden

cılk ADJ (*Ei*) faul
cımbız S Pinzette *f*
cırcır S Zirpen *n*; *umg* Schwätzer(in) *m(f)*; ~ **böceği** ZOOL Grille *f* **cırlamak** V/I zirpen; *umg* quasseln
cıs! INT (*zu Kind*) Finger weg!
cıva S Quecksilber *n*
cıvata S TECH Bolzen *m*
cıvık ADJ klebrig; schmierig; *fig* albern, läppisch
cıvıldamak V/I zwitschern
cız S Brutzeln *n*, Zischen *n*; (*Kindersprache*) Feuer *n*
cızbız ADJ (*Fleisch*) gegrillt
cızıldamak, cızırdamak V/I brutzeln, zischen
cibinlik S Moskitonetz *n*
cici ADJ (*Kind*) niedlich, lieb, brav; (*Kleidung*) neu, hübsch
cicim S (*Teppichart*) Kelim *m*; *umg* Schätzchen *n*
ciddî ADJ ernst(haft) **ciddiyet** S Ernst *m*, Ernsthaftigkeit *f*
ciğer S ANAT Leber *f*; Lunge *f*, → **akciğer**
cihan S Welt *f*
cihaz S Apparat *m*, Gerät *n*
cilâ S Glanz *m*; Politur *f*, Lack *m* **cilâlamak** V/T polieren, lackieren
cilt S ‹-di› Haut *f*; Band *m* (*e-s Werkes*); (*Buch*) Einband *m* **ciltçi** S Buchbinder(in) *m(f)* **ciltlemek** V/T (ein)binden **ciltli** ADJ gebunden
cilve S Koketterie *f*; Grazie *f* **cilveli** ADJ kokett
cimri ADJ geizig, knaus(e)rig
cin[1] S Dämon *m*, böser Geist *m*
cin[2] S Gin *m*
cinayet S Mord *m*
cingöz ADJ schlau, aufgeweckt
cins S Art *f*, Gattung *f*; Geschlecht *n* **cinsel, cinsî** ADJ geschlechtlich, sexuell **cinsiyet** S Geschlecht *n*
cips S (Kartoffel-)Chips *pl*
ciro S WIRTSCH Giro *n*; Umsatz *m*
cisim S ‹-smi› Körper *m*
civar S Umgebung *f*
civciv S ZOOL Küken *n*
coğrafya S Geografie *f*, Erdkunde *f*
conta S TECH Dichtung *f*
cop S (Polizei-)Knüppel *m* **coplamak** V/T verprügeln
coşku S Begeisterung *f* **coşkun** ADJ begeistert **coşkunluk** S Begeisterung *f* **coşmak** V/I begeistert sein **coşturmak** V/T anfeuern, begeistern
cömert ADJ freigebig, großzügig
cuma S Freitag *m* **cumartesi** S Sonnabend *m*, Samstag *m*
cumhurbaşkanı S Staatspräsident(in) *m(f)*
cumhuriyet S Republik *f*
cunta S POL Junta *f*
cüce S Zwerg *m*
cümle S GRAM Satz *m*
cüppe S Talar *m*, Robe *f*
cüret S Kühnheit *f*; Frechheit *f*
cürüm S ‹-rmü› Vergehen *n*, strafbare Handlung *f*
cüsse S (kräftiger) Körper *m*

cüzam S MED Lepra *f*, Aussatz *m*
cüzdan S Brieftasche *f*

Ç

çaba S Anstrengung *f*, Mühe *f*
çabalamak V/I sich abmühen, sich anstrengen
çabucak ADV schnell **çabuk** ADV schnell, rasch **çabuklaştırmak** V/T beschleunigen **çabukluk** S Schnelligkeit *f*
çadır S Zelt *n*; **~ kurmak** ein Zelt aufschlagen, zelten
çağ S Zeitalter *n*, Epoche *f*, Lebensabschnitt *m* **çağdaş** **A** ADJ modern, zeitgenössisch **B** S Zeitgenosse *m*, Zeitgenossin *f* **çağdışı** ADJ unzeitgemäß
çağıldamak V/I (*Fluss*) rauschen, plätschern
çağırmak V/T rufen; einladen (*-e* zu *dat*)
çağlamak V/I rauschen, brausen
çağlayan S Wasserfall *m*
çağrı S Einladung *f*, Aufforderung *f* **çağrılmak** V/I PASSIV *-e* gerufen, eingeladen werden zu *dat*
çağrışım S Assoziation *f*
çakal S ZOOL Schakal *m*; *fig* Schurke *m*, Schuft *m*
çakı S Taschenmesser *n*
çakıl S Kieselstein *m*
çakırdiken S BOT Klette *f*
çakırkeyf ADJ beschwipst, angeheitert
çakmak[1] V/T (*-ar*) (*Nagel*) einschlagen; befestigen; *umg* etwas verstehen (*-den* von *e-r Sache*); (*in der Schule*) sitzen bleiben; durchfallen (*-den* in *e-r Prüfung etc*)
çakmak[2] S (*-ğı*) Feuerzeug *n*; **~ taşı** Feuerstein *m*
çalar: **~ saat** Wecker *m*
çaldırmak V/T (*Musik*) spielen lassen; gestohlen werden; **çantamı çaldırdım** meine Tasche wurde gestohlen
çalgı S Musikinstrument *n*
çalgılı ADJ mit Livemusik
çalı S Gebüsch *n*; Gestrüpp *n*
çalıkuşu S ZOOL Zaunkönig *m* **çalılık** S Gebüsch *n*, Dickicht *n*
çalım S Prahlerei *f*; SPORT Täuschungsmanöver *n*
çalınmak V/I PASSIV gestohlen werden; (*Instrument*) gespielt werden
çalışan S Beschäftigte(r) *m/f(m)*
çalışkan ADJ fleißig
çalışma: **~ izni** Arbeitserlaubnis *f* **çalışmak** V/I arbeiten; versuchen (*-meğe* zu *inf*) **çalıştırmak** V/T (*j-n*) beschäftigen; TECH starten
çalkalamak V/T schütteln,

umrühren; (ab)spülen
çalmak ⟨-ar⟩ **A** V/T klopfen an *akk*; stehlen *akk*; MUS spielen; **(zili ~)** klingeln **B** V/I klingeln; (*Telefon*) läuten
çam S BOT Tanne *f*, Kiefer *f*, Fichte *f*
çamaşır S Wäsche *f*; **~ tozu** Waschpulver *n* **çamaşırhane** S Wäscherei *f*
çamfıstığı S BOT Pinienkern *m*
çamur S Schmutz *m*, Schlamm *m* **çamurlu** ADJ schmutzig, schlammig **çamurluk** S AUTO Kotflügel *m*; (*Fahrrad*) Schutzblech *n*
çan S Glocke *f*
çanak S ⟨-ğı⟩ Topf *m*; Schüssel *f*
çanta S Tasche *f*, Mappe *f*
çap S Durchmesser *m*, Kaliber *n*; Katasterplan *m*
çapa S SCHIFF Anker *m*; AGR Hacke *f* **çapalamak** V/T AGR umgraben
çapkın **A** S Schürzenjäger *m*; Nichtsnutz *m* **B** ADJ (*Blick*) lüstern
çapraşık ADJ (*Situation*) kompliziert, verworren, vertrackt
çapraz ADJ kreuzweise, diagonal
çarçabuk ADJ blitzschnell
çardak S ⟨-ğı⟩ Laube *f*, Pergola *f*
çare S Mittel *n*; Ausweg *m*; Lösung *f* **çaresiz** ADJ hilflos; unheilbar
çarık S ⟨-ğı⟩ *handgemachter einfacher Lederschuh*
çark S TECH Rad *n*; Räderwerk *n*
çarpı ADV MATH mal; **~ işareti** Malzeichen *n*
çarpıcı ADJ beeindruckend; betörend
çarpık ADJ krumm, schief
çarpıntı S Herzklopfen *n*
çarpışma S Zusammenstoß *m*, Gefecht *n* **çarpışmak** V/R zusammenstoßen; kämpfen, sich schlagen (**ile** mit *dat*)
çarpma S Stoß *m*, (*a.* ELEK) Schlag *m*; Aufprall *m*; MATH Multiplikation *f* **çarpmak** V/T ⟨-ar⟩ *-e* stoßen, schlagen gegen *akk*; MATH multiplizieren (*-i* **ile** *etw* mit *dat*)
çarşaf S Betttuch *n*; *Verschleierung streng muslimischer Frauen*
çarşamba S Mittwoch *m*
çarşı S Basar *m*, Markt *m*; Geschäftsstraße *f*
çat: **~ etmek** krachen; **~ pat konuşmak** (*Fremdsprache*) ein wenig … sprechen, mit Händen und Füßen (sprechen), radebrechen
çatal **A** S Gabel *f*; **~ takımı, ~ kaşık bıçak** Besteck *n* **B** ADJ gegabelt **çatallanmak** V/R sich gabeln
çatı S Dach *n*; Fachwerk *n*; **~ arası, ~ katı** Dachgeschoss *n*
çatırdamak V/I krachen, prasseln **çatırtı** S Prasseln *n*

çatışma S Konflikt *m*; Streit *m* **çatışmak** V/R zusammenstoßen; im Widerspruch stehen (**ile** zu *dat*)

çatlak ⟨-ğı⟩ **A** S Riss *m*, Spalte *f* **B** ADJ rissig, gesprungen **çatlamak** V/I zerspringen **çatlatmak** V/T bersten lassen; *umg* neidisch machen

çatmak V/T ⟨-ar⟩ (*Stirn*) runzeln; aneinanderfügen, zusammenheften; *-e* begegnen *dat*; kritisieren *akk*

çavdar S BOT Roggen *m*

çavuş S MIL Gefreiter *m*

çay[1] S Bach *m*

çay[2] S Tee *m* **çaydanlık** S Teekessel *m*; Teekanne *f*

çayır S Wiese *f*, Weideland *n*

çehre S Gesicht *n*; Aussehen *n*

çek S Scheck *m*; **~ kartı** Scheckkarte *f*

Çek **A** S Tscheche *m*, Tschechin *f* **B** ADJ tschechisch; **~ Cumhuriyeti** Tschechische Republik *f*

çekap S MED Gesamtuntersuchung *f*, Check-up *m*

çekecek S ⟨-ği⟩ Schuhanzieher *m*

çekici **A** ADJ attraktiv, anziehend **B** S AUTO Abschleppwagen *m*

çekiç S ⟨-ci⟩ Hammer *m*

çekiliş S (*Lotterie*) Ziehung *f*

çekilmek V/R sich zurückziehen (*-den* von, aus *dat*)

çekim S GRAM Flexion *f*, Deklination *f*, Konjugation *f*; PHYS Schwerkraft *f*, Gravitation *f*

çekimser ADJ zurückhaltend; sich enthaltend; **~ oy** POL (Stimm-)Enthaltung *f*

çekingen ADJ schüchtern, scheu; zögernd **çekinmek** V/T vermeiden (*-den etw*), sich genieren (*-den* vor *dat*)

çekirdek S ⟨-ği⟩ BOT, PHYS Kern *m*

çekirge S ZOOL Heuschrecke *f*

çekişmek V/R sich streiten

çekme S Anziehung *f*; **~ halatı** Abschleppseil *n*

çekmece S Schubfach *n*, Schublade *f* **çekmek** V/T ⟨-er⟩ ziehen, schleppen; ertragen, erdulden; (*Fax*) senden; (*Video, Film, Foto*) aufnehmen; (*Geld*) abheben

çekyat S Bettcouch *f*

çelebi ADJ höflich, taktvoll

çelenk S ⟨-ği⟩ Kranz *m*

çelik S ⟨-ği⟩ Stahl *m*; **~ tencere** Edelstahltopf *m*

çelişki S Widerspruch *m* **çelişmek** V/R im Widerspruch stehen (**ile** zu *dat*)

çelmelemek V/T ein Bein stellen (*-i dat*); verhindern

çember S Reifen *m*; MATH Kreis *m*

çene S ANAT Kinn *n*; Kiefer *m*; **~ çalmak** schwatzen

çengel S Haken *m*; **~li iğne** Sicherheitsnadel *f*

çentik S ⟨-ği⟩ Kerbe *f*

çerçeve S Rahmen *m*, Fassung *f* **çerçevelemek** V/T

einrahmen, einfassen
çerez S Beilage *f*; Knabbereien *pl*
Çerkez S Tscherkesse *m*, Tscherkessin *f*; **~ tavuğu** *kaltes Hühnerfleisch mit Walnusssoße*
çeşit S ⟨-di⟩ Sorte *f*; **~leri** e-e Auswahl (von) **çeşitli** ADJ verschieden(artig)
çeşme S Brunnen *m*, Quelle *f*
çete S Bande *f*, Gang *f*; Freischar *f*
çetin ADJ schwierig, hart; eigenwillig; stur; steil
çetrefil ADJ (*Situation*) verworren, undurchsichtig
çevik ADJ flink, gewandt; schnell
çeviri S Übersetzung *f* **çevirim** S Wendung *f* **çevirme** S Drehung *f*; (*Lamm etc*) ... vom Spieß; *umg* Verkehrskontrolle *f* **çevirmek** V/T umdrehen, wenden; übersetzen, umwandeln (-*e* in *akk*); (*einfassen*) umgeben (**ile** mit *dat*) **çevirmen** S Übersetzer(in) *m(f)*
çevre S Umgebung *f*; Umwelt *f*; Umfang *m*; **~ bilinci** Umweltbewusstsein *n*; **~ kirlenmesi** Umweltverschmutzung *f*; **~ koruma** *od* **sağlığı** Umweltschutz *m* **çevrebilim** S Ökologie *f* **çevreci** S Umweltschützer(in) *m(f)* **çevrelemek** V/T umschließen, umgeben; begrenzen; (*Personen*) umringen **çevreyolu** S Umgehungsstraße *f*
çeyiz S Mitgift *f*, Aussteuer *f*
çeyrek S ⟨-ği⟩ Viertel *n*; Viertelstunde *f*
çıban S MED Beule *f*; Abszess *m*
çığ S Lawine *f*; **~ır açmak** bahnbrechend sein
çığlık S ⟨-ğı⟩ Geschrei *n*; Lärm *m*; **~ atmak** (*od* **koparmak**) schreien, jammern
çıkar S Gewinn *m*; Interesse *n*; Vorteil *m*; **~ yol** Ausweg *m*
çıkarcı ADJ eigennützig
çıkarma S MATH Subtraktion *f*; MIL Landung *f*; **işten ~** Entlassung *f*; Kündigung *f* **çıkarmak** V/T (*Stift etc*) herausziehen; (*entlassen*) hinauswerfen; MATH subtrahieren; (*Kleidung*) ausziehen; (schluss)folgern; (*veröffentlichen*) publizieren; sich erbrechen
çıkık ⟨-ğı⟩ **A** S MED ausgekugeltes Gelenk **B** ADJ vorspringend **çıkıntı** S Vorsprung *m*
çıkış S Ausgang *m*; Abfahrt *f*; Ausreise *f* **çıkmak** ⟨-ar⟩ **A** V/I hinauskommen, hervorkommen; sich herausstellen **B** V/T (*Berg, Thron*) besteigen (-*e etw*) **çıkmaz** ADJ ausweglos; **~ (sokak)** Sackgasse *f*
çıkrık S ⟨-ğı⟩ Winde *f*, Spule *f*
çıldırmak V/I wahnsinnig werden; rasen; *umg* ausrasten **çılgın** ADJ wahnsinnig **çılgınlık** S Wahnsinn *m*; Verrücktheit *f*
çınar S BOT Platane *f*

çıngırak S <-ğı> Glocke *f*, Schelle *f*; **~lı yılan** ZOOL Klapperschlange *f*
çınlamak V/I klingen, widerhallen
çıplak <-ğı> **A** ADJ nackt **B** S Nackte(r) *m/f(m)*
çırak S <-ğı> Lehrling *m*, Auszubildende(r) *m/f(m)*; *umg* Gehilfe *m*, Gehilfin *f* **çıraklık** S Lehre *f*, Lehrzeit *f*
çır(ıl)çıplak ADJ splitternackt
çırpınmak V/I zappeln; (*besorgt sein*) erregt sein **çırpıntı** S Zittern *n*, Erregung *f* **çırpmak** V/T <-ar> ausschütteln; (*Teppich*) klopfen; (*Gebüsch*) beschneiden
çıta S (Holz-)Leiste *f*
çıtçıt S Druckknopf *m*
çıtırdamak V/I knacken, prasseln
çıtkırıldım **A** ADJ zart besaitet **B** S *fig* Mimose *f*
çıtlamak V/I knistern **çıtlatmak** V/T knacken lassen; *fig* andeuten
çiçek S <-ği> Blume *f*; Blüte *f*; MED Pocken *pl*; **~ açmak** blühen **çiçekçi** S Florist(in) *f(m)*; Blumenhändler(in) *m(f)*; Blumengeschäft *n* **çiçektozu** S Pollen *m*
çift **A** S Paar *n*; Pärchen *n* **B** ADJ doppelt; **~ sayı** gerade Zahl *f*; **~ sürmek** pflügen
çiftçi S Bauer *m*, Bäuerin *f*, Landwirt(in) *m(f)*
çifte ADJ doppelt; Doppel…
çiftleşmek V/R sich paaren
çiftlik S Bauernhof *m*
çiğ ADJ roh; unreif (*a. fig*); zu wenig gekocht; (*Farbe*) grell
çiğdem S BOT Krokus *m*
çiğköfte S rohe Frikadellen *pl*
çiğnemek V/T zertreten, zerquetschen; zerkauen
çiklet S Kaugummi *m*
çikolata S Schokolade *f*
çil **A** S Sommersprosse *f* **B** ADJ gefleckt, gesprenkelt
çile[1] S Sorge *f*, Mühe *f*; Trübsal *f*
çile[2] S (Garn-)Docke *f*; Strähne *f*
çilek S <-ği> BOT Erdbeere *f*
çilingir S Schlosser *m*
çim S (*angelegter*) Rasen *m*, Gras *n*
çimdik S <-ği> Kneifen *n*, Zwicken *n* **çimdiklemek** V/T kneifen
çimen S Rasen *m*; Wiese *f* **çimenlik** S Rasenplatz *m*, Grünanlage *f*
çimento S Zement *m*
Çin **A** S China *n* **B** ADJ chinesisch **Çince** S Chinesisch *n*
Çingene S *neg!* Zigeuner(in) *m(f)*
çini S Kachel *f*, Fliese *f*
çinko S Zink *n*
Çinli S Chinese *m*, Chinesin *f*
çip S IT Chip *m*
çiriş S Kleister *m*
çirkef **A** S Schmutzwasser *n*; *umg* gemeine(r) Mensch *m* **B** ADJ widerwärtig

çirkin ADJ hässlich
çiselemek V/I nieseln **çisenti** S Nieselregen *m*
çiş S (*Kindersprache*) Pipi *n*
çit S Hecke *f*, Zaun *m*
çitilemek V/T (*Wäsche*) reiben
çivi S TECH Nagel *m*, Stift *m* **çivilemek** V/T annageln, festnageln
çiy S (*Luftfeuchtigkeit*) Tau *m*
çizelge S Tabelle *f*, Plan *m* **çizgi** S Linie *f*, Strich *m* **çizgili** ADJ lin(i)iert; gestreift
çizim S Zeichnung *f*
çizme S Stiefel *m*
çizmek V/T ⟨-er⟩ zeichnen; ritzen; ausstreichen
çoban S Hirt(in) *m(f)*, Schäfer(in) *m(f)*
çocuk S ⟨-ğu⟩ Kind *n*; **çocuğu olmak** ein Kind bekommen; ... **çocuğum var** ich habe ... Kind(er) **çocukça** ADJ kindisch **çocukluk** S Kindheit *f*; Kinderei *f* **çocuksu** ADJ kindlich
çoğalmak V/I sich vermehren, viel werden **çoğaltmak** V/T vermehren; vervielfältigen
çoğu: ~ **defa** (*od* **kez** *od* **zaman**) meistens, oft
çoğul S GRAM Plural *m* **çoğulcu** ADJ pluralistisch
çoğunluk S Mehrheit *f*, Majorität *f* **çoğunlukla** ADV meistens
çok ADJ & ADV ⟨-ğu⟩ viel; sehr; lange (*dauern*)
çokkültürlü ADJ multikulturell
çokluk S Menge *f*
çoksesli ADJ MUS vielstimmig
çoktaraflı ADJ vielseitig, vielgestaltig; POL multilateral
çolak ADJ ⟨-ğı⟩ mit verkrüppeltem Arm
çoluk: ~ **çocuk** Kind und Kegel
çorak ADJ AGR dürr, unfruchtbar
çorap S ⟨-bı⟩ Strumpf *m*; **külotlu** ~ Strumpfhose *f*
çorba S Suppe *f*; ~ **içmek** Suppe essen
çökelmek V/I (*Flüssigkeit*) sich niederschlagen; (*Kaffeesatz*) sich absetzen
çöker(t)mek V/T niederknien lassen; demoralisieren
çökmek V/I ⟨-er⟩ sich senken, einsinken; (ein)stürzen **çöküntü** S Trümmer *pl*; Bodensatz *m*; Senkung *f* **çöküş** S Verfall *m*
çöl S Wüste *f*
çömelmek V/I sich hinhocken
çömlek S ⟨-ği⟩ Tontopf *m*
çöp S Müll *m*; ~ **bidonu** Müllcontainer *m*; ~ **tenekesi** Abfalleimer *m*
çöpçatan S Heiratsvermittler(in) *m(f)*
çöpçü S Müllwerker *m*, *umg* Müllmann *m*
çörek S ⟨-ği⟩ *süßes Gebäck*
çözmek V/T ⟨-er⟩ (*Knoten*) lösen, auflösen; (*Problem*) lösen **çözülmek** V/I aufgehen, sich lösen **çözülüm** S IT Auflö-

sung *f* **çözüm** S Lösung *f* **çözümlemek** V/T analysieren
çubuk S ⟨-ğu⟩ Zweig *m*; Stab *m*, Rohr *n*; **oyun çubuğu** IT Joystick *m*
çuha S Wollstoff *m*, Tuch *n*
çukur S Grube *f*, Höhlung *f*
çul S Stoff *m* (*aus Ziegenhaar*); Pferdedecke *f*
çulluk S ⟨-ğu⟩ ZOOL Schnepfe *f*
çuval S Sack *m* **çuvallamak** V/I *umg* scheitern
çünkü KONJ weil, da; denn
çürük ADJ ⟨-ğü⟩ faul, morsch, verdorben **çürüklük** S Fäulnis *f* **çürümek** V/I faulen, verderben **çürütmek** V/T verderben lassen; (*Behauptung*) widerlegen

D

da, **de** KONJ auch; und; aber; damit
-da, **-de**, **-ta**, **-te** (*Lokalsuffix*) in, auf, bei *dat*; (*Uhrzeit*) um
dadı S Kinderfrau *f*, Kindermädchen *n*
dağ S Berg *m* **dağcı** S Bergsteiger(in) *m(f)* **dağcılık** S Alpinismus *m*
dağılım S Verteilung *f* **dağılmak** V/R sich zerstreuen, sich auflösen, sich verbreiten **dağınık** ADJ (*Mensch*) zerstreut; (*Raum*) unordentlich **dağıtım** S WIRTSCH Vertrieb *m* **dağıtmak** V/T zerstreuen, verbreiten, verteilen; *fig* verrücktspielen
dağlamak V/T (*Tiere*) mit e-m Brandzeichen versehen
dağlı S Bergbewohner(in) *m(f)*
dağlık ADJ bergig, gebirgig
daha ADV noch; mehr (*-den* als); schon; MATH und, plus
dahi ADV auch; selbst, sogar
dâhi S Genie *n*
dahil **A** S Innere(s) *n* **B** ADV (e)inbegriffen (*-e* in *dat*) **dahili** ADJ inner…; intern; Innen…
dahiliye S innere Medizin *f*; **~ uzmanı** MED Internist(in) *m(f)*
daima ADV immer, fortwährend **daimî** ADJ ständig, immerwährend
dair ADJ *-e* bezüglich, betreffs *gen*, betreffend *akk*, über *akk*
daire S Wohnung *f*; MATH Kreis *m*; **resmî ~** Amt *n*, Behörde *f*
dakik ADJ pünktlich; genau; gewissenhaft
dakika S Minute *f*
daktilo S Schreibmaschine *f*; **~ etmek** Maschine schreiben, tippen
dal S Ast *m*, Zweig *m*; *fig* Gebiet *n*, Branche *f*
dalak S ⟨-ğı⟩ ANAT Milz *f*
dalamak V/T (*Tier*) beißen **dalaşmak** V/R (*Tiere*) sich bei-

ßen; *umg* sich streiten
dalavere S Intrigen *f/pl*; Machenschaften *f/pl*
daldırmak V/T eintauchen, hineinstecken (-*e* in *akk*)
dalga S Welle *f*, Woge *f*; *umg* Träumerei *f*; **~ geçmek** veräppeln (*j-n* ile) **dalgakıran** S SCHIFF Wellenbrecher *m* **dalgalanmak** V/I (*Meer*) wogen; (*Boot*) schlingern **dalgalı** ADJ (*Meer*) bewegt; wellenförmig **dalgıç** S ⟨-cı⟩ Taucher(in) *m(f)*
dalgın ADJ zerstreut, in Gedanken versunken; apathisch **dalgınlıkla** ADV aus Versehen
dallanmak V/I Zweige treiben; (*Weg etc*) sich verzweigen
dalmak V/I ⟨-ar⟩ -*e* (ein)tauchen in *akk*; versinken in *dat*
dam[1] S Dach *n*
dam[2] S (*im Spiel, beim Tanz*) Dame *f*
dama S Damespiel *n*
damacana S Korbflasche *f*
damak S ⟨-ğı⟩ ANAT Gaumen *m*
damar S ANAT, GEOG Ader *f*
damat S ⟨-dı⟩ Bräutigam *m*; Schwiegersohn *m*
damga S Stempel(abdruck *m*) *m*; **~ pulu** Gebührenmarke *f* **damgalamak** V/T (ab)stempeln **damgalı** ADJ (ab)gestempelt
damıtmak V/T destillieren
damızlık ADJ (*Tier, Pflanze*) Zucht...
damla S Tropfen *m*; MED Tropfen *pl* **damlacık** ⟨-ğı⟩ **A** S Tröpfchen *n* **B** ADJ winzig **damlalık** S Tropfenzähler *m*, Pipette *f* **damlamak** V/I tropfen **damlatmak** V/T tröpfeln
-dan, -den, -tan, -ten (*Lokalsuffix*) von, aus *dat*; (*Komparativ*) als
dana S ZOOL Kalb *n*; **~ eti** Kalbfleisch *n*
danışıklı ADJ abgekartet
danışma S Information *f*, Auskunft *f*; Beratung *f* **danışmak** V/T um Rat fragen (*b-e b.ş.-i j-n wegen gen*), befragen; (*Arzt*) konsultieren **danışman** S Berater(in) *m(f)*, Ratgeber(in) *m(f)*
Danıştay S POL Oberverwaltungsgericht *n*
Danimarka S Dänemark *n*
dans S Tanz *m*; **~ etmek** tanzen **dansçı** S Tänzer(in) *m(f)* **dansör** S Tänzer *m* **dansöz** S Tänzerin *f*
dantel(a) S (*Stickerei*) Spitze *f*
dar ADJ eng, knapp, schmal
dara S WIRTSCH Tara *f*
darağacı S Galgen *m*
daralmak V/I enger werden; (*Zeit*) knapp werden; schrumpfen **daraltmak** V/T enger machen; *fig* verringern
darbe S Schlag *m*, Hieb *m*
darboğaz S Engpass *m*
darbuka S MUS Handtrommel *f*
dargın ADJ böse (-*e* auf); ver-

stimmt
darı S BOT Hirse *f*
darılgan ADJ reizbar; leicht eingeschnappt
darılmak V/T *-e* böse sein auf *akk*, übel nehmen *j-m etw*
darlaştırmak V/T enger machen; einengen
darmadağın(ık) ADJ durcheinander; chaotisch
dava S JUR Prozess *m*, Klage *f*; Forderung *f*; Problem *n*; **~ açmak** JUR *-e* verklagen *akk*; **~ konusu** Klagegrund *m*; Streitpunkt *m* **davacı** S JUR Kläger(in) *m(f)* **davalı** S JUR Beklagte(r) *m/f(m)*
davar S Schafherde *f*; Ziegenherde *f*
davet S Einladung *f*; Aufforderung *f*; JUR Vorladung; **~ etmek** einladen; auffordern (*-e* zu *dat*) **davetiye** S Einladungskarte *f* **davetli** S Gast *m*
davranış S Verhalten *n*; Benehmen *n* **davranmak** V/I sich benehmen, sich verhalten; sich bewegen, handeln; (*Waffe*) zücken (*-e akk*), greifen nach
davul S MUS Trommel *f*; Pauke *f*
dayak S ⟨-ğı⟩ Prügel *pl*; **~ atmak** verprügeln (*-e akk*); **~ yemek** Prügel bekommen
dayamak V/T stützen; lehnen (*-e* an *akk*)
dayanak S ⟨-ğı⟩ ARCH Stütze *f*, Pfeiler *m*
dayandırmak V/T JUR *-e* stützen auf; *-e* gründen auf
dayanıklı ADJ haltbar, dauerhaft, robust **dayanıklılık** S Widerstandskraft *f* **dayanıksız** ADJ nicht fest, nicht dauerhaft
dayanışma S Solidarität *f*
dayanmak V/T *-e* sich anlehnen an *akk*; ertragen *akk*; sich stützen auf *akk*
dayatmak V/T insistieren, bestehen (... *diye* auf *akk*); aufzwingen *j-m etw*
dayı S (*Bruder der Mutter*) Onkel *m*
dazlak S ⟨-ğı⟩ Glatzkopf *m*; Skinhead *m*
de → da; **-se de** selbst wenn
-de → -da
dede S Großvater *m*
dedikodu S Gerede *n*, Klatsch *m*
defa S Mal *n*; **çok ~, defalarca** *adv* oft(mals)
defans S SPORT Verteidigung *f*
defetmek V/T vertreiben, verjagen
defile S Modenschau *f*
defin S ⟨-fni⟩ Begräbnis *n*, Beerdigung *f*
define S (vergrabener) Schatz *m*
defne S BOT Lorbeer(baum *m*) *m*
defnetmek V/T beerdigen
defolmak V/I *umg* abhauen
deforme ADJ entstellt, ver-

formt
defter S Schreibheft *n*; WIRTSCH Buch *n*
defterdar S (Provinz-)Finanzdirektor(in) *m(f)* **defterdarlık** S Provinzfinanzdirektion *n*
değer A S Wert *m*, Preis *m* B ADJ lohnend; wert, würdig (*-e gen*)
değerlendirme S Beurteilung *f*; (Aus-, Be-)Wertung *f* **değerlendirmek** V/T (be-)werten
değerli ADJ wertvoll, kostbar
değil ADV nicht; **~ mi?** nicht wahr?, oder?
değin PRÄP *-e* bis (zu) *dat*
değinmek V/T erwähnen (*-e akk*); ansprechen
değirmen S Mühle *f* **değirmenci** S Müller(in) *m(f)*
değiş (tokuş) S *a.* SPORT (Aus-)Tausch *m*
değişik ADJ anders, verändert **değişiklik** S (Ver-)Änderung *f*; Abwechslung *f* **değişim** S Wandel *m* **değişken** A ADJ veränderlich B S MATH Variable *f* **değişmek** V/I sich (ver-)ändern, wechseln; (um-, aus-)wechseln **değiştirmek** V/T (ver)ändern; umwandeln; austauschen
değmek V/T ‹-er› *-e* wert sein *akk*; berühren *akk*
değnek S ‹-ği› Stock *m* **değnekçi** S *umg* Parkplatzwächter *m*
dehşet S Schrecken *m*; Terror *m* **dehşetli** ADJ erschreckend, schrecklich
dek → değin
deklanşör S FOTO Auslöser *m*
dekolte A S Dekolleté *n* B ADJ (*Kleid*) tief ausgeschnitten
dekont S Kontoauszug *m*
dekor S THEAT Bühnenbild *n*
dekorasyon S Inneneinrichtung *f*; Dekor *m*
delegasyon S Delegation *f* **delege** S Delegierte(r) *m/f(m)*
deli ADJ wahnsinnig, verrückt
delik S ‹-ği› Loch *n*, Öffnung *f*
delikanlı S junge(r) Mann *m*
delil S Beweis *m*; **~ göstermek** Beweise *pl* beibringen
delilik S Wahnsinn *m* **delirmek** V/I wahnsinnig werden
delmek V/T ‹-er› lochen, bohren, durchstechen
delta S Delta *n*
demeç S ‹-ci› POL Erklärung *f*
demek V/T sagen; (*bedeuten*) heißen; **~ ki** das bedeutet, das heißt, also
demet S Garbe *f*, Strauß *m* **demetlemek** V/T bündeln
demin ADV vor Kurzem; soeben
demir S Eisen *n*; SCHIFF Anker *m*; **~ almak** den Anker lichten **~ atmak** Anker werfen, ankern
demirbaş S Inventar *n*
demirci S Schmied *m*
demirlemek V/I (*Schiff*) ankern
demiryolu S Eisenbahn *f*
demlemek V/T (*Tee*) aufgießen; ziehen lassen **demlen**

mek V/I (*Tee*) ziehen **demli** ADJ (*Tee*) stark **demlik** S Teekanne *f*
demokrasi S Demokratie *f* **demokratik** ADJ demokratisch
-den → -dan
deneme S Probe *f*, Versuch *m* **denemek** V/T versuchen, erproben
denetim S Kontrolle *f* **denetlemek** S kontrollieren
deney S CHEM, PHYS Versuch *m*, Experiment *n*
denge S Gleichgewicht *n* **dengeli** ADJ im Gleichgewicht **dengesiz** ADJ unausgeglichen
denilmek V/I PASSIV gesagt werden (*-e* zu *dat*); genannt werden (*nom*); **denilen** ... genannte(r, s)
deniz S Meer *n*, See *f*; **~ böceği** ZOOL Garnele *f*; **~ gözlüğü** Taucherbrille *f*; **~ motoru** SCHIFF Motorboot *n*; **~ otobüsü** SCHIFF Tragflächenboot *n*; **~ tutması** Seekrankheit *f*; **~ yatağı** Luftmatratze *f*; **~e açılmak** SCHIFF in See stechen; **~e girmek** im Meer baden
denizaltı S SCHIFF Unterseeboot *n*, U-Boot *n*
denizanası S ZOOL Qualle *f*
denizaşırı ADJ überseeisch
denizci S SCHIFF Matrose *m*, Seemann *m* **denizcilik** S Seefahrt *f*, Schifffahrt *f*
denizkestanesi S ZOOL Seeigel *m*
denk ⟨-gi⟩ **A** S Gleichgewicht *n* **B** ADJ ausbalanciert, ausgeglichen; entsprechend; passend; **~ gelmek** passen **denklem** S MATH Gleichung *f* **denkleştirmek** V/T ausbalancieren, ausgleichen
denli: **ne ~** wie (sehr); **o ~** so (sehr)
denmek V/I PASSIV ⟨-ir⟩ *-e* heißen, genannt werden *nom*
densiz ADJ leichtsinnig; taktlos; indiskret
deodoran S Deodorant *n*
deplasman S SPORT Auswärtsspiel *n*
depo S Lagerhaus *n*, Depot *n*; AUTO Tank *m*
depozit(o) S WIRTSCH Kaution *f*, Sicherheit *f*; Pfand *n*; **depozitolu şişe** Pfandflasche *f*
deprem S Erdbeben *n*
dere S Bach *m*
derece S Grad *m*, Stufe *f*; *umg* Thermometer *n*
dereotu S BOT Dill *m*
dergi S Zeitschrift *f*
derhal ADV sofort, sogleich
deri S ANAT Haut *f*; Leder *n*; **~ eşya** Lederwaren *f/pl*
derin ADJ tief; **~ dondurucu** Tiefkühltruhe *f*
derinlemesine ADV gründlich
derinleştirmek V/T *a. fig* vertiefen **derinlik** S Tiefe *f*
derken ADV mittlerweile; (*jetzt*) da
derlemek V/T (*Texte*) zusam-

menstellen; sammeln; (*Blumen*) pflücken
derleyen S Herausgeber(in) *m(f)*
derli: **~ toplu** aufgeräumt; geordnet; ordentlich
derman S Kraft *f*; (Heil-)Mittel *n*; Abhilfe *f* **dermansız** ADJ schwach, kraftlos
derme: **~ çatma** improvisiert; (*Arbeit*) oberflächlich, stümperhaft; (*Gruppe*) zusammengewürfelt
dernek S ⟨-ği⟩ Verein *m*
ders S Unterricht *m*, Stunde *f*; *a. fig* Lektion *f*; **~ almak** *-den* Unterricht nehmen bei *dat*; sich ein Beispiel nehmen an *dat*; **~ vermek** unterrichten **ders(h)ane** S Klasse *f*, Hörsaal *m*; private(s) Lerninstitut *n*
dert S ⟨-di⟩ Kummer *m*, Leid *n* **dertleşmek** V/R einander sein Leid klagen **dertsiz** ADJ sorglos
derviş S REL Derwisch *m*
desen S Muster *n*, Dessin *n*; Skizze *f*
destan S Epos *n*
deste S Bündel *n*; (*Karten*) Satz *m*, Spiel *n*
destek S ⟨-ği⟩ Unterstützung *f*; ARCH Balken *m*, Träger *m*; Stütze *f* **desteklemek** V/T (*mit Stützen*) (ab)stützen; *fig* unterstützen
destur S Erlaubnis *f*; **~!** Vorsicht!, Achtung!
deşarj: **~ olmak** sich entladen; sich abreagieren
deşifre: **~ etmek** entschlüsseln
deşmek V/T durchstechen
deterjan S Waschmittel *n*, Spülmittel *n*
dev **A** S Riese *m* **B** ADJ riesig
devalüasyon S FIN Abwertung *f*
devam S Stetigkeit *f*; Fortsetzung *f*; **~ etmek** fortsetzen (*-e etw*); dauern **devamlı** ADJ dauernd, anhaltend; ständig
devamsız ADJ (*Schüler*) abwesend
deve S ZOOL Kamel *n*
devekuşu S ZOOL Strauß *m*
devi(ni)m S Bewegung *f*
devir S ⟨-vri⟩ Drehung *f*, Rotation *f*; Periode *f*, Epoche *f*, Ära *f*
devirmek V/T umwerfen; (*Gegner*) stürzen
devlet S Staat *m* **devletlerarası** ADJ zwischenstaatlich
devre S Zeit *f*; Periode *f*; Stadium *n*; ELEK Kreis *m*; **kısa ~** ELEK Kurzschluss *m*
devren ADV auf Übernahme übertragend
devridaim: **~ pompası** Umwälzpumpe *f*
devrik ADJ (um)gestürzt, (umgekippt **devrilmek** V/I PASSIV umgeworfen werden; POL gestürzt werden
devrim S Revolution *f*
devriye S (*Polizei*) Streife *f*

deyim S Ausdruck *m*, Redewendung *f* **deyiş** S Ausdrucksweise *f*, Darstellung *f*; Äußerung *f*

dezavantaj S Nachteil *m*

dezenfektan S Desinfektionsmittel *n* **dezenfekte**: ~ **etmek** desinfizieren

dış **A** S Äußere(s) *n* **B** ADJ außen; Außen... **dışalım** S Import *m* **dışarı** ADV außen; draußen; nach draußen; **~da** draußen; **~dan** von außen, von draußen; **~ya** nach draußen, hinaus

dışişleri S Äußere(s) *n*, auswärtige Angelegenheiten *pl*

dışkı S Ausscheidung *f*; Kot *m*

dışlamak V/T *j-n* ausschließen; ausgrenzen

didiklemek V/T zerkleinern; *fig* durchforschen

didinmek V/I sich abmühen

didişmek V/R sich zanken, streiten

diferansiyel S MATH Differenzial *n*; AUTO Differenzialgetriebe *n*

difteri S MED Diphtherie *f*

diğer ADJ ander...; nächst...

dik ADJ steil, aufrecht, gerade; ~ **kafalı** halsstarrig

diken S Dorn *m*, Stachel *m* **dikenli** ADJ dornig, stachelig; ~ **tel** Stacheldraht *m*

dikey ADJ senkrecht, lotrecht, vertikal

dikili ADJ genäht; (*Baum usw*) gepflanzt; ARCH errichtet **dikilitaş** S Obelisk *m* **dikilmek** V/I PASSIV genäht werden; ARCH aufgerichtet werden

dikine ADJ quer; *fig* trotzig

dikiş S Nähen *n*; Naht *f*; ~ **makinası** Nähmaschine *f*

dikiz: ~ **aynası** Rückspiegel *m* **dikizci** S *umg* Schnüffler(in) *m(f)*; *umg* Spanner(in) *m(f)* **dikizlemek** V/T bespitzeln; *umg* spannen

dikkat S ⟨-ti⟩ Aufmerksamkeit *f*; Sorgfalt *f*; Vorsicht *f*; **~!** Achtung!; ~ **çekmek** Aufmerksamkeit erregen; ~ **etmek** *-e* aufpassen, achtgeben auf *akk*; beachten *akk*; **~e almak** in Betracht ziehen **dikkatle** ADV sorgfältig **dikkatli** ADJ aufmerksam; vorsichtig **dikkatsiz** ADJ unaufmerksam, unvorsichtig **dikkatsizlik** S Unachtsamkeit *f*, Fahrlässigkeit *f*

dikmek V/T ⟨-er⟩ nähen; (*Statue*) aufrichten; (*Baum*) pflanzen

diktatör S Diktator(in) *m(f)* **diktatörlük** S Diktatur *f*

dikte S Diktat *n*; ~ **etmek** diktieren

dil S ANAT Zunge *f*; Sprache *f*

dilaltı S *umg* Herzmittel *n*

dilbalığı S ZOOL Seezunge *f*

dilbilgisi S Grammatik *f* **dilbilim** S Linguistik *f* **dilbilimci** S Linguist(in) *m(f)*

dilek S ⟨-ği⟩ Wunsch *m*, Bitte *f*

dilekçe S Gesuch *n*, Antrag *m*

dilemek V/T wünschen; erbitten; **özür ~** um Entschuldigung bitten
dilenci S Bettler(in) *m(f)* **dilenmek** V/I betteln
dilim S Scheibe *f*, Schnitte *f*
dilsiz ADJ *a. fig* stumm
din S Religion *f*, Glaube *m*
dinamik A S Dynamik *f* B ADJ dynamisch
dinamit S Dynamit *n*
dinç ADJ kräftig; robust; fit
dinçlik S Stärke *f*; Fitness *f*
dindar ADJ fromm, religiös
dindaş S Glaubensgenosse *m*, Glaubensgenossin *f*
dindirmek V/T MED stoppen
dingil S TECH Achse *f*
dingin ADJ (*Mensch*) ermattet; (*Meer*) ruhig
dinî ADJ die Religion betreffend, religiös
dinlemek V/T *-i* hören (auf *akk*), zuhören *dat*, lauschen *dat*
dinlenme ADJ Erholungs...; **~ tesisi** Raststätte *f* **dinlenmek** V/I sich ausruhen, sich erholen, entspannen
dinleyici S Hörer(in) *m(f)*, Zuhörer(in) *m(f)*
dinmek V/I ⟨-er⟩ aufhören; nachlassen
dinozor S ZOOL (Dino-)Saurier *m*
dinsiz A S Atheist(in) *m(f)* B ADJ ungläubig, atheistisch
dip S ⟨-bi⟩ Boden *m*, Grund *m*, Fuß *m*
diploma S Diplom *n*
diplomasi S Diplomatie *f*
diplomat S Diplomat(in) *m(f)* **diplomatik** ADJ diplomatisch
dipsiz ADJ grundlos, bodenlos
direk S ⟨-ği⟩ Pfeiler *m*, Mast *m*, Säule *f*, Pfosten *m*
direksiyon AUTO Lenkrad *n*
direkt ADJ & ADV direkt
direktif S Anweisung *f*; Richtlinie *f*
direktör S Direktor(in) *m(f)* **direktörlük** S Direktion *f*, Verwaltung *f*
direnç S ⟨-ci⟩ *a.* ELEK Widerstand *m* **direniş, direnme** S POL Widerstand *m* **direnmek** V/I sich widersetzen, widerstehen; Widerstand leisten
diri ADJ lebendig; (*Obst*) frisch
dirilmek V/I REL auferstehen, wieder lebendig werden **diriltmek** V/T REL auferwecken
dirim S Leben *n*
dirsek S ⟨-ği⟩ ANAT Ell(en)bogen *m*; Kurve *f*; TECH Knie *n*; **~ teması** Tuchfühlung *f*
disiplin S Disziplin *f*
disk S Scheibe *f*; CD *f*; IT CD-ROM *f*; SPORT Diskus *m*; **~ atma** SPORT Diskuswerfen *n*; **sabit ~** IT Festplatte *f*; **~ sürücü** IT CD-Laufwerk *n* **disket** S Diskette *f*
dispanser S Poliklinik *f*; Ambulanz *f*
distribütör S Verteiler *m*
diş S ANAT Zahn *m*; TECH Za-

cke f, Zinke *f*; (*Knoblauch*) Zehe *f*; **~ fırçası** Zahnbürste *f*; **~ hekimi** Zahnarzt *m*, Zahnärztin *f*; **~ macunu** Zahnpasta *f* **dişçi** S *umg* Zahnarzt *m*, Zahnärztin *f*

dişi A S Weibchen *n* B ADJ weiblich **dişil** ADJ GRAM feminin, weiblich

dişli ADJ gezahnt, zackig; *fig* durchsetzungsfähig; **~ çark** TECH Zahnrad *n*

diştaşı S Zahnstein *m*

divan S Couch *f*, Sofa *n*; *liter* Gedichtsammlung *f*

divane ADJ verrückt

diya S Dia(positiv *n*) *n*

diyafram S ANAT Zwerchfell *n*; FOTO Blende *f*

diyalekt S Dialekt *m*

diyalog S ⟨-ğu⟩ Dialog *m*

diyanet S Religion *f*, Frömmigkeit *f*

diye ADV sagend; in der Annahme, dass ...; damit, um ... zu; weil

diyet S Diät *f*

diz S ANAT Knie *n*

dizanteri S MED Dysenterie *f*, Ruhr *f*

dizel (motoru) S TECH Dieselmotor *m*

dizgi S System *n*, Ordnung *f*; (*Buchdruck*) Satz *m* **dizgici** S Setzer(in) *m(f)*

dizgin S Zügel *m*

dizi S Reihe *f*; **~ film** (Fernseh-)Serie *f*

dizilmek V/I aufgestellt sein; sich aufstellen

dizkapağı S ANAT Kniescheibe *f*

dizlik S SPORT Knieschützer *m*

dizmek V/T ⟨-er⟩ aufreihen

do S MUS C

Doç. = doçent Dozent(in) *m(f)*, *akademischer Grad*

doğa S Natur *f* **doğal** ADJ natürlich; **~ besin** Naturkost *f*

doğalgaz S Erdgas *n*

doğan S ZOOL Falke *m*

doğma A S Geburt *f* B ADJ geboren **doğmak** V/I ⟨-ar⟩ geboren werden; entstehen; ASTRON aufgehen

doğrama S Zimmermannsarbeit *f*; Holzbauteile *pl* **doğramacı** S Zimmermann *m*

doğramak V/T zerhacken, klein schneiden

doğru A ADV gerade; geradeaus B ADJ richtig, wahr; (*aufrichtig*) ehrlich **doğruca** ADV gerade(her)aus **doğrudan (duğruya)** ADV direkt

doğrulamak V/T bestätigen; *j-m* recht geben

doğrulmak V/R sich aufrichten

doğrultmak V/T gerade machen, ausrichten

doğrultu S Richtung *f*

doğruluk S Geradheit *f*; Aufrichtigkeit *f*; Richtigkeit *f*

doğrusu ADV ehrlich gesagt

doğu A S Osten *m* B ADJ Ost...

doğum S Geburt *f*; **~ günü**

Geburtstag *m*; ~ **kontrol hapı** Antibabypille *f*; ~ **kontrolü** Geburtenkontrolle *f*; ~ **tarihi** Geburtsdatum *n*; ~ **yeri** Geburtsort *m* **doğumlu** ADJ geboren (-*de* in *dat*) **doğurmak** V/T gebären **doğurtmak** V/T *akk* entbinden **doğuş** S Geburt *f*; ASTRON Aufgang *m*
doğuştan ADJ & ADV angeboren
dok S SCHIFF Dock *n*
doksan ADJ *Zahl* neunzig
doktor S Doktor(in) *m(f)*; *umg* Arzt *m*, Ärztin *f*
doktora S Promotion *f*; Doktortitel *m*
doku S Gewebe *n* **dokuma** S Weben *n*; Stoff *m* **dokumacı** S Weber(in) *m(f)* **dokumak** V/T weben
dokunaklı ADJ rührend; (*Wein*) schwer
dokunmak[1] V/I PASSIV gewebt werden
dokunmak[2] V/T *a. fig* berühren; anfassen, antasten (-*e etw*); (*Rauchen*) schaden
dokunulmaz ADJ unantastbar **dokunulmazlık** S POL Immunität *f*
dokuz ADJ *Zahl* neun
dolamak V/T (auf)wickeln
dolambaç S Labyrinth *n*; Windung *f*, Kurve *f*; Umweg *m* **dolambaçlı** ADJ gewunden; kurvig; (*Situation*) vertrackt
dolandırıcı S Hochstapler(in) *m(f)*, Schwindler(in) *m(f)* **dolandırmak** V/T betrügen
dolap S ⟨-bı⟩ Schrank *m*; *fig* Intrige *f*, Schwindel *m*
dolar S Dollar *m*
dolaşık ADJ verwickelt
dolaşım S Umlauf *m*, Zirkulation *f*; **kan** ~**ı** MED Blutkreislauf *m*; **serbest** ~ POL Freizügigkeit *f*
dolaşmak V/I spazieren gehen, bummeln; e-n Umweg machen; (*Blut*) kreisen
dolaştırmak V/T umherführen
dolay S Umgebung *f*
dolayı **A** PRÄP -*den* wegen, infolge *gen* **B** KONJ -*diğinden* ~ da, weil
dolaylı ADJ indirekt **dolaysız** ADJ direkt
dolaysıyla ADV durch; dank; anlässlich; deswegen, weswegen
doldurmak V/T füllen; (*Formular*) ausfüllen; (*Lebensjahr*) vollenden; (*Zahn*) plombieren; ELEK aufladen; (*CD*) bespielen
dolgu S MED Füllung *f* **dolgun** ADJ voll; gefüllt; (*Gehalt*) gut
dolma **A** ADJ gefüllt **B** S Füllung *f*; ~(**lık**) **biber** Paprikaschote *f* **dolmak** V/I ⟨-ar⟩ sich füllen, gefüllt werden **dolmuş** **A** ADJ gefüllt; besetzt **B** S Sammeltaxi *n*
dolu **A** ADJ voll **B** S Hagel *m*
dolunay S Vollmond *m*
domates S Tomate *f*; ~ **salçası** Tomatenmark *n*; ~ **sosu** To-

matensoße *f*
domuz S ZOOL Schwein *n*
don¹ S Frost *m*
don² S Unterhose *f*
donakalmak V/I wie versteinert sein
donanma S SCHIFF Flotte *f*; Festschmuck *m*
donatım S Ausrüstung *f*, Ausstattung *f*; IT Hardware *f* **donatmak** V/T schmücken; ausrüsten
dondurma S Speiseeis *n* **dondurmacı** S Eisverkäufer(in) *m(f)*
dondurmak V/T einfrieren, zum Gefrieren bringen **donmak** V/I ‹-ar› gefrieren, erstarren
donuk ADJ matt, trübe; gefroren
dopdolu ADJ gestopft voll
doruk S ‹-ğu› Gipfel *m*
dosdoğru ADJ (*Antwort*) völlig richtig; ganz gerade(aus) (*fahren etc*)
dost S Freund(in) *m(f)*; Liebhaber(in) *m(f)* **dostane, dostça** ADV freundschaftlich **dostluk** S Freundschaft *f*
dosya S Aktenordner *m*; IT Datei *f*
doymak V/I ‹-ar› satt werden; *fig* satthaben (*-den* etw.) **doymaz** ADJ unersättlich **doyum** S Sättigung *f*; Zufriedenheit *f*, Befriedigung *f* **doyurmak** V/T sättigen; füttern
doz S Dosis *f* **dozaj** S Dosierung *f*
dökme **A** S Gießen *n*; Guss *m* **B** ADJ (*Ware*) lose, unverpackt
dökmek V/T ‹-er› ausgießen, verschütten; (*Metall*) gießen
dökülmek **A** V/I PASSIV ausgegossen, vergossen werden; (*Stahl etc*) gegossen werden **B** V/I (*Haar, Blatt*) abfallen, ausfallen **döküm** S Gießen *n*; Guss *m*; Inventur *f* **dökümhane** S Gießerei *f*
döküntü S Abfall *m*, Rest *m*, Trümmer *pl*
döl S Embryo *m od n*; Nachkommenschaft *f*; Keim *m*, Samen *m* **döllemek** V/T befruchten, bestäuben **dölyatağı** S ANAT Gebärmutter *f*
döndürmek V/T drehen, umwenden; verwandeln
dönem S Periode *f*; Zeitabschnitt *m*
dönemeç S Kurve *f*
döner (kebap) S Döner *m*
dönme S Drehen *n*, Drehung *f*; REL Konvertit(in) *m(f)*; **~ dolap** Mühlrad *n* **dönmek** V/I ‹-er› sich drehen, kreisen; umkehren, zurückkehren; sich verwandeln
dönüm¹ S Wendung *f*, Drehung *f*
dönüm² S Hektar, 1000 m²
dönüş S Rückkehr *f*
dönüşmek V/R sich (ver)wandeln (*-e* in *akk*)
dönüştürmek V/T IT konvertieren; ELEK transformieren

dönüşüm S Umgestaltung *f*, Transformation; Recycling *n*; **~lü kâğıt** Recyclingpapier *n*
döpiyes S Damenkostüm *n*, Zweiteiler *m*
dört ADJ ‹-dü› *Zahl* vier; **~ nala** im Galopp
dörtgen S Viereck *n*
döşeme S Fußboden *m*; Möbel *pl* **döşemeci** S Möbeltischler *m*; Polsterer *m* **döşemek** V/T (*Teppich etc*) ausbreiten, auslegen; (*Wohnung*) möblieren; pflastern; (*Leitung*) legen
döviz¹ S Devisen *pl*; **~ büfesi, ~ bürosu** Wechselstube *f*
döviz² S Schlagwort *n*, Devise *f*
dövme S Tätowierung *f*, Tattoo *n*
dövmek V/T ‹-er› schlagen; (*Kaffee*) mahlen; AGR dreschen; zerstampfen **dövüşmek** V/R sich prügeln
dram(a) S Drama *n*
drenaj S Entwässerung *f*
dua S Gebet *n*, Bittgebet *n*
duba S SCHIFF Ponton *m*; Boje *f*
duble ADJ doppelt
dubleks (daire) S Maisonette *f*
dudak S ‹-ğı› ANAT Lippe *f*; **~ boyası** Lippenstift *m*
dul **A** ADJ verwitwet **B** S Witwer *m*; Witwe *f*
duman S Rauch *m*, Qualm *m* **dumanlı** ADJ neblig; Rauch…
durak S ‹-ğı› Haltestelle *f*
duraklamak V/I innehalten
duraksamak V/I zögern
durdurmak V/T stoppen
durgun ADJ unbeweglich; stagnierend **durgunluk** S Unbeweglichkeit *f*; Stillstand *m*, Stagnation *f*
durmadan ADV ununterbrochen
durmak V/I ‹-ur› (an)halten; stehen bleiben; bleiben
durmaksızın ADV fortwährend, unaufhörlich
duru ADJ klar, rein
durum S Lage *f*, Zustand *m*; **~ gereği** den Umständen entsprechend; **~a göre** je nach Lage
duruş S Stopp *m*; Haltung *f*
duruşma S JUR Verhandlung *f*
duş S Dusche *f*; **~ almak, ~ yapmak** sich duschen
dut S ‹-du, -tu› BOT Maulbeere *f*
duvak S ‹-ğı› (Braut-)Schleier *m*
duvar S Mauer *f*, Wand *f*; **~ kâğıdı** Tapete *f*; **~ yazısı** Graffiti *pl* **duvarcı** S Maurer *m*
duyarga S ZOOL Fühler *m*
duyarlı ADJ empfindlich; hochempfindlich **duyar(lı)lık** S Empfindlichkeit *f*
duygu S Gefühl *n*, Empfindung *f* **duygulu** ADJ empfindlich, feinfühlend **duygusal** ADJ gefühlvoll, emotional; sentimental **duygusuz** ADJ ge-

fühllos, unempfindlich **duymak** V/T ‹-ar› fühlen, empfinden; (*zufällig*) hören
duyu: **beş** ~ die fünf Sinne *pl*
duyurmak V/T *akk* fühlen *od* hören lassen; bekannt geben **duyuru** S Bekanntmachung *f*; Mitteilung *f*
düden S (*bes in Südanatolien*) Karstschlot *m*
düdük S ‹-ğü› Pfeife *f*; ~ **çalmak** pfeifen
düello S Duell *n*
düğme S Knopf *m* **düğmelemek** V/T (zu)knöpfen
düğüm S Knoten *m* **düğümlemek** V/T (ver)knoten
düğün S Hochzeit(sfeier *f*) *f*; Fest *n* der Beschneidung
dükkân S Laden *m*, Geschäft *n* **dükkâncı** S Verkäufer(in) *m(f)*
dümen S SCHIFF Steuer *n*, Ruder *n* **dümenci** S SCHIFF Steuermann *m*
dün ADV gestern **dünkü** ADJ von gestern, gestrig
dünür S Gegenschwiegervater *m od* -mutter *f*
dünya S Welt *f*; Diesseits *n*
düpedüz A ADJ (*Fläche*) ganz glatt B ADV unverblümt (*sagen*)
dürbün S Fernrohr *n*; Feldstecher *m*; Opernglas *n*
dürmek V/T ‹-er› zusammenrollen; (*Wäsche*) zusammenlegen
dürtmek V/T ‹-er› (*mit Ellbogen*) stoßen; (*Tier*) antreiben; anspornen **dürtü** S Ansporn *n*, Motivation *f*; Trieb *m*
dürtüşmek V/R einander stoßen
dürüm S (*Gebäck*) Teigtasche *f*
dürüst ADJ ehrenhaft, aufrecht
düstur S JUR Gesetzessammlung *f*, Kodex *m*; Prinzip *n*, Leitsatz *m*
düş S Traum *m*
düşey ADJ senkrecht, lotrecht
düşkün ADJ gefallen, gesunken; *dat* verfallen, ergeben, ...süchtig **düşkünlük** S Verfall *m*; Gier *f*, Sucht *f*
düşman S Feind(in) *m(f)*, Gegner(in) *m(f)* **düşmanlık** S Feindschaft *f*
düşmek V/I ‹-er› fallen, stürzen (*-e* auf *akk*, *-den* von *dat*)
düşük ‹-ğü› A ADJ gefallen; (*Ware*) fehlerhaft; (*Preis*) niedrig; ~ **basınç** Tiefdruck *m* B S MED Fehlgeburt *f*
düşünce S Gedanke *m*; Denken *n*; Sorge *f* **düşünceli** ADJ nachdenklich; umsichtig; besorgt **düşüncesiz** ADJ gedankenlos **düşünmek** V/T *-i* denken an *akk*, nachdenken über *akk*, überlegen *akk*; planen *akk*
düşürmek V/T fallen lassen; (*Flugzeug*) zum Absturz bringen; MED (*Fötus*) abtreiben
düz ADJ glatt, flach, eben **düzelmek** V/I PASSIV glatt wer-

den; geordnet werden **düzeltmek** V/T glätten; ordnen; ausbessern; (*Satz*) berichtigen; (*Zimmer*) aufräumen
düzen S Ordnung *f*; POL System; TECH Einrichtung *f*; *fig* Trick *m*, List *f*
düzenbaz A ADJ intrigant B S Gauner *m*
düzenlemek V/T ordnen; regeln; (*Reise, Konferenz etc*) organisieren, veranstalten **düzenli** ADJ geordnet, ordentlich **düzensiz** ADJ ungeordnet
düzey S Niveau *n*; **üst ~(de)** hochrangig; niveauvoll **düzeysiz** ADJ gemein, dürftig; niveaulos
düzgün ADJ glatt; geordnet
düzine S Dutzend *n*
düzlem S MATH Ebene *f*, Fläche *f* **düzlemek** V/T ebnen, glätten, planieren **düzlük** S Glätte *f*; GEOG flache(s) Gelände *f*
düzmece ADJ falsch, gefälscht; Pseudo…
düzmek V/T ⟨-er⟩ ordnen; *fig* (*ausdenken*) erfinden; *vulg* vergewaltigen
düztaban S ANAT Plattfuß *m*
düzyazı S Prosa *f*

E

-e → -a
ebe S Hebamme *f*, Geburtshelferin *f*
ebedî ADJ ewig, endlos **ebediyet** S Ewigkeit *f*
ebeveyn S Eltern *pl*
ebru A S Marmorierung *f* B ADJ marmoriert; (*Wange*) gerötet
ecel S Todesstunde *f*
eczacı S Apotheker(in) *m(f)*
eczacılık S Pharmazie *f* **eczane** S Apotheke *f*
eda S Grazie *f*; Reiz *m*
edat S GRAM Präposition *f*, Postposition *f*; Partikel *f*
edebî ADJ literarisch **edebiyat** S Literatur *f*; *fig* leere Phrasen *pl*
edepsiz ADJ (*Kind*) frech, ungezogen
edilgen S GRAM Passiv *n*, Leideform *f* **edilgin** ADJ passiv
edilmek V/I PASSIV gemacht werden
edinmek V/T (*Wissen*) erwerben; (*Vorteil*) sich verschaffen; (*Gewohnheit*) annehmen
efendi S (*a. nach dem Vornamen*) Herr *m* **efendice** ADJ höflich
efendim? INT wie bitte?; **~!** jawohl!

eflatun ADJ lila
efsane S Sage *f*
eften: ~ **püften** wertlos; uninteressant
egemenlik S Souveränität *f*
egzersiz S Übung *f*
egzoz S AUTO Auspuff *m*
eğe S Feile *f* **eğelemek** V/T feilen
eğer KONJ wenn, falls; ~ **ki** selbst wenn
eğik ADJ schräg, geneigt **eğilim** S Neigung *f*; Tendenz *f* (*-e* zu *dat*)
eğilmek V/I sich beugen
eğim S Gefälle *n*
eğirmek V/T spinnen
eğitici S Erzieher(in) *m(f)* **eğitim** S Erziehung *f*, Ausbildung *f* **eğitmek** V/T erziehen
eğlence S Vergnügen *n*, Unterhaltung *f* **eğlenceli** ADJ amüsant **eğlendirmek** V/T unterhalten, amüsieren **eğlenmek** V/I sich unterhalten, sich vergnügen; verspotten (**ile** *j-n*)
eğmek V/T ⟨-er⟩ beugen, biegen, krümmen
eğrelti, eğreltiotu S BOT Wurmfarn *m*
eğreti ADJ vorläufig; Behelfs…
eğri ADJ krumm, schief **eğrilmek** V/I sich krümmen, sich biegen **eğriltmek** V/T krümmen, biegen
ehil ADJ ⟨-li⟩ begabt, kompetent; *b. ş-in* **eh(i)li olmak** fähig sein zu *dat*, können *akk*
ehlî ADJ gezähmt, zahm
ehliyet S Befähigung *f*, Qualifikation *f*; *umg* Führerschein *m*; JUR Rechtsfähigkeit **ehliyetname** S Befähigungszeugnis *n*; AUTO Führerschein *m* **ehliyetsiz** ADJ unfähig; nicht befugt
ek S Zusatz *m*; Beilage *f*; Anhang *m*; GRAM Suffix *n*, Endung *f* **ekfiil** S GRAM *Endungsverb „sein"*
ekili ADJ (*Acker*) besät, bestellt
ekim[1] S Säen *n*
ekim[2] S Oktober *m*
ekin S Saat *f*
ekip S ⟨-bi⟩ Team *n*, Mannschaft *f*
eklem S ANAT Gelenk *n*
eklemek V/T ansetzen, hinzufügen **eklenmek** V/I PASSIV angesetzt *od* hinzugefügt werden
eklenti S Anhängsel *n*, Hinzufügung *f*; ARCH Nebengebäude *n* **ekli** ADJ angestückelt; beiliegend
ekmek[1] S (*-ği*) Brot *n*
ekmek[2] V/T (*-er*) säen; (*Blumen*) pflanzen; (*Salz, Pfeffer*) streuen
ekmekçi S Bäcker *m*
ekoloji S Ökologie *f*
ekonomi S Wirtschaft *f* **ekonomik** ADJ wirtschaftlich, sparsam
ekran S IT Bildschirm *m*; ~ **kartı** IT Grafikkarte *f*
eksantrik ADJ sonderbar; ~ **mili** TECH Nockenwelle *f*
eksen S MATH Achse *f*

eksi **A** ADJ minus, weniger **B** S Nachteil *m*
eksik ADJ ⟨-ği⟩ unvollständig, fehlend; **~ gelmek** nicht genügen; **~ olmayın!** herzlichen Dank! **eksiklik** S Mangel *m*, Unvollkommenheit *f* **eksiksiz** ADJ ohne Mangel, vollständig
eksilmek V/I sich vermindern
eksiltmek V/T vermindern, verringern
eksper S Sachverständige(r) *m/f(m)*, Experte *m*, Expertin *f*
ekspres **A** S Schnellzug *m*, Express *m* **B** ADJ Eil…
ekstra ADJ extra, besonders gut; zusätzlich
ekşi ADJ sauer **ekşimek** V/I sauer werden; böse sein **ekşimsi** ADJ säuerlich
ekvator S Äquator *m*
el[1] S Hand *f*; **~ altında** griffbereit; **~ çantası** Handtasche *f*; **~ koymak** sich aneignen; JUR -*e* beschlagnahmen *akk*; **~ sanatları** Kunstgewerbe *n*; **~ topu** SPORT Handball *m*; **~ yazısı** Handschrift *f*; **~ yordamı** Tasten *n* und Fühlen *n*; **~de etmek** beschaffen; (*Bodenschätze*) gewinnen; **~e almak** (*Arbeit*) in Angriff nehmen; (*Thema*) behandeln; **~e geçirmek** erwischen; erlangen; **~e geçmek** in die Hände fallen; **~i açık** freigebig; -*in* **~ine bakmak** angewiesen sein auf *j-n*
el[2] S Fremde(r) *m/f(m)*; Land *n*; **~e vermek** *j-n* verraten, ausliefern
elastik(î) ADJ elastisch, federnd
elbet(te) ADV zweifellos
elbise S *pl* Kleid *n*; Anzug *m*; **~ askısı** Kleiderbügel *m*
elçi S Gesandte(r) *m/f(m)*, Botschafter(in) *m(f)* **elçilik** S Botschaft *f*
eldiven S Handschuh *m*
elebaşı S Anführer(in) *m(f)*
elek S ⟨-ği⟩ Sieb *n*; **~ten geçirmek** sieben; *fig* sichten
elektrik **A** S Elektrizität *f* **B** ADJ elektrisch; **~ düğmesi** Lichtschalter *m*; **~ kesilmesi** Stromausfall *m*; **~ süpürgesi** Staubsauger *m* **elektrikçi** S Elektriker(in) *m(f)* **elektrikli** ADJ elektrisch
elektronik ⟨-ği⟩ **A** S Elektronik *f* **B** ADJ elektronisch
eleman S Element *n*; Fachmann *m*, Spezialist(in) *m(f)*, (Fach-)Kraft *f*
elemek V/T (durch)sieben; *fig* sichten, ausscheiden
elemeler S SPORT Qualifikation *f*
eleştiri S Kritik *f* **eleştirici** ADJ kritisch **eleştirmek** V/T kritisieren **eleştirmen** S Kritiker(in) *m(f)*
ellemek V/T berühren; tasten
elli ADJ *Zahl* fünfzig
elma S BOT Apfel *m*
elmas S Diamant *m*
elti S (*Verhältnis zwischen den*

Frauen von Brüdern) Schwägerin *f*
elveda INT ‹-ı› ade, lebe wohl!
elverişli ADJ geeignet, nützlich
elvermek V/T *dat* genügen; passen
emanet S anvertraute(s) Gut *n*; ~ **etmek** *j-m etw* anvertrauen **emanetçi** S Gepäckaufbewahrung *f*; Treuhänder(in) *m(f)* **emaneten** ADV leihweise
emare S Vorzeichen *n*; Indiz *n*
emaye A S Emaille *f* B ADJ emailliert
emek S ‹-ği› Mühe *f*, Arbeit *f*; ~ **vermek** sich Mühe geben **emekçi** S Werktätige(r) *m/f(m)*, Proletarier(in) *m(f)*
emekli[1] ADJ *(Arbeit)* mühsam, zeitraubend
emekli[2] A ADJ pensioniert B S Pensionär(in) *m(f)*; Rentner(in) *m(f)*; ~ **olmak** in den Ruhestand treten **emeklilik** S Pension *f*; Rente *f*
emeksiz ADJ mühelos, leicht
emektar ADJ verdient; alt
emin ADJ sicher; zuverlässig; ~ **olmak** sicher sein *(-e gen)*
emir S ‹-mri› Befehl *m*
emlâk S ‹-ki› *pl* Immobilien *pl*, Grundbesitz *m* **emlâkçı** S Immobilienmakler(in) *m(f)*
emmek V/T ‹-er› *akk* saugen; lutschen an *dat*
emniyet S Sicherheit *f*; Polizei *f*; ~ **güçleri** Sicherheitskräfte *pl*; ~ **kemeri** Sicherheitsgurt *m* **emniyetli** ADJ sicher, zuverlässig **emniyetsiz** ADJ unsicher, unzuverlässig **emniyetsizlik** S Unsicherheit *f*; Misstrauen *n*
emprime ADJ bedruckt
emretmek V/T *j-m etw* befehlen
emrivaki: ~ **yapmak** vollendete Tatsachen schaffen
emsal S ‹-li› JUR Präzedenzfall *m* **emsalsiz** ADJ unvergleichlich, beispiellos
emzik S ‹-ği› Schnuller *m*; Sauger *m* **emzirmek** V/T säugen, stillen
en[1] S Breite *f*
en[2] ADV am …-sten; -st-; ~ **aşağı** mindestens; ~ **az** wenigst…; ~ **azından** wenigstens; ~ **çok** höchst…, meist…; ~ **fazla** am meisten; meist…; ~ **güzel** am schönsten; schönst…; ~ **iyi** schönst…, am schönsten
enayi ADJ dumm
encümen S Kommission *f*, Ausschuss *m*
ender ADJ sehr selten
endişe S Unruhe *f*, Angst *f* **endişelenmek** V/I sich sorgen **endişeli** ADJ besorgt, unruhig
Endonezya S Indonesien *n*
endüstri S Industrie *f*
enerji S Energie *f* **enerjik** ADJ energisch
enfarktüs S MED Infarkt *m*
enfes ADJ wunderbar, köstlich

enfiye S Schnupftabak *m*
enflasyon S Inflation *f*
engebe S Unebenheit *f* **engebeli** ADJ uneben, schlecht begehbar
engel S Hindernis *n*, Hemmnis *n*; **~ olmak** *-e* hindern, hemmen *akk* **engellemek** V/T behindern **engelli** A ADJ behindert B S Behinderte(r) *m/f(m)*; **~ koşu** SPORT Hürdenlauf *m*
engerek S ⟨-ği⟩ ZOOL Otter *f*, Viper *f*
engin ADJ weit, ausgedehnt; **~ (deniz)** offenes Meer *n*
enginar S BOT Artischocke *f*
enişte S Schwager *m*; Onkel *m*; *Ehemann e-r Schwester od Tante*
enjektör S MED Spritze *f*
enkaz S *pl* Trümmer *pl*; Wrack *n*
enlem S GEOG Breitengrad *m*
enli ADJ breit
ense S Nacken *m*
ensiz ADJ schmal, eng
enstantane S FOTO Momentaufnahme *f*
enstitü S Institut *n*
entari S Damenkleid *n*; weite(r) Überwurf *m*
entegrasyon S Integration *f*
entel S *umg* Intellektuelle(r) *m/f(m)*
enteresan ADJ interessant
entrika S Intrige *f* **entrikacı** S Intrigant(in) *m(f)*
epey(ce) ADV ziemlich (viel)
epilasyon S Enthaarung *f*, Epilation *f*
e-posta S IT E-Mail *f* **e-posta kutusu** S IT Mailbox *f*
er¹ ADJ früh; **~ geç** früher oder später
er² S Mann *m*; MIL Soldat *m* *(ohne Rang)*
erdem S Tugend *f*
ergen ADJ *(Mensch)* reif; erwachsen **ergenlik** S Reife *f*; **~ çağı** Pubertät *f*
erguvan S BOT Judasbaum *m*
erguvanî ADJ purpurrot
erik S ⟨-ği⟩ BOT Pflaume *f*; Zwetschge *f*
eril ADJ GRAM maskulin, männlich
erimek V/I schmelzen, sich auflösen
erişim S IT Zugang *m* **erişmek** V/T *-e* erreichen, erlangen *akk*
eritmek V/T schmelzen
eriyik S *(Flüssigkeit)* Lösung *f*
erkek ⟨-ği⟩ A S Mann *m*; ZOOL Männchen *n* B ADJ männlich **erkeklik** S Männlichkeit *f*; Mannhaftigkeit *f* **erkeksi** ADJ maskulin, männlich
erken ADV früh(zeitig)
ermek V/T ⟨-er⟩ *-e* erreichen *akk*; heilig werden
Ermeni A S Armenier(in) *m(f)* B ADJ armenisch **Ermenice** S Armenisch *f* **Ermenistan** S Armenien *n*
ermiş S Heilige(r) *m/f(m)*
eroin S Heroin *n*
ertelemek V/T aufschieben;

vertagen (*-e* auf *akk*)
ertesi ADJ nächst…, folgend…; **~ gün** am nächsten Tag
erzak S ‹-ğı› *pl* Lebensmittel *pl*; Vorrat *m*; Verpflegung *f*, Proviant *m*
esans S CHEM Essenz *f*
esaret → esirlik
esas S Fundament *n*; Basis *f*, Grundlage *f*; Hauptsache *f* **esasen** ADV grundsätzlich; eigentlich **esaslı** ADJ grundlegend, wesentlich
esen: **~ kalın!** bleiben Sie gesund!, alles Gute! **esenlik** S Wohl(befinden *n*) *n*
eser S Zeichen *n*; Werk *n*
esir S (*Krieg*) Gefangene(r) *m*/*f*(*m*); **~ almak** gefangen nehmen
esirgemek V/T behüten, beschützen (*-den* vor *dat*); verweigern; **Allah esirgesin!** Gott schütze uns!
esirlik S Gefangenschaft *f*
eski ADJ alt; altmodisch; abgenützt; **~ kafalı** *fig* verknöchert; **~ püskü** A alt und unansehnlich B Gerümpel *n* **eskici** S Altwarenhändler(in) *m*(*f*)
eskiden ADV früher; damals
eskimek V/I alt werden, sich abnutzen **eskitmek** V/T abnutzen, abtragen
eskrim S SPORT Fechten *n*
eskrimci S Fechter(in) *m*(*f*)
esmek V/I ‹-er› wehen, blasen; *fig* in den Sinn kommen (*-e j-m*)
esmer ADJ braun, brünett
esnada: **o ~** währenddessen, in der Zwischenzeit; *-diği* **~** während; **esnasında** während *gen*, im Verlauf von *dat*
esnaf S Handwerker *m*, Kleinhändler *m* (*a. pl*)
esnek ADJ elastisch; flexibel **esneklik** S Elastizität *f*; Flexibilität *f*
esnemek V/I gähnen
espri S Geist *m*; Witz *m*; Humor *m*
esrar[1] S Rauschgift *n*
esrar[2] S Geheimnis *n* **esrarengiz, esrarlı** ADJ geheimnisvoll; unheimlich
estağfurullah! INT bitte sehr!; keine Ursache!
estetik ‹-ği› A S Ästhetik *f* B ADJ ästhetisch
eş S Gegenstück (*e-s Paares*); (*Ehepartner*) Partner(in) *m*(*f*)
eşanlamlı ADJ synonym
eşantiyon S Warenprobe *f*
eşcinsel A ADJ homosexuell B S Homosexuelle(r) *m*/*f*(*m*)
eşdeğer ADJ gleichwertig
eşek S ‹-ği› ZOOL Esel *m*
eşekarısı S ZOOL Hornisse *f*
eşelemek V/T (*Erde*) umwühlen; (*Problem*) angehen
eşik S ‹-ği› Schwelle *f*
eşit ADJ *a.* MATH gleich **eşitlik** S Gleichheit *f* **eşitsizlik** S Ungleichheit *f*
eşkiya S *pl* Räuber *m* (*a. pl*), Bandit *m*
eşofman S Trainingsanzug *m*

eşsiz ADJ unvergleichlich, einzigartig; (*ohne Partner*) ohne Begleitung, allein
eşya S *pl* Sachen *pl*, Gegenstände *pl*; Gepäck *n*
eşzamanlı ADJ TECH synchron
et S Fleisch *n*; **~ suyu** Bouillon *f*, Fleischbrühe *f*
etap S Etappe *f*
etek S ⟨-ği⟩ (*Kleid*) Schoß *m*; Rock *m*; (*Berg*) Fuß *m* **eteklik** S Rock *m*
eter S CHEM Äther *m*
etiket S Schild *n*, Etikett *n*; Etikette *f* **etiketlemek** V/T mit e-m Etikett versehen
etimoloji S Etymologie *f*
Etiyopya S Äthiopien *n*
etken S GRAM Aktiv *n*; Faktor *m*
etki S Wirkung *f*, Effekt *m*; Einfluss *m* **etkilemek** V/T *-i* wirken auf *akk*; beeinflussen **etkilenmek** V/I *-den* beeindruckt sein von *dat*, betroffen sein von **etkili** ADJ wirkungsvoll, einflussreich
etkin ADJ aktiv; wirkungsvoll **etkinlik** S Aktivität *f*; Veranstaltung *f*
etli ADJ fleischig; dick
etmek V/T ⟨-der⟩ tun, machen
etnik ADJ ethnisch
etraf S *pl* Umgebung *f*; *-in* **~ında** rings um *akk*
etraflı ADJ & ADV ausführlich, eingehend
etsiz ADJ fleischlos; mager
ettirgen S GRAM Kausativ *m*
etüt S ⟨-dü⟩ Studie *f*
ev S Haus *n*, Heim *n*; Wohnung *f*; **~ idaresi** Haushalt *m*; **~ kadını** Hausfrau *f*
evcil S zahm; gezähmt
evde ADV zu Hause
evet ADV ja, jawohl
evlât S ⟨-dı⟩ *pl* Kind *n* **evlâtlık** S Adoptivkind *n*
evlendirmek V/T verheiraten
evlenme S Heirat *f*, Eheschließung *f* **evlenmek** V/I heiraten (*b.* **ile** *akk*), sich verheiraten (mit *dat*) **evli** ADJ verheiratet **evlilik** S Ehe *f*
evrak S *pl* Akten *pl*, Dokumente *pl*; **~ çantası** Aktentasche *f*, Aktenkoffer *m*
evren S Kosmos *m*
evrim S Evolution *f*
evvel ADV früher, vorher; zuerst; **~ Allah** mit Gottes Hilfe; **bir an ~** so bald wie möglich; *-meden* **~** *konj* ehe, bevor **evvelâ** ADV zuerst, vorerst **evvelce** ADV früher, eher, bereits **evvelden** ADV schon früher **evvelki** ADJ vorherig...; vorletzt...
eyalet S POL Bundesland *n*
eyer S Sattel *m*
eylem S Tätigkeit *f*, Aktion *f*, GRAM Verb *n*
eylemek → etmek
eylül S September *m*
eyvallah! INT auf Wiedersehen!; *umg* danke schön!
ezan S REL Gebetsruf *m*
ezber ADJ auswendig **ezber**

den, ezbere ADV auswendig **ezberlemek** V/T auswendig lernen
ezelî ADJ ewig, uralt
ezgi S Melodie *f*
ezici ADJ erdrückend **ezilmek** V/I PASSIV zerdrückt werden; überfahren werden
eziyet S Qual *f* **eziyetli** ADJ qualvoll; mühselig
ezme S Püree *n*, Brei *m* **ezmek** V/T ⟨-er⟩ zerdrücken, zerquetschen

F

fa S MUS F
faal ADJ ⟨-i⟩ tätig, aktiv **faaliyet** S Tätigkeit *f*, Aktivität *f*
fabrika S Fabrik *f* **fabrikasyon** S Serienherstellung *f*
fabrikatör S Fabrikant(in) *m(f)*
facia S Katastrophe *f*
fahiş ADJ unmäßig
fahişe S Hure *f*, Prostituierte *f*
fahrî ADJ Ehren...
fail S Täter(in) *m(f)*
faiz S WIRTSCH Zins(en *pl*) *m*; **~e vermek** auf Zins leihen
fakat KONJ aber, jedoch
fakir ADJ arm **fakirlik** S Armut *f*
faks S Fax *n* **fakslamak** V/T faxen
faktör S Faktor *m*
fakülte S Fakultät *f*
fal S Wahrsagen *n*; **~(a) bakmak** wahrsagen; **(yıldız) ~(ı)** Horoskop *n*
falan PRON der und der, das und das; und so weiter
falcı S Wahrsager(in) *m(f)*
familya S BOT, ZOOL Familie *f*
fanatik ADJ fanatisch **fanatizm** S Fanatismus *m*
fanila S Unterhemd *n*
far S AUTO Scheinwerfer *m*; Lidschatten *m*
fare S ZOOL, IT Maus *f*; **~ kapanı** Mausefalle *f*; *umg* Dieb *m*; **~ tıklaması** Mauseklick *m*
fark S Unterschied *m*, Differenz *f*; **~ etmek** (*wahrnehmen*) bemerken; unterscheiden; **~ etmez!** egal!; *-in* **~ına varmak** merken, bemerken *akk*; *-in* **~ında olmadan** aus Versehen, unabsichtlich, unbeabsichtigt; *-in* **~ında olmak** merken *akk*
farklı ADJ verschieden (*-den* von *dat*) **farklılık** S ⟨-ğı⟩ Abweichung *f*; Unterschied *m*; Verschiedenheit *f* **farksız** ADJ ohne Unterschied, unterschiedslos
farmakoloji S Arzneimittelkunde *f*, Pharmakologie *f*
Farsça S Persisch *n*
farz S REL Vorschrift *f*; Hypothese *f*; **~ etmek** annehmen; **~ edelim ki** angenommen, dass
Fas S Marokko *n*

fasıl S ⟨-sli⟩ Abschnitt *m*, Kapitel *n*; THEAT Akt *m*
fasikül S (*Buchreihe*) Lieferung *f*
fasulye S BOT Bohne *f*
faşist S Faschist(in) *m(f)* **faşizm** S Faschismus *m*
fatih S Eroberer *m* (*insbesondere der Istanbuls*)
fatura S WIRTSCH Rechnung *f*
faul S SPORT Foul *n*
favori S Backenbart *m*; Favorit *m*
fayans S Fliese *f*, Kachel *f*
fayda S Nutzen *m*, Vorteil *m* **faydalanmak** V/T -*den* Nutzen haben von *dat*; ausnutzen *akk* **faydalı** ADJ nützlich, nutzbringend **faydasız** ADJ nutzlos, unnütz
fayton S Kutsche *f*
fazilet S Tugend *f*
fazla **A** S Überschuss *m* **B** ADJ & ADV überschüssig, zu viel; mehr **fazlasıyla** ADV äußerst
feci ADJ tragisch
feda S Opfer *n*, Aufopferung *f*; **~ etmek** opfern
fedaî S Bodyguard *m*
fedakâr ADJ opferwillig, hingabebereit **fedakârlık** S Opferbereitschaft *f*, Hingabe *f*
federal ADJ ⟨-li⟩ Bundes... **federasyon** S Vereinigung *f*, Bund *m* **federe** ADJ Bundes...
felâket S Katastrophe *f* **felâketzede** S (*Katastrophen-*)Opfer *n*
felç S ⟨-ci⟩ Lähmung *f*; Schlaganfall *m*; **çocuk felci** Kinderlähmung *f*
felsefe S Philosophie *f* **felsefî** ADJ philosophisch
fen S ⟨-nni⟩ Technik *f*; **~ (bilimleri)** Naturwissenschaften *pl*
fena ADJ schlecht, übel, böse **fenalaşmak** V/R & V/I sich verschlechtern; **fenalaşıyorum** mir wird schlecht **fenalık** S Schlechtigkeit *f*; **~ geçirmek** in Ohnmacht fallen
fener S Laterne *f*; **deniz ~i** Leuchtturm *m*; **el ~i** Taschenlampe *f*
fennî ADJ technisch; fachmännisch; naturwissenschaftlich
fenomen S Phänomen *n*
feodal ADJ feudal **feodalizm** S Feudalismus *m*
feragat S ⟨-ti⟩ Verzicht *m*; **~ etmek** -*den* verzichten auf *akk*, aufgeben *akk*
ferah ADJ (*Haus*) geräumig; (*Person*) erleichtert
ferahlamak V/I aufatmen, sich frei fühlen
ferahlık S Heiterkeit *f*, Freude *f*
ferdî ADJ individuell
feribot S SCHIFF Autofähre *f*
fermuar S Reißverschluss *m*
fert S ⟨-di⟩ Individuum *n*
feryat S Wehgeschrei *n*
fesat S ⟨-dı⟩ Verderbnis *f*; Zwietracht *f*; Aufruhr *m*; **~ çıkarmak** Unruhe stiften **fesatçı** S Unruhestifter(in) *m(f)*
feshetmek V/T aufheben, annullieren, kündigen **fesih** S

⟨-shi⟩ Annullierung *f*, Kündigung *f*
fesleğen S BOT Basilikum *n*
festival S ⟨-li⟩ Festspiele *pl*
fethetmek V/T erobern **fetih** S ⟨-thi⟩ Eroberung *f*
fetva S REL Rechtsgutachten *n* (*nach islamischem Recht*)
fevkalâde ADJ außergewöhnlich; Sonder...
fıçı S Fass *n*
fıkırdamak V/I brodeln
fıkra S Abschnitt *m*, Passus *m*; Anekdote *f*; Witz *m*
fındık S ⟨-ğı⟩ BOT Haselnuss *f*
Fırat S Euphrat *m*
fırça S Bürste *f*; Pinsel *m*; **~ atmak** *-e umg* schimpfen mit *dat*; *j-n* abkanzeln **fırçalamak** V/T (ab)bürsten
fırıldak S ⟨-ğı⟩ Ventilator *m*; Windfang *m*
fırıldanmak V/I sich drehen
fırın S Backofen *m*; Bäckerei *f*
fırıncı S Bäcker(in) *m(f)*
fırlamak V/I auffliegen, emporschnellen **fırlatmak** V/T schleudern, schießen
fırsat S Gelegenheit *f*, Chance *f*
fırtına S Sturm *m*; Gewitter *n* **fırtınalı** ADJ stürmisch
fısıldamak V/T flüstern, raunen **fısıltı** S Geflüster *n*
fıskiye S Springbrunnen *m*
fıstık S ⟨-ğı⟩ BOT Erdnuss *f*, Pistazie *f*; → şamfıstığı
fışırdamak V/I rauschen
fışkırmak V/I hervorsprudeln
fışkırtmak V/T hervorspritzen lassen
fıtık S ⟨-ğı⟩ MED Leistenbruch *m*; **~ olmak** die Geduld verlieren
fiberglas ADJ Glasfaser...
fidan S BOT Schössling *m*, Spross *m* **fidanlık** S Baumschule *f*
fide S BOT Setzpflanze *f*
fidye S Lösegeld *n*
figüran S Statist(in) *m(f)*, Komparse *m*, Komparsin *f*
figüratif ADJ figürlich
fihrist S Inhaltsverzeichnis *n*; Index *m*
fiil S Handlung *f*, Tat *f*; GRAM Verb *n*, Zeitwort *n*
fiilen ADV faktisch **fiilî** ADJ faktisch, de facto
fikir S ⟨-kri⟩ Meinung *f*; Gedanke *m*, Idee *f* **fikirsiz** ADJ ohne Meinung **fikrisabit** S fixe Idee
fil S ZOOL Elefant *m*; (*Schach*) Läufer *m*
filân → falan
fildişi S Elfenbein *n*
file S Netz *n*
fileto S Filet *n*
filika S Rettungsboot *n*
Filipinler S Philippinen *pl*
Filistin S Palästina *n*
filiz S BOT Trieb *m*, Spross *m* **filizlenmek** V/I Triebe ansetzen
film S Film *m*; *umg* Röntgenaufnahme *f*; **~ gibi** erstaunlich

filo S Flotte *f*
filolog S ⟨-ğu⟩ Philologe *m*, Philologin *f* **filoloji** S Philologie *f*
filozof S Philosoph(in) *m(f)*
filtre S Filter *m*; **~ etmek** filtern **filtreli** ADJ mit Filter, Filter...
Fin A S Finne *m*, Finnin *f* B ADJ finnisch
final S ⟨-li⟩ Finale *n*
finanse: **~ etmek** finanzieren **finansman** S Finanzierung *f*
fincan S Tasse *f*; ELEK (Porzellan-)Isolator *m*
Fince S Finnisch *n* **Finlandiya** S Finnland *n*
firar S Flucht *f*
fire S WIRTSCH Schwund *m*
firuze A S Türkis *m* B ADJ türkis
fiske S Schnipsen *n*; Prise *f* **fiskelemek** V/T *(mit den Fingern)* schnipsen
fiskos S Tuscheln *n*
fistül S MED Fistel *f*
fiş S Zettel *m*, Karteikarte *f*; Kassenbon *m*; ELEK Stecker *m*
fişek S ⟨-ği⟩ (Gewehr-)Patrone *f*; **havaî ~** Feuerwerkskörper *m*
fişlemek V/T *akk* in *e-e* Kartei aufnehmen, registrieren
fitil S Docht *m*; Zündschnur *f*
fitre S Almosen *pl*
fiyaka S Angeberei *f*
fiyat S Preis *m*; **~ vermek** WIRTSCH ein Angebot machen *od* abgeben
fizik S ⟨-ği⟩ Physik *f* **fizikî, fiziksel** ADJ physisch
fizyoterapi S Krankengymnastik *f*
flama S SCHIFF Wimpel *m*
Flaman ADJ flämisch
flaş S FOTO Blitzlicht *n*
flört S Flirt *m*
flüt S MUS Flöte *f*
fobi S Phobie *f*, Angst *f*
fok S ZOOL Seehund *m*, Robbe *f*
fokurdamak V/I brodeln
folklor S Folklore *f*
folyo S Folie *f*
fon S THEAT Hintergrund *m*; WIRTSCH Fonds *m*
fonetik ⟨-ği⟩ A S Phonetik *f* B ADJ phonetisch
fonksiyon S Funktion *f*
form S Form *f*
forma S Druckbogen *m*; Uniform *f*; SPORT Trikot *n*; Schuluniform *f*
formalite S Formalität *f*
formatlamak V/T IT formatieren
formül S Formel *f*
formüler S Formular *n*
forslu ADJ einflussreich
forvet S SPORT Stürmer(in) *m(f)*
fosfor S CHEM Phosphor *m*
fotoğraf S Lichtbild *n*, Foto *n*; **~ makinası** Fotoapparat *m*; *-in* **~ını çekmek** fotografieren *akk*
fotoğrafçı S Fotograf(in) *m(f)*
fotokopi S Fotokopie *f*
frak S Frack *m*

Fransa S Frankreich *n* **Fransız** **A** S Franzose *m*, Französin *f* **B** ADJ französisch **Fransızca** S Französisch *n*
frekans S Frequenz *f*
fren S AUTO Bremse *f*
frengi S MED Syphilis *f*
frenküzümü S BOT Johannisbeere *f*
frenlemek V/T bremsen
freze S TECH Fräse *f*
friksiyon S Abreibung *f*
fuar S WIRTSCH Messe *f*
fuhuş S ⟨-hşu⟩ Prostitution *f*; Unzucht *f*
fukara **A** ADJ arm, mittellos **B** S Arme(r) *m*/*f*(*m*) **fukaralık** S Armut *f*
fular S Halstuch *n*
funda S Gestrüpp *n*, Gebüsch *n*
futbol S Fußball *m*; **~ maçı** Fußballspiel *n* **futbolcu** S Fußballer(in) *m*(*f*)
fuzuli ADJ unnötig, überflüssig
füme ADJ (*Fisch etc*) geräuchert; (*Farbe*) rauchfarben, dunkelgrau
fütursuz ADJ rücksichtslos
füze S Rakete *f*, Geschoss *n*
füzyon S PHYS, WIRTSCH Fusion *f*

G

G: **Güney** Süden *m*
gaddar ADJ grausam; unmenschlich **gaddarlık** S Grausamkeit *f*
gaf S Fauxpas *m*
gafil ADJ unachtsam, gedankenlos; **~ avlamak** überrumpeln, überfallen
gaga S ZOOL Schnabel *m* **gagalamak** V/T aufpicken; mit dem Schnabel hacken
galeri S Galerie *f*; **resim ~si** Gemäldegalerie *f*; **oto ~si** Autohaus *n*, Autoverkaufsraum *m*
galeta S Zwieback *m*; **~ unu** Paniermehl *n*
galiba ADV wahrscheinlich, vermutlich
galibiyet S Sieg *m* **galip** ⟨-bi⟩ **A** S Sieger(in) *m*(*f*) **B** ADJ siegreich
galvanizlemek V/T galvanisieren
gam[1] S MUS Tonleiter *f*; Oktave *f*
gam[2] S Kummer *m*, Sorge *f*
gammaz S Verleumder(in) *m*(*f*), Denunziant(in) *m*(*f*); *umg* Petze *f* **gammazlamak** V/T verleumden, denunzieren
gammazlık S Denunziation *f*
gangster S Gangster *m*

ganimet S Glücksfall *m*, Gottesgeschenk *n*; MIL (Kriegs-) Beute *f*; Glücksfall *m*
GAP: **Güneydoğu Anadolu Projesi** Bewässerungsprojekt *n* Südostanatolien
gar S Bahnhof *m*
garaj S Garage *f*
garanti S Garantie *f*
gardırop S ⟨-bu⟩ Kleiderschrank *m*
gardiyan S Gefängniswärter(in) *m(f)*
gargara S Gurgeln *n*; **~ yapmak** gurgeln
garip ADJ ⟨-bi⟩ sonderbar, merkwürdig; armselig, bedauernswert
garnitür S Garnitur *f*; Garnierung *f*
garnizon S MIL Garnison *f*
garson S Kellner *m*, Ober *m*
gaspetmek V/T sich gewaltsam aneignen, rauben
gastrit S MED Gastritis *f*
gâvur **A** S Ungläubige(r) *m/f(m)*; *fig* unbarmherzige(r) Mensch *m* **B** ADJ stur; erbarmungslos **gâvurluk** S Unglaube *m*; Grausamkeit *f*
gaye S Ziel *n*, Absicht *f*, Zweck *m*
gayet ADV sehr
gayret S Mühe *f*, Eifer *m*; **~ etmek** sich bemühen **gayretli** ADJ eifrig **gayretsiz** ADJ zaghaft
gayrı, gayri ADJ nicht, un...; **~ kabil** unmöglich **gayrımenkul** S Immobilien *pl*
gaz¹ S Gas *n*; Petroleum *n*
gaz²: **~bezi** Gaze *f*
gazap S ⟨-bı⟩ Zorn *m*, Wut *f*
gazete S Zeitung *f* **gazeteci** S Journalist(in) *m(f)*; Zeitungshändler(in) *m(f)* **gazetecilik** S Journalismus *m*
gazi S MIL Veteran *m*
gazino S Kasino *n*; Gaststätte *f* (*mit Livemusik*)
gazlamak V/T AUTO, *umg* Gas geben; *fig* verschwinden
gazoz S Brauselimonade *f*
gebe ADJ schwanger; (*Tier*) trächtig **gebelik** S Schwangerschaft *f*
gebermek V/I *vulg* krepieren
gece S Nacht *f*; **~ gündüz** Tag und Nacht; **~ yarısı** Mitternacht *f* **gececi** S Nachtschichtarbeiter(in) *m(f)* **gecekondu** S *ohne Genehmigung „über Nacht" gebautes kleines Haus* **gecelemek** V/I übernachten **geceleri, geceleyin** ADV nachts, jede Nacht **gecelik** **A** S Nachthemd *n* **B** ADJ für die Nacht bestimmt, Nacht...
gecikme S Verspätung *f*; Verzögerung *f* **gecikmek** V/I sich verspäten, Verspätung haben **geciktirmek** V/T verzögern, spät tun; aufhalten
geç ADV spät; **~ kalmak** sich verspäten
geçe ADV (*Zeit*) *-i* nach; **üçü on ~** 10 (Minuten) nach 3 (Uhr)

geçen ADJ vergangen..., vorig... **geçen(ler)de** ADV neulich
geçer ADJ (*Geld usw*) gültig; gängig; üblich **geçerli** ADJ gültig, in Kraft **geçerlilik** S Gültigkeit *f*
geçici ADJ vorübergehend; provisorisch; vorläufig
geçilmek V/I *-den* gangbar *od* begehbar sein *nom*; SPORT überholt werden
geçim S Auskommen *n* (miteinander); Lebensunterhalt *m*
geçimsiz ADJ unverträglich; streitsüchtig **geçindirmek** V/T ernähren, unterhalten **geçinmek** V/I auskommen (**ile** mit *dat*); leben (von *dat*); sich halten für *akk*; sich aufspielen als *nom*
geçirgen ADJ durchlässig **geçirmek** V/T *akk* (*durchlassen*) passieren lassen; (*Zeit etc*) verbringen; (*Krankheit*) überstehen; MED anstecken
geçiş S Durchgang *m*, Durchfahrt *f*
geçişli ADJ GRAM transitiv **geçişsiz** ADJ GRAM intransitiv
geçiştirmek V/T (*Gefahr*) überstehen; (*eine Frage mit Schweigen*) übergehen
geçit S ⟨-di⟩ Über-/Unterführung *f*; Engpass *m*; Furt *f*
geçmek V/I ⟨-er⟩ vorbeigehen (*-den* an *dat*), hindurchgehen (durch *akk*); (*Zeit*) vergehen; (*-i j-n*) übertreffen; (*-den j-n*) überholen; **(saat) dokuzu beş geçiyor** es ist fünf nach neun
geçmiş **A** ADJ vergangen; **~ olsun!** gute Besserung! **B** S Vergangenheit *f*; **~ zaman** GRAM Vergangenheit *f*
gedik S ⟨-ği⟩ Bresche *f*, Lücke *f*
geğirmek V/I rülpsen, aufstoßen
gelecek ⟨-ği⟩ **A** ADJ künftig, kommend **B** S Zukunft *f*; **~ zaman** GRAM Futur *n*, Zukunft *f*
gelenek S ⟨-ği⟩ Tradition *f*
gelgelelim KONJ aber leider ...
gelgit S Hin- und Herlaufen *n*; GEOG Gezeiten *pl*
gelin S Braut *f*; Schwiegertochter *f*
gelinböceği S ZOOL Marienkäfer *m*
gelince *-e* betreffend, was anbetrifft *akk*
gelincik S ⟨-ği⟩ BOT Klatschmohn *m*; ZOOL Wiesel *n*
gelinlik S Brautkleid *n*
gelir S Einkommen *n*; **~ vergisi** Einkommensteuer *f*
geliş S Kommen *n*
gelişigüzel ADV wahllos, zufällig
gelişme S Entwicklung *f* **gelişmek** V/I wachsen, sich entwickeln; **~te olan ülke** Entwicklungsland *n* **gelişmiş** ADJ entwickelt **geliştirme** S Entwicklung *f*; Fortbildung *f*

geliştirmek V/T entwickeln **gelmek** V/I ⟨-ir⟩ kommen; vorkommen, erscheinen (-e *j-m*); **gelip almak** abholen

gem: ~ **vurmak** -e zügeln, bändigen

gemi S Schiff *n* **gemici** S SCHIFF Matrose *m*, Seemann *m* **gemicilik** S Schifffahrt *f*

gen S Gen *n*

genç ⟨-ci⟩ **A** ADJ jung **B** S junge(r) Mann *m* **gençler** S junge Leute *pl* **gençleşmek** V/R sich verjüngen **gençleştirmek** V/T verjüngen **gençlik** S Jugend *f*

gene ADV wieder, noch einmal; ~ **de** dennoch

genel ADJ allgemein, generell; General...; ~ **af** Amnestie *f*; ~ **kadın** Prostituierte *f*

genelev S Bordell *n*

genelge S Rundschreiben *n*; Bekanntmachung *f*

genelkurmay S MIL Generalstab *m*

genellemek, genelleştirmek V/T verallgemeinern; übertragen (-e auf *akk*) **genellikle** ADV im Allgemeinen, meistens

geniş ADJ breit, weit, ausgedehnt **genişlemek** V/I sich erweitern, sich (aus)dehnen, breiter werden **genişletmek** V/T erweitern, ausdehnen **genişlik** S Weite *f*, Breite *f* **genleşmek** V/I PHYS sich ausdehnen

geometri S MATH Geometrie *f*

gerçek ⟨-ği⟩ **A** ADJ tatsächlich, wirklich **B** S Realität *f*; Tatsache *f* **gerçekçi** ADJ realistisch **gerçekdışı** ADJ unrealistisch **gerçekleşmek** V/R sich bewahrheiten; sich herausstellen, sich erweisen; **gerçekleşmiş** geschehen **gerçekleştirmek** V/T verwirklichen **gerçeklik** S Realität *f* **gerçekten** ADV in Wahrheit, tatsächlich **gerçeküstü** ADJ surrealistisch

gerçi KONJ obwohl; zwar; wenngleich

gerdan S ANAT Hals *m*, Kehle *f* **gerdanlık** S Halskette *f*

gereç S ⟨-ci⟩ Material *n*

gereğince ADV *nom* gemäß *dat*; gegebenenfalls

gerek ⟨-ği⟩ **A** ADJ nötig, notwendig; ~ ... ~ ... sowohl ... als auch ... **B** S Bedürfnis *n*

gerekçe S Folgerung *f*; JUR Begründung *f*

gerekli ADJ notwendig, erforderlich **gerek(li)lik** S Notwendigkeit *f* **gerekmek** V/I notwendig sein; passen (-e für *akk*) **gerektirmek** V/T erfordern

gergedan S ZOOL Nashorn *n*

gergef S Stickrahmen *m*

gergin ADJ gespannt **gerginlik** S Spannung *f*

geri **A** ADJ hinten; zurück, rückwärts; ~ **kalmış** POL un-

terentwickelt; **~ye bırakmak** aufschieben, verschieben **B** S hintere(r) Teil *m*, Rücken *m*
gerici S Reaktionär(in) *m(f)*
gerilemek V/I zurückbleiben; zurückweichen
gerili ADJ gespannt
gerilik S Rückschritt *m*, Rückständigkeit *f*
gerilim S Spannung *f* **gerilmek** V/I PASSIV gespannt werden
gerinmek V/I sich recken
germek V/T ‹-er› spannen, ausstrecken; ausbreiten
getirmek V/T (her-, hervor-, mit)bringen **getirtmek** V/T kommen *od* bringen lassen
geveze ADJ schwatzhaft **gevezelik** S Schwatzhaftigkeit *f*
geviş: ~ **getirmek** wiederkäuen
gevrek ADJ knusprig
gevşek ADJ ‹-ği› locker, schlaff; träge **gevşeklik** S Schlaffheit *f*, Nachlässigkeit *f*
gevşemek V/I locker werden, nachlassen **gevşetmek** V/T lockern
geyik S ‹-ği› ZOOL Hirsch *m*
gezdirmek V/T (*Gast*) umherführen; (*Hund etc*) spazieren führen; (*Blick*) wandern lassen
gezegen S Planet *m*
gezgin S Weltenbummler(in) *m(f)*
gezi S Ausflug *m*; Reise *f* **gezici** ADJ Wander..., ... auf Rädern **gezinmek** V/I spazieren gehen *od* fahren, umherstreifen **gezinti** S Spaziergang *m*, Spazierfahrt *f* **gezmek** **A** V/I ‹-er› spazieren gehen; reisen **B** V/T (*Stadt*) besichtigen
gıcık S ‹-ğı› Husten- *od* Niesreiz *m*; *fig* Argwohn *m*; ~ **kapmak** *fig* misstrauisch werden (*-den* über *akk*); genervt sein
gıcır: ~ **gıcır** nagelneu
gıcırdamak V/I quietschen, knirschen **gıcırdatmak** V/T knirschen (*-i* mit *dat*)
gıda S Nahrung *f*; Lebensmittel *pl*; ~ **pazarı** Lebensmittelgeschäft *n*
gıdaklamak V/I gackern
gıdalı ADJ nahrhaft **gıdasız** ADJ unterernährt
gıdıklamak V/T kitzeln
gıpta S Beneiden *n*, Neid *m*
gırgır S *umg* Spaß *m*; Geschnatter *m*
gırtlak S ‹-ğı› ANAT Kehlkopf *m*
gıyaben, gıyabında ADV in Abwesenheit
gibi (*Partikel*) *nom* wie, so wie; **bunun** ~ solch, so ein(e); ungefähr
gider **A** S *sg* Ausgaben *pl* **B** *-e* ~ fährt *od* geht nach ...
giderek ADV allmählich, nach und nach
giderici ADJ beseitigend **gidermek** V/T beseitigen
gidiş S Gehen *n*, Abreisen *n*; Verhalten *n*; Verlauf *m*; ~ **dönüş bileti** Rückfahrkarte *f*

gidişat S Entwicklung *f*, Fortgang *m*
gidiş-geliş S Hin- und Rückfahrt *f*; Verkehr *m*; Kontakt *m*
gidon S (*Fahrrad*) Lenkstange *f*
girdap S ‹-bı› Strudel *m*, Wirbel *m*
girinti S Einbuchtung *f*
giriş S Eingang *m*; Einleitung *f*; IT Eingabe; **~ katı** Erdgeschoss *n*
girişim S Initiative *f*; Kontakt *m* **girişken** ADJ kontaktfreudig **girişmek** V/T *-e* anfangen, unternehmen *akk*
Girit S Kreta *n*
girmek V/T ‹-er› hineingehen, hereinkommen (*-e* in *akk*); IT (*Daten*) eingeben; (*Arbeit*) beginnen (*-e etw*)
gişe S Schalter *m*, Kasse *f*
gitgide ADV zunehmend; mit der Zeit, allmählich
gitmek V/I ‹-der› (fort)gehen; *-in* **hoşuna ~** gefallen *dat* **gitti: ~ gider** weg ist weg
gittikçe ADV zunehmend; mit der Zeit
giydirmek V/T ankleiden, anziehen (*b-i j-n*) **giyim** S Kleidung *f* **giyinmek** V/I sich anziehen, sich ankleiden; (*Kleidung*) anziehen (*-i etw*) **giymek** V/T ‹-er› anziehen, aufsetzen **giysi** S Kleidung *f*; Kleid *n*, Anzug *m*
gizemli ADJ geheimnisvoll, mysteriös **gizlemek** V/T verstecken, verbergen; geheim halten **gizlenmek** V/R sich verstecken **gizli** ADJ verborgen; geheim; vertraulich **gizlice** ADV heimlich **gizlilik** S Geheimhaltung *f*
gliserin S Glyzerin *n*
globalleşme S Globalisierung *f*
gol S ‹-lü› SPORT Tor *n*; **~ atmak** ein Tor schießen **golcü** S Torjäger(in) *m(f)*
golf S ‹-fü› SPORT Golf *n*
gonca S BOT Knospe *f*
goril S ZOOL Gorilla *m*
gotik ADJ gotisch
göbek S ‹-ği› ANAT Nabel *m*; Bauch *m*; Zentrum *n* **göbeklenmek** V/I dick werden
göç S Wanderung *f* **göçebe** **A** S Nomade(nstamm *m*) *m*, Nomadin (*f*) **B** ADJ nomadisch
göçmek V/I umziehen; wandern; (*Wand etc*) einstürzen
göçmen S Umsiedler(in) *m(f)*, Auswanderer *m*, Einwanderer *m*; Flüchtling *m* **göçmenlik** S Umsiedlung *f*; Einwanderung *f*, Auswanderung *f*
göçük S ‹-ğü› Einsturz *m*
göğüs S ‹-ğsü› ANAT Brust *f*
göğüslemek V/T *-i* die Stirn bieten *dat*
gök S ‹-ğü› Himmel *m*; **~ gürlemesi** (*od* **gürültüsü**) Donner *m*
gökdelen S Wolkenkratzer *m*
gökkuşağı S Regenbogen *m*
gökyüzü S Firmament *n*, Himmel *m*

göl S See *m* **gölet** S Teich *m*
gölge S Schatten *m*; **~ düşürmek** *-e* überschatten *akk* **gölgeli** ADJ schattig **gölgelik** S schattige(r) Platz *m*; Laube *f*
gömlek S ‹-ği› Hemd *n*; **iç gömleği** Unterhemd *n*
gömmek V/T ‹-er› begraben; vergraben **gömülü** ADJ vergraben; versenkt
gönderen, gönderici S Absender(in) *m(f)* **gönderme** S *-e* Versand *m*; (*in Text*) Verweis *m* auf *akk* **göndermek** V/T senden, schicken (*-e* an *akk*)
gönlünüzce ADJ nach Ihrem Wunsch
gönül S ‹-nlü› Herz *n*; Zuneigung *f*; Mut *m*; *-in* **gönlü çekmek** von Herzen wünschen; verliebt sein; **~ kırmak** verletzen
gönüllü A ADJ freiwillig B S Freiwillige(r) *m/f(m)*
gönülsüz ADJ ungern; lustlos
göre (*Partikel*) *dat* nach, gemäß; ... zufolge
görece ADJ relativ, bedingt
görenek S ‹-ği› Brauch *m*, Sitte *f*
görev S Aufgabe *f*; Verpflichtung *f*; Amt *n*, Stellung *f* **görevlendirmek** V/T beauftragen (**ile** mit *dat*) **görevli** A ADJ beauftragt B S Zuständige(r) *m/f(m)*, Bedienstete(r) *m/f(m)*
görgü S gute(r) Ton *m*; Anstand *m* **görgülü** ADJ höflich; gewandt
görkem S Pracht *f*
görmek V/T ‹-ür› sehen, erblicken; erleben; (*Leid*) erfahren; **görmemezlikten gelmek** *fig* ein Auge zudrücken, übersehen; **görmeye gitmek** besuchen
görmemiş ADJ unkultiviert; ungebildet; neureich
görsel ADJ visuell
görümce S (*Schwester des Ehemannes*) Schwägerin *f*
görünmek V/I erscheinen, sich zeigen; scheinen
görüntü S Bild *n*; Phantom *n*
görünüm S Aussicht *f*
görünürde ADV vordergründig, scheinbar
görünüş S Aussehen *n*
görüş S Sehen *n*, Sicht *f*; Einstellung *f*; Ansicht *f*, Meinung *f*; Auffassung *f* **görüşlü**: **dar ~** engstirnig; **uzak ~** weitblickend **görüşmek** A V/R sich sehen, sich treffen (**ile** mit *dat*); **~ üzere!** auf Wiedersehen! B V/T besprechen, verhandeln (**ile** mit *dat*)
gösterge S TECH Anzeiger *m*, Indikator *m*; Display *n*
gösteri S (Kultur-)Veranstaltung *f*; Demonstration *f*; **~ merkezi** Veranstaltungszentrum *n* **gösterici** S Demonstrant(in) *m(f)*
gösteriş S Schein *m*; Äußere(s) *n*; (Vor-)Zeigen *n* **gösterişçi** S Angeber(in) *m(f)* **gös-**

terişli ADJ ansehnlich; auffällig **gösterişsiz** ADJ unansehnlich

göstermek V/T *j-m etw* zeigen; vorlegen; **Allah göstermesin!** möge Gott es verhüten!

göt S *vulg* Hintern *m*, Arsch *m*

götürmek V/T wegtragen, mitnehmen

götürü ADJ pauschal

gövde S ANAT Rumpf *m*; BOT Stamm *m*

göz S ANAT Auge *n*; (Schub-) Fach *n*, Schublade *f*; Öhr *n*, Öse *f*; ~ **alabildiğince** so weit das Auge reicht; ~ **yummak** *-e* Nachsicht haben mit *dat*; dulden; ~ **kararı** Augenmaß *n*; **~den kaçmak** übersehen werden; **~den düşmek** im Ansehen sinken, in Ungnade fallen; **~e almak** *akk* riskieren, in Kauf nehmen; **~e çarpmak** ins Auge fallen, auffallen; ~ **önünde bulundurmak** *od* **tutmak** in Betracht ziehen

gözalıcı ADJ bezaubernd

gözaltı S Überwachung *f*; Gewahrsam *m*; Festnahme *f*; JUR Untersuchungshaft *f*

gözbebeği S ANAT Pupille *f*

gözcü S Beobachter(in) *m(f)*; Aufsichtsperson *f*

gözde ADJ beliebt, populär; Mode...

gözenek S Pore *f*; (*Netz, Gestricktes*) Masche *f*

gözetim S Überwachung *f*, Aufsicht *f* **gözetlemek** V/T beobachten; bespitzeln **gözetmek** V/T beobachten; beschützen

gözkapağı S ANAT Augenlid *n*

gözlem S Beobachtung *f*

gözleme S *gefüllter Blätterteigfladen*

gözlemek V/T beobachten; erforschen

gözlemevi S ASTRON Sternwarte *f*

gözlük S ⟨-ğü⟩ Brille *f*; **at gözlüğü** Scheuklappe *f* **gözlükçü** S Optiker(in) *m(f)*

gözükmek → görünmek

gözüpek ADJ kühn, mutig

gözyaşı S Träne *f*

gözyuvası S ANAT Augenhöhle *f*

gram S Gramm *n*

gramer S Grammatik *f*

gravür S Kupferschnitt *m*, Gravur *f*

grev S Streik *m*, Ausstand *m*

grevci S Streikende(r) *m/f(m)*

greyfrut S Grapefruit *f*, Pampelmuse *f*

gri ADJ grau

grip S ⟨-bi⟩ MED Grippe *f*

grup S ⟨-bu⟩ Gruppe *f*

gudde S ANAT Drüse *f*

gurbet S Fremde *f* **gurbetçi** S jemand, der in der Fremde lebt

guruldamak V/I knurren, kollern **gurultu** S Knurren *n*

gurup S ⟨-bu⟩ Sonnenuntergang *m* **guruprengi** S

Abendröte *f*
gurur S Stolz *m*, Eitelkeit *f* **gururlu** ADJ stolz, hochmütig
gübre S Mist *m*, Dung *m*, Dünger *m* **gübrelemek** V/T düngen
gücendirmek V/T kränken
gücenmek V/I gekränkt sein; *-e* übel nehmen *akk*
güç[1] S (*-cü*) Kraft *f*, Stärke *f*
güç[2] ADJ schwer, schwierig
güçbelâ ADV mit Mühe und Not **güçleşmek** V/I schwierig(er) werden **güçleştirmek** V/T erschweren; behindern
güçlü ADJ kräftig, stark
güçlük S ‹-ğü› Schwierigkeit *f*
güçsüz ADJ kraftlos, schwach
güdü S Instinkt *m*; Motiv *n*
güdük ADJ unvollständig
güdüm S Lenkung *f* **güdümlü** ADJ lenkbar, gelenkt
güğüm S große Kanne *f*
gül S BOT Rose *f*
güldürmek V/T zum Lachen bringen **güldürücü** ADJ komisch
güllaç S ‹-cı› *Süßspeise aus Reisstärke*
gülmek V/I ‹-er› lachen, sich freuen (*-e* über *akk*)
gülsuyu S Rosenwasser *n*
gülümsemek V/I lächeln **gülünç** ADJ lächerlich, komisch
gülüşmek V/I miteinander lachen, kichern
gülyağı S Rosenöl *n*
gümbürdemek V/I poltern; donnern **gümbürtü** S Gepolter *n*; **gök ~sü** Donner *m*
gümrük S ‹-ğü› Zoll *m*; **~ kontrolü** Zollkontrolle *f*; **~ memuru**, **gümrükçü** S Zollbeamte(r) *m/f(m)* **gümrüklü** ADJ zollpflichtig **gümrüksüz** ADJ zollfrei
gümüş S Silber *n* **gümüşlemek** V/T versilbern
gün S Tag *m*; Sonne *f*; Sonnenlicht *n*
günah S Sünde *f* **günahkâr** ADJ sündig **günahsız** ADJ unschuldig
günaşırı ADV alle zwei Tage, jeden zweiten Tag
günaydın! INT guten Morgen!
güncel ADJ aktuell **güncelleme** S IT Update *n* **güncelleştirmek** V/T aktualisieren
gündelik **A** S Tagelohn *m* **B** ADJ täglich; Tages... **gündelikçi** S Tagelöhner(in) *m(f)*
gündem S Tagesordnung *f*
gündönümü S Sonnenwende *f*
gündüz **A** S Tag *m*, Tageszeit *f* **B** ADV tagsüber; → gece
gündüzcü S in Tagschicht Arbeitende(r) *m/f(m)* **gündüzün** ADV bei Tage, tagsüber
güneş S Sonne *f* **güneşlemek** V/I sich sonnen **güneşli** ADJ sonnig; hell **güneşlik** **A** S Sonnenschutz *m* **B** ADJ Sonnen...
güney S Süden *m*
günlük[1] (*-ğü*) **A** ADJ ...tägig, ... Tage alt *od* entfernt **B** S

Tagebuch *n*
günlük² S (-ğü) Weihrauch *m*
gür ADJ reichlich, viel; (*Stimme*) laut
gürbüz ADJ kräftig, gesund
güreş S Ringkampf *m* **güreşçi** S Ringer(in) *m(f)*, Ringkämpfer(in) *m(f)* **güreşmek** V/I ringen
gürlemek V/I dröhnen; brüllen; **gök gürlüyor** es donnert
güruh S Pack *n*, Gesindel *n*
gürüldemek V/I Krach machen; (*Wasser*) rauschen **gürültü** S Lärm *m*, Toben *n* **gürültülü** ADJ lärmend, tobend; laut
gütmek V/T ⟨-der⟩ (*Vieh*) treiben, führen; (*Ziel*) verfolgen
güve S ZOOL Motte *f*
güveç S ⟨-ci⟩ Tontopf *m*; (*Speise*) Schmorgemüse *n*
güven S Vertrauen *n* **güvence** S Garantie *f* **güvenilir** ADJ zuverlässig **güvenlik** S Sicherheit *f*; **~ duvarı** IT Firewall *f* **güvenmek** V/T -*e* vertrauen *dat*; sich verlassen auf *akk* **güvensizlik** S Misstrauen *n*
güvercin S ZOOL Taube *f*
güverte S SCHIFF Deck *n*
güvey S Bräutigam *m*; Schwiegersohn *m*
güya ADV als ob, angeblich
güz S Herbst *m*; **~ün** im Herbst
güzel ADJ schön, hübsch **güzelleşmek** V/R sich verschönern, schöner werden **güzellik** S Schönheit *f*, Anmut *f*
güzellikle ADV auf gütlichem Weg, im Guten
güzergâh S Strecke *f*

H

H: **Hicrî** nach islamischer Zeitrechnung
ha! INT los!, vorwärts!
haber S Nachricht *f*, Meldung *f*; **~ almak** erfahren, hören; **~ vermek** -*e* benachrichtigen, informieren *akk* **haberci** S Bote *m*, Botin *f*, Kurier(in) *m(f)* **habersiz** ADJ (*Besuch*) unangemeldet; nicht informiert (-*den* über *akk*)
hac S ⟨-ccı⟩ REL Wallfahrt *f* (*nach Mekka*); **~ca gitmek** e-e Wallfahrt machen
hacı S Hadschi *m*, Pilger(in) *m(f)*
hacim S ⟨-cmi⟩ Größe *f*, Volumen *n*
haciz S ⟨-czi⟩ JUR Pfändung *f* **haczetmek** V/T pfänden
haç S REL Kreuz *n* **Haçlılar** S *pl* Kreuzfahrer *pl*
had S ⟨-ddi⟩ Grenze *f*, Schranke *f*; **~dinden fazla** übermäßig; **~dini bilmek** seine Grenzen kennen
hâd ADJ *a.* MED akut
hademe S Amtsbote *m*, Amts-

botin *f*; Hausmeister(in) *m(f)*
hadım S Eunuch *m*, Kastrat *m*
hadi → haydi
hâdise S Vorfall *m*, Ereignis *n*
hafız S Koranrezitator(in) *m(f)*
hafıza S Gedächtnis *n*
hafif ADJ leicht; **~e almak** unterschätzen **hafiflemek** V/I leichter werden, sich verringern **hafifleştirmek, hafifletmek** V/T erleichtern **hafifletici** ADJ mildernd **hafiflik** S Leichtigkeit *f*; Erleichterung *f* **hafifmeşrep** A ADJ leichtsinnig, frivol B S leichte(s) Mädchen *n*
hafiye S Detektiv(in) *m(f)*, Spitzel *m*
hafta S Woche *f*; **~ sonu** Wochenende *n* **haftalık** A ADJ wöchentlich; ...wöchig B S Wochenlohn *m*
haftaym S SPORT Halbzeit *f*
hain A ADJ verräterisch B S Verräter(in) *m(f)* **hainlik** S Verrat *m*
hak S ‹-kkı› Recht *n*, Wahre(s) *n*; Anrecht *n*; Tatsache *f*; **~ etmek** verdienen
Hak S ‹-kkı› REL Gott *(m)*
hakaret S Verachtung *f*, Beleidigung *f*; **~ etmek** *-e* beleidigen *akk*
hakem S Schiedsrichter(in) *m(f)*
hakikat S ‹-ti› Wahrheit *f*, Wirklichkeit *f* **hakikaten** ADV tatsächlich, in der Tat **hakikî** ADJ wahr, echt

hâkim S Richter(in) *m(f)*; Herrscher(in) *m(f)*; **~ olmak** *-e* beherrschen, überragen *akk* **hâkimiyet** S Herrschaft *f*, Gewalt *f* **hâkimlik** S Richteramt *n*
hakkaniyet S Gerechtigkeit *f*
hakketmek V/T gravieren; stechen; *(Perlmutt etc)* einlegen
hakkında ADV über, betreffend *akk*
hakkıyla ADV mit Recht **haklı** ADJ im Recht; **~sınız** Sie haben recht **haksız** ADJ im Unrecht; **~ yere** unverdienterweise
haksızlık S Unrecht *n*, Ungerechtigkeit *f*
hal S ‹-li› Großmarkthalle *f*
hâl S ‹-li› Zustand *m*, Lage *f*, Stellung *f*; gegenwärtige Zeit *f*; GRAM Fall *m*; **o ~de, şu ~de** in diesem Fall, also, dann; *-diği* **~de** obwohl, während doch; **~i yok olmak** sich unwohl fühlen
hala S *(Schwester des Vaters)* Tante *f*
hâlâ ADV jetzt; immer noch
halat S Tau *n*, Seil *n*
hâlbuki KONJ indessen, jedoch
hale S Heiligenschein *m*; ASTRON Hof *m*
halef S Nachfolger(in) *m(f)*
hâlen ADV gegenwärtig
Halep S Aleppo *n*
halı S Teppich *m*; **~ saha** SPORT Spielfeld *n* mit Kunstrasen **halıcı** S Teppichhändler(in) *m(f)* **halıcılık** S Tep-

pichwebkunst *f*
haliç S ⟨-ci⟩ GEOG Bucht *f*, Meerbusen *m*; **Haliç** Goldenes Horn *n* (*in Istanbul*)
halife S Kalif *m*
halis ADJ echt, rein
halk S Volk *n*, Leute *pl*; **~ otobüsü** Stadtbus *m*; **~ oylaması** Volksentscheid *m*
halka S Ring *m*; Kettenglied *n*; Kreis *m* **halkalı** ADJ mit Ring(en) versehen
halletmek V/T lösen; auflösen
halojen S Halogen *n*
hâlsiz ADJ kraftlos, erschöpft
halter S SPORT Stemmgewicht *n* **halterci** S Gewichtheber *m*
ham ADJ (*Obst*) unreif; (*Material*) unbearbeitet, roh
hamak S ⟨-ğı⟩ Hängematte *f*
hamal S Lastträger *m*
hamam S türkische(s) Bad *n*
hamamböceği S ⟨-ni⟩ ZOOL Kakerlak *m*
hamarat ADJ fleißig, tüchtig
hamdolsun! INT Gott sei Dank!
hami S Mäzen(in) *m(f)*; Gönner(in) *m(f)*
hamil S Überbringer(in) *m(f)*
hamile ADJ schwanger; **~ kalmak** schwanger werden
hamle S Angriff *m*, Ansturm *m*
hammadde S Rohstoff *m*
hamsi S ZOOL Sardelle *f*
hamur S Teig *m*; (*Papierqualität*) Sorte *f*; **~ işleri** Teigwaren *pl*

han[1] S Khan *m*
han[2] S Karawanserei *f*; Geschäftshaus *n*
hançer S Dolch *m*
hançere S ANAT Kehlkopf *m*
hane S Haus *n*; (*Tabelle, Spiel*) Feld *n*; **~ye tecavüz** JUR Hausfriedensbruch *m* **hanedan** S Dynastie *f*, Familie *f*
hangi PRON welch(e, r, s) **hangisi** PRON welcher(r, s) von ihnen
hanım S Dame, Frau *f* **hanımefendi** S Dame *f*; (*Anrede*) gnädige Frau
hanımeli S BOT Geißblatt *n*
hani ADV wo bleibt denn ...? doch; **~ ya** (wieso) denn
hantal ADV (*Gegenstand*) sperrig; (*Person*) plump
hap S Pille *f* **hapçı** S *umg* Tablettensüchtige(r) *m/f(m)*
hapis S ⟨-psi⟩ Haft *f*; Gefängnis *n* **hapishane** S Gefängnis *n* **hapsetmek** V/T einsperren
hapşırmak V/I niesen
harabe S Ruine *f*
haraç S ⟨-cı⟩ Erpressungsgeld *n*; Tribut *m*
haram ADJ REL verboten
harap ADJ ⟨-bı⟩ zerstört, verwüstet, ruiniert; **~ olmak** zerstört werden, verfallen
hararet S Wärme *f*; Hitze *f*; Fieber *n* **hararetli** ADJ hitzig; heiß; MED fiebrig
harbi ADJ *umg* aufrichtig, offen
harbiye S Militärakademie *f*

harcamak V/T ausgeben; verbrauchen
harç[1] S (-cı) Mörtel *m*
harç[2] S (-cı) Aufwand *m*; Gebühr *f*
harçlık S Taschengeld *n*
hardal S Senf *m*, Mostrich *m*
hareket S Bewegung *f*; Aufbruch *m*, Abreise *f*; Benehmen *n*, Aktion *f*; **~ etmek** aufbrechen, abreisen; sich verhalten **hareketli** ADJ beweglich; aktiv **hareketsiz** ADJ bewegungslos
harem S *hist* Harem *m*
harf S Buchstabe *m*; **~i ~ine, ~iyen** wörtlich
haricî ADJ äußerlich; Außen…
hariç **A** S Äußere(s) **B** ADV außerhalb (*-den gen*); ausgenommen, abgesehen von
harika **A** S Wunder *n* **B** ADJ außerordentlich; wunderbar
harikulade ADJ ungewöhnlich, außergewöhnlich
harita S Landkarte *f* **haritacılık** S Kartografie *f*
harlı ADJ (*Feuer*) stark
harman S Dreschen *n*; (*Tee*) Mischung *f*; **~ dövmek** dreschen; **~ etmek** mischen
harmoni S Harmonie *f*
harp S ⟨-bi⟩ MIL Krieg *m*; **~ malûlü** Kriegsversehrte(r) *m/f(m)*; **~ okulu** Militärakademie *f*
has ADJ rein, echt; besonder…; eigen (*-e j-m, e-r Sache*)
hasar S Schaden *m*, Verlust *m*; **~a uğramak** Schaden erleiden, geschädigt werden
hasat S ⟨-dı⟩ Ernte(zeit *f*) *f*
haset S ⟨-di⟩ Neid *m* **hasetçi** ADJ neidisch
hasıl **A** ADJ sich ergebend; **~ olmak** sich ergeben (*-den* aus *dat*) **B** S Ergebnis *n* **hasılat** S *pl* Ertrag *m*, Gewinn *m*
hasım S Feind(in) *m(f)*, Gegner(in) *m(f)*
hasır **A** S Matte *f* **B** ADJ (*Schilf*) Rohr…, Bast…
hasis ADJ geizig **hasislik** S Geiz *m*
hasret S Sehnsucht *f*; *-in* **~ini çekmek** sich sehnen nach *dat*
hassas ADJ empfindlich; empfindsam **hassasiyet** S Empfindlichkeit *f*; Anteilnahme *f*
hasta ADJ krank; leidend; **~ düşmek** erkranken, krank werden **hastabakıcı** S Krankenpfleger(in) *m(f)* **hasta(ha)ne** S Krankenhaus *n* **hastalanmak** V/I erkranken, krank werden **hastalık** S Krankheit *f* **hastalıklı** ADJ kränklich, leidend
hastanelik ADJ krankenhausreif
haşarat S *pl* Ungeziefer *n*
haşarı ADJ unartig, ungezogen
haşere S *pl* ZOOL Insekten *pl*
haşhaş S BOT Mohn *m*
haşır: **~ neşir olmak** sich beschäftigen (mit *ile*); vertraut werden
haşin ADJ rau, grob, derb

haşlama **A** ADJ gekocht, gedünstet **B** S gekochtes Fleisch *n* **haşlamak** V/T kochen, dünsten; verbrühen

hat S ⟨-ttı⟩ Linie *f*; Strich *m*; TEL Leitung *f*

hata S Fehler *m*, Irrtum *m*; **~ya düşmek** sich irren **hatalı** ADJ fehlerhaft; falsch

hatır S Gedächtnis *n*; Achtung *f*; **~ına gelmek** einfallen, in den Sinn kommen; **~ından çıkmak** aus dem Gedächtnis schwinden **hatıra** S Erinnerung *f* **hatırat** S *pl* Memoiren *pl* **hatırlamak** V/T *-i* sich erinnern an *akk* **hatırlatmak** V/T erinnern (*-e -i j-n* an *akk*)

hatırlı ADJ angesehen

hatip S ⟨-bi⟩ REL Prediger *m*

hatta ADV sogar, selbst

hattat S Kalligraf(in) *m(f)*

hav S Flaum *m*, Daune *f*

hava S Luft *f*; Wetter *n*; Atmosphäre *f*; Lust *f*, Neigung *f*; **~ atmak** angeben, prahlen; **~ durumu** Wetter(bericht *m*) *n*; Wetterlage *f*; **~ kirliliği** Luftverschmutzung *f*; **~ korsanı** Luftpirat(in) *m(f)*; **~kuvvetleri** *pl* Luftwaffe *f*; **~ pompası** Luftpumpe *f*; **~ raporu** Wetterbericht *m*

havaalanı S Flugplatz *m*

havacı S Flieger(in) *m(f)* **havacılık** S Luftfahrt *f*

havadar ADJ luftig

havadis S *pl* Nachrichten *pl*

havaî ADJ Luft...; *fig* leichtlebig; **~ fişek** Feuerwerkskörpe[r] *m*

havalandırmak V/T lüfte[n] **havalanmak** V/I gelüfte[t] werden; aufsteigen, starten

havale S FIN Überweisung *f* **~ etmek** überweisen; weiter geben (*-e* an *akk*)

havalı ADJ auffällig; attraktiv eitel; TECH mit Druckluft

havalimanı S Flughafen *m*

havan S Mörser *m*

havasız ADJ schlecht belüftet

havayolu S Fluglinie *f*; **... havayolları** Fluggesellschaft *f*

havlamak V/I bellen

havlu **A** S Handtuch *n* **B** AD[J] Frottee...

havuç S ⟨-cu⟩ BOT Mohrrüb[e] *f*, Möhre *f*

havuz S Teich *m*; Becken *n* Bassin *n*; SCHIFF Dock *n*

havya S Lötkolben *m*

havyar S Kaviar *m*

havza S GEOG Becken *n*

haya S ANAT Hoden *m*

hayal S ⟨-li⟩ Illusion *f*, Traum bild *n*; Einbildung *f*; **~ güc[ü]** Fantasie *f*; **~ kırıklığı** Enttäu schung *f* **hayalet** S Phantom *n*, Gespenst *n* **hayalî** ADJ fiktiv; eingebildet

hayat S Leben *n*; **~ geçirme[k]** leben, (ein ...) Leben führen

haydi! INT komm!; los!

haydut S ⟨-du⟩ Räuber *m*; **~ yatağı** Räuberhöhle *f*

hayhay! INT (ich mache e[s]) gern!

hayır[1] ADJ nein
hayır[2] S (-yrı) Gute(s); gute Tat **hayırduası** S Segenswunsch m **hayırlı** ADJ gut; von guter Vorbedeutung; ~ **olsun!** möge es Glück bringen! **hayırsever** ADJ wohltätig **hayırsız** ADJ zu nichts nutze
haykırış S Schreien *n*, Geschrei *n* **haykırmak** V/I schreien, rufen
haylaz S Taugenichts *m*
hayli ADJ & ADV viel; ziemlich viel
hayran A ADJ verwundert; ~ **kalmak** *-e* bewundern *akk* B S Fan *m* **hayret** Verwunderung *f*; ~ **etmek, ~e düşmek** staunen, sich wundern; **~te bırakmak** in Staunen (ver)setzen
haysiyet S Würde *f*; Ehre *f*; Stolz *m* **haysiyetli** ADJ auf seine Ehre haltend, stolz **haysiyetsiz** ADJ ohne Ehrgefühl
hayvan S Tier *n*; **~at bahçesi** Zoo(logischer Garten) *m*, Tierpark *m* **hayvanca** ADJ bestialisch; dumm **hayvanî** ADJ tierisch; Tier…
haz S ⟨-zzı⟩ Genuss *m*; Lust *f*; Vergnügen *n*
Hazar: ~ **Denizi** Kaspische(s) Meer *n*
hazım S ⟨-zmı⟩ Verdauung *f* **hazımsız** ADJ unverdaulich; *fig* reizbar
hazır ADJ bereit, fertig; anwesend; ~ **ol!** MIL stillgestanden!
hazırcevap ADJ schlagfertig
hazırlamak V/T vorbereiten, bereitstellen **hazırlanmak** V/I sich vorbereiten **hazırlık** S Vorbereitung *f*; Bereitschaft *f*
hazırlop ADJ (*Ei*) hart gekocht
hazin ADJ traurig; betrüblich
hazine S Schatz *m*; POL Staatskasse *f*
haziran S Juni *m*
hazmetmek V/T verdauen; *fig* hinnehmen, ertragen
Hazreti S REL *Ehrentitel für Heilige etc*; ~ **Peygamber** der Prophet (Mohammed)
hazzetmek V/T *-den* mögen *akk*
hece S GRAM Silbe *f* **hecelemek** V/T Silbe für Silbe aussprechen **heceli** ADJ …silbig
hedef S Ziel *n*; Absicht *f*; ~ **almak** *-i* abzielen auf *akk*; beabsichtigen; ~ **tahtası** Zielscheibe *f*
hediye S Geschenk *n*; ~ **etmek** schenken **hediyelik** ADJ Geschenk…
hekim S Arzt *m*, Ärztin *f*; *umg* Doktor *m*
hektar S Hektar *m od n*
helâ S Abort *m*; Klo *n*
helâl ADJ REL rechtmäßig, legitim; ~ **olsun!** bravo!; REL es (ihm, ihr *etc*) sei gegönnt
hele ADV vor allem, besonders, insbesondere; nur, doch
helezon S Spirale *f*
helikopter S Hubschrauber *m*

helva S türkische(r) Honig *m*
hem KONJ und, auch; **~ de** und zwar; sowie; **~ … ~ (de) …** sowohl … als auch …
hemen ADV sofort, sogleich; beinahe; **~ ~** fast, beinahe; bald
hemşe(h)ri S Landsmann *m*, Landsmännin *f*; (Mit-)Bürger(in) *m(f)*
hemşire S (Kranken-) Schwester *f*
hendek S ⟨-ği⟩ Graben *m*
hengame S Lärm *m*; Getöse *n*
henüz ADV eben; noch, bis jetzt
hep **A** PRON alle; alles **B** ADV immer
hepsi PRON alles, alle zusammen
hepten ADV völlig
her PRON jeder, jede, jedes; **~ biri** jeder (jede, jedes) von ihnen; **~ gün** jeden Tag; **~ ne** was auch immer; **~ ne kadar** so sehr (*od* viel) auch; obwohl; **~ yerde** überall; **~ zaman** immer, zu jeder Zeit
hercümerç S ⟨-ci⟩ Durcheinander *n*; Tohuwabohu *n*
hergele S Kerl *m*, Gauner *m*
herhalde ADV jedenfalls; wahrscheinlich
herhangi PRON irgendein(e)
herif S Kerl *m*
herkes PRON jeder, jede, jedes
hesap S ⟨-bı⟩ Rechnung *f*, Berechnung *f*; Rechnen *n*; Konto *n*; **~ etmek** (be)rechnen; **~ tutmak** Buch führen; **~ vermek** *dat* Rechnung ablegen (*b.ş.* **hakkında** über *akk*); **hesaba almak** (*od* **katmak**) berücksichtigen **hesaplamak** V/T berechnen; überlegen **hesaplaşmak** V/R abrechnen; sich auseinandersetzen
hesaplı ADJ preisgünstig; *fig* umsichtig
hesapsız ADJ ohne Rechnung; *fig* zahllos; (*Ereignis*) unvorhergesehen; unüberlegt (*handeln*)
heves S Lust *f*, Neigung *f* **heveslenmek** V/T *-e* Lust und Neigung haben zu *akk* **hevesli** ADJ …willig; **oynamaya ~** gerne spielend
heybe S Umhängetasche *f*; Satteltasche *f*
heybet S Achtung gebietendes Aussehen *n* **heybetli** ADJ imposant
heyecan S Begeisterung *f*, Aufregung *f*, Erregung *f* **heyecanlanmak** V/I in Erregung geraten **heyecanlı** ADJ begeistert; erregt; aufregend
heyelân S Erdrutsch *m*
heyet S Kommission *f*, Ausschuss *m*
heykel S Statue *f*, Figur *f* **heykelci, heykeltıraş** S Bildhauer(in) *m(f)*
hıçkırık S ⟨-ğı⟩ Schluchzen *n*; Schluckauf *m* **hıçkırmak** V/I schluchzen; Schluckauf haben
hıdrellez S Sommeranfang *m* (*6. Mai*)

hınç S ⟨-cı⟩ Groll *m*; Hass *m*; Rache *f*; ~ (*od* **hıncını**) **almak** sich rächen

hır S Zank *m*, Streit *m* **hırçın** ADJ jähzornig, reizbar, streitsüchtig

hırdavat S Eisenwaren *pl*; Kram *m* **hırdavatçı** S Krimskramsladen *m*

hırıldamak V/I (*Hund*) knurren; röcheln **hırıltı** S Röcheln *n*; *fig* Streit *m*

hırka S wollene *od* wattierte Jacke *f*

hırlamak V/I knurren

hırpalamak V/T übel zurichten; beschädigen; quälen, misshandeln

hırpani ADJ schäbig gekleidet

hırs S Gier *f*, Habsucht *f*; Ehrgeiz *m*

hırsız S Dieb(in) *m(f)* **hırsızlık** S Diebstahl *m*; ~ **etmek** (*od* **yapmak**) stehlen

hırslanmak V/I zornig werden

hırslı ADJ wütend; gierig; ehrgeizig

Hırvat **A** S Kroate *m*, Kroatin *f* **B** ADJ kroatisch **Hırvatistan** S Kroatien *n*

hısım S Verwandte(r) *m/f(m)*

hışırdamak V/I rascheln

hıyanet S Verrat *m*

hıyar S BOT Gurke *f*; *umg* Grobian *m*

hız S Geschwindigkeit *f*; Anlauf *m*, Schwung *m*; ~ **almak** Anlauf nehmen

hızar S Säge *f*

hızlandırmak V/T beschleunigen **hızlanmak** V/I schneller werden **hızlı** ADJ rasch, schnell

hibe S Spende *f*; JUR Schenkung *f*

hiciv S ⟨-cvi⟩ Satire *f*

hicret S REL Auswanderung *f*; Hedschra *f* **hicrî** ADJ (*Jahr*) ... der Hedschra

hiç **A** PRON kein(e) *sg u. pl* **B** ADV überhaupt?, überhaupt nicht; (*ohne Verneinung*) je, jemals; ~ **olmazsa** (*od* **değilse**) wenigstens **hiçbir**: ~ **şey** nichts; ~ **yerde** nirgends **hiçbiri** PRON niemand; keine(r, s)

hiçten ADV wertlos; (*aus dem Nichts*) grundlos

hiddet S Zorn *m* **hiddetlenmek** V/I in Zorn geraten, wütend werden (*-e* über *akk*) **hiddetli** ADJ zornig; (*Wind*) heftig

hidrojen S Wasserstoff *m*

hidrolik ADJ hydraulisch

hikâye S Erzählung *f*, Geschichte *f*

hikmet S Weisheit *f*

hilâfet S *hist* Kalifat *n*

hilâl S ⟨-li⟩ Halbmond *m*

hile S List *f*, Trick *m*; Verfälschung *f* **hileci, hilekâr** **A** ADJ betrügerisch **B** S Betrüger(in) *m(f)* **hileli** ADJ gefälscht, verfälscht

himaye S Schutz *m*; Schirmherrschaft *f*

hindi S ZOOL Truthahn *m*, Puter *m*

Hindistan S Indien *n*
hindistancevizi S Kokosnuss *f*
hintcevizi S Muskatnuss *f*
Hintli S Inder(in) *m(f)*
hintyağı S Rizinusöl *n*
hiperlink S IT Hyperlink *m*
hipnoz S Hypnose *f*
his S ‹-ssi› Gefühl *n*, Empfindung *f*
hisar S Burg *f*, Festung *f*
hisse S WIRTSCH Anteil *m*; **~ senedi** Aktie *f* **hissedar** S Teilhaber(in) *m(f)*, Aktionär(in) *m(f)* **hisseli** ADJ in Anteile aufgeteilt
hissetmek V/T fühlen, empfinden, wahrnehmen **hissiyat** S Gefühle *pl*
hitabe S Ansprache *f*
hitap S ‹-bı› Anrede *f*; **~ etmek** *-e* anreden *akk*
hiza S Linie *f*, Höhe *f*
hizmet S Dienst *m*; Amt *n*; **~ etmek** *-e* dienen *dat*; bedienen *akk* **hizmetçi** S Diener(in) *m(f)*
hobi S Hobby *n*
hoca S Hodscha *m*; *umg* Lehrer(in) *m(f)*; Meister *m*
hokey S SPORT Hockey *n*
hokka S Tintenfass *n*
hokkabaz S Taschenspieler(in) *m(f)*; Zauberer *m* **hokkabazlık** S Taschenspielerei *f*, Gaunerei *f*
hol S ‹-lü› Diele *f*, Halle *f*
holding S Konzern *m*
homojen ADJ homogen
homoseksüel ADJ homosexuell
homurdanmak V/I brummen, maulen (*-e* über *akk*)
hoparlör S Lautsprecher *m*
hoplamak V/I herumhüpfen
hoppa ADJ leichtsinnig, leichtfertig **hoppalık** S Leichtsinn *m*
hor ADJ gering, verächtlich; **~ görmek** gering schätzen
horlamak¹ V/I schnarchen
horlamak² V/T schlecht behandeln
horoz S ZOOL Hahn *m* **horozibiği** S Hahnenkamm *m*; BOT Amarant *m*
horozlanmak V/I sich brüsten, großtun
hortlak S ‹-ğı› Gespenst *n*
hortum S ZOOL (*Elefant*) Rüssel *m*; Schlauch *m*
horultu S Schnarchen *n*
hostes S Stewardess *f*; Hostess *f*
hoş ADJ angenehm, gut; anmutig, hübsch; **~geldiniz!** seien Sie willkommen!; **~ bulduk!** (*Antwort*) danke sehr!; **~ görmek** verzeihen
hoşaf S Kompott *n*
hoşça: **~ kal(ın)!** machs (machen Sie es) gut!; tschüs!
hoşgörmek V/T tolerant sein; dulden **hoşgörü** S Toleranz *f*
hoşlanmak V/T *-den* Gefallen finden an *dat*, gern mögen *akk*
hoşnut ADJ befriedigt, erfreut
hoşt! INT (*zu Hund*) geh weg!,

hau ab!; pfui!
hovarda A S Verschwender(in) *m(f)*; Schürzenjäger *m*, Casanova *m* B ADJ vergnügungssüchtig
hoyrat ADJ ungeschickt, plump
hörgüç S ⟨-cü⟩ ZOOL Höcker *m*
Hristiyan A S Christ(in) *m(f)* B ADJ christlich **Hristiyanlık** S Christentum *n*
hudut S ⟨-du⟩ Grenze *f*
hukuk S *pl* Recht *n*; Rechte *pl*, Jura *pl*; Rechtswissenschaft *f*, Jurisprudenz *f* **hukukçu** S Jurist(in) *m(f)* **hukukî** ADJ juristisch; Rechts…
humma S MED Fieber *n*; Typhus *m* **hummalı** ADJ MED fiebrig; *fig* fieberhaft
humus S Kichererbsenpüree *n*
huni S Trichter *m*
hurâfe S Legende *f*
hurda S Schrott *m* **hurdacı** S Schrotthändler(in) *m(f)*
huri S REL Dienerin *f* im Himmel
hurma S BOT Dattel *f*; **~ ağacı** BOT Dattelpalme *f*
husumet S Feindschaft *f*
husus S Angelegenheit *f*, Sache *f*; Belang *m*; **bu ~ta** in dieser Sache, hierüber; **~unda** bezüglich *gen*, über *akk*
hususî ADJ speziell; privat; Sonder…
hutbe S REL Predigt *f* (*an Feier- und Freitagen*)
huy S Natur *f*, Charakter *m*
huylanmak V/I nervös werden; (*Pferd etc*) scheuen **huylu, huysuz** ADJ mürrisch, misstrauisch
huzmeli: **kısa ~ ışık** (*od* **farlar**) AUTO Abblendlicht *n*; **uzun ~ ışık** AUTO Fernlicht *n*
huzur S Gegenwart *f*; Ruhe *f*; *-in* **~unda** in Anwesenheit *gen*, vor *dat*
hücre S *a.* BOT Zelle *f*
hücum S Angriff *m*, Sturm *m*; **~ etmek** *-e* angreifen *akk*
hükmetmek V/T *-e* beherrschen *akk*; schlussfolgern (*-diğine* dass)
hüküm S ⟨-kmü⟩ Gewalt *f*; Urteil *n*; Bestimmung *f*; Wirkung *f*; **~ giymek** verurteilt werden; **~ sürmek** herrschen
hükümdar S Herrscher(in) *m(f)*, Monarch(in) *m(f)*
hükümet S Regierung *f*; **~ konağı** Amtsgebäude *n*
hükümsüz ADJ ungültig
hülya S *pl* Fantasie *f*
hümanizm S Humanismus *m*
hüner S Fertigkeit *f* **hünerli** ADJ geschickt; kunstfertig
hüngür: **~ ~ ağlamak** schluchzen
hür ADJ frei, unabhängig
hürmet S Achtung *f*, Respekt *m*; **~ etmek** *-e* achten, respektieren *akk* **hürmetli** ADJ ehrwürdig **hürmetsizlik** S Respektlosigkeit *f*
hürriyet S Freiheit *f*

hüsnükuruntu S Wunschdenken *n*; Einbildung *f*
hüsnüniyet S gute(r) Wille *m*
hüzün S ⟨-znü⟩ Traurigkeit *f*, Schwermut *f*, Melancholie *f*

I

ıhlamur S BOT Linde *f*; **~ çayı** Lindenblütentee *m*
ı-ıh! INT *umg* nein!
ıkınmak V/I *umg* herumdrucksen; MED kreißen, pressen
ılıca S heiße Quelle *f*, Thermalbad *n*
ılık ADJ lauwarm **ılıman** ADJ (*Klima*) mild **ılımlı** ADJ gemäßigt **ılınmak** V/I lauwarm werden
Irak S Irak *m*
ırgalamak V/T *umg* interessieren
ırgat S (Land-)Arbeiter(in) *m(f)*
ırk S Rasse *f* **ırkçılık** S Rassismus *m*
ırmak S ⟨-ğı⟩ Fluss *m*
ırz: *-in* **~ına geçmek** vergewaltigen, schänden *akk*
ısı S Wärme *f* **ısıcam** S Isolierglas(fenster *n*) *n* **ısınmak** V/I sich erwärmen; *fig* sich gewöhnen (*-e* an *akk*)
ısırgan S BOT Brennnessel *f*
ısırmak V/T beißen (*-den* in *akk*)
ısıtma S Heizung *f* **ısıtmak** V/T heizen, wärmen
ıskala S TECH Skala *f*; MUS Tonleiter *f*
ıskarta S Gerümpel *n*; **~ya çıkarmak** ausrangieren
ıslah S Verbesserung *f*; Reform *f*; **~ etmek** verbessern
ıslak ADJ nass, feucht **ıslanmak** V/I PASSIV nass werden, feucht werden **ısla(t)mak** V/T nass machen, anfeuchten; *umg* verprügeln
ıslık S ⟨-ğı⟩ Pfeifen *n*, Pfiff *m*; **~ çalmak** pfeifen; auspfeifen (*b-e j-n*)
ısmarlama S Bestellung *f*; auf Bestellung; nach Maß **ısmarlamak** V/T bestellen; **Allaha ısmarladık!** auf Wiedersehen!
ıspanak S ⟨-ğı⟩ BOT Spinat *m*
ısrar S Beharrlichkeit *f*; **~ etmek** bestehen, beharren (*-de* auf *dat*) **ısrarlı** ADJ beharrlich, hartnäckig
ıssız ADJ unbewohnt; öde
ıstakoz S ZOOL Hummer *m*
ıstampa S Stempel *m*; Stempelkissen *n*
ıstırap S ⟨-bı⟩ (*tiefer*) Schmerz *m*; Qual *f*; **~ çekmek** Schmerzen leiden
ışık S ⟨-ğı⟩ Licht *n*; Lampe *f*
ışıklandırmak V/T beleuchten
ışıldak S ⟨-ğı⟩ Scheinwerfer *m*
ışıldamak V/I leuchten
ışın S Strahl *m*; Licht(quelle *f*) *n* **ışınım** S Strahlung *f*
ıtırlı ADJ (*Kräuter*) wohlrie-

chend
ıvır: ~ **zıvır** Kleinkram *m*
ızgara **A** S Rost *m*; Gitter *n* **B** ADJ geröstet, gegrillt

İ

iade S Rückgabe *f*; ~ **etmek** zurückgeben
ibadet REL S Anbetung *f*; ~ **etmek** *-e* anbeten *akk*
ibaret ADJ *-den* bestehend aus *dat*
ibik S ⟨-ği⟩ ZOOL Kamm *m*
ibne ADJ *vulg* schwul
ibraz S Vorlage *f*; ~ **etmek** vorzeigen, vorlegen
ibre S Magnetnadel *f*; Zeiger *m*
ibret S warnende(s) Beispiel *n*; Lehre *f*
ibrik S ⟨-ği⟩ (Wasser-)Kanne *f*
ibrişim S Nähseide *f*
icabında ADV nötigenfalls; je nachdem **icap** S ⟨-bı⟩ Notwendigkeit *f*, Konsequenz *f*; ~ **etmek** notwendig sein; ~ **ettirmek** erfordern
icat S ⟨-dı⟩ Erfindung *f*; ~ **etmek** erfinden
icra S Durchführung *f*, Darbietung *f*; MUS Aufführung f; JUR Zwangsvollstreckung *f*; ~ **etmek** ausführen; MUS interpretieren; JUR pfänden **icraat** S *pl* Maßnahmen *pl*
iç S Innere(s), innerer Teil *m*; *-in* ~**inde** in *dat*; *-in* ~**ine** in *akk*; ~ **çamaşırı** Unterwäsche *f*; ~ **hastalıkları** innere Krankheiten *pl*; ~ **hastalıkları uzmanı** MED Internist(in) *m(f)*; *-in* ~**i çekmek** *-i* Lust haben auf *akk*
içbükey ADJ konkav
içecek S ⟨-ği⟩ Getränk *n*
içeri, içerisi S Innere(s) *n*; ~**de** drinnen; ~**den** von drinnen; ~**(ye) girmek** eintreten
içerik S ⟨-ği⟩ Inhalt *m* **içermek** V/T enthalten, beinhalten
içgüdü S Instinkt *m*
için[1] PRÄP für *akk*; wegen *gen*; *-mek* ~ um zu *inf*; **bunun** *od* **onun** ~ darum, deshalb; **şunun** ~ aus folgendem Grund
için[2]: ~ **için** heimlich, vor sich hin
içindekiler S *pl* Inhalt *m*
içirmek V/T trinken lassen, tränken
içişleri S *pl* POL Innere(s) *n*; ~ **bakanı** Innenminister(in) *m(f)*
içki S alkoholische(s) Getränk *n* **içkili** ADJ **A** betrunken **B** (*Lokal*) mit Alkoholausschank **içkisiz** ADJ (*Lokal*) alkoholfrei
içli: ~ **dışlı** vertraut, intim
içmek V/T ⟨-er⟩ trinken; (*Suppe*) essen; (*Zigarette etc*) rauchen
içmimar S Innenarchitekt(in) *m(f)* **içmimari** S Innenarchitektur *f* **içmimarî** ADJ innen-

architektonisch
içten ADJ aufrichtig, ehrlich
içtüzük S ⟨-ğü⟩ Satzung *f*
içyağı S tierische(s) Fett *n*, Talg *m*
içyüzü S *-in* wahres Gesicht *gen od* von *dat*
idam S Hinrichtung *f*; **~ etmek** hinrichten
idare S Verwaltung *f*, Leitung *f*; Sparsamkeit *f*; **~ etmek** verwalten; lenken; sparsam umgehen mit *dat*; *fig* deichseln **idareci** S Verwaltungsfachkraft *f*; Leiter(in) *m(f)* **idarehane** S Büro *n* **idareli** ADJ sparsam
iddia S Behauptung *f*; Anspruch *m*; JUR Anklage *f*; **~ etmek** behaupten; beanspruchen
iddiacı ADJ eigensinnig
iddialı ADJ anspruchsvoll; strittig
ideal S ⟨-li⟩ Ideal *n* **idealist** S Idealist(in) *m(f)*
ideoloji S Ideologie *f*
idman S Training *n*; **~ yapmak** trainieren **idmanlı** ADJ trainiert
idrak S ⟨-ki⟩ Wahrnehmung *f*, Begreifen *n*; **~ etmek** wahrnehmen; begreifen, verstehen
idrar S Harn *m*, Urin *m*
ifade S Ausdruck *m*; Erklärung *f*; JUR Aussage *f*; **~ etmek** ausdrücken, aussagen, erklären; **~ vermek** e-e Aussage machen
iflas S WIRTSCH Bankrott *m*, Pleite *f*; **~ etmek** Bankrott gehen
ifşa: **~ etmek** publik machen
iftar S REL Fastenbrechen *n*
iftihar S Stolz *m* (**ile** auf *akk*)
iftira S Verleumdung *f*; **~ etmek** *-e* verleumden *akk*
iğ S Spindel *f*
iğde S BOT Ölweide *f*
iğne S Nadel *f*; Stachel *m*; MED Injektion *f*; **~ vurdurmak** eine Spritze bekommen **iğnelemek** V/T mit e-r Nadel durchlöchern; mit e-r Nadel befestigen; *fig* sticheln
iğrenç ADJ ekelhaft **iğrenmek** V/I sich ekeln (*-den* vor *dat*)
iğreti → eğreti
ihale S Ausschreibung *f* (*e-s Auftrags*)
ihanet S Verrat *m*
ihbar S Benachrichtigung *f*, Mitteilung *f*, Anzeige *f*; **~ etmek** mitteilen, anzeigen, denunzieren **ihbarcı** S Denunziant(in) *m(f)*
ihlâl S ⟨-li⟩ *jur.* Verletzung *f*
ihmal S ⟨-li⟩ Vernachlässigung *f*; Fahrlässigkeit *f*; **~ etmek** vernachlässigen **ihmalkâr** ADJ nachlässig; fahrlässig
ihracat S *pl* WIRTSCH Ausfuhr *f*, Export *m* **ihracatçı** S Exporteur(in) *m(f)* **ihraç** S ⟨-cı⟩ Ausschluss *m*; WIRTSCH Export *m*; **~ etmek** ausschließen; WIRTSCH exportieren

ihtar S Mahnung *f*, Warnung *f*; ~ **etmek** *-e* ermahnen *akk*
ihtilâl S ⟨-li⟩ Revolution *f*; Aufstand *m*
ihtimal S ⟨-li⟩ Wahrscheinlichkeit *f*; Aussicht *f*
ihtiras S Leidenschaft *f*; Ehrgeiz *m*
ihtisas S Spezialisierung *f*, Fachwissen *n*
ihtiyaç S ⟨-cı⟩ Bedürfnis *n*, Bedarf *m*, Notwendigkeit *f*; ~ **görmek** Besorgungen machen; **ihtiyacı karşılamak** den Bedarf decken; **ihtiyacı olmak** *-e* benötigen, brauchen *akk*; *-mek* **ihtiyacındayım** ich habe das Bedürfnis zu …
ihtiyar A ADJ alt B S Alte(r) *m/f(m)*; Greis(in) *m(f)* **ihtiyarlamak** V/I altern **ihtiyarlık** S (*hohes*) Alter *n*
ihtiyat: **~i tedbir** JUR einstweilige Verfügung
ikamet S Aufenthalt *m*, Wohnen *n*; ~ **etmek** wohnen, ansässig sein (*-de* in *dat*)
ikaz S Warnung *f*; Mahnung *f*; ~ **sinyalleri** AUTO Warnblinkanlage *f*; ~ **üçgeni** AUTO Warndreieck *n*
iken KONJ während, als; obwohl
iki ADJ *Zahl* zwei; ~ **kat** *od* **misli** doppelt (so viel), zweifach; ~ **katlı** (*Haus*) zweistöckig; ~ **taraflı** zweiseitig; POL bilateral; ~ **yüzlü** scheinheilig; **~de bir** jede (r, s) Zweite; häufig, öfters; **~si** beide **ikilemek** V/T verdoppeln **ikili** A S MUS Duo *n*, Duett *n* B ADJ zweifach; Zweier… **ikilik** S Dualismus *m*; Zwist *m*; Zwietracht *f*
ikinci ADJ der (die, das) Zweite; ~ **mevki** zweite Klasse *f*; ~ **olarak** als Zweite(r, s); ~ **derecede**, **ikincil** *adj* zweitrangig, sekundär
ikindi S Zeit *f* des Nachmittagsgebets; Nachmittag *m*
ikiz S Zwilling(e *pl*) *m*
iklim S Klima *n*
ikmal S ⟨-li⟩ MIL Logistik *f*; Nachschub *m*
ikna: (*-i*) ~ **etmek** überreden, überzeugen
ikram S (*Gast*) freundliche Aufnahme *f*, Bewirtung *f*; ~ **etmek** spendieren; bewirten (*-e -i j-n* mit *dat*) **ikramiye** S Gratifikation *f*, Prämie *f*; Lotteriegewinn *m*
iktidar S Macht *f*; POL Regierungspartei *f*; MED Potenz *f*
iktisadî ADJ wirtschaftlich **iktisat** S ⟨-dı⟩ Wirtschaft *f*; Sparsamkeit *f* **iktisatçı** S Volkswirt(in) *m(f)*
il S POL Provinz *f*; Land *n*
ilaç S ⟨-cı⟩ Arznei *f*, Medikament *n*; Mittel *n*; Präparat *n*
ilaçlamak V/T (chemisch) behandeln; (*Obst*) spritzen
ilâh S Gott *m* **ilâhe** S Göttin *f*
ilâhî ADJ göttlich **ilâhiyat** S Theologie *f*
ilâm S JUR Urteilsausfertigung

f

ilân S Bekanntmachung *f*; Anzeige *f*, Inserat *n*; ~ **etmek** anzeigen; inserieren

ilâve S Zusatz *m*, Anhang *m*; ~ **etmek** hinzufügen

ilçe S POL Kreis *m*, Bezirk *m*

ile A PRÄP mit *dat*; infolge *gen* B KONJ und

ileri A S Vorderteil *m*, Vorderseite *f* B ADV vorwärts, (nach) vorn; ~ **almak** (*Uhr*) vorstellen; ~ **gelmek** *-den* kommen von *dat*; ~ **sürmek** behaupten

ilerici ADJ fortschrittlich

iler(i)de ADV vorn; in Zukunft, später

ilerigelenler S *pl* Prominente *pl*; *angesehene, einflussreiche Menschen*

ilerleme S Fortschritt *m* **ilerlemek** V/I vorwärtsgehen; sich entwickeln **ilerletmek** V/T vorwärtsbringen; fördern

iletişim S Kommunikation *f*; ~ **kopukluğu** Kommunikationsstörung *f*

iletken ADJ PHYS leitend **iletmek** V/T (weiter)leiten

ilgi S Interesse *n*; ~ **çekici** interessant; ~ **çekmek** Aufmerksamkeit erregen; ~ **göstermek** Interesse bezeugen, sich interessieren **ilgilendirmek** V/T interessieren **ilgilenmek** V/I sich interessieren (**ile** für *akk*)

ilgili ADJ interessiert (**ile** an *dat*), betreffend (**ile** *akk*) **ilginç** ADJ interessant **ilgisiz** ADJ nicht interessiert, gleichgültig; ohne Zusammenhang; (*Person*) unbefugt

ilham S Inspiration *f*

ilik S ⟨-ği⟩ ANAT Knochenmark *n*; Knopfloch *n* **iliklemek** V/T zuknöpfen

ilim S ⟨-lmi⟩ Wissenschaft *f*

ilinti S Beziehung *f*, Verhältnis *n*; Zusammenhang *m*

ilişik ⟨-ği⟩ A ADJ *dat* anliegend, beigefügt B S Verbindung *f*, Beziehung *f* **ilişki** S Beziehung *f*; Zusammenhang *m* **ilişkin** ADJ *-e* betreffend, bezüglich *gen* **iliştirmek** V/T anheften, beilegen

ilk ADJ erst...; anfänglich...; Anfangs...; ~ **defa**, ~ **olarak** als Erstes; zum ersten Mal

ilkbahar S Frühling *m*, Frühjahr *n*

ilkçağ S Antike *f*

ilke S Prinzip *n* **ilkeci** ADJ prinzipientreu

ilkel ADJ primitiv

ilkesel ADJ prinzipiell

ilkokul S Grundschule *f*

ilköğretim S Elementarunterricht *m*; ~ **okulu** (8-jährige Pflichtschule *f*

ilkönce ADV zunächst, zuallererst

ilkyardım S Erste Hilfe *f*; ~ **çantası** Verbandkasten *m*

illâ, ille ADV unbedingt; besonders, vor allem

illet S Krankheit *f*; Defekt *m*

ilmî ADJ wissenschaftlich

ilmik S ‹-ği› Schlinge *f*, Masche *f*
iltica: ~ **etmek** -*e* Zuflucht suchen bei *dat*; ~ **hakkı** Asylrecht *n* **ilticacı** S Asylbewerber(in) *m(f)*
iltifat S Kompliment *n*
iltihap S ‹-bı› MED Entzündung *f* **iltihaplanmak** V/I sich entzünden
iltimas S Protektion *f* **iltimaslı** ADJ protegiert
ima S Wink *m*, Andeutung *f*; ~ **etmek** andeuten, zu verstehen geben
imaj S Bild *n*, Vorstellung *f*
imal S ‹-li› Herstellung *f*, Fabrikation *f*; ~ **etmek** herstellen
imalatçı S Hersteller(in) *m(f)*
imalathane S (*kleine*) Fabrik *f*, Werkhalle *f*
imam S REL (*Moschee*) Vorbeter *m*; Geistliche(r) *m*
imambayıldı S *kalte Speise aus Auberginen, Öl und Zwiebeln*
iman S REL Glaube *m* **imansız** ADJ ungläubig
imar S Bebauung *f*
imaret(hane) S *hist* Armenküche *f*
imbik S ‹-ği› Destilliergerät *n*
imdat S Hilfe *f*; ~ **freni** Notbremse *f*; ~ **çıkışı** *od* **kapısı** Notausgang *m*
imge → imaj
imha: ~ **etmek** vernichten
imkân S Möglichkeit *f* **imkânsız** ADJ unmöglich
imlâ S Rechtschreibung *f*
imleç S IT Cursor *m*
imparator S Kaiser *m* **imparatoriçe** S Kaiserin *f* **imparatorluk** S Kaiserreich *n*, Imperium *n*
imrenmek V/T -*e* wünschen *akk*, Lust bekommen zu *dat*; beneiden
imtihan S Prüfung *f*, Examen *n*; ~ **etmek** prüfen
imtiyaz S Privileg *n*; Konzession *f* **imtiyazlı** ADJ privilegiert
imza S Unterschrift *f*; ~ **etmek** -*i*, ~ **atmak** -*e*, **imzalamak** *v/t* -*i* unterschreiben, unterzeichnen; signieren **imzalı** ADJ unterzeichnet **imzasız** ADJ (*Brief*) anonym
in S Höhle *f*
inadına ADV zum Trotz
inanç S ‹-cı› Glaube *m* **inandırmak** V/T glauben machen (-*i* -*e j-n etw*), überreden (-*i* -*e j-n* zu *dat*) **inanılır** ADJ glaubhaft **inanmak** V/T -*e* glauben *akk*, vertrauen auf *akk*
inat S ‹-dı› Eigensinn *m*, Trotz *m* **inatçı** ADJ eigensinnig, trotzig
ince ADJ dünn, fein, zart; **~den ~ye** gründlich, in allen Einzelheiten; ~ **düşünceli** taktvoll
incebarsak S ANAT Dünndarm *m*
inceleme S Untersuchung *f*, Analyse *f* **incelemek** V/T untersuchen, prüfen
incelik S Feinheit *f*; Höflich-

keit *f*, Takt *m*; Anmut *f*
inceltmek V/T dünner machen; verdünnen; verfeinern
incesaz S *türkisches Orchester mit Streich- und Zupfinstrumenten*
inci S Perle *f*
inciçiçeği S BOT Maiglöckchen *n*
incik[1] S (*-ği*) ANAT Unterschenkel *m*
incik[2] : ~ **boncuk** billige(r) Schmuck *m*, Modeschmuck *m*
İncil S REL Neues Testament *n*, Evangelium *n*
incinmek V/I verrenkt *od* verstaucht werden; *fig* gekränkt sein (*-den* über *akk*)
incir S BOT Feige *f*
incitmek V/T verrenken, verstauchen; *fig* verletzen, kränken
indirgemek V/T reduzieren (*-i*, *-e akk* auf *akk*)
indirim S Ermäßigung *f*; (*von Konto*) Abzug *m* **indirimli** ADJ ermäßigt, verbilligt; ~ **satışlar** Ausverkauf *m*
indirmek V/T senken; hinuntertragen; herunterholen; IT downloaden
inek S ⟨-ği⟩ Kuh *f*; *fig* Rindvieh *n*; (*Schüler*) Streber(in) *m(f)*
infaz S JUR Vollstreckung *f*
infilâk S Explosion *f*
İngiliz A S Engländer(in) *m(f)*; ~ **anahtarı** TECH Engländer *m* B ADJ englisch **İngilizce** S Englisch *n* **İngiltere** S England *n*
inildemek V/I wimmern; summen **inilti** S Wimmern *n*; Stöhnen *n*, Seufzen *n*
inisiyatif S Initiative *f*
iniş S Abhang *m*; Ausstieg *m*; FLUG Landung *f*; SPORT Abfahrtslauf *m*; **~li çıkışlı** (*od* **yokuşlu**) uneben
inkâr S Leugnen *n*; Nichtanerkennung *f*; ~ **etmek** (ab)leugnen
inlemek V/I wimmern, stöhnen
inme S Absteigen *n*, Landen *n*; Aussteigen *n*; MED Schlaganfall *m* **inmek** V/I ⟨-er⟩ hinabsteigen; (*aus Fahrzeug*) aussteigen; (*Flugzeug*) landen; (*Preis*) fallen **inmeli** ADJ gelähmt
insaf A S Barmherzigkeit *f*; Milde *f* B **~!** INT ich bitte Sie! **insaflı** ADJ gerecht; gütig **insafsız** ADJ ungerecht; unbarmherzig
insan S Mensch *m* **insancıl** ADJ human **insani** ADJ menschlich **insaniyet, insanlık** S Menschheit *f*; Menschlichkeit *f*, Humanität *f*; ~ **dışı** unmenschlich **insanüstü** ADJ übermenschlich
inşa S Bau *m*, Errichtung *f*; ~ **etmek** bauen, errichten **inşaat** S *pl* Bauten *pl*; Baum, Baustelle *f*
inşallah INT so Gott will; hoffentlich

internet S Internet *n*
intibak S Anpassung *f*
intihar S Selbstmord *m*; **~ etmek** Selbstmord begehen
intikam S Rache *f*; **~ almak** sich rächen, Rache nehmen (*-den* an *dat*)
intizam S Ordnung *f*; Regelmäßigkeit *f* **intizamlı** ADJ ordentlich, regelgerecht **intizamsız** ADJ unordentlich, regellos **intizamsızlık** S Unordnung *f*, Verwirrung *f*
inzibat S Militärpolizei *f*
İÖ: **İsa'dan Önce** vor Christus
ip S Schnur *f*, Strick *m*; **~ merdiven** Strickleiter *f*; **~e sapa gelmez** *fig* ohne Hand und Fuß; ungereimt
ipek ⟨-ği⟩ **A** S Seide *f* **B** ADJ seiden, aus Seide **ipekböceği** S ZOOL Seidenraupe *f*
ipekli ADJ aus Seide, seiden
iplik S ⟨-ği⟩ Faden *m*; Garn *n*
ipnotize: **~ etmek** hypnotisieren **ipnoz** S Hypnose *f*
ipotek S ⟨-ği⟩ Hypothek *f*
ipsiz: **~ sapsız** *fig* Penner(in) *m(f)*
iptal S ⟨-li⟩ Aufhebung *f*, Nichtigkeitserklärung *f*; **~ etmek** annullieren, absagen; entwerten
iptidaî ADJ primitiv
ipucu S Anhaltspunkt *m*
irade S Wille *m*
İran S Iran *m*, Persien *n* **İranlı** S Iraner(in) *m(f)*
iri ADJ groß, dick
iribaş S ZOOL Kaulquappe *f*
irileşmek V/I groß *od* dick werden
irili: **~ ufaklı** groß und klein gemischt
irilik S Größe *f*, Umfang *m*
irin S MED Eiter *m* **irinlenmek** V/I eitern
iriyarı ADJ kräftig gebaut
irkilmek V/I zurückschrecken
İrlanda S Irland *n*
irmik S ⟨-ği⟩ Grieß *m*
irs ADJ erblich; vererbt
irtibat S Verbindung *f*, Anschluss *m*
irtica S ⟨-ı⟩ (*religiöser*) Fanatismus *m*
irtifa S ⟨-ı⟩ Höhenlage *f*; Höhe *f*
is S Ruß *m*
İS: **İsa'dan Sonra** nach Christus
İsa S Jesus (*m*), Christus (*m*)
isabet S Treffen *n*, Treffer *m*; Zufall *m*; **~ etmek** *-e* treffen *akk*; (*Los*) fallen auf *akk* **isabetli** ADJ angebracht **isabetsiz** ADJ unpassend
ise ADV jedoch, hingegen, aber; wenn; *-mekten* **~** anstatt, als (*mit Komparativ*); **~ de** obwohl
ishal S ⟨-li⟩ MED Durchfall *m*
isim S Name *m*; GRAM Substantiv *n*, Hauptwort *n*
iskambil S Kartenspiel *n*; **~ kâğıdı** Spielkarte *f*
iskân S Ansiedeln *n*; **~ etmek** ansiedeln
iskele S SCHIFF (Schiffs-)

Anlegestelle *m*; Hafen *m*; SCHIFF Backbord *n*; Baugerüst *n*
iskelet S ANAT Skelett *n*; TECH Gerüst *n*, Gerippe *n*
iskemle S Stuhl *m*
İskenderiye S Alexandria *n*
İskoç ADJ schottisch **İskoçya** S Schottland *n* **İskoçyalı** S Schotte *m*, Schottin *f*
iskonto S Rabatt *m*; Skonto *n od m*
İslâm S Islam *m* **İslâmiyet** S islamische Welt *f*; Islam *m*
islenmek V/I PASSIV rußig werden
isnat S ‹-di› Verleumdung *f*; **~ etmek** beschuldigen (*b-i* **ile** *j-n gen*); zuschreiben (*b-i* **ile** *j-m etw*)
İspanya S Spanien *n* **İspanyol** A S Spanier(in) *m(f)* B ADJ spanisch **İspanyolca** S Spanisch *n*
ispat S Beweis(führung *f*) *m*; Nachweis *m*; **~ etmek** beweisen, nachweisen
ispinoz S ZOOL Buchfink *m*
ispirto S Spiritus *m*
ispiyon S Spion(in) *m(f)* **ispiyonlamak** V/I *umg* petzen; schnüffeln
israf S Verschwendung *f*, Vergeudung *f*; **~ etmek** verschwenden, vergeuden
istasyon S BAHN Station *f*
istatistik S ‹-ği› Statistik *f*
istavrit S ZOOL Bastardmakrele *f*
istavroz S REL Kreuz(eszeichen *n*) *n*; **~ çıkarmak** sich bekreuzigen
istek S ‹-ği› Wille *m*, Wunsch *m*, Lust *f* **istekli** A ADJ interessiert B S Bewerber(in) *m(f)*
isteksiz ADJ ungern
istem S JUR Antrag *m* **istemek** V/T *-i, -mek* wollen *akk od inf*; wünschen (*akk od zu inf*); verlangen *akk*, (er-, an)fordern *akk*; **istemeye istemeye** widerwillig; **nasıl isterseniz** wie Sie wünschen
ister: **~ istemez** wohl oder übel; **~ ~** (egal) ob ... oder ..
isteri S Hysterie *f*
istiap: **~ haddi** AUTO zulässiges Gesamtgewicht *n*
istif S Aufschichtung *f*; **~ etmek** aufstapeln, aufschichten
istifa S Abdankung *f*, Rücktritt *m*; Kündigung *f*; **~ etmek** *-den* zurücktreten von *dat*, niederlegen *akk*; kündigen
istifade S Vorteil *m*, Nutzen *m*
istifçi S Hamsterer *m*
istiflemek V/T aufschichten, aufstapeln **istifli** ADJ aufgestapelt
istihbarat S *pl* Informationen *pl*; Geheimdienst *m*
istikamet S Richtung *f*
istikbal S ‹-li› Zukunft *f*
istiklâl S ‹-li› Unabhängigkeit *f*; **İstiklâl Marşı** türkische Nationalhymne *f*
istikrar S Stabilität *f*; Stetigkeit *f*

istilâ S MIL Invasion *f*, Einfall *m*; ~ **etmek** MIL -*i* besetzen *akk*, einfallen in *akk*
istim S Dampf *m*
istimlâk S Enteignung *f*
istinat S ⟨-dı⟩ Stütze *f*, Unterstützung *f*, Rückhalt *m*
istirahat S ⟨-ti⟩ Rast *f*, Ruhe *f*; MED Rekonvaleszenz *f*; ~ **etmek** sich ausruhen
istirham S Bitte *f*, Gesuch *n*; ~ **etmek** erbitten
istiridye S ZOOL Auster *f*
istismar: ~ **etmek** ausbeuten, ausnutzen
istisna S Ausnahme *f* **istisnaî** ADJ Ausnahme...
istişare S Beratung *f*; ~ **kurulu** Beirat *m*
İsveç A S Schweden *n* B ADJ schwedisch **İsveçli** S Schwede *m*, Schwedin *f*
İsviçre A S Schweiz *f* B ADJ schweizerisch, Schweizer **İsviçreli** S Schweizer(in) *m(f)*
isyan S Aufstand *m*, Aufruhr *m*, Revolte *f*; ~ **etmek** rebellieren
iş S Arbeit *f*, Beschäftigung *f*; Sache *f*, Angelegenheit *f*; Geschäft *n*; ~**im var** ich habe zu tun; ~ **mahkemesi** JUR Arbeitsgericht *n*; ~ **saatleri** Geschäftszeiten *pl* **işalan** S Arbeitnehmer(in) *m(f)*
işaret S Zeichen *n*; Kennzeichen *n*; Signal *n*; ~ **parmağı** Zeigefinger *m*; ~ **zamiri** GRAM Demonstrativpronomen *n*; ~ **etmek** -*e* hinweisen auf *akk*; signalisieren *akk* **işaretlemek** V/T ankreuzen, kennzeichnen **işaretleşmek** V/R einander Zeichen geben **işaretli** ADJ markiert
işbaşı S Arbeitsbeginn *m*
işbirliği S Zusammenarbeit *f*
işbitirici ADJ zupackend
işbölümü S Arbeitsteilung *f*
işbu ADJ vorliegende(r, s)
işçi S Arbeiter(in) *m(f)* **işçilik** S Bearbeitungsqualität *f*; ~ **ücreti** Arbeitslohn *m*
işemek V/I urinieren, pissen
işgal S ⟨-li⟩ Besetzung *f*; ~ **etmek** besetzen
işgüzar ADJ diensteifrig
işitmek V/T hören, erfahren
işkembe S ZOOL Pansen *m*; Kaldaunen *pl*, Kutteln *pl* **işkembeci** S Innereienrestaurant *n*
işkence S Folter *f*, Tortur *f*; ~ **etmek** -*e* foltern, martern *akk*
işlek ADJ (*Geschäft*) gut gehend; (*Straße*) belebt, verkehrsreich; (*Handschrift*) flüssig
işleme S Handarbeit *f*; Stickerei *f* **işlemek** A V/T bearbeiten, meißeln B V/I TECH funktionieren, laufen
işletme S Betrieb *m*; Betriebswirtschaft *f*; ~ **sistemi** IT Betriebssystem *n* **işletmeci** S Betriebswirt(in) *m(f)*; Betreiber(in) *m(f)* **işletmek** V/T *akk* arbeiten lassen; in Betrieb set-

zen; *umg* auf den Arm nehmen
işlev S Funktion *f*
işporta S Straßenhandel *m* **işportacı** S Straßenverkäufer(in) *m(f)*, fliegende(r) Händler(in) *m(f)*
işsiz ADJ arbeitslos, erwerbslos; **~ kalmak** arbeitslos werden **işsizlik** S Arbeitslosigkeit *f*
iştah S Appetit *m* **iştahsız** ADJ appetitlos; lustlos
işte ADV eben; hier, da
iştirak S ⟨-ki⟩ Mitwirkung *f*, Teilnahme *f*; **~ etmek** *-e* teilnehmen, sich beteiligen an *dat*
işveren S Arbeitgeber(in) *m(f)*
it S Köter *m*
itaat S ⟨-ti⟩ Gehorsam *m*; **~ etmek** *dat* gehorchen **itaatli** ADJ gehorsam
İtalya S Italien *n* **İtalyan** A S Italiener(in) *m(f)* B ADJ italienisch **İtalyanca** S Italienisch *n*
ite(k)lemek V/T wiederholt stoßen, schubsen
itfaiye S Feuerwehr *f*
ithal S ⟨-li⟩ WIRTSCH Einfuhr *f*, Import *m*; **~ etmek** einführen, importieren **ithalât** S *pl* WIRTSCH Einfuhr *f*, Import *m*
itham S Beschuldigung *f*; **~ etmek** beschuldigen (**ile** *gen*), anklagen (**ile** wegen *gen*)
itibar S Ansehen *n*, Achtung *f*; **~ etmek** *-e* achten, schätzen *akk*
itibaren ADV *-den* von *dat* an, ab *dat*
itibarî ADJ nominell
itidal S ⟨-li⟩ Gleichmut *m*; Mäßigung *f*
itikat S ⟨-dı⟩ Glaube *m*
itimat S ⟨-dı⟩ Vertrauen *n*; **~ etmek** *dat* vertrauen **itimatname** S POL Beglaubigungsschreiben *n*
itina S Sorgfalt *f* **itinali** ADJ sorgfältig
itiraf S Geständnis *n*, Eingeständnis *n*; **~ etmek** gestehen, bekennen
itiraz S Einwand *m*; **~ etmek** *-e* Einspruch erheben gegen *akk*
itişmek V/R sich drängen, sich stoßen
itmek V/T ⟨-er⟩ stoßen, schieben
ittifak S Übereinstimmung *f*; Bündnis *n*, Bund *m*
ivedi ADJ eilig **ivedilik** S Eile *f*, Dringlichkeit *f*
ivme S PHYS Beschleunigung *f*
iyelik: **~ zamiri** GRAM Possessivpronomen *n*
iyi ADJ gut; wohlauf; **~ akşamlar!** guten Abend!; **~ günler!** guten Tag!; **~ hafta sonları!** schönes Wochenende!; **~ k**… schön, dass …; **~ kötü** *adv* recht und schlecht; **en ~s**… das Beste; **~si (mi)** am Besten
iyice A ADJ ziemlich gut B ADV gut, gründlich
iyileşme S Verbesserung *f*; ~

dönemi MED Rekonvaleszenz *f*, Genesung *f* **iyileşmek** V/I sich bessern, besser werden **iyileştirmek** V/T (ver)bessern; heilen
iyilik S Güte *f*, Wohltat *f*; ~ **sağlık** (*Antwort auf Frage nach dem Wohlergehen*) danke, gut
iyimser A ADJ optimistisch B S Optimist(in) *m(f)*
iyot S ⟨-du⟩ CHEM Jod *n*
iz S Spur *f*; Fährte *f*
izah S Erklärung *f*; ~ **etmek** erklären **izahat** S *pl* Erklärungen *pl*
izci S Pfadfinder(in) *m(f)*
izdiham S Andrang *m*
izin S ⟨-zni⟩ Erlaubnis *f*; Urlaub *m*; ~ **vermek** *dat* Erlaubnis geben; Urlaub bewilligen **izinli** ADJ beurlaubt **izinsiz** ADJ ohne Erlaubnis
İzlanda S Island *n*
izlemek V/T verfolgen
izlenim S Eindruck *m*
izleyici S Zuschauer(in) *m(f)*; Beobachter(in) *m(f)*
izmarit[1] S Zigarettenkippe *f*
izmarit[2] S ZOOL Schnauzenbrasse *f*
izole: ~ **bant** Isolierband *n*; ~ **etmek** isolieren

J

jakuzi S Whirlpool *m*
jambon S Schinken *m*
jandarma S Gendarmerie *f*; Gendarm *m*
jant S TECH Felge *f*; ~ **kapağı** AUTO Radkappe *f*; ~ **teli** (*Fahrrad*) Speiche *f*
Japon A S Japaner(in) *m(f)* B ADJ japanisch **Japonca** S Japanisch *n*
japone ADJ (*Kleid*) ärmellos
Japonya S Japan *n*
jelatin S Gelatine *f*
jeolog S Geologe *m*, Geologin *m/f(m)* **jeoloji** S Geologie *f*
jeomorfoloji S Geomorphologie *f*
jest S Geste *f*; Gefallen *m*; Gebärde *f*
jet S Düsenflugzeug *n*; ~ **gibi** blitzschnell
jeton S Jeton *m*, Telefonmünze *f*, Spielmarke *f*, Automatenmarke *f*; **~u düşmek** *umg* kapieren
jilet S Rasierklinge *f*
jimnastik S ⟨-ği⟩ Turnen *n*, Gymnastik *f*
jinekolog S ⟨-ğu⟩ Gynäkologe *m*, Gynäkologin *f* **jinekoloji** S Gynäkologie *f*
Jüpiter S ASTRON Jupiter *m*
jüri S Jury *f*; JUR Geschworene *pl*

K

kaba ADJ grob, roh; unhöflich; plump
kabadayı S Aufschneider *m*; Draufgänger *m*; Raufbold *m*
kabahat S ⟨-ti⟩ Schuld *f*; Vergehen *n* **kabahatli** ADJ schuldig **kabahatsiz** ADJ schuldlos, unschuldig
kabak ⟨-ğı⟩ **A** S BOT Kürbis *m*; *umg* Glatzkopf *m* **B** ADJ kahl; (*Reifen*) abgefahren
kabakulak S ⟨-ğı⟩ MED Mumps *m*
kabalaşmak V/I grob *od* unhöflich werden **kabalık** S Unhöflichkeit *f*; Grobheit *f*
kaban S Anorak *m*
kabarcık S MED Geschwulst *f*, Pustel *f*; Bläschen *n*
kabare S Kabarett *n*
kabarık ADJ geschwollen **kabarmak** V/I anschwellen **kabartı** S Schwellung *f* **kabartma** S Relief *n*
kabataslak ADJ in groben Zügen
kabız S ⟨-bzı⟩ MED Verstopfung *f*
kabile S Nomadenstamm *m*
kabiliyet S Fähigkeit *f* **kabiliyetli** ADJ fähig **kabiliyetsiz** ADJ unfähig
kabin S Kabine *f*
kabine S POL Kabinett *n*, Ministerrat *m*
kabir S ⟨-bri⟩ Grab(mal *n*) *n*
kablo S Kabel *n*; **~lu yayın** Kabelfernsehen *n*
kabristan S Friedhof *m*
kabuk S ⟨-ğu⟩ (*Baum, Brot*) Rinde *f*, (*Ei etc*) Schale *f*, Borke *f*, Hülse *f*; **midye kabuğu** Muschel(schale *f*) *f*; *-in* **kabuğunu soymak** schälen *akk* **kabuklu** ADJ mit Schale, mit Rinde; **~ sülük** ZOOL (Weinberg-)Schnecke *f*
kabul S ⟨-lü⟩ Annahme *f*; Aufnahme *f*; Empfang *m*; **~ etmek** *akk* annehmen; empfangen; zustimmen *dat*
kaburga S ANAT Rippe *f*
kâbus S Albtraum *m*
kabza S (*Waffe*) Griff *m*, Kolbenhals *m*
kaç ADJ wie viele; **saat ~?** wie viel Uhr ist es?; **~a?** wie viel kostet es?
kaçak ⟨-ğı⟩ **A** ADJ (*Person*) flüchtig; (*Ware*) geschmuggelt **B** S Flüchtling *m*; (*Gas, Wasser*) Austritt *m*; **~ yolcu** blinde(r) Passagier(in) *m(f)*; Schwarzfahrer(in) *m(f)*
kaçakçı S Schmuggler(in) *m(f)*
kaçakçılık S Schmuggel *m*
kaçamak S ⟨-ğı⟩ Ausflucht *f*, Ausrede *f*; Sichdrücken *n* **kaçamaklı** ADJ ausweichend
kaçık ⟨-ğı⟩ **A** S Laufmasche *f*; *fig* Verrückte(r) *m/f(m)* **B** ADJ verrutscht; *umg* verrückt **ka-**

çıklık S Verrücktheit *f*, Narrheit *f*
kaçınılmaz ADJ unvermeidlich
kaçınmak V/T *-den* vermeiden *akk*
kaçırmak V/T entkommen lassen; verjagen; (*verpassen*) versäumen; (*Ware*) schmuggeln
kaçış S Flucht *f*; ~ **yolu** Fluchtweg *m*
kaçışmak V/I auseinanderlaufen
kaçmak V/T ⟨-ar⟩ fliehen, flüchten
kadar A (*Partikel*) *nom* so viel wie, so groß wie; etwa, ungefähr; **beş yüz** ~ ungefähr fünfhundert B KONJ *-e* bis (zu *dat*), bis um; *-inceye* bis; **yarına** ~ bis morgen
kadayıf S *süße Mehlspeise*
kadeh S (Schnaps- od. Wein-) Glas *n*
kademe S Stufe *f*; Rang *m* **kademeli** ADJ abgestuft, gestaffelt
kader S REL Schicksal *n*; Vorsehung *f*
kadı S *hist* Kadi *m*, Richter *m*
kadın S Frau *f*; ~ **~a** von Frau zu Frau
kadınbudu S *e-e Speise aus gehacktem Fleisch, Reis u. Eiern*
kadıngöbeği S *e-e Süßspeise mit Grieß u. Eiern*
kadınsı ADJ weiblich, weibisch
kadife S Samt *m*
kadran S TECH Zifferblatt *n*, Skala *f*
kadro S Kader *m*; Personal *n*; Planstelle *f*; (*Fahrrad*) Rahmen *m* **kadrosuz** ADJ *ohne Planstelle vorübergehend beschäftigt*
kafa S ANAT Kopf *m*; Hinterkopf *m*; *fig* Intelligenz *f*; ~ **ütülemek** nerven; **~sı bozuk** schlecht gelaunt
kafadar S Gesinnungsgenosse *m*, Gesinnungsgenossin *f*; Gefährte *m*, Gefährtin *f*
kafalı ADJ ...köpfig; *fig* intelligent
kafatası S ANAT Schädel *m*
kafein S Koffein *n* **kafeinsiz** ADJ koffeinfrei
kafes S Käfig *m*; Gitter *n*
kafeterya S Cafeteria *f*; Café *n*
kâfi ADJ genügend, genug, ausreichend (*-e* für *akk*)
kafile S Karawane *f*, Transport *m*, Konvoi *m*
kâfir S REL Ungläubige(r) *m/f(m)*
kafiye S Reim *m*
Kafkas S Kaukasus *m* **Kafkaslar** S Kaukasusgebirge *n* **Kafkasya** S Kaukasien *n*, Kaukasusgebiet *n*
kaftan S Kaftan *m*
kâğıt S ⟨-dı⟩ Papier *n*; Zettel *m*; Spielkarte *f*; ~ **para** Geldschein *m*
kağnı S Ochsenkarren *m*
kâh: ~ ... ~ ... mal ..., mal ..., ab und zu
kâhin S Wahrsager(in) *m(f)*
kahkaha S lautes Gelächter *n*

kahraman A S Held *m* B ADJ heldenhaft **kahramanlık** S Heldenmut *m*; Heldentat *f*
kahretmek V/T verfluchen **kahrolmak** V/I verflucht werden
kahvaltı S Frühstück *n*
kahve S Kaffee *m*; Kaffeehaus *n*; **~ değirmeni** Kaffeemühle *f* **kahveci** S Kaffee- *od* Teehauswirt *m*
kahverengi ADJ braun
kâhya S Gutsverwalter *m*
kaide S Basis *f*; Regel *f*
kâinat S Universum *n*
kakao S Kakao *m*
kakışmak V/R sich stoßen; sich streiten
kakma S Einlegearbeit *f* **kakmak** V/T ‹-ar› (ein)schlagen, stoßen; einlegen
kaktüs S BOT Kaktus *m*
kala ADV *dat* vor (*Uhr*); **üçe beş ~** fünf (Minuten) vor drei (Uhr)
kalabalık S ‹-ğı› A Menschenmenge *f* B ADJ voll (von Menschen)
kalafatlamak V/T kalfatern; herausputzen
kalas S Balken *m*
kalay S Zinn *n* **kalaycı** S Verzinner *m* **kalaylamak** V/T verzinnen; *umg* fluchen **kalaylı** ADJ verzinnt
kalbur S Getreidesieb *n*; **~dan geçirmek** (durch)sieben
kalça S ANAT Hüfte *f*, Becken *n*
kaldıraç S ‹-cı› Hebel *m*, Kurbel *f*
kaldırım S Straßenpflaster *n*; Bürgersteig *m*
kaldırmak V/T (hoch-, auf)heben; fortschaffen; entfernen; annullieren; **program ~** IT deinstallieren
kale S Festung *f*; (*Schach*) Turm *m*; SPORT Tor *n*
kalebodur® S Bodenfliesen *f/pl*
kaleci S Torwart(in) *m(f)*
kalem S (*Schreibstift*) Stift *m*; Meißel *m*; **~e almak** *akk* abfassen **kalemtıraş** S Bleistiftanspitzer *m*
kalender ADJ anspruchslos; unbekümmert, unkonventionell; gutmütig
kalfa S Geselle *m*, Gesellin *f*
kalıcı ADJ von bleibendem Wert
kalın ADJ dick; steif; (*Stimme*) tief; *umg* grob **kalınbarsak** S ‹-ğı› ANAT Dickdarm *m* **kalınlaşmak** V/I dick(er) werden **kalınlık** S Dicke *f*
kalıntı S (Über-)Rest *m*
kalıp S ‹-bı› Form *f*; Matrize *f*; Leisten *m*; Schablone *f*
kalıtım S Vererbung *f* **kalıt(ım)sal** ADJ erblich, vererbt
kalifiye ADJ qualifiziert; **~ işçi** Facharbeiter(in) *m(f)*
kalite S Qualität *f* **kaliteli** ADJ hochwertig; Qualitäts...
kalkan[1] S Schild *m*; Schutz *m*
kalkan[2] **(balığı)** ZOOL Steinbutt *m*

kalkınma S *Ökon.* Aufstieg *m*, Entwicklung *f* **kalkınmak** V/I sich aufrichten; sich entwickeln
kalkış S Abfahrt *f*, Aufbruch *m*, Abflug *m*; **~ saat(ler)i** Abfahrtszeit(en *pl*) *f* **kalkmak** V/I ‹-ar› aufstehen; abfahren
kalmak V/I ‹-ır› bleiben; (vorübergehend) wohnen; übrig sein
kalori S Kalorie *f*
kalorifer S Zentralheizung *f*
kalp[1] ADJ gefälscht, falsch
kalp[2] S (*-bi*) ANAT Herz *n*; **~ krizi** Herzanfall *m*; **~ sektesi** MED Herzstillstand *m*
kalpak S ‹-ğı› Fellmütze *f*
kalpazan S Fälscher *m*; Gauner *m*
kaltak S *fig* Dirne *f*, Hure *f*
kama S Dolch *m*; Keil *m*
kamara S SCHIFF Kabine *f*; POL Kammer *f* **kamarot** S SCHIFF Steward *m*
kamaşmak V/I geblendet werden **kamaştırmak** V/T blenden
kambiyo S FIN Geldwechsel *m*, Devisenverkehr *m*
kambur **A** S ANAT Buckel *m* **B** ADJ buck(e)lig
kamçı S Peitsche *f* **kamçılamak** V/T (durch)peitschen; *fig* (*Nerven*) aufpeitschen
kamera S Kamera *f*
kameriye S Laube *f*
kamış S BOT Schilf *n*, Rohr *n*; *vulg* Schwanz *m*
kâmil ADJ vollkommen; vorzüglich
kamp S Lager *n*; Camping *n*; **~ kurmak** sein Lager aufschlagen; **~ yapmak** zelten
kampanya S Kampagne *f*
kamping S Campingplatz *m*
kamu S Öffentlichkeit *f*; **~ araştırması** Meinungsforschung *f*; **~ hizmetlisi** Beschäftigte(r) *m*/*f*(*m*) im öffentlichen Dienst; **~ kesimi**, **~ sektörü** öffentlicher Dienst *m*
kamulaştırmak V/T enteignen
kamuoyu S Öffentlichkeit *f*
kamyon S Lastwagen *m*, Lkw *m* **kamyonet** S Lieferwagen *m*
kan S Blut *n*; **~ davası** Blutrache; **~ dolaşımı** (Blut-)Kreislauf *m*; **~ nakli** Bluttransfusion *f*; **~ zehirlenmesi** Blutvergiftung *f*
kanaat S ‹-ti› Genügsamkeit *f*; Überzeugung *f*; **~ etmek** sich begnügen (**ile** mit *dat*)
kanaatkâr ADJ genügsam
kanal S Kanal *m*
kanalizasyon S Kanalisation *f*
kanama S MED Blutung *f* **kanamak** V/I bluten
kanarya S ZOOL Kanarienvogel *m*
Kanarya Adaları S *pl* GEOG Kanarische Inseln *pl*
kanat S ‹-dı› ZOOL Flügel *m*; ZOOL Flosse *f* **kanatlanmak** S flügge werden

kanatmak V/T zum Bluten bringen
kanca S Haken *m* **kancalamak** V/T mit e-m Haken festhalten
kandırmak V/T verleiten, täuschen
kandil S Öllampe *f*; ~ **gecesi** REL *e-e der vier muslimischen Festnächte*
kanepe S Sofa *n*; Partyhäppchen *n*, Kanapee *n*
kangal S Knäuel *n*; (Wurst-)Ring *m*
Kangal (köpeği) S *anatolische Hunderasse*
kanı S Überzeugung *f*
kanıksamak V/T *-i* befremdlich finden *akk*
kanıt S Beweis *m* **kanıtlamak** V/T beweisen
kanlanmak V/I mit Blut befleckt werden; *fig* wieder zu Kräften kommen **kanlı** ADJ blutig
kanmak V/T ⟨-ar⟩ *-e* glauben *akk*; sich sättigen an *dat*; sich begnügen (**ile** mit *dat*)
kanser S MED Krebs *m*
kansız ADJ blutarm, anämisch; (*Revolution*) unblutig; *umg* niederträchtig **kansızlık** ADJ MED Blutarmut *f*, Anämie *f*
kantar S (große) Waage *f*
kantin S Kantine *f*; Mensa *f*
kanun[1] S MUS (*e-e Art*) Zither *f*
kanun[2] S Gesetz *n* **kanunî** ADJ gesetzlich, legal **kanunsuz** ADJ gesetzwidrig, illegal
kanyak S ⟨-ğı⟩ Branntwein *m*
kaos S Chaos *n*
kap S ⟨-bı⟩ Gefäß *n*, Schüssel *f*; Schutzumschlag *m*
kapak S ⟨-ğı⟩ Deckel *m*, Verschluss *m*
kapaklanmak V/I straucheln, stürzen, fallen; SCHIFF kentern
kapalı ADJ geschlossen, bedeckt; gesperrt **kapalıçarşı** S überdachte(r) Basar *m*
kapama S *ein Fleischgericht*
kapamak V/T schließen; sperren
kapan S Falle *f*
kapanmak V/I PASSIV geschlossen werden; bedeckt werden
kapatma → kapama
kapatmak V/T *akk* schließen; bedecken; IT beenden
kapı S Tür *f*; Tor *n*; **~yı çalmak** (an der Tür) klingeln, anklopfen **kapıcı** S Pförtner(in) *m(f)*; Hausmeister(in) *m(f)*
kapılmak V/T sich verleiten lassen (*-e* zu *dat*)
kapışmak **A** V/T *-i* sich reißen um *akk* **B** V/I sich raufen (**ile** mit *dat*)
kapital S ⟨-li⟩ Kapital *n*
kapkara ADJ pechschwarz
kaplama S Verschalung *f*; Vergoldung *f*; Furnier *n*; Beschichtung *f* **kaplamak** V/T bedecken, überziehen, verkleiden
kaplan S ZOOL Tiger *m*
kaplıca S Thermalbad *n*, heiße Quelle *f*

kaplumbağa S ZOOL Schildkröte *f*
kapmak V/T ⟨-ar⟩ (weg)nehmen; *fig* aufschnappen, lernen
kaporta S AUTO Karosserie *f*
kapsam S Inhalt *m*, Bereich *m* **kapsamak** V/T umfassen, enthalten
kapsül S *a.* BOT Kapsel *f*
kaptan S SCHIFF Kapitän *m*; SPORT Spielführer(in) *m(f)*
kaput S AUTO Motorhaube *f*; *umg* Kondom *n*
kar S Schnee *m*; **~dan adam** Schneemann *m*; **~ yağmak** schneien
kâr S WIRTSCH Gewinn *m*, Profit *m*
kara[1] S GEOG Land *n*, Festland *n*; **~ya çıkmak** SCHIFF an Land gehen, landen; **~ya oturmak** stranden
kara[2] ADJ schwarz, dunkel; **~ liste** schwarze Liste *f*; **~ para** Schwargeld *n*
karaağaç S BOT Ulme *f*
karabasan S Albtraum *m*
karabiber S schwarze(r) Pfeffer *m*
karaborsa S Schwarzmarkt *m*
karaca S ZOOL Reh *n*
karaciğer S ANAT Leber *f*
Karadeniz S Schwarze(s) Meer *n*
karafatma S ZOOL Laufkäfer *m*
karagöz S türkische(s) Schattenspiel *n*
karakalem S Bleistiftzeichnung *f*
karakol S Wache *f*, Polizeirevier *n*
karakter S Charakter *m*; Schriftart *f*, Schriftzeichen *n*
karakteristik ADJ charakteristisch
karakurbağası S ZOOL Kröte *f*
karalamak V/T schwärzen; *fig* anschwärzen
karamela S Karamellbonbon *m od n*
karamsar ADJ pessimistisch
karanfil S BOT Nelke *f*
karanlık ⟨-ğı⟩ **A** S Dunkelheit *f* **B** S ADJ dunkel
karantina S Quarantäne *f*
karar S Beschluss *m*, Entscheidung *f*; Beständigkeit *f*; JUR Urteil *n*; **~ vermek** *-e* entscheiden, beschließen *akk* **kargâh** S MIL Hauptquartier *n*, Zentrale *f* **kararlaşmak** V/I beschlossen *od* entschieden werden **kararlaştırmak** V/T beschließen, vereinbaren; entscheiden **kararlı** ADJ entschieden **kararlılık** S Entschiedenheit *f*; Entschlossenheit *f*
kararmak V/I dunkel *od* schwarz werden
kararname S Erlass *m*, Verordnung *f*
kararsız ADJ unbeständig; unschlüssig
karartmak V/T schwärzen; verdunkeln

karasevda S unerwiderte Liebe *f*; Melancholie *f*
karasinek S ⟨-ği⟩ ZOOL Stubenfliege *f*
karasuları S Hoheitsgewässer *pl*
karatahta S (*Schule*) Tafel *f*
karatavuk S ⟨-ğu⟩ ZOOL Amsel *f*
karavan S Wohnwagen *m*
karavana S **A** Gulaschkanone *f* **B** SPORT völlig daneben (-getroffen); *umg* voll daneben!
karayazı S traurige(s) Schicksal *n*
karayolu S Landweg *m*; Fernstraße *f*
karbon S Kohlenstoff *m*
karbonat S Natron *n*
karbüratör S AUTO Vergaser *m*
kardelen S BOT Schneeglöckchen *n*
kardeş S Geschwister *n*; Bruder *m*; Schwester *f*; **erkek ~** Bruder *m*; **kız ~** Schwester *f*
kardeşçe ADJ geschwisterlich
kardeşlik S Brüderlichkeit *f*
kare S Karo *n*, Quadrat *n* **kareli** ADJ kariert
karga S ZOOL Rabe *m*, Krähe *f*
kargaburun S Kneifzange *f*
kargacık: **~ burgacık** arg unleserlich
kargaşa(lık) S Wirrwarr *m*, Unordnung *f*, Anarchie *f*
kargı S Spieß *m*, Speer *m*
karı S Ehefrau *f*; *vulg* Weib *n*; **~ koca** Ehepaar *n*
karın S ANAT Bauch *m*
karınca S ZOOL Ameise *f*; **~ kararınca** (*Beitrag*) bescheiden
karıncalanmak V/I vor Ameisen wimmeln; (*Hand, Fuß*) kribbeln
karış S Spanne *f*
karışık ADJ gemischt, vermischt; verwirrt, durcheinander **karışıklık** S Durcheinander *n*; Überschreitungen *pl* **karışım** S Mischung *f* **karışmak** V/T sich vermischen; *fig* sich einmischen (*-e* in *akk*) **karıştırmak** V/T vermischen; verwirren; verwechseln
karides S ZOOL Garnele *f*
karikatür S Karikatur *f*; Cartoon *m*
kariyer S Karriere *f*, Beruf *m*
karkas S ARCH Gerüst *n*; **betonarme ~** Stahlbeton(bau *m*) *m*
karlı ADJ schneebedeckt, verschneit
kârlı ADJ gewinnbringend
karma ADJ gemischt; **~ eğitim** Koedukation *f* **karmak** V/T ⟨-ar⟩ anrühren; mischen **karmakarış(ık)** ADJ völlig durcheinander, chaotisch **karmaşık** ADJ verwickelt; MATH komplex
karne S Schulzeugnis *n*; (Beleg-)Heft *n*; Bezugsschein *m*
karnıbahar S BOT Blumenkohl *m*
karo S Karo *n*

karoser(i) S AUTO Karosserie *f*
karpuz S BOT Wassermelone *f*
karşı A ADJ gegenüberliegend B ADV *-e* gegen *akk*; *-in* **~sına** gegen *akk*; entgegen *dat*; *-in* **~sında** gegenüber *dat*; **~ ~ya** einander gegenüber **karşılamak** V/T *-i* entgegengehen *dat*; empfangen *akk*; treffen *akk*; (*Bedarf etc*) decken **karşılanmak** V/I PASSIV empfangen werden; (*Kosten*) gedeckt werden **karşılaşma** S SPORT Wettbewerb *m* **karşılaşmak** V/R sich begegnen; treffen (**ile** *akk*) **karşılaştırmak** V/T vergleichen, gegenüberstellen **karşılık** S Antwort *f*; Gegenstück *n*; Gegenwert *m*; **~ olarak**, **karşılığında** *nom* als Gegenleistung für *akk* **karşılıklı** ADJ & ADV gegenseitig; sich gegenüber **karşıt** ADJ entgegengesetzt
kart[1] S Karte *f*
kart[2] ADJ alt, hart, zäh
Kartaca S *hist* Karthago *n*
kartal S ZOOL Adler *m*
karton S Pappe *f*, Karton *m*
kartotek S ⟨-ği⟩ Kartei *f*
kartpostal S Postkarte *f*
kartvizit S Visitenkarte *f*
karyola S Bettgestell *n*
kas S ANAT Muskel *m*; **~ esnemesi** Muskelzerrung *f*; **~ lifi** Muskelfaser *f*; **~ tutulması** Muskelkater *m*
kasa S Kasse *f*; Geldschrank *m*; Kasten *m*
kasaba S Kleinstadt *f*
kasadar S Kassierer(in) *m(f)*, Kassenbeamte(r) *m/f(m)*
kasap S ⟨-bı⟩ Fleischer(in) *m(f)*, Schlachter(in) *m(f)*, Metzger(in) *m(f)*; Metzgerei *f*; **~lık hayvan** Schlachtvieh *n*
kâse S Schüssel *f*; Napf *m*
kaset S Kassette *f*; **~li teyp**, **kasetçalar** Kassettenrekorder *m*
kasık S ⟨-ğı⟩ ANAT Leistengegend *f*
kasılmak V/I sich zusammenziehen
kasım S November *m*
kasıntı ADJ *fig* arrogant
kasırga S Wirbelsturm *m*
kasıt S ⟨-stı⟩ Absicht *f*, Vorsatz *m*
kasket S Schirmmütze *f*
kaslı ADJ muskulös
kasmak V/T ⟨-ar⟩ straffen; (*Gürtel*) enger schnallen
kasnak S ⟨-ğı⟩ Reifen *m*, Rahmen *m*
kasten ADV absichtlich, vorsätzlich **kastetmek** V/T *akk* beabsichtigen; nachstellen *dat* **kastî** ADJ & ADV absichtlich
kasvet S Schwermut *f*, Wehmut *f* **kasvetli** ADJ bedrückend
kaş S Augenbraue *f*
kaşar (peyniri) S (*e-e Art*) Hartkäse *m*
kaşık S ⟨-ğı⟩ Löffel *m*
kaşımak V/T kratzen **kaşın-**

mak V/I jucken; sich kratzen; *fig* Prügel verdienen
kâşif S Entdecker *m*
kat S Schicht *f*, Falte *f*; Stockwerk *n*, Etage *f*; (**iki**) ~ (zwei-)fach; ~ ~ schichtweise; um ein Vielfaches; bei Weitem; ~ **otoparkı** Parkhaus *n*
katalizatör S Katalysator *m*
katalog S ‹-ğu› Katalog *m*
katar S (*Vögel, a.* BAHN) Zug *m*
katedral S ‹-li› Kathedrale *f*
kategori S Kategorie *f*
katetmek V/T (*Strecke*) zurücklegen; erledigen
katı ADJ hart, steif; rau, grob; ~ **yürekli** hartherzig
katık S ‹-ğı› Zubrot *n*
katıksız ADJ pur, rein, unverfälscht; *fig* echt
katılaşmak V/I hart *od* fest werden **katılaştırmak** V/T härten **katılık** S Härte *f*, Steife *f*
katılım, katılma S Teilnahme *f*; **katılım süresi** Teilnahmefrist *f* **katılmak** V/I *-e* hinzugefügt werden *dat*; teilnehmen an *dat*
katır S ZOOL Maultier *n*
katırtırnağı S BOT Ginster *m*
katî ADJ & ADV bestimmt, entschieden
katil S Mörder(in) *m(f)*
kâtip S *hist* Sekretär *m*, Schreiber *m*
katiyen ADV entschieden, bestimmt **katiyet** S Entschiedenheit *f*, Bestimmtheit *f*
katkı S Zusatz *m*, Ergänzung *f*; **~da bulunmak** beitragen zu *dat*; ~ **maddesi** Zusatzstoff *m*
katlamak V/T falten **katlanmak** V/I gefaltet werden; ertragen, erdulden (*-e akk*); sich vervielfachen
katletmek V/T ermorden **katliam** S Blutbad *n*, Massaker *n*
katma ADJ zusätzlich; ~ **değer vergisi** Mehrwertsteuer *f* **katmak** V/T ‹-ar› hinzufügen, beigeben; **hesaba** ~ mit auf die Rechnung setzen; berücksichtigen
katman S Schicht *f*
katmer S Vielschichtigkeit *f*
katmerli ADJ mehrschichtig; mehrfach; (*Blume*) gefüllt
Katolik ‹-ği› REL **A** S Katholik(in) *m(f)* **B** ADJ katholisch
Katoliklik S Katholizismus *m*
katran S Teer *m*
katranağacı S BOT Zeder *f*
katsayı S Koeffizient *m*; Faktor *m*
kauçuk S ‹-ğu› Kautschuk *m*
kavak S ‹-ğı› BOT Pappel *f*
kaval S MUS Hirtenflöte *f*
kavalye S Kavalier *m*; Tanzpartner *m*
kavanoz S (Einmach-)Glas *n*
kavga S Streit *m*, Zank *m* Kampf *m*; ~ **etmek** sich streiten **kavgacı** ADJ streitsüchtig zänkisch **kavgalı** ADJ verfeindet
kavis S ‹-vsi› Bogen *m*, Kurve *f*, Krümmung *f*

kavram S Begriff *m*
kavrama S TECH Kupplung *f*
kavramak V/T ergreifen; (*verstehen*) begreifen **kavrayış** S Begreifen *n*, Auffassen *n*
kavşak S ⟨-ğı⟩ (Straßen-)Kreuzung *f*
kavun S BOT Zuckermelone *f*
kavurmak V/T rösten; ausdörren
kavuşmak V/I zusammenkommen; wiedererlangen (*-e etw*)
kavuşturmak V/T zusammenbringen, vereinigen; bringen (*b-i b.ş-e j-m etw*)
kaya S Fels(en *m*) *m*
kayak S ⟨-ğı⟩ Ski *m*
kayalık A ADJ felsig B S felsige(r) Ort *m*
kaybetmek V/T verlieren **kaybolmak** V/I verloren gehen; verschwinden
kaydetmek V/T registrieren, eintragen; IT abspeichern
kaydettirmek V/T *akk* eintragen lassen
kaydırak S Rutsche *f* **kaydırmak** V/T zum Rutschen bringen
kaydol(un)mak V/T sich einschreiben (*-e* in *akk*)
kaygan ADJ glatt, glitschig
kaygı S Sorge *f* **kaygılanmak** V/I sich Sorgen machen
kaygılı ADJ sorgenvoll, traurig **kaygısız** ADJ sorglos **kaygısızlık** S Sorglosigkeit *f*
kayık[1] (*-ğı*) S Boot *n*
kayık[2] (*-ğı*) ADJ verrutscht
kayın[1] S BOT Buche *f*
kayın[2] S (*Bruder des Ehepartners*) Schwager *m* **kayınbirader** S Schwager *m* **kayınpeder** S Schwiegervater *m* **kayınvalide** S Schwiegermutter *f*
kayıp ⟨-ybı⟩ A S Verlust *m* B ADJ verloren (gegangen)
kayırmak V/T unterstützen; protegieren
kayısı S BOT Aprikose *f*
kayış S Riemen *m*, Gurt *m*
kayıt S ⟨-ydı⟩ Registrierung *f*, Eintragung *f*; Anmeldung *f*; Einschränkung *f*, Vorbehalt *m*; **~ sil(dir)me** Löschung *f*; Exmatrikulation *f* **kayıtlı** ADJ registriert, eingeschrieben; gebucht **kayıtsız** ADJ nicht registriert; gleichgültig **kayıtsızlık** S Gleichgültigkeit *f*, Sorglosigkeit *f*
kaymak[1] S (*-ğı*) Sahne *f*, Rahm *m*
kaymak[2] V/I (*-ar*) gleiten, rutschen
kaymakam S POL Landrat *m*
kaynak[1] S (*-ğı*) Quelle *f*
kaynak[2] S (*-ğı*) TECH Schweißstelle *f*; **~ yapmak** schweißen **kaynakçı** S Schweißer *m*
kaynamak V/I kochen, sieden; hervorsprudeln; wimmeln (*b.ş.* von *dat*)
kaynana S Schwiegermutter *f*
kaynaşmak V/I sich verbinden; (*Menschenmenge*) wogen
kaynaştırmak V/T (*Personen*

miteinander) verbinden
kaynata S Schwiegervater *m*
kaynatmak V/T kochen, sieden; *umg* tratschen (-i über)
kaypak ADJ glatt; *umg* unehrlich
kaytan S Schnur *f*, Kordel *f*
kaz S ZOOL Gans *f*
kaza[1] S POL (Land-)Kreis *m*
kaza[2] S Unfall *m*, Unglücksfall *m* **kazaen** ADV aus Versehen
kazak S ‹-ğı› Pullover *m*
Kazak S ‹-ğı› Kosak *m*; Kasache *m*, Kasachin *f*
kazalı ADJ unfallträchtig, gefährlich
kazan S Kessel *m*
kazanç S ‹-cı› Gewinn *m*, Profit *m* **kazandırmak** V/T *akk* gewinnen *od* verdienen lassen
kazanmak S gewinnen, verdienen
kazazede S Unfallopfer *n*
kazı S Ausgrabung *f*; **~ kazan** Rubbelspiel *n* **kazıcı** S Ausgräber(in) *m(f)*; Graveur(in) *m(f)*
kazık S ‹-ğı› Pfahl *m*, Pfosten *m*, Pfeiler *m*; Betrug *m*, Gaunerei *f*; **~ dikmek** *od* **çakmak** *e-n* Pfahl aufstellen *od* einschlagen
kazıkçı S Nepper *m*; Wucherer *m* **kazıklamak** V/T *fig* übervorteilen, neppen
kazımak V/T *(Eis etc)* (ab)kratzen
kazma S (Spitz-)Hacke *f*
kazmak V/T ‹-ar› (aus)graben

KDV = **katma değer vergisi**
kebap S ‹-bı› Fleischgericht *n*
keçe S Filz *m*
keçi S ZOOL Ziege *f*
keçiyolu S Pfad *m*
keder S Kummer *m*, Gram *m*, Sorge *f* **kederlenmek** V/I sich Sorgen machen **kederli** ADJ betrübt, bekümmert
kedi S ZOOL Katze *f*
kediotu S BOT Baldrian *m*
kefalet S Bürgschaft *f*; Kaution *f*
kefaret S Buße *f*
kefe S Waagschale *f*
kefen S Leichentuch *n*
kefil S Bürge *m*, Bürgin *f*; **~ olmak** bürgen, Bürgschaft leisten (*-e* für *akk*) **kefillik** S Bürgschaft *f*
kehribar S Bernstein *m*
kek S Kuchen *m*
keke ADJ stotternd **kekelemek** V/I stottern **kekeme** **A** ADJ stotternd **B** S Stotterer *m*
kekik S ‹-ği› BOT Thymian *m*
keklik S ‹-ği› ZOOL Rebhuhn *n*
kekre ADJ herb
kel ADJ kahl; glatzköpfig
kelebek S ‹-ği› ZOOL Schmetterling *m*; TECH Flügelschraube *f*
kelek ‹-ği› **A** S unreife Melone *f* **B** ADJ *umg* dumm
kelepçe S Handschelle *f*, TECH Schelle *f*
kelepir S Gelegenheitskauf *m*, Schnäppchen *n*

kelime S Wort *n*
kelle S *umg* Kopf *m*
kem¹ ADJ schlecht; **~ göz** böse(r) Blick *m*
kem²: **~ küm etmek** herumdrucksen
keman S MUS Geige *f*, Violine *f* **kemancı** S Violinist(in) *m(f)*, Geiger(in) *m(f)*
kemer S Gürtel *m*; ARCH Bogen *m*; **su ~i** Aquädukt *m od n*
kemik S ‹-ği› Knochen *m* **kemikli** ADJ knochig; mit Knochen
kemirgen S ZOOL Nagetier *n*
kemirmek V/T abnagen, abfressen
kenar S Rand *m*; Saum *m*; MATH Winkel *m* **kenarlı** ADJ mit Rand; eingesäumt
kendi PRON selbst, selber; eigen; **~ ~ne** zu sich selbst; von selbst; **~ne gelmek** zu sich kommen; **~ni beğenmek** eingebildet sein; **~si** er (sie, es) selbst **kendiliğinden** ADJ & ADV von selbst; spontan
kendin: **~ pişir ~ ye** Selbstgrillrestaurant *n*
kene S ZOOL Zecke *f*
kenetlemek V/T verklammern, mit Klammern befestigen **kenetlenmek** V/I sich aneinanderklammern
kenevir S BOT Hanf *m*
kent S Stadt *f* **kentleşme** S Verstädterung *f*, Urbanisierung *f* **kentli** **A** S Städter(in) *m(f)* **B** ADJ städtisch
kepaze ADJ würdelos, verächtlich **kepazelik** S Würdelosigkeit *f*
kepçe S Schöpflöffel *m*; Kelle *f*; TECH Bagger *m*
kepek S ‹-ği› Kleie *f*; (Kopf-)Schuppen *pl*
kepenk S ‹-gi› Rollladen *m*
kerata S Bengel *m*
kere S Mal *n*; **üç ~** dreimal
kereste S Bauholz *n*
kerevet S Pritsche *f*
kereviz S BOT Sellerie *m od f*
kerhane S Bordell *n*
kermes S Kirmes *f*
kerpeten S Kneifzange *f*
kerpiç S ‹-ci› luftgetrocknete(r) Ziegel *m*
kerte: **bu ~de** dermaßen
kertenkele S ZOOL Eidechse *f*
kertik ‹-ği› **A** ADJ schartig **B** S Kerbe *f*, Scharte *f*
kervan S Karawane *f* **kervansaray** S Karawanserei *f*
kese S Geldbeutel *m*; Waschhandschuh *m*; **~kâğıdı** Papiertüte *f*
keser S Querbeil *n*
kesif ADJ (*Nebel*) dicht; (*Landwirtschaft*) intensiv
kesik ‹-ği› **A** ADJ beschnitten, geschnitten; zerhackt; (*Milch*) sauer **B** S Schnitt *m*; Zeitungsausschnitt *m*
kesilmek V/I geschnitten werden; unterbrochen werden; aufhören; (*Milch*) sauer werden
kesim S Abschnitt *m*; Sektor

m; Schicht *f*; Schlachtung *f*; **işçi ~i** Arbeiterschaft *f*
kesin ADJ bestimmt, entschieden; endgültig; **~ dönüş** definitive Rückkehr *f* **kesinleşmek** V/I sich entscheiden, entschieden werden **kesinlikle** ADV absolut, definitiv
kesinti S Unterbrechung *f*; Kürzung *f*
kesir S ⟨-sri⟩ MATH Bruch *m*
kesişmek V/R sich kreuzen (**ile** mit *dat*)
kesit S Querschnitt *m*
keski S Meißel *m*
keskin ADJ scharf **keskinleşmek** V/I scharf *od* schärfer werden **keskinlik** S Schärfe *f*
kesme S Schneiden *n*, Schnitt *m*; **~ işareti** Apostroph *m*; **~ şeker** Würfelzucker *m* **kesmek** V/T ⟨-er⟩ (durch-, ab-) schneiden; abtrennen; (*Tier*) schlachten; unterbrechen; (*Preis*) festsetzen
kestane S BOT Kastanie *f*
kestirme S (*Weg*) Abkürzung *f*
kestirmek V/T *akk* (durch-, ab-) schneiden lassen; entscheiden; voraussehen
keşfetmek V/T entdecken; aufklären, erkunden **keşif** S ⟨-şfi⟩ Entdeckung *f*; Aufklärung *f*, Erkundung *f*
keşiş S REL Pope *m*; Mönch *m*
keşke KONJ wenn doch ...!; hätte ich doch ...!
keşkül S *süße Milchspeise mit Pistazien*
keten S Flachs *m*; Leinen *n*
ketum ADJ verschwiegen
kevgir S Schaumlöffel *m*; Sie*n*
keyfetmek V/I sich vergnüge
keyfî ADJ willkürlich
keyif S ⟨-yfi⟩ Wohlbefinden *n*, Ruhe *f*; Stimmung *f*, Laune *f*, Fröhlichkeit *f*; **~ çatmak**, **keyiflenmek** *v/i* sich vergnüge
keyifli ADJ fröhlich, heite
keyifsiz ADJ missgestimm unwohl **keyifsizlik** S Verstimmung *f*; Unpässlichkeit *f*
kez S Mal *n*
kezâ ADV ebenso; wie gehabt
kıble S REL Gebetsrichtung (*nach Mekka*)
Kıbrıs S Zypern *n* **Kıbrıslı** Zyprer(in) *m(f)*
kıç S *umg* Hinterteil *n*, Hinte*m*; SCHIFF Heck *n*
kıdem S Dienstalter *n* **kıdemli** ADJ mit höherem Dienstalt
kıkır: **~ ~** kichernd
kıkırdak S ⟨-ğı⟩ ANAT Knorp*m*
kıkırdamak V/I kichern
kıl S Haar *n*, Borste *f*
kılavuz S (*Person, Buch*) Führer(in) *m(f)*, Wegweiser *m* SCHIFF Lotse *m*
kılçık S ⟨-ğı⟩ Fischgräte *f*; (*Bohne*) Faden
kılıç S ⟨-cı⟩ Säbel *m*, Schwe*n* **kılıçbalığı** S ZO Schwertfisch *m*
kılıf S Futteral *n*, Hülle *f*; Bezug *m*

ılık S ‹-ğı› Kleidung *f*; Aussehen *n*, Erscheinung *f*
ılmak V/T ‹-ar› tun, machen, verrichten
ımılda(n)mak V/I sich bewegen **kımıldatmak** V/T *akk* bewegen, in Bewegung setzen
ına S Henna *f od n* **kınalı** ADJ mit Henna gefärbt
ınamak V/T zurechtweisen; missbilligen
ınnap S ‹-bı› Hanfschnur *f*
ıpırda(n)mak V/I sich bewegen **kıpırtı** S lautlose Bewegung *f*
ıpkırmızı, kıpkızıl ADJ feuerrot, knallrot
ır[1] S freie(s) Feld *n*; **~a gitmek** ins Grüne fahren
ır[2] ADJ grau
ıraathane S Kaffee- oder Teehaus *n*
ıraç ADJ (*Boden*) unfruchtbar; öde
ırağı S (Rau-)Reif *m*
ırat S Karat *n*; *fig* Wert *m*
ırbaç S ‹-cı› Peitsche *f* **kırbaçlamak** V/T peitschen
ırçıl ADJ grau meliert
ırgın ADJ gekränkt, verletzt
ırık ‹-ğı› **A** ADJ gebrochen, zerbrochen, zertrümmert **B** S MED Bruch *m*
ırıklık S Unwohlsein *n*
ırılgan ADJ zerbrechlich **kırılmak** V/I zerbrochen *od* zertrümmert werden; (*Glas*) zerbrechen; *fig* gekränkt werden (-e von *j-m*)
Kırım S GEOG Krim *f*
kırıntı S Krume *f*; Abfall *m*
kırışık ‹-ğı› **A** ADJ faltig **B** S Falte *f*
kırıtmak V/I kokettieren
kırk ADJ *Zahl* vierzig
kırlangıç S ‹-cı› ZOOL Schwalbe *f*
kırlaşmak V/I grau werden
kırma S Falte *f*; (*Tier*) Mischling *m*
kırmak V/T ‹-ar› (zer)brechen; (*Papier*) knicken, falten; (*beleidigen*) kränken; (*viel Geld*) verdienen
kırmalı ADJ mit Falten versehen, plissiert
kırmızı ADJ rot **kırmızıbiber** S Cayennepfeffer *m*
kırpık ADJ geschoren, gestutzt
kırpıntı S (*Stoff etc*) Reste *pl*, Brösel *n*; (*Papier*) Schnipsel *pl*
kırpmak V/T ‹-ar› scheren; beschneiden; **göz ~** zwinkern
kırsal ADJ Land...; ländlich
kırtasiye S Schreibwaren *pl*, Büromaterial *n* **kırtasiyecilik** S Schreibwarenhandel *m*; *umg* Bürokratie *f*
kısa ADJ kurz **kısaca** ADV kurz gesagt, kurz **kısacası** ADV kurz und gut **kısalık** S Kürze *f* **kısalmak** V/I kurz werden
kısaltma S Abkürzung *f* **kısaltmak** V/T (ver)kürzen
kısık ADJ heiser **kısıklık** S Heiserkeit *f* **kısılmak** V/I sich verringern; (*Stimme*) heiser werden

kısım S ⟨-smı⟩ Teil *m*, Stück *n*
kısıntı S Einschränkung *f*
kısır ADJ unfruchtbar; ~ **döngü** Teufelskreis *m* **kısırlaştırmak** V/T sterilisieren; kastrieren **kısırlık** S Unfruchtbarkeit *f*
kısıtlama S Beschränkung *f*
kısıtlı ADJ beschränkt
kıskaç S ⟨-cı⟩ Zange *f*; Stehleiter *f*
kıskanç ADJ ⟨-cı⟩ eifersüchtig, neidisch **kıskançlık** S Eifersucht *f* **kıskanmak** V/T eifersüchtig sein (*-den -i* wegen *gen* auf *akk*), nicht gönnen (*-i -den j-m etw*)
kısmak V/T ⟨-ar⟩ vermindern, drosseln; kürzen
kısmen ADV teilweise, zum Teil
kısmet S Schicksal *n*, Los *n*
kısmî ADJ partiell; Teil…
kısrak S ⟨-ğı⟩ ZOOL Stute *f*
kıstas S Kriterium *n*
kıstırmak V/T quetschen; *fig* in die Enge treiben
kış S Winter *m* **kışın** ADV im Winter
kışkırtıcı S Hetzer(in) *m(f)*, Provokateur(in) *m(f)* **kışkırtmak** V/T aufscheuchen; aufhetzen; provozieren
kışla S MIL Kaserne *f*
kışlık ADJ für den Winter geeignet; Winter…
kıt ADJ wenig, knapp
kıta S GEOG Kontinent *m*
kıtırdamak V/T knacken

kıtlaşmak V/I knapp *od* selte[…] werden **kıtlık** S Knappheit *f* Hungersnot *f*
kıvam S (richtige) Konsistenz
kıvanç S ⟨-cı⟩ Stolz *m*
kıvılcım S Funke(n) *m*
kıvırcık ADJ gekräuselt **kıvır[…]mak** V/T kräuseln; (*Papier et[c]*) falzen; *fig* drum herumreden
kıvırtmak V/I *fig* sich drücke[n]
kıvrak ADJ flink
kıvranmak V/I (*vor Schmerzen*) sich winden **kıvrık** ADJ gebo[…]gen; gekräuselt **kıvrılmak** V[…] sich beugen; sich winden **kıv[…]rım** S Falte *f*; Saum *m*
kıyafet S Kleidung *f*
kıyamet S REL Weltuntergan[g] *m*; *fig* Lärm *m*, Tumult *m*; [~] **gibi** ungemein viel; ~ **gün[ü]** Jüngste(r) Tag *m*
kıyas S Vergleich *m*
kıyı S Küste *f*, Ufer *n*
kıyma S Hackfleisch *n* **kı[y]mak** V/T ⟨-ar⟩ *akk* (zer)hacke[n]; opfern, aufgeben (*-e etw*)
kıymet S Wert *m* **kıymet[li]** ADJ wertvoll, kostbar **kıyme[t]siz** ADJ wertlos
kıymık S ⟨-ğı⟩ Splitter *m*
kız S Mädchen *n*; Tochter [*f*]; Jungfrau *f*; ~ **istemek** um d[ie] Hand e-s Mädchens anhalte[n]; ~ **kardeş** Schwester *f*
kızak S ⟨-ğı⟩ Schlitten *m*
kızamık S ⟨-ğı⟩ MED Masern
kızarmak V/I rot werden, si[ch] röten; glühen; gebraten we[r]den **kızartma** S Braten *m*

Gebratene(s) *n* **kızartmak** V/T braten, rösten; rot werden lassen
kızdırmak V/T anheizen; verärgern, aufregen
kızgın ADJ heiß; *fig* aufgeregt **kızgınlık** S Glut *f*; Wut *f*; Brunst *f*
kızıl **A** ADJ rot **B** S MED Scharlach *m od n*
Kızılay S Rote(r) Halbmond *m*
kızılcık S ⟨-ğı⟩ BOT Kornelkirsche *f*
kızışmak V/I sich aufregen, heftiger werden
kızıştırmak V/T *j-n* aufhetzen, provozieren
kızlık **A** S Jungfräulichkeit *f* **B** ADJ Mädchen…; **~ adı** Mädchenname *m*
kızmak V/I ⟨-ar⟩ heiß *od* glühend werden; (*Person*) wütend werden (*b-e* über *j-n*)
ki KONJ dass; (*Relativpronomen*) der, die, das; ja, ja doch
-ki (*Suffix für Zeit- und Ortsbestimmungen*) **bugünkü Türkiye** die heutige Türkei; **Türkiye'deki Almanlar** die Deutschen in der Türkei; **benimki** der, die, das Mein(ig)e
kibar ADJ vornehm **kibarlık** S vornehme(s) Wesen *n*
kibir S Stolz *m*, Hochmut *m* **kibirlenmek** V/I hochmütig werden **kibirli** ADJ stolz, hochmütig
kibrit S Streichholz *n*
kikirdemek V/I kichern
kil S Ton *m*, Tonerde *f*
kiler S Speisekammer *f*, Vorratskammer *f*
kilim S Kelim *m*, Webteppich *m*
kilise S Kirche *f*
kilit S ⟨-di⟩ (*Türschloss etc*) Schloss *n*; **~ adam** *od* **kişi** *od* **şahıs** Person *f* in der Schlüsselrolle **kilitlemek** V/T abschließen, verschließen, zuschließen **kilitli** ADJ mit e-m Schloss versehen; verschlossen, zugeschlossen
kilo(gram) S Kilo(gramm *n*) *n*
kilometre S Kilometer *m*
kilovat S Kilowatt *n*
kim PRON wer
kimi(si) PRON manche(r, s); **kimi zaman** manchmal
kimlik S ⟨-ği⟩ Identität *f*; **~ belgesi** *od* **kartı** Personalausweis *m*
kimse PRON jemand, überhaupt jemand
kimsesiz ADJ allein, einsam; unbewohnt
kimya S Chemie *f* **kimyager** S Chemiker(in) *m(f)* **kimyasal, kimyevî** ADJ chemisch
kimyon S (Kreuz-)Kümmel *m*
kin S Hass *m*, Groll *m*; **~ beslemek** Groll hegen, grollen *dat*
kinetik ADJ kinetisch
kinin S MED Chinin *n*
kip S GRAM Modus *m*, Aussageform *f*; IT Arbeitsmodus *m*
kir S Schmutz *m*
kira S Miete *f*; **~ya vermek**

vermieten **kiracı** S Mieter(in) *m(f)* **kiralamak** V/T mieten; vermieten **kiralık** ADJ zu vermieten
kiraz S BOT Kirsche *f*
kireç S ‹-ci› Kalk *m*; **~ çözücü** Kalklöser *m* **kireçlenmek** V/I verkalken
kiremit S (Dach-)Ziegel *m*
kiriş S ARCH Balken *m*, Träger *m*; MUS (Darm-)Saite *f*; ANAT Sehne; **~i kırmak** *umg* davonlaufen, türmen
kirlenmek V/I sich beschmutzen, schmutzig werden **kirletmek** V/T beschmutzen **kirli** ADJ schmutzig **kirlilik** S Verschmutzung *f*
kirpi S ZOOL Igel *m*
kirpik S ‹-ği› Wimper *f*
kişi A S Person *f*, Mensch *m* B PRON jemand **kişilik** A S Persönlichkeit *f* B ADJ für ... Personen bestimmt **kişisel** ADJ persönlich
kişnemek V/I wiehern
kitabe S Inschrift *f*
kitabevi S Buchhandlung *f*
kitap S ‹-bı› Buch *n* **kitapçı** S Buchhändler(in) *m(f)* **kitaplık** S Bücherei *f*, Bibliothek *f*; Buchregal *n*
kitle S Masse *f*; **~ iletişim araçları** Massenmedien *pl*; **hedef ~** Zielgruppe *f*
klakson S AUTO Hupe *f*
klasik A ADJ klassisch, traditionell B S (*Buch etc*) Klassiker *m*
klasör S Aktenordner *m*; IT Verzeichnis *n*
klavye S IT, *a.* MUS Tastatur *f*; MUS Klaviatur *f*
klik S ‹-ği› Clique *f*
klima S Klimaanlage *f*
klinik S ‹-ği› Klinik *f*
klip S ‹-bi› Videoclip *m*
klişe S Klischee *n*
klor S CHEM Chlor *n*
koalisyon S POL Koalition *f*
kobay S ZOOL Meerschweinchen *n*; *fig* Versuchstier *n*
koca[1] S Ehemann *m*, Gatte *m*
koca[2] ADJ groß; alt **kocakarı** S *umg* alte Frau *f* **kocamak** V/I alt werden **kocaman** ADJ groß, riesig; *umg* alte(r) Mann *m*
koç S ZOOL Schafbock *m*, Widder *m*
koçan S (*Salat etc*) Strunk *m*; (*Mais*) Kolben *m*
kod S Code *m*; **~ adı** Deckname *m*; **ön ~ (numarası)** TEL Vorwahl(nummer *f*) *f*
kodaman S *iron* hohe(s) Tier *n*, einflussreiche Persönlichkeit *f*
kodlamak V/T buchstabieren codieren
kof ADJ hohl, ausgehöhlt
koğuş S Schlafsaal *m*; Krankenzimmer *m*; (*Klinik*) Station *f*; (*Gefängnis*) Zelle *f*
kok S (*Kohle*) Koks *m*
koklamak V/T *-i* riechen an *dat*; (*Tier*) beschnüffeln *akk*
kokmak V/I ‹-ar› riechen

duften; stinken **kokmuş** ADJ stinkend; *fig* faul
kokteyl S Cocktail *m*
koku S Geruch *m*, Duft *m*; Gestank *m*; Parfüm *n*; *-in* **~sunu almak** riechen, wittern *akk*; **(hoş) ~lu** (wohl)riechend, duftend **kokusuz** ADJ geruchlos
kol S Arm *m*; (*Tier*) Vorderbein *n*; Ärmel *m*; TECH Kurbel *f*, Griff *m*, Hebel *m*; MIL Kolonne *f*; **~ saati** Armbanduhr *f*
kola[1] S Cola *n od f*
kola[2] S CHEM Stärke *f*; (Papier-)Kleber *m* **kolalamak** V/T (*Wäsche*) stärken und bügeln **kolalı** ADJ (*Wäsche*) gestärkt
kolay ADJ leicht, nicht schwierig **kolayca** ADV recht einfach, unschwer **kolaylaştırmak** V/T erleichtern **kolaylık** S Leichtigkeit *f*; Erleichterung *f* **kolaylıkla** ADJ mühelos
kolcu S Wächter(in) *m(f)*
kolej S *private höhere Schule mit intensivem Fremdsprachenunterricht*
koleksiyon S Kollektion *f*; Sammlung *f*
kolektif ADJ kollektiv; **~ şirket** WIRTSCH offene Handelsgesellschaft *f*
kolera S MED Cholera *f*
koli S Postpaket *n*; Karton *m*
kollamak V/T abwarten; beobachten; beschützen
kolonya S Kölnischwasser *n*
koltuk S ⟨-ğu⟩ Sessel *m*; ANAT Achsel *f*; **~ değneği** Krücke *f*
kolye S Halskette *f*
komando S MIL Kommando *n*
kombine ADJ kombiniert
kombinezon S (*Unterwäsche*) Unterrock *m*
komedi S Komödie *f*
komik ⟨-ği⟩ **A** ADJ komisch, lustig; lächerlich **B** S Komiker(in) *m(f)*
komiser S Kommissar(in) *m(f)*
komisyon S Kommission *f*; Ausschuss *m*; WIRTSCH Provision *f*
komisyoncu S Makler(in) *m(f)*
komite S Komitee *n*
komodin S Nachttisch *m*
kompartıman S BAHN Abteil *n*
kompas S SCHIFF Kompass; MATH Messschieber *m*, Schublehre *f*
komple ADJ voll(ständig); rundum
komplike ADJ kompliziert
komplo S Komplott *n*
komposto S Kompott *n*; Kompost *m*
kompozisyon S Komposition *f*; Aufsatz *m*
komşu **A** S Nachbar(in) *m(f)* **B** ADJ benachbart **komşuluk** S Nachbarschaft *f*
komut S MIL *u.* IT Befehl *m*
komuta S Kommando *n*
komutan S MIL Kommandeur *m*
komünist **A** S Kommunist(in) *m(f)* **B** ADJ kommunistisch

komünizm S Kommunismus *m*

konak S ‹-ğı› Konak *m*, Villa *f*; große(s) Wohnhaus *n*; **~ yeri** Quartier *n*, Unterkunft *f* **konaklamak** V/I übernachten; Quartier beziehen

konca S BOT Knospe *f*

konç S ‹-cu› (*Stiefel*) Schaft *m*; (*Strumpf*) Länge *f*

kondisyon S SPORT Kondition *f*

kondüktör S Schaffner(in) *m(f)*

konfederasyon S POL Bund *m*; Verband *m*

konfeksiyon S Konfektion *f*; Bekleidung(sindustrie *f*) *f*, Bekleidungsgeschäft *n*

konferans S Vortrag *m*; Vorlesung *f*; POL Konferenz *f*

konfor S Komfort *m*

kongre S Kongress *m*

koni S Kegel *m* **konik** ADJ kegelförmig

konjonktür S Konjunktur *f*

konmak[1] V/I PASSIV (*-ur*) gesetzt *od* gestellt werden

konmak[2] V/I (*-ar*) sich setzen; sich niederlassen (*-e* auf *dat*); FLUG landen

konsantre **A** S Konzentrat *n* **B** ADJ konzentriert; **~ olmak** sich konzentrieren

konser S Konzert *n*

konservatuvar S Konservatorium *n*

konserve S Konserve *f*

konsey S POL Rat *m*

konsolos S Konsul(in) *m(f)*

konsolosluk S Konsulat *n*

kontak S ‹-ğı› Kontakt *m*; ELEK Kurzschluss *m*; AUTO Zündschloss *n*

kontenjan S Kontingent *n*

konteyner S Container *m*

kontrat S Vertrag *m*

kontrol S ‹-lü› Kontrolle *f*, Überwachung *f*; **~ etmek** kontrollieren, überwachen

kontrplak S Sperrholz *n*

konu S Thema *n*, Betreff *m*

konuk S ‹-ğu› Gast *m* **konuksever** ADJ gastfreundlich

konulmak V/I PASSIV gesetzt *od* gestellt werden

konum S Lage *f*, Ort *m*

konuşma S Gespräch *n*; Rede *f* **konuşmak** V/I & V/T sprechen; sich unterhalten; besprechen

konut S Wohnung *f*

kooperatif S Genossenschaft *f*

kopar(t)mak V/T abreißen, losreißen, zerreißen; (*Blumen etc*) pflücken

kopça S Haken *m* und Öse *f*; Schnalle *f* **kopçalamak** V/T zuhaken, zuschnallen

kopmak V/I ‹-ar› abbrechen, abreißen; (*Lärm*) losbrechen

kopuk ‹-ğu› **A** ADJ abgerissen, abgebrochen **B** S *umg* Gammler(in) *m(f)*

kopya S Kopie *f*, Abdruck *m*, Abschrift *f*; **~ çekmek** (*in Prüfung*) abschreiben; *-i* **~ etmek**

-in **~sını çıkarmak** kopieren *akk* **kopyalamak** V/T IT kopieren
kor S Glut *f*
kordiplomatik S ‹-ği› diplomatische(s) Korps *n*
kordon S Kordel *f*; Band *n*; Absperrung(skette *f*) *f*; Kai *m*
Kore S Korea *n*
koridor S Korridor *m*, Gang *m*
korkak **A** ADJ ängstlich, furchtsam; feige **B** S ängstliche(r) Mensch *m*; Feigling *m*; *umg* Angsthase *m* **korkmak** V/T ‹-ar› *-den* sich fürchten, Angst haben vor *dat*, fürchten *akk* **korku** S Furcht *f*, Angst *f*
korkulu ADJ gefährlich, fürchterlich; Horror…
korkuluk S Geländer *n*; Vogelscheuche *f*
korkunç ADJ fürchterlich, schrecklich
korkusuz ADJ furchtlos
korkutmak V/T erschrecken, einschüchtern
korna S AUTO Hupe *f*
korner S SPORT Eckball *m*
korniş S Gardinenstange *f*
koro S MUS Chor *m*
korsan **A** S Pirat *m* **B** ADJ Piraten…; Raub…; **~ baskı** (*Buch, CD*) Raubkopie *f*; **bilgisayar ~ı** IT Hacker *m*
kort S Tennisplatz *m*
koru S Wäldchen *n*, Hain *m*
korucu S Feldhüter(in) *m(f)*, Waldhüter(in) *m(f)* **koruma** S Leibwächter(in) *m(f)* **korumak** V/T (be)schützen, hüten
korunma S Vorsorge *f*; Verhütung *f* **korunmak** V/I sich schützen (*-den* vor *dat*) **koruyucu** **A** ADJ schützend **B** S Beschützer(in) *m(f)*
koskoca ADJ riesig, gewaltig
koster S SCHIFF Küstenmotorschiff *n*
kostüm S Anzug *m*; Kostüm *n*
koşcu S Läufer(in) *m(f)*
koşmak ‹-ar› **A** V/I laufen, rennen **B** V/T (*Pferd*) anspannen **koşturmak** V/T *akk* laufen lassen; abschicken; eilen
koşu S Lauf *m*, Rennen *n*
koşul S Bedingung *f*
koşum S (*Pferd etc*) Geschirr *n*
koşut ADJ parallel
kot[1] (*-du*) → kod
kot[2] S Jeans(stoff *m*) *pl*
kotra S SCHIFF Kutter *m*
kova S Eimer *m*
kovalamak V/T verfolgen, nachjagen; verscheuchen
kovan S Bienenstock *m*; (*Waffen*) Kartusche *f*
kovboy S Cowboy *m*
kovmak V/T ‹-ar› verjagen, vertreiben, verscheuchen
kovuk S ‹-ğu› Hohlraum *m*, Höhle *f*
kovuşturma S Strafverfolgung *f* **kovuşturmak** V/T JUR verfolgen
koy S GEOG Bucht *f*
koymak V/T ‹-ar› setzen, stellen, legen; hinzufügen (*-e* zu *dat*); (*geschehen lassen*) lassen;

yoluna ~ in Ordnung bringen **koyu** ADJ dick, fest, steif; (*Farbe*) dunkel; *fig* fanatisch **koyulaşmak** V/I fest *od* steif *od* dunkler werden **koyulmak** V/T *-e* beginnen *akk od* zu *inf*; → *a.* **koyulaşmak** **koyun**[1] S ZOOL Schaf *n*, Hammel *m* **koyun**[2] S (*-ynu*) ANAT Busen *m*, Brust *f*; ~ **~a** eng umschlungen **koy(u)vermek** V/T loslassen, freilassen **koz** S (*Kartenspiel*) Trumpf *m* **koza** S BOT Kapsel *f*; ZOOL Kokon *m* **kozalak** S ⟨-ğı⟩ BOT Zapfen *m* **kozhelva(sı)** S türkische(r) Honig *m* **kozmetik** ⟨-ği⟩ **A** S Körperpflege(mittel *n*) *f* **B** ADJ kosmetisch **kozmik** ADJ kosmisch **köfte** S Hackfleischbällchen *n*; Fleischklößchen *n* **köhne** ADJ veraltet; verkommen **kök** S Wurzel *f*; ~ **salmak** Wurzeln *pl* schlagen; *-i* **~ünden koparmak**, *-in* **~ünü kurutmak** ausrotten, vertilgen *akk* **köken** S Ursprung *m* **köklemek** V/T mit der Wurzel herausziehen; *umg* Vollgas geben **köklü** ADJ Wurzel...; fundiert; bodenständig, verwurzelt **köknar** S BOT Tanne *f* **köktendinci** S REL Fundamentalist(in) *m(f)* **köle** S Sklave *m*, Sklavin *f* **kömür** S Kohle *f* **kömürleşmek** V/I zu Kohle werden, verkohlen **kömürlük** S Kohlenkeller *m* **köpek** S ⟨-ği⟩ ZOOL Hund *m* **köpekbalığı** S ZOOL Hai(fisch *m*) *m* **köprü** S Brücke *f* **köprücük** S ⟨-ğü⟩ **(kemiği)** ANAT Schlüsselbein *n* **köpük** S ⟨-ğü⟩ Schaum *m* **köpürmek** V/I schäumen **kör** ADJ blind; (*Messer etc*) stumpf **körbarsak** S ⟨-ğı⟩ ANAT Blinddarm *m* **kördüğüm** S feste(r) Knoten *m*; *fig* gordische(r) Knoten *m* **körelmek** V/I stumpf werden **körfez** S GEOG Meerbusen *m*, Golf *m* **körlenmek, körleşmek** V/I blind werden; stumpf werden **körletmek** V/T blenden; *fig* abstumpfen, stumpf werden lassen **körlük** S Blindheit *f* **körpe** ADJ frisch, zart **körük** S ⟨-ğü⟩ Blasebalg *m* **körüklemek** V/T anblasen, schüren **köse** S (*Mann*) mit schwachem Bartwuchs **kösele** S Rind(s)leder *n* **köstebek** S ⟨-ği⟩ ZOOL Maulwurf *m* **köşe** S Ecke *f*, Winkel *m*; **~başı**

Straßenecke *f* **köşeli** ADJ eckig
köşk S Schlösschen *n*; Landhaus *n*, Pavillon *m*
kötü ADJ schlecht, schlimm; **~ye kullanmak** missbrauchen
kötüleşmek V/I sich verschlechtern, schlecht werden
kötülük S Schlechtigkeit *f*
kötümser ADJ pessimistisch
kötürüm ADJ gelähmt, verkrüppelt
köy S Dorf *n* **köylü** A S Dorfbewohner(in) *m(f)*, Dörfler(in) *m(f)*; *fig* Bauer *m*, Bäuerin *f* B ADJ dörflich
köz S Glut *f* **közde** ADJ gegrillt
kral S König *m* **kraliçe** S Königin *f* **krallık** S Königsherrschaft *f*; Königreich *n*
kramp S MED Krampf *m*
krank: **~ mili** AUTO Kurbelwelle *f*
krater S GEOG Krater *m*
kravat S Krawatte *f*
kredi S FIN Kredit *m*; **~ açmak** Kredit gewähren; **~ kartı** Kreditkarte *f* **kredili** ADJ mit Kredit auf Raten
krem S Creme *f*, Salbe *f*
krema S Sahne *f*, Rahm *m* **kremşanti** S Schlagsahne *f*
krep S Pfannkuchen *m*, Crêpe *m*; (*Gewebe*) Krepp *m*
kreş S Kindertagesstätte *f*, Kita *f*
kriko S AUTO Wagenheber *m*
kristal S ⟨-li⟩ Kristall *n*
kriter S Kriterium *n*
kriz S Krise *f*
kroki S Skizze *f*
krom S Chrom *n* **kromaj** S Verchromung *f*
kronik ⟨-ği⟩ A S Chronik *f* B ADJ chronisch
kuaför S Friseur(in) *m(f)*
kubbe S Kuppel *f*
kucak S ⟨-ğı⟩ ANAT Schoß *m*; Armvoll *m*
kucaklamak V/T umarmen
kudret S Macht *f*, Kraft *f* **kudretli** ADJ mächtig **kudretsiz** ADJ machtlos
kudurmak V/I tollwütig werden; *fig* rasend werden **kuduz** A ADJ tollwütig B S Tollwut *f*
kuğu S ZOOL Schwan *m*
kukla S Puppe *f*, Marionette *f*
kukuleta S Kapuze *f*
kul S Diener(in) *m(f)*, Sklave *m*, Sklavin *f*
kulaç S ⟨-cı⟩ Klafter *m od n* (*a. f*); **~ atmak** SPORT kraulen
kulak S ⟨-ğı⟩ ANAT Ohr *n*; **~ asmak** *dat* Gehör schenken; **~ vermek** *dat* zuhören; **~ memesi** ANAT Ohrläppchen *n* **kulaklık** S Ohrenschützer *m*; Kopfhörer *m*; TEL Hörer *m*
kule S Turm *m*
kulis S Kulisse *f*
kullanıcı S Nutzer(in) *m(f)*, Anwender(in) *m(f)*; IT User(in) *m(f)* **kullanım** S Verwendung *f*, Gebrauch *m*; **~ kılavuzu** Gebrauchsanweisung *f* **kullanış** S Gebrauch *m*, Anwendung *f*
kullanışlı ADJ handlich, prak-

tisch **kullanmak** V/T gebrauchen, benutzen, anwenden; (*Maschine*) bedienen, (*Auto*) fahren
kulp S Henkel *m*, Griff *m*
kuluçka S ZOOL Glucke *f*; **~ya oturmak** (*od* **yatmak**) brüten
kulübe S Hütte *f*, Bude *f*,
kulüp S ⟨-bü⟩ Klub *m*
kum S Sand *m*; MED Grieß *m*
kumanda S *a.* IT Kommando *n*, Befehl *m* **kumandan** S M Befehlshaber *m*
kumar S Glücksspiel *n* **kumarbaz** S Glücksspieler(in) *m(f)* **kumarhane** S Spielkasino *n*
kumaş S Stoff *m*, Tuch *n*
kumbara S Spardose *f*
kumlu ADJ sandig **kumluk** A ADJ sandig B S sandige(r) Platz *m*
kumpir S Folienkartoffel *f*
kumral ADJ dunkelblond; hellbraun
kumru S ZOOL Turteltaube *f*
kumsal S Sandstrand *m*, Sandbank *f*
kundak S ⟨-ğı⟩ Windel *f*; Brandfackel *f*; Brandstiftung *f* **kundakçı** S Brandstifter(in) *m(f)* **kundaklamak** V/T (*Baby*) in Windeln wickeln; in Brand stecken
kundura S Schuh *m* **kunduracı** S Schuhmacher *m*, Schuster *m*
kunduz S ZOOL Biber *m*
kupa S Becher *m*, Pokal *m*; (*im Kartenspiel*) Herz *n*
kupkuru ADJ völlig trocken
kupon S Abschnitt *m*, Kupon *m*
kur S WIRTSCH Kurs *m*; Flirt *m*; **~ yapmak** flirten
kura S (*Lotterie*) Los *n*; **~ çekmek** losen
kurabiye S Keks *m*, Plätzchen *n*
kurak ADJ trocken, wasserarm **kuraklık** S Dürre *f*, Trockenheit *f*
kural S Regel *f*, Prinzip *n* **kuraldışı** ADJ unregelmäßig; Ausnahme…
kuram S Theorie *f* **kuramsal** ADJ theoretisch
Kuran S REL Koran *m*
kurbağa S ZOOL Frosch *m*
kurban S (Todes-)Opfer *n*; Opfertier *n*; **~ bayramı** REL Muslimische(s) Opferfest *n*; **~ kesmek** ein Opfertier schlachten; **~ olayım!** ich flehe dich an!
kurcalamak V/T *-i* herumarbeiten an *dat*; herumstochern; *fig* (*Frage*) anschneiden; aufrühren
kurdele S (Schmuck-)Band *n*, Schleife *f*
kurgu S (*Film*) Montage *f*; (gedankliche) Konstruktion *f* **kurgulamak** V/T montieren; konstruieren
kurmak V/T ⟨-ar⟩ aufstellen errichten, gründen
kurmay A S MIL Generalstab *m* B ADJ Stabs…

kurna S Steinbecken *n* (*unter e-m Wasserhahn*)
kurnaz ADJ schlau, pfiffig **kurnazlık** S Schlauheit *f*
kuron S (*Zahn*) Krone *f*
kurs S Kurs(us *m*) *m*, Lehrgang *m*
kursak S ‹-ğı› ANAT Kropf *m*
kurşun S Blei *n*; Kugel *f*, Geschoss *n* **kurşuni** ADJ bleigrau
kurşunkalem S Bleistift *m*
kurşunlu ADJ bleihaltig; Blei... **kurşunsuz** ADJ bleifrei
kurt[1] S (*-du*) ZOOL Wolf *m*
kurt[2] S (*-du*) ZOOL Made *f*, Wurm *m*
kurtarıcı S Befreier(in) *m(f)*, Retter(in) *m(f)* **kurtarılmak** V/I PASSIV befreit werden, gerettet werden **kurtarma** S Rettung *f* **kurtarmak** V/T befreien, retten
kurtçuk S ‹-ğu› ZOOL Larve *f*, Made *f*
kurtlanmak V/I madig *od* wurmstichig werden **kurtlu** ADJ madig, wurmstichig; *fig* unruhig
kurtulmak V/I *-den* entkommen aus *dat*, sich befreien von *dat*; gerettet werden vor *dat* **kurtuluş** S Rettung *f*
kuru ADJ trocken; **~ fasulye** weiße Bohnen *f/pl*; **~ üzüm** Rosine(n *pl*) *f*, Sultanine(n *pl*) *f*
kurucu **A** S Gründer(in) *m(f)* **B** ADJ POL konstituierend
kurul S Ausschuss *m*, Kommission *f*
kurulamak V/T abtrocknen
kurulanmak V/I sich abtrocknen
kurulmak V/I PASSIV errichtet/aufgestelltgegründet werden
kurulu ADJ aufgestellt; bestehend (*-den* aus *dat*)
kuruluş S Gründung *f*; Institution *f*
kurum S Gesellschaft *f*, Verein *m*; Institution *f*
kurumak V/I (ver-, ein)trocknen
kurumlanmak V/I sich brüsten (**ile** mit *dat*) **kurumlu** ADJ eingebildet, wichtigtuerisch
kuruntu S Einbildung *f*
kuruş S *hundertster Teil e-r türk. Lira*; **~ ~una** auf Heller und Pfennig
kurutmak V/T trocknen lassen; (*Obst*) dörren; (*Haar*) föhnen
kuruyemiş S Trockenfrüchte *pl*, Nüsse *pl*; Studentenfutter *n*
kurye S Kurier *m*, Bote *m*
kusmak ‹-ar› **A** V/I sich erbrechen, sich übergeben **B** V/T erbrechen **kusturucu** ADJ Brechreiz erregend
kusur S Fehler *m*, Mangel *m*; **~a bakmayın(ız)!** entschuldigen Sie!, nehmen Sie es nicht übel! **kusurlu** ADJ fehlerhaft **kusursuz** ADJ fehlerfrei; tadellos; einwandfrei
kuş S ZOOL Vogel *m*
kuşak S ‹-ğı› Gürtel *m*; Generation *f* **kuşanmak** V/T anle-

gen, sich umbinden **kuşatmak** V/T umgeben; belagern
kuşbaşı ADJ (*Fleisch etc*) in kleinen Stücken
kuşet S BAHN Bett *n*; **~li vagon** Liegewagen *m*
kuşkonmaz S BOT Spargel *m*
kuşku S Zweifel *m* **kuşkulanmak** V/I misstrauisch sein (*-den* gegenüber *dat*)
kuştüyü S Daune(n *pl*) *f*
kuşüzümü S BOT Korinthe(n *pl*) *f*
kutlamak V/T *akk* feiern; beglückwünschen (*b-in ş-ini j-n* zu *dat*)
kutlu S glücklich, segensreich
kutsal ADJ heilig **kutsallık** S Heiligkeit *f*
kutu S Schachtel *f*, Dose *f*, Büchse *f*, Kasten *m*
kutup S ⟨-tbu⟩ GEOG Pol *m*
kuvars S Quarz *m*
kuvvet S Stärke *f*, Macht *f*, Gewalt *f*; Kraft *f*; **~ten düşmek** schwach werden **kuvvetlendirmek** V/T kräftigen, stärken **kuvvetlenmek** V/I erstarken **kuvvetli** ADJ kräftig, stark **kuvvetsiz** ADJ kraftlos, matt
kuyruk S ⟨-ğu⟩ ZOOL Schwanz *m*, Schweif *m*; Schleppe *f*; **~ta beklemek** Schlange stehen
kuyruklu ADJ geschwänzt; **~ piyano** MUS Flügel *m*
kuyrukluyıldız S ASTRON Komet *m*
kuyruksokumu S ANAT Kreuzbein *n*
kuytu ADJ geschützt, abgelegen
kuyu S Brunnen *m*; BERGB Schacht *m*
kuyumcu S Juwelier(in) *m(f)*, Goldschmied(in) *m(f)*
kuz ADJ (*Acker etc*) im Schatten liegend
kuzen S Vetter *m*, Cousin *m*
kuzey S Norden *m*; **~ Kutbu** Nordpol *m*
kuzgun S ZOOL Kolkrabe *m*
kuzin S Cousine *f*
kuzu S ZOOL Lamm *n*, Schäfchen *n*; **~m!** mein Lieber!, meine Liebe!
kübik AJD kubisch, würfelförmig
küçük ADJ ⟨-ğü⟩ klein; jung **küçülmek** V/I kleiner werden, sich verringern **küçültme** S Verkleinerung *f* **küçültmek** V/T verkleinern, verringern
küçümsemek V/T unterschätzen; herabsetzen
küf S Schimmel *m*; **~ bağlamak, ~ tutmak** verschimmeln, schimmelig werden
küfe S Tragekorb *m*, Kiepe *f*
küflenmek V/I verschimmeln
küflü ADJ verschimmelt
küfretmek V/T fluchen; beschimpfen (*b-e j-n*) **küfür** S ⟨-frü⟩ Fluchen *n*; Fluch *m* **küfürbaz** S *j-d., der viel flucht*
kükremek V/I toben; brüllen
kükürt S ⟨-dü⟩ CHEM Schwefel *m* **kükürtlü** ADJ schwefelhal

tig
kül S Asche *f*; **~ olmak** vernichtet werden
külah S (*Eis*) Tüte *f*; *hist* Spitzhut *m*; *fig* List *f*
külçe S Klumpen *m*; (*Gold*) Barren *m*
külfet S Mühe *f*, Anstrengung *f*; Aufwand *m* **külfetli** ADJ mühevoll, aufwendig
külhanbeyi S Rowdy *m*, Taugenichts *m*
külliye S REL (Gebäude-) Komplex *m* (*einer Moschee*)
külot S Unterhose *f*; **~lu çorap** Strumpfhose *f*
külrengi ADJ (asch)grau
kültür S Kultur *f* **kültürel** ADJ kulturell; Kultur… **kültürlü** ADJ kultiviert, gebildet
kümbet S ARCH Kuppelgrab (-denkmal *n*) *n*
küme S Haufen *m*; Gruppe *f*; SPORT Liga *f* **kümelenmek** V/I sich ansammeln
kümes S Hühnerstall *m*; **~ hayvanları** *pl* Geflügel *n*
künye S Personalien *pl*; (*Buch etc*) Impressum *n*
küp[1] S große(r) Tonkrug *m*
küp[2] S Würfel *m*, Kubus *m*; (*Spielzeug*) Bauklotz *m*; **metre ~** Kubikmeter *m*
küpe S Ohrring *m*, Ohrclip *m*
küpeçiçeği S BOT Fuchsie *f*
küpeşte S SCHIFF Reling *f*
kür S MED Kur *f*
kürdan S Zahnstocher *m*
küre S Kugel *f*, Globus *m*
kürek S ⟨-ği⟩ Schaufel *f*, Schippe *f*; SCHIFF Ruder *n*, Riemen *m*; **~ çekmek** rudern **kürek kemiği** S ANAT Schulterblatt *n* **küre(le)mek** V/T (fort-, weg)schaufeln
küresel ADJ global **küreselleşme** S Globalisierung *f*
kürk S Pelz *m* **kürkçü** S Kürschner(in) *m(f)*, Pelzhändler(in) *m(f)*
kürsü S Kanzel *f*; Pult *n*, Katheder *n*; Lehrstuhl *m*
Kürt **A** S Kurde *m*, Kurdin *f* **B** ADJ kurdisch
kürtaj S MED Ausschabung *f*; Abtreibung *f*
küskün ADJ grollend, böse
küsmek V/I *dat* böse sein auf, grollen; beleidigt sein
küstah ADJ frech, unverschämt
küstahlık S Unverschämtheit *f*
küsur S MATH Stellen *pl* nach dem Komma; *umg* … und ein paar Zerquetschte; **beş ~ yıl** gut fünf Jahre
küt ADJ stumpf, abgerundet
küt! INT bums!
kütle S Masse *f*; Klotz *m*
kütük S ⟨-ğü⟩ Baumstumpf *m*; Holzklotz *m*; Register *n*
kütüphane S Bibliothek *f*; Bücherschrank *m*
kütür: **~ ~** knackig **kütürdemek** V/I knacken, knarren
küvet S Schale *f*; Badewanne *f*

L

la S MUS A
labirent S Labyrinth *n*
laboratuar S Labor(atorium *n*) *n*
lacivert **A** ADJ dunkelblau, tiefblau **B** S Lapislazuli *m*
lades S *e-e Wette;* **~ kemiği** ANAT Gabelbeinknochen *m*
ladin(ağacı) S BOT Fichte *f*
laf S Gespräch *n*; Gerede *n*; **~ atmak** (-*e e-m Mädchen*) etw. zurufen; *j-n* anmachen; **~ değil!** das ist ernst!; **~ etmek** mit *j-m* reden; tratschen **laflamak** V/I plaudern
lağım S Kloake *f*; **~ suları** Abwässer *pl*
lahana S BOT Kohl *m*
lahmacun S *türk. Pizza mit Hackfleisch*
laik ADJ laizistisch; weltlich **laiklik** S Laizismus *m*
lakap S ⟨-bı⟩ Beiname *m*, Spitzname *m*
lakırdı S Plauderei *f*, Unterhaltung *f*; Gerede *n*, Geschwätz *n*
lakin KONJ aber, jedoch, sondern
lal **A** S Granat *m* **B** ADJ leuchtend rot
lâle S BOT Tulpe *f*
lama S ZOOL Lama *n*
lamba S Lampe *f*; AUTO *umg* Ampel *f*
lambri S Täfelung *f*, Paneel *n*
lanet **A** S Fluch *m*; Verfluchung *f* **B** ADJ verflucht; **~ okumak** -*e*, **lanetlemek** *v/t akk* verfluchen, verwünschen
lapa S Brei *m*
Laponya S Lappland *n*
lastik **A** S ⟨-ği⟩ Gummi *m od n*; AUTO Reifen *m* **B** ADJ Gummi...; **~ başlık** Bademütze *f*; **~ pompası** Luftpumpe *f*; **~ servisi** Reifendienst *m*; **iç ~** Schlauch *m* **lastikli** ADJ aus Gummi, Gummi...; *fig* mehrdeutig
lata S Latte *f*
laterna S Leierkasten *m*, Drehorgel *f*
latif ADJ hübsch, anmutig, fein
latife S Scherz *m*, Witz *m*
Latin ADJ lateinisch; römisch--katholisch **Latince** S Latein(isch *n*) *n*
lâubali ADJ ungeniert; respektlos; salopp; unseriös, plump vertraulich
lav S GEOG Lava *f*
lavabo S Waschbecken *n*
lavanta S Lavendel(öl *n*) *m*
lâyık ADJ -*e* passend für *akk*, würdig *gen* **lâyıkıyla** ADV gebührend
lazer: **~ ışını** Laserstrahl *m*
lâzım ADJ nötig, notwendig, erforderlich (-*e* für *akk*)
lâzımlık S Nachttopf *m*
leblebi S geröstete Kichererbsen *pl*

leğen S große (Wasch-) Schüssel *f*; **~ kemiği** ANAT Becken *n*
Leh **A** S Pole *m*, Polin *f* **B** ADJ polnisch
leh-: *-in* **~inde** (**~ine**) für *akk*, zugunsten *gen*
lehçe S Mundart *f*, Dialekt *m*
Lehçe S Polnisch *n*
lehim S Lötzinn *n* **lehimlemek** V/T löten **lehimli** ADJ gelötet
leke S Fleck *m*; *fig* Makel *m* **lekelemek** V/T beflecken; *a. fig* beschmutzen **lekeli** ADJ fleckig
lenf(a) S ANAT Lymphe *f*
lenger S flache, große Schüssel *f*
lens S PHYS Linse *f*; Kontaktlinse(n *pl*) *f*
leş S Kadaver *m*, Aas *n*
Levanten **A** S Levantiner(in) *m(f)* **B** ADJ levantinisch
levazım S *pl* Material *n*, Ausrüstung *f*
levha S Tafel *f*, Schild *n*
levrek S ⟨-ği⟩ ZOOL Seebarsch *m*
levye S (Schalt-)Hebel *m*
leylak S ⟨-kı⟩ BOT Flieder *m*
leylek S ⟨-ği⟩ ZOOL Storch *m*
lezzet S Geschmack *m*; Genuss *m* **lezzetli** ADJ schmackhaft, wohlschmeckend
liberal ADJ ⟨-li⟩ liberal **liberalizm** S Liberalismus *m*
Libya S Libyen *n*
lider S Führer(in) *m(f)* **liderlik** S Führerschaft *f*, Führung *f*
lif S Faser *f*; BOT Luffa *f*
lig S SPORT Liga *f*
liman S SCHIFF Hafen *m*
limit S Grenze *f*; **~et şirket(i)** WIRTSCH Gesellschaft *f* mit beschränkter Haftung
limon S BOT Zitrone *f*
limonata S Limonade *f*
limonlu ADJ mit Zitronensaft (zubereitet), Zitronen...
linç S Lynchen *n*; Lynchjustiz *f*
linyit S Braunkohle *f*
lira S (*türkische Währung*) Lira *f n*; **Türk ~sı** türkische Lira *f*; **Yeni Türk ~sı** (**YTL**) Neue Türkische Lira *f* **... liralık** ADJ ... Lira wert
lisan S Sprache *f*
lisans S Diplom *n*; Lizenz *f*
lise S Oberschule *f*, Gymnasium *n* **liseli** S Gymnasiast(in) *m(f)*
liste S Liste *f*; **yemek ~si** Speisekarte *f*
litre S Liter *n od m* **... litrelik** ADJ ... Liter fassend
lobi S POL Lobby *f*; Hotelhalle *f*
lobut S Keule *f*
loca S THEAT Loge *f*
lodos S Süd(west)wind *m*
loğusa S Wöchnerin *f* **loğusalık** S Wochenbett *n*
lojman S Dienstwohnung *f*
lokal S (Vereins-)Lokal *n*
lokanta S Restaurant *n*, Gasthaus *n* **lokantacı** S Gastwirt(in) *m(f)*

lokavt S Aussperrung *f*
lokma S Bissen *m*, Happen *m*
lokomotif S BAHN Lokomotive *f*
lokum S *türkische Süßigkeit*
lonca S Zunft *f*, Innung *f*
lop ADJ rund und weich; (*Ei*) hart gekocht
lor S (ungesalzener) Frischkäse *m*
lostra S Schuhcreme *f*
losyon S Lotion *f*
loş ADJ halbdunkel, düster
loto S Lotto *n*
lösemi S MED Leukämie *f*
Ltd. Şti. → **limitet şirket**
lumbago S MED Hexenschuss *m*; *umg* Kreuzschmerzen *pl*
lunapark S Rummelplatz *m*
lüfer S ZOOL Blaubarsch *m*
lüks A S Luxus *m* B ADJ luxuriös
lüle S Locke *f*
lületaşı S Meerschaum *m*
lütfen ADV bitte
lütfetmek V/T *j-m etw* gewähren, geben
lütuf S ⟨-tfu⟩ Gunst *f*, Güte *f* **lütufkâr** ADJ gütig, liebenswürdig
lüzum S Notwendigkeit *f* **lüzumlu** ADJ nötig, notwendig

M

maalesef ADV leider
maaş S Gehalt *n*
mabet S ⟨-di⟩ REL Tempel *m*
Macar A S Ungar(in) *m(f)* B ADJ ungarisch **Macarca** S Ungarisch *n* **Macaristan** S Ungarn *n*
macera S Ereignis *n*, Abenteuer *n* **maceracı** A S Abenteurer(in) *m(f)* B ADJ abenteuerlustig
macun S Paste *f*, Kitt *m*
maç S SPORT Spiel *n*, Wettkampf *m*
maça S (*im Kartenspiel*) Pik *n*
madalya S Medaille *f*
madde S Stoff *m*, Materie *f*, Substanz *f*; Artikel *m*, Paragraf *m*; Stichwort *n* **maddeten** ADV materiell **maddî** ADJ stofflich, materiell
madem(ki) KONJ da (nun einmal), weil; wenn ... schon
maden S Metall *n*, Mineral *n*; Bergwerk *n*; **~ ocağı** Bergwerk *n* **madenci** S Bergmann *m*; Mineraloge *m* **madenî** ADJ metallisch; mineralisch **madenkömürü** S Steinkohle *f*
madensuyu S Mineralwasser *n*
madrabaz S Gauner *m*, Spitzbube *m*

mafsal S ANAT, TECH Gelenk *n*
maganda S Macho *m*; ungehobelte(r) Mensch *m*
magazin S Magazin *n*, Zeitschrift *f*
mağara S Höhle *f*, Grotte *f*
mağaza S Lager *n*, Magazin *n*; Laden *m*, Geschäft *n*
mağdur A ADJ geschädigt; benachteiligt B S *jur.* Opfer *n*
mağlubiyet S Niederlage *f*
mağlup ADJ ⟨-bu⟩ besiegt; **~ etmek** besiegen
mağrur ADJ stolz (-*e* auf *akk*); eingebildet, hochmütig
Mah. → mahalle
mahal S ⟨-lli⟩ Ort *m*, Stelle *f*
mahalle S Stadtbezirk *m*, Wohnviertel *n* **mahallî** ADJ lokal, örtlich
maharet S Geschicklichkeit *f*, Fähigkeit *f*
mahcubiyet S Schüchternheit *f*; Verlegenheit *f* **mahcup** ADJ ⟨-bu⟩ schamhaft, schüchtern; verlegen
mahfil S ARCH Loge *f* (*in der Moschee*)
mahfuz ADJ aufbewahrt, geschützt; JUR vorbehalten
mahkeme S JUR Gericht *n*; Gerichtsverhandlung *f*; **~lik olmak** vor (dem) Gericht landen
mahkûm A ADJ verurteilt (-*e* zu *dat*) B S Verurteilte(r) *m/f(m)*; **~ etmek** verurteilen; **~ olmak** gezwungen sein, verdammt sein **mahkûmiyet** S Haftstrafe *f*
mahlûk S ⟨-ğu⟩ Geschöpf *n*, Kreatur *f*
mahmur ADJ benommen, schlaftrunken
mahmuz S (*an Stiefel*) Sporn *m* **mahmuzlamak** V/T -*i* anspornen *akk*, die Sporen geben *dat*
mahpus A ADJ gefangen B S Häftling *m* **mahpushane** S Gefängnis *n*
mahrem ADJ geheim, vertraulich
mahrum ADJ beraubt (-*den gen*); **~ olmak** -*den* entbehren müssen *akk* **mahrumiyet** S Entbehrung *f*
mahsuben ADV -*e* zu verrechnen mit *dat*
mahsul S ⟨-lü⟩ Erzeugnis *n*, Produkt *n*; Ergebnis *n*
mahsur ADJ MIL belagert, eingeschlossen
mahsus ADJ besondere(r, s); -*e* eigen(tümlich) *dat*, bestimmt für *akk*; absichtlich
mahşer S der Jüngste Tag; Weltuntergang *m*
mahvedici ADJ vernichtend
mahvetmek V/T zerstören; ausrotten **mahvolmak** V/I vernichtet werden, zugrunde gehen
mahya S *Leuchtschrift zwischen Minaretten*
mahzen S Lager *n*; (*Weinkeller etc*) Keller *m*
mahzun ADJ traurig, betrübt;

melancholisch
mahzur S Bedenken *n*, Einwand *m* **mahzurlu** ADJ bedenklich
mail[1] ADJ *dat* geneigt
mail[2] S IT Mail *f*; ~ **atmak** e-e Mail verschicken
majeste S Majestät *f*
Majorka S Mallorca *n*
majör S MUS Dur *n*
makale S Aufsatz *m*, Artikel *m*
makam S Amt *n*; Dienststelle *f*; Instanz *f*; ~ **arabası** Dienstwagen *m*
makara S TECH Spule *f*; Winde *f*; ~**ları koyuvermek** *fig* loslachen
makarna S Nudel *f*, Nudelgericht *n*
makas S Schere *f*; BAHN Weiche *f*; AUTO Feder *f* **makasçı** S BAHN Weichensteller *m* **makaslamak** V/T *umg* zensieren
makbul ADJ ⟨-lü⟩ (*akzeptiert*) angenommen; (*Ticket*) gültig; (*Verhalten*) angenehm; beliebt
makbuz S Quittung *f*
Makedonya S Mazedonien *n*
makina, makine S Maschine *f*; ~ **mühendisi** Maschinenbauingenieur(in) *m(f)* **makinalı, makineli** ADJ mit e-r Maschine versehen; Maschinen…; ~ **tüfek** Maschinengewehr *n* **makinist** S Maschinist *m*; BAHN Lokomotivführer(in) *m(f)*
maksat S ⟨-dı⟩ Zweck *m*, Absicht *f*; Vorhaben *n*
maksimum S Maximum *n*
makul ADJ ⟨-lü⟩ vernünftig, annehmbar, plausibel; (*Mensch*) verständig
makyaj S Make-up *n*
mal S Gut *n*; Ware *f*; Produkt *n*; ~ **sahibi** Eigentümer(in) *m(f)*
malî ADJ finanziell; Finanz…
maliye S Finanzwesen *n*, Finanzen *pl*; ~ **bakanı** Finanzminister(in) *m(f)* **maliyeci** S Finanzfachmann *m*, Finanzspezialistin *f*
maliyet S Selbstkosten *pl*
malmüdürü S Kämmerer(in) *m(f)*
Malta S Malta *n*
maltaeriği S BOT Wollmispel *f*
malûl ⟨-lü⟩ **A** ADJ behindert; gebrechlich **B** S Invalide *m*
malûm ADJ bekannt; offensichtlich **malûmat** S Kenntnisse *pl*; Wissen *n*; Auskunft *f*; ~ **edinmek** in Erfahrung bringen
malzeme S Material *n*, Zubehör *n*
mama S Kindernahrung *f*, Brei *m*; Haustierfutter *n*
mamul ADJ ⟨-lü⟩ hergestellt, verfertigt (*-den* aus *dat*)
mamur ADJ bebaut; *fig* florierend
mana S Bedeutung *f*, Sinn *m*
manalı ADJ sinnvoll, bedeutsam, vielsagend
manastır S Kloster *n*
manav S Obst- und Gemüse-

händler(in) *m(f)*
manda[1] S ZOOL Büffel *m*
manda[2] S POL Mandat *n*
mandal S Riegel *m*; Wäscheklammer *f*
mandalina S BOT Mandarine *f*
mandallamak V/T abriegeln, verriegeln; (*Wäsche*) anklammern
mandıra S Molkerei *f*
manevî ADJ geistig, moralisch **maneviyat** S *pl* Moral *f*, Geistige(s) *n*
manevra S Manöver *n*; Rangieren *n*
manga S MIL Gruppe *f* von zehn Mann
mangal S Kohlenbecken *n*; **~ kömürü** Holzkohle *f*
mangan(ez) S Mangan *n*
mani[1] S Manie *f*, Sucht *f*
mâni[2] S (-i, -yi) Hindernis *n*; **~ olmak** -e verhindern, verweigern *akk*
manifatura S Textilien *pl* **manifaturacı** S Stoffhändler(in) *m(f)*
manikür S Maniküre *f*
manivela S Kurbel *f*; Hebel *m*
manken S Mannequin *n*; Schneiderpuppe *f*; Gliederpuppe *f*
manolya S BOT Magnolie *f*
manşet S Manschette *f*; Schlagzeile *f*
mantar S Pilz *m*; Kork *m*
mantık S ⟨-ğı⟩ Logik *f*
mantıklı ADJ vernünftig; logisch; nachvollziehbar
manto S Damenmantel *m*
manyak **A** ADJ manisch; verrückt, irre **B** S Wahnsinnige(r) *m/f(m)*
manyetik ADJ magnetisch **manyetizma** S Magnetismus *m*
manzara S Anblick *m*, Aussicht *f* **manzaralı** ADJ mit (schöner) Aussicht
manzum ADJ gereimt, in Verse gesetzt **manzume** S Gedicht *n*
marangoz S Schreiner(in) *m(f)*, Möbeltischler(in) *m(f)* **marangozluk** S Möbeltischlerei *f*
maraz S Krankheit *f*
margarin S Margarine *f*
marifet S Geschicklichkeit *f*
marina S SCHIFF Jachthafen *m*
marjinal **A** S Außenseiter(in) *m(f)* **B** ADJ Randgruppen…
marka S Marke *f*; **ticarî ~** Handelsmarke *f* **markalı** ADJ Marken…
market S Lebensmittelgeschäft *n*
marley® S Kunststofffliese(n *pl*) *f*
marmelat S ⟨-dı⟩ Marmelade *f*
maroken S Saffianleder *n*
Marsilya S Marseille *n*
marş S MUS Marsch *m*; **~ motoru** AUTO Anlasser *m*
marşandiz S BAHN Güterzug

m

mart S März *m*

martaval S Lüge *f*, Aufschneiderei *f*; **~ atmak** (*od* **okumak**) aufschneiden, angeben

martı S ZOOL Möwe *f*

marul S BOT Römersalat *m*

maruz ADJ *-e* ausgesetzt; **~ kalmak** *-e* ausgesetzt sein

masa S Tisch *m*; **~ örtüsü** Tischdecke *f*; **~ tenisi, ~ topu** Tischtennis *n*

masaj S Massage *f*

masal S Märchen *n*, Fabel *f*

maskara **A** S Narr *m*, Närrin *f* **B** ADJ lustig; lächerlich

maskaralık: **~ etmek** herumalbern

maske S Maske *f*; *-in* **~sini düşürmek** *j-n* entlarven **maskelemek** V/T maskieren **maskeli** ADJ maskiert

maskot S Maskottchen *n*

maslahat S Angelegenheit *f*, Geschäft *n*; *vulg* Schwanz *m*

maslahatgüzar S POL Geschäftsträger *m*

masmavi ADJ ganz blau, himmelblau

masraf S Unkosten *pl*; WIRTSCH Spesen *pl* **masraflı** ADJ teuer, kostspielig

mastar S GRAM Infinitiv *m*

masum ADJ unschuldig

maşa S (Feuer-)Zange *f*; *fig* Handlanger *m*

maşallah INT wunderbar!; Donnerwetter!; sehr erfreut (Sie zu sehen)!; *Spruch zum Schutz vor dem bösen Blick*

mat[1] ADJ matt, glanzlos

mat[2] S (*Schach*) Matt *n*

matara S Feldflasche *f*

matbaa S Druckerei *f* **matbaacı** S Drucker(in) *m(f)* **matbu** ADJ gedruckt **matbua** S Drucksache *f*

matem S Trauer *f*

matematik S ‹-ği› Mathematik *f*

matkap S ‹-bı› Bohrmaschine *f*

matmazel S Fräulein *n*

matrak ADJ *umg* lustig; **~ geçmek** *-le* sich lustig machen über *akk*

maun S BOT Mahagoni *m*

mavi ADJ blau; **~ yolculuk** Blaue Reise *f*, Bootsausflug *m in der Ägäis*

mavimsi, mavimtırak ADJ bläulich

mavna S SCHIFF Lastkahn *m*

maya S Hefe *f*, Gärstoff *m*

mayalanmak V/I gären **mayalı** ADJ gegoren; (*Teig*) aufgegangen

mayasıl S MED Ekzem *n*

maydanoz S BOT Petersilie *f*

mayhoş ADJ säuerlich

mayın S Mine *f*

mayıs S Mai *m*

mayısböceği S Maikäfer *m*

maymun S ZOOL Affe *m*

maymuncuk S TECH Dietrich *m*

mayo S Badeanzug *m*, Badehose *f*

mayonez S Mayonnaise *f*
maytap S ‹-bı› Feuerwerkskörper *m*
mazeret S Entschuldigung *f*; Hinderungsgrund *m*
mazgal S Schießscharte *f*
mazı S BOT Lebensbaum *m*; Gallapfel *m*
mazi S Vergangenheit *f*
mazlum ADJ unterdrückt; ruhig; bescheiden
mazot S Diesel *m*; Heizöl *n*
mazur ADJ verzeihlich, entschuldbar; **~ görmek** entschuldigen; verzeihen (*b-in b. ş-ini j-m etw*)
meblağ S Betrag *m*, Summe *f*
mebus S Abgeordnete(r) *m*/*f*(*m*)
mecal S ‹-li› Kraft *f* **mecalsiz** ADJ kraftlos, erschöpft
mecaz S bildliche(r) Ausdruck *m*, Metapher *f*, übertragene Bedeutung *f* **mecazî** ADJ bildlich, übertragen, metaphorisch
mecbur ADJ *-e* gezwungen zu *dat*; **~ olmak** *-e* gezwungen sein zu *dat*; **~ etmek** zwingen **mecburen** ADV gezwungenermaßen **mecburî** ADJ gezwungen; obligatorisch **mecburiyet** S Zwang *m*; Notwendigkeit *f*
meclis S Versammlung *f*; POL Parlament *n*; Gremium *n*, Rat *m*
meç S (*Haar*) in Strähnen gefärbt
meçhul ADJ ‹-lü› unbekannt
medenî ADJ zivilisiert; bürgerlich; Zivil...; **~ hâl** Familienstand *m*; **~ hukuk** JUR bürgerliches Recht *n*; **~ kanun** JUR bürgerliches Gesetzbuch *n*
medeniyet S Zivilisation *f*
medrese S *hist* Medres(s)e *f*, religiöse Hochschule *f*
mefruşat S *pl* Einrichtung *f*
meğer KONJ jedoch, aber; indessen **meğerki** KONJ es sei denn, dass **meğerse** → meğer
Mehmetçik S ‹-ği› *Bezeichnung für den türkischen Soldaten*
mehtap S ‹-bı› Mondschein *m*
mehter: **~ takımı**, **mehterhane** *hist* Janitscharenkapelle *f*
mekân S Ort *m*; Raum *m*
mekanik ‹-ği› **A** S Mechanik *f* **B** ADJ mechanisch **mekanizma** S Mechanismus *m*; *fig* Vorgang *m*
mekik S ‹-ği› Weberschiffchen *n*; **~ dokumak** *fig* häufig hin und hergehen
Meksika S Mexiko *n*
mektep S ‹-bi› Schule *f*
mektup S ‹-bu› Brief *m*; **~la öğretim** Fernstudium *n* **mektuplaşmak** V/I im Briefwechsel stehen (**ile** mit *dat*)
melankoli S Melancholie *f*
melankolik ADJ melancholisch

melek S ⟨-ği⟩ Engel *m*
melemek S (*Schaf*) blöken; (*Ziege*) meckern
melez A ADJ gekreuzt B S Mischling *m* **melezleme** S BOT Kreuzung *f*
melhem → merhem
melodi S Melodie *f*
memba S ⟨-ı⟩ Quelle *f*
meme S TECH Düse *f*; ANAT Brust *f*; ZOOL Zitze *f*, Euter *n*; **~ vermek** *-e* säugen, stillen *akk*; **~den kesmek** (*Baby*) entwöhnen **memeliler** S *pl* ZOOL Säugetiere *pl*
memleket S Land *n*; Heimat *f* **memleketli** S Landsmann *m*, Landsmännin *f*
memnun ADJ *-den* zufrieden, erfreut über *akk*; **~ etmek** zufriedenstellen; **~ oldum!** sehr erfreut (Sie kennenzulernen)! **memnuniyet** S Zufriedenheit *f* **memnuniyetle** ADV gern
memur S Beamte(r) *m/f(m)* **memuriyet** S Beamtentum *n*
mendil S Taschentuch *n*
mendirek S ⟨-ği⟩ SCHIFF Mole *f*
menecer S Manager(in) *m(f)*
menekşe S BOT Veilchen *n*
menemen S Tomatenomelette *n*
menenjit S MED Meningitis *f*
menetmek V/T verbieten; verhindern; hindern (*-den* an *dat*)
menfaat S ⟨-ti⟩ Nutzen *m*, Vorteil *m* **menfaatli** ADJ nutzbringend, vorteilhaft **menfaatsiz** ADJ unvorteilhaft
menfi ADJ negativ
mengene S TECH Schraubstock *m*, Presse *f*
menkul ADJ ⟨-lü⟩ beweglich(es Gut *n*); **~ kıymetler** FIN Wertpapiere *pl*
mensubiyet S Zugehörigkeit *f* (*-e* zu *dat*)
mensucat S *pl* Textilien *pl*
mensup ADJ ⟨-bu⟩ gehörend (*-e* zu *dat*); **~ olmak** *-e* gehören zu *dat*
menteşe S Scharnier *n*, Türangel *f*
menzil S Etappe *f*; Reichweite *f*, Schussweite *f*
mera S Weide(land *n*) *f*
merak S Neugier(de) *f*, Interesse *n*; Sorge *f*, Besorgnis *f*; **~ etmek** *-e* sich interessieren für *akk*; *-i* neugierig sein auf *akk*; sich Sorgen machen um *akk* **meraklı** A ADJ neugierig; (*beunruhigt*) besorgt B S ... liebhaber(in) *m(f)* **meraksız** ADJ uninteressiert, gleichgültig
merasim S *pl* Zeremonie *f* **merasimli** ADJ *fig* umständlich
mercan S Koralle *f*
mercek S ⟨-ği⟩ PHYS Linse *f*
mercimek S ⟨-ği⟩ BOT Linse *f*
merdane S TECH Walze *f*; Nudelholz *n*
merdiven S Treppe *f*; Leiter *f*
meret S *umg* Mist *m*

merhaba INT guten Tag!, hallo!
merhamet S Barmherzigkeit *f*, Mitleid *n*; Gnade *f*; **~ etmek** *-e* Mitleid haben mit *dat* **merhametli** ADJ barmherzig, mitleidig, gütig **merhametsiz** ADJ erbarmungslos, gnadenlos **merhametsizlik** S Unbarmherzigkeit *f*
merhem S Salbe *f*
merhum ADJ verstorben, selig
meridyen S GEOG Meridian *m*
Merih S ASTRON Mars *m*
merkez S Zentrum *n*, Mittelpunkt *m*; Zentrale *f*; **~ üssü** (*Erdbeben*) Epizentrum *n* **merkezkaç** ADJ PHYS zentrifugal
Merkür S ASTRON Merkur *m*
mermer S Marmor *m*
mermi S MIL Geschoss *n*; Kugel *f*
mersi INT danke
mersin S BOT Myrte *f*
mersinbalığı S ZOOL Stör *m*
mert ADJ ⟨-di⟩ tapfer, mutig; ehrlich; ritterlich
mertebe S Rang *m*, Grad *m*; Preislage *f*
mertlik S Mut *m*, Tapferkeit *f*; Ehrlichkeit *f*; Ritterlichkeit *f*
Meryem Ana Jungfrau Maria *f*
mesafe S Entfernung *f*, Abstand *m* **mesafeli** ADJ distanziert
mesai: **fazla ~** Überstunden *pl*; **~ saatleri** *pl* Geschäftszeit *f*, Öffnungszeiten *pl*
mesaj S (*Nachricht*) Botschaft *f*
mesane S ANAT (Harn-)Blase *f*
mescit S ⟨-di⟩ kleine Moschee *f*
meselâ ADV zum Beispiel
mesele S Problem *n*, Frage *f*
mesken S Wohnung *f*; Unterkunft *f*
meskûn ADJ bewohnt
meslek S ⟨-ği⟩ Beruf *m*, Karriere *f*; Lehre *f* **meslekî** ADJ beruflich; Berufs... **meslektaş** S Kollege *m*, Kollegin *f*
mest[1] ADJ berauscht, trunken; begeistert
mest[2] S Lederinnenschuh *m*
mesut ADJ ⟨-du⟩ glücklich, beglückt
meşale S Fackel *f*
meşe **A** S Eiche *f* **B** ADJ Eichen...
meşgul ADJ ⟨-lü⟩ beschäftigt; (*Telefon etc*) besetzt; **~ etmek** beschäftigen; von der Arbeit abhalten **meşguliyet** S Beschäftigung *f*, Arbeit *f*
meşhur ADJ berühmt, prominent
meşin S Leder *n*
meşru ADJ legal, legitim
meşrubat S *pl* Getränke *pl*
met ⟨-ddi⟩: **~ hâli** Hochwasser *n*; **~ ve cezir** Gezeiten *pl*
meta S ⟨-ı⟩ WIRTSCH Ware *f*
metal S ⟨-li⟩ Metall *n* **metalik** ADJ metallen; metallisch
meteliksiz ADJ *umg* abgebrannt, pleite
meteor S Meteor *m* **meteo-**

roloji S Meteorologie *f*
methetmek V/T loben, preisen, rühmen
metin[1] ADJ standhaft, fest; stark; zäh
metin[2] S (-*tni*) Text *m*; **~ işlem** IT Textverarbeitung *f*
metot S ⟨-du⟩ Methode *f*
metre S Meter *m od n*; Metermaß *n*; **~ kare** Quadratmeter *m*; **~ küp** Kubikmeter *m*
metro S U-Bahn *f*
mevcut ⟨-du⟩ **A** ADJ vorhanden **B** S Bestand *m*, Gesamtzahl *f*
mevduat S *pl* WIRTSCH Bankeinlagen *pl*; Inventar *n*; Schöpfung *f*
mevki S ⟨-i⟩ Ort *m*, Platz *m*, Stelle *f*; BAHN *etc* Klasse *f*
mevlit S ⟨-di⟩ REL *Gedichtrezitation an Feier- und Gedenktagen*
mevsim S Jahreszeit *f*; Saison *f* **mevsimlik** ADJ jahreszeitlich
mevzi S ⟨-i⟩ MIL Stellung *f*; Ort *m*, Stelle *f*
meydan S Platz *m*; Raum *m*; **~ okumak** -*e* herausfordern *akk*; **~a çıkarmak** aufdecken, enthüllen; **~a çıkmak** auftreten, sich herausstellen; **~a gelmek** entstehen; **~a getirmek** schaffen
meyhane S Kneipe *f*, Lokal *n*
meyil S ⟨-yli⟩ Neigung *f*, Gefälle *n* **meyilli** ADJ geneigt (-*e* zu, nach *dat*) **meyletmek** V/T sich neigen (-*e* zu *dat*)
meyva, meyve S Frucht *f*; Obst *n*; **~ suyu** Fruchtsaft *m*
meyveli ADJ mit Obst (zubereitet); Frucht...
mezar S Grab *n* **mezarcı** S Totengräber *m* **mezarlık** S Friedhof *m*
mezat S ⟨-dı⟩ WIRTSCH Auktion *f*
mezbaha S Schlachthaus *n*
mezbele(lik) S schmutzige(r), vermüllte(r) Ort *m*
meze S Vorspeise *f* **mezeci** S *e-e Art Feinkostladen*
mezgit S ZOOL Merlan *m*; Zwergdorsch *m*
mezhep S ⟨-bi⟩ Konfession *f*
mezun **A** ADJ beurlaubt; berechtigt (-*e* zu *dat*) **B** S Absolvent(in) *m(f)*; **~ olmak** absolviert haben, abgeschlossen haben (-*den etw*) **mezuniyet** S Schulabschluss *m*
mezura S Maßband *n*
mı → mi
mıh S (Huf-)Nagel *m* **mıhlamak** V/T nageln
mıknatıs S PHYS Magnet *m*
mıknatıslamak V/T magnetisieren
mıncıklamak V/T *umg* befummeln
mıntıka S Zone *f*, Gebiet *n*
mırıldanmak V/I murmeln, brummen **mırıltı** S Murmeln *n*
mısır S BOT Mais *m*
Mısır S Ägypten *n*

mısra S ‹-ı› Halbvers *m*, Verszeile *f*
mızıka S MUS Kapelle *f*; Mundharmonika *f*
mızıkçı S Spielverderber(in) *m(f)*
mızmız ADJ nörglerisch; (*Kind*) quengelig
mızrak S ‹-ğı› Lanze *f*
mi S MUS E
mi, mı, mu, mü (*Fragepartikel*) **Türkçe biliyor musunuz?** können Sie Türkisch?; **geliyorlar mı?** kommen sie?
mide S ANAT Magen *m*; **~ ekşimesi** Sodbrennen *n*; **~m bulanıyor** mir ist übel **midesiz** S ekelunempfindlich
midye S ZOOL Muschel *f*; **~ tava(sı)** frittierte Muscheln *f/pl*
migren S MED Migräne *f*
miğfer S Helm *m*
mihrap S ‹-bı› ARCH Gebetsnische *f* (*in der Moschee*)
mikrodalga S Mikrowelle *f*
mikrofon S Mikrofon *n*
mikrop S ‹-bu› Mikrobe *f*, Krankheitskeim *m*; *umg fig* miese Ratte *f*
mikroskop S Mikroskop *n*
mikser S Mixer *m*, Rührgerät *n*
miktar S Menge *f*, Quantum *n*
mil[1] S Meile *f*
mil[2] S Stift *m*; Spindel *f*; Achse *f*; Welle *f*
milâdî: **~ tarih** christliche Zeitrechnung *f*
milât S ‹-dı› REL Geburt *f* *Christi*; **~tan önce** vor Christus; **~tan sonra** nach Christus
milföy: **~ hamuru** Blätterteig *m*
miligram S Milligramm *n*
milim *umg*, **milimetre** S Millimeter *m*; **milimi milimine** haargenau
milis S Miliz *f*
militan A S Kämpfer(in) *m(f)* B ADJ militant
millet S Nation *f*; Volk *n*; **~ meclisi** Nationalversammlung *f* **milletlerarası** S international **milletvekili** S Abgeordnete(r) *m/f(m)*
millî ADJ national; **~ bayram** nationaler Feiertag *m* **milliyet** S Nationalität *f* **milliyetçi** A S Nationalist(in) *m(f)* B ADJ nationalistisch **milliyetçilik** S Nationalismus *m*
milyar S Milliarde *f* **milyarder** S Milliardär(in) *m(f)*
milyon S Million *f* **milyoner** S Millionär(in) *m(f)*
mimar S Architekt(in) *m(f)*; Baumeister(in) *m(f)* **mimarlık** S Architektur *f*; Architektenberuf *m*
mimber → minber
minare S Minarett *n*
minber S ARCH Kanzel *f* (*in der Moschee*)
minder S Sitzkissen *n*; SPORT Matte *f*
mine S Glasur *f*, Emaille *f*; Zifferblatt *n* **minelemek** ADJ emaillieren, glasieren

mineral S ⟨-li⟩ Mineral *n*
mini ADJ Klein..., Mini...; ~ **etek** Minirock *m* **minibüs** S Kleinbus *m* **minik** ADJ klein, niedlich
minnet S Dankbarkeit *f* **minnettar** ADJ *dat* dankbar
minör S MUS Moll *n*
minyatür S Miniatur *f*
miraç S ⟨-cı⟩ REL Himmelfahrt *f*; ~ **gecesi** REL Nacht *f* der Himmelfahrt *(des Propheten Mohammed)*
miras S Erbschaft *f*, Erbe *n*; ~ **almak** erben; ~ **yemek** durchbringen **mirasçı** Erbe *m*, Erbin *f*
mis: ~ **gibi** A wohlriechend B INT und ob!
misafir S Gast *m*, Besuch *m*, Besucher(in) *m(f)* **misafirperver, misafirsever** S gastfreundlich **misafirperverlik** S Gastfreundschaft *f*
misal S ⟨-li⟩ Beispiel *n*
misilleme S Vergeltung *f*
misk S Moschus *m*
misket S Murmel *f*
miskin ADJ faul
misli ADV ...mal so viel(e)
mit(os) S Mythos *m*
miting S Kundgebung *f*
mitoloji S Mythologie *f*
miyavlamak V/I miauen
miyop ADJ MED kurzsichtig
mizah S Humor *m* **mizahçı** S Humorist(in) *m(f)* **mizahî** ADJ humoresk
mizansen S THEAT Inszenierung *f*
mobilya S Möbel *pl*, Mobiliar *n*, Einrichtung *f* **mobilyalı** ADJ möbliert
moda S Mode *f*
model S Modell *n*, Form *f*; AUTO Modelljahr *n*
modern ADJ modern **modernleştirmek** V/T modernisieren
Moğolistan S Mongolei *f*
mola S Rast *f*, Pause *f*; ~ **vermek** *e-e* Pause machen
molekül S Molekül *n*
moloz S Schutt *m*
monarşi S Monarchie *f*
monitör S Monitor *m*, Bildschirm *m*
monoton ADJ monoton
mont S Windjacke *f*, Anorak *m*
montaj S Montage *f* **monte**: ~ **etmek** montieren
mor ADJ violett
moral S ⟨-li⟩ Stimmung *f*, Moral *f*
morarmak V/I blau anlaufen; *umg* blamiert sein
morfin S Morphium *n*
morg S Leichenschauhaus *n*
morina(balığı) S ZOOL Kabeljau *m*
morötesi ADJ ultraviolett
moruk S ⟨-ğu⟩ *umg* Alte(r) *m/f(m)*
Moskova S Moskau *n*
mostralık S zum Vorzeigen Muster *n*; *fig* Lockvogel *m*
motel S Motel *n*
motif S *a.* MUS Motiv *n*

motor S Motor *m*; **~ kayışı** Keilriemen *m* **motorbot** S Motorboot *n* **motorcu** S Schiffer *m* **motorlu** ADJ ... motorig; motorisiert; Motor...
motosiklet S Motorrad *n*
mozaik S ⟨-ği⟩ Mosaik *n*
MÖ = milâttan önce
möble S Möbel *pl* **möbleli** ADJ möbliert
mönü S Speisekarte *f*; Menü *n*
MS = milâttan sonra
mu → mi
muaf ADJ befreit (*-den* von *dat*); entschuldigt; immun **muafiyet** S Befreiung *f*; Immunität *f*
muamele S Verfahren *n*, Behandlung *f*; Dienstweg *m*; Geschäft *n*; **~ etmek** *-e* behandeln *akk*
muamma S Rätsel *n*, Geheimnis *n*
muavin **A** S Gehilfe *m* **B** ADJ stellvertretend; Hilfs...
muayene S Untersuchung *f*; Inspektion *f*; **~ etmek** untersuchen **muayenehane** S MED Untersuchungszimmer *n*, Praxis *f*
muayyen ADJ fest, bestimmt
muazzam ADJ groß, bedeutend; namhaft
mucit S ⟨-di⟩ Erfinder(in) *m(f)*
mucize S Wunder *n*
muğlak ADJ vage; verworren, undurchsichtig; kompliziert
muhabbet S Liebe *f*, Freundschaft *f*; gemütliche Unterhaltung *f*
muhabbetkuşu S Wellensittich *m*
muhabere S Korrespondenz *f*
muhabir S Korrespondent(in) *m(f)*
muhafaza S Schutz *m*, Bewahrung *f*; **~ etmek** (be-)schützen, bewahren, beibehalten **muhafazakâr** ADJ konservativ
muhafız S Beschützer(in) *m(f)*; **~ alayı** Leibgarde *f*
muhakkak ADJ bestimmt
muhalefet S Opposition *f*
muhalif **A** ADJ gegnerisch; oppositionell; im Widerspruch (*-e* zu *dat*) **B** S Oppositionelle(r) *m/f(m)*
muhallebi S Reismehlpudding *m* **muhallebici** S *e-e Art Café*
muharebe S Schlacht *f*
muhasebe S Abrechnung *f*; Buchführung *f* **muhasebeci** S Buchhalter(in) *m(f)*
muhatap ⟨-bı⟩ **A** ADJ angesprochen **B** S Ansprechpartner(in) *m(f)*
muhit S Wohnumgebung *f*, Bereich *m*; Milieu *n*
muhtaç ADJ ⟨-cı⟩ angewiesen auf *akk*; bedürftig; **~ olmak** *-e* benötigen *akk*
muhtar **A** S Gemeinde- *od* Stadtviertelvorsteher(in) *m(f)* **B** ADJ autonom **muhtarlık** S Gemeinde- *od* Stadtviertelbüro *n*

muhtelif ADJ verschieden (-artig), heterogen; einige
muhtemel ADJ wahrscheinlich, eventuell
muhterem ADJ geehrt, verehrt, geschätzt
muhteşem ADJ prächtig, prunkvoll
muhtıra S Memorandum *n*
mukabele S Gegenüberstellung *f*; Erwiderung *f*; REL Koranrezitationen *pl*
mukabil **A** ADJ Gegen… **B** S Gegenstück *n* **mukabilinde** ADV *nom* als Gegenleistung für *akk*
mukadderat S *pl* Schicksal *n*, Los *n*
mukaddes ADJ heilig
mukavva S Pappe *f*, Karton *m*
muktedir ADJ fähig; **~ olmak** *-e* fähig sein zu *dat*, können *akk*
mum S Kerze *f*
mumya S Mumie *f*
muntazam ADJ geordnet, regelmäßig **muntazaman** ADV regelmäßig
murat S ‹-dı› Wunsch *m*; Ziel *n*; Zweck *m*, Absicht *f*
musakka S *Gemüseauflauf mit Hackfleisch*
musallat: **~ etmek** *dat* Unheil bringen; **~ olmak** *-e* belästigen, stören
Musevî S Jude *m*, Jüdin *f*
musibet S Unglück *n*, Übel *n*
musiki S Musik *f*
muska S Amulett *n*
musluk S ‹-ğu› (Wasser-)Hahn *m*; **~ taşı** Spülbecken *n* **muslukçu** S Klempner *m*, Installateur *m*
muşamba S Wachstuch *n*; Linoleum *n*
muşmula S BOT Mispel *f*
muştu S Freudenbotschaft *f*
mutaassıp ADJ fanatisch religiös; konservativ
mutfak S ‹-ğı› Küche *f*; **~ robotu** Küchenmaschine *f*
mutlak ADJ absolut, unbedingt
mutlaka ADV absolut, unbedingt **mutlakiyet** S Absolutismus *m*
mutlu ADJ glücklich **mutluluk** S Glück(lichsein *n*) *n*
mutsuz ADJ unglücklich **mutsuzluk** S Unglück(lichsein *n*) *n*
muz S BOT Banane *f*
muzaffer ADJ siegreich
muzır ADJ schädlich; jugendgefährdend
muzip S ‹-bi› Spaßvogel *m* **muziplik** S (schlechter) Spaß *m*
mü → mi
mübadele S Austausch *m*
mübarek ADJ gesegnet, heilig
mübaşir S Gerichtsdiener *m*
mücadele S Kampf *m*, Auseinandersetzung *f*, Streit *m*
mücahit S ‹-di› REL Glaubenskämpfer *m*
mücevher S Juwel *n* **mücevherat** S *pl* Juwelen *pl* Schmuck *m*

müdafaa S Verteidigung *f*, Abwehr *f*; ~ **etmek** verteidigen
müdahale S Einmischung *f*, Intervention *f*; ~ **etmek** *-e* sich einmischen in *akk*
müddet S Zeitraum *m*, Dauer *f*; Frist *f*; *-diği* **müddetçe** solange
müdür S Direktor(in) *m(f)*, Leiter(in) *m(f)*, Chef(in) *m(f)* **müdürlük** S Direktion *f*, Verwaltung *f*
müebbet ADJ ‹-di› ewig; JUR lebenslänglich
müessese S Einrichtung *f*, Institution *f*, Unternehmen *n*
müezzin S Muezzin *m*
müfettiş S Inspektor(in) *m(f)*
müflis ADJ bankrott, zahlungsunfähig
müftü S Mufti *m* (*oberster geistlicher Beamter e-r Provinz*)
müftülük S Amt *n od* Dienststelle *f* eines Mufti
mühendis S Ingenieur(in) *m(f)* **mühendislik** S Ingenieurwesen *n*; Ingenieurtechnik *f*; **inşaat mühendisliği** Bautechnik *f*
mühim ADJ wichtig, bedeutend
mühimmat S *pl* Munition *f*
mühlet S Frist *f*, Aufschub *m*
mühür S ‹-hrü› Siegel *n*; Siegelring *m* **mühürlemek** V/T (ver)siegeln **mühürlü** ADJ gesiegelt, versiegelt
müjde S Freudenbotschaft *f*
mükellef ADJ verpflichtet (*-mekle* zu *dat*); ...pflichtig; prunkvoll **mükellefiyet** S Verpflichtung *f*, Pflicht *f*
mükemmel ADJ vollkommen, vorzüglich, ausgezeichnet
mülâkat S Unterredung *f*, Interview *n*
mülâyim ADJ gemäßigt; mild
mülk S Grundbesitz *m* **mülkiyet** S Eigentum *n*
mülteci S Flüchtling *m*; Asylbewerber(in) *m(f)*
mümkün ADJ möglich; ~ **mertebe,** ~ **olduğu kadar** soweit möglich
münakaşa S Streit *m*, Diskussion *f*; ~ **etmek** sich streiten
münasebet S Beziehung *f*, Verhältnis *n*; Schicklichkeit *f*; **ne münasebet!** keineswegs!, von wegen!; keine Ursache!
münasebetsiz ADJ unpassend; respektlos
münasip ADJ ‹-bi› passend, geeignet, angemessen
Münih S München *n*
müracaat S Anfrage *f*; Antrag *m*; Anmeldung *f*; ~ **etmek** *-e* sich wenden an *akk*; konsultieren *akk*
mürekkep S ‹-bi› Tinte *f* **mürekkepbalığı** S ZOOL Tintenfisch *m*
mürettebat S *pl* Besatzung *f*; Personal *n*
müsaade S Erlaubnis *f*, Genehmigung *f*; ~ **etmek** *j-m etw* erlauben; ~ **ederseniz**

wenn Sie gestatten; **~nizle** gestatten Sie bitte!; mit Verlaub

müsadere S JUR Beschlagnahmung *f*, Konfiskation *f*; **~ etmek** beschlagnahmen

müsait ADJ günstig, geeignet (*-e* für *akk*); **~ misiniz?** passt es Ihnen?

müshil S MED Abführmittel *n*

Müslüman S Muslim(in) *m(f)*

Müslümanlık S Islam *m*; islamische Welt *f*

müsrif A ADJ verschwenderisch B S Verschwender(in) *m(f)*

müstahak: **~ olmak** *-e* (*Strafe*) verdienen *akk*

müstakbel A ADJ zukünftig B S Zukunft *f*

müstakil ADJ unabhängig; (*Haus*) allein stehend

müstehcen ADJ unzüchtig, pornografisch, obszön

müstesna ADJ ausgenommen (*-den* von *dat*); außergewöhnlich

müsteşar S POL Staatssekretär(in) *m(f)*; Botschaftsrat *m*, Botschaftsrätin *f*

müşterek ADJ gemeinsam

müşteri S Kunde *m*, Kundin *f*

müteahhit S ⟨-di⟩ (Bau-)Unternehmer(in) *m(f)*

mütehassıs S Spezialist(in) *m(f)*, Fachmann *m*, Fachfrau *f*

müteşekkir ADJ dankbar

müthiş ADJ furchtbar, schrecklich; *umg* fabelhaft, großartig

müttefik ⟨-ği⟩ A ADJ verbündet B S Verbündete(r) *m/f(m)*, Alliierte(r) *m/f(m)*

müvekkil S JUR Mandant *m*

müzakere S Besprechung *f*; Verhandlung *f*

müzayede S Versteigerung *f*, Auktion *f*

müze S Museum *n* **müzeci** S Museumsangestellte(r) *m/f(m)*

müzelik ADJ *fig* uralt, antik

müzik S ⟨-ği⟩ Musik *f*; **~ seti** Stereoanlage *f* **müziksever** S Musikliebhaber(in) *m(f)* **müzisyen** S Musiker(in) *m(f)*

müzmin ADJ MED chronisch

müzminleşmek V/I chronisch werden

N

nabız S ⟨-bzı⟩ Puls *m*; *-in* **nabzını tutmak** *j-m* den Puls fühlen; **~ atışı** Pulsschlag *m*

nacak S ⟨-ğı⟩ kleine(s) Beil *n*

naçar ADJ hilflos

nadas S AGR Brachfeld *n*

nadir ADJ selten **nadiren** ADV selten

nafaka S Lebensunterhalt *m* JUR Alimente *pl*, Unterhaltszahlung *f*

nafile ADJ nutzlos, vergeblich minderwertig

naftalin S Mottenpulver *n*

nağme S Melodie *f*; Ton *m*

Klang *m*
nah! INT *umg* hier!, nimm!
nahiye S POL Großgemeinde *f*
nahoş ADJ unangenehm
nakarat S Refrain *m*
nakavt S Knock-out *m*, K.o. *m*
nakden ADV bar, in Bargeld **nakdî** ADJ FIN bar; Bar...; **~ ceza** JUR Geldstrafe *f*
nakış S Stickerei *f*
nakil S ⟨-kli⟩ Transport *m*, Übertragung *f*; Umzug *m*, Verlegung *f*; (*Beamte*) Versetzung *f*; ELEK Leitung *f*; **kan nakli** Bluttransfusion *f*
naklen ADV RADIO, TV, TV live (gesendet); **~ yayın** Liveübertragung *f* **nakletmek** V/T transportieren, befördern; RADIO, TV, TV übertragen
nakliyat S *pl* Transport *m*; Spedition *f* **nakliye** S Transport *m* **nakliyeci** S Spediteur(in) *m(f)*
nal S Hufeisen *n* **nalbant** S Hufschmied *m*
nalbur S Eisenwarenhändler(in) *m(f)*
nalın S Holzpantine *f*
nallamak V/T (*Pferd etc*) beschlagen
nam S Name *m*, Ruf *m*; **~ına** *nom* im Namen von *dat*
namaz S REL (rituelles) Gebet *n*; **~ kılmak** das Gebet verrichten **namazgâh** S Gebetsplatz *m* (*im Freien*) **namazlık** S Gebetsteppich *m*
namdar, namlı ADJ berühmt
namert ADJ wortbrüchig, unehrlich; feige; niederträchtig
namlu S (*Waffe*) Lauf *m*, Rohr *n*
namus S Ehre *f*, gute(r) Ruf *m* **namuslu** ADJ ehrenhaft; anständig; tugendhaft **namussuz** ADJ ehrlos; gewissenlos; unanständig
namzet S ⟨-di⟩ Kandidat(in) *m(f)* **namzetlik** S Kandidatur *f*
nane S BOT Pfefferminze *f*; **~ çayı, ~li çay** Pfefferminztee *m*; **~ şekeri** Pfefferminzbonbon *m od n*; **~ yemek** *umg* Mist bauen
nanik! INT ätsch!
nankör ADJ undankbar **nankörlük** S Undankbarkeit *f*
nar S BOT Granatapfel *m*
nara S Grölen *n*, Brüllen *n*
nargile S Wasserpfeife *f*
narh S amtlich festgesetzte(r) Höchstpreis *m*
narin ADJ zart, fein, schlank
narkotik ⟨-ği⟩ **A** ADJ narkotisch **B** S Betäubungsmittel *n*
narkoz S Narkose *f*
nasıl ADV wie?; **~ (bir)** was für ein(e)?; **~ olsa** sowieso **nasılsa** ADV wie dem auch sei
nasır S ANAT Hühnerauge *n*; Schwiele *f*
nasihat S ⟨-ti⟩ Rat *m*, Ermahnung *f*; **~ etmek** (*od* **vermek**) *dat* e-n Rat geben
nasip S ⟨-bi⟩ Schicksal *n*, Los *n*; **~ olmak** *dat* zuteil werden

navlun S SCHIFF Fracht *f*
naylon **A** S Nylon *n* **B** ADJ *umg* Kunststoff...
naz S Ziererei *f*, Koketterie *f*
nazar S Blick *m*; böser Blick *m*; **~ boncuğu** blaue Perle *f* (*zur Abwehr des bösen Blickes*); **~ değmek** -*e* vom bösen Blick betroffen sein
nazaran ADV -*e* gemäß, nach, zufolge; im Vergleich zu *dat*
nazım S *liter* Dichtung *f*
nazik ADJ zart; höflich, liebenswürdig **nazikâne** ADV höflich
nazlanmak V/I sich zieren, sich nötigen lassen **nazlı** ADJ kokettierend; (*Kind*) verwöhnt, verhätschelt
ne ADV ⟨-yi⟩ was?; wie!; was für ein(e); **~...~...** weder ... noch ...; **~ güzel!** wie schön!; **~ ise** was (auch immer); wie dem auch sei; **~ kadar** wie viel, wie viele; **~ kadar zaman** wie lange; **~ olursa olsun** auf jeden Fall; **~ var ki** indessen, jedoch; **~ zaman?** wann?; **~yiniz var?** was haben Sie?; was fehlt Ihnen?
nebat S Pflanze *f* **nebati** ADJ pflanzlich; Pflanzen...
neceftaşı S Bergkristall *m*
neden **A** ADV warum, weshalb **B** S Grund *m*, Ursache *f*; **~ olmak** -*e* verursachen *akk*; **~ sonra** nach längerer Zeit, später **nedeniyle** ADV aufgrund *gen* **nedense** ADV aus irgendeinem Grund **nedensiz** ADJ & ADV grundlos
nefes S Atem(zug *m*) *m*; Hauch *m*; **~ almak** einatmen; **~ çekmek** e-n Zug tun; *umg* Haschisch rauchen; **~ vermek** ausatmen; **~ini tutmak** den Atem anhalten; **~li çalgı** MUS Blasinstrument *n*
nefis[1] S (-*fsi*) Selbst *n*, Ich *n*, **nefsine düşkün** egoistisch
nefis[2] ADJ köstlich; ausgezeichnet; erlesen
nefret S Abscheu *m*, Ekel *m* (-*den* vor *dat*); **~ etmek** -*den* verabscheuen, hassen *akk*
negatif **A** ADJ negativ **B** S Negativ *n*
nehir S ⟨-hri⟩ GEOG Fluss *m* Strom *m*
nem S Feuchtigkeit *f* **nemlenmek** V/I feucht werden **nemletmek** V/T anfeuchten **nemli** ADJ feucht, klamm **nemölçer** S Hygrometer *n*
neon S Neon *n*
Neptün S ASTRON Neptun *m*
nere, ~(si)? PRON was, wo, welche Stelle? **nerede?** ADV wo **nereden?** ADV woher? **neredeyse** ADV beinahe, fast **nereli** ADJ woher stammend wo gebürtig? **nereye?** ADV wohin?
nergis S BOT Narzisse *f*
nesil S ⟨-sli⟩ Generation *f*
nesir S ⟨-sri⟩ Prosa *f*
neskafe® S lösliche(r) Kaffee *m*
nesne S Ding *n*, Sache *f*

GRAM Objekt *n* **nesnel** ADJ objektiv
ıeşe S Fröhlichkeit *f*, gute Laune *f* **neşelendirmek** V/T erheitern, fröhlich machen **neşeli** ADJ vergnügt **neşesiz** ADJ verstimmt, schlecht gelaunt
ıeşriyat S *pl* Veröffentlichungen *pl*; Printmedien *pl*
ıeşter S MED Lanzette *f*
ıet[1] ADJ **A** deutlich, klar (*sehen etc*) **B** netto; ~ **tutar** Nettobetrag *m*
ıet[2] S SPORT, IT Netz *n*
ıetice S Ergebnis *n*, Resultat *n* **neticelenmek** V/I end(ig)en (**ile** mit *dat*) **neticesiz** ADJ ergebnislos; vergeblich
ıetleşmek V/I deutlicher werden
ıevi S Art *f*, Sorte *f*
ıevralji S MED Neuralgie *f*
ıevroz S Neurose *f*
ıevruz S Frühlingsfest *n*
ıey S MUS Rohrflöte *f*
ıeye → niye
ıeyse INT schon gut!; ~ **ki** immerhin; ~ **ne** wie dem auch sei
ıeyzen S Flötenspieler *m*
ezaket S Feinheit *f*, Zartheit *f*; Höflichkeit *f* **nezaketli** ADJ höflich **nezaketsiz** ADJ unhöflich
ezaret S Aufsicht *f*; Kontrolle *f*; Untersuchungshaft *f*; ~ **etmek** -e beaufsichtigen, überwachen *akk*
nezle S Erkältung *f*, Schnupfen *m*; ~ **olmak** e-n Schnupfen bekommen **nezleli** ADJ verschnupft
nice ADJ & ADV wie viele!; gar manche, viele *pl*; ~ **yıllara!** ein gutes neues Jahr! **nicel** ADJ quantitativ **nicelik** S Quantität *f*, Menge *f*
niçin ADV warum, weshalb
nifak S Zwietracht *f*
nihaî ADJ endgültig; End...
nihayet **A** S Ende *n*, Schluss *m* **B** ADV schließlich, endlich
nikâh S Eheschließung *f*, Trauung *f* **nikâhlı** ADJ standesamtlich getraut **nikâhsız** ADJ in wilder Ehe
nikel S Nickel *n*; aus Nickel
nilüfer S BOT Seerose *f*; Wasserlilie *f*
nimet S Segen *m*, Wohltat *f*
nine S Großmutter *f*, Oma *f*; Uroma *f*
ninni S Wiegenlied *n*
nisan S April *m*; **bir ~!** April, April!
nispet S Verhältnis *n* **nispeten** ADV verhältnismäßig, vergleichsweise; im Verhältnis (-*e* zu *dat*)
nispî ADJ relativ
nişan S Zeichen *n*, Merkmal *n*; Zielscheibe *f*; Orden *m*, Auszeichnung *f*; Verlobung *f*; ~ **almak** zielen, anlegen (-*e* auf *akk*); ~ **yüzüğü** Verlobungsring *m* **nişancı** S (Scharf-)Schütze *m* **nişanlanmak** V/I

sich verloben (**ile** mit *dat*) **nişanlı** A ADJ verlobt B S Verlobte(r) *m/f(m)*

nişasta S Stärke(mehl *n*) *f*

nitekim KONJ so, wie denn auch; schließlich, endlich

nitel ADJ qualitativ **nitele(ndir)mek** V/T *akk* beschreiben, charakterisieren **nitelik** S Eigenschaft *f*, Qualität *f* **niteliksel** ADJ qualitativ

nitrojen S CHEM Stickstoff *m*

niye ADV warum?, weshalb?

niyet S Absicht *f*, Vorsatz *m*; **~i bozuk** *fig* mit böser Absicht; *-meye* **~i var (yok)** hat (nicht) vor zu …; **~ etmek, niyetlenmek** *v/t -e* beabsichtigen, sich vornehmen *akk* **niyetli** ADJ bereit; → **oruçlu**

nizam S Ordnung *f*, System *n* **nizamlı** ADJ geordnet, vorschriftsmäßig **nizamname** S Vorschrift(en *pl*) *f*, Statuten *pl* **nizamsız** ADJ ungeordnet, vorschriftswidrig

Noel S Weihnachten *n*; **~ ağacı** Weihnachtsbaum *m*; **~ Baba** Weihnachtsmann *m*

nohut S ⟨-du⟩ BOT Kichererbse *f*

noksan A S Mangel *m* B ADJ mangelhaft; unvollständig

nokta S Punkt *m*; Posten *m*, Wache *f*; **~lı virgül** GRAM Semikolon *n*; **~sı ~sına** exakt **noktalama** S Interpunktion *f* **noktalamak** V/T beenden

nonoş S *umg* Schwule(r) *m*

norm S Norm *f*, Regel *f* **normal** ADJ ⟨-li⟩ normal

Norveç S Norwegen *n*

nostalji S Nostalgie *f* **nostaljik** ADJ nostalgisch

not S Notiz *f*; Anmerkung *f*; Note *f*, Zensur *f*; **~ almak** sich notieren, sich aufschreiben (*-den etw*); **~ vermek** *-e* beurteilen, benoten *akk*

nota S POL, MUS Note *f*

noter S JUR Notar(in) *m(f)* **noterlik** S Notariat *n*

nöbet S Ablösung *f*; Wache *f*; MED Anfall *m*; **~ beklemek** (*od* **tutmak**) Wache stehen *od* halten; **~ titremesi** MED Schüttelfrost *m* **nöbetçi** A S Wache *f*, Posten *m* B ADJ wachhabend, Dienst haben; **~ eczane** Apotheke *f* mit Notdienst **nöbetleşe** ADV abwechselnd

nötr A ADJ neutral B S GRAM Neutrum *n*

Nuh Noah (*m*); **~'un Gemisi** Arche Noah *f*

numara S Nummer *f*; (*Kleidung*) Größe *f*; Zensur *f*; *umg* Schwindel *m*; **~ yapmak** schwindeln **numaralamak** V/T nummerieren **numaralı** ADJ nummeriert; Nummer …

numune S Muster *n*; Probe *f*

nur S Licht *n*, Helligkeit *f*; **~ topu gibi** (*Kind*) entzückend

nurlu ADJ leuchtend

nutuk S ⟨-tku⟩ Rede *f*; *-in* **nutku tutulmak** sprachlos sein

nüans S Abstufung *f*, Nuance

f
ıüfus S pl Einwohner m/pl, Bevölkerung f; ~ **cüzdanı** Personalausweis m; ~ **kütüğü** Personenstandsregister n; ~ **memurluğu** Standesamt n; ~ **planlaması** Bevölkerungsplanung f; ~ **sayımı** Volkszählung f **nüfuslu** ADJ mit ... Einwohnern
ıüfuz S Durchdringen n, Einfluss m **nüfuzlu** ADJ einflussreich
ıükleer ADJ Atom..., Nuklear...
ıükte S Witz m, Pointe f
ıümune → numune
ıüsha S Exemplar n, Kopie f

O

PRON ‹-nu› er, sie, es; jener, jene, jenes; der, die, das
ba S Nomadenzelt n; Nomadensippe f; Nomadenlager n
bjektif A S FOTO Objektiv n B ADJ objektiv
bur ADJ gefräßig
cak[1] S (-ğı) Januar m
cak[2] S (-ğı) Kamin m, Herd m; fig Heim n, Familie f; BERGB Grube f; POL Ortsgruppe f
da S Zimmer n, Raum m; a. WIRTSCH Kammer f **odacı** S Bürodiener(in) m(f); (Hotel) Zimmermädchen n
odak S ‹-ğı› Brennpunkt m, Fokus m, Zentrum n; ~ **noktası** Brennpunkt m
odun S Brennholz n **oduncu** S Holzfäller m; Brennholzverkäufer m **odunkömürü** S Holzkohle f
of! INT uff!
ofis S Büro n, Amt n
oflamak V/I stöhnen, ächzen
ofsayt S SPORT Abseits n
oğlak S ‹-ğı› Zicklein n
Oğlak S ‹-ğı› ASTRON Steinbock m
oğlan S Junge m, Knabe m
oğul S (oğlu) Sohn m
ok S Pfeil m; Deichsel f
okaliptüs S BOT Eukalyptus m
okçu S Bogenschütze m
oklava S Nudelholz n
oksijen S Sauerstoff m
oksit S ‹-di› CHEM Oxid n **oksitlenmek** V/I oxidieren
okşamak V/T streicheln, liebkosen
okul S Schule f
okuma: ~ **yazma** Lesen n und Schreiben n; ~ **yazma bilmeyen** Analphabet(in) m(f) **okumak** V/T lesen; lernen, studieren; (Lied) singen; besprechen
okumuş ADJ gebildet **okunaklı** ADJ lesbar, leserlich
okunaksız ADJ unleserlich
okur S Leser(in) m(f) **okuryazar** ADJ lese- und schreibkundig

okutmak V/T lesen lassen; lehren (*b-e b.ş-i j-n etw*); unterrichten (*-i etw*); *umg* verhökern
okutman S Lektor(in) *m(f)*
okuyucu S Leser(in) *m(f)*
okyanus S GEOG Ozean *m*
ola: ~ **ki** selbst wenn; ~**bildiğince** soweit möglich
olağan ADJ alltäglich, normal, möglich **olağanüstü** ADJ außergewöhnlich
olanak S ⟨-ğı⟩ Möglichkeit *f* **olanaklı** ADJ möglich **olanaksız** ADJ unmöglich
olanca ADJ all…, ganz…
olarak KONJ als; in … Weise; in Form von
olası ADJ wahrscheinlich **olasılık** S Wahrscheinlichkeit *f*
olay S Ereignis *n*, Vorfall *m* **olaylı** ADJ ereignisreich **olaysız** ADJ ruhig, ohne Zwischenfälle
oldukça ADV ziemlich
olgu S Tatsache *f*
olgun ADJ reif **olgunlaşmak** V/I reifen **olgunluk** S Reife *f*
olimpiyat S Olympiade *f*
olmadık ADJ unglaublich, unerhört; unangebracht
olmak V/I ⟨-ur⟩ werden; sein; geschehen; reif werden
olmamış ADJ unreif
olmaz ADJ unmöglich; unglaublich; ~ **mı?** geht es nicht?; **olur** ~ irgendwelche(r, s); ~**sa** ~ wenn nicht, dann eben nicht; **hiç** ~**sa** wenigstens
olmuş ADJ (*passiert sein*) geschehen; (*Obst*) reif
olsa: ~ ~ höchstens
olta S Angel *f*; ~ **iğnesi** Angelhaken *m*; ~ **yemi** Köder *m*
oluk S ⟨-ğu⟩ (Dach-)Rinne *f*; Rille *f* **oluklu** ADJ mit e-r Rinne versehen; gerillt
olumlu ADJ positiv **olumsuz** ADJ negativ
olur **A** ADJ möglich; ~**sa** wenn es geht **B** INT in Ordnung!; — *a.* **olmaz**
oluş S Sein *n*, Werden *n* **oluşmak** V/I entstehen (*-den* aus *dat*) **oluşturmak** V/T schaffen, bilden **oluşum** S Entstehung *f*
omlet S Omelett *n*
omur S ANAT Wirbel *m* **omurga** S ANAT Rückgrat *n* SCHIFF Kiel *m* **omurilik** S ANAT Rückenmark *n*
omuz S ⟨-mzu⟩ ANAT Schulter *f*; ~ **silkmek** mit den Schultern zucken **omuzlamak** V/T schultern
on ADJ *Zahl* zehn
ona PRON ihm, ihr
onamak V/T billigen, gutheißen
onarım S Reparatur *f* **onarmak** V/T ausbessern, reparieren
onay S Bestätigung *f* **onaylamak** V/T bestätigen; bekräftigen
onbaşı S ⟨-yı⟩ MIL Gefreite(r) *m/f(m)*

ondalık ⟨-ğı⟩ **A** ADJ dezimal **B** S Zehnte(r) *m*, zehnte(r) Teil *m*

ondüle ADJ (*Haar*) gewellt

oniki ADJ *Zahl* zwölf; **onikiparmak barsağı** Zwölffingerdarm *m*

onlar PRON sie *pl*

on-line ADJ IT online

onmak V/I ⟨-ar⟩ besser werden; genesen; glücklich werden

onu PRON ihn, sie, es

onun PRON sein, ihr; **~ki** (der, die, das) sein(e), ihr(e); **~la** mit ihm *od* ihr

onur S Ehre *f*, Würde *f*; **~ kurulu** Ehrengericht *n*

opera S Oper *f*

operatör S Chirurg(in) *m(f)*; Führer(in) *m(f)*; TECH Operator *m*; Veranstalter(in) *m(f)*

ora S jene Stelle, dort; **~da** dort; **~daki** (der, die, das) dortige; **~dan** von dort, dorther; **~lı** von dort stammend; **~sı** jene Stelle, dort

oran S Verhältnis *n*; Proportion *f* **oranla** ADV im Vergleich; im Verhältnis zu **oranlı** ADJ im Verhältnis **oransal** ADV verhältnismäßig, relativ

orantı S MATH Gleichung *f*, Proportion *f* **orantılı** ADJ proportional

oraya ADV dorthin

orda, ordan → orada, oradan

ordövr S Vorspeise *f*

ordu S MIL Heer *n*, Armee *f*

orduevi S MIL Offiziersklub *m*

org S MUS Orgel *f*

organ S Organ *n*; **~ nakli** MED Transplantation *f* **organik** ADJ organisch **organizma** S Organismus *m*

orgazm S Orgasmus *m*

orijinal ADJ ⟨-li⟩ neuartig, originell; Original…

orkestra S Orchester *n*; **~ şefi** Dirigent(in) *m(f)*

orkide S BOT Orchidee *f*

orman S Wald *m*, Forst *m* **ormancı** S Förster(in) *m(f)* **ormanlık** **A** S Waldgebiet *n* **B** ADJ waldig

orospu S *vulg* Hure *f*, Nutte *f*

orta **A** S Mitte *f*, Zentrum *n*, Mittelpunkt *m*; **~dan kaldırmak** beseitigen; **~sını bulmak** den Mittelweg finden; **~ya çıkarmak** aufdecken, entlarven; **~ya çıkmak** auftreten, erscheinen; **~ya koymak** darstellen, präsentieren **B** ADJ in der Mitte; Mittel…; **~ direk** *od* **tabaka** *fig* Mittelstand *m*, Mittelschicht *f*; *-in* **~sından** mitten durch *akk*

ortaç S ⟨-cı⟩ GRAM Partizip *n*

Ortaçağ S Mittelalter *n*

Ortadoğu S Mittlere(r) Osten *m*

ortak ⟨-ğı⟩ **A** S Teilhaber(in) *m(f)* **B** ADJ gemeinsam **ortaklaşa** ADV gemeinsam **ortaklık** S Teilhaberschaft *f*;

WIRTSCH Gesellschaft *f*
ortalama ADJ durchschnittlich
ortalamak V/T *-i* die Mitte *gen* erreichen; halbieren *akk*
ortam S Umwelt *f*; Umgebung *f*, Milieu *n*; Verhältnisse *pl*
ortanca[1] ADJ *(Geschwister)* mittler...
ortanca[2] S BOT Hortensie *f*
ortaokul S Mittelschule *f*
ortaoyunu S *(türk.)* Volksschauspiel *n*
ortaparmak S ‹-ğı› Mittelfinger *m*
Ortodoks ADJ REL orthodox **Ortodoksluk** S orthodoxe Kirche *f*, Orthodoxie *f*
oruç S ‹-cu› REL Fasten *n*; **~ tutmak** fasten **oruçlu** ADJ fastend
Osmanlı ADJ osmanisch **Osmanlıca** S Osmanisch *n*
osurmak V/I *vulg* furzen
ot S Pflanze *f*, Kraut *n*; Gras *n*
otantik ADJ authentisch, unverfälscht; echt
otel S Hotel *n* **otelci** S Hotelbesitzer(in) *m(f)*, Hotelier *m*
otlak S ‹-ğı› Weide *f*, Weideland *n* **otlamak** V/I weiden, grasen **otlanmak** V/I *umg* schnorren
oto S Auto(mobil *n*) *n* **otoban** S *umg* Autobahn *f* **otobüs** S (Auto-)Bus *m* **otogar** S Busbahnhof *m* **otomat** S Automat *m* **otomatik** ADJ automatisch; Selbst... **otomobil** → oto **otopark** S Parkplatz *m*
otopsi S Autopsie *f*
otorite S Autorität *f* **otoriter** ADJ autoritär
otostop: **~ yapmak** per Anhalter reisen **otostopçu** S Tramper(in) *m(f)*
otoyol S Autobahn *f*
oturacak: **~ yer** Sitzplatz *m*
oturak S ‹-ğı› Sitz *m*, Bank *f*; Nachttopf *m*
oturma S Sitzen *n*; Wohnen *n*; Aufenthalt *m*; **~ belgesi** Aufenthaltsbescheinigung *f*; **~ izni** Aufenthaltsgenehmigung *f*; **~ yeri** Wohnsitz *m* **oturmak** V/I sich setzen, Platz nehmen (*-e* auf *dat*); sitzen, wohnen (*-de* in *dat*); SCHIFF stranden, auflaufen (*-e* auf *akk*)
oturtmak V/T *(Platz nehmen lassen)* setzen; *(ernennen)* einsetzen
oturum S Sitzung *f*; **~ açmak** IT einloggen; **~ kapatmak** IT ausloggen
otuz ADJ *Zahl* dreißig
ova S GEOG Ebene *f*
ovalamak V/T massieren; (zer-)reiben **ovmak** V/T ‹-ar› massieren, reiben; polieren **ovuşturmak** V/T aneinanderreiben; einreiben
oy S POL Stimme *f*; Votum *n*; **~ hakkı** Stimmrecht *n*; **~ vermek** *dat* die Stimme geben
oya S (Häkel-)Spitze *f*
oyalamak V/T ablenken, hinhalten
oybirliğiyle ADJ einstimmig

oylamak V/T zur Abstimmung stellen

oyma S Schnitzarbeit *f*, Schnitzerei *f* **oymacı** S Schnitzer(in) *m(f)*; Bildhauer(in) *m(f)*

oymak[1] S (*-ğı*) Sippe *f*; Nomadenstamm *m*; (*Pfadfinder*) Gruppe *f*

oymak[2] V/T (*-ar*) aushöhlen; (aus)schnitzen, meißeln, kerben

oynak ADJ beweglich; locker, lose; *umg* leichtfertig; leichtsinnig

oynamak V/I spielen; tanzen; sich bewegen, locker sein

oynaş S *umg* Liebhaber(in) *m(f)*; Geliebte(r) *f(m)*

oynatmak V/T bewegen; spielen lassen; *umg* verrückt werden

oysa(ki) KONJ aber, indessen

oyuk ⟨-ğu⟩ **A** ADJ ausgehöhlt, hohl **B** S Loch *n*, Höhlung *f*

oyun S Spiel *n*; Tanz *m*; Streich *m* **oyunbozan** S Spielverderber(in) *m(f)* **oyuncak** S ⟨-ğı⟩ Spielzeug *n*

oyuncu **A** S Spieler(in) *m(f)* **B** ADJ verspielt

ozan S Volksdichter(in) *m(f)*

Ö

öbek S ⟨-ği⟩ Haufen *m*; Gruppe *f*; **~ ~** in Grüppchen

öbür ADJ ander...

öç S ⟨-cü⟩ Rache *f*

öd S ANAT Galle *f*; *b-in* **~ü kopmak** einen Schreck kriegen

ödeme S (Be-)Zahlung *f* **ödemek** V/T (be)zahlen

ödemeli ADJ per Nachnahme

ödenek S ⟨-ği⟩ Fonds *m*, Mittel *pl*; POL Diäten *pl*

ödenmek V/I PASSIV bezahlt werden

ödenti S Mitgliedsbeitrag *m*

ödev S Pflicht *f*; Aufgabe *f*; Auftrag *m*

ödkesesi S ANAT Gallenblase *f*

ödlek ⟨-ği⟩ **A** ADJ furchtsam, feige **B** S Angsthase *m*, Feigling *m*

ödül S Preis *m*, Auszeichnung *f*; Belohnung *f*; **~ vermek**, **ödüllendirmek** *v/t* belohnen; prämieren, auszeichnen

ödün S Zugeständnis *n*; *-e* **~ vermek** Zugeständnisse *pl* machen

ödünç ADJ ausgeliehen, geborgt; **~ almak** leihen, borgen (*-den* von *dat*); **~ vermek** *j-m*

etw als Darlehen geben, leihen, borgen
öfke S Zorn *m*, Wut *f* **öfkelendirmek** V/T in Wut bringen, erzürnen **öfkelenmek** V/T wütend werden (*-e* über *akk*) **öfkeli** ADJ zornig, wütend
öge, öğe S Element *n*
öğle S Mittag *m*; **~nde, ~yin** mittags, am Mittag; **~(n)den önce** vormittags; **~(n)den sonra, ~ sonrası** nachmittags
öğrenci S Schüler(in) *m(f)*, Student(in) *m(f)*; Kursteilnehmer(in) *m(f)*; **~ servis otobüsü** Schulbus *m*; **~ yurdu** Studentenwohnheim *n* **öğrenim** S Studium *n*, Ausbildung *f* **öğrenmek** V/T (er)lernen; erfahren
öğreti S Doktrin *f*
öğretici ADJ didaktisch; lehrreich
öğretim S Unterricht(swesen *n*) *m*; **~ görevlisi** Lehrbeauftragte(r) *m/f(m)* **öğretmek** V/T lehren (*b-e b.ş-i j-n etw*) **öğretmen** S Lehrer(in) *m(f)*
öğün S Mal *n*; Mahlzeit *f*
öğüt S ⟨-dü⟩ Rat *m*, Tipp *m*; Ermahnung *f*; **~ vermek** *-e*, **öğütlemek** *v/t* *-i* e-n Rat geben *dat*
öğütmek V/T (zer)mahlen
ökçe S (*Schuh*) Absatz *m*
öksürmek V/I husten **öksürük** S ⟨-gü⟩ Husten *m*
öksüz **A** ADJ elternlos **B** S Waise *f*
öküz S ZOOL Ochse *m*
öküzgözü S BOT Arnika *f*
ölçek S ⟨-ği⟩ Maß *n*, Maßstab *m* **ölçmek** V/T ⟨-er⟩ (ab-, ver-)messen **ölçü** S Maß *n*, Ausdehnung *f* **ölçülü** ADJ gemessen; maßvoll **ölçüsüz** ADJ maßlos, unmäßig **ölçüşmek** V/I sich messen, konkurrieren (**ile** mit *dat*)
ölçüt S Kriterium *n*
öldürmek V/T töten; ermorden **öldürtmek** V/T *akk* töten lassen **öldürücü** ADJ tödlich
ölmek V/I ⟨-ür⟩ sterben **ölmez** ADJ unsterblich; unverwüstlich
ölü **A** ADJ tot **B** S Tote(r) *m/f(m)* **ölüm** S Tod *m*; **~ tehlikesi** Lebensgefahr *f* **ölümsüz** ADJ ewig, unsterblich
ömür S ⟨-mrü⟩ Leben(sdauer *f*) *n*; **~ boyu** lebenslang
ön **A** S Vorderseite *f*; **~ cam** AUTO Windschutzscheibe *f*; **~ kod (numarası)** TEL Vorwahl(-nummer *f*) *f*; **~ taraf** Vorderseite *f*; vorn(e) **B** ADJ vorder...; vorn; **~de** vorn; *-in* **~ünde** vor *dat*; *-in* **~ündeki** vordere(r, s); *-in* **~ünden** von vorn; *-in* **~üne** vor *akk*
önce ADV zuerst, vorher; **ilk ~, önceden** zuallererst
öncel S Vorgänger(in) *m(f)*
önceleri ADV früher
öncelik S Vorrang *m*, Priorität *f* **öncelikle** ADV zuerst, zunächst

öncü **A** S Pionier(in) *m(f)*; Leader *m* **B** ADV avantgardistisch
öndelik S Anzahlung *f*
önder S Führer(in) *m(f)*, Leiter(in) *m(f)* **önderlik** S Führerschaft *f*
önek S GRAM Vorsilbe *f*
önem S Wichtigkeit *f*, Bedeutung *f*; **~ vermek** *dat* Bedeutung beimessen **önemli** ADJ wichtig, erheblich **önemsemek** → önem vermek
önemsiz ADJ unwichtig, unwesentlich
önerge S POL Antrag *m*
öneri S Vorschlag *m* **önermek** V/T vorschlagen
öngörmek V/T vorsehen; vorhersehen
öngörü S Weitsicht *f*, Voraussicht *f*
önkol S ANAT Unterarm *m*
önkoltuk S ⟨-ğu⟩ Vordersitz *m*
önlem S Maßnahme *f*; **~ almak** Maßnahmen *pl* ergreifen
önlemek V/T vorbeugen (*-i dat*) **önleyici** ADJ Vorbeugungs...; prophylaktisch
önlük S Schürze *f*, Kittel *m*
önseçim S POL Vorwahl *f*
önsöz S Vorwort *n*
öntekerlek S Vorderrad *n*
önyargı S Vorurteil *n*
öpmek V/T ⟨-er⟩ küssen **öpücük, öpüş** S Kuss *m* **öpüşmek** V/R einander (*od* sich) küssen; **öpüşüp koklaşmak** schmusen
ördek S ⟨-ği⟩ ZOOL Ente *f*; MED *umg* Urinflasche *f*
ören S (*historische*) Ruine *f*
örf S Brauch *m*, Sitte *f*
örgü S Gewebe *n*, Geflecht *n*; Zopf *m*
örgün ADJ organisiert; systematisch **örgüt** S Organisation *f* **örgütlemek** V/T organisieren **örgütlenmek** V/I sich organisieren
örmek V/T ⟨-er⟩ flechten; stricken; häkeln; stopfen
örn. = **örneğin, örnek olarak** zum Beispiel
örneğin ADV zum Beispiel
örnek S ⟨-ği⟩ Muster *n*, Modell *n*, Vorbild *n*; Beispiel *n*
örselemek V/T übel zurichten, nicht schonen
örtbas: **~ etmek** *fig* unter den Teppich kehren
örtmek V/T ⟨-er⟩ bedecken, verdecken, zudecken; (*Fehler*) verschleiern; (*Tür etc*) zumachen **örtü** S Decke *f*; Umschlagtuch *n*; TECH Verkleidung *f* **örtülmek** V/I PASSIV bedeckt werden, verdeckt werden **örtülü** ADJ mit Decke; bedeckt, verdeckt **örtünmek** V/I sich bedecken; sich verschleiern
örümcek S ⟨-ği⟩ ZOOL Spinne *f*; **~ ağı** Spinnennetz *n*
öt → **öd**
ötanazi S Sterbehilfe *f*
öte **A** S die andere Seite **B**

ADJ ander…; jenseitig; **~den beri** seit jeher, seit alter Zeit **öteberi** S dies und das **öteki** ADJ ‹-ni› der/die/das andere
ötmek V/I ‹-er› (*Vögel*) singen; krähen
ötürü PRÄP wegen (*-den gen*); JUR gemäß (*-den gen*)
övgü S Lob *n* **övmek** V/T ‹-er› loben, preisen
övünç S ‹-cü› Stolz *m* **övünmek** V/I sich rühmen (*ile gen*); prahlen (*ile* mit *dat*)
öykü S Erzählung *f*; Geschichte *f*
öyle ADJ & ADV so ein(e), solcher, solche, solches; **~ ise, ~yse** in diesem Fall(e); **~ ki** derart dass, sodass; **~ veya böyle** so oder so **öylece, öylelikle** ADV derart, auf diese Weise **öylesine** ADV dermaßen; einfach so
öz **A** S Selbst *n*, Wesen *n*, Kern *m*; Mark *n* **B** ADJ rein, echt; eigen; identisch
özdeşleştirmek V/T identifizieren **özdeşlik** S Identität *f*
özel ADJ persönlich, privat, eigen, besonder…; **~ ad** *od* **isim** Eigenname *m*; Vorname *m*; **~ durum** Sonderfall *m*; **~ hayat** Privatleben *n*; **~ sayı** Sondernummer *f*; **~ ulak** Botenzustellung *f* **özelleştirmek** V/T privatisieren
özellik S Eigenheit *f*, Eigentümlichkeit *f*; Eigenschaft *f*; Vorzug *m*
özellikle ADV besonders, vor allem, vorzugsweise
özen S Sorgfalt *f*, Mühe *f* **özenli** ADJ sorgfältig **özenmek** V/T sich Mühe geben, Sorgfalt verwenden (*-e* bei *dat*); Neigung haben (*-e* zu *dat*) **özensiz** ADJ nachlässig
özenti **A** S Nacheiferung *f*, Nachahmen *n* **B** ADJ Möchtegern…
özerk ADJ autonom **özerklik** S Autonomie *f*
özet S Zusammenfassung *f*; **~ olarak, ~le** zusammengefasst **özetlemek** V/T zusammenfassen
özgü ADJ charakteristisch (*-e* für *akk*)
özgül ADJ spezifisch
özgün ADJ originell
özgür ADJ frei, unabhängig **özgürlük** S Freiheit *f*
özgüven S Selbstvertrauen *n*
özlem S Sehnsucht *f* **özlemek** V/T *-i* sich sehnen nach *dat*; ersehnen *akk*
özlü ADJ markig; üppig, ergiebig, voll; gehaltvoll; (*Ausdruck*) treffend
özne S Subjekt *n* **öznel** ADJ subjektiv
özsu S Saft *m*
özümlemek V/T sich zu eigen machen
özür S ‹-zrü› Fehler *m*; Entschuldigung *f*; **~ dilemek** sich entschuldigen (*b-e -den* bei *j-m* wegen *gen*) **özürlü** **A** AD

(*Stoff etc*) fehlerhaft; (*entschuldbar*) entschuldigt **B** S Behinderte(r) *m/f(m)*
özveri S Hingabe *f*, Aufopferung *f*
özyaşamöyküsü S Autobiografie *f*
özyönetim S Selbstverwaltung *f*

P

pabuç S ‹-cu› Schuh *m*, Pantoffel *m*; ARCH Sockel *m* **pabuççu** S Schuhmacher *m*, Schuster *m*
paça S Hachse *f*, Haxe *f*; Hosenbein *n*
paçavra S Lappen *m*, Lumpen *m*
padişah S Herrscher *m*, Sultan *m*
pafta S GEOG Kartenblatt *n*
paha S Preis *m*, Wert *m* **pahalı** ADJ teuer, kostspielig **pahalıcı** S (*Händler*) mit gesalzenen Preisen **pahalılaşmak** V/I teurer werden, im Preis steigen **pahalılık** S Teuerung *f*
pak ADJ rein, sauber
paket S Paket *n*; Packung *f*; **~ yapmak**, **paketlemek** *v/t* einpacken, verpacken
pakt S Pakt *m*, Bündnis *n*
pala S Krummschwert *n*
palabıyık S Schnauzbart *m*
palamar S SCHIFF Tau *n*
palamut[1] S (-*du*) BOT Eichel *f*
palamut[2] S (-*du*) ZOOL (*Makrelenart*) Bonito *m*
palas S Palast *m*; **~ pandıras** *fig* Hals über Kopf
palavra S Geschwätz *n*, Getratsche *n*
palaz S ZOOL (*Küken*) Junge(s) *n* **palazlanmak** V/I heranwachsen
paldır: **~ küldür** holterdiepolter
palet S Palette *f*; TECH Raupe(nkette *f*) *f*
palmiye S BOT Palme *f*
palto S (Winter-)Mantel *m*
palyaço S Clown *m*
pamuk S ‹-ğu› BOT Baumwolle *f*; Watte *f* **pamuklu** ADJ aus Baumwolle; wattiert
panayır S Jahrmarkt *m*
pancar S BOT Rübe *f*; Zuckerrübe *f*
pandantif S (*Schmuck*) Anhänger *m*
pandül S Pendel *n*
panel S Podiumsgespräch *n*
panik S ‹-ği› Panik *f*
panjur S Fensterladen *m*
pankart S Transparent *n*, Schild *n*
pankreas S ANAT Bauchspeicheldrüse *f*
pano S Tafel *f*
panorama S Aussicht *f*, Panorama *n*
pansiyon S (*Hotel*) Pension *f*

pansiyoner S Pensionsgast *m*
pansuman S MED Verband *m*, Verbinden *n*
pantolon S Hose *f*
panzehir S Gegengift *n*
papa S REL Papst *m*
papağan S ZOOL Papagei *m*
papatya S BOT Kamille *f*; **çayır ~sı** BOT Gänseblümchen *n*
papaz S REL Priester *m*; (*Spielkarte*) König *m*
papyon S Schleife *f*, Fliege *f*
para S Geld *n*; **kaç ~?** wie viel kostet es?; **~ babası** *umg* Pfeffersack *m*; **~ bozdurmak** Geld tauschen, wechseln lassen; **~ bozmak** Geld wechseln; **~ cezası** JUR Geldstrafe *f*, Bußgeld *n*; **~ etmek** wert sein; **~ kırmak** *fig* viel Geld verdienen; **~ yemek** *fig* Geld verschwenden; bestechlich sein
parafe: **~ etmek** POL paraphieren, abzeichnen
paragraf S Absatz *m*; Paragraf *m*
parakete S SCHIFF Log *n*
paralamak V/T in Stücke reißen; abnutzen **paralanmak** V/I zerstückelt werden; *fig* sich vor Eifer in Stücke reißen
paralel **A** ADJ parallel **B** S ASTRON Breitenkreis *m*; SPORT Barren *m*
paralı ADJ (*Mensch*) reich; (*Straße*) kostenpflichtig
parantez S GRAM Klammer *f*
parapet S SCHIFF Reling *f*; Brüstung *f*
parasal ADJ geldlich; Finanz…
parasız ADJ ohne Geld; kostenlos, gratis
paraşüt S Fallschirm *m* **paraşütçü** S Fallschirmspringer(in) *m(f)*
paratoner S TECH Blitzableiter *m*
paravan(a) S Wandschirm *m*, spanische Wand *f*
parazit S *a. fig* Parasit *m*, Schmarotzer *m*; RADIO, TV Nebengeräusch *n*
parça S Stück *n*, Teil *m*; **~ ~** zerstückelt **parçacı** S AUTO Ersatzteilhändler(in) *m(f)* **parçalamak** V/T zerteilen, zerkleinern **parçalanmak** V/I zerteilt werden; zerschellen
parçalı ADJ stellenweise (*bewölkt*)
pardon INT Verzeihung!, entschuldigen Sie!
pardösü S (Sommer-)Mantel *m*, Regenmantel *m*
parıldamak V/I glänzen, leuchten, funkeln **parıltı** S Funkeln *n*, Leuchten *n*, Strahlen *n*
park S Park *m*; Parken *n*; Parkplatz *m*; **~ etmek** (*od* **yapmak**) AUTO parken; **~ saati** AUTO Parkuhr *f*; **~ yasağı** AUTO Parkverbot *n*
parka S Anorak *m*
parke S Parkett *n*
parkur S SPORT Bahn *f*
parlak ADJ ⟨-ğı⟩ glänzend

blank, leuchtend **parlamak** VI glänzen, strahlen, leuchten **parlamenter** S Parlamentarier(in) *m(f)* **parlamento** S Parlament *n* **parlatmak** VT polieren, glänzen

parmak S ⟨-ğı⟩ ANAT Finger *m*, Zeh *m*, Zehe *f*; **~ izi** Fingerabdruck *m*

parmaklık S Zaun *m*; Gitter *n*; Sprosse *f*; Geländer *n*

parodi S Parodie *f*

parola S Parole *f*; Losung *f*

pars S ZOOL Leopard *m*, Panther *m*

parsel S Parzelle *f*, Grundstück *n* **parsellemek** VT parzellieren

parti[1] S Partie *f*; Spiel *n*; Party *f*

parti[2] S POL Partei *f* **partili** S Parteimitglied *n*

parttaym ADJ Teilzeit...

pas[1] S Rost *m*; **~ tutmak** rosten

pas[2] S SPORT Pass *m*; **~ vermek** den Ball zuspielen; *umg* Avancen machen

pasaj S Durchgang *m*, Ladenstraße *f*; Passage *f*

pasaklı ADJ schmutzig, schlampig

pasaport S (Reise-)Pass *m*

pasif ADJ passiv

paskalya S REL Ostern *n*; **~ çöreği** Osterzopf *m*

paslanmak VI (ver)rosten **paslanmaz** ADJ rostfrei **paslı** ADJ verrostet

paso S Freifahrschein *m*; Ermäßigungsausweis *m*

paspas S Fußmatte *f*, Fußabtreter *m*; Mopp *m*

paspaslamak VT *(Boden)* putzen, moppen

pasta S Kuchen *m* **pastacı** S Konditor(in) *m(f)* **pasta(ha)ne** S Konditorei *f*, Café *n*

pastırma S Dörrfleisch *n*; **~ yazı** Altweibersommer *m*

pastörize ADJ pasteurisiert, entkeimt

paşa S *hist* Pascha *m*, General *m*

pat[1] S BOT Aster *f*

pat[2] **(diye)** ADJ unvermittelt, plötzlich, ohne Vorankündigung

pataklamak VT verprügeln, durchhauen

patates S BOT Kartoffel(n *pl*) *f*

patavatsız ADJ unbekümmert; taktlos; respektlos

paten S Schlittschuh *m*; Rollschuh *m*

patent S Patent *n*; Gewerbeschein *m*

patırdamak VI lärmen, poltern **patırtı** S Lärmen *n*, Poltern *n*, Trampeln *n*

patik S ⟨-ği⟩ Babyschuh *m*

patika S Fußpfad *m*, Fußweg *m*

patinaj S AUTO Rutschen *n*, Schleudern *n*; **~ yapmak** *(Räder)* durchdrehen

patiska S Battist *m*

patlak ADJ ‹-ğı› geplatzt, geborsten **patlama** S Explosion *f* **patlamak** V/I explodieren; bersten, platzen **patlangaç** S Knallerbse *f*; Knallfrosch *m* **patlatmak** V/T zum Platzen bringen **patlayıcı** ADJ explosiv
patlıcan S BOT Aubergine *f*
patrik S ‹-ği› REL Patriarch *m* **patrikhane** S Patriarchat *n*
patron S Boss *m*; *umg* Arbeitgeber(in) *m(f)*
pavyon S Pavillon *m*; Nachtlokal *n*
pay S Teil *m*, Anteil *m*; MATH Zähler *m*, Dividend *m* **payda** S MATH Nenner *m*, Divisor *m*
paydos S Arbeitsschluss *m*; Pause *f*; SPORT Halbzeit *f*
paylamak V/T ausschimpfen
paylaşım S (Auf-)Teilung *f* **paylaşmak** V/T *akk* unter sich aufteilen; *fig* Anteil nehmen an *dat*, (*Schmerz*) teilen **paylaştırmak** V/T *akk* aufteilen
paytak ADJ ‹-ğı› krummbeinig; **~ ~ yürümek** watscheln
payton → fayton
pazar[1] S Sonntag *m*
pazar[2] S Markt(platz *m*) *m* **pazarcı** S Markthändler(in) *m(f)*; **~ yeri** Marktplatz *m* **pazarlama** S WIRTSCH Marketing *n*; Vertrieb *m* **pazarlamak** V/T vermarkten **pazarlık** S Handeln *n*, Feilschen *n*; **~ etmek** *od* **yapmak** handeln, feilschen
pazartesi S ‹-yi› Montag *m*
pazı S ANAT Oberarmmuskel *m*, Bizeps *m*; BOT Mangold *m*
peçe S Gesichtsschleier *m*
peçete S Serviette *f*
pedal S Pedal *n*
pehlivan S Ringkämpfer *m*
pehpeh! INT bravo!; Respekt!
pejmürde ADJ zerlumpt
pek ADV sehr; hart, fest
pekâlâ! INT schön!, sehr gut!; okay!
peki! INT jawohl!; gut!; abgemacht!
pekişmek V/I hart *od* fest werden **pekiştirmek** V/T härten; festigen
peklik S ‹-ği› Festigkeit *f*, Härte *f*; MED Verstopfung *f*
pekmez S eingekochte(r) Fruchtsirup *m*
peksimet S ‹-di› Zwieback *m*
pelte S Gelee *n*; **~ gibi** wabbelig
peltek ADJ ‹-ği› lispelnd
pelür S Durchschlagpapier *n*
pembe ADJ rosa; **~ dizi** schnulzige Fernsehserie *f*
pena S Plektron *n*
penaltı S SPORT Strafstoß *m*, Elfmeter *m*
pencere S Fenster *n*
pençe S ZOOL Pfote *f*, Tatze *f*; Schuhsohle *f* **pençelemek** V/T mit der Tatze fassen *od* packen, ergreifen
penguen S ZOOL Pinguin *m*
penisilin S MED Penizillin *n*
pens(e) S Pinzette *f*; Zange *f*; (*Kleidung*) Abnäher *m*

penye S gekämmte Baumwolle *f*; *umg* Baumwollshirt *n*
pepe ADJ stotternd **pepelemek** V/I stottern
perakende ADJ im Einzelhandel **perakendeçi** S Einzelhändler(in) *m(f)*
perçin S TECH Niet(e *f*) *m od n* **perçinlemek** V/T (ver)nieten **perçinli** ADJ genietet, vernietet
perdah S Glanz *m*, Politur *f*; **~ vurmak** *-e*, **perdahlamak** *v/t -i* polieren, glätten *akk* **perdahlı** ADJ poliert, glänzend **perdahsız** ADJ glanzlos, matt
perde S Vorhang *m*; THEAT Akt *m*; **~ arkası** Kulisse *f*; was dahinter steckt; (**beyaz**) **~** (*Kino*) Leinwand *f*; **tül ~** Gardine *f* **perdelemek** V/T mit e-m Vorhang versehen; *fig* verbergen **perdeli** ADJ verhängt, mit e-m Vorhang versehen **perdesiz** ADJ ohne Vorhang
perende S Salto *m*; **~ atmak** e-n Salto schlagen
perese S Richtschnur *f* (*des Maurers*)
performans S Leistung *f*
pergel S MATH Zirkel *m*
perhiz S Fasten *n*; Diät *f*; **~ yapmak** e-e Diät einhalten
peri S Fee *f* **peribacası** S (*in Kappadokien*) Tuffkegel *m*
perişan ADJ zerstreut, durcheinander; (*Person*) verstört; **~ olmak** verwirrt sein **perişanlık** S Durcheinander *n*, Verwirrung *f*
perma S Dauerwelle *f*
permi S Einfuhrgenehmigung *f*
peron S BAHN Bahnsteig *m*
personel S Personal *n*
perşembe S Donnerstag *m*
pertavsız S Vergrößerungsglas *n*, Lupe *f*
peruk(a) S ⟨-ğu⟩ Perücke *f*
pervane S ZOOL Nachtfalter *m*; TECH Propeller *m*; Schiffsschraube *f*
pervasız ADJ furchtlos
pervaz S Rand *m*
pes[1]: **~ demek** *od* **etmek** sich geschlagen geben
pes[2] ADJ tief (*Stimme*)
pestil S getrocknete(r) Fruchtsirup *m*; **~i çıkmak** *fig* fix und fertig sein
peş S hintere(r) Teil *m*, Rücken *m*; **~ ~e** hintereinander; *-in* **~inde dolaşmak** (*od* **gezmek**) nachlaufen *dat*; *-in* **~inde(n) koşmak** verfolgen *akk*, hinter *dat* herlaufen; *-in* **~ine düşmek** verfolgen *akk*; nicht in Ruhe lassen *akk*
peşin ADV gegen bar; im Voraus **peşinat** S Vorauszahlung *f*
peşkir S Handtuch *n*
peştemal S (*a. im Bad*) Lendentuch *n*
pet: **~ şişe** Kunststoffflasche *f*
petek S ⟨-ği⟩ Wabe *f*
petrol S ⟨-lü⟩ Erdöl *n*; **~ istas-**

yonu AUTO Tankstelle *f*
pey S Anzahlung *f*; **~ vermek** *dat* e-e Anzahlung leisten
peydah: **~ olmak** sich zeigen **peydahlanmak** V/I erscheinen, sich zeigen
peyderpey ADV nach und nach; FIN in Raten
peygamber S REL Prophet *m*
peynir S Käse *m*; **beyaz ~** weiche(r) Schafskäse, Feta *m*
peyzaj S Landschaft(sbild *n*) *f*
pezevenk S ⟨-gi⟩ *vulg* Zuhälter *m*
pıhtı S Gerinnsel *n* **pıhtılaşmak** V/I gerinnen; erstarren
pılı pırtı S *umg* Krempel *m*
pınar S Quelle *f*
pırasa S BOT Lauch *m*, Porree *m*
pırıldamak V/I glänzen, leuchten; **pırıl pırıl** leuchtend; sauber; neu; makellos **pırıltı** S Glänzen *n*
pırlanta S Brillant *m*
pırtı S wertlose(s) Zeug *n*
pısırık ADJ ⟨-ğı⟩ ängstlich
pışpışlamak V/T (*Baby*) in den Schlaf wiegen
pıt S Mucks *m*
pıtırdamak V/I tappen; rascheln **pıtırtı** S Tappen *n*, Knistern *n*
piç S Bastard *m*
pide S Fladenbrot *n*
pijama S Schlafanzug *m*
pikap S ⟨-bı⟩ Plattenspieler *m*; AUTO Kleinlastwagen *m*
pike¹ **A** S Pikee *m* **B** ADJ Pikee...
pike² S FLUG Sturzflug *m*
piknik S (*ği*) Picknick *n*
pil S Batterie *f*
pilaki S *kaltes Bohnen- oder Fischgericht*
pilav S Pilaw *m*, Reisgericht *n*
pile S Falte *f* **pileli** ADJ plissiert
piliç S ⟨-ci⟩ Hühnchen *n*
pilli ADJ Batterie...
pilot S Pilot(in) *m(f)*, Flugzeugführer(in) *m(f)*; **~ proje** Pilotprojekt *n*
pim S TECH Stift *m*
pineklemek V/I (herum)dösen
pingpong S Tischtennis *n*
pinpon S *umg* Tattergreis *m*
pinti ADJ geizig, knickerig
pipo S Pfeife *f*
pir S Heilige(r) *m*; Schutzpatron *m*
piramit S ⟨-di⟩ Pyramide *f*
pire S ZOOL Floh *m* **pirelenmek** V/I Flöhe bekommen; *fig* Verdacht schöpfen
pirinç¹ S (*-ci*) Reis *m*
pirinç² S (*-ci*) Messing *n*
pirzola S Kotelett *n*
pis ADJ schmutzig; **~ su** Abwasser *n*
pisboğaz ADJ gefräßig
piskopos S REL Bischof *m*
pislemek V/T *-e* verunreinigen, beschmutzen *akk* **pislenmek** V/I sich beschmutzen; beschmutzt werden **pisletmek** V/T verschmutzen; verderben
pislik S Schmutz *m*, Dreck *m*

pist S SPORT Rennbahn *f*; FLUG Startbahn *f*; Tanzfläche *f*
piston S TECH Kolben *m*; ~ **kolu** Pleuelstange *f*; ~ **yatağı** Pleuellager *n*
pişik S ‹-ği› Wundsein *n* (*durch Hitze*)
pişirim(lik) ADJ für ... Mahlzeiten ausreichend
pişirmek V/T kochen; backen
pişkin ADJ gut gekocht *od* durchgebacken; *fig* erfahren; abgebrüht
pişman: ~ **olmak** -*e* bereuen *akk* **pişmanlık** S Reue *f*; ~ **yasası** JUR Kronzeugengesetz *n*
pişmek V/I ‹-er› kochen; backen; gar werden **pişmiş** ADJ gekocht, gedünstet; (*Braten*) durch
pitoresk ADJ malerisch
piyade S MIL Infanterist *m*; Infanterie *f*
piyango S Lotterie *f*
piyano S Klavier *n*, Piano *n*; ~ **çalmak** Klavier spielen
piyasa S Markt *m*; Marktpreis *m*; **~ya sürmek** WIRTSCH auf den Markt bringen
piyaz S *Salat aus gekochten weißen Bohnen, Zwiebeln, Öl etc*; Beilage *f* (*aus Zwiebeln mit Petersilie*)
piyes S THEAT Stück *n*
piyon S (*Schachfigur*) Bauer *m*; *fig* (*Person*) Marionette *f*
P.K.: **Posta Kutusu** Postfach *n*
plaj S (Bade-)Strand *m*
plak S ‹-ğı› Schallplatte *f*
plaka S AUTO Nummernschild *n*, Kennzeichen *n*; Metallplatte *f*
plaket S Plakette *f*
plan S Plan *m* **planlamak** V/T planen **planlı** ADJ geplant
planör S FLUG Segelflugzeug *n*
plansız ADJ ohne Plan; planlos
plantasyon S Plantage *f*
plaster S (Wund-)Pflaster *n*
plastik ‹-ği› **A** ADJ plastisch; ~ **sanatlar** bildende Künste **B** S Kunststoff *m*
platin S Platin *n*
pli → **pile**
Plüton S ASTRON Pluto *m*
plütonyum S Plutonium *n*
poğaça S Mürbteigtasche *f*
pohpohlamak V/T schmeicheln (*b-i dat*)
polemik S ‹-ği› Polemik *f*
poliçe S (Versicherungs-) Police *f*
poligon S SPORT Schießplatz *m*
polis S Polizei *f*; Polizist(in) *m(f)* **polisiye** ADJ (*Film etc*) Kriminal...
politik ADJ politisch **politika** S Politik *f* **politikacı** **A** S Politiker(in) *m(f)* **B** ADJ *umg* diplomatisch
Polonya S Polen *n* **Polonyalı** S Pole *m*, Polin *f*
pompa S Pumpe *f* **pompalamak** V/T pumpen
pompon, ponpon S Quaste *f*

poplin S Popelin(e *f*) *m*
porselen S Porzellan *n*
porsiyon S Portion *f*
porsuk S ⟨-ğu⟩ ZOOL Dachs *m*
portakal S BOT Orange *f*
portatif ADJ tragbar **portbagaj** S AUTO Dachgepäckträger *m* **portbebe** S Babytragetasche *f*
Portekiz S Portugal *n* **Portekizli** S Portugiese *m*, Portugiesin *f*
portmanto S Kleiderständer *m*, Garderobe *f*
portör S MED Träger *m*
portre S Porträt *n*
posa S Trester *m*; *b-in* **~sını çıkarmak** *umg* schlauchen
post S Fell *n*, Vlies *n*
posta S Post *f*; WIRTSCH Posten *m*; **~ kodu** Postleitzahl *f*; **~ pulu** Briefmarke *f* **postacı** S Briefträger(in) *m(f)* **posta(ha)ne** S Postamt *n* **postalamak** V/T mit der Post senden **postrestant** ADJ postlagernd
poşet S Beutel *m*; Plastiktüte *f*; **~ çay** Teebeutel *m*
pot S (*Kleidung*) Schnittfehler *m*; Schnitzer *m*; **~ kırmak** *fig* e-n Fauxpas begehen
potansiyel A S Potenzial *n* B ADJ potenziell
potin S Halbstiefel *m*
potur A ADJ faltig B S Pluderhose *f*
poyra S TECH (Rad-)Nabe *f*
poyraz S Nordostwind *m*
poz S Pose *f*, Haltung *f*; FOTO Belichtung *f*; **~ vermek** sich aufstellen (*für Foto*), posieren; FOTO *-e* belichten *akk*
pozitif ADJ positiv
pörsük ADJ faltig geworden, zusammengeschrumpft; verwelkt **pörsümek** V/I faltig werden
pösteki S Schaf- *od* Ziegenfell *n*; **~ saydırmak** *fig dat* e-e Sisyphusarbeit aufbürden
pratik ⟨-ği⟩ A ADJ praktisch B S Praxis *f*, Erfahrung *f*, Übung *f*
prefabrik(e) ADJ ARCH Fertig…
prens S Prinz *m*; Fürst *m*
prenses S Prinzessin *f*; Fürstin *f*
prensip S ⟨-bi⟩ Prinzip *n*
pres S TECH Presse *f*; **~ ütü** Bügelmaschine *f*
prezervatif S Präservativ *n*
prim S Prämie *f*; **~ yapmak** Ertrag abwerfen
printer S IT Drucker *m*
priz S ELEK Steckdose *f*
problem S Problem *n*
profesör S Professor(in) *m(f)*
profesyonel ADJ berufsmäßig; Berufs…
progam S Programm *n* **programlamak** V/T IT programmieren
proje S Projekt *n*
projeksiyon S Projektion *f*
projektör S Scheinwerfer *m*
proletarya S Proletariat *n*
proleter S Proletarier(in)

m(f)
propaganda S Propaganda f; Werbung f **propagandacı** S Propagandist(in) m(f)
prospektüs S MED Beipackzettel m
Protestan REL **A** S Protestant(in) m(f) **B** ADJ protestantisch, evangelisch **Protestanlık** S REL Protestantismus m
protesto S Protest m; **~ etmek** protestieren, Einspruch erheben (-i gegen akk)
protokol S ⟨-lü⟩ Protokoll n
prova S Probe f; Anprobe f; Korrekturfahne f
pruva S SCHIFF Bug m
psikoloji S Psychologie f
PTT: **Posta, Telgraf, Telefon (İdaresi)** Post- u. Fernmeldewesen n
puan S WIRTSCH, SPORT Punkt m **puanlı** ADJ (Stoff) gepunktet
puding S Pudding m
pudra S Puder m **pudralamak** V/T pudern
pul S (kleine runde) Scheibe f; ZOOL Schuppe f; (Briefmarke etc) Marke f **pulcu** S Markenverkäufer(in) m(f); Briefmarkensammler(in) m(f) **pullamak** V/T frankieren **pullu** ADJ frankiert **pulsuz** ADJ ohne Marke(n); unfrankiert
pupa SCHIFF **A** S Heck n **B** ADV von achtern; **~ yelken** mit Rückenwind; in voller Fahrt
puro S Zigarre f
puset S Buggy m
puslanmak V/I (Glas) beschlagen
puslu ADJ diesig
pusu S Hinterhalt m; **~ya yatmak** sich auf die Lauer legen
pusula[1] S Kompass m
pusula[2] S Zettel m; Notiz f
püf S Hauch m, Windstoß m; **~ noktası** fig springende(r) Punkt m **püflemek** V/T -i blasen auf akk; (Kerze) ausblasen, auspusten akk
püre S Püree n, Brei m
pürtük ⟨-ğü⟩ **A** S Pustel f **B** ADJ genarbt
pürüz S raue Stelle f, Unebenheit f; fig Schwierigkeit f; **~ çıkarmak** Schwierigkeiten machen **pürüzlü** ADJ rau, uneben **pürüzsüz** ADJ glatt, eben
püskül S Troddel f
püskürmek V/I hervorsprudeln; ausspeien **püskürtmek** V/T akk herausschleudern; (Feind) abwehren
pütür S raue Stelle f **pütürlü** ADJ rau, geriffelt, schwielig

R

Rab(bim): **ya ~!** mein Gott!
rabıta S Verbindung *f*; Zusammenhang *m*; *e-e Art Holzfußboden* **rabıtalı** ADJ zusammenhängend **rabıtasız** ADJ zusammenhanglos
radar S Radar *m od n*
radikal ADJ ⟨-li⟩ radikal
radyasyon S Strahlung *f*
radyatör S Heizkörper *m*; AUTO Kühler *m*
radyo S Radio *n*, Rundfunk *m*; **~ istasyonu** Rundfunkstation *f*
radyoaktif ADJ radioaktiv
radyoevi S Funkhaus *n*
radyoterapi S Strahlenbehandlung *f*
radyum S Radium *n*
raf S Wand- *od* Regalbrett *n*; **~a kaldırmak** *fig* auf die lange Bank schieben
rafadan ADJ (*Ei*) weich gekocht
rağbet S Verlangen *n*, Wunsch *m*; Nachfrage *f*; **~ görmek** gefragt sein
rağmen KONJ *-e* trotz *gen*; obwohl; **buna ~** trotzdem; **her şeye ~** trotz allem
rahat **A** S Ruhe *f*, Bequemlichkeit *f*; **~ına bakmak** es sich bequem machen **B** ADJ bequem, angenehm; **~ etmek** sich behaglich fühlen **rahatça** ADV in Ruhe **rahatlık** S Bequemlichkeit *f*, Gemütlichkeit *f* **rahatsız** ADJ gestört, belästigt; unwohl, krank; **~ etmeyin!** nicht stören!; **~ olmayın!** lassen Sie sich nicht stören! **rahatsızlık** S Unbequemlichkeit *f*; Unwohlsein *n*, Krankheit *f*
rahibe S REL Nonne *f*
rahim S ⟨-hmi⟩ ANAT Gebärmutter *f*
rahip S ⟨-bi⟩ REL Mönch *m*
rahmet S Erbarmen *n*, Gnade *f*; *fig* Regen *m* **rahmetli(k)** **A** ADJ verstorben, selig **B** S Verstorbene(r) *m/f(m)*
rakam S Ziffer *f*
raket S SPORT Schläger *m*
rakı S Raki *m*, Anisschnaps *m*
rakip ⟨-bi⟩ **A** S Rivale *m*, Rivalin *f*, Konkurrent(in) *m(f)* **B** ADJ gegnerisch **rakipsiz** ADJ konkurrenzlos
raks S Tanz *m* **raksetmek** V/I tanzen
Ramazan S REL Ramadan, Fastenmonat *m*; **~ Bayramı** Fest *n* des Fastenbrechens (*nach dem Ramadan*)
rampa S Rampe *f*; (*Straße*) Steigung *f*; SCHIFF Anlegen *n*
randevu S Verabredung *f*; Stelldichein *n*; Termin *m*; **~ almak** einen Termin vereinbaren, sich anmelden **randevuevi** S (illegales) Bordell *n*
randıman S Ertrag *m*

rantabilite S Rentabilität *f*

rapor S Bericht *m*, Meldung *f*; Gutachten *n*; MED Attest *n* **raporlu** ADJ krankgeschrieben **raportör** S Berichterstatter(in) *m(f)*

raptiye S Reißnagel *m*

rasat S ⟨-dı⟩ ASTRON Beobachtung *f* **rasathane** S ASTRON Sternwarte *f*

rasgele A ADJ beliebig; erstbeste(r, s) B ADV auf gut Glück C INT viel Glück!

rast: ~ **gelmek** *-e* begegnen *dat*, treffen *akk*; ~ **getirmek** *-i* treffen *akk*; Erfolg verleihen *dat*; *-e* abwarten **rastlamak** V/T *-e* begegnen *dat*, zufällig treffen *akk* **rastlantı** S Zufall *m*, (zufällige) Begegnung *f*

raunt S ⟨-du⟩ SPORT Runde *f*

ray S Schiene *f*, Gleis *n*; **~ına girmek** seinen Lauf nehmen; **~(ın)dan çıkmak** entgleisen

rayiç ⟨-ci⟩, ~ (**bedel**) S WIRTSCH Marktwert *m*

razı ADJ *-e* zufrieden, einverstanden mit *dat*; ~ **etmek** zufrieden stellen, befriedigen

reaksiyon S Reaktion *f*

reaktör S Reaktor *m*

realite S Realität *f*, Tatsache *f*

reçel S Gelee *n*, Konfitüre *f*

reçete S Rezept *n*; Verschreibung *f*

reçine S Harz *n*

redaksiyon S Redaktion *f*

reddetmek V/T ablehnen, zurückweisen; verstoßen

refah S Wohlstand *m*

refakat S Begleitung *f*, Geleit *n*; ~ **etmek** *-e* begleiten *akk* **refakatçı** S Begleitperson *f*

referandum S POL Volksentscheid *m*, Referendum *n*

referans S Quellenangabe *f*; Empfehlungsschreiben *n*

reform S Reform *f*

rehabilitasyon S Rehabilitation *f*

rehber S Führer(in) *m(f)*; Nachschlagewerk *n*; **telefon ~i** Telefonbuch *n* **rehberlik** S Führung *f*; (*Schule*) Beratung *f*

rehin S Pfand *n*; Verpfändung *f*

rehine S Geisel *f*; ~ **almak** als Geisel(n) nehmen

reis S Vorsitzende(r) *m/f(m)*; SCHIFF Kapitän(in) *m(f)*

rejim S POL Regime *n*; Diät *f*

rejisör S Regisseur(in) *m(f)*

rekabet S Rivalität *f*, Konkurrenz *f*; ~ **etmek** konkurrieren, in Wettstreit treten (**ile** mit *dat*, *-de* um *akk*)

reklam S Reklame *f*, Werbung *f*; ~ **etmek** Schlechtes verbreiten (*-i* über *akk*) **reklamcılık** S Werbung *f*

rekor S Rekord *m*; ~ **kırmak** e-n Rekord brechen **rekortmen** S Rekordhalter(in) *m(f)*

relatif ADJ relativ

Ren: ~ **nehri** Rhein *m*

rencide ADJ gekränkt, verletzt

rençber S Bauer *m*, Bäuerin *f*

rende S Hobel *m*; Reibeisen *n*, Reibe *f* **rendelemek** V/T hobeln; reiben
rengârenk ADJ vielfarbig, bunt
rengeyiği S ZOOL Ren(tier *n*) *n*
renk S ‹-gi› Farbe *f*; Färbung *f* **renkkörü** ADJ farbenblind **renklendirmek** V/T bunt machen; *fig* beleben **renkli** ADJ farbig, bunt **renksiz** ADJ farblos; (*Gesicht*) bleich
repertuvar S Repertoire *n*
repo S FIN *Wertpapier mit Rückkaufgarantie*
resepsiyon S Empfang *m*; Empfangsbüro *n*
resif S GEOG Riff *n*
resim S ‹-smi› Bild *n*, Zeichnung *f*; Zeremoniell *n*; Abgabe *f*, Gebühr *f*; **~ çekmek** ein Foto machen, fotografieren **resimli** ADJ illustriert, bebildert
resital S ‹-li› Solokonzert *n*
resmen ADV offiziell, amtlich **resmî** ADJ amtlich, offiziell; **~ elbise** Uniform *f*; **~ geçit** Parade *f*; **~ nikâh** standesamtliche Trauung *f*
ressam S (Kunst-)Maler(in) *m(f)*, Zeichner(in) *m(f)* **ressamlık** S Zeichenkunst *f*, Malerei *f*
rest: **~ çekmek** ein Ultimatum stellen
restoran S Restaurant *n*
reşit ADJ ‹-di› mündig, volljährig
ret S ‹-ddi› Ablehnung *f*, Zurückweisung *f*
revaç: **~ bulmak** Anklang finden; **~ta** beliebt; gefragt
revani S *süßes Gebäck aus Weizengrieß*
reverans S Verbeugung *f*, Knicks *m*
revir S Sanitätsraum *m*
revü S Revue *f*
reyon S (*Kaufhaus*) Abteilung *f*
reyting S Einschaltquote(n *pl*) *f*
rezalet S Gemeinheit *f*, Niedertracht *f*, Schande *f*
rezene S BOT Fenchel *m*
rezerv S Reserve *f*, Vorrat *m*
rezervasyon S Reservierung *f*
rezil ADJ gemein, niederträchtig; **~ olmak** sich blamieren
rıhtım S Kai *m*, Uferstraße *f*
rıza S Einwilligung *f*, Erlaubnis *f*; **~ göstermek** *dat* zustimmen
riayet S Beachtung *f*; **~ etmek** *-e* beachten, einhalten *akk*; Rücksicht nehmen auf *akk* **riayetsizlik** S Missachtung *f*
rica S Bitte *f*; **~ etmek** bitten (*-den -i j-n* um *etw*); **~ ederim!** bitte!, nichts zu danken
rimel S Wimperntusche *f*; Lidstrich *m*
ring: **~ seferi** (*Bus*) Ringverkehr *m*
ringa S ZOOL Hering *m*
risk S Risiko *n*; **~ almak, ~e girmek** Risiko eingehen; **~e**

sokmak *akk* riskieren
ritim, ritm S MUS Rhythmus *m*
rivayet S Überlieferung *f*, Gerücht *n*
riya S Heuchelei *f*; Doppelzüngigkeit *f* **riyakâr** ADJ heuchlerisch, falsch
riziko → risk
robot S Roboter *m*; **~ resim** Phantombild *n*
rodaj S AUTO Einfahren *n*
roket S Rakete *f*
rol S ⟨-lü⟩ THEAT Rolle *f*
Roma S Rom *n*
roman S Roman *m* **romancı** S Romanschriftsteller(in) *m(f)*
romantik ⟨-ği⟩ **A** ADJ romantisch **B** S Romantiker(in) *m(f)*
Romanya S Rumänien *n*
romatizma S MED Rheuma (-tismus *m*) *n*
Romen **A** ADJ römisch; **~ rakamları** *pl* MATH römische Ziffern *pl* **B** S Rumäne *m*, Rumänin *f*
rosto S Rostbraten *m*
rota S SCHIFF Route *f*, Kurs *m*
rozet S Rosette *f*; Anstecker *m*
rölanti S AUTO Leerlauf *m*
rölyef S Relief *n*
römork S AUTO *etc* Anhänger *m* **römorkör** S SCHIFF Schlepper *m*
Rönesans S Renaissance *f*
röntgen ADJ Röntgen... **röntgenci** S *umg* Spanner *m*
röportaj S Reportage *f*
rötar S Verspätung *f*
rötuş S Retusche *f*
rövanş S Revanche *f*; SPORT Rückspiel *n*
rugan S Lackleder *n*
ruh S Geist *m*, Seele *f*; Essenz *f* **ruhanî** ADJ geistig; geistlich **ruhaniyet** S REL Geistigkeit *f*, Spiritualität *f*
ruhban S *pl* Geistlichkeit *f* **ruhbaniyet** S Mönchsleben *n*; Eremitentum *n*
ruhbilim S Psychologie *f*
ruhî ADJ seelisch, psychisch
ruhlu ADJ lebendig; ...gesinnt
ruhsal ADJ seelisch, psychisch
ruhsat(name) S Erlaubnis *f*, Konzession *f*; AUTO Zulassung *f*
ruhsuz ADJ geistlos; leblos
ruj S Lippenstift *m*
rulman S Kugellager *n*
rulo S *(Papier etc)* Rolle *f*
Rum S Grieche *m (außerhalb Griechenlands)* **Rumca** S *umg* (Neu-)Griechisch *n*
rumuz S Chiffre *f*; Symbol *n*
Rus S Russe *m*, Russin *f* **Rusça** S Russisch *n* **Rusya** S Russland *n*
rutubet S Feuchtigkeit *f* **rutubetli** ADJ feucht
rüküş ADJ aufgedonnert, aufgetakelt; kitschig
rüşvet S Bestechung(sgeld *n*) *f*; **~ almak** (*od* **yemek**) sich bestechen lassen; **~ vermek** *-e* bestechen *akk* **rüşvetçi** ADJ korrupt
rütbe S Rang *m*, Grad *m*

rüya S Traum *m*; **~ görmek** träumen; **~sında görmek** *-i* träumen von *dat*
rüzgâr S Wind *m* **rüzgârlı** ADJ windig, stürmisch **rüzgârlık** S Windjacke *f*; Windschutz *m*; Windfang *m*

S

saadet S Glück *n*, Wohlergehen *n*
saat S ‹-ti› Stunde *f*; Uhr *f*; **~ kaç?** wie spät ist es?; **~ beş** es ist fünf Uhr; **~ yarım** es ist halb eins **saatçi** S Uhrmacher(in) *m(f)* **saatlerce** ADV stundenlang
sabah S Morgen *m* **sabahları** ADV jeden Morgen, morgens **sabahleyin** ADV morgens, am Morgen **sabahlık** S Morgenrock *m*
sabıka S JUR Vorstrafe *f* **sabıkalı** ADJ JUR vorbestraft
sabır S ‹-brı› Geduld *f*, Ausharren *n* **sabırlı** ADJ geduldig **sabırsız** ADJ ungeduldig **sabırsızlık** S Ungeduld *f*
sabit ADJ fest; (*Tatsache*) erwiesen; **~ disk** IT Festplatte *f*; **~ fiyat** WIRTSCH Festpreis *m*
sabotaj S Sabotage *f*
sabretmek V/I *-e* ertragen *akk*; sich gedulden
sabun S Seife *f* **sabunlamak** V/T einseifen **sabunluk** S Seifenschale *f*
sac S (Eisen-)Blech *n* (*zum Kochen*)
saç S (Kopf-)Haar *n*; **~ modeli** Frisur *f*; **~ tokası** Haarspange *f*
saçak S ‹-ğı› Vordach *n*; Fransen *pl*
saçakbulut S Federwolke *f*, Zirrus *m*
saçaklı ADJ mit e-m Vordach versehen; (*Vorhang*) mit Fransen; zerzaust
saçkıran S MED Haarausfall *m*
saçlı ADJ ...haarig; behaart
saçma[1] S Schrot *m od n*
saçma[2] **A** S Geschwätz *n*; *umg* Quatsch *m* **B** ADJ absurd; sinnlos
saçma[3] S (Aus-, Be-)Streuen *n*; (*Fischerei*) Wurfnetz *n* **saçmak** V/T (aus-, be)streuen; verbreiten; versprühen; (*Fischernetz*) auswerfen
saçmalamak V/I faseln, dummes Zeug reden **saçmalık** S Unsinn *n*
sada → seda
sadaka S REL Almosen *n*
sadakat S ‹-ti› Treue *f*; Loyalität *f* **sadakatli** ADJ *dat* treu, ergeben; loyal
sade ADJ einfach, schlicht; rein, unverfälscht; naiv **sadece** ADV lediglich; nur
sadede: **~ gel!** komm zur Sache!
sadeleştirmek V/T vereinfa-

chen; reduzieren, kürzen **sadelik** S Einfachheit *f*, Schlichtheit *f*
sadık ADJ ⟨-ğı⟩ *dat* treu
saf[1] S (-*ffı*) Reihe *f*, Linie *f*
saf[2] ADJ rein, unverfälscht; naiv, leichtgläubig; aufrichtig
safa → sefa
safdil ADJ naiv **safdillik** S Naivität *f*
safha S Phase *f*, Stadium *n*
safi **A** ADJ rein; WIRTSCH netto **B** ADV nur
safra[1] S Ballast *m*
safra[2] S ANAT Galle *f* **safrakesesi** S Gallenblase *f*
safran S BOT Krokus *m*; Safran *m*
sağ[1] ADJ lebend, gesund, heil; ~ **ol(un)** danke (Ihnen)!
sağ[2] **A** S rechte Seite *f* **B** ADJ rechts
sağanak S ⟨-ğı⟩ Platzregen *m*, Wolkenbruch *m*
sağcı POL **A** ADJ rechts **B** S Rechte(r) *m/f(m)*; **aşırı** ~ Rechtsradikale(r) *m/f(m)*
sağduyu S gesunde(r) Menschenverstand *m*
sağır ADJ taub **sağırlık** Taubheit *f*
sağlam ADJ heil, in Ordnung; kräftig, gesund; fest, haltbar; (*Person*) *fig* zuverlässig; vertrauenswürdig **sağlamak** V/T sicherstellen, garantieren
sağlamcı S gründliche(r) Arbeiter(in) *m(f)*, Pedant(in) *m(f)*
sağlamlaştırmak V/T festigen
sağlık S ⟨-ğı⟩ Gesundheit *f*; ~ **ocağı** MED kleine Poliklinik *f*; *e-e Art örtliches Gesundheitsamt*; ~ **olsun!** *umg* macht nichts!; **sağlığ(ınız)a!** auf (Ihr) Wohl! **sağlıklı** ADJ gesund
sağlıksız ADJ ungesund
sağmak V/T ⟨-ar⟩ melken; (*Honig*) nehmen; *umg* ausnutzen
sağmal ADJ melkbar; Milch...; ~ **inek** *a. fig* Milchkuh *f*
sağrı S ZOOL Kruppe *f*, Rücken *m*
saha S Platz *m*, Gebiet *n*, Raum *m*, Bereich *m*; **oyun ~sı** SPORT Spielfeld *n*
sahaf S Antiquar(in) *m(f)*
sahan S Kupferschale *f*; **~da yumurta** Spiegelei *n*
sahanlık S Treppenabsatz *m*; (*Bus*) Plattform *f*
sahi ADV wahr, richtig, genau; ~ **mi?** wirklich?
sahibe S Besitzerin *f*
sahici ADJ echt
sahiden ADV wirklich
sahife → sayfa
sahil S Ufer *n*, Küste *f*; Strand *m*
sahip S ⟨-bi⟩ Besitzer(in) *m(f)*, Eigentümer(in) *m(f)*; ~ **çıkmak** *-e* beanspruchen *akk*; eintreten für *akk*, protegieren; ~ **olmak** *-e* besitzen *akk* **sahiplenmek** → ~ çıkmak **sahipsiz** ADJ herrenlos; im Stich gelassen
sahne S Szene *f*; Bühne *f*; **~ye çıkmak** THEAT auftreten

sahra S offene(s) Feld *n*, Land *n*; Wüste *f*
sahte ADJ gefälscht, unecht, falsch; Schein... **sahteci**, **sahtekâr** S Fälscher(in) *m(f)*, Betrüger(in) *m(f)* **sahtekârlık** S JUR Fälschung *f*, Nachahmung *f*
sahur S REL Frühmahlzeit *f* (*vor dem Fasten im Ramadan*)
sair ADJ andere(r, s)
sakal S (Kinn-)Bart *m*; **~ bırakmak** sich den Bart stehen lassen **sakallı** ADJ bärtig **sakalsız** ADJ bartlos
sakar ADJ ungeschickt
sakarin S CHEM Sacharin *n*
sakat ADJ behindert; (*Arm, Bein*) verstümmelt, verkrüppelt; (*Ware*) fehlerhaft; (*Lage*) kritisch
sakatat S Innereien *pl*; Abfälle *pl*; Mängel *pl*
sakatlamak V/T verstümmeln; beschädigen; entstellen **sakatlık** S (*körperlicher*) Schaden *m*; Missgeschick *n*
sakın INT bloß nicht, hüte dich! **sakınca** S Bedenken *n*, Einwand *m* **sakıngan** ADJ vorsichtig; zaghaft **sakınmak** V/T *-den* sich hüten vor *dat*, nicht wagen *akk*; schonen
sakız S Kaugummi *m u. n*; Harz *n*
sakin **A** ADJ ruhig, still; wohnhaft **B** S Bewohner(in) *m(f)*
saklamak V/T verstecken; aufbewahren; schützen, bewahren **saklambaç** S Versteckspiel *n* **saklanmak** V/I sich verstecken **saklı** ADJ aufbewahrt; verborgen; JUR gewahrt, vorbehalten
saksağan S ZOOL Elster *f*
saksı S Blumentopf *m*
Saksonya S Sachsen *n*
sal S SCHIFF Floß *n*
salak ADJ ⟨-ğı⟩ dumm, blöd
salam S Salami *f*; Wurst *f*
salamura **A** S Lake *f*; Gepökelte(s) *n* **B** ADJ eingelegt
salata S Salat *m* **salatalık** **A** S BOT Gurke *f* **B** ADJ für Salat bestimmt, Salat...
salça S Soße *f*; Tomatenmark *n*; Paprikamark *n*
saldırgan **A** ADJ aggressiv **B** S Angreifer(in) *m(f)* **saldırı** S Angriff *m*, Überfall *m* **saldırmak** V/T *-e* angreifen *akk*; **saldırmazlık paktı** POL Nichtangriffspakt *m*
salep S ⟨-bi⟩ *heißes Milchgetränk mit Salepwurzelpulver*
salgı S MED Sekretion *f*, Ausscheidung *f*
salgın **A** ADJ ansteckend, epidemisch **B** S Epidemie *f*
salı S Dienstag *m*
salık: **~ vermek** empfehlen
salıncak S ⟨-ğı⟩ Schaukel *f*, Schaukelwiege *f*; **~lı koltuk** Schaukelstuhl *m* **salınmak** V/I schwanken, pendeln
salıvermek V/T freilassen, loslassen
salkım S BOT Traube *f*; Dold

f; BOT Glyzinie *f*
salkımsöğüt S BOT Trauerweide *f*
sallamak V/T schütteln, schwingen, bewegen; *umg* abwimmeln; **el ~** winken **sallanmak** V/I schaukeln, schwanken, wackeln; *umg* trödeln **sallantıda** in Gefahr; in der Schwebe
sallapati ADJ (*Person*) respektlos; (*Arbeit*) gepfuscht
salmak V/T ⟨-ar⟩ loslassen; freilassen; (*Tiere*) laufen lassen
salon S Saal *m*, Salon *m*; **~ adamı** Salonlöwe *m*
salt **A** ADV nur, bloß **B** ADJ rein; POL, PHYS absolut
salta: **~ durmak** (*Hund*) Männchen machen
saltanat S Herrschaft *f*; *fig* Pomp *m*, Prunk *m*
salya S Speichel *m*
salyangoz S ZOOL Weinbergschnecke *f*
saman S Stroh *n*; **~ nezlesi** Heuschnupfen *m*; **~ alevi** Strohfeuer *n*
samanyolu S ASTRON Milchstraße *f*
samimî ADJ herzlich, aufrichtig **samimiyet** S Freundlichkeit *f*, Aufrichtigkeit *f*
samur S ZOOL Zobel *m*
san S Name *m*, Ruf *m*
sana PRON dir
sanal ADJ virtuell; **~ uzay** IT Cyberspace *m*
sanat S Handwerk *n*, Gewerbe *n*; Kunst *f*; **~ okulu** Berufsschule *f* **sanatçı** S Künstler(in) *m(f)* **sanatkâr** S Handwerker(in) *m(f)* **sanatlı** ADJ kunstvoll
sanatoryum S Sanatorium *n*
sanayi S ⟨-i⟩ *pl* Industrie *f* **sanayici** S Industrielle(r) *m/f(m)*
sancak S ⟨-ğı⟩ Fahne *f*; SCHIFF Steuerbord *n*; *hist* Provinz *f*
sancı S MED (*krampfartiger*) Schmerz *m*; **doğum ~ları** Geburtswehen *pl* **sancımak** V/I schmerzen, stechen
sandal[1] S Ruderboot *n*
sandal[2] S Sandale *f*
sandalcı S Bootsmann *m*
sandalet S Sandale *f*
sandalye S Stuhl *m*
sandık S ⟨-ğı⟩ Kasten *m*; Kiste *f*, Truhe *f*; POL Wahlurne *f*
sanduka S Sarkophag *m*
sandviç S (belegtes) Brötchen *n*
sanı S Idee *f*, Vermutung *f*
sanık S ⟨-ğı⟩ Angeklagte(r) *m/f(m)*
saniye S Sekunde *f*
sanki ADV angenommen, dass; doch; geradezu; **~** *-miş* **gibi** als ob, als wenn
sanmak V/T ⟨-ır⟩ glauben, meinen; halten (*nom* für *akk*)
sansar S ZOOL Steinmarder *m*
sansasyon S Sensation *f*
sansür S POL Zensur *f* **sansürlü** ADJ zensiert
santigram S Zentigramm *n*

santim S *umg* Zentimeter *m* **santimetre** S Zentimeter *m*

santral S ‹-li› ELEK Zentrale *f*; Vermittlung *f*; Elektrizitätswerk *n*

santrfor S SPORT Mittelstürmer(in) *m(f)*

santrhaf S Mittelläufer(in) *m(f)*

santrifüj **A** ADJ zentrifugal **B** S Zentrifuge *f*

sap S BOT Stiel *m*; Griff *m*

sapa ADJ abgelegen

sapak S ‹-ğı› Abzweig(ung *f*) *m*

sapan S Schleuder *f*

sapık ADJ ‹-ğı› pervers; verrückt

sapılmak V/I PASSIV abgebogen werden

sapıtmak V/I den Verstand verlieren; Unsinn reden

saplamak V/T stechen (*-i -e* mit *dat* in *akk*); durchbohren (*-e -i etw* mit *dat*) **saplanmak** V/T eindringen (*-e* in *akk*); *fig* (*Schmerz*) e-n Stich bekommen **saplı** ADJ mit e-m Stiel *od* Griff versehen

sapma S Abweichung *f* **sapmak** V/I ‹-ar› abbiegen, einbiegen (*-e* nach *dat*, in *akk*); abirren

sapsarı ADJ knallgelb; (*Gesichtsfarbe*) totenblass

saptamak V/T feststellen, bestimmen

saptırmak V/T abbiegen *od* abirren lassen

sara S MED Epilepsie *f*

saraç S (*cı*) Sattler *m*

sararmak V/I gelb *od* bleich werden

saray S Schloss *n*, Palast *m*

sardalya S ZOOL Sardine *f*

Sardinya S Sardinien *n*

sardunya S BOT Geranie *f*

sarf S Verwendung *f*; Ausgabe *f* **sarfetmek** V/T aufwenden; ausgeben **sarfiyat** S Verbrauch *m*

sargı S Verband *m*, Binde *f*

sarhoş **A** ADJ betrunken **B** S Trunkenbold *m* **sarhoşluk** S Trunkenheit *f*, Rausch *m*

sarı ADJ gelb; bleich; blass; **~saçlı** blond; **~ca** arı, **~canl** ZOOL Wespe *f*

sarıçalı S BOT Berberitze *f*

sarık S ‹-ğı› Turban *m*

sarılı ADJ gedreht; eingewickelt

sarılık S MED Gelbsucht *f*

sarılmak V/I *-e* sich herumwinden um *akk*; umarmen *akk* umfassen *akk*

sarım S ELEK, PHYS Windung

sarımsak → sarmısak

sarısabır S BOT Aloe *f*

sarısalkım S BOT Goldregen *m*

sarışın ADJ blond, hell

sarkaç S ‹-cı› Pendel *n*

sarkık ADJ herabhängend

sarkıntı ADJ zudringlich; belästigend **sarkıntılık** S sexuell Belästigung *f*

sarkıtmak V/T (*Beine*) baumel

lassen **sarkmak** V/T ‹-ar› hängen (*-den* an, von *dat*); sich hinziehen

sarmak V/T ‹-ar› winden, einwickeln, umwickeln, einhüllen, aufspulen; *-e* sich schlingen um *akk*; (*Buch etc*) fesseln

sarmal ADJ spiralförmig

sarmaşık S ‹-ğı› BOT Efeu *m*; Kletterpflanze *f*

sarmısak S ‹-ğı› BOT Knoblauch *m*

sarnıç S ‹-cı› Zisterne *f*; (Wasser-)Tank *m*

sarp ADJ steil, unzugänglich

sarraf S Goldhändler(in) *m(f)*; Juwelier(in) *m(f)*

sarsak, sarsık ADJ ‹-ğı› schwankend, zitternd **sarsılmak** V/I PASSIV geschüttelt *od* erschüttert werden **sarsıntı** S Schütteln *n*; Erschütterung *f*; Beben *n* **sarsmak** V/T ‹-ar› schütteln; erschüttern

sataşmak V/T *-e* belästigen *akk*; bedrängen; *umg* anmachen, anbaggern

satıcı S Verkäufer(in) *m(f)*, Händler(in) *m(f)* **satılık** ADJ verkäuflich, zu verkaufen **satılmak** V/I PASSIV verkauft werden **satım** S Verkauf *m* **satın**: ~ **almak** kaufen

satır[1] S Zeile *f*; Linie *f*

satır[2] S Hackebeil *n*

satırbaşı S (*Buch etc*) Absatz (-beginn *m*) *m*

satış S Verkauf *m* **satmak** V/T ‹-ar› verkaufen (*-e* an *akk*)

satranç S Schachspiel *n*

Satürn S ASTRON Saturn *m*

sav S Behauptung *f*, These *f*

savaş S Kampf *m*, Schlacht *f*; ~ **açmak** *od* **ilân etmek** den Krieg erklären; ~ **ilânı** Kriegserklärung *f* **savaşçı** S Kämpfer(in) *m(f)* **savaşım** S Bekämpfung *f* **savaşkan** ADJ kriegerisch **savaşmak** V/I kämpfen (**ile** mit *dat*, gegen *akk*); sich abmühen

savcı S JUR Staatsanwalt *m*, Staatsanwältin *f* **savcılık** S Staatsanwaltschaft *f*

savlamak V/T behaupten

savmak V/T ‹-ar› vertreiben; entlassen; (*Gefahr, Krankheit*) überstehen

savruk ADJ ungeschickt, tapsig

savrulmak V/I PASSIV verstreut werden

savsak ADJ ‹-ğı› nachlässig

savsa(kla)mak V/T vernachlässigen; hinhalten

savunma S Verteidigung *f*, Abwehr *f* **savunmak** V/T verteidigen

savurgan ADJ verschwenderisch

savurmak V/T umherschleudern; aufwirbeln; schwingen

savuşmak V/I sich entfernen; *umg* abhauen

savuşturmak V/T loswerden; überstehen

saya S (*Schuh*) Oberleder *n*

sayaç S ‹-cı› ELEK Zähler *m*

saydam ADJ transparent,

durchsichtig, klar
saye: **bu ~de** hierdurch, dadurch; so; **~sinde** dank *gen*
sayfa S (*Buch etc*) Seite *f*; **~yı çevirmek** umblättern
sayfiye (yeri) S Erholungsgebiet *n*
saygı S (Hoch-)Achtung *f*, Rücksichtnahme *f*; **~larımla** (*am Briefschluss*) hochachtungsvoll **saygıdeğer** ADJ geachtet, angesehen; verehrte(r, s) **saygılı** ADJ höflich, rücksichtsvoll **saygın** ADJ angesehen, geachtet **saygısız** ADJ rücksichtslos, unhöflich **saygısızlık** S Unhöflichkeit *f*
sayı S Zahl *f*, Nummer *f*
sayıklamak V/I im Schlaf sprechen; fantasieren
sayılı ADJ gezählt; wenige Male; (*Anzahl*) bestimmt; (*Person*) prominent **sayılmak** V/I PASSIV gezählt werden; gehalten werden (*nom* für *akk*); gerechnet werden (*-den* zu *dat*) **sayım** S Zählen *n*, Zählung *f*
sayın ADJ **A** geehrt **B** (*Anrede*) Frau *od* Herr ...
sayısız S zahllos, unzählig
sayışmak V/T durch Abzählen auswählen
Sayıştay S Rechnungshof *m*
saymak V/T ‹-ar› zählen; (*respektieren*) achten; (*vermuten*) annehmen
sayman S Rechnungsbeamte(r) *m/f(m)*
saz[1] S *türkisches Saiteninstrument*; Volksmusikorchester *n*
saz[2] S Schilf *n*, Rohr *n*
sazan S ZOOL Karpfen *m*
sazlık S Schilfgebiet *n*
seans S Sitzung *f*; (*Kino etc*) Vorstellung *f*
sebat S Ausdauer *f* **sebatkâr**, **sebatlı** ADJ beständig, ausdauernd **sebatsız** ADJ unbeständig, ohne Ausdauer
sebebiyet: **~ vermek** *-e* verursachen *akk*
sebep S ‹-bi› Grund *m*, Ursache *f*; **~ olmak** *-e* veranlassen, verursachen *akk* **sebepsiz** ADJ grundlos, ohne Ursache
sebil S (gestifteter) Brunnen *m*; etwas Gestiftetes
sebze S Gemüse *n*
seccade S Gebetsteppich *m* Brücke *f*
seciye S Charakter *m*, Naturanlage *f* **seciyeli** ADJ charaktervoll **seciyesiz** ADJ charakterlos
seçenek S ‹-ği› Alternative *f*
seçilmek V/I PASSIV erwählt od (aus)gewählt werden
seçim S POL Wahl *f*; **~ hakkı** Wahlrecht *n* **seçimlik** ADJ fakultativ; Wahl...
seçki S Anthologie *f*
seçkin ADJ ausgewählt, erlesen; Elite... **seçkinler** S *pl* Elite *f*
seçmece ADV (*Obst, Gemüse etc*) zum Auswählen
seçmek V/T (aus-, er)wählen aussuchen

seçmen S POL Wähler(in) *m(f)*
seda S Schall *m*; Echo *n*
sedef S Perlmutt *n*; **~ hastalığı** MED Schuppenflechte *f*
sedir[1] S BOT Zeder *f*
sedir[2] S Sofa *n*
sedye S Tragbahre *f*
sefa S Freude *f*; Vergnügen *n*; **~ geldiniz!** willkommen!
sefahat S ⟨-ti⟩ liederliche(r) Lebenswandel *m*
sefalet S Armut *f*; Elend *n*
sefaret S POL Botschaft *f*
sefer S Reise *f*; Feldzug *m*; Mal *n* **seferber** ADJ MIL mobilisiert **seferberlik** S Mobilmachung *f*; Kampagne *f* **sefertası** S *umg* Henkelmann *m*
sefil ADJ elend; in Not; armselig; gemein, niederträchtig
sefir S POL Botschafter(in) *m(f)*, Gesandte(r) *m/f(m)*
seğirmek V/I zucken
seğirtmek V/I eilen (*-e* zu, nach *dat*); rennen
seher S Morgendämmerung *f*
sehpa S Beistelltisch *m*; Dreifuß *m*, Stativ *n*; Galgen *m*
sekiz ADJ *Zahl* acht
sekmek V/I ⟨-er⟩ hüpfen; abprallen
sekreter S Sekretär(in) *m(f)*
seks S Sex *m*
seksen ADJ *Zahl* achtzig
seksi ADJ sexy
seksüel ADJ sexuell
sekte S Beeinträchtigung *f*; Abbruch *m*; **~ye uğratmak** unterbrechen, stören
sekter ADJ sektiererisch
sektirmek V/T *akk* hüpfen lassen; abprallen lassen
sektör S WIRTSCH Wirtschaftszweig *m*
sel S Überschwemmung *f*; Flut *f*; Sturzbach *m*
selâm S Gruß *m*; **~ söylemek** *-e* Grüße *pl* sagen *dat*, grüßen *akk*; **~ vermek** *-e* grüßen *akk*
selâmet S Sicherheit *f*, Geborgenheit *f*, Heil *n*
selâmlama S Begrüßung *f* **selâmlamak** V/T begrüßen **selâmlaşmak** V/R sich begrüßen
selâmlık S *hist Männern vorbehaltener Teil eines Hauses*
selâmünaleyküm INT Gott sei mit dir! (*formeller Gruß der Muslime untereinander*)
sele S (Fahrrad-)Sattel *m*
selef S Vorgänger(in) *m(f)*
selfservis S Selbstbedienung *f*
seloteyp® S Klebeband *n*
selpak® S Papiertaschentuch *n*
selülit S Cellulits *f*
selüloit S Zelluloid *n*
selüloz S Zellulose *f*
selvi → servi
sema S Himmel *m*
sema(h) S REL *ritueller Tanz der Derwische*
semaver S Samowar *m*
sembol S ⟨-lü⟩ Symbol *n*
sembolik ADJ symbolisch
sembolize etmek V/T symbolisieren

semer S Packsattel *m*
semere S Ergebnis *n*, Resultat *n*; Früchte *pl*
seminer S Seminar *n*
semirmek VI fett werden **semirtmek** VT kräftigen; (*Tiere*) mästen **semiz** ADJ feist; gemästet
semizotu S BOT Portulak *m*
sempati S Sympathie *f* **sempatik** ADJ sympathisch
sempozyum S Symposium *n*
semt S Gegend *f*, Stadtteil *m*
sen PRON du
senaryo S (*Film*) Drehbuch *n*; Szenario *n*
senato S Senat *m* **senatör** S Senator(in) *m(f)*
sendelemek VI stolpern, straucheln; schwanken
sendika S Gewerkschaft *f*; Berufsverband *m* **sendikacılık** S Gewerkschaftsbewegung *f* **sendikal** ADJ gewerkschaftlich
sene S Jahr *n* **senelik** ADJ jährlich; ...jährig
senet S ‹-di› Schuldschein *m*; Urkunde *f* **senetli** ADJ verbrieft, belegbar
senfoni S MUS Sinfonie *f*; Symphonie *f* **senfonik** ADJ symphonisch
seni PRON dich **senin** PRON dein(e) **senli**: ~ **benli** per du, vertraut
sentetik ADJ ‹-ği› synthetisch
sepet **A** S Korb *m* **B** ADJ geflochten **sepetçi** S Korbmacher(in) *m(f)* **sepetlemek** VT *umg* hinauskomplimentieren
sera S Treibhaus *n*, Gewächshaus *n*; ~ **etkisi** Treibhauseffekt *m*
seramik ‹-ği› **A** S Keramik **B** ADJ keramisch
serbest ADJ frei, unabhängig ~ **bölge** WIRTSCH Freihandelszone *f*; ~ **dolaşım** POL Freizügigkeit *f*; ~ **meslek sahibi** Freiberufler(in) *m(f)*; ~ **piyasa ekonomisi** WIRTSCH freie Marktwirtschaft *f* **serbestçe** ADJ & ADV frei, ungeniert **serbestlik** S Freiheit *f*; Ungezwungenheit *f*
serçe S ZOOL Sperling *m*, Spatz *m*
seren S SCHIFF Rahe *f*
serenat S ‹-dı› MUS Serenade *f*
sergi S WIRTSCH Verkaufsauslage *f*; Ausstellung *f* **sergilemek** VT ausstellen
seri¹ **A** S Serie *f* **B** ADJ Serien...
seri² ADJ schnell; zügig; ~ **çalışmak** schnell und routiniert arbeiten
serilmek VT ausgebreitet werden; sich hinstrecken (-*e* auf *akk*)
serin ADJ kühl **serinleşmek** VI sich abkühlen, kühl werden **serinletmek** VT abkühlen; erfrischen **serinlik** S Kühle
serkeş ADJ widerspenstig; eigensinnig

sermaye S WIRTSCH Kapital *n*; Vermögen *n* **sermayeci, sermayedar** S Kapitalist(in) *m(f)*
sermek V/T ‹-er› ausbreiten (*-e* auf *dat*)
serpelemek V/I tröpfeln, nieseln
serpilmek V/I gespritzt *od* verstreut werden; wachsen, sich entwickeln **serpinti** S Spritzer *m/pl*; leichter Erdstoß *m*
serpmek V/T ‹-er› spritzen, verstreuen
sersem ADJ betäubt; dumm
sersemletmek V/T betäuben
sersemlik S Betäubung *f*; Dummheit *f*
serseri A S Vagabund(in) *m(f)*; Taugenichts *m*; *umg* Strolch(in) *m(f)*, Penner(in) *m(f)*; unstete(r) Mensch *m* B ADJ (*Kugel*) verirrt **serserilik** S Vagabundiererei *f*
sert ADJ hart, streng; heftig
sertifika S Zeugnis *n*
sertleşmek V/I hart *od* heftig werden **sertlik** S Härte *f*, Heftigkeit *f*
serüven S Abenteuer *n* **serüvenli** ADJ abenteuerlich
servet S Reichtum *m*, Vermögen *n*
servi S BOT Zypresse *f*
servis A S Dienst *m*; Bedienung *f*; SPORT Aufschlag *m* B ADJ Servier...; **~ (otobüsü)** Schul- *od* Personalbus *m*
ses S Stimme *f*, Laut *m*, Ton *m*, Geräusch *n*; **~ çıkarmak** *od* **~ vermek** e-n Ton geben, tönen; **~ kartı** IT Soundkarte *f* **sesbilgisi** S Phonetik *f* **seslemek** V/T *-i* hören *akk*; horchen auf *akk* **seslenmek** V/I *-e* rufen *akk*; *j-m* auf e-n Ruf Antwort geben **sesli** GRAM A ADJ stimmhaft B S Vokal *m* **sessiz** A ADJ lautlos, still; leise; GRAM stimmlos B S GRAM Konsonant *m*
set¹ S (*-ddi*) Damm *m*, Deich *m*, Sperrmauer *f*
set² S (*-ti*) Arbeitsplatte *f*; SPORT Satz *m*; (*Bücher*) Gesamtausgabe; **(müzik) ~(i)** Stereoanlage *f*
sevap S ‹-bı› Verdienst *n*, gutes Werk *n*
sevda S Liebe *f*; Leidenschaft *f* **sevdalı** ADJ verliebt; schwermütig, melancholisch
seve: **~e ~e** gern!, mit Vergnügen!
sevecen ADJ zärtlich, liebevoll; gütig
sevgi S Liebe *f* **sevgili** A ADJ geliebt, lieb B S Geliebte(r) *m/f(m)*, Freund(in) *m(f)*
sevici ADJ lesbisch
sevilmek V/I geliebt werden; beliebt sein
sevimli ADJ sympathisch, nett; liebevoll, gütig **sevimsiz** ADJ unfreundlich; unangenehm
sevinç S ‹-ci› Freude *f*, Fröhlichkeit *f* **sevinçli** ADJ fröhlich, freudig **sevindirmek**

V/T erfreuen, aufheitern **sevinmek** V/T sich freuen (-*e* über, auf *akk*)
sevişmek V/R sich lieben, mit j-m schlafen
seviye S Höhe *f*, Niveau *n*
sevk S Absenden *n*; Lieferung *f* **sevketmek** V/T absenden, schicken; veranlassen, verleiten (-*e* zu *dat*) **sevkıyat** S *pl* MIL Transport *m*; WIRTSCH Lieferung *f*
sevmek V/T ⟨-er⟩ lieben, gernhaben
seyahat S ⟨-ti⟩ Reise *f*; **~ acentası** Reisebüro *n*; **~ etmek** reisen; **~e çıkmak** abreisen, verreisen **seyahatname** S Reisebericht *m*
seyir[1] S (-*yri*) Fahren *n*; Gang *m*, Verlauf *m*; SCHIFF Navigation *f*
seyir[2] S (-*yri*) Zuschauen *n* **seyirci** S Zuschauer(in) *m(f)*
seyran S Ausflug *m*
seyrek ADJ ⟨-ği⟩ selten, spärlich **seyrelmek** V/I selten(er) werden
seyretmek V/T betrachten, sich ansehen; SCHIFF fahren; verlaufen; **televizyon ~** fernsehen
seyyah S Reisende(r) *m/f(m)*
seyyar ADJ beweglich, fahrbar; **~ satıcı** fliegende(r) Händler *m*
sezaryen S MED Kaiserschnitt *m*
sezgi S Intuition *f*, Ahnung *f*; Gefühl *n* **sezmek** V/T ahnen; fühlen, merken
sezon S Saison *f* **sezonlu**[k] ADJ Saison...
sıcak ⟨-ğı⟩ **A** ADJ warm, heiß; **~ bakmak** positiv beurteile[n] (-*e akk*) **B** S Hitze *f* **sıcaklı**[k] S Wärme *f*, Hitze *f*
sıçan S ZOOL Ratte *f*
sıçanotu S BOT Arsenik *n*
sıçrama S Sprung *m* **sıçramak** V/I springen, hüpfen **sıçratmak** V/T hüpfen lasser[n] (*mit Wasser*) (be)spritzen **sıçrayış** S Sprung *m*
sıfat S Eigenschaft *f*; GRA[M] Adjektiv *n*; **~ıyla** als *nom*
sıfır **A** S Null *f* **B** ADJ *Zahl* nu[ll]
sıfırlamak V/T (*Stoppuhr* et[c.]) auf null zurückstellen; (*ren[o]vieren*) überholen
sığ ADJ seicht
sığınak S ⟨-ğı⟩ Zufluchtso[rt] *m*; Luftschutzkeller *m*
sığınma S Asyl *n*; **(kadın) evi** Frauenhaus *n* **sığınma[cı]** S Asylbewerber(in) *m(f)* **sığınmak** V/T Schutz suchen (-*e* b[ei]) *dat*) **sığıntı** S Schützling *n*[;] Schmarotzer *m*
sığır S ZOOL Rind *n*; **~ e[ti]** Rindfleisch *n* **sığırtmaç** Rinderhirt(in) *m(f)*
sığışmak V/T hineinpasse[n], Platz finden (-*e* in *dat*); *um[g]* abhauen
sığlık S Untiefe *f*; Sandbank
sığmak V/T ⟨-ar⟩ hineinpasse[n], hineingehen (-*e* in *akk*)
sıhhat S ⟨-ti⟩ Gesundheit

Richtigkeit *f*; **~ler olsun!** (*nach Bad, Rasur, Haarschnitt*) wohl bekomms! **sıhhatin(iz)e!** INT zum Wohl! **sıhhatli** ADJ gesund **sıhhî** ADJ hygienisch; Gesundheits...
ıhhiye S Gesundheitswesen *n*
ık **A** ADJ dicht, eng **B** ADV oft, häufig
ıkı ADJ eng; kurz; (*Diät, Kontrolle*) streng; fest, strikt
ıkıcı ADJ bedrückend; langweilig
ıkıdüzen S Disziplin *f*, Ordnung *f*
ıkılgan ADJ schüchtern, zaghaft
ıkılmak V/I sich schämen, verlegen werden; in Bedrängnis geraten
ıkıntı S Langeweile *f*; Notlage *f*; Mangel *m* **sıkıntılı** ADJ bedrückend; anstrengend
ıkışık ADJ ⟨-ğı⟩ eng; dicht gedrängt **sıkışmak** V/I sich zusammendrängen; eingeklemmt werden (*-e* in *dat*) **sıkıştırmak** V/T zusammendrücken; einklemmen; bedrängen
kıyönetim S POL Ausnahmezustand *m*
klaşmak V/I dichter *od* häufiger werden
klet S Schwere *f*; SPORT Gewicht *n*
klık S Dichte *f*
kma S Ausdrücken *n*, Auspressen *n*; **~ portakalı** Saftorange *f* **sıkmak** V/T ⟨-ar⟩ (aus)drücken, pressen, quetschen; *fig* langweilen; *fig* belästigen, ärgern
sıla S Heimat *f*; **~ hasreti** Heimweh *n*
sımsıkı ADJ ganz eng, ganz fest
sınamak V/T probieren; prüfen
sınav S Prüfung *f*; **~ vermek** geprüft werden
sınıf S (*Schule*) Klasse *f*, Kategorie *f*, Gattung *f* **sınıfla(ndır)mak** V/T klassifizieren, gliedern
sınır S Grenze *f* **sınırla(ndır)mak** V/T begrenzen, definieren **sınırlı** ADJ begrenzt, bestimmt
sır[1] S (*-rrı*) Geheimnis *n*
sır[2] S Glasur *f*; Spiegelschicht *f*
sıra S Reihe *f*; Reihenfolge *f*; (Sitz-)Bank *f*; **~ sayı sıfatı** Ordinalzahl *f*; *-diği* **~da** als, während; *-in* **~sı gelmek** an die Reihe kommen *nom*; **~sına göre** je nachdem, den Umständen gemäß; **~sında** während *gen*
sıradağ(lar) S Gebirgskette *f*
sıradan ADJ gewöhnlich, durchschnittlich **sıradışı** ADJ außergewöhnlich
sıralamak V/T in Reihen ordnen, aufreihen; aufzählen **sıralanmak** V/I aufgereiht sein
sıralı ADJ reihenweise, geordnet **sırasıyla** ADV der Reihe nach **sırasız** ADJ ungeordnet; unpassend, unzeitig

Sırbistan S Serbien *n*
sırça S Glas *n*; Bergkristall *m*
sırf ADV rein, nur, bloß; vollkommen, ganz
sırık S ‹-ğı› Stange *f*, Stab *m*
sırılsıklam → sırsıklam
sırıtkan ADJ grinsend **sırıtmak** V/I grinsen; *fig* auffallen
sırma S Silberdraht *m*; Gold- oder Silberfaden *m*
sırnaşık ADJ ‹-ğı› zudringlich, lästig
Sırp S ‹-bı› Serbe *m*, Serbin *f*
Sırpça S Serbisch *n*
sırsıklam ADJ völlig durchnässt, bis auf die Haut nass
sırt S ANAT Rücken *m*; **~ çantası** Rucksack *m*; **~ çantalı (turist)** Rucksacktourist(in) *m(f)*; **~ına almak** übernehmen, auf sich nehmen; **~ından atmak** abwerfen; *fig* abwimmeln
sırtlamak V/T auf den Rücken nehmen, sich aufladen
sırtlan S ZOOL Hyäne *f*
sıska ADJ abgemagert; mager
sıtma S MED Malaria *f* **sıtmalı** ADJ malariakrank
sıva S ARCH Verputz *m* **sıvalı¹** ADJ verputzt; *fig* stark geschminkt
sıvalı² ADJ aufgekrempelt
sıvamak¹ V/T verputzen (*-e -i* *etw* mit *dat*)
sıvamak² V/T aufkrempeln (*-i* *Ärmel*)
sıvazlamak V/T streichen, massieren
sıvı S Flüssigkeit *f*
sıvışık ADJ ‹-ğı› klebrig; *fig* lästig, zudringlich
sıvışmak V/I *fig* heimlich verschwinden
sıvıyağ S Öl *n*
sıyırmak V/T abstreifen, abschürfen; (*Knochen*) abnagen
sıyrık ‹-ğı› **A** ADJ abgeschürft **B** S Schramme *f* **sıyrıntı** S Essensrest *m*; Schramme *f*
-sız → -siz
sızdırmak V/T (*Flüssigkeit*) durchlassen; (*Geheimnis*) verraten
sızı S Schmerz *m*, Reißen *n*
sızıltı S Klage *f*, Unzufriedenheit *f*
-sızın → -sizin
sızıntı S durchsickernde Flüssigkeit *f*
sızlamak V/I stechend schmerzen, wehtun
sızlanmak V/I sich beklagen, jammern
sızmak V/I ‹-ar› durchsickern (*a. fig Gerücht*); (*Behälter*) lecken; (*Mensch*) einnicken, schlummern
sicil S Register *n* **sicilli** ADJ registriert; *fig* vorbestraft
Sicilya S Sizilien *n*
sicim S Bindfaden *m*
sidik S ‹-ği› Harn *m*, Urin
sidiktorbası S ANAT Harnblase *f* **sidikyolu** S ANAT Harnröhre *f*
sifon S Siphon *m*; Toilettenspülung *f*

sigara S Zigarette *f*; ~ **içmek** rauchen; **~yı bırakmak** das Rauchen aufgeben **sigaralık** S Zigarettenspitze *f*
sigorta S Versicherung *f*; ELEK Sicherung *f*; ~ **etmek**, **sigortalamak** *v/t* versichern **sigortalı** ADJ versichert
siğil S ANAT Warze *f*
sihir S Zauber *m*, Hexerei *f* **sihirbaz** S Zauberer *m* **sihirli** ADJ behext, verzaubert
sik S *vulg* Schwanz *m*, Penis *m*
sikişmek V/R *vulg* miteinander bumsen, ficken
sikke S Münze *f*
sikmek V/T ⟨-er⟩ *vulg* ficken, bumsen; **siktir!** verpiss dich!
silâh S Waffe *f* **silâhlandırmak** V/T bewaffnen **silâhlanmak** V/I sich bewaffnen, rüsten **silâhlı** ADJ bewaffnet, gerüstet **silâhsız** ADJ unbewaffnet **silâhsızlanma** S Abrüstung *f*
silecek S ⟨-ği⟩ Wischtuch *n*; AUTO Scheibenwischer *m*
silgi S Radiergummi *m*; (Tafel-) Schwamm *m*
silik ADJ abgerieben, abgenutzt; undeutlich; (*Person*) unscheinbar
silindir S Zylinder *m*; Walze *f*
silinmek V/I abgewischt werden; sich abwischen
silkelemek V/T (aus-, ab)schütteln **silkinmek** V/I sich schütteln **silkinti** S Abschütteln *n*; (plötzliches) Auffahren *n* **silkmek** V/T (ab-, aus)schütteln; (*Zigarettenasche*) abstreifen
sille S Ohrfeige *f*
silmek V/T ⟨-er⟩ (ab-, aus)wischen, ausstreichen; (*Fenster etc*) putzen; IT löschen; **program** ~ IT deinstallieren; **silip süpürmek** sauber machen; *umg* aufessen; **burnunu ~** sich die Nase putzen
silo S Silo *m od n*, Speicher *m*
silsile S Kette *f*, Reihe *f*; Ahnenkette *f*, Dynastie *f*
siluet S Silhouette *f*
sima S Gesicht *n*; Persönlichkeit *f*, Figur *f*
simetri S Symmetrie *f* **simetrik**, **simetrili** ADJ symmetrisch
simge S Zeichen *n*, Symbol *n*
simit S ⟨-di⟩ Sesamkringel *m*; SCHIFF Rettungsring *m*
simsar S Makler(in) *m(f)*
simsiyah ADJ pechschwarz
sinagog S ⟨-ğu⟩ Synagoge *f*
sincap S ZOOL Eichhörnchen *n*
sindirim S Verdauung *f* **sindirmek** V/T verdauen; *fig* -i *j-m* Angst machen
sine S ANAT Busen *m*, Brust *f*; **~ye çekmek** *fig* erdulden, ertragen, schlucken
sinek S ⟨-ği⟩ ZOOL Fliege *f*; ~ **avlamak** *fig* nichts zu tun haben **sineklik** S Fliegenwedel *m*
sinema S Kino *n*
sini S (großes, rundes) Metall-

tablett *n*
sinir A S ANAT Nerv *m*; Sehne *f* B ADJ nervig; *-in* **~ine dokunmak** nervös machen *akk*
sinirlendirmek V/T nervös machen; ärgern
sinirlenmek V/I sich ärgern (*-e* über *akk*)
sinirli ADJ nervös **sinirlilik** S Nervosität *f*
sinmek A V/I ‹-er› sich verkriechen B V/I (*Geruch*) eindringen (*-e* in *akk*)
sinsi ADJ heimtückisch, hinterhältig
sinüs S MATH Sinus *m*
sinyal S ‹-li› Signal(anlage *f*) *n*; **~ lambası** AUTO Blinker *m*; **~ müziği** Erkennungsmelodie *f*; **~ vermek** blinken
sipariş S Bestellung *f*, Auftrag *m*; **~ almak** Bestellungen annehmen; **~ etmek** *akk* bestellen
siper S Schutz *m*, Deckung *f* **siper(lik)** S geschützte(r) Ort *m*; Hutkrempe *f*, Mützenschirm *m*
sirayet S Ansteckung *f*; Ausbreitung *f*
siren S TECH Sirene *f*
sirk S Zirkus *m*
sirke S Essig *m*
sirküler S Rundschreiben *n*
sis S Nebel *m*; **~ farı** Nebelleuchte *f* **sislenmek** V/I neblig werden **sisli** ADJ neblig
sismik ADJ seismisch
sistem S System *n*; **~ kilitlenmesi** IT Systemabsturz *m* **sistematik, sistemli** ADJ systematisch **sistemsiz** ADJ unsystematisch
sistit S MED Blasenentzündung *f*
sit: **~ alanı** Schutzgebiet *n*
site S Siedlung *f*, Häuserblock *m*; **web ~si** IT Webseite *f*
sitem S Vorwurf *m*
sitrik: **~ asit** Zitronensäure *f*
sivil A ADJ zivil B S Zivilist(in) *m(f)*; **~ (polis)** Geheimpolizist(in) *m(f)*
sivilce S Pickel *m*
sivri ADJ spitz, zugespitzt **sivrilmek** V/I spitz werden; *fig* Karriere machen **sivriltmek** V/T (zu)spitzen **sivrisinek** S Stechmücke *f*, Moskito *m*
siyah A ADJ schwarz B S Schwarze(r) *m/f(m)*, Farbige(r) *m/f(m)* **siyahlaşmak** V/I schwarz werden
siyasal ADJ politisch **siyaset** S Politik *f* **siyasetçi** S Politiker(in) *m(f)* **siyasî** A ADJ politisch B S Politiker(in) *m(f)*
siyatik S ‹-ği› ANAT Ischias *m od n*
siz PRON ihr; Sie
-siz, -sız, -suz, -süz ohne, un-, -los
size PRON euch; Ihnen
sizin PRON euer, eure; Ihr(e)
-sizin, -sızın ohne dass, ohne zu *inf*
skandal S Skandal *m*
skor S SPORT Spielstand *m*

(Punkte-)Stand *m*
Slav A S Slawe *m*, Slawin *f* B ADJ slawisch
slayt S ⟨-di⟩ Dia *n*
Slovak A S Slowake *m*, Slowakin *f* B ADJ slowakisch **Slovakya** S Slowakei *f*
Sloven A S Slowene *m*, Slowenin *f* B ADJ slowenisch **Slovenya** S Slowenien *n*
smokin S Smoking *m*
soba S Ofen *m*
soda S Soda *n*
sodyum S CHEM Natrium *n*
sofa S Diele *f*, Halle *f*
sofra S Esstisch *m*; **~yı kaldırmak** den Tisch abräumen; **~yı kurmak** den Tisch decken; **~ takımı** (Tafel-)Service *n*
softa S Glaubensfanatiker(in) *m(f)*
sofu ADJ fromm
soğan S BOT Zwiebel *f*
soğuk ADJ ⟨-ğu⟩ kalt; *a. fig* kühl; *fig* unnahbar; **~ algınlığı** Erkältung *f*; **~ almak** sich erkälten; **~ hava deposu** Kühlhaus *n*, Kühlung *f* **soğukkanlı** ADJ ruhig, kaltblütig
soğukluk S Kälte *f*; Nachtisch *m*
soğumak V/I kalt werden, erkalten **soğutmak** V/T (ab)kühlen **soğutucu** A ADJ kühlend B S Kühlschrank *m*; Kühlanlage *f*
sohbet S Unterhaltung *f*; IT Chat *m*; **~ etmek** sich unterhalten; IT chatten
sokak S ⟨-ğı⟩ Straße *f*, Gasse *f*
sokmak V/T ⟨-ar⟩ hineinstecken, hineinschieben, hineinführen, hineinbringen (-*e* in *akk*); stechen in *akk*
sokulgan ADJ kontaktfreudig; zutraulich **sokulmak** V/T -*e* sich eindrängen, sich einschleichen in *akk*; sich kuscheln an *dat*
sokuşturmak V/T hineinstecken (-*e* in *akk*); unterjubeln
sol A S linke Seite *f* B ADJ links **solak** ADJ ⟨-ğı⟩ linkshändig **solcu** POL A ADJ links B S Linke(r) *m/f(m)*
solgun ADJ bleich; (*Blüte*) welk, verwelkt **solmak** V/I ⟨-ar⟩ (*Blumen*) (ver)welken; (*Stoff etc*) die Farbe verlieren; bleich werden
solucan S ZOOL Regenwurm *m* (*a.* **yer ~ı**); ZOOL Spulwurm *m*
soluk[1] ADJ (-*ğu*) welk, bleich; (*Stoff, Farbe*) verschossen, verblichen
soluk[2] S (-*ğu*) Hauch *m*, Atem *m*; **~ almak** einatmen; **~ soluğa** außer Atem; **~ vermek** ausatmen **solumak** V/I keuchen, außer Atem sein
solungaç S ZOOL Kieme *f*
solunum S Atmen *n*; **~ yolları** Atemwege *pl*
solüsyon S MED Lösung *f*; Gummikleber *m*
som ADJ massiv, solide
somon S ZOOL Lachs *m*

somun[1] S Brotlaib *m*
somun[2] S Schraubenmutter *f*
somurtkan ADJ mürrisch, ärgerlich **somurtmak** V/I ein mürrisches Gesicht machen
somut ADJ konkret
somya S gefederte(s) Bettgestell *n*
son S Ende *n*, Schluss *m*; Ausgang *m*, Ergebnis *n*; MED Nachgeburt *f*; **~a erdirmek** zu Ende bringen; **~a ermek** zu Ende gehen; **~ derece** äußerst, im höchsten Grade
sonbahar S Herbst *m*
sonda S Sonde *f* **sondaj** S Sondierung *f* **sonda(j)lamak** V/T sondieren; (an)bohren
sonek S GRAM Suffix *n*
sonra ADV nachher, später, dann; *-den* nach *dat* **sonradan** ADV später, nachträglich; **~ görmüş** *fig* neureich **sonraki** ADJ darauffolgend, später **sonraları** ADV später(hin), danach
sonsuz ADJ endlos, grenzenlos, ewig; MATH unendlich
sonuç S ⟨-cu⟩ Resultat *n*, Ergebnis *n*; SPORT Endstand *m* **sonuçlandırmak** V/T beenden **sonuçlanmak** V/I beendet werden, enden (**ile** mit *dat*)
sopa S Stock *m*, Knüppel *m*; Prügel *pl*; **~ atmak** *od* **çekmek** *-e* verprügeln *akk*; **~ yemek** Prügel bekommen
sorgu S Verhör *n*; **~ hâkimi** *od* **yargıcı** Untersuchungsrichter(in) *m(f)*; **~ya çekmek** ausfragen, verhören
sorguç S ⟨-cu⟩ Federbusch *m*
sorgulamak V/T hinterfragen
sormak V/T ⟨-ar⟩ fragen (*b-e b. ş-i j-n* nach *dat*); sich erkundigen (*-i* nach *dat*) **soru** S Frage *f* **sorulmak** V/I PASSIV gefragt werden; (*Frage*) gestellt werden
sorumlu ADJ verantwortlich; **~ müdür** Geschäftsführer(in) *m(f)* **sorumluluk** S Verantwortung *f* **sorumsuz** ADJ verantwortungslos
sorun S Frage *f*, Problem *n*
soruşturma S Befragung *f*; Ermittlung *f* **soruşturmak** V/T fragen (*b-e b. ş-i j-n* nach *dat*); Erkundigungen einziehen (*-i* über *akk*)
sosis S Würstchen *n*
sosyal ADJ ⟨-li⟩ sozial; **~ sigorta** Sozialversicherung *f*; **~ yardım** Sozialhilfe *f*
sosyalist S Sozialist(in) *m(f)*
sosyalizm S Sozialismus *m*
sosyete S High Society *f*
sosyoloji S Soziologie *f*
Sovyetler Birliği S *hist* Sowjetunion *f*
soy S Familie *f*, Stamm *m*, Geschlecht *n*; Herkunft *f*, Abstammung *f*; **~ sop** Familienangehörige(n) *pl*
soyacak S Schälmesser *n*
soyadı S Familienname *m*, Zuname *m*

soyağacı S Stammbaum *m*
soydaş S (*Tiere*) Artgenosse *m*; Stammesgenosse *m*, Stammesgenossin *f*
soygun S Raub(überfall *m*) *m*
soyguncu S Räuber(in) *m(f)*
soylu **A** ADJ edel, adlig **B** S Adelige(r) *m/f(m)* **soylular** S *pl* Adel *m*
soymak V/T ‹-ar› schälen; (*Person*) ausziehen, entkleiden; (*Person, Bank*) ausrauben, ausplündern
soysuz ADJ *umg* niedrig, gemein
soytarı S Narr *m*, Clown *m*
soyulmak V/I PASSIV geschält werden; (*Person, Bank*) ausgeplündert werden
soyunmak V/I sich ausziehen, sich entkleiden
soyut ADJ abstrakt
söğüş S gekochtes Fleisch (*das kalt gegessen wird*); Salat *m* (*ohne Soße*)
söğüt S ‹-dü› BOT Weide *f*
sökmek V/T ‹-er› (*Naht*) (auf-) trennen; auseinandernehmen, zerlegen; (*Wurzel*) herausziehen; abschrauben; (*Text*) entziffern **söktürmek** V/T *akk* auftrennen lassen; abschrauben lassen; (*Schleim*) lösen **sökük** ADJ ‹-ğü› aufgetrennt, aufgeplatzt
sömestre S Semester *n*
sömürge S POL Kolonie *f* **sömürmek** V/T ausbeuten **sömürücü** S Ausbeuter(in) *m(f)*
söndürmek V/T (aus)löschen, ausschalten **sönmek** V/I (*Feuer*) ausgehen **sönük** ADJ ‹-ğü› (*Vulkan*) erloschen; (*glanzlos*) matt
sövgü S Fluch *m*; Grobheit *f*
sövmek V/T ‹-er› *-e* ausschimpfen *akk* **sövüşmek** V/R einander beschimpfen
söylem S Diskurs *m* **söylemek** V/T sagen (*-e* zu *dat*); (*im Lokal*) bestellen; (*Lied*) singen
söylence S Mythos *m*, Sage *f*
söyleniş S Aussprache *f*
söylenmek **A** V/I PASSIV gesagt werden **B** V/T (*tadeln*) schimpfen (*-e* mit *dat*)
söylenti S Gerücht *n*
söyleşi S Gespräch *n*; Interview *n*
söyletmek V/T sagen lassen (*b-e b.ş-i j-n etw*)
söylev S Rede *f*, Ansprache *f*
söz S Wort *n*; Rede *f*; **~ arası** nebenbei, beiläufig; **~ atmak** *-e* ansprechen, anrufen *akk*; **~ etmek** *-den* sprechen über *akk*; **~ edilen, ~ü geçen** genannt, erwähnt; **~ü geçirmek** sich durchsetzen; **~ün kısası** *umg* Resümee *n*, Zusammenfassung *f*; **~ konusu** betreffend; **~ konusu olmak** die Rede sein von; **~ konusu ...mek** **~** es geht darum, zu ...
sözcü S Sprecher(in) *m(f)*
sözcük S ‹-ğü› Wort *n*
sözde **A** ADJ Pseudo... **B** ADV angeblich

sözdizimi S GRAM Syntax *f*, Satzlehre *f*
sözgelimi, sözgelişi ADV zum Beispiel
sözleşme S Abmachung *f*; Vertrag *m* **sözleşmek** A V/I übereinkommen B V/T sich verabreden (**ile** mit *dat*)
sözleşmeli A ADJ mit Vertrag; Vertrags... B S Angestellte(r) *m*/*f*(*m*)
sözlü ADJ verabredet; mündlich
sözlük S ⟨-ğü⟩ Wörterbuch *n*
sözümona ADV angebliche(r, s), sogenannte(r, s)
spazm S MED Krampf *m*
spekülasyon S Spekulation *f*
spiker S RADIO, TV, TV Sprecher(in) *m*(*f*)
spontane ADJ & ADV spontan
spor S Sport *m*; **~ sahası** Sportplatz *m* **sporcu** S Sportler(in) *m*(*f*)
sportmence ADJ fair
stabilize ADJ (*Straße*) stabilisiert
stadyum S Stadion *n*
staj S Referendariat *n*, Praktikum *n* **stajyer** S Praktikant(in) *m*(*f*)
stand S (Messe-)Stand *m*
standart ⟨-dı⟩ A ADJ genormt B S Norm *f*, Standard *m*
statü S Status *m*, Stellung *f*; Satzung *f*, Statut *n*
steyşın S AUTO Kombiwagen *m*
stok S Bestand *m*, Vorrat *m*
strateji S Strategie *f*
stres S Stress *m*
stüdyo S Studio *n*
su S ⟨-yu⟩ Wasser *n*; Flüssigkeit *f*; Saft *m*; Brühe *f*; **~ almak** SCHIFF lecken; **~ya düşmek** *fig* ins Wasser fallen, fehlschlagen; **~ geçirmez** wasserdicht; **~ kayağı** Wasserski *m*; **~ koyuvermek** *umg* versagen; **~ terazisi** Wasserwaage *f*
sualtı ADJ Unterwasser...
suare S Abendvorstellung *f*
subay S MIL Offizier(in) *m*(*f*)
sucu S Wasserverkäufer(in) *m*(*f*)
sucuk S ⟨-ğu⟩ (türkische) Wurst *f*; *umg a. e-e Süßigkeit aus Obstsirup und Nüssen*
suç S Schuld *f*, Straftat *f*, Vergehen *n* **suçlamak** V/T beschuldigen (**ile** *e-r Sache*); **kendi kendini ~** sich schuldig fühlen, sich Vorwürfe machen
suçlanmak V/I PASSIV beschuldigt werden (**ile** *gen*), angeklagt werden **suçlu** A ADJ schuldig B S Angeklagte(r) *m*/*f*(*m*) **suçsuz** ADJ unschuldig
suçüstü ADJ auf frischer Tat, in flagranti
sufle: **~ etmek** *j-m etw* soufflieren, vorsagen
suiistimal S ⟨-li⟩ Missbrauch *m*
suikast S Attentat *n*
sulak ⟨-ğı⟩ A ADJ sumpfig B S Wassernapf *m*
sulama S Begießen *n*, Bewäs-

serung *f* **sulamak** V/T (be)gießen; bewässern **sulandırmak** V/T wässerig machen; mit Wasser verdünnen **sulanmak** V/I wässrig werden; *umg* anmachen (*-e akk*)
sularında: **saat ...** ~ gegen etwa ... Uhr
sulh S ‹-hü› Friede(n *m*) *m*; ~ **mahkemesi** JUR Amtsgericht *n*
sultan S Herrscher *m*, Sultan *m*; Prinzessin *f*
sulu ADJ wässerig, saftig; dünnflüssig; *fig* albern, zudringlich **suluboya** S Aquarell *n*; Wasserfarben *pl* **suluyemek** S Gericht *n* mit Brühe
sumen S Schreibunterlage *f*
sunî ADJ künstlich
sunmak V/T ‹-ar› reichen, (dar)bieten, unterbreiten (*b-e j-m*); moderieren
sunucu S Moderator(in) *m(f)*; Ansager(in) *m(f)*; IT Server *m*
sunuş S Eingabe *f*; Vorwort *n*; Moderation *f*
sup(anglez) S (*e-e Art*) Schokoladenpudding *m*
supap S ‹-bı› TECH Ventil *n*
sur S Stadtmauer *f*
surat S Gesicht *n*, Miene *f*; ~ **asmak** schmollen **suratsız** ADJ verdrießlich
sure S REL (Koran-)Sure *f*
suret S Form *f*, Gestalt *f*; Weise *f*, Art *f*; Abschrift *f*, Kopie *f*; *-in* ~**ini almak** (*od* **çıkarmak**) kopieren, abschreiben *akk*; **bu** ~**le** so, derart, auf diese Weise
Suriye S Syrien *n* **Suriyeli** **A** S Syrer(in) *m(f)* **B** ADJ syrisch
sus S MUS Pause *f*; ~ **payı** Schweigegeld *n*
susam S BOT Sesam *m*
susamak V/I Durst haben; dürsten (*-e* nach *dat*) **susamış** ADJ durstig
suskun ADJ schweigsam **susmak** V/I ‹-ar› schweigen, den Mund halten **susturmak** V/T zum Schweigen bringen **susturucu** S (*Waffe*) Schalldämpfer *m*
susuz ADJ wasserarm, trocken
susuzluk S Wassermangel *m*; Durst *m*
sutopu S Wasserball(spiel *n*) *m*
sutyen, sütyen S Büstenhalter *m*, BH *m*
Suudi Arabistan S Saudi-Arabien *n*
-suz → -siz
sübjektif ADJ subjektiv
sübye S *süßes Getränk aus Mandeln, Melonenkernen etc*
süet S Wildleder *n*
süklüm: ~ **püklüm** kleinlaut, betreten
sükûnet S Ruhe *f*; ruhige(s) Wesen *n*
sükût S Schweigen *n*
sülâle S Nachkommenschaft *f*, Geschlecht *n*
sülük S ‹-ğü› ZOOL Schnecke *f*; Blutegel *m*
sülün S ZOOL Fasan *m*
sümbül S BOT Hyazinthe *f*

sümbülî ADJ (*Himmel*) bedeckt und ohne Regen **sümkürmek** V/I sich schnäuzen **sümük** S ⟨-ğü⟩ Schleim *m* **sümüklü** ADJ schleimig **sümüklüböcek** S ZOOL Schnecke *f* **sünger** S Schwamm *m* **süngertaşı** S Bimsstein *m* **sünnet** S REL Sunna *f*, *Lebensweise des Propheten Mohammed*; Beschneidung *f*; **~ düğünü** Beschneidungsfest *n*; **~ olmak** beschnitten werden **sünnetçi** S Beschneider *m* **sünnetli** ADJ beschnitten
Sünni REL **A** ADJ sunnitisch **B** S Sunnit(in) *m(f)* **Sünnilik** S Sunnitentum *n*
süper ADJ super, hervorragend; **~ benzin** Superbenzin *n* **süpermarket** S Supermarkt *m*
süprüntü S Müll *m*, Kehricht *m*
süpürge S Besen *m*; Handfeger *m*; **elektrik ~si** Staubsauger *m*
süpürgeotu S BOT Heidekraut *n*, Erika *f*
süpürmek V/T fegen, kehren, bürsten
sürahi S Karaffe *f*
sürat S ⟨-ti⟩ Schnelligkeit *f*, Geschwindigkeit *f* **süratli** ADJ schnell
sürçmek V/I ⟨-er⟩ stolpern, straucheln; ausrutschen; *fig* sich versprechen
süre S Zeitraum *m*, Periode *f*, Frist *f*; *-diği* **~ce** solange (wie
süreç S ⟨-ci⟩ Prozess *m*, Verlauf *m*
sürek S ⟨-ği⟩ Dauer *f* **sürekli** ADJ dauernd, anhaltend
süreli ADJ befristet; periodisch; **~ roman** Fortsetzungsroman *m* **süresiz** ADJ unbefristet
sürgü S Riegel *m*, Schieber *m*, Ackerwalze *f* **sürgülemek** V/T abriegeln, verriegeln; AGR walzen
sürgün[1] S BOT Keim *m*, Spross *m*
sürgün[2] S POL Verbannte(r) *m/f(m)*; Verbannung *f*
sürme[1] S Riegel *m*; Schubfach *n*
sürme[2] S Lidstrich *m*
sürmek ⟨-er⟩ **A** V/T schieben, treiben; führen; (*Salbe etc*) aufstreichen, auftragen; (*Person*) verbannen, strafversetzen; **çift ~** pflügen **B** V/I dauern
sürmelemek V/T abriegeln, verriegeln **sürmeli** ADJ verriegelt, abgeriegelt
sürpriz S Überraschung *f*
sürtmek ⟨-er⟩ **A** V/T reiben **B** V/I herumstrolchen **sürtünme** S TECH Reibung *f*
sürü S Herde *f*, Schar *f*, Schwarm *m*
sürücü S IT Laufwerk *n*; AUTO Fahrer(in) *m(f)*
sürüklemek V/T (nach)schleppen, hinter sich herziehen

(*in Krieg*) hineinziehen (*-e* in *akk*)
sürükleyici ADJ (*Buch*) fesselnd
sürülmek V/I PASSIV (*Vieh*) getrieben, geführt werden; (*Acker*) umgepflügt werden; *fig* strafversetzt werden
sürüm S WIRTSCH Absatz *m* **sürümlü** ADJ gefragt, gesucht
sürüngen S ZOOL Reptil *n* **sürünmek** **A** V/T *-i* sich einreiben mit *dat*, auftragen *akk* **B** V/I leicht berühren, streifen (*-e etw*); kriechen; *fig* ein armseliges Leben führen
süs S Schmuck *m*, Verzierung *f* **süslemek** V/T schmücken **süslenmek** V/I sich schmücken, sich putzen **süslü** ADJ geschmückt
süt S Milch *f* **sütana, sütanne** S Amme *f* **sütçü** S Milchmann *m* **sütdişi** Milchzahn *m* **sütlaç** ⟨-cı⟩ Milchreis *m* **sütleğen** BOT Wolfsmilch *f* **sütlü** ADJ mit Milch zubereitet; Milch... **sütnine** Amme *f* **süttozu** Milchpulver *n*
sütun S ARCH Säule *f*, Pfeiler *m*; (*Zeitung, Tabelle*) Spalte *f*
süvari S MIL Reiter *m*; Kavallerist *m*; Kavallerie *f*
süveter S Pullunder *m*
Süveyş: **~ Kanalı** Suezkanal *m*
süz → -siz
süzgeç S ⟨-ci⟩ Sieb *n*; TECH Filter *m*
süzgün ADJ schmächtig; (*Blick*) schmachtend
süzme ADJ gefiltert; (*Quark, Joghurt*) entwässert **süzmek** V/T ⟨-er⟩ durchsieben, filtern; *fig* mustern **süzülmek** V/I gesiebt werden; durchsickern; (*Vogel*) dahingleiten

Ş

şablon S Schablone *f*
şadırvan S Brunnenanlage *f* (*an e-r Moschee*)
şafak S ⟨-ğı⟩ Morgendämmerung *f*
şaft S TECH Kardanwelle *f*, Schraubenwelle *f*
şah[1] S Schah *m*
şah[2]: **~a kalkmak** (*Pferd*) sich aufbäumen, hochgehen
şahadet S Tod *m* auf dem Schlachtfeld; Heldentod *m*; **~ getirmek** REL das islamische Glaubensbekenntnis ablegen; **~ parmağı** ANAT Zeigefinger *m*; **~te bulunmak** Zeugnis ablegen; bezeugen **şahadetname** S Zeugnis *n*
şahane ADJ prächtig; prunkvoll
şahdamarı S ANAT Hauptschlagader *f*
şaheser S Meisterwerk *n*

şahıs S ‹-hsı› Person *f*
şahin S ZOOL Falke *m*
şahit S ‹-di› Zeuge *m*, Zeugin *f*; Beweis *m* **şahitlik** S Zeugnis *n*, Zeugenschaft *f*
şahlanmak → şah²; VI *fig* e-e drohende Haltung annehmen; sich auf die Hinterbeine stellen
şahmerdan S TECH Fallhammer *m*, Ramme *f*
şahsen ADV persönlich **şahsî** ADJ persönlich, privat **şahsiyet** S Persönlichkeit *f*
şair S Dichter(in) *m(f)*
şak: ~ **diye** blitzschnell; ~ ~ klatsch!, patsch!
şaka S Scherz *m*, Spaß *m*; ~ **söylemek** (*od* **yapmak**) scherzen **şakacı** S Spaßvogel *m*, Witzbold *m*
şakak S ‹-ğı› ANAT Schläfe *f*
şakalaşmak VI miteinander scherzen **şakasız** S ernst (-haft)
şakımak VI (*Vogel*) singen
şakırdamak VI prasseln; klirren; klappern; **şakır şakır** (*Regen*) plätschernd; (*Gespräch*) munter darauflos **şakırtı** S Rasseln *n*, Klappern *n*
şaklaban S Hanswurst *m*; *umg* Schleimer(in) *m(f)*
şaklatmak VT *-i* (*Ohrfeige etc*) versetzen (*b-e j-m*); knallen mit *dat*
şakrak ADJ fröhlich, lustig
şakşak S Kastagnette *f* **şakşakçı** S *fig* Claquer(in) *m(f)*; Speichellecker(in) *m(f)*
şakul S ‹-lü› PHYS Lot *n*
şal S Schal *m*
şalgam S BOT Steckrübe *f*
şalter S ELEK (Hebel-)Schalter *m*
şalvar S Pluderhose *f*
Şam S Damaskus *n*
şamandıra S SCHIFF Boje *f*
şamar S Ohrfeige *f*
şamata S Lärm *m*, Tumult *m*; Geschrei *n*
şamdan S Kerzenständer *m*; Leuchter *m*
şamfıstığı S BOT Pistazie *f*
şampanya S Champagner *m*, Sekt *m*
şampiyon S SPORT Meister(in) *m(f)* **şampiyona** S (Kampf *m* um die) Meisterschaft *f*
şan S Ruhm *m*, Ehre *f*
şangırdamak VI klirren, klappern
şanjman S AUTO Getriebe *n*
şanlı ADJ ruhmvoll
şans S Chance *f*, Glück *n*; ~ **eseri** glücklicherweise **şanslı** ADJ Glücks... **şanssız** ADJ glücklos, Pech habend
şantaj S Erpressung *f*, Nötigung *f* **şantajcı** S Erpresser(in) *m(f)*
şantiye S Bauplatz *m*; Baustelle *f*
şantör S Sänger *m* **şantöz** S Sängerin *f*
şanzıman → şanjman
şap S ARCH Estrich *m*
şapır: ~ ~, ~ **şupur** lau

schmatzend **şapırdamak** V/I schmatzen **şapırtı** S Schmatzen *n*
apka S Hut *m*; **~sını çıkarmak** den Hut abnehmen; **~sını giymek** den Hut aufsetzen **şapkacı** S Hutmacher(in) *m(f)*
aplamak A V/I (*Ohrfeige*) schallen, klatschen B V/T (*Estrich*) auftragen
apşal ADJ schlampig; dumm
arampol S Straßengraben *m*
arap S ‹-bı› Wein *m*; **~ mahzeni** Weinkeller *m* **şarapçı** S Winzer(in) *m(f)*; Weintrinker(in) *m(f)*
arıldamak V/I plätschern **şarıltı** S Plätschern *n*
arj S ELEK Ladung *f*; **~ etmek** aufladen **şarjör** S (*Waffe*) Magazin *n*
ark S Osten *m*; Orient *m*
arkı S Lied *n*; **~ söylemek** singen **şarkıcı** S Sänger(in) *m(f)*
arkî ADJ östlich; orientalisch; Ost... **şarkiyat** S Orientalistik *f*
arküteri S Delikatessengeschäft *n*
arlatan S Scharlatan *m*
art S Bedingung *f*, Voraussetzung *f* **şartlandırmak** V/T konditionieren **şartlı** ADJ vorausgesetzt; von Bedingungen abhängig **şartsız** ADJ bedingungslos
asi S AUTO Fahrgestell *n*
aşaa S Prunk *m*, Pomp *m*

şaşakalmak, şaşalamak V/I verblüfft *od* verdutzt sein
şaşı ADJ schielend; **~ bakmak** schielen
şaşırmak A V/T durcheinanderkommen (*-i* bei *dat*); sich irren (*-i* in *dat*) B V/I verblüfft sein **şaşırtıcı** ADJ verwirrend
şaşırtmak V/T *akk* verblüffen, verwirren, in Verlegenheit bringen **şaşkın** ADJ verwirrt, kopflos **şaşkınlık** S Verwirrung *f* **şaşmak** V/T ‹-ar› verdutzt *od* betroffen sein, staunen (*-e* über *akk*); abweichen (*-den* von *dat*); sich irren (*-i* in *dat*)
şatafat S Pomp *m*, Prunk *m*
şato S Schloss *n*; Burg *f*
şayet KONJ falls, wenn
şayia S Gerücht *n*
şebboy S BOT Levkoje *f*
şebeke S BAHN *etc* Netz *n*; (Diebes-)Bande; IT Netzwerk *n*
şecere S Stammbaum *m*
şef S Chef(in) *m(f)*, Leiter(in) *m(f)*, Direktor(in) *m(f)*
şeffaf ADJ durchsichtig
şefkat S ‹-ti› Güte *f*; Zärtlichkeit *f*; Mitleid *n*, Teilnahme *f*
şefkatli ADJ liebevoll, zärtlich; mitleidig
şeftali S BOT Pfirsich *m*
şehir S ‹-hri› Stadt *f* **şehircilik** S Urbanismus *m* **şehirlerarası** ADJ Städte...; Fern...; (*Bus*) Überland... **şehirli** S Städter(in) *m(f)*
şehit S ‹-di› Gefallener *m*; REL

Märtyrer *m* **şehitlik** S Heldentod *m;* REL Märtyrertod *m;* Heldenfriedhof *m*, Soldatenfriedhof *m*
şehriye S *sg* Suppennudeln *f/pl*
şehvet S Erotik *f;* Wollust *f*
şehvetli ADJ erotisch, sexy; wollüstig, geil
şehzade S *hist* Prinz *m*
şeker S Zucker *m;* Bonbon *m od n;* Liebling *m;* **Şeker Bayramı** REL *umg* Fest *n* des Fastenbrechens (*nach dem Ramadan*); **~ hastalığı** MED Zuckerkrankheit *f*, Diabetes *m* **şekerci** S Konditor(in) *m(f);* Süßigkeitenverkäufer(in) *m(f)* **şekerkamışı** S BOT Zuckerrohr *n* **şekerleme** S kandierte Frucht *f;* *fig* Schläfchen *n*, Nickerchen *n* **şekerli** ADJ süß, gesüßt **şekerpancarı** S BOT Zuckerrübe *f* **şekerpare** S *mit Zuckersirup übergossenes Gebäck*
şekil S ‹-kli› Form *f;* Art und Weise *f;* MATH Figur *f;* Zeichnung *f*, Abbildung *f*, Schaubild *n;* **bu ~de** so, auf diese Art und Weise; **~ vermek** *-e* formen *akk* **şekillendirmek** V/T IT formatieren **şekilsiz** ADJ formlos, missgestaltet **şekli** ADJ formell; formal
şelâle S GEOG Wasserfall *m*
şema S Schema *n*, Plan *m* **şematik** ADJ schematisch
şemsiye S Schirm *m* **şemsiyelik** S Schirmständer *m*
şen ADJ heiter, lustig, fröhlic[h]
şenlendirmek V/T erheiter[n,] aufmuntern **şenlenmek** V[/I] heiter *od* fröhlich werden; au[f]blühen **şenlik** S ‹-ği› Heite[r]keit *f*, Freude *f;* Volksfest *n*
şerbet S Sorbet *m od n*
şeref S Ehre *f;* **~e!** prost **~inize!** auf Ihr Wohl!
şerefe S ARCH Galerie *f* (*e[s] Minaretts*)
şereflendirmek V/T (be)ehre[n]
şereflenmek V/I geehrt we[r]den
şeriat S REL Scharia *f* **şeriat[çı]** S Anhänger(in) *m(f)* des Sch[a]riarechts
şerit S ‹-di› Band *n;* Streife[n] *m;* **~ metre** Bandmaß *n;* **bil[gi] şeridi** IT Statusleiste *f;* **semb[ol] şeridi** IT Symbolleiste *f*
şevk S Lust *f*, Eifer *m*
şey S Sache *f*, Ding *n;* *Füllw[ort] für eine Pause beim Spreche[n]* **bir ~ değil** keine Ursache **bir ~ler** eine Kleinigkeit, etw[as]
şeyh S Scheich *m;* REL Obe[r]haupt *n* (*e-s Ordens*)
şeytan S Teufel *m*, Satan *[m];* *fig* heller Bursche *m* **şeyta[n]lık** S Streich *m*, Teufelei
şeytantırnağı S ANAT Nie[d]nagel *m;* BOT Teufelskralle *f*
şezlong S Liegestuhl *m*
şık[1] ADJ chick, elegant
şık[2] S (*-kkı*) Alternative *f*, Mö[g]lichkeit *f*
şıkırdamak V/I klappern, kli[rren]

pern **şıkırtı** S Klappern *n*, Rasseln *n*

ıklaşmak V/I elegant werden

şıklık S Schick *m*, Eleganz *f*

ımarık ADJ (*Kind*) frech, naseweis; verwöhnt **şımarmak** V/I frech werden **şımartmak** V/T verwöhnen; frech werden lassen

ıngırdamak V/I klirren **şıngırtı** S Klirren *n*

ıp S *Tropfgeräusch*; **~ diye** plötzlich; sofort **şıpırdamak** V/I tropfen

ıra S Most *m*, (ungegorener) Traubensaft *m*

ırıldamak V/I rieseln, plätschern **şırıltı** S Rieseln *n*, Plätschern *n*

ırınga S MED Spritze *f*

iddet S Heftigkeit *f*; Strenge *f*; Gewalt *f*; Terror *m*; **~e başvurmak** Gewalt anwenden **şiddetlenmek** V/I heftig(er) werden; sich steigern **şiddetli** ADJ heftig; streng

ifa S Genesung *f*, Heilung *f*; **~ bulmak** genesen; **~yı bulmak** *iron* krank werden; **~ vermek** Genesung bringen **şifalı** ADJ heilsam

ifre S Chiffre *f*, Code *m*; IT Passwort *n*; *-in* **~sini çözmek** entschlüsseln *akk* **şifreli** ADJ verschlüsselt; **~ kilit** Zahlenschloss *n*

ii REL **A** S Schiit(in) *m(f)* **B** ADJ schiitisch **Şiilik** S Schia *f*

iir S Poesie *f*; Gedicht *n*

şikâyet S Klage *f*, Beschwerde *f*; Beanstandung *f*; **~ etmek** sich beklagen (*b-e -den* bei *j-m* über *akk*) **şikâyetçi** S Beschwerdeführer(in) *m(f)*

şike S SPORT Schiebung *f*; Scheinkampf *m*, abgekartete(s) Spiel *n*

şile S BOT Majoran *m*

şilep S ‹-bi› Frachtdampfer *m*

şilte S Matratze *f*

şimdi ADV jetzt; sofort, sogleich **şimdiden** ADV schon jetzt; **~ sonra** *od* **itibaren** von jetzt an, ab jetzt **şimdiki** ADJ gegenwärtig, jetzig, augenblicklich **şimdilik** ADV vorläufig, einstweilen

şimşek S ‹-ği› Blitz *m*; **~ çakmak** *unpers* blitzen

şimşir S BOT Buchsbaum *m*

şipşak ADV *umg* sofort

şirin ADJ lieb, nett; anmutig

şirket S WIRTSCH Gesellschaft *f*

şirpençe S MED Karbunkel *n*

şirret ADJ streitsüchtig, zänkisch; bösartig

şiş[1] S Spieß *m*; Stricknadel *f*; **~ kebap** Schaschlik *n*

şiş[2] **A** S Schwellung *f*, Beule *f* **B** ADJ geschwollen

şişe S Flasche *f*

şişirmek V/T anschwellen lassen; aufpumpen **şişkin** ADJ geschwollen; *umg* aufgeblasen **şişko** *umg* **A** ADJ dick, fett **B** S (*Person*) Dicke(r) *m/f(m)*

şişlemek V/T aufspießen
şişman ADJ dick, fett, wohlbeleibt **şişmanlık** S Körperfülle f
şişmek V/I ⟨-er⟩ schwellen, dick werden; aufgeblasen werden
şive S Dialekt *m*, Akzent *m*; **~li konuşmak** Dialekt sprechen
şizofreni S MED Schizophrenie *f*
şofben S Durchlauferhitzer *m*
şoför S Fahrer(in) *m(f)*
şok S Schock *m*; **~ geçirmek** *e-n* Schock haben **şoke** ADJ schockiert
şort S Shorts *pl*
şose S Landstraße *f*, Chaussee *f*
şov S Show *f*, Revue *f*; **~ yapmak** e-e Show abziehen
şoven S POL Chauvinist(in) *m(f)* **şovenlik** S Chauvinismus *m*
şöhret S Ruf *m*, Berühmtheit *f* **şöhretli** ADJ berühmt
şölen S Festmahl *n*
şömine S Kamin *m*
şövalye S *hist* Ritter *m*; Kavalier *m*
şöyle ADJ & ADV so, auf diese Weise; **~ böyle** ziemlich, nicht besonders; **~ dursun** *nom* abgesehen von *dat*
şu PRON ⟨-nu⟩ jener, jene, jenes; der (die, das) da; der Folgende; **~ anda** jetzt, momentan; **~ şekilde** so, auf diese Art
şubat S Februar *m*
şube S Abteilung *f*, Filiale *f* Zweig *m*
şuh ADJ schelmisch, neckisch (*Frau*) erotisch, frivol
şura S der Platz dort, dort; **~s** der Platz dort, dort; **~da** dort da; **~dan** von dort, von hier **~ya** dorthin, dahin
şurup S ⟨-bu⟩ Sirup *m*; Heiltrank *m*
şuur S Bewusstsein *n*, Verstand *m* **şuursuz** ADJ unbewusst
şükran S Dankbarkeit *f* **şükretmek** V/T *-e* danken *dat*
şükür S ⟨-krü⟩ Dank *m*; **çok ~** Gott sei Dank!
şüphe S Zweifel *m*; Verdacht *m* **şüpheci** ADJ skeptisch
şüphelenmek V/T *-den* zweifeln an *dat*; Verdacht schöpfen gegen *akk* **şüpheli** ADJ zweifelhaft; verdächtig (*-den* ger
şüphesiz ADJ zweifellos, bestimmt

T

ta ADV bis; **~ -e kadar** bis z *dat*; **~ -den beri** schon se *dat*; **~ki** sodass, damit
-ta → -da
taahhüt S ⟨-dü⟩ Verpflichtung *f* **taahütlü** ADJ (*Brie*

eingeschrieben
taarruz S Angriff *m*, Vorstoß *m*; **~ etmek** *-e* angreifen *akk*
taassup S ‹-bu› religiöse(r) Fanatismus *m*; Bigotterie *f*
tabak S ‹-ğı› Teller *m*
tabaka[1] S Schicht *f*; (Gesellschafts-)Klasse *f*
tabaka[2] S Zigarettendose *f*; Tabaksdose *f*
tabakhane S Gerberei *f* **tabaklamak** V/T gerben
taban S (*Fuß, Schuh*) Sohle *f*; Fußboden *m*; Flussbett *n*; Grund *m*, Boden *m*; POL Basis *f*
tabanca S Pistole *f*
tabansız ADJ feige
tabela S Schild *n*; Liste *f*, Aufstellung *f*
tabetmek V/T FOTO abziehen
tabi ADJ *-e* abhängig von *dat*, unterworfen *dat*
tabiat S Natur *f*; Wesen *n*, Charakter *m* **tabiî** ADJ natürlich
tabiiyet S Staatsangehörigkeit *f*
tabla S Tablett *n*, Platte *f*; **kül ~sı** Aschenbecher *m*
tablet S Tablette *f*
tablo S Bild *n*, Gemälde *n*; Tabelle *f*, Tafel *f*
tabur S MIL Bataillon *n*
taburcu: **~ olmak** MED entlassen werden
tabure S Schemel *m*, Hocker *m*
tabut S Sarg *m*
tabya S MIL *hist* Schanze *f*, Fort *n*
tacir S Kaufmann *m*
taciz S Belästigung *f*; **~ etmek** stören, belästigen
taç[1] S (*-cı*) Krone *f*
taç[2] S (*-cı*) SPORT Einwurf *m*
tadım S Geschmackssinn *m* **tadımlık** S Kostprobe *f*
tadil(at) S Änderung *f*, Modifikation *f*
tafsilat S Einzelheiten *pl*, Details *pl*; **~ vermek** *dat* Einzelheiten mitteilen **tafsilatlı** ADJ ausführlich, detailliert
tahakkuk S Verwirklichung *f*; (Steuer-)Festsetzung *f*; **~ etmek** sich verwirklichen; festgesetzt werden
tahammül S Ausdauer *f*, Geduld *f*; **~ etmek** *-e* aushalten, ertragen *akk*
tahayyül S Fantasie *f*; **~ etmek** sich vorstellen, sich ausmalen
tahdit S ‹-di› Beschränkung *f*
tahıl S BOT Getreide *n*
tahin S Sesampaste *f*
tahkik S Ermittlung *f*; **~ etmek** ermitteln, feststellen **tahkikat** S *pl* Ermittlungen
tahlil S Analyse *f*
tahlis S Rettung *f*; **~iye sandalı** Rettungsboot *n*
tahliye S Räumung *f*; Evakuierung *f*; Freilassung *f*; **~ etmek** räumen; evakuieren; (*Gefangene*) freilassen
tahmin S Schätzung *f*; Vermu-

tung *f*; ~ **etmek** schätzen; vermuten **tahminen** ADV ungefähr **tahminî** ADJ geschätzt
tahribat S *pl* Verwüstungen *pl*
tahrifat S Entstellung *f*; Verfälschung *f*; ~ **etmek** entstellen, verfälschen
tahrik S Provokation *f*; ~ **etmek** aufreizen; aufstacheln, provozieren (*-e* zu *dat*) **tahrikçi** S Provokateur(in) *m(f)*
tahrip S ‹-bi› Zerstörung *f*; ~ **etmek** zerstören
tahsil[1] S Studium *n*; ~ **yapmak** studieren
tahsil[2] S (*Geld*) Eintreiben *n*; ~ **etmek** einkassieren
tahsis S Zuweisung *f*, Bestimmung *f*; ~ **etmek** bestimmen (*-e* für *akk*), zuteilen **tahsisat** S *pl* Fonds *m*, Mittel *pl*
taht S Thron *m*
tahta A S Holz *n*; Brett *n*, Bohle *f* B ADJ hölzern; Holz…
tahtabiti, tahtakurusu S ZOOL Wanze *f*
tahterevalli S Wippe *f*
tahvil S Umwandlung *f*; WIRTSCH Anleihe *f*; ~ **etmek** umwandeln (*-e* in *akk*)
tak S ARCH Bogen *m*
takas S WIRTSCH Liquidation *f*; Clearing *n*; (Aus-)Tausch *m*
takat S ‹-ti› Kraft *f*; Leistung *f* **takatsiz** ADJ kraftlos, erschöpft
takdim S Angebot *n*; Vorstellen *n*; ~ **etmek** *j-m etw* anbieten; vorstellen
takdir S Schätzung *f*; Würdigung *f*; ~ **etmek** schätzen; würdigen, anerkennen; *-diği* **~de** falls, wenn **takdirname** S Anerkennungsschreiben *n*
takdis S REL Heiligung *f*
takı S Schmuckstück *n*; GRAM Kasussuffix *n*
takılmak V/I angesteckt *od* getragen werden; *umg* necken, hänseln (*b-e j-n*); sich hängen (*-e* an *akk*); *umg* frequentieren (*-e akk*); *umg* sich gebärden (*nom* als *nom*)
takım S Mannschaft *f*; Satz *m*, Garnitur *f*, Besteck *n*; Schar *f*, Truppe *f*; MUS Band *f*; ~ **elbise** Anzug *m*
takımada S GEOG Archipel *m*, Inselgruppe *f*
takımyıldız S ASTRON Sternbild *n*
takıntı S Verpflichtung *m*; Nachprüfungsfach *n* (*für Schüler*)
takırdamak V/I klappern, knattern **takırtı** S Klappern *n*, Geknatter *n*
takibat S *pl* JUR straf- *od* steuerrechtliche Verfolgung *f* **takip** S ‹-bi› Verfolgung *f*; ~ **etmek** *-i* folgen *dat*; verfolgen *akk*
takke S Käppchen *n*, Mütze *f*
takla(k) S ‹-ğı› Purzelbaum *m*; ~ **atmak** *od* **kılmak** *e-n* Purzelbaum schlagen
taklit ‹-di› A S Nachahmung *f*; Fälschung *f* B ADJ nachge-

macht, unecht; **~ etmek** nachahmen

takma ADJ falsch, unecht, künstlich; **~ ad** Pseudonym *n*; **~ diş** Zahnersatz *m*; **~ saç** Perücke *f*

takmak V/T ⟨-ar⟩ anhängen, aufhängen; anstecken; befestigen (*-e* an *dat*); (*Brille*) aufsetzen

tako(graf) S AUTO Fahrtenschreiber *m*

takoz S Holzklotz *m*

takriben ADV annähernd, ungefähr, circa

taksi S Taxi *n*; **~ durağı** Taxistand *m*; **~ şoförü** Taxifahrer(in) *m(f)*

taksim S (Auf-, Ein-, Ver-)Teilung *f*

taksimetre S Taxameter *m* & *n*

taksit S Teilzahlung *f* **taksitle** ADV, **taksitli** ADJ auf *od* in Raten

taktik S ⟨-ği⟩ Taktik *f*

takunya S Holzpantoffel *m*

takvim S Kalender *m*

takviye S Festigung *f*, Verstärkung *f*; **~ etmek** (be-, ver)stärken

talan S Plündern *n*

talaş S Späne *pl*; Häckselgut *n*

talaşkebabı → börek *mit Fleisch und Gemüse*

talebe S Schüler(in) *m(f)*, Student(in) *m(f)*

talep S ⟨-bi⟩ Verlangen *n*; WIRTSCH Nachfrage *f*; **~ etmek** verlangen, fordern

talih S Glück *n* **talihli** ADJ glücklich, vom Glück begünstigt **talihsiz** ADJ unglücklich, vom Unglück verfolgt

talim S Übung *f*

talimat S *pl* Instruktionen *pl*; Dienstvorschriften *pl*

talip S ⟨-bi⟩ Bewerber(in) *m(f)*, Interessent(in) *m(f)* (*-e* für *akk*)

talk S Talkum *n*

tam ADJ & ADV ganz, völlig, vollkommen; genau

tamah S Gier *f*, Habsucht *f*; Geiz *m* **tamahkâr** ADJ gierig (*-e* nach *dat*); geizig

tamam **A** ADJ fertig, beendet; vollständig, ganz; **~!** in Ordnung! **B** S Vollständigkeit *f*; Ergänzung *f* **tamamen, tamamıyla** ADV vollständig, völlig **tamamlamak** V/T vervollständigen, ergänzen; vollenden **tamamlanmak** V/I PASSIV vollendet werden

tambur S TECH Trommel *f*; MUS orientalische Zither *f*

tambura S *orientalisches Zupfinstrument*

tamir S Reparatur *f*; **~ etmek** reparieren, ausbessern **tamirat** S *pl* Reparatur *f* **tamirci** S (Auto-)Mechaniker(in) *m(f)*

tamirhane S Werkstatt *f*

tamlama S GRAM Substantivverbindung *f* **tamlanan** S übergeordnete(s) Wort *n* (*im Possessiv*) **tamlayan** S Bestimmungswort *n* (*im Nomina-*

tiv od Genitiv)
tampon S MED Tampon *m*, Wattebausch *m*; AUTO Stoßstange *f*; **~ bölge** POL Pufferzone *f*
tan S Morgendämmerung *f*
-tan → -dan
tandır S *einfacher Back- od Heizofen in e-m Erdloch*
tane S Korn *n*, Beere *f*; Stück *n*; **~ ~** Stück für Stück; **~ ~ söylemek** deutlich sprechen; **kaç ~?** wie viel Stück? **tanecik** S Körnchen *n* **taneli** ADJ körnig
tangırdamak V/I dröhnen
tanıdık S ‹-ğı› Bekannte(r) *m/f(m)*
tanık S Zeuge *m*, Zeugin *f* **tanıklık** S Zeugenschaft *f*; **~ etmek** bezeugen
tanım S Definition *f*
tanımak V/T kennen; kennenlernen; anerkennen
tanımlamak V/T definieren
tanımlık S GRAM Artikel *m*
tanınmak V/I bekannt sein; anerkannt werden **tanınmış** ADJ bekannt, berühmt
tanışıklık S Bekanntschaft *f*
tanışmak V/I sich kennen; bekannt werden (**ile** mit *dat*) **tanıştırmak** V/T (miteinander) bekannt machen; *akk* vorstellen (**ile** *j-m*) **tanıtım** S Vorstellen *n*, Bekanntmachung *f*
tanıtmak V/T bekannt machen (*-e* mit *dat*), vorstellen
tank S MIL Panzer *m*; Tank *m*, Behälter *m*
tanrı S Gott *m*, Gottheit *f*; **Tanrı** Gott (*m*) **tanrıça** S Göttin *f* **tanrısız** ADJ gottlos, atheistisch
tansiyon S MED Blutdruck *m*; **~ düşüklüğü** niedriger Blutdruck; **~ yüksekliği** hoher Blutdruck
tantana S *umg* Pomp *m*, Prunk *m*, Pracht *f*; Jubel *m*; Trubel *m* **tantanalı** ADJ pompös; feierlich; hochtrabend
tanzim S Ordnen *n*; Ordnung *f*, Aufstellung *f*; **~ etmek** ordnen, aufstellen
tapa S Korken *m*, Verschluss *m*; MIL Zünder *m* **tapalamak** V/T mit e-m Korken verschließen; zustöpseln **tapasız** ADJ (*Flasche*) unverschlossen
tapınak S ‹-ğı› Tempel *m* **tapınmak** V/T *e-e Kulthandlung vollziehen*, anbeten **tapmak** *-e* anbeten, verehren *akk*
tapon ADJ schlecht, unbrauchbar; **~ mal** Billigware *f*
tapu S Grundbuchauszug *m* **tapulamak** V/T im Grundbuch eintragen **tapulu** ADJ katasteramtlich erfasst **tapusuz** ADJ ohne Grundbucheintrag
taraça S GEOG (*Reisanbau etc*) Terrasse *f*
taraf S Seite *f*, Richtung *f*, Gegend *f*; *fig* Partei *f*; **~ından** *nom* von *dat*, durch *akk*; **-i ~ını tutmak** Partei ergreifen

für *akk*; **her ~ta** überall **taraflı** ADJ ...seitig, mit ... Seiten; **tek ~** einseitig **tarafsız** ADJ unparteiisch, neutral **tarafsızlık** S Neutralität *f* **taraftar** S Anhänger(in) *m(f)*; Fan *m*
tarak S ‹-ğı› Kamm *m*; Harke *f*, Rechen *m* **taraklamak** V/T AGR eggen, harken
taramak V/T (durch)kämmen, durchsuchen; (*Beet*) harken; IT (ein)scannen **taranmak** V/I sich kämmen; durchsucht werden
tarator S Nusssoße *f*
tarayıcı S IT Scanner *m*
tarçın S Zimt *m*
tarhana S *mit Joghurt gesäuerter Teig*; **~ çorbası** Tarhanasuppe *f*
tarım S Landwirtschaft *f*; **~ ürünü** Agrarprodukt *n* **tarımsal** ADJ landwirtschaftlich
tarif S Definition *f*, Beschreibung *f*; **~ etmek** beschreiben, definieren
tarife S Fahrplan *m*; Preisliste *f*
tarifesiz ADJ unbeschreiblich
tarih S Geschichte *f*; Datum *n* **tarihçe** S geschichtliche(r) Abriss *m*, Chronologie *f* **tarihçi** S Historiker(in) *m(f)* **tarihî** ADJ historisch, geschichtlich **tarihli** ADJ datiert
tarikat S REL Orden *m*
tarla S Acker *m* **tarlafaresi** S ZOOL Feldmaus *f* **tarlakuşu** S ZOOL Lerche *f*
tartı S Wiegen *n*; Gewicht *n*; Waage *f* **tartılı** ADJ gewogen; abgewogen **tartılmak** V/I gewogen werden; sich wiegen
tartışma S Debatte *f*, Diskussion *f* **tartışmacı** S Diskussionsteilnehmer(in) *m(f)* **tartışmak** V/I diskutieren, debattieren; streiten **tartışmalı** ADJ umstritten
tartmak V/T ‹-ar› wiegen; *fig* abwägen, prüfen
tarz S Art *f*; Form *f*; *fig* Weg *m*
tas S (Metall-)Schale *f*
tasa S Kummer *m*, Sorge *f* **tasalanmak** V/T *-e* sich sorgen um *akk*
tasarı S Projekt *n*; Entwurf *m*
tasarım S Vorstellung *f*; Projekt *n*; Skizze *f* **tasarımcı** S Designer(in) *m(f)* **tasarlamak** V/T planen, entwerfen
tasarruf S JUR Verfügung *f*; Ersparnisse *pl*; **~ etmek** *-e* JUR besitzen *akk*; (ein)sparen *akk*; **~ sahibi** Sparer(in) *m(f)*
tasasız ADJ sorglos
tasavvuf S REL Sufismus *m*
tasavvur S Vorstellung *f*, Idee *f*, Plan *m*; **~ etmek** sich vorstellen, planen
tasdik S ‹-ği› Bestätigung *f*, Beglaubigung *f*; **~ etmek** bestätigen, beglaubigen **tasdikli** ADJ beglaubigt **tasdikname** S Bestätigung *f*; Zeugnis *n*
tasfiye S Reinigung *f*; Auflösung *f*; WIRTSCH Liquidation

f; ~ **etmek** reinigen, regeln; auflösen; WIRTSCH liquideren; (*Personal*) entlassen
tashih S Berichtigung *f*, Korrektur *f*; FIN Tilgung *f*
taslak S ‹-ğı› Entwurf *m*, Skizze *f*
taslamak V/T vortäuschen; zur Schau tragen
tasma S Halsband *n*; **~lı olarak** (*Hund*) an der Leine
tasnif S Klassifizierung *f*; ~ **etmek** klassifizieren
tasvir S Schilderung *f*; Bild *n*; ~ **etmek** schildern, darstellen
taş **A** S Stein *m* **B** ADJ steinern
taşak S ‹-ğı› *vulg* Hoden *m*
taşbasması S Lithografie *f*
taşçı S Steinmetz *m*
taşımacı S Spediteur(in) *m(f)*, Transportunternehmer(in) *m(f)*
taşımak V/T (fort-, weg)tragen; transportieren, befördern
taşınmak V/I getragen werden; umziehen (*-e* nach *dat*)
taşınmaz (mal) S Immobilie *f*
taşıt S Fahrzeug *n*; ~ **belgeleri** *pl* Fahrzeugpapiere *pl*; ~ **çıkışı** Ausfahrt *f*; ~ **giremez** für Fahrzeuge gesperrt; ~ **girişi** Einfahrt *f*; ~ **vergisi** Kfz-Steuer *f*
taşıyıcı S *a.* MED, TECH Träger(in) *m(f)*
taşkın ADJ überströmend
taşkömürü S Steinkohle *f*
taşlama S Satire *f*
taşlamak V/T mit Steinen bewerfen, steinigen; schleifen
taşlı ADJ steinig; mit Steinen
taşlık S steinige Gegend *f*; (*Vogel*) Muskelmagen *m*
taşmak V/I ‹-ar› überkochen, überströmen; (*Fluss*) über die Ufer treten
taşocağı S Steinbruch *m*
taşra S Provinz *f*, Land *n* **taşralı** ADJ aus der Provinz stammend
taşyürekli ADJ erbarmungslos, herzlos
tat S ‹-dı› Geschmack *m*; *-in* **tadına bakmak** kosten, schmecken *akk*; *-in* **tadına varmak** genießen *akk*
Tatar S Tatar(in) *m(f)*
tatarcık[1] S ‹-ğı› ZOOL kleine Mücke *f*, Moskito *m*
tatarcık (humması)[2] S MED Dreitagefieber *n*
tatbik S Anwendung *f*, Durchführung *f*; ~ **etmek** anwenden, durchführen **tatbikat** S *pl* Anwendung *f*; MIL Übung *f*
tatbikî ADJ praktisch; (*Kunst*) angewandt
tatil S Urlaub *m*; Ferien *pl*; *-i* ~ **etmek** (*Arbeit*) einstellen; (*Fabrik*) stilllegen; ~ **günü** Feiertag *m*; ~ **köyü** Feriendorf *n*
tatlandırmak V/T süßen
tatlı **A** ADJ süß; (*Wasser*) frisch, trinkbar **B** S Süßspeise *f*; **~ya bağlamak** auf gütlichem Wege regeln **tatlıcı** S Konditor(in) *m(f)* **tatlılık** S Süße *f* **tatlılık-**

la ADV mit guten Worten, im Guten **tatlımsı** ADJ süßlich **tatlısu** ADJ Süßwasser...
tatmak V/T ⟨-dar⟩ kosten, probieren; *fig* erleben
tatmin: ~ **etmek** befriedigen **tatminkâr** ADJ völlig befriedigend
tatsız ADJ, ~ **tuzsuz** geschmacklos, fade
tav S (*richtiger Härte-, Wärme- etc*) Grad *m*; *fig* Gelegenheit *f*; **~ına getirmek** in die richtige Form bringen
tava S Bratpfanne *f*; Pfannengericht *n*
tavan **A** S (Zimmer-)Decke *f* **B** ADJ (*Beleuchtung etc*) Decken...
tavır S ⟨-vrı⟩ Verhalten *n*
taviz S Zugeständnis *n*; ~ **vermek** Zugeständnisse *pl* machen
tavla[1] S Backgammon *n*, Tricktrack-Spiel *n*
tavla[2] S (Pferde-)Stall *m*
tavlamak V/T *-i* den nötigen Härtegrad *etc* geben *dat*; *fig* täuschen, betrügen *akk*; *umg j-n* für sich gewinnen
tavsiye S Empfehlung *f*; ~ **etmek** *j-m etw* empfehlen
tavşan S ZOOL Hase *m*
tavuk S ⟨-ğu⟩ ZOOL Huhn *n*, Henne *f* **tavukgöğsü** S *Süßspeise mit gehackter Hühnerbrust*
tavus S ZOOL Pfau *m*
tay S ZOOL Fohlen *n*, Füllen *n*
tayfa S Besatzung *f*, Mannschaft *f*; SCHIFF Matrose *m*
tayfun S Taifun *m*
tayin S Ernennung *f*; (*Beamte*) Versetzung *f*; ~ **etmek** ernennen (*-e* zu *dat*); (*Beamte*) versetzen
tayyör S (Damen-)Kostüm *n*
taze ADJ frisch; neu; *umg* jung **tazelemek** V/T erneuern; auswechseln; auffrischen **tazelik** S Frische *f*
tazı S ZOOL Windhund *m*
taziye S Beileidsbezeugung *f*
tazmin S Entschädigung *f*; ~ **etmek** entschädigen **tazminat** S *pl* Entschädigung *f*, Schadenersatz *m*
tazyik S (*Wasser etc*) Druck *m*; Zwang *m*
-te → -da
tebessüm S Lächeln *n*
tebeşir S Kreide *f*
tebliğ S Mitteilung *f*
tebrik S Glückwunsch *m*; ~ **ederim**, **~ler!** herzlichen Glückwünsch!; ~ **etmek** beglückwünschen (*b-i -den dolayı j-n* zu *dat*), gratulieren (*j-m* zu *dat*)
tecavüz S Vergewaltigung *f*; Übergriff *m*, Angriff *m*, Anpöbelung *f*; ~ **etmek** vergewaltigen; *-e* angreifen *akk*; anpöbeln *akk*
tecil: ~ **etmek** aufschieben
tecrit ADJ ⟨-di⟩ Isolier...; ~ **etmek** isolieren (*-den* von *dat*)
tecrübe S Erfahrung *f*; Ver-

such *m*, Experiment *n*; ~ **etmek** versuchen, probieren; erfahren **tecrübeli** ADJ erfahren **tecrübesiz** ADJ unerfahren

tedarik S Beschaffung *f*; ~ **etmek** beschaffen

tedavi S MED Behandlung *f*; Kur *f*; **~si var** heilbar

tedavül S (*Geld*) Umlauf *m*

tedbir S Voraussicht *f*; Maßnahme *f*; ~ **almak** Maßnahmen ergreifen **tedbirli** ADJ umsichtig

tedirgin ADJ unruhig; ~ **etmek** beunruhigen

tefeci S Wucherer(in) *m(f)* **tefecilik** S Wucher *m*

teferruat S *pl* Einzelheiten *pl*

tefsir S Kommentar *m*

teftiş S Inspektion *f*; ~ **etmek** besichtigen, inspizieren

teğel S Heftnaht *f* **teğellemek** V/T (*Naht*) heften **teğelli** ADJ geheftet

teğet S Tangente *f*; ~ **geçmek** verfehlen, nicht treffen

teğmen S MIL Leutnant *m*

tehdit S ‹-di› (Be-)Drohung *f*; ~ **etmek** bedrohen **tehditkâr** ADJ bedrohlich

tehir S Aufschub *m*; ~ **etmek** aufschieben

tehlike S Gefahr *f*; **~de** gefährdet **tehlikeli** ADJ gefährlich; ~ **durum** Notfall *m*; gefährliche Situation *f* **tehlikesiz** ADJ gefahrlos, ungefährlich

tek ADJ einzeln; bloß, nur; ~ **başına** allein; ~ **elden** einheitlich; ~ **hatlı** AUTO einspurig; BAHN eingleisig; ~ **kullanımlık** Einweg...; ~ **sayı** ungerade Zahl *f*; ~ **taraflı** einseitig; ~ **tük** vereinzelt, sporadisch; spärlich; ~ **yönlü yol** AUTO Einbahnstraße *f*

tekdüze ADJ monoton, eintönig

teke S ZOOL Ziegenbock *m*

tekel S Monopol *n*

teker(lek) **A** S ‹-ği› Rad *n*; ~ **arası** Spurweite *f* **B** ADJ rund **tekerlekli** ADJ auf Rädern; ~ **sandalye** Rollstuhl *m*

tekerleme S stereotype Redensart *f*; Abzählreim *m*

tekerrür S Wiederholung *f*

tekil S GRAM Singular *m*

tekin: ~ **değil** nicht geheuer, unheimlich **tekinsiz** ADJ nicht geheuer; tabu

tekir ADJ (*Katze*) getigert

tekke S REL Derwischkloster *n*

teklif S Vorschlag *m*; Förmlichkeit *f*; ~ **etmek** vorschlagen; beantragen **teklifsiz** ADJ zwanglos, familiär; informell **teklifsizlik** S Zwanglosigkeit *f*

tekme S Fußtritt *m* **tekmelemek** V/T *-i* e-n Fußtritt geben *dat*

tekne S Trog *m*; SCHIFF Schiffsrumpf *m*; Boot *n*

teknik ‹-ği› **A** S Technik *f* **B** ADJ technisch **tekniker** S

Techniker(in) *m(f)* **teknisyen** S Techniker(in) *m(f)* **teknoloji** S Technologie *f*

tekrar **A** S Wiederholung *f* **B** ADV wieder, erneut, nochmals; **~ etmek, tekrarlamak** *v/t* wiederholen

teksir S Vervielfältigung *f*

tekstil S *sg* Textilien *pl*

tekzip S ⟨-bi⟩ Dementi *n*; **~ etmek** Lügen strafen

tel S Draht *m*; Faden *m*; Saite *f*; Fiber *f*, Faser *f*; *umg* Telegramm *n*; **~ çekmek** mit Draht umgeben (*-e etw*); telegrafieren, drahten; **~ zımbası** Bürohefter *m*

telaffuz S Aussprache *f*

telâfi S Nachholen *n*, Ersatz *m*; **~ etmek** nachholen, ausgleichen

telâş S Aufregung *f*, Verwirrung *f*; **~a düşmek, telâşlanmak** *v/i* sich aufregen; in Panik geraten **telâşlı** ADJ aufgeregt, unruhig, hastig

telef: **~ etmek** vernichten; vergeuden; **~ olmak** (*Speise*) ungenießbar werden

teleferik S TECH Seilbahn *f*

telefon S Telefon *n*; **~ etmek** *-e* telefonieren mit *dat*, anrufen *akk*; **~ kabini** *od* **kulübesi** Telefonzelle *f*; **~ kartı** Telefonkarte *f*; **~ rehberi** Telefonbuch *n*

teleişlem S IT Datenfernübertragung *f*

telekonferans S Konferenzschaltung *f*

telesekreter S Anrufbeantworter *m*; **~e not bırakmak** aufs Band sprechen

telesiyej S Sessellift *m*

teleteks S Bildschirmtext *m*

televizyon S Fernsehen *n*; Fernsehgerät *n*; **~ seyretmek** fernsehen

telgraf S Telegramm *n*; **~ çekmek** ein Telegramm aufgeben

telif: **~ hakkı** JUR Urheberrecht *n*; Copyright *n*

telkin S Suggestion *f*; **~ etmek** *j-m etw* einflüstern; suggerieren; nahebringen

tellak S ⟨-ğı⟩ (*im Hamam*) Badediener *m*

tellal S *hist* Ausrufer(in) *m(f)*

tellemek V/T mit Goldfäden schmücken; (ver)drahten; TEL telegrafieren

telörgü S Maschendraht(zaun *m*) *m*

telsiz **A** ADJ drahtlos; (*Telefon*) schnurlos; Funk... **B** S Sprechfunkgerät *n*

telve S Kaffeesatz *m*

tem(a) S Thema *n*

temas S Berührung *f*; Fühlungnahme *f*; Kontakt *m*, Verbindung *f*; **~ etmek** *-e* berühren *akk*; **~ kurmak** *od* **~a geçmek** Kontakt aufnehmen, in Verbindung treten; **~ta bulunmak** in Kontakt *od* Verbindung sein (**ile** mit *dat*)

tembel ADJ faul, träge **tembellik** S Faulheit *f*, Trägheit *f*

tembih S Zureden *n*; Belehrung *f*; ~ **etmek** zureden; belehren; einschärfen
temel **A** S Fundament *n*, Grundlage *f* **B** ADJ hauptsächlich, grundlegend; ~ **atmak** den Grundstein legen; ~ **hak** JUR Grundrecht *n* **temelli** **A** ADJ dauernd **B** ADV für immer **temelsiz** ADJ unbegründet; nicht von Dauer
temenni S Wunsch *m*; ~ **etmek** wünschen
temin S Zusicherung *f*; Beschaffung *f*; Besorgung *f*; ~ **etmek** sichern, sicherstellen; beschaffen; besorgen **teminat** S *pl* Sicherheit *f*, Garantie(n *pl*) *f*
temiz ADJ rein, sauber **temizleme** S (*chemische*) Reinigung *f* **temizlemek** V/T reinigen, säubern; (*töten*) liquidieren **temizleyici** **A** ADJ reinigend **B** S Reiniger *m* **temizlik** S Sauberkeit *f*
temkin S Besonnenheit *f*; Solidität *f* **temkinli** ADJ besonnen; solide
temmuz S Juli *m*
tempo S Tempo *n*; MUS Takt *m*
temsil S Darstellung *f*; Vertretung *f*; THEAT Vorstellung *f*, Aufführung *f*; ~ **etmek** vertreten **temsilci** S Vertreter(in) *m(f)*; Sprecher(in) *m(f)*
temyiz S JUR Revision *f*; ~ **etmek** Berufung einlegen gegen *akk*
ten S Haut(farbe *f*) *f*; ~ **rengi** hautfarben
-ten → -dan
tencere S (Koch-)Topf *m*
teneffüs S Atmung *f*; Pause *f*; ~ **etmek** atmen; e-e Pause machen
teneke S Blech *n*; Kanister *m*
tenekeci S Klempner *m*
tenezzül S Herablassung *f*
tenha ADJ einsam, verlassen **tenhalık** S Einsamkeit *f*, verlassene Gegend *f*
tenis S SPORT Tennis *n*; ~ **kortu** Tennisplatz *m* **tenisçi** S Tennisspieler(in) *m(f)*
tente S Sonnendach *n*, Markise *f*; Plane *f*
tentene S Spitze *f* (*an der Wäsche etc*)
tentür S CHEM Tinktur *f* **tentürdiyot** S Jodtinktur *f*
tenya S MED Bandwurm *m*
tenzilat S *pl* WIRTSCH Preisnachlass *m*, Rabatt *m* **tenzilatlı** ADJ ermäßigt, verbilligt
teorem S Lehrsatz *m* **teori** S Theorie *f* **teorik** ADJ theoretisch
tepe S Hügel *m*; Gipfel *m*, (Baum-)Wipfel *m*; Scheitel *m* ~**den tırnağa** von Kopf bis Fuß; ~**si atmak** *umg* wütend werden, ausrasten
tepegöz S Overheadprojektor *m*
tepelemek V/T *umg* durchprügeln; *fig* besiegen

tepeli ADJ ZOOL mit Schopf; (*Landschaft*) hügelig
tepinmek V/I trampeln, stampfen **tepişmek** V/I einander treten
tepki S Reaktion *f*; Rückstoß *m*; ~ **çekmek** *od* **uyandırmak** e-e Reaktion hervorrufen; **~li uçak** FLUG Düsenflugzeug *n*
tepkimek V/I CHEM reagieren
tepmek V/T ‹-er› treten; *fig* mit Füßen treten; (*Waffe*) e-n Rückstoß haben
tepsi S Tablett *n*, (Ofen-)Blech *n*
ter S Schweiß *m*
teras S Terrasse *f*
teravi S REL Nachtgebet *n* (*im Ramadan*)
terazi S Waage *f*
terbiye S Erziehung *f*; Dressur *f*; Würze *f*, Soße *f*; ~ **etmek** erziehen; dressieren; (*Salat*) anmachen, würzen **terbiyeli** ADJ gut erzogen **terbiyesiz** ADJ ungezogen, flegelhaft; unanständig
tercih S Vorzug *m*, Bevorzugung *f*; ~ **etmek** *od* **yapmak** vorziehen, bevorzugen (*-i -e akk* vor *dat*); (*Schule*) Präferenz(en) angeben
tercüman S Dolmetscher(in) *m(f)*; Übersetzer(in) *m(f)* **tercüme** S Übersetzung *f*; ~ **etmek** übersetzen, übertragen (*-den -e* von *dat* in *akk*)
tere S BOT Kresse *f*
tereddüt S ‹-dü› Zögern *n*, Unentschlossenheit *f*; ~ **etmek** zögern
tereyağ(ı) S Butter *f*; **tereyağlı ekmek** Butterbrot *n*
terfi S ‹-i› Beförderung *f*; ~ **etmek** befördert worden sein; ~ **ettirmek** befördern
terim S Fachausdruck *m*
terk S Verlassen *n*; JUR Aufgabe *f*, Überlassen *n*; ~ **etmek** verlassen; hinterlassen; aufgeben
terlemek V/I schwitzen **terletmek** V/T zum Schwitzen bringen **terli** ADJ in Schweiß gebadet, nass geschwitzt
terlik S Pantoffel *m*, Hausschuh *m*
termal ADJ Thermal…
termik ADJ ‹-ği› thermisch; ~ **santral** Wärmekraftwerk *n*
terminal S ‹-li› Endstation *f*, (Bus-, Flughafen-, Computer-) Terminal *m & n*
termofor S Wärmflasche *f*
termometre S Thermometer *n*
termos S Thermosflasche® *f*
termosifon S Boiler *m*
termostat S TECH Thermostat *m*
terör S Terror *m* **terörist** S Terrorist(in) *m(f)* **terörizm** S Terrorismus *m*
ters **A** S Rücken *m*, verkehrte Seite *f* **B** ADJ verkehrt, umgekehrt; unpassend; (*Mensch*) schwierig; ~ **anlamak** missverstehen; ~ **düşmek** widerspre-

chen; **~ gitmek** schiefgehen; **~ kaçmak** dumm auffallen; **~i dönmek** die Orientierung verlieren

tersane S SCHIFF Werft *f*

tersine ADV umgekehrt; vielmehr; im Gegenteil

terslemek V/T schroff zurückweisen

terslik S Missgeschick *n*; Grobheit *f*

tertemiz ADJ blitzsauber

tertibat S *pl* Maßnahmen *pl*; Einrichtungen *pl*

tertip S ⟨-bi⟩ Ordnung *f*; Anordnung *f*; **~ etmek**, **tertiplemek** *v/t* (an)ordnen; veranstalten **tertipli** ADJ geordnet

terzi S Schneider(in) *m(f)*

tesadüf S Zufall *m*; Zusammentreffen *n*; **~ etmek** *-e* zufällig treffen *akk*; fallen auf *akk* **tesadüfen** ADV zufällig

tescil S Registrierung *f*

teselli S Trost *m*, Tröstung *f*; **~ etmek** trösten

tesettür S *islamisch geschlossene Kleidung e-r Frau* **tesettürlü** ADJ verschleiert

tesir S Wirkung *f*; Einfluss *m*; **~ etmek** *-e* wirken auf *akk*, beeinflussen *akk* **tesirli** ADJ wirkungsvoll

tesis S Gründung *f*; **~ etmek** gründen

tesisat S *pl* Einrichtungen *pl*; Installation *f* **tesisatçı** S Installateur *m*

teskere S Tragbahre *f*, Trage *f*

teskin: **~ etmek** beruhigen, lindern

teslim S Übergabe *f*; **~ etmek** *j-m etw* übergeben, abliefern aushändigen; **~ olmak** sich ergeben, kapitulieren

tespih S REL Rosenkranz *m*

tespihböceği S ZOOL Kellerassel *f*

tespit S Festlegung *f*, Bestimmung *f*; **~ etmek** festlegen bestimmen

test S Test *m*; Versuch *m*

testere S TECH Säge *f*

testi S (Ton-)Krug *m*

tesviyeci S Maschinenschlosser *m*

teşebbüs S Bemühung *f*, Akti on *f*; **~ etmek** *-e* unternehme *akk*; **~e geçmek** sich an di Arbeit machen, anfangen

teşekkül S Bildung *f*; Organi sation *f*

teşekkür S Dank *m*; **~ler!** vie len Dank!; **~ etmek** *dat* dar ken (*-den* **dolayı** für *akk*); **ederim!** danke sehr!

teşhir S Ausstellen *n*; **~ etme** ausstellen, zeigen

teşhis S Identifizierung *f*; ME Diagnose *f*

teşkil S Bildung *f*, Formung **~ etmek** bilden, formen

teşkilat S Organisation *f* **teş kilatlandırmak** V/T organ sieren

teşrif S Ehrung *f*; **~ etme** (be)ehren **teşrifat** S *pl* Zer moniell *n*, Protokoll *n*

şvik S Anregung *f*, Förde-ung *f*; Subvention *f*; **~ etmek** nregen, ermutigen (-*e* zu *dat*); ubventionieren

tik¹ ADJ flink, schlagfertig

tik² S (-*ği*) (*Waffe*) Abzug *m*, Drücker *m* **tetikçi** S Killer(in) n(*f*)

tkik S Untersuchung *f*; Stu-ie *f*; **~ etmek** untersuchen

vkif S Verhaftung *f*, Fest-ahme *f*; **~ etmek** verhaften, estnehmen

vrat S REL Altes Testament

yp S ⟨-bi⟩ Kassettenrekorder ı; **teybe almak** aufnehmen

yze S (*Schwester der Mutter*) ante *f*; *umg Anrede für e-e äl-re Frau*

z¹ ADJ schnell, behände

z² S These *f*, Behauptung *f*

zat S Gegensatz *m*; Kontrast

zgâh S Werktisch *m*; Laden-sch *m* **tezgâhtar** S Verkäu-r(in) *m*(*f*)

zkere S MIL Entlassungs-hein *m*; Zettel *m*; Schein *m*

zyinat S *pl* Schmuck *m*

bî ADJ medizinisch, ärztlich

S Häkelnadel *f*; Ahle *f*

a: **~ basa** voll(gestopft)

aç S ⟨-cı⟩ Stöpsel *m*

alı ADJ zugestöpselt, ver-opft **tıkamak** V/T zustöp-ln, verstopfen; stopfen (-*e* akk) **tıkanık** → tıkalı

ırdamak V/I klappern, klop-n; klingen; **tıkır tıkır** klappernd; gut funktionierend **tıkırtı** S Klappern *n*

tıkız ADJ fest, hart

tıklamak S IT (an)klicken

tıkmak V/T ⟨-ar⟩ hineinstopfen, (hinein)zwängen (-*e* in *akk*)

tıknaz ADJ untersetzt

tıknefes ADJ kurzatmig

tıksırmak V/I unterdrückt niesen

tılsım S Talisman *m*

tımar S *hist* Lehen *n*; (*Pferd*) Pflege *f* **tımarhane** S *umg* Irrenhaus *n*

tıngırdamak V/I klirren, klingen **tıngırtı** S Klang *m*; Klimperei *f*

tını S Ton *m*, Klang *m* **tınlamak** V/I tönen, klingen; *fig* beachten, auf j-n hören

tıp S ⟨-bbi⟩ Medizin *f*, Heilkunde *f*

tıpa → tapa **tıpalamak** → tapalamak

tıpırdamak V/I trippeln; (*Herz*) klopfen **tıpırtı** S Trippeln *n*; (*Herz*) Klopfen *n*

tıpkı ADV der-, die-, dasselbe; gleiche(r, s) **tıpkıbasım** S Faksimile *n*

tır S *umg* Lastzug *m*, Sattelschlepper *m*

tırabzan S Treppengeländer *n*

tıraş S Rasur *f*; *m* (*Mann*) Haarschnitt; *fig* Aufschneiden *n*; **~ bıçağı** Rasiermesser *n*; **~ etmek** rasieren; *fig* aufschneiden, angeben; **~ makinası** Rasierapparat *m*; **~ olmak** sich

rasieren (lassen -*e* von *dat*) **tıraşçı** S *fig* Aufschneider(in) *m(f)*, Angeber(in) *m(f)*; Nervensäge *f* **tıraşlamak** V/T rasieren; abhobeln, abschleifen **tıraşlı** ADJ rasiert **tıraşsız** ADJ unrasiert
tırıs S (*Pferd*) Trab *m*; **~ gitmek** traben
tırmalamak V/T (auf)kratzen; *fig* stören, quälen
tırmanış S Klettern *n*; (*Straße*) Steigung *f*; POL Eskalation *f*
tırmanma: **~ şeridi** AUTO Kriechspur *f* **tırmanmak** V/T -*e* hinaufklettern *akk*; eskalieren
tırmık S ⟨-ğı⟩ AGR Harke *f*, Rechen *m*, Egge *f*; **~ izi** Kratzwunde *f* **tırmıklamak** V/T harken, AGR eggen; (*Katze etc*) kratzen
tırnak S ⟨-ğı⟩ ANAT Nagel *m*; ZOOL Klaue *f*, Kralle *f*, Huf *m*; **~ işareti** Anführungszeichen *n* **tırnaklamak** V/T zerkratzen
tırpan S Sense *f* **tırpanlamak** V/T (ab)mähen
tırtıklamak V/T (*Geld*) einheimsen; in die eigene Tasche stecken
tırtıl S ZOOL, TECH Raupe *f*; Kerbe *f*, Zahn *m* **tırtıllı** ADJ gezähnt
tıslamak V/I (*Katze*) fauchen; (*Gans*) zischen
ticaret S Handel *m*; **~ hukuku** JUR Handelsrecht *n*; **~ odası** Handelskammer *f* **ticareth**ne S Geschäft *n*, Firma *f* **tic**rî ADJ kommerziell; Handels
tifo S MED Typhus *m*
tiftik S ⟨-ği⟩ ZOOL Angorazi ge *f*; Ziegenhaar *n*
tifüs S MED Flecktyphus Fleckfieber *n*
tik S Zuckung *f*, Tick *m*
tiksindirici ADJ ekelhaft **ti**sinmek V/I -*den* sich eke vor *dat*
tilki S ZOOL Fuchs *m*
tim S MIL (Sonder-)Einheit *f*
timsah S ZOOL Krokodil *n*
timsal S ⟨-li⟩ Symbol *n*, Sir bild *n*
tiner S CHEM Verdünner *m*
tip S Typ *m*
tipi S Schneesturm *m*
tipik ADJ typisch
tipleme S Charakterisierun
tipsiz ADJ schlecht aussehe heruntergekommen
tiraj S (*Buch etc*) Auflage(nh he *f*) *f*
tirbuşon S Korkenzieher *m*
tire S Faden *m*, Zwirn *m*
tirit S ⟨-di⟩ Brotsuppe *f*
tiroit S ANAT Schilddrüse *f*
tiryaki ADJ süchtig; passioni
tişört S T-Shirt *n*
titiz ADJ pedantisch, kleinli anspruchsvoll **titizlik** S danterie *f*, kleinliche(s) We *n*; Gereiztheit *f*
titrek ADJ ⟨-ği⟩ zitternd, bend **titremek** V/I zittern **reşim** S Vibration *f*, Bebe

itretmek V/T erzittern lassen
yatro S Theater *n*
z ADJ (*Stimme*) hoch
hum S Samen(korn *n*) *m*
k ADJ satt, gesättigt; (*Stoff*) ick; (*Stimme*) voll
ka¹ S Schnalle *f*; Haarspane *f*
ka² S Händedruck *m* **tokaşmak** V/R sich die Hände chütteln
kat S ⟨-dı⟩ Ohrfeige *f* **toatlamak** V/T ohrfeigen
kgözlü ADJ genügsam
kmak S ⟨-ğı⟩ Holzhammer); Türklopfer *m*; Stampfer *m*
ksözlü ADJ derb; unverümt, freimütig, aufrichtig
kurdamak V/I blubbern
kuşmak V/I zusammenstoen, zusammenprallen (**ile** it *dat*) **tokuşturmak** V/T anoßen
mar S (*Papier*) Rolle *f*; (*Geld*) aufen *m*
mbala S Tombola *f*
mbul ADJ dick; (*Mensch*) korılent
mruk S ⟨-ğu⟩ Block *m*; (*Holz* c) Klotz *m*
murcuk S ⟨-ğu⟩ BOT Knos- *f* **tomurcuklanmak** V/I nospen treiben
n¹ S (*Gewicht*) Tonne *f*
n² S MUS Ton *m*
n³, **tonbalığı** S ZOOL Thunch *m*
naj S Tonnage *f*
noz S ARCH Gewölbe *n*

tonton S *Kosewort für Alte*
top S Ball *m*, Kugel *f*; Ballen *m*; MIL Kanone *f*, Geschütz *n*; Gesamtheit *f*
topaç S ⟨-cı⟩ (*Spielzeug*) Kreisel *m*
topal ADJ hinkend, lahm **topallamak** V/I hinken, lahmen
toparlak ADJ ⟨-ğı⟩ rund
toparlamak V/T zusammenballen, zusammenpacken; **kendini ~, toparlanmak** *v/i* sich fassen; genesen
topatan S BOT gelbe Zuckermelone *f*
topçu S MIL Artillerist *m*
toplam S Summe *f*; Betrag *m*; **~ (olarak)** alles zusammen
toplama S MATH Addition *f*
toplamak **A** V/T sammeln; abräumen, aufräumen, wegräumen; (*Blumen*) pflücken; MATH addieren **B** V/I *umg* dick werden; MED eitern **toplanmak** V/I gesammelt werden; sich (ver)sammeln
toplantı S Versammlung *f*, Konferenz *f*
toplat(tır)mak V/T beschlagnahmen, konfiszieren
toplu ADJ versammelt, gemeinsam; (*Figur*) vollschlank; (*Zimmer etc*) aufgeräumt; Massen...; **~ sözleşme** Manteltarifvertrag *m*; **~ taşıma araçları** *pl* öffentliche Verkehrsmittel *pl*
topluiğne S Stecknadel *f*
topluluk S Gemeinschaft *f*;

Gruppe *f*
toplum S Gesellschaft *f*; Gemeinschaft *f*
toplumbilim S Soziologie *f*
toplumsal ADJ sozial
toprak S ⟨-ğı⟩ Erde *f*, Boden *m*; ~ **ağası** Großgrundbesitzer *m*; ~ **kayması** Erdrutsch *m*
toprakaltı ADJ unterirdisch
topraksız ADJ landlos
toptan WIRTSCH ADV im Großen, en gros; pauschal **toptancı** S Großhändler(in) *m(f)*
toptancılık S Großhandel *m*
topuk S ⟨-ğu⟩ Ferse *f*, *(Schuh)* Absatz *m*; ~ **taşı** Bimsstein *m*
topuksuz ADJ *(Schuh)* absatzlos
topuz S Keule *f*; *umg* Hochsteckfrisur *f*
topyekûn ADJ & ADV sämtlich; total
torba S Sack *m*, Beutel *m*
torik S ⟨-ği⟩ ZOOL Makrele *f*
torna S Drehbank *f* **tornacı** S Dreher *m*; Drechsler *m* **tornavida** S Schraubenzieher *m*
torpido S SCHIFF Torpedoboot *n*; ~ **gözü** AUTO Handschuhfach *n*
torpil S SCHIFF Torpedo *m*; *fig* Protektion *f*; Bestechung *f*
tortop ADJ kugelrund
tortu S Bodensatz *m*
torun S Enkel(kind *n*) *m*, Enkelin *f*
tos S Stoß *m* *(mit Kopf, Hörnern)* **toslamak** V/T stoßen; -*e* streifen *akk*
tost S Toast *m*
totaliter ADJ POL totalitär
toto S Toto *n a. m*
toy ADJ unerfahren, *fig* grün
toynak S ⟨-ğı⟩ ZOOL Huf *m*
toz S Staub *m*; Pulver *n*, Pud[...] *m*; -*in* ~**unu almak** abwische[...] abstauben **tozlanmak** einstauben, staubig werd[...]
tozlu ADJ staubig **tozşek**[...] S Raffinadezucker *m* **tozu**[...]**mak** V/T Staub aufwirbeln; [...] verrückt werden
töhmet S Verdacht *m*; Zwei[...] *m*
töre S Sitte *f*, Brauch *m*
tören S Feier *f*, Zeremonie
törenli ADJ feierlich
törpü S Feile *f*, Raspel *f*; **t**[...]**nak ~sü** Nagelfeile *f* **törpül**[...]**mek** V/T feilen, raspeln
tövbe S REL Reue *f*; Buße
tövbekâr, tövbeli ADJ re[...]
trafik S ⟨-ği⟩ (Straßen-)Verke[...] *m*; ~ **canavarı** Verkehrssün[...] *m* *(bei e-m schweren Unfall)*; **işareti** Verkehrszeichen *n*; **kazası** Verkehrsunfall *m*; **lambası** Verkehrsampel *f*; **tıkanıklığı** Verkehrsstau *m*
trafo S Transformator *m*
trajedi S Tragödie *f*
traktör S Traktor *m*, Trec[...] *m*
Trakya S Thrazien *n*
trampa S Tausch(handel *m*)
trampet S MUS Trommel *f*
tramplen S SPORT Trampo[...] *n*; *a. fig* Sprungbrett *n*

ramvay S Straßenbahn *f*, Trambahn *f*
ransfer S Transfer *m*; FIN Geldüberweisung *f*
ransistör S TECH Transistor *m*
ransit S Transit *m*
ren S BAHN Zug *m*; ~ **bileti** Bahnfahrkarte *f*; **aktarma ~i** Anschlusszug *m*; ~ **istasyonu** Bahnhof *m*
reyler S AUTO Lkw-Anhänger *m*; Wohnwagen *m*
ribün S Tribüne *f*
riko **A** S Strickwaren *pl* **B** ADJ Strick...
rilyon S Billion *f*
ripleks S Wohnung *f* auf drei Ebenen
rompet S MUS Trompete *f*
ropika S GEOG Tropen *pl*, tropische Zone *f* **tropikal** ADJ tropisch
röst S Trust *m*
rup S THEAT Ensemble *n*, Truppe *f*
ufan S Sintflut *f*
ugay S MIL Brigade *f*
uğ S Federbusch *m*
uğla S Ziegelstein *m*
uğra S *hist* Tuğra *f*, *Namenszug des Sultans*
uhaf ADJ außergewöhnlich; sonderbar; *umg* komisch
uhafiye S Kurzwaren(laden *m*) *pl*
uhaflık S Außergewöhnlichkeit *f*; Merkwürdigkeit *f*; Scherz *m*, Spaß *m*
tulum S Fellschlauch *m*; MUS Dudelsack *m*; Tube *f*; Overall *m*; ~ **peyniri** weißer Käse *m* (*im Fellschlauch*)
tulumba S Pumpe *f*; ~ **tatlısı** (*e-e Art*) Spritzgebäck *n* (*mit Sirup durchtränkt*)
Tuna (nehri) Donau *f*
tunç S ⟨-cu⟩ Bronze *f*
Tunus S Tunis *n*; Tunesien *n*
tur S Tour, Rundfahrt *f*; Runde *f*; ~ **atmak** e-e Runde drehen
turfanda ADJ früh, (*Obst etc*) außerhalb der Jahreszeit; Früh...
turist S Tourist(in) *m(f)* **turistik** ADJ touristisch; Touristen... **turizm** S Tourismus *m*, Fremdenverkehr *m*
turkuaz → türkuaz
turna S ZOOL Kranich *m*
turne S Tournee *f*; Rundreise *f*; **~ye çıkmak** auf Tournee gehen
turnike S Drehkreuz *n*
turnuva S SPORT Turnier *n*
turp S BOT Rettich *m*; ~ **gibi** *fig* kerngesund
turşu S Mixed Pickles *pl*, Essiggemüse *n*, eingelegte(s) Gemüse *n*; **hıyar ~su** saure Gurken; ~ **gibi** *fig* todmüde
turta S Torte *f*
turuncu ADJ orange(farben)
turunç S ⟨-cu⟩ BOT Pomeranze *f*, Bitterorange *f* **turunçgiller** S *pl* Zitrusfrüchte *pl*
tuş[1] S Taste *f*
tuş[2]: ~ **olmak** (*Ringen*) besiegt

werden; ~ **yapmak** (*Ringen*) siegen
tuşlamak V/T über die Tastatur eingeben
tut: ~ **ki** angenommen, dass ...; stell dir vor, dass ...
tutam S Prise *f*, Handvoll *f*; (*Haare*) Strähne *f*
tutamaç, tutamak S Griff *m*; *fig* Handhabe *f*
tutanak S Protokoll *n*
tutar S Summe *f*; Betrag *m*
tutarlı ADJ konsequent **tutarsız** ADJ inkonsequent
tutkal S Leim *m*, Klebstoff *m*
tutkallamak V/T (an)leimen
tutkallı ADJ verleimt
tutku S Leidenschaft *f*, Sucht *f*; Entzücken *n* **tutkun** ADJ -*e* verliebt in *akk*; verfallen *dat*, süchtig
tutmak ⟨-ar⟩ **A** V/T halten; fassen, packen; (*Auto, Haus etc*) mieten; (*Summe*) betragen **B** V/I dauern; (*Farbe etc*) passen; (*Prognose*) eintreffen; *fig* gut ankommen
tutsak S ⟨-ğı⟩ Gefangene(r) *m/f(m)* **tutsaklık** S Gefangenschaft *f*
tutturmak V/T beharren (-*e* auf); (*mit Nägeln etc*) befestigen; (*Ziel*) treffen
tutucu **A** ADJ konservativ **B** S Konservative(r) *m/f(m)*
tutuk ADJ ⟨-ğu⟩ schüchtern, stockend
tutuklamak V/T verhaften, inhaftieren **tutuklu** ADJ festgenommen, verhaftet
tutukluk S Sprachhemmung *f*; (*Motor etc*) Stottern *n*
tutukluluk S JUR Haft *f*
tutulma S ASTRON Verfinsterung *f*; **ay ~sı** Mondfinsternis *f*; **güneş ~sı** Sonnenfinsternis *f*
tutulmak **A** V/I gehalten werden; paralysiert sein **B** V/T *fig* -*e* sich verlieben in *akk*; sich vertiefen in *akk*
tutum S Verhalten *n*; Sparsamkeit *f*; Haltung *f* (-*e* **karş**… zu *dat*) **tutumlu** ADJ sparsam
tutumsuz ADJ verschwenderisch
tutunmak V/T -*e* sich festhalten an *dat*; anlegen, tragen *akk*
tutuşmak V/I sich entzünden; Feuer fangen; (*Streit etc*) anfangen, beginnen (-*e etw*); e… ~ Händchen halten **tutuşturmak** V/T *akk* in Brand stecken; entzünden; in die Hand drücken (-*in* **eline** *j-m*)
tuval S (*Malerei*) Leinwand *f*
tuvalet S Toilette *f*; Abendkleidung *f*
tuz S Salz *n*
tuzak S ⟨-ğı⟩ Schlinge *f*, Falle *f*; ~ **kurmak** *dat* e-e Falle stellen
tuzla S Saline *f* **tuzlamak** V/… (ein)salzen, (ein)pökeln **tuzlu** ADJ salzig, salzhaltig **tuzluk** S Salzfass *n* **tuzruhu** S Salzsäure *f* **tuzsuz** ADJ ungesalzen

ü! INT pfui!
überküloz S MED Tuberkulose *f*
üccar S Kaufmann *m*
üf S Tuffstein *m*
üfek S ‹-ği› Gewehr *n*
üh! INT schade!, oje!
ükenmek V/I verbraucht werden, zu Ende sein, alle werden; **tükendi** ausverkauft; *umg* aus, alle **tükenmez** ADJ unerschöpflich **tükenmezkalem** S Kugelschreiber *m*
üketici A S Verbraucher(in) *m(f)*; ~ **kredisi** Privatdarlehen *n* B ADJ erschöpfend **tüketim** S Verbrauch *m*, Konsum *m* **tüketmek** V/T verbrauchen
ükürmek V/T (aus)spucken (*-e* auf *akk*) **tükürük** S ‹-ğü› Speichel *m*, Spucke *f*; ~ **bezi** ANAT Speicheldrüse *f*
ül S Tüll *m* **tülbent** S Musselin *m*; (*e-e Art*) Kopftuch *n*
üm A S Ganze(s), Gesamtheit *f* B ADJ alle *pl*
ümce S GRAM Satz *m*
ümleç S ‹-ci› GRAM Objekt *n*
ümör S MED Tumor *m*
ümsek S ‹-ği› Anhöhe *f*, (kleiner) Hügel *m*
ünel S Tunnel *m*
ünemek V/I (*Federvieh*) auf der Stange hocken
üp S Tube *f*; Röhrchen *n*; ~ **bebek** Retortenbaby *n*; **gaz** ~**ü** Gasflasche *f*
üpgaz S Flaschengas *n*; Propangas *n*

tür S Sorte *f*; *a.* BOT, ZOOL Art *f*
türban S (*eng gebundenes*) Kopftuch *n*, (*Frau*) Turban *m*
türbanlı ADJ verschleiert
türbe S Mausoleum *n*
türbin S TECH Turbine *f*
türdeş ADJ gleichartig, homogen
türedi S Emporkömmling *m*
türeme S Entstehung *f*; GRAM Ableitung *f*; BOT Züchtung *f*
türemek V/I entstehen; erscheinen, auftauchen
türetmek V/T ableiten; erzeugen
türev S Derivat *n*; GRAM Ableitung *f*
Türk A S Türke *m*, Türkin *f* B ADJ türkisch; ~ **dili** türkische Sprache *f* **Türkçe** S Türkisch *n* **Türkiyat** S Turkologie *f*
Türkiye S Türkei *f*; ~ **Cumhuriyeti** Republik *f* Türkei
Türkiyeli S aus der Türkei Stammende(r) *m/f(m)* **Türklük** S Türkentum *n*
Türkmen A S Turkmene *m*, Turkmenin *f* B ADJ turkmenisch
Türkoloji S Turkologie *f*
türkuaz A S Türkis *m* B ADJ türkis
türkü S Volkslied *n*; ~ **söylemek** (Volkslieder) singen
türlü A S Gemüseeintopf *m* B ADJ verschieden(artig); **başka** ~ anders; **bir** ~ irgendwie, aus irgendeinem Grunde; **iki**

~ auf zwei verschiedene Arten; ~ ~ allerlei, alle möglichen
tütmek V/I ⟨-er⟩ rauchen; qualmen **tütsü** S Räuchern *n*; Räucherwerk *n* **tütsülü** ADJ geräuchert
tütün S Tabak *m*; **~ içmek** (*Tabak*) rauchen **tütüncü** S Tabakhändler(in) *m(f)*; Tabakpflanzer(in) *m(f)*
tüy S Feder *f*, Daune *f*; Haar *n*; **~ gibi** federleicht; **~ler ürpertici** haarsträubend **tüylenmek** V/I Federn bekommen; *fig* reich werden **tüylü** ADJ gefiedert
tüymek V/I *fig* abhauen, türmen
tüysıklet S SPORT Federgewicht *n* **tüysüz** ADJ federlos; *fig* jung, unerfahren
tüze S Recht *n*, Justiz *f* **tüzelkişi** S juristische Person *f*
tüzük S ⟨-ğü⟩ Statut *n*; Satzung *f*; Verordnung *f*; Vorschrift *f*

U

ucu: **~ ~na** knapp
ucuz ADJ billig **ucuzluk** S Preissenkung *f*; Sonderangebote *pl*
uç S ⟨-cu⟩ Spitze *f*; Gipfel *m*; Ende *n*; Grenze *f*
uçak S ⟨-ğı⟩ Flugzeug *n*; **~ bileti** Flugschein *m*; **~ ile, ~la** mit dem Flugzeug; (*Brief etc*) per Luftpost
uçlu ADJ mit e-r Spitze
uçmak V/I ⟨-ar⟩ fliegen, schweben; (*Flüssigkeit, a. fig*) verfliegen; (*Abgrund*) abstürzen; *fig* davoneilen
uçsuz: **~ bucaksız** grenzenlos endlos
uçucu ADJ fliegend; (*Gas* flüchtig
uçuk[1] ADJ Pastell...; (*Farbe* verblasst
uçuk[2] S (*-ğu*) MED Hautausschlag *m*; Fieberbläschen *n* Herpes *m*
uçuk[3] ADJ fantastisch, surrealistisch
uçurmak V/T fliegen lassen (*Drachen*) steigen lasse
uçurtma S (Spielzeug-) Drachen *m*
uçurum S Abgrund *m*
uçuş S Flug *m*; **~ hattı** Flugstrecke *f* **uçuşmak** V/I umherfliegen
ufacık ADJ klitzeklein; winzig
ufak ADJ ⟨-ğı⟩ klein; **~ par** Kleingeld *n*; **~ tefek** klein, gering; **~tan ufağa** allmählic
ufaklık S Winzigkeit *f*; Kleingeld *n*; *umg* (*Kind*) Kleine(r, s
ufalamak V/T zerkleinern, zebröckeln **ufalmak** V/I kleine werden, sich verkleinern
uflamak V/I ächzen, stöhnen

ufuk S ⟨-fku⟩ Horizont *m* **uf(u)kî** ADJ horizontal
uğrak S ⟨-ğı⟩ viel besuchte(r) Ort *m* **uğramak** V/T *-e* vorbeischauen bei *dat*; aufsuchen, besuchen *akk*; fahren über *akk*; (*Krankheit*) befallen werden, betroffen werden von *dat*
uğraş(ı) S Beschäftigung *f* **uğraşmak** V/I sich abmühen, sich anstrengen (*-meğe* um zu *inf*); sich beschäftigen (**ile** mit *dat*); kämpfen (**ile** mit *dat*)
uğratmak V/T aufsuchen *od* erleiden lassen (*b-i b.ş-e j-n etw*); (*Leid*) zufügen; (*Wunde*) beibringen (*b-i b. ş-e j-m etw*)
uğuldamak V/I summen, sausen **uğultu** S Sausen *n*, Heulen *n*
uğur[1] S Glück *n*; gute(s) Vorzeichen *n*
uğur[2] S ⟨*-ğru*⟩ Ziel *n*, Zweck *m*; **uğrun(d)a** für *akk*, um *gen* willen
uğurböceği S ZOOL Marienkäfer *m*
uğurlamak V/T *akk* verabschieden
uğurlu ADJ Glück bringend **uğursuz** ADJ unheilvoll
ukalâ ADJ schnippisch
ulaç S ⟨-cı⟩ GRAM Gerundium *n*
ulak S ⟨-ğı⟩ Bote *m*, Botin *f*; Kurier(in) *m(f)*
ulamak V/T verbinden; hinzufügen
ulan! INT, *vulg* **A** he! **B** Mann!
ulaşım S Verkehr *m*; **~ ağı** Verkehrsnetz *n*
ulaşmak V/T *-e* erreichen *akk*
ulaştırma S Verkehr *m*, Transport *m*; Übermittlung *f* **ulaştırmak** V/T transportieren; liefern (*b-i b.ş-e j-m etw*)
ulema S *hist* Religionsgelehrte *pl*, Theologen *pl*
ulu ADJ groß, riesig
ululamak V/T *-i* Ehre erweisen *dat* **ululuk** S Erhabenheit *f*
ulumak S (*Wolf*) heulen
uluorta ADV offensichtlich, offenkundig; unüberlegt, unbedacht (*sprechen*)
ulus S Nation *f* **ulusal** ADJ national **uluslararası** ADJ international
umacı S Schreckgespenst *n*
ummak V/T *-i* hoffen auf *akk*, erwarten *akk*; **ummadık** unverhofft
umum **A** ADJ ganz, allgemein; alle *pl*; **~ müdürlük** Generaldirektion *f* **B** S Gesamtheit *f*;
umumî ADJ allgemein, generell; öffentlich **umumîyetle** ADV im Allgemeinen
umursamak V/T beachten; für wichtig halten **umursamazlık** S Nichtachtung *f*
umut S ⟨-du⟩ Hoffnung *f* **umutsuz** ADJ hoffnungslos, verzweifelt
un S Mehl *n*
unsur S Element *n*
unutkan ADJ vergesslich

unutmak V/T vergessen **unutulmaz** ADJ unvergesslich
unvan S Titel *m*
uranyum S CHEM Uran *n*
urgan S Seil *n*, Strick *m*
us S Verstand *m*, Vernunft *f*
usanç S ⟨-cı⟩ Überdruss *m*
usandırıcı ADJ lästig, aufdringlich; ärgerlich
usandırmak V/T Überdruss hervorrufen (*-i* bei *dat*) **usanmak** V/T überdrüssig werden (*-den gen*), satthaben
uskumru S ZOOL Makrele *f*
uskur S SCHIFF Schiffsschraube *f*
uslanmak V/I zur Vernunft kommen **uslu** ADJ artig, brav; verständig, vernünftig
usta **A** S (*a. Anrede*) Meister *m*; *umg* Handwerker *m*, Fachmann *m* **B** ADJ geschickt; erfahren **ustabaşı** S Vorarbeiter(in) *m(f)* **ustalık** S Meisterschaft *f*
ustura S Rasiermesser *n*
usul S ⟨-lü⟩ Methode *f*, Verfahren *n*; **~üne uygun** korrekt, regelgerecht
usulca ADV leise; (*bedächtig*) langsam **usulcacık** ADV behutsam, vorsichtig
usulen ADV pro forma **usulsüz** ADJ inkorrekt **usulünce** → usulüne uygun
uşak S ⟨-ğı⟩ Diener *m*
utanç S ⟨-cı⟩ Scham *f*; Schüchternheit *f* **utandırmak** V/T beschämen, zum Erröten bringen **utangaç, utangan** ADJ schamhaft, schüchtern **utanmak** V/T sich schämen (*-den* wegen *gen*; *-e* vor *dat*, *-meğe* zu *inf*) **utanmaz** ADJ unverschämt
uyandırmak V/T aufwecken; *fig* erwecken, hervorrufen
uyanık ADJ ⟨-ğı⟩ wach(sam); findig; lebhaft; scharfsinnig
uyanmak V/I wach werden, aufwachen
uyar → uymak
uyarı S Mahnung *f*; Warnung *f*; **~ sinyalleri** AUTO Warnblinkanlage *f*; **~ üçgeni** AUTO Warndreieck *n*
uyarıcı **A** ADJ MED anregend **B** S Aufputschmittel *n*
uyarlamak V/T anpassen (*-e* an *akk*); *liter* adaptieren
uyarmak V/T (auf)wecken; ermahnen; anregen
uydu S Satellit *m*; **~ anteni** Satellitenantenne *f*; **~ kent** Trabantenstadt *f*
uydurma **A** ADJ erfunden, erdichtet; (*Kleidung*) angepasst **B** S Erfindung *f* **uydurmak** V/T anpassen, angleichen (*-e* an *akk*); erdichten **uydurmasyon** S *umg* Hirngespinst *n*; Improvisation *f*
uygar ADJ zivilisiert **uygarlaşma** S Kultivierung *f*; Zivilisierung *f* **uygarlık** S Zivilisation *f*
uygulama S Anwendung *f*; Verfahren *n*, Vorgehen *n* **uy-**

uygulamak VT anwenden **uygulamalı** ADJ angewandt
uygun ADJ -e passend (zu) *dat*; geeignet für *akk*; -e angemessen; ~ **bulmak** *od* **görmek** -i zustimmen *dat*; ~ **düşmek** *od* **gelmek** *dat* passen **uygunluk** S Eignung *f*; Angemessenheit *f* **uygunsuz** ADJ unpassend, unangemessen; unschicklich, unanständig
uygur A S Uigure *m*, Uigurin *f* B ADJ uigurisch
uyku S Schlaf *m*; ~ **ilacı** Schlafmittel *n*; ~ **sersemliği** Schläfrigkeit *f*; ~ **tulumu** Schlafsack *m*; **~ya dalmak** einschlafen; *b-in* **~su kaçmak** nicht einschlafen können **uykulu** ADJ & ADV schläfrig, müde **uykusuz** ADJ schlaflos, nicht ausgeschlafen
uyluk S ⟨-ğu⟩ ANAT Oberschenkel *m*
uymak VT ⟨-ar⟩ -e passen zu *dat*, sich anpassen *dat*, sich richten nach *dat*; **uyar** passend, geeignet **uymaz** ADJ entgegensetzt *dat*, zuwiderlaufend *dat* **uymazlık** S Gegensatz *m*, Widerspruch *m*
uyruk S ⟨-ğu⟩ Staatsangehörige(r) *m*/*f*(*m*) **uyrukluk** S Staatsangehörigkeit *f*
uysal ADJ ruhig, gehorsam; (*Mensch*) verträglich, sanftmütig
uyuklamak VI eingenickt sein, dösen, schlummern
uyum S Harmonie *f*; Anpassung *f* (-e an *akk*); POL Integration *f*; ~ **sağlamak** sich integrieren
uyumak VI schlafen
uyumlu ADJ verträglich; harmonisch; IT kompatibel
uyumsuz ADJ widerspenstig
uyurgezer A ADJ schlafwandelnd, mondsüchtig B S Schlafwandler(in) *m*(*f*)
uyuşmak[1] VI (*Arm etc*) gefühllos *od* taub werden, einschlafen
uyuşmak[2] VI sich einigen, sich verständigen (**ile** mit *dat*); zueinander passen **uyuşmazlık** S Meinungsverschiedenheit *f*, Uneinigkeit *f*
uyuşturmak VT beruhigen; (*Schmerz*) lindern; betäuben
uyuşturucu (**madde**) S Droge *f*, Rauschgift *n*
uyuşuk *umg* träge; MED betäubt; *fig* eingeschlafen
uyutmak VT zum Schlafen bringen; einschläfern; *fig* hinhalten
uyuz A S MED Krätze *f*, Räude *f*; *fig* Schlappschwanz *m* B ADJ räudig; *umg* ~ **olmak** genervt werden, gereizt werden
uz ADJ brauchbar
uzak ADJ ⟨-ğı⟩ weit, fern (-*den* von *dat*); entfernt; **~tan** von Weitem, aus der Ferne; **~tan kumandalı** ferngesteuert
Uzakdoğu S Ferne(r) Osten *m* **uzaklaşmak** VT sich ent-

fernen (*-den* von *dat*) **uzaklaştırmak** V/T entfernen **uzaklık** S Entfernung *f*; Ferne *f*

uzam S Raum *m*, Weite *f*; Dimension *f* **uzamak** V/I sich ausdehnen **uzanmak** V/T sich ausstrecken, sich hinlegen; (*räumlich*) sich erstrecken **uzantı** S Verlängerung *f*; Erweiterung *f*; ARCH Anbau *m* **uzatma** S Verlängerung *f* **uzatmak** V/T (*Frist, Vertrag*) verlängern; (*Haare etc*) wachsen lassen; (*Feder, Gummi*) dehnen; (*Hand etc*) ausstrecken; (*Gegenstand*) (weiter)reichen; **uzatma!** machs kurz!

uzay S (Welt-)Raum *m*; **~ istasyonu** Raumstation *f* **uzayadamı** S Astronaut *m* **uzaygemisi** S Raumschiff *n* **uzaylı** S Außerirdische(r) *m/f(m)*

uzlaşma S Aussöhnung *f*; Verständigung *f*, Einigung *f* **uzlaşmak** V/I sich einigen, sich verständigen; sich versöhnen **uzlaşmaz** ADJ unversöhnlich

uzman S Spezialist(in) *m(f)*; Fachmann *m*, Fachfrau *f* **uzmanlaşma** S Spezialisierung *f* **uzmanlık** S Spezialgebiet *n*; Fachwissen *n*; **~ alanı** Fachbereich *m*

uzun ADJ lang; **~ araç** Lkw *m* mit Überlänge; **~ atlama** SPORT Weitsprung *m*; **~ boylu** hochgewachsen; **~ çizgi** Gedankenstrich *m*; **~ dalga** RADIO, TV Langwelle *f*; **~ huzmeli ışık** *od* **far** AUTO Fernlicht *n*; **~ uzadıya** lang und breit **uzunluk** S Länge *f*

uzuv S ⟨-zvu⟩ ANAT Glied *n*

Ü

ücra ADJ entlegen

ücret S Lohn *m*, Honorar *n*; Gebühr *f* **ücretli** ADJ gebührenpflichtig; **~ personel** Angestellte(r) *m/f(m)* **ücretsiz** ADJ & ADV gebührenfrei; ohne Lohn (*arbeiten*)

üç ADJ *Zahl* drei **üçboyutlu** ADJ dreidimensional **üçgen** S Dreieck *n* **üçlü** **A** S MUS Trio *n* **B** ADJ Dreier… **üçüz** S Drilling(e *pl*) *m*

üflemek V/T (aus)blasen; blasen, pusten (*-e* auf *akk*)

üfürmek **A** V/T anblasen **B** V/I wehen, blasen **üfürükçü** S Kurpfuscher(in) *m(f)*, *durch Anhauchen Heilung Vorgebende(r)*

üleşmek V/I teilen (**ile** mit *dat*) **üleştirmek** V/T austeilen

ülke S Land *n*; Gebiet *n*

ülkü S Ideal *n* **ülkücü** S Idealist(in) *m(f)*; (*in der Türkei*) Nationalist(in) *m(f)*

ülser S MED Magengeschwür *n*
ültimatom S Ultimatum *n*
ümit S ⟨-di⟩ Hoffnung f, Erwartung *f*; **~ bağlamak** *-e* hoffen auf *akk*; **ümidi kesmek** die Hoffnung (auf *akk*) aufgeben; **~ etmek** erhoffen, erwarten; **~ verici** vielversprechend
ümitlendirmek V/T *-i* Hoffnung(en *pl*) machen *dat* **ümitli** ADJ hoffnungsvoll **ümitsiz** ADJ hoffnungslos, verzweifelt
ün S Ruhm *m*, Ehre *f*
üniforma S Uniform *f*
üniversite S Universität *f*
üniversiteli S Student(in) *m(f)*
ünlem S GRAM Interjektion *f*; **~ işareti** Ausrufezeichen *n*
ünlü A ADJ geehrt, berühmt B S GRAM Vokal *m*; **~ uyumu** Vokalharmonie *f* **ünsüz** S GRAM Konsonant *m*
üremek V/I sich vermehren
üretici S Hersteller(in) *m(f)*, Erzeuger(in) *m(f)*, Produzent(in) *m(f)* **üretim** S Erzeugung *f*, Produktion *f* **üretken** ADJ produktiv **üretmek** V/T (*Tiere*) züchten; erzeugen, produzieren
ürkek ADJ ⟨-ği⟩ scheu, furchtsam **ürkeklik** S Scheu *f*, Furchtsamkeit *f*
ürkmek V/I ⟨-er⟩ scheuen, zurückschrecken (*-den* vor *dat*)
ürküntü S plötzliche(r) Schreck *m* **ürkütmek** V/T scheu machen, erschrecken
ürpermek V/I (*Haare*) sich sträuben, zu Berge stehen **ürpertici** ADJ schaurig **ürpertmek** V/T sträuben
ürümek V/I (*Hund etc*) heulen
ürün S Produkt *n*, Erzeugnis *n*
üryan ADJ nackt, bloß
üs S ⟨-ssü⟩ *a.* MIL Basis *f*; MATH Exponent *m*
üslup S ⟨-bu⟩ Stil *m*
üst S Oberseite *f*, Oberfläche *f*; Rest *m*; *-in* **~ünde** auf *dat*; *-in* **~ünden** von *dat* herunter; *-in* über *dat*; *-in* **~üne** auf *akk*; über *akk*; **~ üste** aufeinander
üstat S ⟨-dı⟩ Meister *m*; Lehrer *m*
üstderi S ANAT Oberhaut *f*, Epidermis *f*
üstelemek V/I nachhaken, insistieren; (*Krankheit*) erneut auftreten **üstelik** ADV noch dazu, darüber hinaus
üstgeçit S ⟨-di⟩ ARCH Überführung *f*
üstün ADJ über, überlegen (*-den dat*)
üstüne ADV zusätzlich (*-in* zu *dat*); auf etwas (*schwören etc*); **~ almak** auf sich beziehen, sich betroffen fühlen; **~ gitmek** *fig -in* provozieren *akk*; **~ üstlük** obendrein
üstünkörü ADJ & ADV oberflächlich
üstünlük S Überlegenheit *f*
üstyapı S Überbau *m*
üşengeç ⟨-ci⟩, **üşengen** ADJ

faul, träge **üşenmek** V/T zu träge sein, zu faul sein (-*meğe* zu *inf*)
üşümek V/I frieren
üşüşmek V/T sich über etw. hermachen
üşütmek V/I sich erkälten
ütopya S Utopie *f*
ütü S Bügeleisen *n*; Bügeln *n* **ütülemek** V/T bügeln **ütülü** ADJ gebügelt **ütüsüz** ADJ ungebügelt
üvey ADJ Stief...; **~ anne** Stiefmutter *f*
üye S Mitglied *n* **üyelik** S Mitgliedschaft *f*
üzengi S *a.* ANAT Steigbügel *m*
üzere *-mek* ~ (*Partikel*) im Begriff zu *inf*
üzeri: **akşam ~** gegen Abend; **öğle ~** um die Mittagszeit
üzerinde PRÄP *-in* auf, über *dat*; bei (*sich*) **üzerinden** PRÄP *-in* von *dat* herunter; *-in* über *dat*
üzerine PRÄP *-in* auf, über *akk*; auf *akk* hin; **~ almak** auf sich beziehen; (*Kosten*) übernehmen; **~ gitmek** sich an die Arbeit machen, beginnen; (*Schüler*) drannehmen (*-in akk*); **~ yürümek** angreifen (*-in akk*)
üzgün ADJ traurig, bekümmert **üzmek** V/T ⟨-er⟩ bekümmern; (*seelisch*) quälen **üzücü** ADJ ärgerlich **üzülmek** V/T *-e* bedauern *akk*
üzüm S BOT Weintraube *f*; **kuru ~** Rosine(n *pl*) *f*; → kuşüzümü
üzüntü S Schmerz *m*, Kummer *m*; tiefes Mitgefühl *n*; Bedauern *n*; **~ bildirmek** bedauern, bemitleiden **üzüntülü** ADJ traurig

V

vaat S ⟨-di⟩ Versprechen *n*; **~ etmek** *j-m etw* versprechen, geloben
vaaz S REL Predigt *f*
vade S Termin *m*, Frist *f* **vadeli** ADJ befristet; **kısa ~** kurzfristig; **uzun ~** langfristig **vadesiz** ADJ unbefristet
vadi S GEOG Tal *n*
vaftiz S REL Taufe *f*; **~ etme** taufen
vagon S BAHN Wagen *m*, Waggon *m*; **~ restoran** Speisewagen *m*
vaha S Oase *f*
vahim ADJ folgenschwer, ernst, kritisch, riskant
vahiy S ⟨-hyi⟩ REL Offenbarung *f*, göttliche Eingebung *f*
vahşet S Grausamkeit *f* **vahşi** ADJ wild; grausam, brutal
vah vah INT wie schade!, ach so ein Jammer!
vaiz S REL Prediger *m*
vaka S Vorfall *m*, Ereignis *n*;

araştırması Fallstudie *f*; **~ vara yeri** Tatort *m*
vakar S Ernst *m*, Würde *f* **vakarlı** ADJ ernst, würdevoll; solide
vakfetmek V/T stiften (*-e* für *akk*), vermachen (*b-e j-m*) **vakıf** S ⟨-kfı⟩ Stiftung *f*
vakit S ⟨-kti⟩ Zeit *f*; *-diği* **~** als, wenn; **vaktinde** rechtzeitig, pünktlich **vakitsiz** ADJ unzeitig, verfrüht; (*Bemerkung*) unpassend
vakum S PHYS Vakuum *n*
vale S Diener *m*, Lakai *m*; (*Kartenspiel*) Bube *m*
valf S TECH Ventil *n*
vali S Gouverneur *m*
valide S Mutter *f*
valiz S Koffer *m*
vallahi INT bei Gott!; ganz bestimmt
vals S Walzer *m*
vanilya S Vanille *f*
vantilatör S Ventilator *m*; **~ kayışı** AUTO Keilriemen *m*
vapur S SCHIFF Schiff *n*; Dampfer *m*
var ADJ es gibt *akk*; es ist vorhanden *od* existierend *od* anwesend; **~ olmak** existieren, da sein; **~ ol!** bravo!; danke!
varak S ⟨-ğı⟩ Blattgold *n*
vardiya S (*Arbeit*) Schicht *f*; Wache *f*
varış S Ankunft *f*, Eintreffen *n*
varil S Tonne *f*, Fass *n*
varis S ANAT Krampfadern *pl*
vâris S Erbe *m*, Erbin *f*
varlık S Existenz *f*, Leben *n*; Wesen *n*; Vermögen *n*, Reichtum *m* **varlıklı** ADJ wohlhabend, reich
varmak V/I ⟨-ır⟩ *-e* ankommen in *dat*, erreichen *akk*
varoş S Vorstadt *f*; Vorort *m*; Außenbezirk *m*
varsayım S Hypothese *f*; Annahme *f* **varsaymak** V/T annehmen
varta S *umg* Gefahr *f*
varyant S Nebenstrecke *f*; (Text-)Fassung *f*
varyete S Varieté *n*
vasat(i) ADJ durchschnittlich, mittelmäßig
vasıf S ⟨-sfı⟩ Eigenschaft *f*, Merkmal *n*; Qualität *f* **vasıflandırmak** V/T kennzeichnen
vasıflı ADJ qualifiziert
vasıta S Mittel *n*; Vermittlung *f*; Vermittler *m*; **~sıyla** *nom* vermittels *gen*, durch *akk*; **~sız** unmittelbar, direkt
vasi S JUR Testamentsvollstrecker(in) *m(f)*; Vormund *m* **vasilik** S JUR Vormundschaft *f*
vasistas S Oberlicht *n*; Kippfenster *n*
vasiyet S Vermächtnis *n* **vasiyetname** S Testament *n*
vaşak S ⟨-ğı⟩ ZOOL Luchs *m*
vat S ELEK Watt *n*
vatan S Vaterland *n*; Heimat *f*
vatandaş S Landsmann *m*; POL Staatsangehörige(r) *m/f(m)* **vatandaşlık** S Staatsangehörigkeit *f*; **vatandaşlığa**

alma Einbürgerung *f*; **~tan çıkarma** Ausbürgerung *f*

vatman S Straßenbahnführer(in) *m(f)*

vay! INT oh!; nanu!; Mensch!; au!; o weh!

vazgeçilmez ADJ unverzichtbar **vazgeçirmek** V/T *b-i -den j-n* abbringen von *dat*, *j-m etw* ausreden **vazgeçme**: **~ hakkı** JUR Rücktrittsrecht *n* **vazgeçmek** V/T *-den* verzichten auf *akk*, absehen von *dat*

vazife S Pflicht *f*, Aufgabe *f*, Verpflichtung *f*; Amt *n*, Dienst *m* **vazifelendirmek** V/T betrauen, beauftragen (*ile* mit *dat*)

vaziyet S Lage *f*; Haltung *f*; **~ nasıl?** *umg* wie gehts?

vazo S Vase *f*

vb, vd → vesaire

ve KONJ und; **~ saire** → vesaire

veba S MED Pest *f*

vecize S Aphorismus *m*; Motto *n*, Devise *f*

veda S ⟨-ı⟩ Abschied *m*; **~ etmek** Abschied nehmen (*-e* von *dat*) **vedalaşmak** V/R sich verabschieden (**ile** von *dat*)

vefa S Treue *f* **vefakâr, vefalı** ADJ *dat* treu; loyal **vefasız** ADJ treulos, untreu

vefat S Tod *m*; **~ etmek** sterben

vejetaryen **A** ADJ vegetarisch **B** S Vegetarier(in) *m(f)*

vekâlet S Vertretung *f*; Vollmacht *f*, Mandat *n* **vekâletname** S schriftliche Vollmacht *f*

vekil S Vertreter(in) *m(f)*

velhasıl ADV kurz und gut

veli S Vormund *m*; Erziehungsberechtigte(r) *m/f(m)*; REL Heilige(r) *m/f(m)*

velvele S Lärm *m*, Geschrei *n*

Venüs S Venus *f*

ver: **~ elini** ... nichts wie hin nach ...

veraset S Erbschaft *f*, Erbe *n*

verecek S WIRTSCH Schuld *f*

verem S MED Tuberkulose *f*

veresiye ADV auf Kredit; *umg* oberflächlich

verev ADJ schräg, diagonal

vergi S Steuer *f*; Gabe *f*; **~ beyannamesi** Steuererklärung *f*; **~ dairesi** Finanzamt *n*; **~den muaf, ~ dışı** steuerfrei; **~ye bağlamak** besteuern; **~ye tabi** steuerpflichtig

veri S Angabe *f*; **~ler** *pl* Daten

verici S MED Spender(in) *m(f)*; RADIO, TV, TV Sender *m*

verilmek V/T gegeben werden, ausgehändigt werden (*b-e j-m*)

verim S Ertrag *m*, Gewinn *m*

verimli ADJ ertragreich; AGR fruchtbar; WIRTSCH einträglich; WIRTSCH produktiv **verimsiz** ADJ unergiebig; unfruchtbar

vermek V/T ⟨-ir⟩ *j-m etw* geben, aushändigen; leihen; schenken; überlassen; (*Unterricht*) erteilen; (*Früchte*) tragen;

(*Fest*) veranstalten; (*Schulden*) bezahlen; **-ivermek** schnell tun
ernik S ⟨-ği⟩ Firnis *m*
ersiyon S IT Version *f*
esaire S und so weiter
esika S Urkunde *f*, Dokument *n*; Ausweis *m* **vesikalık** S Passbild *n*
esile S Gelegenheit *f*; Anlass *m*; Vorwand *m*
esselâm INT und damit basta!
estiyer S (öffentliche) Garderobe *f*
esvese S Argwohn *m*
eteriner S Tierarzt *m*, Tierärztin *f*
eto S Veto *n*; **~ etmek** *-i* Veto einlegen (gegen *akk*)
eya(hut) KONJ oder
ezin S ⟨-zni⟩ Versmaß *n*
ezir S *hist* Wesir *m*; (*Schach*) Dame *f*
ezne S Kasse(nschalter *m*) *f*
vezneci, veznedar S Kassierer(in) *m(f)*
ıcık: **~ ~** matschig, klebrig
vıcıklamak V/T weich *od* klebrig werden lassen
ınlamak V/I (*Pfeil*) sausen; (*Biene*) summen
ırılda(n)mak V/I *umg* ununterbrochen reden, quasseln; nörgeln, quengeln
ız S Summen *n*; **~ gelmek** *dat* gleichgültig *od* egal sein **vızıldamak** V/I summen; jammern
vızıltı S Summen *n*
vızır: **~ ~** geschäftig, schnell; zischend
vicdan S Gewissen *n* **vicdanlı** ADJ gewissenhaft **vicdansız** ADJ gewissenlos
vida S TECH Schraube *f* **vidalamak** V/T (ver-, zu)schrauben **vidalı** ADJ mit Schrauben versehen; zugeschraubt; Schraub…
video S Video(kamera *f*) *n*; **~ kaseti** Videoband *n*
vilayet S POL Provinz *f*
villa S Villa *f*, Landhaus *n*
vinç S TECH Kran *m*, Winde *f*
viraj S Kurve *f*, Biegung *f* **virajlı** ADJ kurvenreich
viran ADJ verfallen **virane** S Ruine *f*
virgül S GRAM Komma *n*
virüs S MED, IT Virus *n* (*a. m*)
viski S Whisky *m*
vişne S BOT Sauerkirsche *f*
vitamin S Vitamin *n*
vites S AUTO Gang *m*; **~ kolu** Schalthebel *m*; **~ kutusu** Getriebe *n*; **~ küçültmek** herunterschalten
vitray S Bleiverglasung *f*
vitrin S Schaufenster *n*
viyak S Quäken *n*, Schreien *n*
Viyana S Wien *n*
viyola S MUS Bratsche *f* **viyolin** S MUS Geige *f*
vize S Visum *n*; Erlaubnis *f*
vizite S MED Visite *f*; **~ ücreti** ärztliche(s) Honorar *n*
vizon S ZOOL Nerz *m*
vokal S GRAM Vokal *m*

volan S TECH Schwungrad *n*
voleybol S ‹-lü› SPORT Volleyball(spiel *n*) *m*
volkan S Vulkan *m*
volt S ELEK Volt *n* **voltaj** S ELEK Spannung *f*
votka S Wodka *m*
vs → vesaire
vuku: ~ **bulmak**, ~**a gelmek** vorfallen, stattfinden, sich ereignen, passieren
vurgu S GRAM Akzent *m*, Betonung *f* **vurgulamak** V/T betonen, hervorheben **vurgulu** ADJ betont
vurgun A S Taucherkrankheit *f* B ADJ *umg* -*e* verliebt in *akk*
vurgun(culuk) S WIRTSCH Wucher *m*
vurmak V/T ‹-ur› -*e* schlagen auf *akk* (-*i* mit *dat*); bestreichen *akk* (mit *dat*); (*Ziel*) *akk* treffen; (*erschießen*) töten **vuruş** S MUS Takt *m*; Schlag *m* **vuruşmak** V/R sich schlagen, miteinander kämpfen
vücut S ‹-du› Körper *m*; ~ **bakımı** Körperpflege *f*; ~ **geliştirme** Bodybuilding *n*; ~ **yapısı** Körperbau *m*; Anatomie *f*

W

web: ~ **sayfası** IT Internetseite *f*; Homepage *f*; ~ **sitesi** IT Website *f*; ~ **sunucusu** IT Server *m*

x: ~ **ışınları** Röntgenstrahlen *p*

ya[1] INT o(h)!
ya[2] *am Satzanfang*: und; da heißt also; ja, aber …; *a* *Satzende*: doch, freilich, alle dings; ~ … ~ … entwed …, oder …
-ya → -a
yaba S AGR Worfel *f*; Forke
yaban A S Wildnis *f* B A wild; im Freien lebend
yabanarısı S ZOOL Wespe *f*
yabancı A ADJ fremd, unb kannt, ungewohnt; auslä disch B S Fremde(r) *m/f(m* Ausländer(in) *m(f)* **yabanc** **laşmak** V/I sich entfremden
yabandomuzu S ZOOL Wil schwein *n*
yabanî ADJ wild (lebend); *f* menschenscheu; plump, u höflich
yadırgamak V/T -*i* seltsam (

komisch) finden, sich wundern (-i über *akk*) **yadırgatmak** V/T befremden
adigâr S Andenken *n*
adsımak V/T leugnen; verneinen
ağ S Fett *n*, Öl *n* **yağdanlık** S Ölkanne *f*, Schmiertopf *m*
ağdırmak V/T regnen lassen (-*e* auf *akk*); überhäufen (-*e* *b.ş-i j-n* mit *dat*)
ağış S Niederschlag *m* **yağışlı** ADJ niederschlagsreich
ağız ADJ dunkelbraun
ağlamak V/T einfetten, ölen, schmieren **yağlanmak** V/I Fett ansetzen, dick werden
yağlı ADJ fettig, ölig; *fig* ertragreich
ağma S Plünderung *f*; ~ **etmek** (aus)plündern; ~ **yok!** nichts da! **yağmacı** S Plünderer *m*
ağmak V/I ‹-ar› regnen; herunterprasseln
ağmalamak V/T (aus)plündern
ağmur S Regen *m*; ~ **yağmak** *unpers* regnen **yağmurlu** ADJ regnerisch **yağmurluk** S Regenmantel *m*
ağsız ADJ fettlos, mager
ahni S Ragout *n*
ahşi ADJ hübsch, schön
ahu INT A he!, Mensch! B (*nachgestellt*) doch, aber
ahudi A S Jude *m*, Jüdin *f* B ADJ jüdisch **Yahudilik** S Judentum *n*
yahut ADV oder
yaka S (*Hemd etc*) Kragen *m*; Ufer *n*
yakacak S ‹-ğı› Heizmaterial *n*, Brennstoff *m*
yakalamak V/T packen, erwischen; festnehmen **yakalanmak** V/I PASSIV erwischt werden, festgenommen werden
yakı S MED (*Fango etc*) Packung *f* **yakıcı** ADJ brennend, beißend, ätzend
yakın A ADV nah(e), in der Nähe (-*e* von *dat od gen*) B S Nähe *f*; Angehörige(r) *m*/*f*(*m*)
Yakınçağ S Neuzeit *f*
yakında ADV (*zeitlich*) demnächst, bald; (*räumlich*) in der Nähe **yakından** ADV aus der Nähe
Yakındoğu S Nahe(r) Osten *m*
yakınlaşmak V/I *dat* sich nähern, näher kommen **yakınlık** S Nähe *f*
yakınmak V/T -*den* klagen über *akk*, sich beschweren; jammern
yakışık S ‹-ğı› Schicklichkeit *f*
yakışıklı S (*Mann*) gut aussehend
yakışıksız ADJ unpassend **yakışmak** V/T passen (-*e* zu *dat*); gut stehen (*b-e j-m*)
yakıt S Heizmaterial *n*, Brennstoff *m*
yaklaşık ADJ annähernd, ungefähr, rund
yaklaşım S Herangehensweise *f*

yaklaşmak V/T *dat* sich nähern, näherkommen **yaklaştırmak** V/T nähern, näherbringen, heranführen
yakmak V/T ‹-ar› anbrennen, verbrennen; (*Zigarette etc*) anzünden; (*Säure*) ätzen
yakut S Rubin *m*
yalak S ‹-ğı› Trog *m*; Tränke *f*
yalama: ~ **olmak** (*Gewinde etc*) abgenutzt *od* ausgeleiert sein
yalamak V/T (ab-, aus)lecken
yalan A S Lüge *f*; ~ **söylemek** lügen B ADJ falsch, erlogen; verlogen **yalancı** A S Lügner(in) *m(f)* B ADJ lügnerisch; unecht, imitiert **yalancılık** S Verlogenheit *f* **yalanlamak** V/T dementieren
yalçın ADJ steil, schroff
yaldız S Goldstaub *m*; *fig* Flitter *m* **yaldızlamak** V/T vergolden **yaldızlı** ADJ vergoldet; *fig* trügerisch
yalı S Ufer *n*; Strandvilla *f*
yalım S Flamme *f*; Schneide *f*
yalın ADJ einfach; bloß; ~ **hal** GRAM Nominativ *m*
yalınayak ADJ barfuß
yalınkat ADJ einschichtig; *fig* seicht
yalıtım S Isolierung *f* **yalıtkan** PHYS A ADJ isolierend B S Isolator *m* **yalıtmak** V/T isolieren
yalnız ADJ & ADV allein; nur **yalnızca** ADV lediglich, ausschließlich **yalnızlık** S Alleinsein *n*, Einsamkeit *f*

yalpa S SCHIFF Schlingern
yalpalamak V/I schlingern schwanken
yaltak(çı) A ADJ kriecherisc B S Schleimer(in) *m(f)* **yaltaklanmak** V/I schleime
yaltaklık S Schleimerei *f*
yalvarmak V/T *-e* flehen zu *d*
yama S Flicken *m*
yamaç S ‹-cı› Bergwand *f*; Abhang *m*
yamak S ‹-ğı› Gehilfe *m*, Gehilfin *f*
yama(la)mak V/T flicken; *fi* aufbürden (*b-e j-m*) **yama** ADJ geflickt
yaman ADJ (*Winter*) strenç (*Mensch*) geschickt, raffinier großartig
yamanmak A V/I PASSIV aufge näht werden (*-e* auf *akk*) B V sich einnisten (*-e* bei *dat*)
yampiri ADJ *umg* schief
yamuk ‹-ğu› A S MATH Tra pez *n* B ADJ (*Auto*) verbeul (*Gebäude*) geneigt, schief
yamyam S Menschenfres ser(in) *m(f)*, Kannibale *r*
yamyamlık S Kannibalismu *m*
yamyaş ADJ klatschnass
yan A S Seite *f*, Flanke *f*; ~**a** Seite an Seite, nebeneinar der B ADJ Neben..., Seiten.. *-den* ~**a** auf der Seite *gen*; **b** ~**dan** einerseits; *-in* ~**ına** ar neben *akk*; *-in* ~**ında** an, ne ben, bei *dat*; *-in* ~**ından** vo *dat* C ADV ~**ı sıra** daneber

nebenher
yanak S ⟨-ğı⟩ ANAT Wange *f*
yanardağ S Vulkan *m*
yanaşmak V/T *-e* herankommen an *akk*; (*Schiff*) anlegen an *dat*; eingehen auf *akk*
yandaş S Anhänger(in) *m(f)*
yangın S Brand *m*; **~ alarmı** Feueralarm *m*
yanık ⟨-ğı⟩ **A** ADJ verbrannt, versengt; (*Teint*) gebräunt **B** S Brandwunde *f*, Brandstelle *f*; Sonnenbrand *m*; **~ melhemi** Brandsalbe *f*
yanılgı S Irrtum *m* **yanılmak** V/I sich irren, e-n Fehler machen **yanıltmak** V/T irreführen
yanısıra → yan
yanıt S Antwort *f* **yanıtlamak** V/T antworten (*-e j-m*)
yani KONJ das heißt, nämlich
yankesici S *umg* Taschendieb(in) *m(f)*
yankı S Echo *n*, Widerhall *m*
yanlama(sına) ADV quer; seitwärts
yanlış **A** ADJ falsch **B** S Fehler *m*, Irrtum *m*; **~ anla(ş)ma** Missverständnis *n*; **~ numara** TEL verwählt **yanlışlık** S Irrtum *m*, Versehen *n*
yanmak V/I ⟨-ar⟩ brennen, in Brand geraten; (*Motor*) heißlaufen; *fig* verliebt sein (*-e* in *akk*) **yanmaz** ADJ unbrennbar
yansı S PHYS Widerschein *m*, Reflex *m* **yansımak** V/I PASSIV reflektiert werden **yansıtmak** V/T reflektieren, zurückstrahlen
yansız ADJ POL neutral
yanyol S Nebenstrecke *f*
yapağı, yapak S Schurwolle *f*
yapay ADJ künstlich
yapı S Bau *m*; Struktur *f* **yapıcı** **A** ADJ konstruktiv **B** S Erbauer(in) *m(f)* **yapılı** ADJ gemacht, erbaut; *umg* stämmig
yapılış S Bauart *f*; Struktur *f*
yapılmak V/I PASSIV gemacht *od* gebaut werden **yapım** S Erzeugung *f*, Produktion *f* **yapımcı** S Produzent(in) *m(f)*
yapışık ADJ (an)geklebt; haftend; zusammengewachsen
yapışkan **A** ADJ klebrig **B** S Klebstoff *m* **yapışmak** V/T *-e* kleben, hängen bleiben an *dat*; sich hängen an *akk* **yapıştırıcı** ADJ klebend; **~ (madde)** Klebstoff *m* **yapıştırmak** V/T ankleben, anheften, befestigen (*-e* an *dat*)
yapıt S Werk *n*
yapma **A** S Machen *n* **B** ADJ (*Gebiss*) künstlich, falsch **yapmak** V/T ⟨-ar⟩ machen, tun; herstellen; bauen
yaprak S ⟨-ğı⟩ Blatt *n* **yapraklanmak** V/I ausschlagen, sich belauben
yaptırım S Sanktion *f*
yaptırmak V/T machen lassen, bestellen
yar[1] S Schlucht *f*; Abgrund *m*; Steilhang *m*
yar[2] S (*-ri*) *liter* Geliebte(r)

m/f(m), Schatz m
yara S Wunde f, Verletzung f; ~ **bantı** Pflaster n; ~ **izi** Narbe f
Yaradan S REL Schöpfer m, Allmächtige(r) m
yaradılış S Schöpfung f; REL Genesis f; Natur(anlage f) f
yaralamak V/T verwunden, verletzen **yaralanmak** V/I verletzt werden, sich verletzen
yaralı ADJ verwundet, verletzt
yaramak V/T -e sich eignen, taugen für akk **yaramaz** ADJ unbrauchbar; (Kind) unartig, frech
yaranmak V/T -e j-s Gunst gewinnen, -e j-n für sich einnehmen
yarar A ADJ -e nützlich, tauglich für akk; brauchbar B S Nutzen m **yararlanmak** V/T Nutzen ziehen (-den aus dat)
yararlı S nützlich **yararlılık** S Nützlichkeit f; Tüchtigkeit f; Tapferkeit f **yararsız** ADJ unnütz, nutzlos
yarasa S ZOOL Fledermaus f
yaraşmak V/T -e passen zu dat, gut stehen dat
yaratıcı A ADJ schöpferisch B S REL Schöpfer m **yaratık** S ‹-ğı› Geschöpf n **yaratmak** V/T (er)schaffen; fig auftreiben
yarbay S MIL Oberstleutnant m
yardım S Hilfe f, Beistand m, Unterstützung f; ~ **etmek** dat helfen, beistehen **yardımcı** A S Helfer(in) m(f) B ADJ Hilfs..., Vize...; ~ **fiil** GRAM Hilfsverb n **yardımlaşmak** V/R sich gegenseitig helfen
yargı S JUR Urteil n; Gerichtsbarkeit f; ~ **yolu** Rechtsweg m **yargıç** S ‹-cı› Richter(in) m(f) **yargılamak** V/T JUR verhandeln; verurteilen, aburteilen **Yargıtay** S Revisionsgericht n
yarı S Hälfte f; ~ **~ya** halb und halb, zur Hälfte
yarıçap S MATH Radius m
yarık ‹-ğı› A S Spalt m, Schlitz m B ADJ gespalten, aufgeschlitzt
yarılamak V/T (Arbeit, Weg) zur Hälfte schaffen; (Brot) halbieren
yarım ADJ halb; ~ **yamalak** nur halb, mangelhaft, oberflächlich **yarımada** S Halbinsel f
yarın ADV morgen; ~ **sabah** morgen früh **yarınlar** S Zukunft f
yarış S Wettkampf m **yarışçı** S Wettkämpfer(in) m(f); Konkurrent(in) m(f) **yarışma** S Wettbewerb m; Wettkampf m; SPORT Rennen n; Konkurrenz f **yarışmak** V/I wetteifern, e-n Wettkampf machen (**ile** mit dat); konkurrieren
yarma S Spalt m, Schlitz m; MIL Durchbruch m **yarmak** V/T ‹-ar› (auf-, zer)spalten, durchbrechen

yas S Trauer *f*; ~ **tutmak** trauern

yasa S Gesetz *n* **yasadışı** ADJ illegal

yasak ⟨-ğı⟩ **A** S Verbot *n* **B** ADJ verboten, untersagt; ~ **etmek** verbieten, untersagen

yasakçı ADJ restriktiv **yasaklamak** V/T verbieten, untersagen

yasal ADJ legal; gesetzlich **yasallaştırmak** V/T legalisieren

yasama S JUR Legislative *f*; Gesetzgebung *f*

yasemin S BOT Jasmin *m*

yaslı ADJ in Trauer

yassı ADJ platt, flach

yastık S ⟨-ğı⟩ Kissen *n*; AGR Beet *n*; ~ **kılıfı** Kissenbezug *m*

yaş[1] S Alter *n*; Lebensjahr *n*

yaş[2] **A** ADJ nass, feucht **B** S Träne *f*

yaşam S Leben *n* **yaşamak** V/I leben **yaşamsal** ADJ lebenswichtig

yaşantı S Erlebnis *n*

yaşarmak V/I feucht werden; zu tränen beginnen

yaşayış S Leben(sweise *f*) *n*

yaşıt S Altersgenosse *m*

yaşlanmak V/I altern, älter werden **yaşlı** ADJ alt, betagt

yat S SCHIFF Jacht *f*

yatak S ⟨-ğı⟩ Bett *n*; TECH Lager *n*; BERGB Lager *n*, (Erz-)Vorkommen *n*; Diebeslager *n*; Hehler(in) *m(f)*; ~ **odası** Schlafzimmer *n*; ~ **takımı** Bettzeug *n*; Schlafzimmereinrichtung *f*; ~**lı vagon** BAHN Schlafwagen *m*; ~**lık yapmak** Unterschlupf gewähren **yatakhane** S Schlafsaal *m*

yatalak ADJ ⟨-ğı⟩ bettlägerig

yatay ADJ waagerecht, horizontal

yatı: ~**lı okul** Internat *n*; ~**ya kalmak** *(Gäste)* übernachten

yatırım S WIRTSCH Investition *f*; FIN Einlage *f* **yatırımcı** S (Kapital-)Anleger(in) *m(f)* **yatırmak** V/T hinlegen; *(Geld)* einzahlen; investieren

yatışmak V/I sich beruhigen; *(Sturm, Zorn)* nachlassen **yatıştırıcı** ADJ beruhigend **yatıştırmak** V/T *(Streit)* beilegen; beruhigen

yatmak V/I ⟨-ar⟩ sich (hin)legen, liegen; zu Bett gehen

yatsı S REL Zeit *f* des Nachtgebets

yavan ADJ fettlos; *fig* fade **yavanlaşmak** V/I fade werden

yavaş ADJ & ADV langsam; *(Stimme etc)* leise, ruhig; *(Person)* sanft, mild; ~ ~ langsam; allmählich **yavaşlamak** V/I langsamer *od* milder werden **yavaşlatmak** V/T verlangsamen, drosseln

yavru S Junge(s) *n*; Kleine(r, s); *fig* Liebling *m* **yavrulamak** V/I *(Tier)* werfen

yavuz ADJ streng; tapfer

yay S Bogen *m*; TECH Feder *f*

Yay S ASTRON Schütze *m*

yaya **A** ADJ zu Fuß **B** S Fußgänger(in) *m(f)*; **~ geçidi** Fußgängerüberweg *m*; **~ kaldırımı** *od* **yolu** Bürgersteig *m*; **~ şeridi** Zebrastreifen *m* **yayan** ADV zu Fuß

yaygara S Geschrei *n*

yaygın ADJ verbreitet **yaygınlaşmak** V/I sich verbreiten, sich einbürgern

yayık S ‹-ğı› Butterfass *n*

yayılmak V/I sich ausbreiten, sich zerstreuen (-*e* über *akk*); sich verbreiten

yayım S Veröffentlichen *n*; Herausgeben *n* **yayımlamak** V/T veröffentlichen; herausgeben; RADIO, TV, TV senden

yayın S Veröffentlichung *f*; Herausgabe *f*; RADIO, TV, TV Sendung *f* **yayıncı** S Verleger(in) *m(f)* **yayınevi** S Verlag *m*

yayla S GEOG Alm *f*, Hochplateau *n*

yaylı ADJ mit Federn versehen, gefiedert

yaymak V/T ‹-ar› ausbreiten, hinbreiten, verbreiten (-*e* über, auf *akk*); verstreuen

yayvan ADJ breit

yaz S Sommer *m*; **~ saati** Sommerzeit *f*

yazar S Schriftsteller(in) *m(f)*, Verfasser(in) *m(f)*), Autor(in) *m(f)*

yazarkasa S Registrierkasse *f*

yazdırmak V/T schreiben *od* eintragen lassen

yazgı S Schicksal *n*, Los *n*

yazı Schrift *f*; Schreiben *n*; Aufsatz *m*; Text *m*; **~ makinası** Schreibmaschine *f*; **~ masası** Schreibtisch *m* **yazıcı** S Schreiber(in) *m(f)*; IT Drucker *m* **yazıhane** S Büro *n*

yazık INT ‹-ğı› schade; **ne ~ ki** leider

yazılı ADJ (auf-, ein)geschrieben; schriftlich

yazılım S IT Software *f*

yazılmak V/I geschrieben werden; (*an Universität etc*) sich einschreiben (-*e* in *akk*)

yazım S Rechtschreibung *f*

yazın¹ S Literatur *f*

yazın² ADV im Sommer

yazışmak V/R korrespondieren (**ile** mit *dat*)

yazıt S Inschrift *f*

yazlık A S Ferienhaus *n*, Ferienwohnung *f* B ADJ für den Sommer geeignet; Sommer…

yazma¹ A S Schreiben *n*, Handschrift *f* B ADJ handgeschrieben

yazma² S (*e-e Art*) Kopftuch *n*

yazmak V/T ‹-ar› schreiben, eintragen, registrieren (-*e* in *akk*)

-ye → **-a**

yedek A S ‹-ği› Reserve *f* B ADJ Ersatz…; **~ parça** Ersatzteil *n* **yedekleme** S IT Back-up *n*, Sicherung *f*

yedi ADJ *Zahl* sieben

yediemin S JUR Treuhänder(in) *m(f)*

yedirmek V/T -*i* zu essen ge

ben *dat*, essen lassen, füttern *akk*; *fig* bestechen
yegâne ADJ einzig, alleinig
yeğ ADJ besser (*-den* als)
yeğen S Neffe *m*, Nichte *f*
yeğlemek V/T vorziehen (*-i -e akk* vor *dat*)
yekpare ADJ aus e-m Stück
yekûn S Summe *f*
yel S Wind *m*
yele S ZOOL Mähne *f*
yelek S ⟨-ği⟩ Weste *f*
yelken S SCHIFF Segel *n*; **~ açmak** die Segel setzen, absegeln **yelkenci** S Segler(in) *m(f)* **yelkenli** A ADJ SCHIFF mit Segeln versehen B S Segelschiff *n*
yelkovan S BOT Flieder *m*; Wetterhahn *m*; (*Uhr*) Minutenzeiger *m*
yellemek V/T anblasen, fächeln
yellenmek V/I e-n fahren lassen
yelpaze A S Fächer *m*; Bandbreite *f* B ADJ fächerförmig
yem S Futter *n*; Köder *m*
yemek ⟨-ği⟩ A S Essen *n*, Speise *f*; **~ listesi** Speisekarte *f* B V/T essen; (*Tiere*) fressen; (*e-n Schlag etc*) bekommen **yemekhane** S Speisesaal *m*; Mensa *f* **yemeklik** ADJ zum Essen geeignet, essbar
yemin S Eid *m*, Schwur *m*; **~ etmek** schwören (*-in* **üzerine** bei *dat*); beschwören (*-e etw*)
yeminli ADJ beeidigt, vereidigt
yemiş S Obst *n*, Frucht *f*
yemlemek V/T füttern; *fig* ködern **yemlik** S Krippe *f*, Trog *m*
yemyeşil ADJ grasgrün
yen S Ärmel *m*
yenge S (*Frau des Bruders od Onkels*) Schwägerin *f*
yengeç S ⟨-ci⟩ ZOOL Krebs *m*
yeni ADJ neu, frisch
yenibahar S BOT Piment *n od m*
yeniçeri S *hist* Janitschar *m*
yeniden ADV von Neuem, wieder, noch einmal
yenilemek V/T erneuern, auffrischen **yenilenmek** V/I erneuert werden, sich erneuern
yenilgi S Niederlage *f*
yenilik S Neue(s) *n*; Neuerung *f*
yenilmek[1] V/I PASSIV gegessen *od* gefressen werden
yenilmek[2] V/I PASSIV besiegt werden, verlieren
yenmek[1] V/I (*-ir*) gegessen werden, essbar sein
yenmek[2] V/I (*-er*) besiegen, überwinden
yepyeni ADJ nagelneu, ganz neu
yer S Erde *f*, Boden *m*; Platz *m*, Stelle *f*; Ort *m*; Raum *m*; **~ ~** stellenweise; **~de** auf der Erde; **~in dibine girmek** *fig* in den Erdboden versinken; **~ine getirmek** ausführen; **~le bir etmek** zerstören **yeraltı**

ADJ unterirdisch
yerel ADJ lokal, örtlich
yerelması S BOT Topinambur *f*
yerfasulyesi S BOT Buschbohne *f*
yerfıstığı S BOT Erdnuss *f*
yerinde ADJ & ADV angebracht, passend; am richtigen Platz
yerine ADV (an)statt, anstelle *gen*
yerleşmek **A** V/T sich niederlassen, sich ansiedeln (*-e* in *dat*) **B** V/I sich einrichten **yerleştirmek** V/T aufstellen, hinstellen; (*Menschen*) ansiedeln; unterbringen
yerli **A** ADJ einheimisch, örtlich **B** S Einheimische(r) *m/f(m)*
yersiz ADJ unangebracht, unpassend
yersolucanı S ZOOL Regenwurm *m*
yeryuvar(lağ)ı S Erdkugel *f*
yeryüzü S Erdoberfläche *f*
yeşil ADJ grün, frisch; **yeşiller** POL Grüne *pl*; *Anhänger der Ökologie-Bewegung*
yeşilaycı S Abstinenzler(in) *m(f)*
yeşillenmek V/I grün werden **yeşillik** S Grüne(s) *n*; Wiese *f*; Salatbeilage *f*
yetenek S ⟨-ği⟩ Fähigkeit *f*; Talent *n*, Begabung *f* **yetenekli** ADJ fähig; talentiert, begabt
yeter ADJ genug, genügend; **~!** es reicht! **yeterince** ADV in ausreichendem Maß **yeterli** ADJ ausreichend; (*Person*) kompetent **yeterli(li)k** S Fähigkeit *f*, Kompetenz *f* **yetersiz** ADJ ungenügend; (*Person*) unfähig
yetim S Waise(nkind *n*) *f*
yetinmek V/T sich begnügen, zufrieden sein (**ile** mit *dat*)
yetişkin ADJ erwachsen **yetişmek** V/T *-e* erreichen, einholen *akk*; (*Baum*) wachsen, reifen; (*Schüler*) ausgebildet werden **yetişmiş** ADJ reif; ausgebildet; Fach... **yetiştirmek** V/T erreichen lassen; hervorbringen; (*Tiere*) züchten; (*Kind*) erziehen; (*Tratsch*) weitererzählen
yetke S Autorität *f*
yetki S Berechtigung *f*, Befugnis *f*; Kompetenz *f* **yetkili** ADJ befugt, zuständig
yetkin ADJ vorzüglich, vollkommen, perfekt
yetmek V/T ⟨-er⟩ *-e* genügen, reichen für *akk*
yetmiş ADJ *Zahl* siebzig
yevmiye S Tagelohn *m*
yığılı ADJ aufgehäuft **yığılmak** V/I PASSIV aufgehäuft werden **yığın** S Masse *f*, Haufen *m*; Stapel *m* **yığınak** S ⟨-ğı⟩ MIL Aufmarsch *m*; Ansammlung *f*, Konzentration *f* **yığıntı** S Anhäufung *f* **yığışmak** V/I zusammenkommen **yığmak** V/T ⟨-ar⟩ sammeln, kon-

zentrieren; aufhäufen
yıkamak V/T waschen; baden **yıkanmak** V/I sich waschen; baden
yıkıcı ADJ zerstörend **yıkık** ADJ eingestürzt, umgestürzt **yıkılmak** V/I zusammenbrechen, einstürzen **yıkım** S Katastrophe *f*; Bankrott *m* **yıkıntı** S Trümmer *pl* **yıkmak** V/T ‹-ar› niederreißen, zertrümmern **yıktırmak** V/T *akk* niederreißen lassen
yıl S Jahr *n*
yılan S ZOOL Schlange *f* **yılanbalığı** S ZOOL Aal *m*
yılancık S MED Rotlauf *m*
yılbaşı S Neujahr(stag *m*) *n*
yıldırım S Blitz *m*
yıldız S ASTRON Stern *m*; (*Film etc*) Star *m*; ~ **falı** Horoskop *n*
yıldızçiçeği S BOT Dahlie *f*
yıldızlı ADJ mit Stern(en); (*Himmel*) sternenklar
yıldönümü S Jahrestag *m*
yılgı S Schrecken *m*; Entsetzen *n*
yılgın ADJ eingeschüchtert, verängstigt
yılışık ADJ gekünstelt lächelnd **yılışmak** V/I aufdringlich lächeln
yıllanmak V/I ein Jahr alt werden; (*Wein*) alt werden
yıllanmış ADJ (*Wein*) alt
yıllık ‹-ğı› **A** S Jahreseinkommen *n*; Jahrbuch *n* **B** ADJ (*mit einer Zahl*) ...jährig; Jahres...; jährlich; ~ **izin** Jahresurlaub *m*; ... **yıllığına** für ... Jahre
yılmak V/T ‹-ar› sich einschüchtern lassen (*-den* von *dat*); zurückschrecken
yılmaz ADJ unerschrocken, furchtlos
yıpranmak V/I sich abnutzen; altern
yıpratıcı ADJ zermürbend
yıpratmak V/T abnutzen, abtragen; zermürben
yırtıcı hayvan S Raubtier *n*
yırtık ADJ ‹-ğı› zerrissen; *fig* schamlos **yırtılmak** V/I zerrissen werden; platzen **yırtmak** V/T ‹-ar› (zer)reißen
yiğit **A** ADJ tapfer, mutig **B** S junge(r) Mann *m*; Held *m* **yiğitlik** S Mut *m*, Tapferkeit *f*, Schneid *m*
yine → gene
yinelemek V/T wiederholen
yirmi ADJ *Zahl* zwanzig
yitim S Verlust *m* **yitirmek** V/T verlieren **yitmek** V/I ‹-er› verloren gehen
yiv S Rille *f*; TECH Gewinde *n*
yiyecek S ‹-ği› Nahrungsmittel *n*; Lebensmittel *pl*; Futter *n*; Ration *f*
yobaz S REL Frömmler(in) *m(f)*; Fanatiker(in) *m(f)* **yobazlık** S REL Frömmelei *f*; Fanatismus *m*
yoğun ADJ dicht; intensiv; *umg* beschäftigt **yoğunlaşmak** V/I sich verdichten, intensiver werden **yoğunluk** S Dichte *f*

yoğurmak VT kneten
yoğurt S ⟨-du⟩ Joghurt *m* **yoğurtçu** S Joghurthändler(in) *m(f)* **yoğurtlu** ADJ mit Joghurt
yok ADJ es ist nicht vorhanden; es gibt nicht *akk*; abwesend; *umg* nein; **~ etmek** vernichten; verschwinden lassen; **~ satmak** ausverkauft sein; **~ yere** nutzlos; grundlos
yoklama S MIL Musterung *f*; Namensaufruf *m*, Anwesenheitskontrolle *f*; Prüfung *f* **yoklamak** VT abtasten, betasten, untersuchen; prüfen; (*Verwandte etc*) besuchen
yokluk S Abwesenheit *f*; Mangel *m*; Armut *f*, Not *f*
yoksa KONJ wenn nicht, sonst; oder
yoksul ADJ arm, bedürftig; ärmlich **yoksulluk** S Armut *f*, Dürftigkeit *f*
yoksun ADJ ohne; beraubt (*-den gen*) **yoksunluk** S Entbehrung *f*, Mangel *m*
yokuş S Steigung *f*; **~ aşağı** bergab; **~ yukarı** bergauf
yol S Weg *m*, Straße *f*; Methode *f*; **~ açmak** *a. fig* Hindernisse aus dem Weg räumen; *fig -e* verursachen *akk*; **~ haritası** Straßenkarte *f*; **~ inşaatı** (Straßen-)Bauarbeiten *pl*; **~ vermek** den Weg freigeben; entlassen *akk*; **~a çıkmak** (*od* **koyulmak**) aufbrechen, sich auf den Weg machen; **~una koymak** in Ordnung bringen; **~unda** in Ordnung; **~unu şaşırmak** sich verirren; *fig* ratlos sein
yolcu S Reisende(r) *m/f(m)*, Passagier(in) *m(f)* **yolculuk** S Reise *f*, Fahrt *f*
yoldaş S Gefährte *m*, Gefährtin *f*; POL Genosse *m*, Genossin *f*
yollamak VT senden, schicken; (*Brief*) aufgeben
yollu ADJ (*Region*) mit ... Straßen *od* Wegen; (*Stoff etc*) gestreift; *fig* ordentlich, passend
yolluk S (*Teppich*) Läufer *m*; Reisekosten *pl*; Reiseproviant *m*
yolmak VT ⟨-ar⟩ (aus)rupfen, ausreißen; *fig j-n* neppen
yolsuz ADJ (*Gelände*) unwegsam; (*Beamter*) inkorrekt **yolsuzluk** S JUR Vergehen *n*; Korruption *f*, Veruntreuung *f* (*von Geld*)
yonca S BOT Klee *m*
yonga S Späne *pl*; IT Chip *m*
yordam S Geschicklichkeit *f*
yorgan S Steppdecke *f* **yorgancı** S Steppdeckennäher(in) *m(f)*
yorgun ADJ müde, ermattet **yorgunluk** S Müdigkeit *f*; Erschöpfung *f* **yormak¹** VT (*-ar*) ermüden, anstrengen
yormak² VT (*-ar*) *j-m etw* zuschreiben; interpretieren, deuten als
yortu S REL (christliches) Fest

n, Feiertag *m*
yorulmak[1] V/I müde werden; **~sızın** unermüdlich
yorulmak[2] V/I -*e* zugeschrieben werden *dat*
yorum S Kommentar *m*; Deutung *f*, Auslegung *f* **yorumlamak** V/T kommentieren; auslegen
yosma A S Nutte *f* B ADJ kokett
yosun S BOT Moos *n*; Tang *m*, Alge *f* **yosunlu** ADJ mit Moos bedeckt; (*Wasser*) veralgt
yoz ADJ degeneriert **yozlaşmak** V/I verwildern; degenerieren
yön S Richtung *f*; Hinsicht *f* **yönelmek** V/T sich wenden (-*e* nach *dat*) **yöneltmek** V/T richten (-*e* auf *akk*)
yönerge S Direktive *f*, Richtlinien *pl*
yönetici S Leiter(in) *m(f)*; Manager(in) *m(f)*
yönetim S Verwaltung *f*; Leitung *f*, Direktion *f*, Management *n* **yönetmek** V/T verwalten; leiten, managen; dirigieren
yönetmelik S Satzung *f*; (Verwaltungs-)Verordnung *f*
yönetmen S Direktor(in) *m(f)*; Regisseur(in) *m(f)*
yönlü: **çok ~** vielseitig
yöntem S Methode *f*, Verfahren *n*
yöre S Gebiet *n*, Region *f* **yöresel** ADJ regional
Yörük S ⟨-ğü⟩ turkmenische(r) Nomade *m*
yörünge S ASTRON (Umlauf-)Bahn *f*
YTL → lira
yudum S Schluck *m*
yufka A S dünne(r) Teig *m*, Teigblatt *n* B ADJ dünn, leicht; **~ yürekli** weichherzig
Yugoslavya S *hist* Jugoslawien *n*
yuh(a) INT pfui!; nieder! **yuhlamak** V/T ausbuhen
yukarı A S Oberteil *n od m*, Spitze *f* B ADJ hoch C ADV nach oben; **~da** oben; **~dan** von oben; **~ya** nach oben, hinauf, aufwärts
yulaf S BOT Hafer *m*
yular S Halfter *m od n*
yumak S ⟨-ğı⟩ Knäuel *n od m*
yummak V/T ⟨-ar⟩ (*Augen etc*) schließen, zumachen; (*Faust*) ballen
yumru S Beule *f*
yumruk S ⟨-ğu⟩ Faust *f*; Faustschlag *m* **yumruklamak** V/T mit der Faust schlagen **yumruklaşma** S Rauferei *f*
yumuk ADJ (*Faust*) geschlossen
yumulmak A V/I geschlossen werden B V/T *umg* sich stürzen (-*e* auf *akk*) **yumulu** ADJ geschlossen
yumurta S Ei *n*; Rogen *m*; **~ akı** Eiweiß *n*; **~ sarısı** Eigelb *n* **yumurtalık** S ANAT Eierstock *m*; Eierbecher *m* **yu-**

murtlamak V/T (*Eier*) legen; (*falsche Nachricht*) verbreiten; *iron* zum Besten geben
yumuşak ADJ ⟨-ğı⟩ weich; (*Stimme etc*) ruhig, sanft **yumuşakça** S ZOOL Weichtier *n* **yumuşaklık** S ⟨-ğı⟩ Weichheit *f*, Sanftheit *f* **yumuşamak** V/I weich *od* ruhig werden **yumuşatmak** V/T weich machen; *fig* mildern; besänftigen
Yunan ADJ griechisch **Yunanca** S Griechisch *n* **Yunanistan** S Griechenland *n* **Yunanlı** A S Grieche *m*, Griechin *f* B ADJ griechisch
yunus(balığı) S ZOOL Delfin *m*
yurt S ⟨-du⟩ Heimat *f*, Vaterland *n*; (Wohn-)Heim *n*; (Nomaden-)Zelt *n* **yurtdışı** S Ausland *n* **yurtiçi** S Inland *n*
yurtsever ADJ patriotisch
yurttaş S Staatsbürger(in) *m(f)*
yutkunmak V/I schlucken
yutmak V/T ⟨-ar⟩ (ver)schlucken, herunterwürgen
yuva S Nest *n*; Heim *n*; TECH Loch *n*, Höhlung *f* **yuvalamak** V/I ein Nest bauen
yuvar S ANAT Blutkörperchen *n*
yuvarlak ⟨-ğı⟩ A ADJ rund B S Kugel *f* **yuvarlamak** V/T rollen, wälzen; (*Summe*) runden **yuvarlanmak** V/I rollen; sich wälzen; kollern
yüce ADJ hoch, erhaben; **Yüce Divan** JUR Staatsgerichtsho*f* *m* **yücelik** S Höhe *f*, Erhabenheit *f* **yücelmek** V/I sich erheben
yük S Last *f*; AUTO Ladung *f*
yüklem S GRAM Prädikat *n*
yüklemek V/T aufladen; beladen; *fig* aufhalsen (*b-e j-m*); **program** ~ IT installieren
yüklenmek V/T sich aufbürden; übernehmen, auf sich nehmen **yükletmek** V/T *akk* aufladen (lassen); beladen
yüklü ADJ beladen, bepackt; (*Geld*) viel; *umg* schwanger; (*Tier*) trächtig
yüksek ADJ ⟨-ği⟩ hoch; (*Stimme etc*) laut; ~ **atlama** SPOR Hochsprung *m*; ~ **basın** Hoch(druck *m*) *n*; ~ **mühendis** Diplomingenieur(in) *m(f)* **yükseklik** S Höhe *f*; Erhebung
yüksekokul S Hochschule
yükseköğrenim S Hochschulausbildung *f*
yükselmek V/I aufsteigen, sich erheben **yükselti** S Anhöhe
yükseltmek V/T erheben, hochheben
yüksük S ⟨-ğü⟩ *a.* BOT Fingerhut *m*
yüksünmek V/T als beschwerlich empfinden (*-den akk*); jammern
yüküm S Zwang *m*, Verpflichtung *f* **yükümlü** ADJ verpflichtet (**ile** zu *dat*) **yükümlülük** S Auflage *f*, Verpflichtung *f*; ~ **altına almak** sankt

onieren

yün **A** S Wolle *f*; **saf ~** reine Wolle *f* **B** ADJ wollen, aus Wolle **yünlü** ADJ aus Wolle

yürek S ‹-ği› ANAT Herz *n*; *fig* Mut *m*, Tapferkeit *f*; Barmherzigkeit *f* **yüreklenmek** V/I Mut bekommen **yürekli** ADJ mutig; mitfühlend **yüreksiz** ADJ ängstlich; grausam

yürümek V/I gehen, marschieren; vorrücken; **yürüyen merdiven** Rolltreppe *f*; **yürüyerek gitmek** zu Fuß gehen, laufen

yürürlük S JUR Gültigkeit *f*, Geltung *f*; (*Geld*) Umlauf *m*; **yürürlüğe girmek** JUR in Kraft treten

yürütmek V/T vorrücken lassen; (*Firma*) führen, lenken; JUR in Kraft setzen, vollstrecken; vorbringen; *umg* stehlen; **yürütme yetkisi** JUR Exekutive *f*

yürüyüş S Marsch *m*; Wanderung *f*

yüz¹ ADJ *Zahl* hundert; **~ kere** hundertmal

yüz² S Gesicht *n*; Oberfläche *f*; **~ çevirmek** sich abwenden (*-den* von *dat*); **~ kızartıcı** beschämend; **~ tutmak** *-e* e-e Wendung nehmen zu *dat*; **~ vermek** *-e* ermutigen *akk*; **ters ~** Rückseite *f*, linke Seite *f*; **~ ~e** von Angesicht zu Angesicht; vis-à-vis

yüz³ S Grund *m*, Motiv *n*; **bu** *od* **o ~den** deshalb, aus diesem Grund, deswegen; infolgedessen

yüzbaşı S ‹-yı› MIL Hauptmann *m*

yüzde S Prozent(satz *m*) *n*; Provision *f*; **~ yüz** *a. fig* hundert Prozent **yüzdelik** S Prozente *pl*

yüzey S Oberfläche *f* **yüzeysel** ADJ *a. fig* oberflächlich

yüzgeç S ‹-ci› ZOOL Flosse *f*

yüzleşmek V/I konfrontiert werden (*-le* mit); zusammentreffen

yüzlü ADJ mit ... Gesicht *od* Oberfläche

yüzme S Schwimmen *n*; **~ bilmeyenler** *pl* Nichtschwimmer *pl*; **~ havuzu** Schwimmbad *n*

yüzmek¹ V/I (*-er*) schwimmen

yüzmek² V/T (*-er*) (*Tier*) abhäuten

yüznumara S *umg* WC *n*, Klo *n*

yüzölçümü S Flächenmaß *n*

yüzsüz ADJ frech, unverschämt, dreist **yüzsüzlük** S Unverschämtheit *f*

yüzücü S SPORT Schwimmer(in) *m(f)*

yüzük S ‹-ğü› (Finger-)Ring *m*

yüzükoyun ADJ bäuchlings; *fig* machtlos

yüzükparmağı S Ringfinger *m*

yüzüstü ADV mit dem Gesicht nach unten; **~ bırakmak** im Stich lassen

yüzyıl S Jahrhundert *n*

Z

zaaf S Schwäche *f*
zabıt S Protokoll *n*; **~ tutmak** Protokoll aufnehmen
zabıta S Polizei *f*
zafer S Sieg *m*; **Zafer Bayramı** Siegesfest *n* (*30. August*)
zahmet S Mühe *f*, Anstrengung *f*, Schwierigkeit *f*; **~ çekmek** Mühe haben, sich anstrengen müssen; **~ etmeyin(iz)!** machen Sie sich keine Umstände! **zahmetli** ADJ mühsam, schwierig **zahmetsiz** ADJ mühelos, leicht
zakkum S BOT Oleander *m*
zalim ADJ grausam, tyrannisch
zam S ⟨-mmı⟩ Zuschlag *m*; Zulage *f*; Verteuerung *f*; (Gehalts-)Erhöhung *f*; *-e* **~ yapmak** (*Preis*) erhöhen; **~lı** verteuert
zaman S Zeit *f*; *-diği* **~** als, wenn; **o ~** dann; **~ında** rechtzeitig; zur rechten Zeit; **~la** mit der Zeit **zamanaşımı** S JUR Verjährung *f* **zamanlamak** V/T die geeignete Zeit bestimmen (*-i* für *akk*) **zamansız** ADJ unzeitig; unangebracht, unpassend
zambak S ⟨-ğı⟩ BOT Lilie *f*
zamir S GRAM Pronomen *n*
zamk S Klebstoff *m*
zamklamak V/T gummieren kleben **zamklı** ADJ gummiert aufgeklebt
zampara S Schürzenjäger *m*
zan S ⟨-nm⟩ Vermutung *f* Verdacht *m*
zanaat S Handwerk *n*, Gewerbe *n* **zanaatçı** S Handwerker *m*
zangırdamak V/I zittern (*Glas*) klirren
zannetmek V/T glauben, meinen, denken
zapt: **~ etmek** in Besitz nehmen; beherrschen; protokollieren; (*Wut*) bezähmen
zar[1] S ANAT Häutchen *n*, Membrane *f*
zar[2] S (*im Spiel*) Würfel *m*
zarar S Schaden *m*; **~ vermek** *dat* schaden, Schaden zufügen; **~a uğramak** Schaden erleiden; **~ı yok!** das schadet nichts, das macht nichts **zararlı** ADJ schädlich **zararsız** ADJ unschädlich, harmlos
zarf S Hülle *f*; (*Brief*) Umschlag *m*, Kuvert *n*; GRAM Adverb *n*
zarfında PRÄP *nom* innerhalb binnen, während *gen*
zarif ADJ fein, elegant
zat S Wesen *n*; Person *f*
zaten ADV sowieso, ohnehin
zatürree S MED Lungenentzündung *f*
zavallı ADJ arm, bedauernswert, hilflos, schwach
zayıf ADJ *fig* schwach; (*mager*) dünn **zayıflamak** V/I schwac

ɾerden; abmagern **zayıflatnak** V/T schwächen **zayıflık** Schwäche *f*; Magerkeit *f*
bra S ZOOL Zebra *n*
delemek V/T (be)schädigen; beeinträchtigen; verletzen
hir S ⟨-hri⟩ Gift *n* **zehirlenek** V/T vergiften **zehirlenne** S Vergiftung *f* **zehirli** ADJ giftig; gifthaltig
kâ S Intelligenz *f*; Scharfsinn ı; Verstand *m*
kat S REL Almosen *pl*; Almoensteuer *f*
ki ADJ intelligent, scharfsinıg, klug
lzele S Erdbeben *n*
mberek S ⟨-ği⟩ TECH Spiraleder *f*; Türschließer *m*
min S Boden *m*, Erde *f*; rundlage *f*, Basis *f*; (*Farbe*) rundierung *f*; ~ **katı** Erdgehoss *n*, Parterre *n*
ncefil S BOT Ingwer *m*
nci S Schwarze(r) *m/f(m)*
ngin ADJ reich; (*Sortiment*) ichhaltig **zenginle(ş)mek** reich werden **zenginlik** S eichtum *m*
plin S Zeppelin *m*
rdali S BOT Wilde Aprikose *f*
rde S *Reismehldessert mit Saan*
rre S Molekül *n*; Atom *n*; aubkorn *n*
rzevat S *pl* Gemüse *n*
vk S Geschmack *m*; Gefühl Genuss *m*, Vergnügen *n*; ~ **mak** *-den* sich erfreuen an *dat*; *-in* **~ine varmak** genießen *akk*; auf den Geschmack kommen; schätzen *akk*; **~ten dört köşe** voller Genuss *od* Genugtuung **zevklenmek** V/I sich amüsieren; sich lustig machen (**ile** über *akk*) **zevkli** ADJ geschmackvoll; angenehm; vergnüglich; amüsant **zevksiz** ADJ geschmacklos; unangenehm; banausenhaft; langweilig
zevzek ADJ ⟨-ği⟩ schwatzhaft, geschwätzig **zevzeklenmek** V/I schwatzen **zevzeklik** S Geschwätz *n*
zeytin S BOT Olive *f* **zeytinlik** S Ölbaumplantage *f* **zeytinyağı** S Olivenöl *n* **zeytinyağlı** ADJ in Olivenöl; mit Olivenöl zubereitet **zeytunî** ADJ olivgrün
zıkkım S *fig* Fraß *m*; Gift *n*
zımba S Lochzange *f*, Locher *m* **zımbalamak** V/T (durch)lochen, perforieren, stanzen
zımbırtı S Rasseln *n*; Geklimper *n*; *fig* Dingsda *n*
zımpara S Schmirgel *m*; **~ kâğıdı** Sandpapier *n* **zımparalamak** V/T schleifen, (ab-)schmirgeln
zıngırdamak V/I klappern, klirren
zıp: **~ diye** plötzlich; schwupp!
zıpır ADJ *umg* närrisch; exzentrisch
zıpkın S SCHIFF Harpune *f*
zıplamak V/I springen, hüpfen

zırdeli ADJ total verrückt, übergeschnappt
zırh S Panzer *m*, Rüstung *f* **zırhlı** ADJ gepanzert; Panzer…
zırıldamak V/I murren **zırıltı** S Murren *n*; Streit *m*
zırva S Gefasel *n*, Quatsch *m*
zıt ‹-ddı› **A** S Gegensatz *m* **B** ADJ *dat* entgegengesetzt; *-in* **zıddına basmak** (*od* **gitmek**) *j-m* auf die Nerven gehen; zuwiderhandeln **zıtlaşmak** V/I Kontra geben (*ile dat*)
zıvana S Mundstück *n*, Hülse *f*; **~dan çıkmak** wütend werden; verrückt werden
zifir: **~ gibi** stockdunkel; pechschwarz, rabenschwarz
zift S Pech *n*; Teer *m*
ziftlenmek V/I *umg* sich vollfressen
zihin S ‹-hni› Geist *m*, Verstand *m*; Gedächtnis *n*; Auffassungsgabe *f*; **~ yorgunluğu** geistige Ermüdung; *b-in* **zihni dağınık** abgelenkt; **zihni durmak** einen Blackout haben; **zihni karışmak** nicht durchblicken
zihniyet S Einstellung *f*, Denkweise *f*; Mentalität *f*
zikir S ‹-kri› Erwähnung *f*; REL Meditation *f*
zikretmek V/T erwähnen; REL rezitieren
zikzak: **~ gitmek** zickzack gehen (*od* fahren); **~ yapmak** im Zickzack verlaufen; *fig* sehr wetterwendisch sein
zil S Schelle *f*; Glocke *f*; Klin[g] *f*; **~i çalmak** klingeln
zilzurna ADJ *umg* sinnlos [b]trunken, sternhagelvoll
zimmet S WIRTSCH Soll [n]; Schuld *f*; **(kendi) ~ine geç[ir]mek** JUR unterschlagen, h[in]terziehen
zina S Ehebruch *m*
zincir S Kette *f* **zincirlen[mek]** ADJ Ketten… **zincirlem[ek]** V/T anketten, mit e-r Kette [be]festigen **zincirli** ADJ mit [e-r] Kette versehen; angekettet
zindan S Kerker *m*
zinde ADJ lebendig, munter
zira KONJ denn, da, weil
ziraat S Landwirtschaft *f* **zi[raî]** ADJ landwirtschaftlich
zirve S Gipfel *m*, Spitze *f*; W[ip]fel *m*
ziyade ADJ mehr; vielmehr; [zu] viel
ziyafet S Festmahl *n*, Bank[ett] *n*
ziyan S Schaden *m*, Verlust [m]; **~ı yok!** das schadet nic[ht]; das macht nichts
ziyaret S Besuch *m*; **~ etm[ek]** *-i* besuchen *akk*, e-n Bes[uch] machen *dat*; **~ saatleri** *pl* [Be]suchszeiten *pl*, Besichtigun[gs]zeiten *pl* **ziyaretçi** S Be[su]cher(in) *m(f)* **ziyaretyeri** [S] REL Wallfahrtsort *m*
ziynet S Schmuck *m*
zoka S Angelhaken *m*; *fig* F[alle] *f*

nklamak V/I klopfend chmerzen
oloji S Zoologie *f*
r **A** S Notlage *f*; Zwang *m*; ewalt *f*; Mühe *f* **B** ADJ chwer, schwierig; ~ **durumda** n Notfall; *b-in* **~una gitmek** m schwerfallen; *-mek* **~unda almak** in den Zwang geraten u *inf*; *-mek* **~unda olmak** gewungen sein zu *inf*
raki ADJ & ADV widerwillig, ezwungen; gewaltsam; gequält
rba **A** ADJ herrisch, brutal, ewalttätig **B** S Despot *m*
orbalık S Gewalttätigkeit *f*, rutalität *f*
rbelâ ADV mit Mühe und ot, mühsam
rla ADV mit Mühe; gewaltam, mit Gewalt **zorlamak** T zwingen, nötigen (*-e* zu at); in Bedrängnis bringen; zwingen **zorlanmak** V/T gewungen sein (*-e* zu *dat*); hwierigkeiten haben; sich anstrengen **zorlaşmak** V/I schwierig(er) werden **zorlaştırmak** V/T erschweren **zorlayıcı** ADJ zwingend
zorlu ADJ stark, heftig; schwierig
zorluk S Schwierigkeit *f*; ~ **çıkarmak** *dat* Schwierigkeiten machen
zorunlu ADJ notwendig; zwangsläufig
zulmetmek V/T *-e* misshandeln *akk*; tyrannisieren, unterdrücken
zulüm S (-lmü) Grausamkeit *f*; Ungerechtigkeit *f*, Unterdrückung *f*
zurna S MUS *e-e Art Oboe*
züğürt ADJ (-dü) pleite, abgebrannt
zührevî ADJ MED Geschlechts...; venerisch
zümre S Klasse *f*; Stand *m*
zümrüt S (-dü) Smaragd *m*
züppe *umg* **A** ADJ geckenhaft **B** S Snob *m*; Dandy *m*
zürafa S ZOOL Giraffe *f*

Deutsch – Türkisch

A

A N MUS la
Aal M ‹-e› yılanbalığı
ab **A** ADV (*Knopf*) kopuk; **ein Knopf ist ~** bir düğme koptu; **auf und ~** bir aşağı bir yukarı; **~ und zu** bazen, arada bir, arasıra; BAHN **München ~ 13.55** Münih'ten hareket (saati) 13.55 **B** (*zeitlich*) -*den* itibaren; **~ 9 Uhr** saat dokuzdan itibaren
abändern V/T değiştirmek
abartig ADJ anormal; (*sexuell*) sapık
Abb. → Abbildung
Abbau M ‹*kein pl*› BERGB maden işletilmesi; demontaj; azaltım **abbauen** V/T BERGB (maden) çıkarmak; (*Geräte etc*) kaldırmak; (*Zelt*) sökmek; (*Schulden*) azaltmak
abbeißen V/T ısırarak koparmak
abbekommen V/T *akk* (*Teil*) (payını) almak; (*Deckel*) çıkartmayı başarmak
abberufen V/T geri (*od* görevden) çağırmak
abbestellen V/T (aboneyi) kesmek, iptal et(tir)mek
abbezahlen V/T tamamiyle *od* taksitle ödemek
abbiegen **A** V/T (*Bogen*) eğmek, bükmek **B** V/I sapmak; **nach rechts/links ~** sağa/sola sapmak
Abbildung F resim, fotoğraf, şekil
abbinden V/T (*losbinden*) çözmek; MED sıkıca bağlamak
abblasen V/T *umg* (*Veranstaltung*) iptal etmek, -*den* vazgeçmek
abblättern V/I (*Farbe*) pul pul dökülmek, (boya) kalkmak
abblenden V/T AUTO farları kısmak **Abblendlicht** N AUTO kısa huzmeli ışık
abbrechen **A** V/I (*Henkel*) kopmak, kırılmak **B** V/T (*Zweig*) koparmak, kırarak ayırmak; (*Spiel*) kesmek; (*Haus*) yıkmak
abbremsen V/T *u.* V/I frenlemek, yavaşla(t)mak
abbrennen V/I (*Kerze*) yanıp bitmek
abbringen V/T vazgeçirmek, çevirmek (*j-n* **von** *dat* b-i -*den*)
abbröckeln V/I (*Putz*) parçalara ayrılmak, çözülmek
Abbruch M (*Haus*) yıkılma; (*Verbindung*) kesilme; **~ tun**

dat zarar vermek
abbuchen V/T hesaptan çekmek *od* indirmek
abbürsten V/T fırçalayarak temizlemek
Abc N ⟨-⟩ alfabe
abdecken V/T (*Tisch, Dach*) kaldırmak; (*zudecken*) örterek kapatmak
abdichten V/T *akk* TECH sıkıştırmak; -*i* contalamak
abdrehen **A** V/T (*Knopf*) burarak koparmak; (*Gas, Wasser etc*) kapatmak, kesmek **B** V/I SCHIFF, FLUG sapmak, rotayı değiştirmek
Abdruck M (*Kopie*) fotokopi; (*Spur*) iz
Abend M ⟨-e⟩ akşam; **guten ~!** iyi akşamlar!; **heute ~** bu akşam **Abendessen** N akşam yemeği **Abendkleid** N gece elbisesi; tuvalet **Abendkurs** M akşam kursu **Abendland** N ⟨*kein pl*⟩ batı (dünyası *od* ülkeleri *pl*) **Abendmahl** N ⟨*kein pl*⟩ REL İsa'nın son akşam yemeği **abends** ADV akşamleyin; akşamları
Abenteuer N ⟨-⟩ macera **abenteuerlich** ADJ maceralı **Abenteurer(in)** M(F) maceracı
aber KONJ fakat, ama
Aberglaube M batıl inanç **abergläubisch** ADJ hurâfeci, batıl inançları olan
abermals ADV yeniden, yine
abfahren V/I (*Bus*) kalkmak, hareket etmek; *fig* beğenme[k] (**auf** *j-n* -*i*) **Abfahrt** F (*Bus*) hareket, kalkış; SPORT pist **Abfahrtszeit** F kalkış saati
Abfall M **A** ⟨¨-e⟩ (*Müll*) çöp **B** ⟨*kein pl*⟩ (*Neigung*) eğim, mey[il] **Abfalleimer** M çöp tenekes[i]
abfallen V/I (*Blätter*) düşmek dökülmek; (*von Partei etc*) çık[-] mak, ayrılmak (**von** *dat* -*den*[)]; (*Gelände*) inmek
abfällig ADJ hor görücü, aşağ[ı-] layıcı
abfangen V/T yakalamak
abfärben V/I (*Wäsche*) boya[sı] çıkmak
abfegen V/T süpürmek
abfeilen V/T TECH eğelemek törpülemek
abfertigen V/T *akk* (*Waren*) yo[l-] lamak; (*Passagiere*) -*in* işlemi[ni] yapmak; *fig* (*j-n kurz*) başta[n] savmak **Abfertigung** F yolla[-] ma; işlem **Abfertigungsschalter** M yolcu kayıt gişe[si]
abfeuern V/T (*Schuss*) ateş e[t-] mek
abfinden **A** V/T *j-n* para i[le] memnun etmek; (*Gläubige[r]*) tazmin etmek **B** V/R **sich** uyuşmak, yetinmek (**mit** *d[at]* b. ş. ile) **Abfindung** F (*En[t-] schädigung*) tazminat
abflauen V/I (*Wind*) azalma[k] hafiflemek
abfliegen V/I (*Flugzeug*) kal[k-] mak, havalanmak; (*Passagie[r]*) uçakla yola çıkmak
abfließen V/I akıp gitmek

Abflug M FLUG kalkış, uçuş
Abfluss M (*Abfließen*) akma; (*Abflussloch*) atık su deliği **Abflussrohr** N atık su borusu
abfragen V/T anlattırmak; (*Schüler*) sözlü sınav yapmak; (*Daten*) sormak
abfressen V/T kemirip bitirmek
abführen V/T *j-n* götürmek, sevk etmek; (*Steuern*) ödemek
abführend ishal sökücü **Abführmittel** N MED müshil (ilacı)
abfüllen V/T (*Flaschen*) doldurmak, şişelemek (**in** *akk -e*), (*Reis etc*) torbalamak
Abgabe F teslim; (*Steuer*) vergi, harç
Abgang M gidiş, ayrılma, hareket **Abgangszeugnis** N bitirme diploması
abgasarm ADJ TECH az emisyonlu **Abgase** *pl* AUTO egzoz (dumanı) **Abgasemission** F atık gaz emisyonu **Abgasuntersuchung** (**AU**) F AUTO egzoz muayenesi
abgeben **A** V/T (*Dokument*) *j-m etw* vermek, teslim etmek; (*Schlüssel*) *akk* bırakmak **B** V/R **sich ~** uğraşmak (**mit** *dat* ile)
abgebrannt ADJ (*Kerze*) yanıp bitmiş; *fig* beş parasız
abgebrüht ADJ *fig* pişkin
abgefahren ADJ (*Reifen*) aşınmış, kabak lastik
abgehen BAHN hareket etmek, ayrılmak; (*Knopf*) çözülmek; (*Plan*) vazgeçmek (**von** *dat -den*)
abgekämpft ADJ (*erschöpft*) bitkin
abgelaufen ADJ (*Pass etc*) süresi geçmiş, geçersiz
abgelegen ADJ uzak, sapa
abgemacht ADJ (*vereinbart*) kararlaştırılmış
abgeneigt ADJ **~ sein** *-e* istekli olmamak
abgenutzt ADJ aşınmış, kullanılmış
Abgeordnete(**r**) M/F(M) meclis üyesi, milletvekili
abgerissen ADJ kopmuş, yırtılmış
abgeschlossen ADJ (*Tür*) kilitlenmiş; (*Projekt*) tamamlanmış, bitirilmiş; (*Wohnung*) ayrı
abgesehen ADV **~ von** *dat -den* başka, *-in* dışında
abgespannt ADJ (*müde*) yorgun, bitkin
abgestanden ADJ (*Luft*) havasız; (*Bier etc*) bayat
abgestorben ADJ (*Blätter*) ölmüş, solmuş
abgestumpft ADJ *fig* kayıtsız, hissiz (**gegen** *-e karşı*)
abgetragen ADJ (*Kleidung*) eskimiş
abgewöhnen **A** V/T *j-m etw b-i -den* vazgeçirmek **B** V/R **sich ~** *akk -den* vazgeçmek, *-i* bırakmak; **sich das Rauchen ~** sigarayı bırakmak
Abgrund M ⟨¨e⟩ uçurum
Abguss M ⟨¨e⟩ döküm, kalıp

abhaben V/T *etw* **~ wollen von** *dat -den* payını istemek
abhaken V/T işaretlemek (*in Liste*)
abhalten V/T (*fernhalten, j-n* **von** *dat b-i -den*) uzak tutmak, (*behindern*) *b-in* çalışmasına engel olmak; (*Veranstaltung*) düzenlemek
abhandeln V/T (*Thema*) ele almak
abhandenkommen V/I kaybolmak; **mir ist meine Brille abhandengekommen** gözlüğümü kaybettim
Abhang M iniş, bayır
abhängen A V/I (*finanziell*) bağlı olmak, muhtaç olmak (**von** *dat -e*) B V/T (*Verfolger*) *j-n* arkada bırakmak, atlatmak; (*Bild*) yerinden çıkarmak **abhängig** ADJ bağımlı (**von** *dat -e*) **Abhängigkeit** F bağımlılık
abhauen A V/T (*abschlagen*) vurarak koparmak B V/I *umg* (*verschwinden*) kaçmak; defolmak; **hau ab!** defol!
abheben A V/T (*Hörer*) kaldırmak; (*Geld*) çekmek; (*Spielkarte*) kesmek B V/I (*Flugzeug*) havalanmak C V/R **sich ~ von** -den farklı olmak
abheften V/T (*Akten*) dosyalamak
abhetzen V/R **sich ~** koşuşturmak
Abhilfe F ⟨*kein pl*⟩ **~ schaffen** çare bulmak
abhobeln V/T rendelemek
abholen V/T alıp getirmek, (gidip) almak; **j-n von der Bahn ~** b-i istasyonda karşılamak
abholzen V/T ağaçsızlandırmak
abhorchen V/T MED kulaklıkla muayene etmek
abhören V/T (*Telefon*) (gizlice) dinlemek
Abitur N lise bitirme sınav
Abiturient M ⟨-en⟩, **Abiturientin** F lise mezunu
Abk. → Abkürzung
abkaufen V/T satın almak (*j-m -den*)
abklingen V/I MED azalmak
abknicken V/T bükerek kırmak; koparmak
abknöpfen V/T *akk* (*Kapuze*) -ir düğmelerini çözmek; *fig* kurnazlıkla elde etmek (*j-m etw -den b. ş-i*)
abkommen V/I **vom Weg ~** yolunu şaşırmak (*od* kaybetmek); **vom Thema ~** konudan ayrılmak
Abkommen N POL anlaşma, sözleşme
abkratzen A V/T tırnak *v. s.* ile kazımak, kazıyarak temizlemek B V/I *vulg* gebermek
abkühlen A V/T soğutmak, serinletmek B V/I *u.* V/R **sich ~** soğumak **Abkühlung** F soğuma; serinleme
abkürzen V/T kısaltmak **Abkürzung** F kısaltma; (*Weg*) kestirme yol

bladen VT (*Last*) *akk -in* yükünü indirmek; -*i* boşaltmak; (*Müll*) dökmek
blage F (*Schrankfach*) göz, raf; (*Kleiderablage*) vestiyer; (*Akten*) evrak dosyalama
blassen A VI ~ **von** *dat -i* bırakmak, -*den* vazgeçmek; (*vom Preis*) -*in* fiyatını indirmek B VT (*Wasser etc*) akıtmak; (*Dampf*) boşaltmak; **die Luft ~ aus** -*in* havasını indirmek
blativ M ⟨-e⟩ GRAM ismin den hâli, çıkma durumu
blauf M (*Verlauf*) geçme, akış; **nach ~ von** *dat -den* sonra
blaufen A VI (*Wasser*) akmak; (*Zeit*) geçmek; (*Pass*) bitmek, -*in* süresi dolmak B VT (*Strecke*) yürümek, geçmek
blecken VT yalamak
blegen A VT (*Kleidung*) çıkarmak; (*Gegenstand*) -*e* koymak; (*Spielkarte*) atmak; (*Rechnung, Prüfung*) vermek; (*Gewohnheit*) bırakmak; **Eid ~** yemin etmek (**auf** *akk -e*) B VI SCHIFF kalkmak
blehnen VT reddetmek; (*Einladung*) kabul etmemek; (*nicht mögen*) -*den* hoşlanmamak
Ablehnung F ret
bleisten VT (*Dienst*) yerine getirmek, yapmak
bleiten VT TECH akıtmak; (*herleiten*) çıkarmak (**von** *dat -den*); GRAM türetmek
blenken VT çevirmek (**von** *dat -den*); -*in* dikkatini dağıtmak **Ablenkung** F TECH sapma; *fig* değişiklik
ablesen VT (*Daten*) okumak
ableugnen VT inkâr etmek
abliefern VT teslim etmek
Ablieferung F teslimat
ablösen VT (*entfernen*) ayırmak, çözmek; *j-n -in* nöbetini almak; (*ersetzen*) -*in* bedelini vermek **Ablösung** F çözüm, ayırım; MIL nöbet değiştirme
ABM: **Arbeitsbeschaffungsmaßnahme** F iş yaratma önlemi
abmachen VT (*entfernen*) çözmek, çıkarmak; (*vereinbaren*) kararlaştırmak, anlaşmak
Abmachung F anlaşma
abmagern VI zayıflamak
abmalen VT *akk -in* resmini yapmak
abmelden A VT (*Auto*) kaydını sildirmek, iptal ettirmek B VR **sich ~** ayrılacağını (*od* gelemeyeceğini) bildirmek (**bei** *dat -de*) **Abmeldung** F kayıt sildirme, iptal
abmessen VT ölçmek
Abmessungen F/PL boyutlar
abmontieren VT sökmek
abmühen VR **sich ~ bei** *dat -de* didinmek, uğraşmak
abnagen VT kemirmek
Abnahme F azalma; kaldırma; WIRTSCH satın alma **abnehmen** A VT kaldırmak, çıkarmak; WIRTSCH satın almak B VI zayıflamak; (*Mond*) azal-

mak **Abnehmer** M WIRTSCH alıcı, müşteri
Abneigung F nefret, antipati; **~ haben gegen** *akk* -e karşı antipati duymak
abnutzen **A** V/T aşındırmak **B** V/R **sich ~** aşınmak
Abonnement N abone
Abonnent M ⟨-en⟩, **Abonnentin** F abone **abonnieren** V/T *akk -e* abone olmak
Abordnung F delegasyon
abpflücken V/T (*Früchte*) koparmak
abplagen V/R **sich ~** didinmek
abputzen V/T temizlemek
abraten V/I caydırmak, vazgeçirmek (*j-m* **von** *dat b-i -den*)
abräumen V/T kaldırmak; (*Tisch a.*) toplamak
abrechnen **A** V/T (*herausrechnen*) hesaptan çıkarmak (*od* düşmek); (*Spesen*) hesap çıkarmak **B** V/I **mit** *dat* **~** *b.* ile hesaplaşmak; *fig -den* intikam almak **Abrechnung** F hesaplaşma; *fig* intikam **Abrechnungszeitraum** M muhasebe süresi
abreiben V/T sürterek temizlemek, ovmak
Abreise F hareket, gidiş, kalkış; yolculuğa çıkış **abreisen** V/I hareket etmek, kalkmak **Abreisetag** M hareket günü
abreißen **A** V/T koparmak; (*Haus*) yıkmak **B** V/I kopmak; (*aufhören*) sona ermek
abriegeln V/T (*Tür*) sürgülemek; (*Straße*) bloke etme (*durch Polizei*) kapamak
Abriss M (*Gebäude*) yıkım, yık lış; (*kurze Darstellung*) özet
Abruf M **auf ~** talep üzerine
abrunden V/T yuvarlamak
abrüsten **A** V/T MIL silâhsı landırmak **B** V/I MIL silâhsı lanmak **Abrüstung** F MIL s lâhsızlanma
abrutschen V/I kaymak
ABS: **Antiblockiersystem** AUTO antiblokaj sistemi
Abs. → Absatz, Absender
Absage F ⟨-n⟩ iptal; ret (cev bı) **absagen** V/T (*Konzert*) ipt etmek; *-meyeceğini* bildirmek
absägen V/T testere ile ay mak; *umg* azletmek
Absatz M (*Schuh*) ökçe, topu (*Text*) satırbaşı; paragraf; (*Tre pe*) merdiven başı, sahanl WIRTSCH satış **Absatzgebi** N WIRTSCH satış bölgesi
abschaffen V/T *akk* kaldırma -e son vermek
abschälen V/T *akk -in* kabuğ nu soymak
abschalten **A** V/T ELEK kesmek, söndürmek, kapatm **B** V/I *umg* (*sich erholen*) dinle mek
abschätzen V/T tahmin etm
Abscheu M ⟨*kein pl*⟩ nef
abscheulich ADJ iğrenç
abschicken V/T (*Brief*) gönd mek, yollamak
abschieben V/T JUR sınırd etmek

bschied M ‹-e› veda, ayrılış; **~ nehmen von** *dat b.* ile vedaaşmak **Abschiedsfeier** F veda partisi
bschießen (*Waffe*) patlatnak, ateş etmek; (*Flugzeug*) düşürmek
bschlagen V/T (*Ast*) vurarak koparmak; (*Bitte*) reddetmek
abschlägig ADJ olumsuz
bschlagszahlung F avans; aksit
bschleifen V/T zımparalamak
bschleppdienst M araç çeici servisi **abschleppen** V/T Auto) çekerek götürmek **Abchleppseil** N AUTO çekme alatı **Abschleppwagen** M ekme aracı
bschließen (*Tür*) kilitlemek; Vertrag) imzalamak; (*Wette*) ahse girmek; (*beenden*) bitirnek **abschließend** ADV son larak **Abschluss** M bitiş; bianço **Abschlussprüfung** F itirme sınavı **Abschlusseugnis** N diploma
schmecken V/T (*Speisen*) kk *-in* tadına bakmak
schmieren V/T TECH yağlanak
schneiden **A** V/T kesip koarmak **B** V/I *fig* **gut** (**schlecht**) iyi (kötü) sonuca varmak
bschnitt M bölüm; kupon
schrauben V/T vidasını (*od* idalarını) sökmek; (*Deckel*) çeirerek açmak, çevirip kaldırnak
abschrecken V/T *akk* korkutarak vazgeçirmek (**von** *dat -den*) **abschreckend** ADJ caydırıcı
abschreiben V/T kopya çekmek; WIRTSCH düşmek, indirmek **Abschreibung** F FIN amortisman **Abschrift** F kopya, nüsha
abschüssig ADJ (*Straße*) yokuşlu, inişli
abschütteln V/T *umg* (*Verfolger*) ekmek
abschwächen V/T hafifletmek; azaltmak
abschweifen V/I uzaklaşmak, ayrılmak (**von** *dat -den*)
absehbar ADJ **in ~er Zeit** yakın zamanda
absehen V/T vazgeçmek (**von** *dat -den*); **es abgesehen haben auf** *akk -i* hedeflemek
abseits ADV ayrı, dışarıda; SPORT ofsayt
absenden V/T (*Brief*) göndermek, yollamak **Absender(in)** M(F) gönderen
absetzen (*Last*) indirmek; (*Fahrgast*) bırakmak; (*Beamten*) işinden çıkarmak; WIRTSCH satmak; (*Medikament*) ara vermek, kesmek; (*steuerlich*) (vergiden) düşmek
Absicht F amaç; **mit ~** bilerek; kasıtlı **absichtlich** **A** ADJ kasıtlı **B** ADV bilerek; kasten
absitzen **A** V/T (*Strafe*) doldurmak **B** V/I (*von Pferd*) inmek

absolut **A** ADJ mutlak, kesin; PHYS salt **B** ADV mutlaka
absolvieren V/T bitirmek
absondern **A** V/T ayırmak; uzaklaştırmak (**von** *dat -den*) **B** V/R **sich ~** ayrılmak (**von** *dat -den*)
absorbieren V/T emmek
abspeichern V/I IT kaydetmek, hafızaya geçmek
absperren V/T kapamak; (*Tür*) kilitlemek; (*Gas*) kesmek **Absperrung** F kapa(t)ma
abspielen **A** V/T (*CD*) çalmak; dinletmek **B** V/R **sich ~** (*geschehen*) olmak, geçmek
Absprache F anlaşma, sözleşme **absprechen** **A** V/R **sich ~** *akk b. ş.* hakkında anlaşmak (**mit** *dat* ile) **B** V/T kabul etmemek (*j-m etw b-in ş-ini*)
abspringen V/I (*mit Fallschirm*) atlamak; *fig* ayrılmak, vazgeçmek (**von** *dat -den*) **Absprung** M atlayış
abspülen V/T (bulaşık) yıkamak
abstammen V/I (**von** *dat -in*) soyundan gelmek **Abstammung** F nesil, soy
Abstand M mesafe; aralık; **~ halten** mesafe bırakmak; **~ nehmen** *fig* vazgeçmek (**von** *dat -den*); **in Abständen** aralıklı olarak
abstatten V/T *j-m* **e-n Besuch ~** *b-i* ziyaret etmek; **Dank ~** *b-e* teşekkürlerini sunmak
abstauben V/T *akk -in* tozunu silmek; *umg fig* (kelepire) konmak (*akk -e*)
Abstecher M sapma, geçerken uğrama
abstecken V/T (*Gelände*) sınılamak; (*Kleid*) (toplu iğnelerle) biçimini tespit etmek
abstehen V/I (**von** *dat -de*) uzak durmak; **~de Ohren** yepaze (*od* kepçe) kulaklar
absteigen V/I (*vom Rad etc*) imek; (*im Hotel*) konaklamak
abstellen V/T (*Motor*) durdumak; (*Gepäck*) indirmek; (*Aut*) bırakmak, park etmek; (*hinstlen*) -e koymak
abstempeln V/T (*Briefmark*) damgalamak, mühürlemek
absterben V/I (*Ast*) ölmek, sömak
Abstieg M ⟨-e⟩ iniş
abstimmen **A** V/I oylam (**über** *akk b. ş.* hakkında) **B** V/T ayarlamak; (**aufeinand**) birbirine) uydurmak **Abstimmung** F oylama; ayarla(n)m
Abstinenzler(in) M(F) alkol meyen, yeşilaycı
abstoßen **A** V/I *fig* tiksindmek; WIRTSCH elden çıkarm **B** **sich ~** iterek uzaklaşm
abstoßend ADJ iğrenç
abstottern V/T *umg* taksi ödemek
abstrakt ADJ soyut
abstreifen V/T (*Kleid*) soyma
abstreiten V/T inkâr etmek
Abstrich M MED doku alma
Abstufung F derecelendirm
Absturz M düşme, düşüş a

stürzen VI (yüksek yerden) düşmek; IT asmak
abstützen VT desteklemek
absuchen VT *akk* -in her tarafını aramak; -i ayıklamak
absurd ADJ saçma
Abszess M ⟨-e⟩ MED apse
Abt. → Abteilung
abtasten VT MED elle muayene etmek
abtauen A VI erimek B VT (*Kühlschrank*) buzlarını çözmek
Abteil N BAHN kompartıman
Abteilung F şube; bölüm **Abteilungsleiter(in)** M(F) şube müdürü, bölüm şefi
abtragen VT BERGB alçaltmak; (*Schuld*) ödemek; (*Kleidung*) eskitmek
abtransportieren VT nakletmek
abtreiben VT MED çocuk aldırmak, kürtaj olmak **Abtreibung** F MED çocuk aldırma, kürtaj
abtrennen VT -*i* -*den* ayırmak
abtreten A VT JUR devretmek; **sich die Füße ~** ayakkabının çamurunu silmek B VI THEAT çekilmek **Abtretung** F bırakma, terk
abtrocknen A VT silerek kurutmak, kurulamak B VR **sich die Hände ~** ellerini kurutmak
abtropfen VI damlamak
abtrünnig ADJ dönek
abwägen VT tartmak; (üzerinde) düşünüp taşınmak
abwarten VT (-*in* olmasını) beklemek
abwärts ADV aşağıya (doğru)
Abwasch M bulaşık **abwaschbar** ADJ yıkanabilir
abwaschen VT (bulaşık) yıkamak;
Abwässer *pl* atık su
abwechseln VI (*a.* VR **sich ~**) birbiriyle değişmek; *pers* nöbetleşmek **abwechselnd** ADV nöbetleşe, sırasıyla **Abwechslung** F değiş(tir)me, değişiklik
Abwege M/PL **auf ~ geraten** *fig* kötü yola sapmak
Abwehr F ⟨*kein pl*⟩ savunma
abwehren VT savmak; önlemek
abweichen VI ayrılmak, sapmak (**von** *dat* -*den*) **abweichend** ADJ farklı **Abweichung** F farklılık
abweisen VT reddetmek
abwenden A VT çevirmek B **sich ~** yüz çevirmek, vazgeçmek (**von** *dat* -*den*)
abwerfen VT (*Laub*) dökmek; (*Gewinn*) getirmek
abwerten VT değerini düşürmek **Abwertung** F FIN devalüasyon
abwesend ADJ namevcut; (*geistig*) dalgın **Abwesenheit** F **in ~** gıyabında
abwickeln VT (*Garn*) makaradan çözmek; *fig* işi bitirmek
abwischen VT silmek
abwürgen VT (*Motor*) boğmak; (*Diskussion*) susturmak

abzahlen V/T taksitle ödemek **Abzeichen** N nişan; rozet **abzeichnen** V/T *akk -in* kopyasını çizmek; JUR *-i* parafe etmek

abziehen **A** V/T çekmek; çıkarmak (*a.* MATH); (*Messer*) bilemek **B** V/I çekilmek (**von** *dat -den*); (*Rauch*) çıkmak **Abzug** M çekilme; çıkış; hesaptan düşme; (*Gewehr*) tetik; FOTO tab **abzüglich** PRÄP +*gen* WIRTSCH eksi *nom*

abzweigen **A** V/I (*Straße*) ayrılmak; çatallanmak **B** V/T ayırmak **Abzweigung** F yolayrımı

Accessoire N ⟨-s⟩ aksesuar

ach! INT ah!; **~ was!** yok canım!

Achse F ⟨-n⟩ TECH dingil, mil; MATH eksen

Achsel F ⟨-n⟩ koltuk **Achselhöhle** F koltuk altı **Achselzucken** N omuz silkme

acht *Zahl* sekiz

Acht F **außer ~ lassen** *akk -e* dikkat etmemek; **sich in ~ nehmen** sakınmak (**vor** *dat -den*); dikkat etmek

Achtel N ⟨-⟩ sekizde bir

achten **A** V/T *akk -e* saygı göstermek **B** V/I dikkat etmek (**auf** *akk -e*)

Achterbahn F lunapark treni

Achterdeck N kıç güverte

achtgeben V/I dikkat etmek (**auf** *akk -e*); **gib acht!** dikkat et! **achtlos** ADJ dikkatsiz, dalgın **Achtung** F dikkat; (*Respekt*) saygı (**vor** *dat b. -ne*); **~ Stufe!** dikkat merdiven!

achtzehn *Zahl* on sekiz **achtzig** *Zahl* seksen

ächzen V/I inlemek

Acker M ⟨=⟩ tarla **Ackerbau** M tarım **Ackerboden** M toprak

a. D.: **außer Dienst** emekli

A.D.: **Anno Domini** Milât'tan (*od* İsa'dan) sonra

Adam M Âdem

addieren V/T MATH toplamak **Addition** F toplama

Adel M asalet; asiller (sınıfı)

Ader F ⟨-n⟩ ANAT damar

Adjektiv N ⟨-e⟩ GRAM sıfat

Adler M ⟨-⟩ ZOOL kartal

adlig ADJ asilzade, soylu

Admiral M ⟨-e⟩ amiral

adoptieren V/T evlât edinmek **Adoption** F evlât edinme **Adoptivkind** N evlâtlık

Adressat M ⟨-en⟩, **Adressatin** F muhatap **Adressbuch** N adres defteri **Adresse** F ⟨-n⟩ adres **adressieren** V/T ⟨-in⟩ adres(ini) yazmak; yöneltmek

Adria F, **Adriatische(s) Meer** Adriyatik Denizi

Advent M ⟨-e⟩ REL *Noel'den önceki* dört hafta *ve* dört pazar günü

Adverb N ⟨-ien⟩ GRAM zarf, belirteç

Advokat M ⟨-en⟩, **Advokatin** F avukat

Aerobic N aerobik
Affe M ⟨-n⟩ ZOOL maymun
affektiert ADJ yapmacıklı
Afghanistan N Afganistan
Afrika N Afrika
Afrikaner(in) M(F), **afrikanisch** ADJ Afrikalı
After M ⟨-⟩ ANAT makat, anüs
AG → Aktiengesellschaft
Ägäis F Ege Denizi
Agent M ⟨-en⟩, **Agentin** F ajan; casus **Agentur** F ⟨-en⟩ acente(lik)
Aggression F saldırganlık, agresyon **aggressiv** ADJ saldırgan, agresif
Agrar... tarımsal
Ägypten N Mısır **Ägypter(in)** M(F), **ägyptisch** ADJ Mısırlı
aha! INT işte!; anladım!, ha!
Ahn(e) M ⟨-en⟩ dede, ata
ähneln V/I *dat* benzemek
ahnen V/T (önceden) sezmek
ähnlich ADJ *dat* benzer **Ähnlichkeit** F benzerlik
Ahnung F sezgi, his; **keine ~ haben** hiç haberi olmamak
Ahorn M ⟨-e⟩ BOT akçaağaç
Ähre F ⟨-n⟩ BOT başak
Aids N AIDS (hastalığı)
Airbag M ⟨-s⟩ AUTO hava yastığı
Akademie F ⟨-n⟩ akademi **Akademiker(in)** M(F) akademisyen **akademisch** ADJ akademik
Akazie F ⟨-n⟩ BOT akasya
akklimatisieren V/R **sich ~** yeni ortama alışmak
Akkord M ⟨-e⟩ MUS akort
Akkreditiv N ⟨-e⟩ WIRTSCH akreditif
Akku M ⟨-s⟩, **Akkumulator** M ⟨-en⟩ TECH akü(mülatör); şarjlı pil
Akkusativ M ⟨-e⟩ GRAM ismin -i hâli, belirtme durumu
Akne F ⟨-⟩ (yüzde çıkan) sivilceler *pl*, akne
Akrobat M ⟨-en⟩, **Akrobatin** F cambaz, akrobat
Akt M ⟨-e⟩ iş, hareket; THEAT perde; (*Kunst*) nü
Akte F ⟨-n⟩ dosya **Aktendeckel** M dosya **Aktenmappe** F, **Aktentasche** F evrak çantası
Aktie F ⟨-n⟩ hisse senedi **Aktiengesellschaft** F (*AG*) anonim şirket (A. ş.)
Aktion F hareket, faaliyet; kampanya **Aktionär** M ⟨-e⟩, **Aktionärin** F hissedar
aktiv ADJ faal, etkin, aktif; GRAM etken **aktivieren** V/T etkinleştirmek **Aktivität** F ⟨-en⟩ faaliyet, etkinlik, eylem
aktualisieren V/T güncelle(ştir)mek **aktuell** ADJ güncel, aktüel
akut ADJ hâd, akut
Akzent M ⟨-e⟩ GRAM vurgu; şive, aksan
akzeptieren V/T kabul etmek
Alabaster M su mermeri, kaymaktaşı
Alarm M ⟨-e⟩ alarm **Alarm-**

anlage F alarm sistemi **alarmieren** V/T *akk* -*e* alarma geçirmek
Albaner(in) M(F) Arnavut **Albanien** N Arnavutluk
albern ADJ gayriciddî; şapşal
Albtraum M ⟨⸚e⟩ kâbus, karabasan
Album N ⟨-ben⟩ albüm
Alge F ⟨-n⟩ su yosunu
Algebra F ⟨*kein pl*⟩ MATH cebir
Algerien N Cezayir **Algerier(in)** M(F), **algerisch** ADJ Cezayirli
Alibi N ⟨-s⟩ sanığın başka yerde bulunduğunun delili
Alimente *pl* nafaka *sg*
Alkohol M ⟨-e⟩ alkol, ispirto **alkoholfrei** ADJ alkolsüz **Alkoholiker(in)** M(F) alkolik **alkoholisch** ADJ alkollü
All N ⟨*kein pl*⟩ evren, kâinat
alle PRON *pl* hepsi, bütün; *umg* (*verbraucht*) tükenmiş; **~ beide** her ikisi
Allee F ⟨-n⟩ iki tarafı ağaçlı yol; bulvar
allein ADV yalnız, tek başına; **~ stehend** (*Haus*) müstakil (ev) **Alleinerziehende** F ⟨-n⟩ yalnız anne **Alleinerziehende(r)** M yalnız baba **alleinig** ADJ yalnız **alleinstehend** ADJ bekâr; yalnız yaşayan
allenfalls ADV hiç olmazsa; olsa olsa
allerdings ADV fakat, elbette; gerçi
Allergie F ⟨-n⟩ alerji **allergisch** ADJ alerjik
allerhand ADJ her türlü, çeşit çeşit; *umg* acayip, çok şey
Allerheiligen N ⟨*kein pl*⟩ REL Azizler Yortusu (*1. kasım*) **Allerseelen** N ⟨*kein pl*⟩ REL Ölüler Günü (*2. kasım*)
alles PRON hepsi, her şey
allg. → allgemein **allgemein** ADJ genel; **im Allgemeinen** genellikle **Allgemeinbildung** F genel kültür **Allgemeinheit** F kamu, halk; genellik **allgemeinverständlich** ADJ herkesçe kolay anlaşılır **Allheilmittel** N her derde çare
Allianz F ⟨-en⟩ ittifak, pakt
Alliierte(r) M/F(M) müttefik
alljährlich ADJ her sene
allmählich **A** ADJ dereceli **B** ADV yavaş yavaş
Allradantrieb M **Wagen mit ~** dört-çeker araba
Alltag M günlük hayat **alltäglich** ADJ gündelik, olağan
allzu ADV **~ sehr, ~ viel** gereğinden fazla
Alm F ⟨-en⟩ yayla
Almosen N ⟨-⟩ sadaka
Alpen *pl* GEOG Alp Dağları
Alphabet N ⟨⸚e⟩ alfabe **alphabetisch** ADJ alfabetik
als KONJ (*vergleichend*) -*den* daha; (*gleichsetzend*) olarak; (*wie*) gibi; (*während*) iken; (zeitlich) -*diği* zaman; **~ ob** sanki, güya **mehr ~** -*den* fazla

also **A** ADV demek ki, o hâlde **B** INT **na ~!** gördün(üz) mü?; işte!
alt ADJ eski; (*Person*) yaşlı; (*Lebensmittel*) bayat; **20 Jahre ~** 20 yaşında; **~ werden** yaşlanmak
Alt M ‹*kein pl*› MUS alto
Altar M ‹¨e› REL sunak
Alte F yaşlı kadın **Alte(r)** M yaşlı erkek **Altenheim** N huzurevi **Alter** N ‹-› (*Lebensalter*) yaş; (*hohes* ~) yaşlılık **älter** ADJ daha yaşlı, daha eski; **~e Schwester** *f* abla; **~er Bruder** *m* ağabey, abi **altern** V/I ihtiyarlamak, yaşlanmak
alternativ ADJ alternatif, değişik (olarak) **Alternative** F ‹-n› seçenek, alternatif
Altersgrenze F yaş sınırı **altersschwach** ADJ yaşlılıktan çökmüş; *fig* eskimiş **Altersversicherung** F yaşlılık sigortası **Altersversorgung** F emeklilik aylığı
Altertum **A** N ‹*kein pl*› Eskiçağ **B** N ‹¨er› antikeserler *pl*
altmodisch ADJ modası geçmiş; demode **Altpapier** N eski kâğıt **Altstadt** F kentin eski kısmı
Alufolie F alüminyum folyo
Aluminium N ‹*kein pl*› alüminyum
am (= **an dem**) *präp* **~ besten** en iyisi; **~ Freitag** cuma günü; **~ Rhein** Ren kıyısında(ki)
Amateur M ‹-e› amatör
ambivalent ADJ kararsız
Amboss M ‹-e› örs
ambulant ADJ seyyar, gezgin; **~e Behandlung** *f* MED ayakta tedavi; **~er Händler** *m* seyyar satıcı **Ambulanz** F ‹-en› (*Klinik*) dispanser; (*Wagen*) ambülans, cankurtaran
Ameise F ‹-n› karınca **Ameisenhaufen** M karınca yuvası
Amen N ‹-› REL amin
Amerika N Amerika **Amerikaner(in)** M(F) Amerikalı
Amnestie F ‹-n› (genel) af
Ampel F ‹-n› trafik lambası
Ampere N ‹-› ELEK amper
Amphibien…, amphibisch ADJ amfibi(k)
Amputation F MED ampütasyon **amputieren** V/T MED uzuv kesmek
Amsel F ‹-n› ZOOL karatavuk
Amt N ‹¨er› (*Aufgabe*) görev, vazife; (*Behörde*) makam, resmî daire **amtlich** **A** ADJ resmî **B** ADV resmen **Amtsgericht** N yerel mahkeme; sulh mahkemesi **Amtsrichter(in)** M(F) sulh hâkimi
Amulett N ‹-e› muska; nazarlık
amüsant ADJ eğlenceli **amüsieren** **A** V/T eğlendirmek **B** V/R **sich ~ (über** *akk* ile) eğlenmek
an **A** PRÄP *+akk -in* yanına, -e; **~ die Wand hängen** duvara asmak **B** PRÄP *+dat -in* yanında; -de; *-in* kenarında; **~ der Do-**

nau Tuna kenarında; **~ ihrer Stelle** onun yerinde **C** ADV (*Schalter*) açık; **von** *dat* **~** *-den* itibaren
analog ADJ IT analog; **~ zu** *dat -e* benzer
Analphabet M <-en>, **Analphabetin** F okuma yazma bilmeyen, cahil
Analyse F <-n> analiz, tahlil **analysieren** V/T analiz etmek, tahlil etmek
Ananas F <- u. -sse> BOT ananas
Anarchie F <-n> anarşi
Anästhesie F <-n> MED anestezi, uyuşturma
Anatolien N Anadolu
Anatomie F <-n> anatomi
Anbau **A** M <*kein pl*> AGR yetiştirme **B** M <-ten> ARCH ek bina **anbauen** V/T AGR yetiştirmek, ekip biçmek; ARCH eklemek
anbehalten V/T (*Kleidung*) çıkarmamak
anbei ADV ilişik olarak, ekte
anbelangen V/T **was** *akk* **anbelangt** *-e* gelince; *-e* kalırsa
anbeten V/T *akk -e* tapmak
Anbetracht F **in ~** *gen* dolayısıyla *nom*; (…, *dass*) mademki
anbieten **A** V/T *j-m etw* sunmak; ikram etmek; WIRTSCH teklif vermek **B** V/R **sich ~** ortaya çıkmak **Anbieter** M <-> WIRTSCH arz eden, satıcı
anbinden V/T bağlamak (**an** *akk -e*)
Anblick M görünüş
anbraten V/T (*Fleisch*) hafif kızartmak
anbrechen **A** V/T (*Packung*) açmak **B** V/I (*Tag*) doğmak; (*Nacht*) olmak
anbrennen **A** V/T (*Kerze*) yakmak, tutuşturmak **B** V/I (*Holz*) tutuşmak; (*Essen*) dibi tutmak
anbringen V/T (*befestigen*) takmak, eklemek (**an** *akk -e*); (*Kritik*) yöneltmek
anbrüllen V/T *akk -e* bağırmak
andächtig ADJ saygılı, dikkatli
andauern V/I (*Streik*) sürmek
andauernd ADJ devamlı, sürekli
Andenken N <-> hatıra; andaç
ander… PRON başka, diğer; **die ~en** başkaları; **das ~e Buch** öbür kitap; **etw ~es** başka bir şey; **unter ~em** -in yanısıra **andererseits** ADV diğer taraftan
ändern **A** V/T değiştirmek **B** V/R **sich ~** değişmek
andernfalls ADV yoksa, aksi taktirde
anders ADV başka, farklı (**als** *-den*); **j-d ~** başka bir kimse
andersdenkend ADJ başka türlü düşünen **andersgläubig** ADJ başka dinden **anderswo** ADV başka yerde
anderthalb *Zahl* bir buçuk
Änderung F değiş(tir)me; değişim
anderweitig ADJ başka taraf-

tan, başka türlü **andeuten** **A** VT ima etmek **B** VR **sich ~** (*Wetterumschwung*) belli olmak **Andeutung** F (*Hinweis*) işaret; ima **Andrang** M ⟨*kein pl*⟩ kalabalık; rağbet (**nach** *dat* -e) **androhen** VT korkutmak, tehdit etmek (*j-m etw b-i b. ş.* ile) **aneignen** VR **sich ~** (*gewaltsam*) zaptetmek; (*Kenntnisse*) benimsemek, edinmek, kazanmak **aneinander** ADV (*räumlich*) yan yana, bitişik; **~ denken** birbirini düşünmek; **sich ~ gewöhnen** birbirine alışmak **aneinanderfügen** VT birleştirmek **aneinandergrenzen** VI bitişik olmak **aneinanderstoßen** VI (*Autos*) çarpışmak; (*Grundstücke*) bitişik olmak **Anekdote** F ⟨-n⟩ anekdot, fıkra **anekeln** VI tiksindirmek, iğrendirmek **anerkennen** VT (*Ansprüche*) kabul etmek, tanımak; (*würdigen*) takdir etmek **Anerkennung** F takdir; kabul **anfahren** **A** VT *akk* -e çarpmak; *fig* -e bağırmak **B** VI AUTO harekete geçmek **Anfall** M ⟨¨-e⟩ MED kriz; nöbet **anfallen** **A** VT (*Hund*) *akk* -e saldırmak **B** VI (*Kosten*) (ortaya) çıkmak **Anfang** M ⟨¨-e⟩ başlangıç; **von ~ an** baştan itibaren; **~ Januar** ocak başında **anfangen** VT & VI başlamak (*etw* -e *od* ile; **mit** *dat* ile) **Anfänger(in)** M(F) (yeni) başlayan; acemi **anfänglich** ADJ, **anfangs** ADV başlangıçta, ilk önce **anfassen** VT dokunmak, ellemek **anfertigen** VT (*herstellen*) yapmak; (*produzieren*) imal etmek **anfeuchten** VT nemlendirmek, ıslatmak **anfeuern** VT SPORT teşvik etmek **anflehen** VT *akk* -e yalvarmak **anfliegen** VT FLUG *akk* -e (uçak) uğramak **Anflug** M FLUG (uçak) inişe geçiş; *fig* iz **anfordern** VT istemek, talep etmek **Anforderung** F talep **Anfrage** F ⟨-n⟩ soru; başvuru; müracat; **auf ~** başvuru *od* istek üzerine **anfragen** VI (**bei** *dat* -e) sormak, başvurmak **anfreunden** VR **sich ~** dostluk kurmak (**mit** *dat* ile) **anfügen** VT eklemek **anfühlen** VR **sich ~ wie** (dokununca) ... hissini vermek **anführen** VT (*Gruppe*) yönetmek; (*erwähnen*) zikretmek, anmak; (*betrügen*) aldatmak **Anführer(in)** M(F) baş, elebaşı **Anführungszeichen** N tırnak işareti **Angabe** F ⟨-n⟩ ifade; veri; SPORT servis; **~n zur Person** kişisel bilgiler **angeben** **A** VT bildirmek, beyan etmek **B** VI (*prahlen*) böbürlenmek **Angeber(in)** M(F) böbürlenen kimse **angeblich** **A** ADJ sözde, sözümona **B** ADV sözde **angeboren** ADJ irsî; doğuştan **Angebot** N ⟨-e⟩ (*Vorschlag*) önerme, teklif; WIRTSCH arz; **~ und Nachfrage** arz ve talep **angebracht** ADJ uygun, yerinde **angehen** **A** V/I (*Licht*) yanmaya başlamak; *umg* (*anfangen*) başlamak **B** V/T ilgilendirmek; **das geht dich nichts an** bu seni ilgilendirmez **angehören** V/I *dat* ait olmak; mensup olmak **Angehörige(r)** M/F(M) yakın, akraba **Angeklagte(r)** M/F(M) JUR sanık **Angel** F ⟨-n⟩ olta **Angelegenheit** F ⟨-en⟩ iş, konu, mesele **Angelhaken** M olta iğnesi **angeln** **A** V/T olta ile tutmak **B** V/I balığa çıkmak (*olta ile*) **Angelrute** F olta kamışı **Angelschnur** F olta ipi **angemessen** ADJ *dat* uygun, ölçülü **angenehm** ADJ hoş; (*bei Vorstellung*) **(sehr) ~!** memnun oldum! **angenommen** **A** ADJ farzedilen **B** KONJ (~, *dass* ...) diyelim ki, farzedelim ki **angesehen** ADJ itibarlı, saygın **angesichts** PRÄP *gen -e* göre, *-in* karşısında

Angestellte(r) M/F(M) sözleşmeli (personel); hizmetli; WIRTSCH eleman **angestrengt** ADJ yoğun; (*müde*) yorgun **angetrunken** ADJ çakırkeyif, içkili **angewiesen** ADJ **~ sein** muhtaç olmak (**auf** *akk -e*) **angewöhnen** V/T & V/R **sich ~** *akk -e* alışmak; âdet edinmek **Angewohnheit** F ⟨-en⟩ alışkanlık **Angina** F ⟨-en⟩ MED anjin **Angina Pectoris** ⟨*kein pl*⟩ MED angina pectoris, göğüs ağrısı **angleichen** V/T uydurmak, benzetmek, yakınlaştırmak **Angler(in)** M(F) oltacı, olta ile balık tutan **angreifen** V/T *akk -e* saldırmak (*Gesundheit*) etkilemek **Angreifer(in)** M(F) saldıran **angrenzen** V/T bitişik olmak (**an** *akk -e*) **angrenzend** ADJ bitişik, komşu (**an** *akk -e*) **Angriff** M ⟨-e⟩ hücum, saldırı; MIL hamle; **in ~ nehmen** ele almak **Angst** F ⟨¨-e⟩ korku; endişe; **~ haben** (**vor** *dat -den*) korkmak **ängstigen** **A** V/T korkutmak, ürkütmek **B** V/R **sich ~** korkmak **ängstlich** ADJ korkak, ürkek, ödlek **angucken** V/T *akk -e* bakmak **angurten** V/R **sich ~** emniyet kemerini takmak **anhaben** V/T *akk* (*Kleidung*)

giymiş olmak; (*Radio*) açmış olmak
anhalten **A** VI (*stoppen*) durmak; (*andauern*) devam etmek, sürmek **B** VT durdurmak **anhaltend** ADJ sürekli **Anhalter(in)** M(F) otostopçu; **per ~ fahren** otostop yapmak **Anhaltspunkt** M belirti, ipucu
Anhang M **A** ⟨¨-e⟩ (*Buch*) ek **B** ⟨*kein pl*⟩ (*Angehörige*) *fig* eş dost **anhängen** **A** VT takmak; AUTO bağlamak **B** VI (*Idee*) -e bağlı olmak **Anhänger** AUTO römork; (*Schmuck*) kolye **Anhänger(in)** M(F) taraftar ADJ bağlı
anhäufen VT yığmak
anheben VT kaldırmak; (*Preis*) artırmak
anheften VT (*beifügen*) eklemek; (*ankleben*) yapıştırmak (**an** *akk* -*e*)
Anhieb M **auf ~** anında, hemen
Anhöhe F ⟨-n⟩ yükselti, tepe
anhören **A** VT -*i* dinlemek, -*e* kulak vermek **B** V/R **sich gut ~** kulağa hoş gelmek
Animateur(in) M(F) animatör
Anis M ⟨-e⟩ BOT anason
ankaufen VT satın almak
Anker M ⟨-⟩ SCHIFF çapa; demir **ankern** VI demir atmak
anketten VT zincirlemek, zincirle bağlamak
Anklage F ⟨-n⟩ JUR itham; iddia (makamı) **anklagen** VT JUR itham etmek, suçlamak, aleyhine dava açmak
Anklang M ⟨¨-e⟩ **~ finden** sempati *veya* rağbet görmek
ankleben VT yapıştırmak (**an** *akk* -*e*)
anklicken VT IT tıklatmak
anklopfen VI (**bei** *dat* -*in*) kapısını çalmak; kapıyı vurmak
anknipsen VT (*Licht*) açmak
anknüpfen **A** VT bağlamak (**an** *akk* -*e*) **B** VI **~ an** -*den* devam etmek
ankommen VI varmak (**in** *dat* -*e*); gelmek; (**auf** *akk* -*e etw*) -*e* bağlı olmak
ankreuzen VT işaretlemek
ankündigen VI bildirmek
Ankündigung F ilân, bildiri
Ankunft F ⟨*kein pl*⟩ varış **Ankunftszeit** F varış saati
ankurbeln VT harekete geçirmek; *fig* WIRTSCH canlandırmak
Anlage F ⟨-n⟩ WIRTSCH yatırım; TECH tesis; (*Buch etc*) ek; (*Grünanlage*) park, yeşillik; **in der ~** ilişikte
Anlass M ⟨¨-e⟩ sebep; vesile; **~ geben zu** *dat* -*e* fırsat vermek; **aus diesem ~** bu vesile ile
anlassen (*Kleidung*) çıkarmamak; (*Motor*) çalıştırmak, işletmek **Anlasser** M ⟨-⟩ AUTO marş
anlässlich PRÄP +*gen* dolayısıyla *nom*
Anlauf M hız alma; hamle; **~ nehmen** hız almak

anlaufen A VT SCHIFF uğramak B VI (*Glas*) buğulanmak; (*Kinofilm*) başlamak
anlegen A VT (*Garten, Straße*) yapmak; (*Geld*) yatırmak; (*Kleidung*) giymek B VI SCHIFF uğramak C VR **sich ~ mit** ile dalaşmak **Anleger** M WIRTSCH yatırımcı **Anlegestelle** F SCHIFF iskele
anlehnen A VT dayamak; (*Tür*) aralamak B VR **sich ~ an** *akk -e* dayanmak
Anleihe F ⟨-n⟩ WIRTSCH borç alma; (*Papier*) tahvil
anleiten VT *akk -e* öğretmek (**zu** *dat -i*); *-e* yol göstermek **Anleitung** F talimat
anlernen VT *akk -e* işi öğretmek
Anliegen N ⟨-⟩ (*Wunsch*) arzu, istek
anliegend ADJ bitişik, ekte(ki)
Anlieger M ⟨-⟩, **Anliegerin** F cadde/sokak sakini, -de oturan
anlocken VT cezbetmek
anlügen VT *akk -e* yalan söylemek
anmachen VT (*Licht, Fernseher*) açmak; (*Feuer*) yakmak; (*Salat*) hazırlamak; (*befestigen*) takmak; *umg* **j-n ~** *b-e* asılmak, *b-e* laf atmak
anmalen VT boyamak
anmelden A VT bildirmek (**bei** *dat -e*) B VR **sich ~** gelişini bildirmek, yazılmak (**bei** *dat -e*) **Anmeldung** F kayıt; başvuru
anmerken A VT işaret etmek B VR **sich** *akk* **~ lassen** belli etmek **Anmerkung** F not
annähen VT dikmek (**an** *akk -e*)
annähernd ADV yaklaşık, aşağı yukarı **Annäherung** F yaklaşma, yanaşma, yakınlaşma
Annahme F ⟨-n⟩ (*Zustimmung*) kabul; (*Vermutung*) tahmin **annehmbar** ADJ kabul olunabilir **annehmen** A VT (*empfangen*) kabul etmek; (*Gewohnheit*) benimsemek; (*Kind*) evlât edinmek; (*vermuten*) tahmin etmek, sanmak B **sich ~** *gen -i* sahiplenmek, benimsemek
Annonce F ⟨-n⟩ küçük ilân
annoncieren VT ilân o[…] anons etmek
annullieren VT iptal etmek
anonym ADJ anonim
Anorak M ⟨-s⟩ anorak, kaban
anordnen VT (*ordnen*) düzenlemek; (*befehlen*) emretme[…] **Anordnung** F düzen, tertip (*Befehl*) emir
anpassen A VT uydurma[…] (**an** *akk -e*) B VR **sich ~ a[n]** *akk -e* uymak **anpassungsfä[…]hig** ADJ uyabilir; uydurulabili[…]
Anprobe F (*Kleid*) prova **an[…]probieren** VT prova etmek
Anrecht N ⟨-e⟩ hak (iddias[…]) (**auf** *akk -in* üzerinde)
Anrede F hitap **anreden** V[…]

akk -e hitap etmek (**mit Du/Sie** sen/siz diye)
anregen VT (*vorschlagen*) önermek, teklif etmek; (*beleben*) canlandırmak **anregend** ADJ (*belebend*) uyarıcı, canlandırıcı **Anregung** F (*Anreiz*) teşvik; (*Vorschlag*) öneri, teklif
anrempeln VT *akk* çarpmak
anrichten VT *akk* (*Essen*) hazırlamak; (*Schaden*) *-e* sebep olmak
anrosten VI pas tutmak; paslanıp yapışmak
Anruf M çağırma; telefon (etme) **Anrufbeantworter** M telesekreter **anrufen** VT *akk -e* seslenmek; TEL *-e* telefon etmek
anrühren VT (*berühren*) *akk -e* dokunmak; (*Teig*) *-i* hazırlamak
Ansage F ⟨-n⟩ anons **ansagen** VT anons etmek **Ansager(in)** M(F) spiker, sunucu
ansammeln A VT toplamak, biriktirmek B VR **sich ~** toplanmak
ansässig ADJ oturan (**in** *dat -de*); yerli
Ansatz M WIRTSCH ödenek; TECH ek; *fig* yaklaşım
anschaffen VT (*kaufen*) satın almak
anschauen A VT *akk -e* bakmak B VR **sich ~** *-i* seyretmek
anschaulich ADJ somut **Anschauung** F görüş
Anschein M görünüş; **dem ~ nach**, **anscheinend** *adv* göründüğü gibi, görünürde
anschieben VT (*Auto*) itmek
Anschlag M (*Attentat*) suikast; (*Plakat*) ilân, afiş **Anschlagbrett** N ilân tahtası **anschlagen** A VT (*Plakat*) yapıştırmak, asmak (**an** *akk -e*) B VI (*Glocke*) çınlamak; (*Hund*) havlamak
anschleichen VR **sich ~** gizlice yaklaşmak
anschließen A VT ELEK bağlamak; TECH takmak B VR **sich ~ an** (*Gruppe*) *akk -e* katılmak **anschließend** A ADJ bitişik; (*zeitlich*) sonraki B ADV *-den* sonra **Anschluss** M birleştirilme; TECH bağlantı; BAHN aktarma; **im ~ an** (*zeitlich*) *-den* sonra **Anschlussflug** M FLUG aktarma uçuşu
anschnallen A VT takmak, bağlamak B VR **sich ~** kemer takmak **Anschnallpflicht** F emniyet kemerini takma mecburiyeti
anschnauzen VT *umg* azarlamak, paylamak
anschneiden VT (*Brot*) kesmeye başlamak; *fig* (konuyu) açmak
Anschovis F ⟨-⟩ ançüez
anschrauben VT vidalamak (**an** *akk -e*)
anschreiben VT *akk -e* yazmak; **~ lassen** *umg* veresiye almak
anschreien VT *akk -in* yüzüne bağırmak

Anschrift F adres
anschwellen V/I kabarmak, şişmek; (*Fluss*) yükselmek
ansehen V/T *akk* -*e* bakmak; **~ als, für** *akk* ... olarak saymak; **etw mit ~** bir şeye şahit olmak; **man sieht es (ihr** *etc*) **an** belli oluyor **Ansehen** N bakış; (*Prestige*) saygınlık, itibar **ansehnlich** ADJ göze çarpan, büyük
ansetzen A V/T (*Termin*) belirlemek; **Fett ~** yağ bağlamak B V/I **zu etw ~** (*anfangen*) başlamak
Ansicht F manzara; (*Meinung*) görüş; **meiner ~ nach** bence; **zur ~** örnek olarak, incelenmek üzere **Ansichtskarte** F kartpostal **Ansichtssache** F görüş meselesi
ansiedeln A V/T yerleştirmek B V/R **sich ~** yerleşmek **(in** *dat* -*e*)
ansonsten ADV bundan başka, ayrıca
Anspannung F gerginlik
anspielen V/I ima etmek **(auf** *akk* -*i*) **Anspielung** F ima
Ansporn M ⟨*kein pl*⟩ teşvik
Ansprache F söylev, konuşma
ansprechen A V/T *akk* (*j-n*) -*e* hitap etmek; (*etw*) -*den* bahsetmek; (*gefallen*) -*in* hoşuna gitmek B V/I (*Patient*) **auf etw ~** iyi tepki göstermek **ansprechend** ADJ sevimli, hoşa giden
anspringen A V/I (*Motor*) harekete geçmek, işlemek B V/T (*Hund*) -*in* üstüne sıçramak
Anspruch M iddia; hak; **in ~ nehmen** hak iddia etmek; meşgul etmek; **hohe Ansprüche stellen** aşırı taleplerde bulunmak **anspruchslos** ADJ yetingen, sade **anspruchsvoll** ADJ güç beğenir
Anstalt F ⟨-en⟩ kurum; kuruluş; **~en treffen, zu ...** ... için tedbir almak
Anstand M ⟨*kein pl*⟩ görgü, terbiye **anständig** ADJ terbiyeli, görgülü **anstandslos** ADV kolaylıkla
anstarren V/T *akk* -*e* dik bakmak
anstatt PRÄP *+gen* yerine *nom;* **~ dass, ~ zu** *Inf.* -mektense
anstecken A V/T (*Brosche*) takmak, iğnelemek; (*anzünden*) yakmak; MED bulaştırmak B V/R MED **sich ~ (bei** -*den*) kapmak **ansteckend** ADJ MED bulaşıcı **Ansteckung** F MED bulaşma
anstehen V/I kuyrukta beklemek
ansteigen V/I yükselmek, artmak
anstelle → anstatt
anstellen A V/T TECH açmak, harekete geçirmek; (*Personal*) işe almak; (*machen*) yapmak B **sich ~ (nach** *dat* için) kuyruğa girmek; **sich schlau ~** akıllı davranmak **Anstellung** F (*Arbeit*) iş, görev

Anstieg M ⟨-e⟩ yükseliş; yokuş **anstiften** V/T kışkırtmak (**zu** *dat -e*)

Anstoß M çarpma; SPORT topa vurma; *fig* sebep, neden; **~ nehmen an** *dat -den* alınmak **anstoßen** **A** V/T çarpmak (**an** *akk -e*) olmak **B** V/I (kadehleri) tokuşturmak; (*angrenzen*) *-e* bitişik olmak **anstößig** ADJ yakışıksız

anstreben V/T amaçlamak

anstreichen V/T (*Wand*) boyamak; (*Fehler*) işaretlemek

anstrengen **A** V/T yormak **B** V/R **sich ~** uğraşmak; çabalamak **anstrengend** ADJ yorucu **Anstrengung** F çaba, zahmet

Ansturm M saldırı

Anteil M pay **Anteilnahme** F ⟨-n⟩ (*Mitleid*) acıma, başsağlığı; (*Interesse*) ilgi

Antenne F ⟨-n⟩ anten

Antibabypille F gebeliği önleyici hap **Antibiotika** *pl* MED antibiyotik

antik ADJ eski, antika

Antikörper M MED antikor

Antiquar M ⟨-e⟩ antikacı **Antiquariat** N ⟨-e⟩ sahhaf dükkânı **antiquarisch** ADJ (*Buch*) eski, kullanılmış

Antiquität F antika

Antisemitismus M Yahudi düşmanlığı, antisemitizm

Antrag M ⟨=e⟩ başvuru; dilekçe; müracaat; JUR talep; **einen ~ stellen** dilekçe vermek, başvurmak (**an** *akk -e*) **Antragsteller(in)** M(F) dilekçe sahibi

antreffen V/T *akk -e* rast gelmek

antreten **A** V/T (*Arbeit*) *-e* başlamak; (*Erbe*) *-e* konmak; (*Reise*) *-e* çıkmak **B** V/I sıralanmak

Antrieb M (*Motivation*) teşvik; TECH hareket(e geçirme)

Antritt M başlangıç

antun V/T **j-m etw ~** b-ne birşeyi yapmak; **sich etw ~** (*Selbstmord begehen*) intihar etmek

Antwort F ⟨-en⟩ cevap, yanıt **antworten** V/I *dat* cevap vermek

anvertrauen V/T *j-m etw* emanet etmek

anwachsen V/I (*Pflanze*) kökleşmek; (*steigen*) artmak

Anwalt M ⟨=e⟩, **Anwältin** F avukat **Anwaltskammer** F baro

Anwärter(in) M(F) aday

anweisen V/T (*Geld*) havale etmek; tahsis etmek; (*j-n, etw zu tun*) *-e* … yapmasını emretmek **Anweisung** F direktif; WIRTSCH havale

anwendbar ADJ uygulanabilir

anwenden V/T uygulamak, (*gebrauchen*) kullanmak **Anwender(in)** M(F) kullanıcı **Anwendung** F kullanış

anwerben V/T işe almak

anwesend ADJ hazır, mevcut **Anwesenheit** F mevcudiyet

anwidern V/T iğrendirmek

Anwohner M ⟨-⟩, **Anwohnerin** F *-de* oturan; cadde/sokak sakini
Anzahl F ⟨*kein pl*⟩ sayı, miktar
anzahlen V/T ön ödeme yapmak **Anzahlung** F kaparo, peşinat
Anzeichen N belirti; iz
Anzeige F ⟨-n⟩ (*Werbung*) ilân; ELEK display; JUR ihbar; **~ aufgeben** ilân vermek; **~ erstatten** JUR ihbarda bulunmak
anzeigen V/T JUR ihbar etmek; (*zeigen*) göstermek
anziehen **A** V/T (*Bremse*) çekmek; (*Kleidung*) giymek **B** V/I (*Preise*) yükselmek **C** V/R **sich ~** giyinmek **anziehend** ADJ çekici, cazip **Anziehungskraft** F çekim kuvveti; cazibe, çekicilik
Anzug M ⟨¨-e⟩ takım elbise
anzünden V/T yakmak, tutuşturmak
AOK F: **Allgemeine Ortskrankenkasse** *yerel hastalık sigortası kurumu*
apart ADJ cazip
Aperitif M ⟨-s⟩ aperitif
Apfel M ⟨¨⟩ elma **Apfelsaft** M elma suyu **Apfelsine** F ⟨-n⟩ portakal
Apostel M ⟨-⟩ REL havari
Apostroph M ⟨-e⟩ GRAM kesme işareti
Apotheke F ⟨-n⟩ eczane **Apotheker(in)** M(F) eczacı
Apparat M ⟨-e⟩ aygıt, alet
Appartement N ⟨-s⟩ apartman dairesi
Appell M ⟨-e⟩ çağrı **appellieren** V/I başvurmak, seslenmek (**an** *akk -e*)
Appetit M ⟨*kein pl*⟩ iştah; **guten ~!** afiyet olsun! **appetitlich** ADJ iştah çekici
applaudieren V/I *dat -i* alkışlamak **Applaus** M ⟨*kein pl*⟩ alkış
Aprikose F ⟨-n⟩ BOT kayısı
April M ⟨*kein pl*⟩ nisan **Aprilscherz** M nisan bir şakası
Aquädukt M ⟨-e⟩ su kemeri
Aquaplaning N ⟨*kein pl*⟩ AUTO ıslak zeminde kayma
Äquator M ⟨*kein pl*⟩ GEOG ekvator
Ära F ⟨-ren⟩ çağ
Araber(in) M(F) Arap **Arabien** N Arabistan **arabisch** ADJ Arap **Arabisch** N Arapça
Ararat M Ağrı Dağı
Arbeit F ⟨-en⟩ iş, çalışma; (*Werk*) eser, yapıt **arbeiten** V/I çalışmak **Arbeiter(in)** M(F) işçi **Arbeitgeber(in)** M(F) M işveren; patron **Arbeitnehmer(in)** M(F) M işalan **Arbeitsagentur** F, **Arbeitsamt** N iş ve işçi bulma kurumu **Arbeitserlaubnis** F çalışma müsaadesi **Arbeitsgemeinschaft** F çalışma grubu; işbirliği **Arbeitsgericht** N iş mahkemesi **Arbeitslohn** M iş ücreti **arbeitslos** ADJ işsiz **Arbeitslose(r)** M/F(M) işsiz **Arbeitslosengeld** F işsizli-

parası **Arbeitslosenunterstützung** F işsizlik yardımı **Arbeitslosigkeit** F ⟨*kein pl*⟩ işsizlik **Arbeitsplatz** M iş yeri **Arbeitstag** M iş günü **arbeitsunfähig** ADJ çalışamaz durumda **Arbeitszeit** F iş (*od* mesai) saatleri *pl* **Arbeitszimmer** N çalışma odası

Archäologe M arkeolog **Archäologie** F ⟨*kein pl*⟩ arkeoloji; **archäologisches Museum** arkeoloji müzesi **Archäologin** F arkeolog

Archipel M ⟨-e⟩ GEOG takımada

Architekt M ⟨-en⟩, **Architektin** F mimar **Architektur** F ⟨-en⟩ mimarlık

Archiv N ⟨-e⟩ arşiv **Archivar** M ⟨-e⟩, **Archivarin** F arşiv memuru

Arena F ⟨-nen⟩ SPORT arena

arg A ADJ fena, kötü B ADV çok, pek

Argentinien N Arjantin

Ärger M ⟨*kein pl*⟩ kızgınlık; dert **ärgerlich** ADJ kızdırıcı, üzücü; kızgın (**auf, über** *akk -e*) **ärgern** A V/T kızdırmak B **sich** ~ V/R kızmak (**über** *akk -e*)

arglistig ADJ hilekâr, aldatıcı

arglos ADJ temiz yürekli; saf

Argument N ⟨-e⟩ neden, gerekçe, argüman

Arie F ⟨-n⟩ MUS arya

arm ADJ fakir; zavallı

Arm M ⟨-e⟩ kol; ~ **in** ~ kol kola

Armaturenbrett N AUTO gösterge tablosu

Armband N bilezik **Armbanduhr** F kol saati

Armee F ⟨-n⟩ ordu

Ärmel M ⟨-⟩ elbise kolu

Ärmelkanal M GEOG Manş Denizi

Armenien N Ermenistan **Armenier(in)** M(F) Ermeni **armenisch** ADJ Ermeni **Armenisch** N Ermenice

Armut F ⟨*kein pl*⟩ fakirlik, yoksulluk

Aroma N ⟨-men⟩ (*Duft*) hoş koku, aroma

arrangieren V/T düzenlemek

Arrest M ⟨-e⟩ hapis

arrogant ADJ kendini beğenmiş, kibirli

Arsch M ⟨¨-e⟩ *vulg* kıç, göt

Art F ⟨-en⟩ (*Tiere, Pflanzen*) cins; (*Sorte*) çeşit; (*Weise*) tarz; **auf diese ~ und Weise** böyle, bu suretle

Art.: **Artikel** mal

Arterie F ⟨-n⟩ ANAT atardamar

artig ADJ terbiyeli, uslu

Artikel M ⟨-⟩ JUR madde; (*Abhandlung*) makale; WIRTSCH mal (çeşidi); GRAM tanım edatı

Artischocke F ⟨-n⟩ BOT enginar

Arznei F ⟨-en⟩, **Arzneimittel** N ilaç **Arzt** M ⟨¨-e⟩, **Ärztin** F hekim; *umg* doktor

ärztlich ADJ tıbbî

Asbest M ⟨-e⟩ asbest
Asche F ⟨-n⟩ kül **Aschenbecher** M küllük, kül tablası **Aschermittwoch** M Karnaval'dan sonraki çarşamba günü
Asiat(in) M(F) Asyalı **asiatisch** ADJ Asyalı **Asien** N Asya
Asphalt M ⟨-e⟩ asfalt
Aspirin® N ⟨*kein pl*⟩ aspirin
Ass N ⟨-e⟩ (*Karte*) as, birli
aß → essen
Assistent M ⟨-en⟩, **Assistentin** F asistan
Ast M ⟨¨-e⟩ dal; budak
Aster F ⟨-n⟩ BOT yıldızçiçeği
Asthma N ⟨*kein pl*⟩ MED astım
Astrologie F ⟨*kein pl*⟩ astroloji **Astronaut** M ⟨-en⟩, **Astronautin** F astronot **Astronomie** F ⟨*kein pl*⟩ astronomi
Asyl N ⟨-e⟩ **politisches ~** siyasî sığınma, iltica **Asylant** M ⟨-en⟩ *neg!*, **Asylantin** F *neg!*, **Asylbewerber(in)** M(F) mülteci, sığınmacı **Asylrecht** N sığınma hakkı
Atelier N ⟨-s⟩ atölye
Atem M ⟨*kein pl*⟩ nefes, soluk; **~ holen** nefes almak **atemlos** ADJ nefessiz **Atemzug** M nefes (alma)
Atheismus M ateizm, dinsizlik **Atheist** M ⟨-en⟩, **Atheistin** F ateist, dinsiz
Athen N Atina
Äther M ⟨*kein pl*⟩ eter
Äthiopien N Etyopya
Athlet M ⟨-en⟩, **Athletin** F atlet; sporcu
Atlantik M, **Atlantischer Ozean** Atlas Okyanusu
Atlas **A** (*Atlanten*) M (*Buch*) atlas **B** M ⟨-sse⟩ (*Stoff*) atlas
atmen V/I nefes almak
Atmosphäre F ⟨-n⟩ atmosfer; ortam
Atmung F solunum
Atom N ⟨-e⟩ atom **Atombombe** F atom bombası **Atomkraftwerk** N atom santralı
Attentat N ⟨-e⟩ suikast **Attentäter** M ⟨-⟩, **Attentäterin** F suikastçı
Attest N ⟨-e⟩ MED rapor
attraktiv ADJ çekici
Attribut N ⟨-e⟩ (*Merkmal*) sıfat, nitelik; GRAM tamlama sıfatı
ätzen V/I (asitle) yakmak **ätzend** ADJ yakıcı; *umg* berbat
Aubergine F ⟨-n⟩ BOT patlıcan
auch ADV dahi, de, da; **du ~** sen de; **wer/was ~ immer** kim/ne olursa olsun
audiovisuell ADJ görsel-işitse[l]
auf **A** PRÄP +*dat* (*räumlich*) -i[n] üstünde, üzerinde; -de **B** PRÄ[P] +*akk* (*räumlich*) -*in* üstüne, üze[rine]; -e; (*zeitlich*) **~ morgen verschieben** yarına ertelemek; **~ Deutsch** Almanca olarak; **~ diese Weise** böylece **C** AD[V] (*offen*) açık; (*wach*) ayakta; **~ und ab** bir aşağı bir yukarı
aufatmen V/I (*erleichtert sein*

rahatlamak
Aufbau M **A** ⟨*kein pl*⟩ yapı, kuruluş; POL kalkınma **B** ⟨-ten⟩ ARCH (bina üstüne) ek
aufbauen V/T (*errichten*) inşa etmek, (*gründen*) kurmak; (*entwickeln*) kalkındırmak
aufbewahren V/T saklamak, korumak
aufblähen V/R **sich ~** (*Segel*) şişmek
aufblasen V/T (*Ballon*) şişirmek
aufbleiben V/I (*Tür*) açık kalmak; (*Kind*) yatmamak
aufblenden V/I & V/T AUTO uzun farları yakmak
aufbrauchen V/T (*Vorräte*) tüketmek, bitirmek
aufbrechen **A** V/T (*Schloss*) kırıp açmak **B** V/I (*abreisen*) yola çıkmak **Aufbruch** M ⟨=e⟩ kalkış, yola koyulma
aufdecken V/T açmak; *fig* meydana çıkarmak
aufdrängen **A** V/T *j-m etw* zorla kabul ettirmek **B** V/R **sich ~** (*j-m b-i*) rahatsız etmek
aufdrehen V/T (çevirip) açmak
aufdringlich ADJ usandırıcı
aufeinander ADV üst üste; arka arkaya **aufeinanderfolgen** V/I birbirini takip etmek **aufeinanderfolgend** ADJ birbirini takip eden, art arda
aufeinanderprallen V/I, **aufeinanderstoßen** V/I çarpışmak
Aufenthalt M ⟨-e⟩ kalma; BAHN mola; oturma **Aufenthaltserlaubnis** F oturma müsaadesi **Aufenthaltsort** M oturma yeri **Aufenthaltsraum** M dinlenme odası
aufessen V/T & V/I yiyip bitirmek
auffahren V/I (*hochschrecken*) yerinden fırlamak; (*Auto*) çarpmak, oturmak (**auf** *akk* -e)
Auffahrt F yanaşma yolu
Auffahrunfall M AUTO arkadan çarpma kazası
auffallen V/I *dat -in* dikkatini çekmek **auffallend** ADJ, **auffällig** ADJ göze çarpan, dikkat çekici
auffangen V/T (*Ball*) yakalamak; (*Hieb*) hafifletmek
auffassen V/T (*verstehen*) anlamak, kavramak **Auffassung** F (*Verständnis*) anlayış
aufflackern V/I, **aufflammen** V/I alevlenmek
auffliegen V/I (*Vogel*) birdenbire havalanmak; (*Tür*) birdenbire açılmak
auffordern V/T (*bitten*) davet etmek, çağırmak (**zu** *dat* -e)
Aufforderung F çağrı; (*zum Tanz*) davet; (*Forderung*) JUR talep
aufforsten V/T ağaçlandırmak
auffressen V/T (*Tier*) yiyip bitirmek
auffrischen V/T tazelemek
aufführen **A** V/T THEAT temsil etmek, oynamak; (*zitieren*) aktarmak **B** V/R **sich ~** (*sich benehmen*) davranmak **Aufführ-**

rung F THEAT oyun, temsil, (*Konzert*) konser
Aufgabe F ödev; (*Pflicht*) görev; (*Verzicht*) terk; SPORT teslim
Aufgang M merdiven
aufgeben **A** V/T bırakmak; (*Brief*) yollamak; (*Telegramm*) çekmek **B** V/I (*Rauchen*) -den vazgeçmek, bırakmak
aufgeblasen ADJ (*Ballon*) kabarık, şişik; *fig* kibirli
Aufgebot N ⟨-e⟩ evlenme ilânı, askı
aufgebracht ADJ **~ sein** hiddetlenmek (**über** *akk* -e)
aufgedreht ADJ *fig* neşeli
aufgehen V/I ASTRON doğmak; BOT açılmak; (*Knoten*) çözülmek
aufgeklärt ADJ aydınlatılmış
aufgelegt ADJ niyetli (**zu** *dat* -e); **gut ~** *fig* keyfi yerinde
aufgeregt ADJ heyecanlı
aufgeweckt ADJ *a. fig* uyanık
aufgrund PRÄP +*gen* -*den* dolayı
aufhaben **A** V/T *akk* (*Hut*) başında olmak; (*Aufgaben*) (ev ödevi) olmak **B** V/I (*Geschäft*) açık olmak
aufhalten **A** V/T (*Tür*) açık tutmak; (*Bus*) durdurmak **B** V/R **sich ~** (*wohnen*) kalmak, oturmak (**in** *dat* -*de*)
aufhängen V/T asmak (**an** *akk* -*e*) **Aufhänger** M ⟨-⟩ askı
aufheben V/T (*Sperre, vom Boden*) kaldırmak; (*aufbewahren*) saklamak **Aufhebung** F kaldır(ıl)ma; (*Annullierung*) iptal
aufheitern V/T neşelendirmek
aufhetzen V/T kışkırtmak
aufholen **A** V/T telâfi etmek **B** V/I farkı kapatmak
aufhören V/I bitmek; bitirmek (**mit** *dat* -*i*)
aufklären V/T aydınlatmak; bilgi vermek (**über** *akk* hakkında) **Aufklärung** F aydınlatma
aufkleben V/T yapıştırmak
Aufkleber M yapışkan etiket; çıkartma
aufkochen **A** V/I kaynamak **B** V/T kaynatmak
aufkommen V/I (*Wind*) çıkmak; (*Unterhalt*) üstüne almak (**für** *akk* -*in* sorumluluğunu), (*bezahlen*) karşılamak
aufkrempeln V/T (*Ärmel*) sıvamak
aufkreuzen V/I *umg* çıkagelmek (**bei, in** *dat* -*e*)
Aufladegerät N ELEK şarj aleti
aufladen V/T yüklemek; (*Akku*) doldurmak, şarj etmek
Auflage F (*Verpflichtung*) yüküm; (*Buch*) baskı
auflassen V/T (*Tür*) açık bırakmak; (*Hut*) çıkarmamak
Auflauf M (*Menschenmenge*) kalabalık; (*Essen*) sufle **auflaufen** V/I SCHIFF oturmak
auflegen V/T (*Hörer*) (telefonu) kapatmak; (*Buch*) basmak

auflehnen VR **sich ~** *fig* ayaklanmak (**gegen** *akk -e* karşı), isyan etmek
aufleuchten VI parlamak
auflockern VT (*Boden*) gevşetmek
auflösen **A** VT dağıtmak; JUR feshetmek; CHEM eritmek **B** VR **sich ~** çözülmek; (*Stau*) dağılmak **Auflösung** F (*Vertrag*) fesih; (*Rätsel*) çözüm; IT çözülüm
aufmachen **A** VT (*öffnen*) açmak **B** VR **sich ~** yola çıkmak
aufmerksam ADJ dikkatli; **~ machen** *akk -in* dikkatini çekmek (**auf** *akk -e*) **Aufmerksamkeit** F dikkat; ilgi
aufmuntern VT canlandırmak; (*ermuntern*) teşvik etmek (**zu** *dat -e*)
Aufnahme F ⟨-n⟩ (*Empfang, in e-e Schule*) kabul; FOTO fotoğraf, resim; (*auf Band*) kayıt **aufnehmen** (*Gast*) kabul etmek, karşılamak; (*Geld*) borç almak; (*Kontakt*) kurmak; FOTO çekmek; (*auf Band*) kaydetmek
aufopfern VR **sich ~** kendini feda etmek (**für** *akk* için)
aufpassen VI (*vorsichtig sein*) dikkat etmek, (*auf Kind*) bakmak (**auf** *akk -e*)
aufprallen VI çarpmak (**auf** *akk -e*)
aufpumpen VT (*Ball*) şişirmek
Aufputschmittel N uyarıcı madde
aufräumen VT (*Wohnung*) toplamak
aufrecht ADJ dik; dürüst **aufrechterhalten** VT (*Kontakt*) korumak
aufregen **A** VT heyecanlandırmak; (*ärgern*) kızdırmak **B** VR **sich ~** heyecanlanmak; kızmak **aufregend** ADJ heyecan verici **Aufregung** F heyecan
aufreihen VT dizmek
aufreißen VT (yırtarak, hızla) açmak; *fig* (*j-n*) ayarlamak
aufrichten **A** VT dikmek, doğrultmak; (*trösten*) teselli etmek **B** VR **sich ~** doğrulmak, dikilmek **aufrichtig** ADJ (*korrekt*) dürüst; (*herzlich*) samimî
Aufruf M ⟨-e⟩ davet, çağrı **aufrufen** VT çağırmak, davet etmek (**zu** *dat -e*)
Aufruhr M ⟨*kein pl*⟩ ayaklanma
aufrüsten **A** VI MIL silâhlanmak **B** VT MIL silâhlandırmak
aufsässig ADJ (*Kind*) karşı gelen, söz dinlemeyen
Aufsatz M (*Schule*) kompozisyon; (*Zeitung*) makale
aufschieben VT iterek açmak; *fig* (*verschieben*) ertelemek; (*verzögern*) geciktirmek
Aufschlag M WIRTSCH zam, artış; SPORT servis **aufschlagen** VT (*Seite*) açmak; (*Zelt*) kurmak; SPORT servis atmak
aufschließen **A** VT (*Tür*) açmak **B** VI (*aufrücken*) yanaşmak
Aufschluss M **~ geben** bilgi

vermek (**über** *akk* hakkında)
aufschlussreich ADJ bilgi verici, aydınlatıcı, anlamlı
aufschneiden **A** V/T keserek açmak, yarmak **B** V/I *fig* (*angeben*) hava atmak **Aufschnitt** M jambon ve salam dilimleri *pl*
aufschrauben V/T vidaları gevşetmek; (*Deckel*) çevirerek açmak
Aufschrei M anî çığlık
aufschreiben V/T yazmak, kaydetmek, not etmek **Aufschrift** F yazı; etiket
Aufschub M (*Vertagung*) erteleme
Aufschwung M WIRTSCH kalkınma
Aufsehen N **~ erregen** heyecan uyandırmak
Aufseher(in) M(F) gözlemci
aufsetzen **A** V/T (*Brille*) takmak; (*Hut*) giymek; (*Text*) kaleme almak; (*Wasser*) ocağa koymak **B** V/I (*Flugzeug*) inmek
Aufsicht F ⟨-en⟩ kontrol, denetim
aufspannen V/T (*Schirm*) gererek açmak
aufsperren V/T (anahtarla) açmak
aufspringen V/I fırlamak; (*Tür*) ansızın açılmak; (*auf -e*) atlamak, binmek
aufspüren V/T izleyip bulmak
Aufstand M ⟨¨-e⟩ ayaklanma
aufstehen V/I (ayağa) kalkmak; (*Tür*) açık durmak
aufsteigen V/I yükselmek
aufstellen V/T (*hinstellen*) koymak, yerleştirmek; (*Liste, Zelt*) kurmak; (*Behauptung*) ileri sürmek; (*Kandidaten*) göstermek (**für** *akk -e*); (*Rekord*) kırmak
Aufstellung F POL yerleştirme; liste; TECH montaj
Aufstieg M ⟨-e⟩ yükselme
aufstocken V/T (*Haus*) *akk -e* kat eklemek
aufstoßen **A** V/T (*Tür*) iterek açmak **B** V/I MED geğirmek
aufsuchen V/T (*besuchen*) *akk -e* uğramak; (*Arzt*) *-e* gitmek
Auftakt M ⟨-e⟩ *fig* başlangıç
auftauchen V/I *fig* meydana çıkmak
auftauen **A** V/T (*Tiefkühlkost*) eritmek **B** V/I (*Eis*) erimek; *fig* açılmak
Auftrag M ⟨¨-e⟩ (*Aufgabe*) görev, ödev; WIRTSCH sipariş; JUR vekâlet; **im ~** *gen*, **von** *dat* adına *nom*
auftragen V/T (*beauftragen*) görev vermek, havale etmek (*j-m b-e*); (*Essen*) sofraya koymak; (*Farbe*) sürmek; (*Kleidung*) eskitmek **Auftraggeber(in)** M(F) sipariş veren
auftreiben V/T bulmak, sağlamak
auftreten V/I yere basmak; (*sich benehmen*) davranmak; (*erscheinen*) meydana çıkmak; THEAT sahneye çıkmak **Auftritt** M THEAT sahneye çıkış
aufwachen V/I uyanmak
aufwachsen V/I büyümek

Aufwand M ⟨*kein pl*⟩ (*Kosten*) masraf; (*Anstrengung*) çaba, zahmet
aufwärmen V/T (*Essen*) ısıtmak; *fig* canlandırmak
aufwärts ADV yukarıya doğru
aufwecken V/T uyandırmak
aufweichen **A** V/T yumuşatmak **B** V/I yumuşamak
aufweisen V/T göstermek
aufwenden V/T sarfetmek **aufwendig** ADV çok zaman *veya* çaba isteyen; masraflı
aufwerfen V/T (*Frage*) ortaya atmak
aufwerten V/T *akk -in* değerini artırmak
aufwickeln V/T sarmak, dolamak
aufwischen V/T silmek
aufzählen V/T saymak
aufzeichnen V/T (*Bild*) çizmek; (*schriftlich*) not etmek; TECH kaydetmek **Aufzeichnung** F (*schriftlich*) not; (*Film*) kayıt
aufziehen **A** V/T (*Fahne*) çekmek; (*Uhr*) kurmak; (*Kind*) yetiştirmek; (*Vorhang*) açmak; (*Saite*) takmak **B** V/I (*Gewitter*) çıkmak **Aufzucht** F ⟨*kein pl*⟩ (*Tier*) yetiştirme
Aufzug M (*Fahrstuhl*) asansör; THEAT perde
aufzwingen V/T *akk* zorla kabul ettirmek (*j-m b-e*)
Auge N ⟨-n⟩ göz; **ein ~ zudrücken** göz yummak **Augenarzt** M, **Augenärztin** F göz doktoru **Augenblick** M an **augenblicklich** **A** ADV bu anda; hemen **B** ADJ şimdiki **Augenbraue** F ⟨-n⟩ kaş **Augenhöhle** F göz yuvası **Augenlid** N ⟨-er⟩ göz kapağı **Augenmaß** N ⟨*kein pl*⟩ göz kararı **Augenzeuge** M, **Augenzeugin** F görgü tanığı
August M ⟨*kein pl*⟩ ağustos
Auktion F açık artırma
Aula F ⟨-len⟩ (*Schule*) toplantı salonu
Au-pair-Mädchen N au pair
aus **A** PRÄP +*dat* (*aus etw heraus*) -*in* içinden; (*Material*) -den; (*wegen*) -*den* dolayı; yüzünden; **wir sind ~ München** Münihliyiz **B** ADV (*Schalter*) kapalı; **~ sein** bitmiş olmak **Aus** N ⟨*kein pl*⟩ SPORT aut
ausarbeiten V/T hazırlamak
ausatmen V/I nefes vermek
Ausbau M ⟨*kein pl*⟩ ARCH genişlet(il)me **ausbauen** V/T genişletmek
ausbessern V/T tamir etmek, onarmak
ausbeulen V/T AUTO (karoser) düzeltmek
ausbeuten V/T sömürmek
ausbilden V/T eğitmek **Ausbildung** F meslek eğitimi
ausbleiben V/I gelmemek; gerçekleşmemek
Ausblick M manzara; *fig* ümit, umut
ausbrechen V/I (*Brand*) çıkmak; (**aus** *dat -den*) kaçmak; (*Vulkan*) püskürmek; **in Tränen**

~ ağlamağa başlamak **ausbreiten** A VT yaymak, sermek B VR **sich ~** yayılmak, açılmak
ausbrennen VI sönmek
Ausbruch M (*Krankheit*) başlama; (*aus dem Gefängnis*) kaçma; (*e-s Vulkans*) püskürme
Ausdauer F (*Geduld*) sabır; (*beim Sport*) dayanıklılık **ausdauernd** ADJ sebatkâr, dayanıklı
ausdehnen A VT germek, genişlemek B VR **sich ~** uzamak, açılmak; POL yayılmak; PHYS genleşmek **Ausdehnung** F yayılım, genişleme
ausdenken VR **sich ~** -*i* tasarlamak; uydurmak
Ausdruck A M ⟨¨e⟩ ifade; JUR terim; (*sprachlich*) deyim B M ⟨-e⟩ IT çıkış, baskı **ausdrucken** VT IT bas(tır)mak
ausdrücken A VT (*Zitrone*) sıkmak; (*formulieren*) ifade etmek B VR **sich ~** kendini ifade etmek **ausdrücklich** A ADJ açık, kesin B ADV kesin olarak, açıkça
auseinander ADV birbirinden uzak, ayrı **auseinanderbrechen** A VT kırıp ayırmak B VI parçalanmak **auseinanderfallen** VI parça parça olmak **auseinandergehen** VI ayrılmak, dağılmak **auseinandernehmen** VT parçalara ayırmak **auseinandersetzen** A VT (*erklären*) açıklamak; anlatmak B VR **sich ~** (*sich beschäftigen mit*) *ile* meşgul olmak; (*streiten*) tartışmak **Auseinandersetzung** F (*Diskussion*) tartışma
auserlesen ADJ seçkin
Ausfahrt F AUTO çıkış
Ausfall M (*Haare etc*) dökülme; (*Verlust*) kayıp **ausfallen** VI (*Haare*) dökülmek; (*Veranstaltung*) yapılmamak, iptal edilmek; **gut ~** iyi çıkmak
Ausfallstraße F AUTO şehir dışına ana yol
ausfertigen VT (*Vertrag*) hazırlamak **Ausfertigung** F WIRTSCH, JUR nüsha
ausfindig machen VT arayıp bulmak
ausflippen VI *umg* kendinden geçmek
Ausflucht F ⟨¨e⟩ (*Ausrede*) kaçamak, bahane
Ausflug M gezinti, gezi
Ausfluss M akış; MED akıntı
ausfragen VT *akk -e* sorup durmak; (*Schule*) sorguya çekmek
Ausfuhr F ⟨-en⟩ WIRTSCH ihracat **ausführen** VT (*Reparatur*) yapmak; (*Auftrag*) bitirmek; (*verwirklichen*) gerçekleştirmek; WIRTSCH ihraç etmek
ausführlich ADJ ayrıntılı
Ausführung F yapılış; (*Typ*) model
ausfüllen VT doldurmak
Ausgabe F (*Verteilung*) dağıtım; (*Geld*) masraf; (*Buch*) baskı

Ausgang M çıkış; *fig* sonuç **ausgeben** **A** V/T dağıtmak; (*Geld*) harcamak, sarf etmek **B** V/R **sich ~ für** *akk* kendisini … diye tanıtmak
ausgebucht ADJ dolu, komple
ausgedehnt ADJ yaygın, geniş
ausgefallen ADJ (*selten*) tuhaf, seyrek
ausgeglichen ADJ dengeli; FIN eşitlenmiş
ausgehen V/I (*abends*) dışarı çıkmak; esas almak (**von** *dat* -*i*); (*Haar*) dökülmek; (*Licht*) sönmek; WIRTSCH tükenmek
ausgelassen ADJ coşkun, neşeli
ausgenommen PRÄP+*akk*, KONJ hariç olmak üzere *nom*; -*den* başka
ausgerechnet ADV tam da …
ausgeschlossen ADJ imkânsız, olanaksız; hariç (**von** *dat* -*den*)
ausgesprochen ADJ tam anlamıyla
ausgesucht ADJ seçkin
ausgewogen ADJ ölçülü, dengeli
ausgezeichnet ADJ mükemmel
ausgiebig **A** ADV bol, durmadan **B** ADJ bol bol
ausgießen V/T (*Getränk*) dökmek, (*Gefäß*) boşaltmak
Ausgleich M ⟨-e⟩ uzlaşma, uyuşma; telâfi **ausgleichen** **A** V/T (*Verlust*) düzeltmek, gidermek **B** V/I (*wettmachen*) telâfi etmek, gidermek **C** V/R (*Konto*) **sich ~** denkleştirmek
ausgraben V/T topraktan çıkarmak **Ausgrabung** F (*Archäologie*) kazı
aushalten V/T *akk* -*e* dayanmak; beslemek
aushändigen V/T *dat akk* vermek, teslim etmek
Aushang M askı; ilân (tahtası) **Aushängeschild** N etiket, tabela; *fig* gurur sembolü
ausharren V/I sebat etmek
ausheilen V/I (*Wunde*) iyileşmek
aushelfen V/I *dat* yardım etmek (**bei** *dat* ile) **Aushilfe** F geçici eleman
auskennen V/R **sich ~ in** *dat* -*i* iyi bilmek
auskleiden **A** V/T TECH kaplamak **B** V/R **sich ~** soyunmak
auskommen V/I geçinmek (**mit** *dat* ile)
auskosten V/T *akk* -*in* tadını çıkarmak
Auskunft F ⟨=e⟩ TEL danışma; (*Information*) bilgi
auslachen V/T gülerek alay etmek (*j-n b.* ile)
Auslage F WIRTSCH serilen mal; FIN **Auslagen** *pl* masraf *sg*
Ausland N ⟨*kein pl*⟩ yabancı ülke, yurt dışı; dış ülke **Ausländer(in)** M(F), **ausländisch** ADJ yabancı **Auslands…** yurtdışı **Auslandsgespräch** N uluslararası ko-

nuşma(sı) **Auslandsschutzbrief** M yurtdışı sigortası
auslassen A V/T (*loslassen*) açık bırakmak; (*j-n -i*) atlamak B V/R **sich ~** (**über** *-i*) çekiştirmek
auslaufen V/I (*Flüssigkeit*) akmak, boşalmak; (*Vertrag*) bitmek, sona ermek; SCHIFF limandan çıkmak
ausleeren V/T boşaltmak
auslegen V/T (*Ware*) sermek; (*Geld*) (biri için) ödünç vermek; (*Text*) yorumlamak
ausleihen V/T (*verleihen*) ödünç vermek; **sich ~** ödünç almak
Auslese F seçme
auslesen V/T (*aussortieren*) ayıklamak; (*Buch*) okuyup bitirmek
ausliefern V/T teslim etmek
ausloggen V/I IT oturum kapatmak
auslosen V/T kura çekmek; piyangoya koymak
auslösen V/T (*Alarm*) çalıştırmak; (*verursachen*) yaratmak; *-e* sebep olmak **Auslöser** M FOTO deklanşör
ausmachen V/T (*Licht*) söndürmek; (*Radio*) kapatmak; (*Termin*) kararlaştırmak, sözleşmek; (*betragen*) tutmak; **es macht (mir) nichts aus** fark etmez
ausmalen A V/T boyamak B V/R *fig* **sich ~** gözünün önünde canlandırmak
Ausmaß N boyut, çap **ausmessen** V/T ölçmek, *-in* ölçüsünü almak
Ausnahme F ⟨-n⟩ istisna; **mit ~ von** (*od gen*) ... müstesna olarak, ... hariç olmak üzere *nom*; *-den* başka **Ausnahmefall** M olağanüstü durum **Ausnahmezustand** M POL sıkıyönetim **ausnahmslos** ADV istisnasız **ausnahmsweise** ADV istisnaî olarak
ausnehmen V/T (*nicht berücksichtigen*) ayırmak, ayrı tutmak; (*Tier*) ayıklamak
ausnutzen V/T (*Gelegenheit*) fırsat bilmek; (*Notlage*) sömürmek; (*Situation*) iyi değerlendirmek
auspacken A V/T (*Koffer*) boşaltmak; (*Geschenk*) açmak B V/I *fig* gerçeği ortaya dökmek, *umg* bülbül gibi söylemek
ausplaudern V/T açığa vurmak; ağzından kaçırmak
auspressen V/T (*Zitrone*) sıkmak
ausprobieren V/T denemek
Auspuff M ⟨-e⟩ AUTO egzoz **Auspuffrohr** N AUTO egzoz borusu
auspumpen V/T tulumbayla boşaltmak
ausradieren V/T silgiyle silmek
ausrauben V/T soymak
ausräumen V/T (*Schrank*) boşaltmak; (*Missverständnis*) gidermek

ausrechnen VT hesaplamak **Ausrede** F bahane, kaçamak **ausreden** A VT (*j-m etw b-i -den*) vazgeçirmek B VI ~ **lassen** *akk -in* sözünü kesmemek **ausreichen** VI yet(iş)mek (**für** *akk -e*) **ausreichend** ADJ yeterli **Ausreise** F (sınırdan) çıkış **ausreißen** A VT sökmek, koparmak B VI *umg* kaçmak **ausrenken** VT(*Arm*) -in kolu çıkmak **ausrichten** VT (*Nachricht*) bildirmek; (*Grüße*) söylemek; (*Fest*) hazırlamak; **nichts ~ können** başaramamak **ausrotten** VT *Biol.* soyunu tüketmek **Ausruf** M bağırtı **ausrufen** bağırarak söylemek; (*über Lautsprecher*) anons etmek; duyurmak **Ausrufezeichen** N GRAM ünlem işareti **ausruhen** VI & VR **sich ~** dinlenmek **Ausrüstung** F donatım, teçhizat **ausrutschen** VI kaymak **Aussage** F söz, ifade **aussagen** VT ifade etmek; JUR ifade vermek **ausschalten** VT söndürmek, kapatmak; *fig* zararsız hâle getirmek **Ausschank** M <*kein pl*> içki satış yeri; içki satışı **Ausschau** F **~ halten, ausschauen** VI gözleriyle aramak (**nach** *dat -i*) **ausscheiden** A VT (*aussondern*) ayırmak, elemek; MED salgılamak B VI (*aus Firma*) ayrılmak, SPORT elenmek (**aus** *dat -den*) **ausschimpfen** VT paylamak, azarlamak **ausschlafen** VI uykusunu almak **Ausschlag** M MED egzama, mayasıl; **den ~ geben** (*entscheidend sein*) sonucu belirlemek **ausschlagen** A VI BOT yapraklanmak; (*Pferd*) tepmek B VT (*Einladung*) reddetmek **ausschlaggebend** ADJ etkili, son sözü söyleyen **ausschließen** A VT çıkarmak; *fig* dışlamak B VR **sich ~** katılmamak (**von** *dat -e*) **ausschließlich** ADV yalnız; hariç olmak üzere **Ausschluss** M hariç tutma; dışarıda bırakma **ausschmücken** VT (*Raum*) süslemek, donatmak **ausschneiden** VT kesip çıkarmak; (*Baum*) budamak **Ausschnitt** M (*aus Zeitung*) kupür, kesik; (*Kleid*) dekolte; (*Teil*) parça **ausschreiben** VT (*Rezept*) yazmak; (*Stelle*) ... için ilân vermek; WIRTSCH ihaleye çıkarmak **Ausschreitungen** *pl* kargaşa *sg*

Ausschuss M (*Kommission*) kurul, heyet; WIRTSCH defolu mal
ausschütteln V/T silkelemek
ausschütten V/T (*Flüssigkeit*) dökmek; (*Gewinn*) dağıtmak
aussehen V/I görünmek (**wie** *nom* gibi) **Aussehen** N görünüş
außen ADV dışarıda; **nach ~** dışarıya; **von ~** dışarıdan **Außen...** dış, haricî **Außendienst** M dış hizmet **Außenhandel** M dış ticaret **Außenminister(in)** M(F) dışişleri bakanı **Außenpolitik** F dış siyaset **Außenseiter** (-) *m*, **Außenseiterin** *f* topluma katılmayan **Außenspiegel** M dış ayna **Außenstände** *pl* WIRTSCH alacak(lar)
außer **A** PRÄP *+dat* (*abgesehen von*) *-den* başka, *-ın* dışında; **~ Betrieb** hizmet dışı **B** KONJ (*ausgenommen*) hariç; **~ (wenn)** -mesi/-diği hariç
außerdem ADV bundan başka
äußere(r, s) ADJ dış **Äußere(s)** N dış görünüş
außergewöhnlich ADJ olağanüstü
außerhalb PRÄP *+gen -in* dışında
äußerlich ADJ dış, dıştan; **nur zur ~en Anwendung** sadece haricen kullanılır
äußern **A** V/T söylemek, ifade etmek **B** V/R **sich ~** fikrini söylemek (**über** *akk* hakkında)
außerordentlich ADJ fevkalâde, olağanüstü
äußerst ADV son derece
außerstande ADJ **~ sein zu** *Inf.* *-ecek* durumda olmamak
Äußerung F söz, ifade
aussetzen **A** V/T (*Tier*) salıvermek; (*Boot*) denize indirmek; (*Belohnung*) koymak (**für** *akk* için); maruz bırakmak (*e-r Gefahr etc -e*) **B** V/I (*Motor*) durmak; (*im Spiel*) ara vermek
Aussicht F ⟨-en⟩ manzara; *fig* ümit, şans **aussichtslos** ADJ ümitsiz
Aussiedler(in) M(F) göçmen
aussöhnen **A** V/T barıştırmak **B** V/R **sich ~** uzlaşmak (**mit** *dat* ile)
aussortieren V/T ayırmak
ausspannen **A** V/T germek **B** V/I *fig* (*sich erholen*) dinlenmek
aussperren V/T kapı dışında bırakmak **Aussperrung** F WIRTSCH lokavt
Aussprache F (*von Wort*) telaffuz, söyleniş; (*Gespräch*) görüşme **aussprechen** **A** V/T telaffuz etmek; dile getirmek **B** V/I sözünü bitirmek **C** V/R **sich ~** görüşmek; dertleşmek
Ausspruch M söz, ifade
ausspucken V/T & V/I tükürmek
ausspülen V/T çalkalamak
Ausstand M (*Streik*) grev
ausstatten V/T donatmak
Ausstattung F donatım; (*Wohnung*) mobilya; THEAT de

kor
ausstechen V/T oymak; *fig* *-den* üstün gelmek
ausstehen A V/T **nicht ~ können** sevmemek, dayanamamak B V/I (*Antwort*) daha beklenmek, eksik olmak
aussteigen V/I inmek (**aus** *dat* *-den*); *fig* bırakmak (*-i*)
ausstellen V/T (*Ware*) sergilemek; (*Dokument*) düzenlemek **Ausstellung** F sergi; (*Messe*) fuar **Ausstellungsdatum** N düzenlendiği tarih **Ausstellungsraum** M sergi salonu
aussterben V/I nesli tükenmek, ocağı sönmek
Aussteuer F çeyiz
Ausstieg M ⟨-e⟩ çıkış; iniş
ausstopfen V/T doldurmak, mumyalamak
Ausstoß M WIRTSCH üretim; (*Ertrag*) verim; AUTO emisyon **ausstoßen** V/T dışarıya atmak; çıkarmak, kovmak (**aus** *dat* *-den*)
ausstrahlen V/T yaymak, saçmak **Ausstrahlung** F yayma; *fig* tesir, albeni
ausstrecken V/T uzatmak
ausstreichen V/T (*durchstreichen*) çizmek, karalamak
ausströmen V/T (*Gas*) çıkmak, (*Flüssigkeit*) akmak
aussuchen V/T seçmek
Austausch M değiş tokuş, değiştirme **austauschen** V/T değiş(tir)mek
austeilen V/T dağıtmak
Auster F ⟨-n⟩ ZOOL istiridye
austoben V/R **sich ~** (*Sturm*) yatışmak; (*Kinder*) azmak, kurtlarını dökmek
austragen V/T (*Post*) dağıtmak; SPORT (*Spiel*) oynamak
Australien N Avustralya
austreiben A V/T (*vertreiben*) uzaklaştırmak; **j-m etw ~** b-i bş-den vazgeçirmek B V/I BOT ürmek, filizlenmek
austreten V/I (*aus Partei etc*) çıkmak, çekilmek, ayrılmak (**aus** *dat* *-den*); *umg* tuvalete gitmek
austrinken V/T içip bitirmek
austrocknen A V/T kurutmak, katılaştırmak B V/I kurumak, katılaşmak
ausüben V/T (*Beruf*) yapmak, icra etmek
Ausverkauf M WIRTSCH mevsim sonu satışı **ausverkauft** ADJ WIRTSCH tükenmiş
Auswahl F ⟨*kein pl*⟩ seçme; seçilen çeşitler *pl* **auswählen** V/T seçmek; tercih etmek
auswandern V/I (yurtdışına) göç etmek **Auswanderung** F göç
auswärtig ADJ dış; **Auswärtiges Amt** dışişleri bakanlığı
auswärts ADV dışarıda, dışta
auswechseln V/T değiştirmek
Ausweg M çıkar yol, çare
ausweichen V/I *dat* *-den* çekinmek, çekilmek; *-den* kaçamak yolu bulmak **auswei-**

chend ADJ kaçamaklı
Ausweis M ⟨-e⟩ kimlik belgesi **ausweisen** **A** V/T sınırdışı etmek **B** V/R **sich ~** kimliğini ispat etmek
ausweiten V/T genişletmek
auswendig ADV ezbere; **~ lernen** ezberlemek
auswerten V/T (*Test*) değerlendirmek; (*nutzen*) kullanmak
auswickeln V/T *akk -in* açmak
auswirken V/R **sich ~** etkilemek (**auf** *akk -i*)
auswischen V/T silmek; *j-m* **eins ~** *umg b-e* kötülük yapmak
auswuchten V/T AUTO balans ayarı yapmak
Auszahlung F WIRTSCH ödeme
auszeichnen **A** V/T ödüllendirmek; (*Ware*) etiketlemek **B** V/R **sich ~** tanınır olmak (**durch** *akk* ile) **Auszeichnung** F ödül, madalya
ausziehen **A** V/T (*Kleid*) çıkarmak; *j-n* soymak **B** V/I (*aus Haus etc*) taşınmak **C** V/R **sich ~** soyunmak
Auszubildende(r) M/F(M) eğitim gören, çırak
Auszug M (*Ausschnitt*) alıntı, özet; (*aus Wohnung*) çıkma, taşınma **auszugsweise** ADV özet olarak
authentisch ADJ otantik
Auto N ⟨-s⟩ otomobil, araba; **~ fahren** araba sürmek **Autobahn** F otoyol **Autobahnausfahrt** F otoyol çıkışı **Autobahngebühr** F otoyol üc-reti **Autobahnzubringer** M otoyol bağlantı yolu
Autobiografie F özyaşam öyküsü
Autobus M otobüs **Autofahrer(in)** M(F) araba sürücüsü şoför
Autogramm N ⟨-e⟩ imza
Automat M ⟨-en⟩ otomat **automatisch** ADJ otomatik; **~es Getriebe** otomatik şanjman şanzıman
Automechaniker M araba (*veya* oto) tamircisi **Automobil** N otomobil
autonom ADJ otonom, özer-
Autonomie F ⟨-n⟩ PO- özerklik
Autor M ⟨-en⟩, **Autorin** F yazar
Autorität F otorite; yetke
Autovermietung F otomobil kiralama
Axt F ⟨¨-e⟩ balta
Azubi M & F ⟨-s⟩ → Auszubildende(r)

B

B N MUS si
Baby N ⟨-s⟩ bebek **Babynahrung** F bebek maması
Bach M ⟨¨-e⟩ dere, çay

ackblech N fırın tepsisi
ackbord N ⟨kein pl⟩ SCHIFF
ol taraf
acke F ⟨-n⟩ ANAT yanak
acken **A** V/T (fırında) pişir-
nek **B** V/I (fırında) pişmek
ackenzahn M azıdişi
äcker(in) M(F) fırıncı, ekmekçi
Bäckerei F fırın **Backform**
F pasta kalıbı **Backofen** M fı-
ın **Backpulver** N kabartma
ozu **Backstein** M tuğla
ack-up N IT yedekleme
ackwaren *pl* fırın ürünleri
ad N ⟨¨er⟩ banyo; (*Heilbad*)
aplıca, ılıca; (*türkisches* ~) ha-
nam; (*Schwimmbad*) *n* yüzme
avuzu **Badeanzug** M, **Badehose** F mayo **Bademantel** M bornoz **Bademeis-
ter(in)** M(F) havuz *veya* plaj
ekçisi **baden** **A** V/I banyo
apmak, yıkanmak; (*im Meer*)
enize girmek **B** V/T (*Baby*) yı-
amak **Badeofen** M banyo
obası **Badeort** M kaplıca, ılı-
a; plaj **Badestrand** M plaj
adewanne F küvet **Bade-
zimmer** N banyo (odası)
agatelle F ⟨-n⟩ (*Kleinigkeit*)
olay iş **Bagatellschaden**
M (*bei Unfall*) küçük hasar
agger M ⟨-⟩ kepçe makinası
aggersee M sunî göl
ahn F ⟨-en⟩ (*Eisenbahn*) demiryolu; (*Zug*) tren; (*Weg*) yol;
SPORT pist **bahnbrechend**
ADJ çığır açan **bahnen** V/T
en Weg ~ *dat* yolu açmak

Bahnhof M istasyon **Bahn-
steig** M peron **Bahnstrecke**
F demiryolu hattı **Bahnüber-
gang** M demiryolu geçidi
Bahnwärter(in) M(F) demir-
yolu bekçisi
Bahre F ⟨-n⟩ sedye, teskere
Bakterie F ⟨-n⟩ bakteri
Balance F ⟨-n⟩ denge
bald ADV yakında, az sonra; **bis
~!** görüşmek üzere!; **~ darauf**
az sonra; **so ~ wie möglich** bir
an evvel
Baldrian M ⟨-e⟩ BOT kediotu
Balkan M ⟨*kein pl*⟩ Balkan
yarımadası; Balkanlar *pl*
Balken M ⟨-⟩ kiriş, direk
Balkon M ⟨-e, -s⟩ balkon
Ball M ⟨¨e⟩ top; (*Tanzveranstal-
tung*) balo
Ballast M ⟨-e⟩ SCHIFF safra;
fig lüzumsuz şeyler *pl*
Ballen M ⟨-⟩ denk, balya; MED
taban
ballen V/T **die Faust ~** yumruk
sıkmak
Ballett N ⟨-e⟩ bale
Ballon M ⟨-e, -s⟩ balon
Ballungszentrum N büyük
yerleşim merkezi
Baltikum N **das ~** Baltık ülke-
leri
Bambus M ⟨-sse⟩ BOT bambu
banal ADJ olağan, sıradan, ba-
sit
Banane F ⟨-n⟩ BOT muz
Banause M ⟨-n⟩, **Banausin**
F sanattan anlamayan
Band **A** N ⟨¨er⟩ (*Fließband*)

şerit, bant; (*aus Stoff, Leder, a.* ANAT) bağ; (*Tonband*) kayıt bandı **B** F ⟨-s⟩ (*Musikgruppe*) bando, takım **C** M ⟨¨-e⟩ (*Buch*) cilt
band → binden
Bande F ⟨-n⟩ çete, takım
bändigen V/T terbiye etmek, alıştırmak
Bandit M ⟨-en⟩ eşkıya, haydut
Bank **A** F ⟨¨-e⟩ (*Schulbank*) sıra, (*Sitzbank*) bank **B** F ⟨-en⟩ FIN banka **Bankautomat** M bankamatik **Bankbeamte(r)** M, **Bankbeamtin** F banka memuru **Bankkonto** N banka hesabı **Bankleitzahl** F banka kodu **Banknote** F banknot
bankrott ADJ iflas etmiş, batmış **Bankrott** M ⟨-e⟩ iflas
bar ADJ FIN peşin, nakit olarak; *fig* **~er Unsinn** saçma sapan
Bar F ⟨-s⟩ bar
Bär M ⟨-en⟩ ZOOL ayı
Baracke F ⟨-n⟩ baraka
Barbar M ⟨-en⟩, **Barbarin** F barbar **barbarisch** ADJ barbar(ca)
Barbe F ⟨-en⟩ ZOOL barbunya
barfuß ADJ yalınayak
barg → bergen
Bargeld N ⟨*kein pl*⟩ peşin para, nakit **bargeldlos** ADJ çek ile
Barkasse F ⟨-n⟩ SCHIFF motorlu sandal
barmherzig ADJ merhametli
Barometer N ⟨-⟩ barometre

barsch ADJ sert
Barsch M ZOOL levrek
Bart M ⟨¨-e⟩ sakal **bärtig** A sakallı
Barzahlung F FIN nakit öd me
Basar M ⟨-e⟩ çarşı
basieren V/I **~ auf** *akk* -e d yanmak
Basilika F ⟨-ken⟩ büyük kilis bazilika
Basilikum N BOT fesleğen
Basis (*Basen*) F temel; MIL ü POL taban
Baskenmütze F bere
Bass M ⟨¨-e⟩ MUS bas(so); (*Ko trabass*) kontr(a)bas
Bassin N ⟨-s⟩ havuz
basteln V/T *amatör olarak* im etmek *veya* inşa etmek, ya mak
bat → bitten
Batterie F ⟨-n⟩ ELEK pil, a (-mülatör)
Bau **A** M ⟨-ten⟩ yapı, inşa; na **B** M ⟨*kein pl*⟩ (*Bauen*) ya mı **Bauarbeiten** *pl* (*Straße bau*) (yol) yapım çalışmal **Bauarbeiter(in)** M(F) amele
Bauch M ⟨¨-e⟩ karın **Bauc schmerzen** *pl* karın ağrısı **Bauchtanz** M göbek dans.
bauen V/T inşa etmek, kurma *einen Unfall* **~** kaza yapma
Bauer M ⟨-n⟩ çiftçi, köy (*Schach*) piyade **Bäuerin** çiftçi kadın, köylü kadın **Ba ernhof** M çiftlik
baufällig ADJ harap **Baug**

ände N arsa, parsel **Baugerüst** N yapı iskeleti **Baujahr** J imal yılı; **~ 2008** 2008 mode-
Baukasten M inşaat kutusu (*oyuncak*) **Baukunst** F mimarlık
aum M ⟨¨e⟩ ağaç **Baumschule** F fidanlık **Baumwolle** F pamuk
ustelle F şantiye **Baustoff** M yapı malzemesi **Bauwerk** N bina
yer M ⟨-n⟩, **Bayerin** F Bavyeralı **bayerisch** ADJ, **Bayern** N Bavyera
zillus M ⟨-llen⟩ MED basil; *mg* mikrop
.: Band cilt
absichtigen V/T amaçlamak
achten V/T (*Regel*) *-e* uymak; dikkate almak; hesaba katmak
eachtenswert ADJ dikkate değer **beachtlich** ADJ önemli
eachtung F dikkat; riayet; itibar
amte(r) M, **Beamtin** F devlet memuru; memur
ängstigend ADJ korkutucu
anspruchen V/T istemek; gerektirmek
anstanden V/T kusurlu bulmak **Beanstandung** F şikâyet
antragen V/T müracat etmek, dilekçe ile istemek
antworten V/T cevaplandırmak, yanıtlamak
arbeiten V/T (*Holz*) işlemek; (*Text*) gözden geçirmek
Beatmung F **künstliche ~** sunî teneffüs
beaufsichtigen V/T gözetmek, kontrol etmek
beauftragen V/T görevlendirmek
bebauen V/T AGR işlemek; ARCH imar etmek, inşa etmek
beben V/I titremek
Becher M ⟨-⟩ (*zum Trinken*) bardak; (*für Eis etc*) kupa
Becken N ⟨-⟩ (*zum Spülen*) tekne, lenger; (*zum Schwimmen*) havuz; ANAT leğen; GEOG havza
bedächtig ADJ (*langsam*) ağır; (*umsichtig*) dikkatli, sakınımlı
bedanken V/R **sich ~** teşekkür etmek (**bei** *dat* **für** *akk b-e -den* dolayı)
Bedarf M ⟨*kein pl*⟩ ihtiyaç; **den ~ decken** ihtiyacı karşılamak; **im ~sfall** gerekirse, icabında; **nach ~** ihtiyaca göre
bedauerlich ADJ üzücü **bedauern** V/T *akk* (*Person*) *-e* acımak; (*Umstand*) *-den* üzüntü duymak
bedecken V/T örtmek, kapamak **bedeckt** ADJ kapalı; (*Himmel*) bulutlu
bedenken V/T (*Umstand*) hesaba katmak; düşünmek; bağışlamak (*j-n* **mit** *dat b-e b. ş-i*)
bedenkenlos **A** ADJ düşüncesiz **B** ADV çekinmeden **bedenklich** ADJ şüpheli; tehlikeli

bedeuten VT ... anlamına gelmek; **was bedeutet das?** bu ne demek(tir)?; **das hat nichts zu ~** bunun hiç önemi yok(tur) **bedeutend** ADJ önemli, dikkate değer **Bedeutung** F anlam; önem; **~ beimessen** *dat* önem vermek

bedienen **A** VT (*Kunden*) *-e* bakmak; (*Maschine*) kullanmak; (*Person*) *-e* hizmet etmek **B** VR **sich ~** *gen -i* kullanmak; (*beim Essen*) (yiyeceklerden) almak **Bedienung** F servis; (*Kellner*) garson; TECH kullanım **Bedienungsanleitung** F kullanım kılavuzu

bedingen VT (*erfordern*) gerektirmek **bedingt** ADJ şartlı, kısıtlı **Bedingung** F şart, koşul

bedrängen VT sıkıştırmak

bedrohen VT tehdit etmek **bedrohlich** ADJ tehdit edici **Bedrohung** F tehdit

bedrücken VT üzmek, sıkmak **bedrückend** ADJ ezici, sıkıcı

bedürfen VI *gen -e* ihtiyacı olmak **Bedürfnis** N ⟨-sse⟩ ihtiyaç (**nach** *dat -e*)

Beefsteak N ⟨-s⟩ biftek

beeilen VR **sich ~** acele etmek

beeindrucken VT *akk* etkilemek, *-de* izlenim bırakmak **beeindruckend** ADJ etkileyici

beeinflussen VT etkilemek

beeinträchtigen VT *akk -e* zarar vermek; olumsuz etkilemek

beenden VT *akk* bitirmek, son vermek; IT kapatmak

beerdigen VT gömmek, de
netmek **Beerdigung** F cen
ze

Beere F ⟨-n⟩ *bir meyva biçi*
(*çilek gibi*); (üzüm, dut *etc*) t
nesi

Beet N ⟨-e⟩ tarh

Befähigung F yetenek, bec

befahl → befehlen

befahren **A** VT *akk* (*Straß*
taşıtla kullanmak **B** ADJ **sta**
~e Straße trafiği yoğun ol
yol

befassen VR **sich ~** meşgul
mak, uğraşmak (**mit** *dat* ile)

Befehl M ⟨-e⟩ emir, komut(
kumanda; **zu ~!** baş üstür
befehlen VT emretmek, b
yurmak

befestigen VT takmak, mor
etmek; bağlamak (**an** *dat -e*

befinden VR **sich ~** bulunm
(**in** *dat -de*)

Befinden N ⟨*kein pl*⟩ duru
sağlık durumu

befohlen → befehlen

befolgen VT *akk* dinlemek;
uymak

befördern VT nakletm
WIRTSCH sevketmek; (*ber*
lich) terfi ettirmek (**zu** *dat*
Beförderung F (*Waren, P*
sonen) taşıma, sevk; (*berufli*
terfi

befragen VT (*j-n* **über** *akk*)
b. ş-*i* sormak, *b.* ş. hakkın

b-in fikrini almak **Befragung** F anket
befreien V/T kurtarmak (**aus, von** *dat -den*)
befreunden V/R **sich ~** dost olmak (**mit** *dat* ile)
befriedigen V/T memnun etmek, tatmin etmek **befriedigend** ADJ memnun edici; (*Schulnote*) orta **befriedigt** ADJ memnun **Befriedigung** F memnuniyet
befristet ADJ vadeli, süreli
befruchten V/T döllemek
Befugnis F ⟨-sse⟩ yetki; hak **befugt** ADJ yetkili
Befund M (*Lage*) durum; MED bulgu
befürchten V/T *akk -den* korkmak **Befürchtung** F korku, endişe
befürworten V/T onaylamak
begabt ADJ yetenekli **Begabung** F yetenek
begann → beginnen
begegnen V/I *dat -e* rastlamak; *-i* karşılamak **Begegnung** F karşıla(ş)ma; görüşme
begehen V/T (*Verbrechen*) suç *veya* cürüm işlemek; (*Fest*) kutlamak
begehren V/T (*wünschen*) arzulamak; (*fordern*) talep etmek **begehrenswert** ADJ arzu uyandırıcı, çekici
begeistern **A** V/T heyecanlandırmak, coşturmak **B** V/R **sich ~ für** *-e* coşmak **begeistert** ADJ heyecanlı, coşkun **Begeisterung** F heyecan, coşkunluk
begierig ADJ düşkün (**auf** *akk -e*); istekli; hırslı
begießen V/T ıslatmak
Beginn M ⟨*kein pl*⟩ başlangıç
beginnen V/T & V/I başlamak (*akk od* **mit** *dat -e*)
Beglaubigung F tasdik, onay
begleichen V/T (*Rechnung*) ödemek, karşılamak
begleiten V/T *akk* (*a.* MUS) *-e* eşlik etmek, *-e* refakat etmek **Begleiter(in)** M(F) eşlik eden, refakatçi **Begleitung** F (*a.* MUS) eşlik, refakat
beglückwünschen V/T kutlamak, tebrik etmek (*j-n* **zu** *dat b-in ş-ini*)
begnügen V/R **sich ~** yetinmek (**mit** *dat* ile)
begonnen → beginnen
begraben V/T gömmek **Begräbnis** N ⟨-sse⟩ cenaze töreni
begreifen V/T anlamak, kavramak **begreiflich** ADJ anlaşılır; **j-m etw ~ machen** b-ne b.ş-i açıklamak
begrenzen V/T sınırlamak **Begrenzung** F sınırla(n)ma
Begriff M fikir, kavram; **im ~ sein zu** *inf -mek* üzere bulunmak
begründen V/T (*gründen*) *akk* kurmak; (*Grund angeben*) *-in* sebeplerini göstermek **begründet** ADJ (*gerechtfertigt*) haklı **Begründung** F gerek-

çe
begrüßen VT selâmlamak; (*etw*) olumlu karşılamak **Begrüßung** F selâmlama
begünstigen VT (*fördern*) teşvik etmek; (*bevorzugen*) tercih etmek; (*erleichtern*) kolaylaştırmak **Begünstigung** F teşvik
behagen (*zusagen*) *dat -in* hoşuna gitmek **behaglich** ADJ (*angenehm*) hoş; (*gemütlich*) rahat
behalten VT alıkoymak; (*aufbewahren*) saklamak; (*im Gedächtnis*) hatırında tutmak; **recht ~** haklı çıkmak **Behälter** M ⟨-⟩ kap
behandeln VT MED *-i* tedavi etmek; TECH işlemek; (*Text*) incelemek; *j-n -e* davranmak **Behandlung** F MED tedavi; işlem; davranış
beharren VI ısrar etmek (**auf** *dat -de*) **beharrlich** ADJ sebatlı; inatçı
behaupten **A** VT iddia etmek; ileri sürmek **B** VR **sich ~** (*sich durchsetzen*) kendini kabul ettirmek (**in** *dat -e*) **Behauptung** F iddia, sav
beheben VT (*Schaden*) gidermek, düzeltmek
behelfen VR **sich ~** başvurmak (**mit** *dat -e*), çare aramak (*-den*) **behelfsmäßig** ADJ (*provisorisch*) geçici, eğreti
beherbergen VT barındırmak
beherrschen **A** VT POL *-e* hükmetmek; (*Sprache*) bilmek, *-e* vakıf olmak **B** VR **sich ~** kendine hâkim olmak
behilflich ADJ **~ sein** *dat* yardımcı olmak
behindern VT (*Sicht*) engellemek **behindert** ADJ (*Mensch*) özürlü, engelli **Behinderte(r)** M/F(M) özürlü, engelli
Behörde F ⟨-n⟩ resmî makam; daire
behüten VT korumak, esirgemek (**vor** *dat -den*)
behutsam ADJ dikkatli; tedbirli
bei PRÄP *+dat* (*örtlich*) *-in* yanında, yakınında; (*während*) *-in* esnasında; -de; *-in* civarında; **~ Gelegenheit** uygun zamanda; **~ Gott!** vallahi; **~ uns** bizde; **~ Tag** gündüz
beibehalten VT değiştirmemek; bırakmamak
beibringen (*j-m etw b-e b.ş-i*) öğretmek; (*mitteilen*) açıklamak
Beichte F ⟨-n⟩ REL günah çıkar(t)ma; *umg* itiraf **beichten** VT REL günah çıkartmak
beide PRON *pl* her ikisi; **ihr ~** ikiniz; **keine(r, s) von ~n** hiç biri; ne biri, ne öbürü
beieinander ADV (*räumlich*) beraber, bir arada, yan yana; **nahe ~** birbirine yakın
Beifahrer(in) M(F) şoför yanında oturan kişi
Beifall M ⟨*kein pl*⟩ (*Applaus*) alkış
beifügen VT *j-m etw* eklemek

beige ADJ bej
Beigeschmack M ⟨*kein pl*⟩ ağızda kalan tat
Beihilfe F FIN yardım; JUR yataklık
Beil N ⟨-e⟩ balta, nacak
Beilage F (*Anlage*) ilâve; (*Zeitung*) ek **beilegen** V/T eklemek; (*Streit*) yatıştırmak
Beileid N ⟨*kein pl*⟩ başsağlığı; **(mein) herzliches ~!** başın(ız) sağ olsun!
beiliegen V/I *dat* ilişik olmak **beiliegend** ADJ ilişik, ekte
Bein N ⟨-e⟩ bacak; (*von Tisch etc*) ayak; (*Knochen*) kemik
beinah(e) ADV az kaldı, hemen hemen, neredeyse
Beiname M lakap
beinhalten V/T içermek
Beirat M danışma kurulu
beisammen ADV beraber, birlikte
beisetzen V/T defnetmek **Beisetzung** F cenaze
Beispiel N örnek; **zum ~** meselâ, örneğin **beispielhaft** ADJ örnek nitelikte **beispiellos** ADJ eşsiz, görülmemiş
beißen **A** V/T ısırmak **B** V/I ısırmak; (*Rauch*) yakmak **C** V/R **sich ~** (*Farben*) sırıtmak **beißend** ADJ yakıcı, keskin
Beistand M (*Hilfe*) yardım
beisteuern V/T katkıda bulunmak (*-le akk*)
Beitrag M ⟨¨-e⟩ (*Anteil*) pay; (*Mitwirkung*) katkı; yardım; FIN aidat **beitragen** V/T & V/I katkıda bulunmak (*etw* **zu** *dat* ile -*e*)
beitreten V/I *dat* girmek, üye olmak **Beitritt** M girme, katılma
Beiwagen M (*Motorrad*) sepet
beizeiten ADV (*rechtzeitig*) vaktinde; (*früh*) erken
bejahen V/T -*i* kabul etmek, onaylamak
bejahrt ADJ yaşlı
bekämpfen V/T savaşmak (*akk* ile)
bekannt ADJ tanınmış; bilinen; **~ machen** bildirmek, duyurmak; (*Personen miteinander*) tanıştırmak (**mit** *dat -e/ile*) **Bekannte(r)** M/F(M) tanıdık **bekanntlich** ADV bilindiği gibi **Bekanntmachung** F ilân, bildiri, duyuru; genelge **Bekanntschaft** F ⟨-en⟩ tanışma; tanıdıklar *pl*
bekennen **A** V/T itiraf etmek **B** V/R **sich schuldig ~** JUR suçunu itiraf *od* kabul etmek **Bekenntnis** N REL mezhep
beklagen **A** V/T *akk -e* acınmak **B** V/R **sich ~** şikâyet etmek (**über** *akk -den*)
bekleben V/T yapıştırmak (*etw* **mit** *dat -e -i*)
Bekleidung F giyim
beklemmend ADJ yürek burucu
bekommen **A** V/T almak; MED -*e* yakalanmak; **Hunger ~** acıkmak **B** V/I (*Luftveränderung etc*) yaramak, iyi gelmek (*j-m b-e*)

beladen VT yüklemek
belagern VT kuşatmak
belanglos ADJ önemsiz
belasten VT TECH yüklemek; JUR suçlamak; (*Konto*) borç kaydetmek **belastend** ADJ JUR suçlu gösteren; (*psychisch*) sıkıntı verici
belästigen VT rahatsız etmek; (*sexuell*) taciz etmek **Belästigung** F taciz
Belastung F yük(leme), ağırlık; TECH yükle(n)me; (*psychisch*) sıkıntı
belebend ADJ canlandırıcı **belebt** ADJ canlı; (*Ort*) işlek
Beleg M WIRTSCH makbuz; (*Beweis*) belge **belegen** VT (*Platz*) işgal etmek, tutmak; (*Behauptung*) ispat etmek; (*Vorlesung*) -e yazılmak **Belegschaft** F (*von Firma etc*) personel; çalışanlar *pl* **belegt** ADJ (*Platz*) meşgul, tutulmuş; (*Stimme*) kısık
belehren VT bilgilendirmek, öğretmek (*j-n* **über** *akk* *b-e b.ş-i*)
beleidigen VT incitmek, kırmak; (*herabsetzen*) hakaret etmek (*akk -e*) **Beleidigung** F hakaret
belesen ADJ okumuş, bilgili
Beleuchtung F ışıklandırma, aydınlatma
Belgien N Belçika
belichten VT FOTO pozlamak **Belichtung** F FOTO pozlama **Belichtungsmesser** M FOTO pozometre
Belieben N **nach ~** isteğe göre **beliebig** A ADJ herhangi B ADV istenildiği kadar; isteğe göre **beliebt** ADJ sevilen
beliefern VT göndermek (*j-n* **mit** *dat b-e b.ş-i*)
bellen VI havlamak
belohnen VT ödüllendirmek
Belohnung F ödül
belügen VT *akk -e* yalan söylemek
bemächtigen VR **sich ~** *gen -i* ele geçirmek
bemalen VT boyamak
bemängeln VT kusurlu bulmak
bemerkbar ADJ hissedilir; **sich ~ machen** (*Person*) kendini hissettirmek *od* belli etmek; (*Sache*) kendini göstermek **bemerken** VT (*wahrnehmen*) görmek, fark etmek; (*sagen*) söylemek, ifade etmek **bemerkenswert** ADJ dikkate söylemeğe değer **Bemerkung** F söz; ifade
bemitleiden VT *akk -e* acımak
bemühen A VT *j-n* rahatsız etmek B VR **sich ~** uğraşmak (**um** *akk* için); zahmet etmek
benachrichtigen VT *akk -e* haber vermek, *-i* haberdar etmek
benachteiligen VT *akk -e* zarar vermek; *-in* hakkını yemek **Benachteiligung** F haksızlık, dezavantaj
benehmen VR **sich ~** davran

mak (**wie** *nom* gibi) **Benehmen** N davranış; (*Manieren*) terbiye
beneiden V/T kıskanmak (*j-n* **um** *akk b-in ş-ini*) **beneidenswert** ADJ imrenilecek
benennen V/T adlandırmak; **als Zeugen ~** şahit göstermek
Bengel M ⟨-, -s⟩ *umg* afacan, kerata
benötigen V/T *akk -e* ihtiyacı olmak
benutzen V/T kullanmak **Benutzer(in)** M(F) kullanıcı **Benutzung** F kullan(ıl)ış
Benzin N ⟨-e⟩ benzin **Benzinkanister** M AUTO benzin bidonu **Benzinleitung** F benzin borusu **Benzinpumpe** F AUTO benzin pompası
beobachten V/T gözet(le)mek, izlemek; MED gözlemlemek **Beobachter(in)** M(F) gözlemci **Beobachtung** F gözlem; gözetim
bequem ADJ rahat, kullanışlı; *umg* tembel **Bequemlichkeit** F rahatlık, kolaylık; (*Faulheit*) tembellik
beraten **A** V/T bilgilendirmek **B** V/R **sich ~** *j-m etw* danışmak **Berater(in)** M(F) danışman **Beratung** F danışma; (*Besprechung*) görüşme; MED konsültasyon
berauben V/T soymak; yoksun bırakmak (*gen -den*)
berechnen V/T hesaplamak, tahmin etmek **berechnend** ADJ *fig* çıkarcı **Berechnung** F hesaplama, tahmin
berechtigen (*j-n* **zu** *dat b-e b.ş.* için) yetki vermek, *b-e -mek* hakkını vermek **berechtigt** ADJ yetkili; (*begründet*) haklı **Berechtigung** F hak, yetki
Bereich M alan, saha
bereichern V/R **sich ~** zenginleşmek (**an** *dat -den*)
Bereifung F AUTO lastikler *pl*
bereinigen V/T halletmek; (*Problem*) gidermek
bereisen V/T *-i* gezmek
bereit ADJ hazır (**zu** *dat -e*) **bereiten** V/T (*Essen*) hazırlamak, yapmak; (*Kummer*) vermek, yaratmak **bereits** ADV önceden; şimdiden **Bereitschaft** F nöbet(çilik), hazır olma; (*Bereitwilligkeit*) gönüllülük **Bereitschaftsarzt** M, **Bereitschaftsärztin** F nöbetçi doktor **bereitstellen** V/T hazır bulundurmak **bereitwillig** ADJ istekli, gönüllü
bereuen V/T *akk -e* pişman olmak
Berg M ⟨-e⟩ dağ; tepe **bergab** ADV yokuş aşağı **Bergarbeiter** M madenci **bergauf** ADV yokuş yukarı **Bergbahn** F teleferik **Bergbau** M ⟨*kein pl*⟩ madencilik
bergen V/T (*retten*) kurtarmak
Bergführer(in) M(F) dağ rehberi **bergig** ADJ dağlık **Bergkette** F sıradağ **Bergstei-**

gen N dağcılık **Bergsteiger(in)** M(F) dağcı
Bergung F (*Rettung*) çıkarma, kurtarma; tahlisiye
Bergwacht F *dağcı kurtarma ekibi*
Bergwerk N maden ocağı
Bericht M ⟨-e⟩ rapor; bildiri; ~ **erstatten** rapor vermek **berichten** A V/T *j-m etw* bildirmek; (*erzählen*) anlatmak B V/I (*Presse*) haber vermek **Berichterstatter(in)** M(F) muhabir; raportör
berichtigen V/T düzeltmek **Berichtigung** F düzeltme
Bernhardiner M ⟨-⟩ ZOOL Sen Bernar köpeği
Bernstein M ⟨-e⟩ kehribar
bersten V/I patlamak (**vor** *dat -den*)
berüchtigt ADJ kötü şöhretli
berücksichtigen V/T dikkate almak, hesaba katmak
Beruf M meslek; iş
berufen A V/T (*ernennen*) atamak, tayin etmek (**zu** *dat -e*) B V/R **sich ~ auf** *akk -e* dayanmak C ADJ yetkili, yetenekli (**zu** *dat -e*)
beruflich A ADJ meslekî B ADV ~ **unterwegs** iş yolculuğunda; **was machen Sie ~?** ne iş yapıyorsunuz? **Berufsschule** F meslek okulu **berufstätig** ADJ çalışan, meslek sahibi
Berufung F (*Ernennung*) atanma, tayin; JUR temyiz
beruhen V/I dayanmak (**auf** *dat -e*)
beruhigen A V/T yatıştırmak, rahatlamak B V/R **sich ~** yatışmak, sakinleşmek **Beruhigungsmittel** N sakinleştirici
berühmt ADJ tanınmış, ünlü
berühren V/T *akk -e* dokunmak; (*Thema*) *-e* değinmek **Berührung** F dokunma
bes.: **besonders** özellikle
besagen V/T ifade etmek
Besatzung F SCHIFF, FLUG mürettebat
besaufen V/R *umg* **sich ~** sarhoş olmak
beschädigen V/T zarar vermek, bozmak **Beschädigung** F hasar, zarar
beschaffen A V/T tedarik etmek, sağlamak B V/R **sich ~** *-i* edinmek C ADJ nitelikli **Beschaffenheit** F nitelik
beschäftigen A V/T meşgul etmek; çalıştırmak B V/R **sich ~ mit** ile meşgul olmak, uğraşmak **beschäftigt** ADJ meşgul; çalışan (**bei** *dat -de*) **Beschäftigung** F uğraşı; (*Arbeit*) iş, çalışma, görev
beschämen V/T utandırmak
Bescheid M ⟨-e⟩ (*Auskunft*) haber; (*amtlich*) karar yazısı; ~ **wissen** bilgisi olmak (**in** *dat* hakkında); ~ **geben** (*od* **sagen**) *-e* haber vermek
bescheiden ADJ alçakgönüllü
bescheinigen V/T belgelemek
Bescheinigung F belge

bescheißen VT *umg* aldatmak, kazıklamak
beschenken VT *akk -e* hediye vermek
Bescherung F (*an Weihnachten*) hediye dağıtımı; *umg* nahoş olay
beschimpfen VT *akk -e* sövmek; küfür etmek **Beschimpfung** F sövme, hakaret; küfür
Beschiss M *vulg* (*Betrug*) aldatma; kazıklama **beschissen** ADJ *vulg* (*Situation*) berbat
beschlagen **A** VT (*Hufe*) nallamak **B** VI (*Glas*) buğulanmak
beschlagnahmen VT *-e* elkoymak
beschleunigen **A** VT hızlandırmak **B** VI hızlanmak **Beschleunigung** F hızlandırma; PHYS ivme
beschließen VT (*entscheiden*) kararlaştırmak; (*beenden*) bitirmek **Beschluss** M karar; (*Ende*) son
beschmutzen VT kirletmek
beschneiden VT kesmek, yontmak; REL sünnet etmek **Beschneidung** F REL sünnet
beschnitten ADJ REL sünnetli
beschönigen VT olduğundan güzel göstermek
beschränken **A** VT sınırla(ndır)mak, kısıtlamak **B** V/R **sich ~** yetinmek (**auf** *akk* ile)
beschreiben VT (*schildern*) tarif etmek; (*Papier*) üstüne yazmak **Beschreibung** F (*Weg*) tarif; tasvir; (*Anleitung*) kullanma kılavuzu
beschuldigen VT suçlamak (*gen* ile) **Beschuldigung** F suçlama, itham
beschützen VT korumak (**vor** *-den*)
Beschwerde F ‹-n› şikâyet; **~n** *pl* MED *a.* (*Leiden*) ağrı **beschweren** V/R **sich ~** şikâyet etmek (**über** *akk* **bei** *dat -den -e*)
beschwerlich ADJ zahmetli, yorucu
beschwichtigen VT yatıştırmak
beschwipst ADJ *umg* çakırkeyif, içkili
beschwören VT **etw ~** bir şeyi yemin etmek; **j-n ~** *-e* yalvarmak
beseitigen VT yok etmek; (*Problem*) gidermek; (*ermorden*) öldürmek, katletmek
Besen M ‹-› süpürge
besetzen VT (*Land*) işgal etmek; (*Platz a.*) tutmak **besetzt** ADJ (*Platz, a.* TEL) meşgul; (*Zug*) dolu **Besetztzeichen** N TEL meşgul sesi
besichtigen VT *-i* gezerek görmek, dolaşmak **Besichtigung** F (*Stadt*) gezme-görme, ziyaret
besiedeln VT (*bewohnen*) iskân etmek; (*sich ansiedeln*) yerleşmek
besiegen VT yenmek
besinnen V/R **sich ~** düşün-

mek; **sich ~ auf** -i hatırlamak **Besinnung** F **die ~ verlieren** bayılmak; **zur ~ kommen** ayılmak; *fig* aklı başına gelmek, kendine gelmek **besinnungslos** ADJ baygın
Besitz M ⟨*kein pl*⟩ (*Ware*) mal; (*Eigentum*) mülkiyet (*Immobilien*) mülk, emlâk **besitzen** *akk -e* sahip olmak, *-in* sahibi olmak **Besitzer(in)** M(F) sahip; mal sahibi
besoffen ADJ *umg* sarhoş
Besoldung F maaş
besondere(r, s) ADJ (*außergewöhnlich*) özel; (*zusätzlich, a. getrennt*) ayrı **Besonderheit** F ⟨-en⟩ özellik **besonders** ADV (*sehr*) çok, özellikle
besonnen ADJ tedbirli, ağırbaşlı
besorgen V/T almak, temin etmek
Besorgnis F ⟨-sse⟩ endişe, korku, kaygı **besorgt** ADJ endişeli; **~ sein um** *akk b.ş.* için korkmak
Besorgung F tedarik; alışveriş
besprechen V/T *-i* görüşmek, konuşmak; (*Buch*) tanıtmak **Besprechung** F görüşme; konferans; (*Rezension*) tanıtma yazısı
bespritzen V/T serpmek (*etw* **mit** *dat -in* üzerine *-i*)
besser ADJ daha iyi; **~ werden, sich ~n** iyileşmek; (*Wetter*) açılmak; **~ gesagt** daha doğrusu **Besserung** F iyileşme, düzelme; **gute ~!** geçmiş olsun!
Bestand M varlık; WIRTSCH mevcut **beständig** (*andauernd*) devamlı; (*Wetter*) değişmez **Bestandteil** M ⟨-e⟩ unsur
bestärken V/T desteklemek
bestätigen V/T *akk* onaylamak; (*bescheinigen*) belgelemek **Bestätigung** F onay, tasdik; (*Bescheinigung*) belge
Bestattung F cenaze **Bestattungsinstitut** N cenaze (işleri) servisi
beste(r, s) ADJ en iyi; **das Beste, am besten** en iyisi
bestechen V/T *akk -e* rüşvet vermek **bestechlich** ADJ rüşvetçi **Bestechlichkeit** F rüşvetçilik **Bestechung** F rüşvet
Besteck N ⟨-e⟩ çatal, bıçak, kaşık
bestehen **A** V/T (*Prüfung*) kazanmak **B** V/I (*vorhanden sein*) var olmak; (*andauern*) devam etmek, sürmek; **~ aus** *-den* oluşmak; **~ auf** *-de* ısrar etmek
bestehend ADJ (*existierend*) şimdiki; bulunan, mevcut; ibaret (**aus** *dat -den*)
besteigen V/T *akk* (*Berg*) *-e* çıkmak, tırmanmak; (*Pferd, Auto*) *-e* binmek
bestellen V/T ısmarlamak, sipariş etmek; AGR *-i* işlemek; (*Gruß*) söylemek; (*Tisch, Zimmer*) ayırtmak; (*Taxi*) çağırmak
Bestellnummer F sipariş

numarası **Bestellung** F WIRTSCH sipariş
besteuern V/T vergilendirmek
bestialisch ADJ canavarca
Bestie F canavar
bestimmen V/T (*festlegen*) belirlemek, belirtmek; (*definieren*) tanımlamak; (*anordnen*) kararlaştırmak; (*reservieren*) ayırmak (**für** *akk* -e) **bestimmt** A ADJ belli; (*gewiss*) kesin; mahsus (**für** *akk* -e); GRAM belirli B ADV muhakkak **Bestimmung** F (*Zweck*) amaç; JUR hüküm; (*Schicksal*) kader; **~en** *pl a.* hükümler *pl* **Bestimmungsort** M gideceği yer
Best.-Nr. → Bestellnummer
bestrafen V/T cezalandırmak **Bestrafung** F cezalandır(ıl)ma
bestrahlen V/T MED radyoterapi ile tedavi etmek **Bestrahlung** F MED radyoterapi
Bestreben N ⟨*kein pl*⟩, **Bestrebung** F gayret
bestreiten V/T (*leugnen*) inkâr etmek; (*Kosten*) ödemek
Besuch M ⟨-e⟩ ziyaret; (*Gast*) misafir, konuk **besuchen** V/T ziyaret etmek, (görmeye) gitmek **Besucher(in)** M(F) ziyaretçi, misafir
betätigen A V/T TECH işletmek B V/R **sich ~** çalışmak
betäuben V/T MED uyuşturmak; bayıltmak **betäubend** ADJ uyuşturucu **Betäubung** F uyuşukluk; MED narkoz; **örtliche ~** MED lokal anestezi **Betäubungsmittel** N uyuşturucu madde
beteiligen A V/T **j-n ~** ortak yapmak (**an** *dat* -e) B V/R **sich ~ an** -e katılmak **Beteiligung** F katılım; (*Anteil*) pay
beten V/I dua etmek
Beton M ⟨-s⟩ beton
betonen V/T vurgulamak **Betonung** F vurgu(lama)
betr.: **betrifft** ilgi, özü
Betracht M **in ~ ziehen** *akk* itibara almak; göz önüne getirmek; **(nicht) in ~ kommen** söz konusu ol(ma)mak **betrachten** V/T *akk* -e bakmak; **j-n ~ als** -i ... saymak **beträchtlich** ADJ önemli, epey
Betrag M ⟨¨-e⟩ FIN tutar; miktar **betragen** A V/I tutmak B V/R **sich ~** davranmak **Betragen** N davranış, tavır
betreffen V/T ilgilendirmek; **was mich betrifft** bana gelince **betreffend** *akk* -e gelince; **die ~e Person** ilgili kişi
betreiben V/T işletmek
betreten A V/T *akk* -e (ayak) basmak, (*Haus*) girmek B ADJ sıkılmış, mahcup
betreuen V/T (*Kranke*) *akk* -e bakmak; (*Projekt*) yürütmek **Betreuer(in)** M(F) (*Pfleger*) bakıcı **Betreuung** F bakım
Betrieb M WIRTSCH işletme; fabrika; (*Treiben*) faaliyet; **au-**

ßer ~ hizmet dışı; *umg* bozuk **betriebsbereit** ADJ (çalışmağa) hazır **Betriebsrat** M (*Person*) işçi temsilcisi; (*Gremium*) işçi temsilciliği **Betriebssystem** N IT işletme sistemi **Betriebsunfall** M iş kazası **Betriebswirtschaft** F işletmecilik

betrinken V/R **sich ~** sarhoş olmak

betroffen ADJ (*verwirrt*) şaşkın; (*innerlich berührt*) etkilenmiş, üzgün; **die ~en Personen** ilgili kişiler

betrübt ADJ üzgün

Betrug M ⟨*kein pl*⟩ aldatma; hile; JUR hilekârlık, dolandırıcılık **betrügen** V/T (*a. Partner*) aldatmak; JUR dolandırmak **Betrüger(in)** M(F) hilekâr, dolandırıcı **betrügerisch** ADJ hileli, aldatıcı

betrunken ADJ sarhoş, içkili

Bett N ⟨-en⟩ yatak; **ins** (*od* **zu**) **~ gehen** yatmak **Bettcouch** F çekyat **Bettdecke** F (*gesteppt*) yorgan; (*Wolldecke*) battaniye **Bettlaken** N çarşaf

betteln V/I dilenmek

Bettgestell N karyola **bettlägerig** ADJ yatalak

Bettler(in) M(F) dilenci

Bettruhe F yatak istirahati **Betttuch** N çarşaf **Bettwäsche** F yatak çamaşırı

beugen V/T eğmek; (*Recht*) çiğnemek; GRAM çekmek

Beule F ⟨-n⟩ MED şiş(kinlik); (*Delle*) çökük

beunruhigen V/T endişeye düşürmek, tedirgin etmek **beunruhigt** ADJ tedirgin

beurlauben V/T *akk -e* izin vermek **beurlaubt** ADJ izinli

beurteilen V/T hüküm vermek (*akk* hakkında) **Beurteilung** F görüş, değerlendirme; (*Schule*) not verme

Beute F ⟨*kein pl*⟩ ganimet; (*Jagdbeute*) av

Beutel M ⟨-⟩ kese, torba

bevölkern V/T iskân etmek **Bevölkerung** F halk; (*Einwohner*) nüfus

bevollmächtigen V/T *akk -e* yetki vermek

bevor KONJ -meden önce

bevorstehen V/I yakında olmak

bevorzugen V/T tercih etmek (**vor** *dat -e*)

bewachen V/T gözetmek, göz altında bulundurmak **bewacht** ADJ bekçili; nöbetçil **Bewachung** F gözetim, nezaret

bewaffnet ADJ silâhlı

bewahren V/T korumak (**vo** *dat -den*); **Gott bewahre!** Allah korusun!

bewährt ADJ denenmiş

bewältigen V/T *-i* becermek

bewässern V/T sulamak

bewegen **A** V/T *akk* hareke ettirmek, yerinden oynatmak *fig -e* dokunmak; *-i* teşvik etmek (**zu** *dat -e*) **B** V/R **sich** ~

hareket etmek **beweglich** ADJ hareketli; oynak **bewegt** ADJ heyecanlı, hareketli; (*Meer*) dalgalı **Bewegung** F hareket

Beweis M ⟨-e⟩ kanıt, ispat; JUR delil **beweisen** V/T ispat etmek

bewerben V/R **sich ~ um** *akk b.ş.* için başvurmak; adaylığını koymak **Bewerber(in)** M(F) başvuran, aday **Bewerbung** F başvuru, müracaat (dilekçesi)

bewerten V/T değerlendirmek

bewilligen V/T tahsis etmek; müsaade etmek

bewirken V/T *akk* meydana getirmek; (*verursachen*) *-e* sebep olmak

bewirten V/T yedirip içirmek

bewirtschaften V/T (*Lokal*) işletmek; AGR işlemek

bewog, bewogen → bewegen

bewohnen V/T *akk -de* oturmak **Bewohner(in)** M(F) oturan, sakin

bewölken V/R **sich ~** bulutlanmak **bewölkt** ADJ bulutlu

bewundern V/T *-e* hayran olmak **Bewunderung** F hayranlık

bewusst **A** ADJ bilinçli; **sich einer Sache ~ sein** *-in* bilincinde olmak **B** ADV (*absichtlich*) bilerek **bewusstlos** ADJ baygın **Bewusstlosigkeit** F ⟨*kein pl*⟩ baygınlık **Bewusstsein** N ⟨*kein pl*⟩ bilinç

bezahlen V/T ödemek; **~ bitte!** hesap lütfen! **Bezahlung** F ödeme

bezaubernd ADJ büyüleyici

bezeichnen V/T (*angeben*) göstermek; (*beschreiben*) tanımlamak; (*benennen*) adlandırmak

bezeichnend ADJ karakteristik; anlamlı **Bezeichnung** F ad; söz; terim

bezeugen V/T *akk -e* tanıklık etmek

beziehen **A** V/T (*Bett*) çarşaf geçirmek; (*Gehalt*) almak; (*Ware*) satın almak; (*Haus*) *-e* yerleşmek **B** V/R **sich ~ auf** ile ilgili olmak; (*Himmel*) bulutlanmak **Beziehung** F ilgi; ilişki; **~en haben** (*vorteilhafte*) torpili olmak; **in dieser (jeder) ~** bu (her) bakımdan **beziehungsweise** KONJ daha doğrusu; veya

Bezirk M ⟨-e⟩ bölge; (*Stadtbezirk*) semt

Bezug M (*Überzug*) kılıf; *fig* ilgi; **in ~ auf** *akk* hakkında *nom*; **~ nehmen auf** *akk -e* dayanmak; **Bezüge** *pl* (*Einkommen*) aylık, maaş, gelir **bezüglich** PRÄP *+gen* hakkında *nom*

bezwecken V/T amaçlamak

bezweifeln V/T *akk -den* şüphelenmek

BH → Büstenhalter

Bibel F ⟨-n⟩ İncil

Biber M ⟨-⟩ ZOOL kunduz

Bibliothek F ⟨-en⟩ kütüphane

Bibliothekar M ⟨-e⟩, **Bibliothekarin** F kütüphaneci
biegen **A** V/T bükmek, eğmek **B** V/I **um die Ecke ~** köşeden dönmek **biegsam** ADJ bükülebilir, esnek
Biene F ⟨-n⟩ arı **Bienenkorb** M, **Bienenstock** M arı kovanı
Bier N ⟨-e⟩ bira **Bierzelt** N büyük eğlence çadırı
Biest N ⟨-er⟩ (vahşî) hayvan
bieten **A** V/T sunmak; (*bei Versteigerung*) arttırmak **B** V/R **sich ~** (*Gelegenheit*) ortaya çıkmak; **sich nicht ~ lassen** *akk -e* kendine söyletmemek/yaptırtmamak
bigott ADJ yobaz
Bikini M bikini
Bilanz F ⟨-en⟩ WIRTSCH bilanço
Bild N ⟨-er⟩ resim; (*Foto*) fotoğraf; (*Eindruck*) imge **Bildband** M resimli kitap, albüm
bilden **A** V/T (*machen*) yapmak; (*ausmachen*) oluşturmak; (*ausbilden*) eğitmek **B** V/R **sich ~** (*entstehen*) oluşmak; (*lernen*) öğrenmek
Bilderbuch N resimli kitap
Bildhauer(in) M(F) heykeltıraş
Bildnis N ⟨-sse⟩ resim
Bildschirm M IT ekran
Bildung F (*Entstehen*) oluş(tur)ma; (*Wissen*) bilgi, terbiye; kültür
Billard N ⟨-e⟩ bilardo
billig ADJ ucuz
billigen V/T kabul etmek, onaylamak; uygun görmek
Billigung F onay
Binde F ⟨-n⟩ bağ; MED sargı; (*Damenbinde*) âdet bezi
Bindehautentzündung F MED göz zarı iltihabı
binden V/T bağlamak; (*Buch*) ciltlemek; (*Soße*) koyulaştırmak
Bindestrich M tire, kısa çizgi
Bindfaden M sicim, ip **Bindung** F bağla(n)ma; bağlılık
binnen PRÄP *+gen* zarfında, içinde; **~ Kurzem** kısa zamanda
Binnen... iç ...
Bio... doğal, biyolojik; kimyasal maddeler olmadan yetişen *veya* üretilen
Biografie F ⟨-n⟩ yaşamöyküsü
Bioladen M doğal ürünler satan dükkân
Biologie F ⟨*kein pl*⟩ biyoloji
biologisch ADJ biyolojik; (*Anbau*) organik
Birke F ⟨-n⟩ BOT kayın ağacı
Birne F ⟨-n⟩ BOT armut; *umg* ELEK ampul
bis **A** PRÄP (**zu** *dat*) *-e* kadar, *-e* dek; **~ morgen!** yarın görüşürüz! **B** KONJ *-e* kadar; **zwei ~ drei Stück** iki üç tane
Bischof M ⟨=e⟩ REL piskopos
bisher ADV şimdiye kadar
biss → beißen **Biss** M ⟨-e⟩ ısırma; sokma
bisschen ADJ & ADV **ein ~** biraz
Bissen M ⟨-⟩ lokma **bissig**

ADJ ısırgan; *fig* iğneleyici
bisweilen ADV bazen, arasıra
Bit N IT bit
bitte INT lütfen; ~ **sehr!** buyurun!; (*als Antwort auf danke*) rica ederim!, bir şey değil; **wie ~?** efendim? **Bitte** F ⟨-n⟩ rica, arzu **bitten** V/T & V/I rica etmek, dilemek (*j-n* **um** *akk* -*den* -*i*)
bitter ADJ acı
bizarr ADJ tuhaf, acayip
Blähungen *pl* MED gaz, şişkinlik
Blamage F ⟨-n⟩ rezalet **blamieren** **A** V/T rezil etmek **B** V/R **sich ~** rezil olmak
blank ADJ parlak; *umg* parasız
Blankoscheck açık çek
Blase F ⟨-n⟩ kabarcık; ANAT sidik torbası
blasen V/I üflemek; (*Wind*) esmek **Blasinstrument** N nefesli çalgı
blass ADJ solgun, soluk
Blatt N ⟨¨-er⟩ yaprak; *fig* gazete **blättern** V/I (**in** *dat* -*in*) sayfalarını çevirmek **Blätterteig** M yufka, milföy (hamuru)
blau ADJ mavi; (*dunkelblau*) lacivert; **~es Auge** morarmış göz; **~er Fleck** morartı
Blaubeere F yabanmersini
Blech N ⟨-e⟩ teneke; (*Backblech*) saç **Blechbüchse** F, **Blechdose** F teneke kutu
Blechschaden M AUTO kaporta hasarı
Blei N ⟨-e⟩ kurşun
bleiben V/I kalmak, durmak; (**bei** *dat* -*e*) devam etmek; **~ lassen** bırakmak **bleibend** ADJ devamlı, kalıcı
bleich ADJ soluk, renksiz
bleifrei ADJ (*Benzin*) kurşunsuz
bleihaltig ADJ (*Benzin*) kurşunlu **Bleistift** M kurşunkalem
Blende F ⟨-n⟩ FOTO diyafram
blenden V/I göz kamaştırmak
Blick M ⟨-e⟩ bakış; (*Ausblick*) manzara; **einen ~ werfen auf** -*e* bir göz atmak **blicken** V/I (**auf** *akk* -*e*) bakmak; **sich ~ lassen** görünmek (**in** *dat* -*de*)
blieb → bleiben
blies → blasen
blind ADJ kör; (*trübe*) donuk; **~er Alarm** yanlış alarm; **~er Passagier** kaçak yolcu **Blinddarm** M ANAT körbarsak **Blinddarmentzündung** F MED apandisit **Blinde(r)** M/F(M) kör **Blindenschrift** F kör alfabesi **Blindheit** F körlük **blindlings** ADV körü körüne
blinken V/I (*Stern*) parıldamak; (*Blinklicht*) yanıp sönmek; AUTO sinyal vermek **Blinker** M AUTO sinyal (lambası)
Blitz M ⟨-e⟩ şimşek; yıldırım; FOTO flaş **Blitzableiter** M paratoner, şimşekçeker **blitzen** V/I (şimşek) çakmak; (*funkeln*) parıldamak **Blitzlicht** N FOTO flaş (ışığı) **blitzschnell** ADJ çarçabuk, şimşek gibi

Block M ⟨¨-e⟩ kütle; (*Häuserblock*) blok
blockieren A VI (*Räder*) kilitlenmek B VT bloke etmek
blöd(e) ADJ aptal, budala; (*Sache*) saçma **Blödsinn** M ⟨*kein pl*⟩ saçmalık; aptallık, budalalık
blond ADJ sarışın, sarı saçlı
bloß A ADV (*nur*) yalnız, sadece B ADJ (*unbedeckt*) çıplak, açık **Blöße** F ⟨-n⟩ çıplaklık; **sich eine ~ geben** zayıf tarafını göstermek **bloßstellen** VT rezil etmek
Blouson M ⟨-s⟩ mont
Bluff M ⟨-s⟩ blöf
blühen VI çiçek açmak; *fig* gelişmek
Blume F ⟨-n⟩ çiçek; (*Wein*) koku; (*Bier*) köpük **Blumenhändler(in)** M(F) çiçekçi **Blumenkohl** M ⟨*kein pl*⟩ karnıbahar **Blumenstrauß** M buket, demet **Blumentopf** M saksı **Blumenvase** M vazo
Bluse F ⟨-n⟩ bluz
Blut N ⟨*kein pl*⟩ kan **Blutdruck** M MED tansiyon
Blüte F ⟨-n⟩ (*Pflanzenteil*) çiçek; (*Blütezeit*) çiçeklenme; *fig* gelişme; *umg* sahte banknot
bluten VI kanamak; kan kaybetmek **Bluterguss** M kan çürüğü **Blutgruppe** F kan grubu **blutig** ADJ kanlı **Blutkörperchen** N yuvar **Blutrache** F kan davası **blutstillend** ADJ kan kesici **Bluttransfusion** F kan nakli **Blutung** F kanama **Blutvergiftung** F kan zehirlenmesi
BLZ → Bankleitzahl
Bock M ⟨¨-e⟩ ZOOL (*Widder*) koç; (*Ziegenbock*) teke; (*Kutschbock*) oturma yeri; SPORT eşek; **~ haben (zu** *od* **auf** *-i*) *umg* istemek **bockig** ADJ inatçı
Boden M ⟨¨⟩ yer, zemin, toprak; (*von Gefäß*) dip; (*Fußboden*) taban, döşeme; (*Dachboden*) çatıarası; *fig* (*Basis*) temel **bodenlos** ADJ dipsiz; *fig* (*unerhört*) benzeri görülmemiş **Bodenpersonal** N FLUG yer personeli **Bodenreform** F toprak reformu **Bodenschätze** M *pl* yeraltı zenginlikleri *pl*
Bodensee M Konstanz Gölü
Bodybuilding N ⟨*kein pl*⟩ SPORT vücut geliştirme
bog → biegen
Bogen M ⟨¨⟩ SPORT, MUS yay; ARCH kemer, ark; (*Papier*) yaprak
Bohne F ⟨-n⟩ fasulye; (*Saubohne*) bakla; (*Kaffeebohne*) kahve çekirdeği; **grüne ~n** *pl* taze fasulye *sg*; **weiße ~n** *pl* kuru fasulye *sg*
bohren VT delmek, delik açmak **Bohrer** M ⟨-⟩ matkap (*Bohrkopf*) burgu
Boiler M ⟨-⟩ şofben
Boje F ⟨-n⟩ SCHIFF şamandıra
Bolzen M ⟨-⟩ cıvata
bombardieren VT bombala

mak **Bombe** F ⟨-n⟩ bomba
on M ⟨-s⟩ (*Kassenzettel*) fiş; kupon
onbon M ⟨-s⟩ *od* N bonbon
onus ⟨-i⟩ prim, ikramiye
oot N ⟨-e⟩ sandal, kayık
ord M ⟨*kein pl*⟩ SCHIFF borda; **an ~** (*Schiff*) gemide; (*Flugzeug*) uçakta **Bordcomputer** M AUTO taşıt bilgisayarı
ordell N ⟨-e⟩ genelev
ordkarte F FLUG (uçağa) biniş kartı
orgen V/T **j-m etw ~** *-e -i* ödünç vermek; **sich etw ~** *-i* ödünç almak
orke F ⟨-n⟩ ağaç kabuğu
örse F ⟨-n⟩ (*Geldbörse*) para cüzdanı; WIRTSCH borsa
orste F ⟨-n⟩ kalın kıl
orte F ⟨-n⟩ bordür
ösartig ADJ kötü niyetli; MED kötü huylu
öschung F iniş, bayır
öse ADJ kötü; (*gemein*) âdi; (*unartig*) yaramaz; **~ sein auf** -e kızmak; **~r Blick** nazar **boshaft** ADJ kötü niyetli, huysuz
Bosheit F kötülük; yaramazlık
osnien N Bosna
osporus M Boğaziçi
oss M *umg* patron
öswillig ADJ kötü/art niyetli; UR *a.* kasıtlı
ot → bieten
otanik F ⟨*kein pl*⟩ botanik; **botanischer Garten** botanik bahçesi

Bote M ⟨-n⟩, **Botin** F haberci
Botschaft F ⟨-en⟩ haber, mesaj; POL büyükelçilik **Botschafter(in)** M(F) elçi; POL büyükelçi
Bottich M ⟨-e⟩ tekne
Bouillon F ⟨-s⟩ et suyu
Boulevardpresse F boyalı basın
Boutique F ⟨-n⟩ butik
Bowle F ⟨-n⟩ (*Getränk*) bol
Box F ⟨-en⟩ boks; (*Behälter*) kutu
boxen V/I boks yapmak **Boxer** M ⟨-⟩ SPORT boksör **Boxkampf** M boks maçı
boykottieren V/T boykot etmek
brach **A** → **brechen** **B** ADJ AGR sürülmemiş
brachte → bringen
Branche F ⟨-n⟩ branş, dal **Branchenbuch** N TEL meslekler rehberi
Brand M ⟨¨-e⟩ yangın; MED kangren **Brandsalbe** F yanık merhemi **Brandstifter(in)** M(F) kundakçı
Brandung F sahile vuran dalgalar *pl*
Brandwunde F yanık (yarası)
Branntwein M kanyak
braten **A** V/T kızartmak, kavurmak **B** V/I kızarmak **Braten** M kızartma **Bratpfanne** F kızartma tavası **Bratröhre** F fırın
Brauch M ⟨¨-e⟩ örf-âdet, gelenek

brauchbar ADJ işe yarar, faydalı **brauchen** V/T *-e* ihtiyacı olmak; *-i* istemek; **das brauchst du nicht zu tun** bunu yapmana gerek yok
Braue F ⟨-n⟩ (*Augenbraue*) kaş
brauen V/T (bira) yapmak
Brauerei F ⟨-en⟩ bira fabrikası
braun ADJ kahverengi; esmer; bronz **Bräune** F esmerlik **braungebrannt** bronzlaşmış, güneşten yanmış **Braunkohle** F linyit
Brause F (*Dusche*) duş; (*Limonade*) gazoz
Braut F ⟨=e⟩ gelin; nişanlı (kız) **Bräutigam** M ⟨-e⟩ damat, güvey; nişanlı (erkek)
brav ADJ (*artig*) uslu, terbiyeli; namuslu
bravo! INT bravo! aferin!
BRD F → Bundesrepublik Deutschland
brechen A V/T (*Bein*) kırmak; (*Versprechen*) bozmak B V/I (*Ast*) kırılmak; MED kusmak C V/R **sich** ~ PHYS kırılmak **Brechreiz** M bulantı **Brechstange** F küskü; levye
Brei M ⟨-e⟩ ezme; lapa; püre; (*für Kinder*) *umg* mama
breit ADJ geniş, enli; **drei Meter** ~ eni/genişliği üç metre **Breite** F ⟨-n⟩ en, genişlik; GEOG enlem **Breitengrad** M enlem derecesi
Bremsbeläge *pl* AUTO fren balatası *sg* **Bremse** F ⟨-n⟩ AUTO fren; ZOOL atsineğ **bremsen** A V/T frenleme B V/I fren yapmak **Bremsflüssigkeit** F AUTO fren yağ **Bremslicht** N AUTO stop fren lambası **Bremspedal** N AUTO fren pedalı
brennbar ADJ yanıcı **brennen** V/I yanmak (*a. Lich*
Brennnessel F ⟨-n⟩ BO ısırgan(otu) **Brennpunkt** N odak **Brennstoff** M yakıt, yakacak
Brett N ⟨-er⟩ tahta; (*Regal*) raf **Schwarzes** ~ ilân tahtası
Brezel F ⟨-n⟩ tuzlu simit
Brief M ⟨-e⟩ mektup, ya **Briefbogen** M mektup kâğıdı **Briefkasten** M mektup kutusu **brieflich** ADV mektupl **Briefmarke** F posta pul **Briefmarkensammler(in)** M(F) pul koleksiyoncusu **Briefpapier** N mektup kâğıc **Brieftasche** F cüzdan **Briefträger(in)** M(F) postacı **Briefumschlag** M mektup zar **Briefverkehr** M, **Briefwechsel** M mektuplaşma
briet → braten
Brikett N ⟨-s⟩ briket
Brillant M ⟨-en⟩ pırlanta
Brille F ⟨-n⟩ gözlük **Brillenglas** N gözlük camı
bringen V/T *j-m etw* (*herbringen*) getirmek; (*fortbringen*) g türmek; THEAT sahneleme (*Nachricht*) yayınlamak; **zu** **Lachen** ~ güldürmek; **zu**

Schweigen ~ susturmak; **nach Hause ~** eve bırakmak
Brite M ⟨-n⟩, **Britin** F, **britisch** ADJ Britanyalı, İngiliz
Brocken M ⟨-⟩ kırıntı, parça
brodeln V/I fokurdamak, kaynamak
Brombeere F BOT böğürtlen
Bronchitis F *⟨kein pl⟩* MED bronşit
Bronze F *⟨kein pl⟩* bronz, tunç
Brosche F ⟨-n⟩ broş
Broschüre F ⟨-n⟩ broşür
Brot N ⟨-e⟩ ekmek **Brötchen** N ⟨-⟩ küçük ekmek; **belegtes ~** sandviç **Brotkruste** F, **Brotrinde** F ekmek kabuğu **Brotzeit** F (*Pause*) yemek molası; (*Imbiss*) soğuk ara öğün
Browser M IT tarayıcı
Bruch M ⟨¨-e⟩ kırılma; kırık; (*Leistenbruch*) fıtık; MATH kesir **brüchig** ADJ kırık, çatlak
Brücke F ⟨-n⟩ köprü; (*Teppich*) seccade, küçük halı **Brückenbogen** M ARCH köprü kemeri
Bruder M ⟨¨-⟩ erkek kardeş; (*älterer*) ağabey **brüderlich** ADJ kardeşçe
Brühe F ⟨-n⟩ su; et suyu
brüllen V/I bağırmak; (*Tier*) böğürmek
brummen V/I homurdanmak
brünett ADJ esmer
Brunnen M ⟨-⟩ kuyu; (*Quelle*) çeşme
brüsk ADJ sert, haşin
Brüssel N Brüksel
Brust F ⟨¨-e⟩ göğüs; meme **Brustwarze** F meme ucu
brutal ADJ hayvanca, vahşî, vahşîce
brüten V/I kuluçkaya yatmak; *fig* dalmak (**über** *akk -e*)
brutto ADV WIRTSCH brüt
Bub M ⟨-en⟩ erkek çocuk **Bube** M ⟨-n⟩ (*Karte*) vale, oğlan
Buch N ⟨¨-er⟩ kitap **Buchbinder(in)** M(F) ciltçi **Buchdruck** M (*Druckwesen*) baskı işlemi; (*Verfahren*) tipo
Buche F ⟨-n⟩ BOT kayın ağacı
buchen V/T WIRTSCH deftere yazmak; (*Reise*) rezerve ettirmek; (*Hotel*) yer ayırtmak
Bücherei F kütüphane **Bücherschrank** M kitaplık
Buchfink M ZOOL ispinoz
Buchführung F defter tutma; muhasebe **Buchhalter(in)** M(F) muhasebeci
Buchhändler(in) M(F) kitapçı **Buchhandlung** F kitabevi
Büchse F (teneke) kutu
Buchstabe M ⟨-n⟩ harf **buchstabieren** V/T harf harf söylemek; hecelemek **buchstäblich** ADV harfi harfine
Bucht F ⟨-en⟩ körfez, (*kleiner*) koy
Buchung F (*Hotel*) yer ayırtma, rezervasyon
bücken V/R **sich ~** eğilmek
Bude F ⟨-n⟩ (*Markt*) kulübe; *umg* (*Wohnung*) ev
Budget N ⟨-s⟩ bütçe
Büfett N büfe
Büffel M ⟨-⟩ ZOOL manda

büffeln *umg* ineklemek, ders çalışmak
Bug M ⟨-e⟩ SCHIFF pruva
Bügel M ⟨-⟩ TECH yay; (*Kleiderbügel*) askı **Bügelbrett** N ütü tahtası **Bügeleisen** N ütü **Bügelfalte** F ütü çizgisi **bügelfrei** ADJ ütü istemez **bügeln** **A** V/T ütülemek **B** V/I ütü yapmak
Bühne F ⟨-n⟩ sahne
buk → backen
Bukarest N Bükreş
Bulgare M ⟨-n⟩, **Bulgarin** F Bulgar **Bulgarien** N Bulgaristan **bulgarisch** ADJ Bulgar **Bulgarisch** N Bulgarca
Bulle M ⟨-n⟩ (*Stier*) boğa; *umg* (*Polizist*) polis, aynasız
Bummel M ⟨-⟩ gezme, gezinti **bummeln** V/I gezmek; (*trödeln*) oyalanmak **Bummelstreik** M işi yavaşlatma grevi
Bund **A** M ⟨¨-e⟩ (*Union*) birlik; (kon)federasyon; (*Hosenbund*) kemer, kuşak; MIL *umg* → Bundeswehr **B** N ⟨-e⟩ (*Radieschen*) demet
Bündel N ⟨-⟩ demet; bohça **bündeln** V/T demetlemek, desteleme
Bundesgerichtshof M Federal Mahkeme **Bundeskanzler(in)** M(F) federal başbakan, şansölye **Bundesland** N eyalet **Bundesliga** F Federal Alman Ligi **Bundespräsident(in)** M(F) federal cumhurbaşkanı **Bundesrat** M Eyaletler Meclisi **Bundesregierung** F federal hükümet **Bundesrepublik** F **Deutschland** Almanya Federal Cumhuriyeti **Bundesstaat** M federal devlet **Bundestag** M POL Federal Parlamento **Bundeswehr** F Federal Silâhlı Kuvvetler *pl*
Bündnis N ⟨-sse⟩ birleşme, pakt
Bunker M ⟨-⟩ MIL sığınak
bunt ADJ (*farbig*) karışık renkli; (*abwechslungsreich*) çeşitli **Buntstift** M renkli kalem
Burg F ⟨-en⟩ kale, hisar
Bürge M ⟨-n⟩ JUR kefil **bürgen** V/I kefil olmak (**für** *akk* için)
Bürger(in) M(F) yurttaş, vatandaş **Bürgerinitiative** F yurttaşlar girişimi **Bürgerkrieg** M iç savaş **bürgerlich** ADJ medenî; sivil; burjuva; **Bürgerliche(s) Gesetzbuch** JUR medenî kanun **Bürgermeister(in)** M(F) belediye başkanı **Bürgersteig** M ⟨-e⟩ yaya kaldırımı
Bürgschaft F ⟨-en⟩ JUR kefillik
Büro N ⟨-s⟩ büro, daire **Bürobedarf** M kırtasiye **Büroklammer** F ataş **Bürokratie** F ⟨-n⟩ bürokrasi
Bürste F ⟨-n⟩ fırça **bürsten** V/T fırçalamak
Bus M ⟨-sse⟩ otobüs **Busbahnhof** M otogar

Busch M ⟨¨e⟩ çalı
Büschel N ⟨-⟩ (*Heu*) demet; (*Haare*) tutam
Busen M göğüs; koyun; GEOG körfez, koy
Busfahrer(in) M(F) otobüs şoförü **Bushaltestelle** F otobüs durağı
Buße F ⟨-n⟩ REL tövbe; (*Geldbuße*) para cezası **büßen** V/I & V/T *akk -in* cezasını çekmek **Bußgeld** N para cezası
Büste F ⟨-n⟩ büst **Büstenhalter** M sutyen
Busverbindung F otobüs bağlantısı
Butter F ⟨*kein pl*⟩ tereyağı **Butterbrot** N tereyağlı ekmek **Buttermilch** F tereyağı alınmış süt
Byte N ⟨-s⟩ IT bayt
byzantinisch ADJ Bizanslı **Byzanz** N Bizans
bzw. → beziehungsweise

C

C N MUS do; **hohes C** ince do
ca. → circa
Cabrio(let) N ⟨-s⟩ kabriyole
Café N ⟨-s⟩ kahve(hane), pastahane
Cafeteria F ⟨-s, -rien⟩ kafeterya
campen V/I kamp yapmak
Camping N ⟨*kein pl*⟩ kamping **Campingbus** M karavan **Campinggas** N küçük tüpgaz **Campingplatz** M kamp(ing) yeri
CD F ⟨-s⟩ sidi, kompakt disk, CD **CD-Player** M sidi çalar, CD-çalar
Cello N ⟨-s⟩ MUS viyolonsel, çello
Cent M FIN sent
Champagner M ⟨*kein pl*⟩ şampanya
Champignon M ⟨-s⟩ şampinyon (mantarı)
Chance F ⟨-n⟩ şans, fırsat
Chaos N ⟨*kein pl*⟩ kaos **chaotisch** ADJ karmakarışık, kaotik
Charakter M ⟨-e⟩ karakter; huy, tabiat; (*Eigenart*) nitelik **charakterisieren** V/I tanımlamak, nitele(ndir)mek **charakteristisch** ADJ karakteristik, tipik
charmant ADJ (*Mann*) çok nazik, (*Frau*) cazibeli
Charterflug M FLUG çarter uçuşu **Chartermaschine** F FLUG çarter uçak
Chat M IT çet, sohbet **chatten** V/I IT çetleşmek, sohbet etmek
Chauffeur M ⟨-e⟩ (özel) şoför
Chauvinismus M şovenlik, şovenizm
checken V/T (*kontrollieren*) gözden geçirmek; *umg* (*verstehen*) anlamak **Check-in** M FLUG çekin **Check-in-Schalter** M

FLUG çekin gişesi
Chef M ⟨-s⟩ şef, başkan, müdür; *umg* patron **Chefarzt** M, **Chefärztin** F başhekim **Chefin** F bayan şef, müdire
Chemie F ⟨*kein pl*⟩ kimya **Chemikalien** F/PL kimyasal maddeler **Chemiker(in)** M(F) kimyager **chemisch** ADJ kimyevî, kimyasal; **~e Reinigung** kuru temizleme **Chemotherapie** F MED kemoterapi
Chicorée M & F ⟨*kein pl*⟩ BOT acımarul
Chile N Şili
China N Çin **Chinese** M ⟨-n⟩, **Chinesin** F Çinli **chinesisch** ADJ Çinli **Chinesisch** N Çince
Chinin N ⟨*kein pl*⟩ kinin
Chip M ⟨-s⟩ (*Spielmarke*) çip, marka; IT çip, yonga
Chips *pl* (*Kartoffelchips*) cips
Chirurg M ⟨-en⟩, **Chirurgin** F cerrah, operatör
Chlor N ⟨*kein pl*⟩ klor
Cholera F ⟨*kein pl*⟩ MED kolera
Cholesterin N ⟨*kein pl*⟩ MED kolesterin
Chor M ⟨¨e⟩ koro; ARCH galeri
Christ M ⟨-en⟩ Hristiyan **Christentum** N Hristiyanlık **Christin** F Hristiyan **christlich** ADJ Hristiyan
Chrom N ⟨*kein pl*⟩ krom
Chronik F ⟨-en⟩ (*Buch*) kronik
chronisch ADJ MED kronik, müzmin
circa ADV aşağı yukarı, takriben
Clique F ⟨-n⟩ *umg* klik, grup
Clown M ⟨-s⟩ palyaço
Club M → Klub
cm → Zentimeter
Co.: **Compagnie, Kompanie** F şirketi, ortakları
Cocktail M ⟨-s⟩ kokteyl
Code M ⟨-s⟩ (-s) M kod
Cognac® M kanyak
Cola F ⟨*kein pl*⟩ kola
Comic(s *pl*) çizgi-roman
Computer M ⟨-⟩ bilgisayar **Computerspiel** N bilgisayar oyunu **Computervirus** M bilgisayar virüsü
Container M ⟨-⟩ konteyner
Cord M ⟨-e, -s⟩ fitilli kadife
Couch F ⟨-es⟩ divan, kanepe
Countdown M geri sayma
Cousin M ⟨-s⟩ (erkek) kuzen amca/dayı/hala/teyze oğlu
Cousine F ⟨-n⟩ (kız) kuzen amca/dayı/hala/teyze kızı
Creme F ⟨-s⟩ krem
Cursor M IT imleç

D

D N MUS re
da **A** ADV (*räumlich*) (*dort*) ora da; (*hier*) şurada, burada; işte (*zeitlich*) o zaman, o anda; ~ ja mademki; **~ sein** bulunmak var/mevcut olmak; **ist jeman**

~? kimse var mı?; **~, bitte** buyurun **B** KONJ (*weil*) çünkü, *-diği* için

dabei ADV (*räumlich*) yanında; **warst du ~?** orada mıydın?; (*zeitlich*) bu arada; **~ sein zu** *inf -mek* üzere olmak; (*doch*) ancak **dabeihaben** V/T *akk* yanında bulundurmak *nom*

dableiben V/I ayrılmamak, kalmak

Dach N ⟨¨er⟩ çatı, dam **Dachboden** M tavanarası **Dachgepäckträger** M AUTO portbagaj **Dachgeschoss** N çatı katı **Dachrinne** F yağmur *od* çatı oluğu

Dachs M ⟨-e⟩ ZOOL porsuk

Dachschaden M **er hat einen ~** *umg* bir tahtası eksik

Dachstuhl M çatı gövdesi

dachte → denken

Dachziegel M kiremit

Dackel M ⟨-⟩ ZOOL *bir köpek cinsi*

dadurch ADV (*deswegen*) bundan dolayı, (*auf diese Weise*) böylelikle

dafür ADV (*zu diesem Zweck*) bunun için; (*als Gegenleistung*) buna karşılık; (*anstelle*) bunun yerine; **~ sein (zu** *-den*) yana olmak

dagegen ADV (*gegen*) buna karşı; (*andererseits*) diğer taraftan; (*doch*) oysaki; **~ sein (zu** *-e*) karşı olmak

daheim ADV evde

daher ADV (*darum*) bunun için, bundan dolayı; (*räumlich*) oradan

dahin ADV (*räumlich*) oraya; **bis ~** (*zeitlich*) o zamana kadar

dahinter ADV (*räumlich*) arkasında **dahinterkommen** V/I *fig* farketmek, keşfetmek

damalig ADJ o zamanki, eski

damals ADV o zamanlar

Damaskus N Şam

Dame F ⟨-n⟩ bayan, hanım (-efendi); (*Spiel*) dama; **meine ~n und Herren!** Bayanlar, Baylar! **Damenbinde** F ped, âdet bezi **Damenfriseur** M kadın kuaförü **Damenkleidung** F kadın giyimi **Damentoilette** F kadın tuvaleti

damit **A** ADV (*somit*) bununla, böylece **B** KONJ *-mek* için, *-sin* diye

dämlich ADJ aptal, salak, ahmak

Damm M ⟨¨e⟩ set, bent; (*Staudamm*) baraj

dämmern (*morgens*) gün doğmak; (*abends*) akşam olmak **Dämmerung** F (*morgens*) gün ağarması, şafak; (*abends*) akşam karanlığı

Dämon M ⟨-en⟩ cin

Dampf M ⟨¨e⟩ buhar; islim, istim; buğu **Dampfbad** N hamam **Dampfbügeleisen** N buharlı ütü **dampfen** V/I buhar çıkarmak

dämpfen V/T (*Essen*) buğuda pişirmek; *fig* (*Stimme*) kısmak

Dampfer M (buharlı) vapur

Dampfkochtopf M düdüklü tencere **Dampflok(omotive)** F (buharlı) lokomotif
danach ADV (*zeitlich*) bundan sonra; (*demgemäß*) buna göre; **mir ist nicht ~** canım bunu istemiyor; **ich fragte ~** bunu/onu sordum
Däne M ⟨-n⟩ Danimarkalı
daneben ADV (*räumlich*) onun yanında; (*außerdem*) bundan başka
Dänemark N Danimarka **Dänin** F ⟨-nen⟩ Danimarkalı **dänisch** ADJ Danimarka(lı) **Dänisch** N Danca
dank PRÄP +*dat od gen* sayesinde *nom* **Dank** M ⟨*kein pl*⟩ teşekkür; şükran; **vielen ~!** teşekkür ederim! **dankbar** ADJ minnettar **danke** INT, **~ sehr, ~ schön** teşekkür ederim, sağ ol(un) **danken** V/I teşekkür etmek (*dat* **für** *akk -e -den* dolayı); **nichts zu ~!** bir şey değil!
dann ADV (*zeitlich*) (ondan) sonra; **bis ~!** görüşürüz!; (*unter dieser Voraussetzung*) o hâlde, öyleyse
daran ADV onda; (*räumlich*) bitişiğinde
darauf ADV (*räumlich*) üstünde; (*zeitlich*) bunun üzerine; **am Tag ~** ertesi gün; **~ stolz sein** *-den* gurur duymak **daraufhin** ADV (*anschließend*) bundan sonra; bunun üzerine
daraus ADV bundan; **~ wird nichts** bu iş olmaz
Dardanellen *pl* Çanakkale Boğazı *sg*
darin ADV (*räumlich*) içinde; bunda
Darlehen N ⟨-⟩ FIN kredi, borç
Darm M ⟨¨e⟩ ANAT bağırsak
darstellen V/T (*zeigen*) göstermek; (*beschreiben*) anlatmak; THEAT temsil etmek **Darsteller(in)** M(F) oyuncu; (*Mann*) aktör, (*Frau*) aktris **Darstellung** F canlandırma; gösteri
darüber ADV (*räumlich*) üzerinde, üzerine; bunun üzerine; **~ hinaus** bundan başka
darum ADV (*räumlich*) etrafında; etrafına; (*deshalb*) bundan dolayı
darunter ADV (*räumlich*) altında, altına; (*dazwischen*) arasında, arasına
das **A** BEST ART *sg* N (*dat* dem, *akk* das, *gen* des) *belirli nötr tanımlık*; (belirli) **~ Auto, ~ Kind, ~ Wetter** araba, çocuk, hava **B** DEM PR (*dieses*) bu, şu, o; **~ hier** şu(radaki) **~ heißt** demek ki, yani; **~ ist** (*od* **sind**) işte (bu) **C** REL PR **~ Buch, ~ er las** (onun) okuduğu kitap
Dasein N ⟨*kein pl*⟩ varlık, hayat
dass KONJ ki, diye; *-in* -diğini, -diğine; **ohne ~** -meden/-meksizin; **es sei denn, ~** ola ki
Datei F IT dosya
Daten *pl* veriler, bilgiler *pl* **Da-**

tenbank F ⟨-en⟩ veri tabanı **Datenverarbeitung** F IT bilgi işlem
datieren V/T *akk -e* tarih koymak; **datiert** tarihli
Dativ M ⟨-e⟩ GRAM ismin -e hâli; yönelme durumu
Dattel F ⟨-n⟩ hurma
Datum N ⟨-ten⟩ tarih
Dauer F ⟨*kein pl*⟩ süre, müddet **Dauerauftrag** M FIN sürekli ödeme talimatı **dauerhaft** ADJ (*Material*) sağlam, dayanıklı; (*andauernd*) sürekli **dauern** V/I devam etmek, sürmek; **es dauert nicht lange** uzun sürmez **dauernd** ADJ devamlı, sürekli; **er lügt ~** yalan söyleyip duruyor; **~ zu spät kommen** hep geç kalmak **Dauerwelle** F (*Frisur*) perma
Daumen M ⟨-⟩ başparmak
Daunen *pl* kaz tüyü *sg* (ile doldurulmuş)
davon ADV (*räumlich*) bundan, ondan; **das kommt ~!** sonu işte böyle olur!; **was hältst du ~?** bu konuda sen ne düşünüyorsun?
davonkommen V/I kurtulmak
davor ADV (*räumlich*) önünde, önüne; (*zeitlich*) ondan önce; **~ Angst haben** *-den* korkmak
dazu ADV (*zusätzlich*) buna (ilâveten), bunda; (*zu diesem Zweck*) bunun için; **was sagst du ~?** (buna) sen ne dersin?; **noch ~** üstelik **dazugehören** V/I *-e* ait olmak
dazwischen ADV (*räumlich*) arasında, arasına **dazwischenkommen** V/I araya girmek; engel olmak
Dealer(in) M(F) (*Drogendealer*) torbacı, uyuşturucu ticareti yapan kişi
Debatte F ⟨-n⟩ tartışma
Deck N ⟨-s⟩ SCHIFF güverte
Decke F ⟨-n⟩ örtü; (*Zimmerdecke*) tavan; (*Wolldecke*) battaniye
Deckel M ⟨-⟩ kapak
decken **A** V/T (*bedecken*) örtmek; (*Tisch*) kurmak; (*Ausgaben*) kapatmak; (*Bedarf*) karşılamak; (*Tier*) çiftleştirmek **B** V/I (*Farbe*) kapatmak **C** V/R **sich ~** (*Vorstellungen*) aynı olmak
Deckung F WIRTSCH karşılık
defekt ADJ bozuk, arızalı
defensiv ADJ savunucu
definieren V/T tanımlamak, belirlemek **Definition** F tanım, tarif
definitiv ADJ kesin, katî
Defizit N ⟨-e⟩ WIRTSCH açık
dehnbar ADJ elastikî, esnek
dehnen **A** V/T genişletmek, uzatmak **B** V/R **sich ~** uzanmak
Deich M ⟨-e⟩ set, bent
dein(e, er, es), (*in Brief*) **Dein(e, er, es)** POSS PR senin, -in; (*Briefschluss*) **~ Peter** dostun Peter **deinerseits** ADV (*von dir aus*) senin tarafından
deinetwegen ADV (*wegen dir*) senden dolayı; (*für dich*)

senin için
deinstallieren V/T IT proğram silmek/kaldırmak
Dekan M ⟨-e⟩ dekan; REL başpapaz **Dekanat** N ⟨-e⟩ dekanlık
Deklination F GRAM isim çekimi
Dekoration F dekor; süsleme **dekorativ** ADJ süsleyici; dekoratif **dekorieren** V/T süslemek; dekore etmek
Delegation F delegasyon **Delegierte(r)** M/F(M) delege
Delfin M ZOOL yunus (balığı)
Delikatesse F ⟨-n⟩ lezzetli yiyecek
Delikt N ⟨-e⟩ JUR suç
Delle F ⟨-n⟩ (*Beule*) çökük
dem BEST ART & DEM PR *dat sg von* **der/das**; **wie ~ auch sein mag** her neyse
dementieren V/T yalanlamak
demgemäß ADV, **demnach** ADV buna göre
demnächst ADV yakında
Demokrat M ⟨-en⟩ demokrat **Demokratie** F ⟨-n⟩ demokrasi **Demokratin** F demokrat **demokratisch** ADJ demokratik
Demonstrant M ⟨-en⟩, **Demonstrantin** F POL gösterici; yürüyüşe katılan **Demonstration** F gösteri yürüyüşü, miting **Demonstrativpronomen** N GRAM işaret zamiri **demonstrieren** **A** V/I POL gösteri yapmak **B** V/T (*zeigen*) göstermek
demütig ADJ alçakgönüllü **demütigen** V/T aşağılamak, gururunu kırmak
den **A** BEST ART *akk sg von* **der**; **er hat sich ~ Wagen gekauft** o arabayı satın aldı **B** BEST ART *dat pl von* **die**; **mit ~ Kindern lernen** çocuklarla ders çalışmak
denkbar **A** ADJ düşünülebilir **B** ADV **~ einfach** çok basit
denken V/T & V/I (**an** *akk -i*, **über** *akk -i hakkında*) düşünmek, (*erinnern*) hatırlamak; (*glauben*) sanmak (**dass** *-diğini*); **das habe ich mir schon gedacht** tahmin ettim
Denkmal N anıt, abide
Denkmalschutz M **unter ~ stehen** koruma altında olmak
denn **A** KONJ çünkü, *-diği* için **B** ADV **was ist ~?** ne var ki?; **wieso ~?** niye ki?
dennoch ADV buna rağmen
Deo(dorant) N ⟨-s⟩ deodoran
Deponie F ⟨-n⟩ (*Mülldeponie*) çöplük **deponieren** V/T (*hinterlegen*) *-i -e* bırakmak, yatırmak **Depot** N ⟨-s⟩ ambar, depo
Depp N ⟨-en⟩ *umg* (*Dummkopf*) deli, salak
Depression F depresyon, psikolojik çöküntü, bunalım **depressiv** ADJ depresif
der **A** BEST ART *sg* M (*dat* dem, *akk* den, *gen* des) *belirli eril tanımlık*; **~ Mann** (*belirli*) erkek

B DEM PR (*gen* dessen) ~ **hier** bu, şu, o **C** REL PR ~ **Vogel, der fliegt** uçan kuş

derart ADV böylesine **derartig** ADJ böyle, bu gibi

derb ADJ kaba

dergleichen DEM PR bu gibi, benzeri

derjenige DEM PR şu/o. ki …

derselbe DEM PR aynısı

derzeit ADV şimdi, hâlen; şu/o sıra

Deserteur M ⟨-e⟩ asker kaçağı

deshalb ADV bunun için, bu yüzden, bundan dolayı

Design N ⟨-s⟩ dizayn; tasarım **Designer(in)** M(F) tasarımcı

desinfizieren V/T dezenfekte etmek

dessen *gen sg von* **der, das** -in … -si; **mein Freund und ~ Bruder** arkadaşım ve kardeşi

Dessert N ⟨-s⟩ tatlı

destillieren V/T damıtmak; **destilliertes Wasser** saf su

desto KONJ o derecede; **~ besser!** daha iyi!; **je früher, ~ besser** ne kadar erken o kadar iyi

destruktiv ADJ yıkıcı

deswegen ADV bu sebeple; onun için

Detail N ⟨-s⟩ ayrıntı, detay

Detektiv M ⟨-e⟩, **Detektivin** F detektif

deuten **A** V/T yorumlamak **B** V/I göstermek (**auf** *akk -i*); -e işaret etmek

deutlich ADJ belli, açık

deutsch ADJ Alman **Deutsch** N Almanca **Deutsche(r)** M/F(M) Alman **Deutschland** N Almanya **Deutschtürke** M, **Deutschtürkin** F Al(a)mancı

Devisen *pl* FIN döviz *sg*

Dezember (-) *m* aralık (ayı)

dezent ADJ (*Mensch*) kibar(ca), (*Kleidung*) zarif(çe); (*Musik*) hafif

Dezimal… MATH ondalık

d. h.: **das heißt** yani

Dia N ⟨-s⟩ slayt, diya

Diabetes M MED şeker hastalığı **Diabetiker(in)** M(F) şeker hastası

Diagnose F ⟨-n⟩ MED teşhis

diagonal ADJ köşegen, diyagonal

Dialekt M ⟨-e⟩ şive, lehçe

Dialog M ⟨-e⟩ diyalog

Diamant M ⟨-en⟩ elmas

Diät F ⟨*kein pl*⟩ perhiz, rejim

dich, (*in Brief*) **Dich** PERS PR *von* **du**; seni; **~ selbst** kendini

dicht ADJ sık; (*Verkehr, Nebel*) yoğun; (*wasserundurchlässig*) su geçirmez; **~ bei** *dat -in* hemen yakınında **Dichte** F ⟨*kein pl*⟩ (*Gewebe*) sıklık; PHYS yoğunluk **dichten** V/T TECH contalamak; (*Gedicht*) (şiir) yazmak **Dichter(in)** M(F) şair, ozan **Dichtung** F *liter* şiir; TECH conta

dick ADJ kalın, iri; (*Person*) şişman; (*Flüssigkeit*) koyu **Dicke**

F ⟨kein pl⟩ kalınlık **Dickicht** N ⟨-e⟩ çalılık
die **A** BEST ART sg F (*dat* der, *akk* die, *gen* der) *belirli dişil tanımlık*; ~ **Frau** (*belirli*) kadın **B** BEST ART *pl* M & F & N; ~ **Männer**, ~ **Frauen**, ~ **Kinder** (*belirli*) erkekler, kadınlar, çocuklar **C** DEM PR (*gen* deren) ~ **hier** bu, şu, o **D** REL PR **die Frau**, ~ **lacht** gülen bayan
Dieb M ⟨-e⟩, **Diebin** F hırsız **Diebstahl** M ⟨¨-e⟩ hırsızlık
Diele F ⟨-n⟩ (*Vorraum*) hol, antre; (*Brett*) tahta
dienen V/I *dat* hizmet etmek; (*benutzt werden*) kullanılmak (**als** *nom* olarak) **Diener(in)** M(F) hizmetçi **Dienst** M ⟨-e⟩ hizmet; görev; servis; **außer** ~ hizmet/görev dışı(nda); (*im Ruhestand*) emekli
Dienstag M ⟨-e⟩ salı (günü)
Dienstalter N kıdem **Dienstgrad** M MIL rütbe **Dienstleistung** F hizmet **dienstlich** ADJ resmî **Dienstmädchen** N hizmetçi kız **Dienstreise** F iş gezisi **Dienststelle** F makam, daire
dies(e, er, es) DEM PR bu
diesbezüglich ADJ buna ilişkin
Dieselkraftstoff M AUTO dizel (yakıtı), mazot **Dieselmotor** M dizel motoru
diesig ADJ puslu, bulanık
diesmal ADV bu defa, bu kere
diesseits PRÄP *gen -in* beride, bu tarafta
Dietrich M ⟨-e⟩ TECH maymuncuk
diffamieren V/T kötülemek
Differenz F ⟨-en⟩ fark, ayrım; ~**en** *pl* görüş ayrılıkları
Differenzial(getriebe) N AUTO diferansiyel
digital ADJ, **Digital...** dijital
Diktat N ⟨-e⟩ dikte, yazdırma
Diktatur F ⟨-en⟩ dikta(törlük)
diktieren V/T (*Text*) *j-m etw* dikte etmek, yazdırmak
Dilettant M ⟨-en⟩, **Dilettantin** F hevesli, amatör **dilettantisch** ADJ acemice, amatörce
Dill M ⟨-e⟩ BOT dereotu
Dimension F boyut
DIN®: **Deutsche Industrienorm** F Alman Endüstri Normu *veya* Standartı
Ding N ⟨-e⟩ şey; **vor allen ~en** özellikle, her şeyden önce; **der Stand der ~e** (şu anki) durum
Dinosaurier (-) M ZOOL dinozor
Dioptrie F ⟨-n⟩ MED diyoptri
Diplom N ⟨-e⟩ diploma
Diplomat(in) M(F) diploma[t]
diplomatisch ADJ diploma[tik]
Diplom-Ingenieur(in) M(F) yüksek mühendis
dir, (*in Brief*) **Dir** PERS PR *dat* vo[n] **du**; sana; **mit** ~ seninle
direkt **A** ADJ (dos)doğru; **direkt** **B** ADV doğrudan doğruya; (*sofort*) hemen **Direktflug** M

aktarmasız uçuş
Direktor M ⟨-en⟩, **Direktorin** F müdür, yönetmen
Dirigent M ⟨-en⟩, **Dirigentin** F MUS orkestra şefi **dirigieren** MUS orkestra yönetmek
Discjockey M ⟨-s⟩ diskcokey
Disco(thek) F ⟨-en⟩ disko (-tek)
Diskette F IT disket
Diskont M ⟨-e⟩ FIN iskonto
diskret ADJ ağzı sıkı; tedbirli
diskriminieren V/T *akk -e karşı* ayrımcılık gütmek
Diskus M ⟨-ken, -sse⟩ SPORT disk
Diskussion F tartışma **diskutieren** V/T tartışmak
Display N IT gösterge, display
Dissertation F doktora tezi
distanzieren V/R **sich ~** uzak durmak (**von** *dat -den*)
Distel F ⟨-n⟩ BOT devedikeni
Disziplin F ⟨*kein pl*⟩ disiplin
Dividende F ⟨-n⟩ FIN kâr payı
dividieren V/T bölmek
DJ: **Discjockey** M diskcokey
doch **A** ADV tersine; buna rağmen; fakat; (*wenn doch*) keşke (*als Antwort*) elbette **B** KONJ fakat
Docht M ⟨-e⟩ fitil
Dock N ⟨-s⟩ SCHIFF havuz, dok
dogmatisch ADJ dogmatik
Doktor M ⟨-en⟩, **Doktorin** F doktor; hekim
Dokument N ⟨-e⟩ belge, doküman **Dokumentarfilm** M belgesel (film)
Dolch M ⟨-e⟩ kama, hançer
Dollar M ⟨-s⟩ dolar
Dolmetscher(in) M(F) tercüman
Dom M ⟨-e⟩ katedral; ARCH kubbe
Dompteur M ⟨-e⟩, **Dompteurin** F hayvan terbiyecisi
Donau F Tuna (nehri)
Donner M ⟨-⟩ gök gürlemesi **donnern** V/I *unpers* gök gürlemek
Donnerstag M ⟨-e⟩ perşembe
doof ADJ *umg* aptal, salak
Doppel N ⟨-⟩ çift **Doppelbett** N çift yatak **Doppelpunkt** M GRAM iki nokta **doppelt** ADJ çift, iki katlı **Doppelzimmer** N iki kişilik oda
Dorf N ⟨¨-er⟩ köy
Dorn M ⟨-en⟩ diken
Dorsch M ⟨-e⟩ ZOOL morina (balığı)
dort ADV orada(n), şurada(n) **dorthin** ADV oraya, şuraya **dortig** ADJ oradaki, şuradaki
Dose F ⟨-n⟩ kutu **Dosenbier** N kutu birası **Dosenöffner** M ⟨-⟩ konserve açacağı
Dosis (*Dosen*) F MED doz(aj)
Dotter M ⟨-⟩ yumurta sarısı
downloaden V/T IT indirmek
Dozent M ⟨-en⟩, **Dozentin** F doçent
dpa: **Deutsche Presse-Agentur** F Alman Basın Ajansı

Dr.: **Doktor** doktor (unvanı)
Drache M <-n> ejderha
Drachen M <-> (*Spielzeug*) uçurtma
Draht M <¨-e> tel **drahtlos** ADJ telsiz
Drama N <-men> THEAT dram **dramatisch** ADJ dramatik
dran ADV → daran; **ich bin ~** sıra bende; (*am Telefon*) benim
Drang M <*kein pl*> (*innerer Antrieb*) güdü; (*Verlangen*) istek
drang → dringen
drängeln V/I itişip kakışmak
drängen **A** V/T (*schieben*) itmek, sıkıştırmak **B** V/I (*eilig sein*) acil olmak **C** V/R **sich ~** itişmek, kakışmak
drastisch ADJ çok etkili; sert (-çe)
draußen ADV dışarıda; (*im Freien*) açıkta
Dreck M <*kein pl*> pislik; çamur; kir **dreckig** ADJ pis, kirli
Drehbank F TECH torna tezgâhı **drehbar** ADJ döner
Drehbuch N senaryo
drehen **A** V/T döndürmek, çevirmek **B** V/R **sich ~** dönmek **Drehstuhl** M döner koltuk **Drehtür** F döner kapı **Drehung** F dönme, devir
drei *Zahl* üç; **~ Viertel** üç çeyrek; **~ viertel neun (Uhr)** (saat) üçe çeyrek **Dreieck** N <-e> üçgen **dreifach** ADJ üç misli **dreimal** ADV üç defa **Dreirad** N üç tekerlekli bisiklet **dreißig** *Zahl* otuz **dreistöckig** ADJ üç katlı **dreitägi**[g] ADJ üç günlük **dreizehn** *Zah*[l] on üç
dressieren V/T (*Tier*) terbiye e[t]mek
drin ADV → darin
dringen V/I geçmek (**durch** *ak*[k] *-in* arasından); girmek (**in** *ak*[k] *-e*); ısrar etmek (**auf** *akk -d*[a]) **dringend** ADJ acil; öneml[i] **es ist ~** çok acele
drinnen ADV içinde, içeride
dritt ADV **zu ~** üç kişi **Dritte**[l] N <-> üçte bir
DRK: **Deutsches Rotes Kreu**[z] Alman Kızılhaçı
Droge F <-n> uyuşturucu ma[d]de **drogenabhängig** A[DJ] uyuşturucu bağımlısı **Dro**[gen]**genhandel** M uyuşturucu t[i]careti **drogensüchtig** A[DJ] uyuşturucuya düşkün
Drogerie F <-n> aktar (dükk[â]nı)
drohen V/I tehdit etmek, ko[r]kutmak (*j-m* **mit** *dat b-i* il[e])
drohend ADJ tehdit edici
dröhnen V/I (*Motor*) gürleme[k]; (*Kopf*) çok ağrımak
Drohung F tehdit
drollig ADJ tuhaf, garip; kom[ik]
Dromedar N <-e> ZOOL hec[in] devesi
Drossel F <-n> ZOOL ardıç k[u]şu
drosseln V/T TECH kısmak
drüben ADV karşıda, öbür t[a]rafta
drüber → darüber; ADV **dru**[...]

ter und ~ karmakarışık
Druck M ⟨-e⟩ basma, sıkma; baskı; PHYS basınç **Druckbuchstabe** M kitap harfı
drucken V/T *(Buch)* basmak
drücken **A** V/T *(Hand)* sıkmak; *(Preis)* düşürmek; *(Knopf)* basmak (**auf** *akk -e*) **B** V/I *(Schuh)* vurmak **C** V/R **sich ~** *fig* kaç(ın)mak (**vor** *dat -den*)
Drucker M ⟨-⟩ basımcı; *(Gerät)* yazıcı **Druckerei** F ⟨-en⟩ basımevi, matbaa **Druckknopf** M çıtçıt **Drucksache** F matbua
drum → darum
drunter → darunter
Drüse F ⟨-n⟩ MED bez, gudde
du, *(in Brief)* **Du** PERS PR sen
Dübel M ⟨-⟩ dübel, takoz
ducken V/R **sich ~** sinmek, saklanmak
Duell N ⟨-e⟩ düello
Duett N ⟨-e⟩ MUS düet
Duft M ⟨¨-e⟩ güzel koku **duften** V/I güzel kokmak; **~ nach** *dat ...* gibi kokmak
dulden V/T *akk -e* göz yummak
dumm ADJ aptal, akılsız **Dummheit** F ⟨-en⟩ aptallık, akılsızlık **Dummkopf** M ahmak
dumpf ADJ boğuk
Düne F ⟨-n⟩ kumul, kum tepesi
düngen V/T gübrelemek **Dünger** M ⟨-⟩ gübre
dunkel ADJ karanlık; *(Farbe)* koyu; *(Haut)* esmer; **es wird ~** ortalık kararıyor **Dunkelheit** F *⟨kein pl⟩* karanlık
dünn ADJ ince, zayıf; hafif; *(Flüssigkeit)* sulu
Dunst M ⟨¨-e⟩ buğu, sis, buhar
dünsten V/T az suyla/yağla pişirmek
dunstig ADJ buğulu, buharlı
Duo N ⟨-s⟩ ikili
Duplikat N ⟨-e⟩ kopya, nüsha
Dur N *⟨kein pl⟩* MUS majör
durch **A** PRÄP *akk -in* arasından, ortasından; -den; *(dank)* yardımıyla, sayesinde *nom* **B** ADV **~ und ~** tamamen
durchaus ADV tamamiyle
durchblättern V/T *akk -in* sayfalarını çevirmek
durchbohren V/T & V/I delmek
durchbrechen **A** V/T kırmak; yarmak **B** V/I kırılmak; çıkmak
durchbrennen V/I ELEK yanmak; *fig* kaçmak
durchdenken V/T incelemek, iyice düşünmek
durchdrehen V/I *umg* aklını kacırmak
durchdringen **A** V/T geçmek **B** V/I sızmak
durcheinander **A** ADJ *(verwirrt)* şaşkın **B** ADV altüst, karmakarışık **durcheinanderbringen, durcheinanderwerfen** V/T altüst etmek, karıştırmak
Durchfahrt F AUTO geçit, geçme
Durchfall M MED ishal
durchfallen V/I *(in der Schule)*

sınıfta kalmak; (*in Prüfung*) başaramamak
durchführen VT uygulamak
Durchführung F uygulama
Durchgang M geçit; SPORT tur **Durchgangsverkehr** M AUTO transit trafik
durchgebraten ADJ (*Steak*) iyi kızarmış
durchgehend ADV aralıksız; ~ **geöffnet** devamlı açık
durchgreifen VI ciddî tedbir almak
durchhalten VI & VT sonuna kadar dayanmak
durchkämmen VT taramak
durchkommen VI geçmek; (*auskommen mit*) *ile* geçinmek
durchkreuzen VT (*Plan*) baltalamak
durchlassen VT geçirmek; *-in* geçmesine müsaade etmek
durchlesen VT sonuna kadar okumak
durchleuchten VT *akk* MED *-in* röntgenini almak
durchlöchern VT delmek, zımbalamak
durchmachen VT *akk -e* katlanmak, *-i* geçirmek; çekmek
Durchmesser M çap
durchnässt ADJ sırılsıklam
durchnehmen VT (*in der Schule*) işlemek
durchqueren VT aşmak, geçmek
Durchreise F geçiş; **auf der ~ sein** yolculuk sırasında geçmek
durchrosten VI paslanara[k] delinmek
Durchsage F ⟨-n⟩ anons, du[...] yuru
durchschauen VT (*List*) anla[...] mak
durchscheinen VI, **durch[...] schimmern** VI görünmek
durchschlafen VI deliks[...] uyumak
durchschneiden VT kesme[k]
Durchschnitt M ortalam[a] **im ~** ortalama olarak **durch[...] schnittlich** ADJ ortalam[a] (olarak); (*Qualität*) sıradan
durchsehen VT (*Text*) gözde[n] geçirmek
durchsetzen **A** VT kabul e[t]tirmek **B** VR **sich ~** kendi[...] kabul ettirmek, başarmak
Durchsicht F ⟨-en⟩ gözde[n] geçirme **durchsichtig** A[DJ] şeffaf, saydam; (*klar*) berrak
durchsickern VI sızmak
durchsprechen VT (*Projekt*) konuşmak, görüşmek
durchstöbern VT *umg* aray[...] taramak
durchstreichen VT çizmek
durchsuchen VT aram[ak]
Durchsuchung F arama
Durchwahl F direkt hat
durchweg ADV hep, tamam[en]
durchwühlen VT karıştırma[k]
dürfen *v/hilf akk* (*od inf*) [...] *-meye* izinli olmak, izni olma[k] *-i* -ebilmek; **darf ich bitte[n]** (*Aufforderung zum Tanz*) da[...] edelim mi?

urfte → dürfen
ürftig ADJ (*ärmlich*) fakir; (*Antwort*) eksik, zayıf
ürr ADJ kurak, susuz **Dürre** F ⟨-n⟩ kuraklık, susuzluk
urst M ⟨*kein pl*⟩ susama, susuzluk; **~ haben** susamak
durstig ADJ susamış
usche F ⟨-n⟩ duş **duschen** V/T, **sich ~** V/R duş almak
üse F ⟨-n⟩ TECH meme, ağız **Düsenflugzeug** N FLUG jet uçağı
üster ADJ karanlık; kaygılı
utzend N ⟨-e⟩ düzine
uzen V/T *akk -e* sen diye hitap etmek
VD F DVD **DVD-Player** M DVD-çalar
ynamisch ADJ dinamik
ynamit N ⟨*kein pl*⟩ dinamit

E

N MUS mi (notası)
be F ⟨-n⟩ cezir; **~ und Flut** net ve cezir, gel-git
en **A** ADJ (*flach*) düz, yassı **B** ADV (*soeben*) demin; (*jetzt*) imdi **C** *Partikel* (*genau das*) işe
ene F ⟨-n⟩ GEOG ova; MATH düzlem; *fig* alan
enfalls ADV dahi, de, kezâ
enso ADV aynı şekilde, aynen; **~ sehr, ~ viel** o kadar, aynı derecede çok
Eber ⟨-⟩ *m* ZOOL erkek domuz
ebnen V/T düzlemek
Echo N ⟨-s⟩ yankı, eko
echt ADJ öz, hakikî; gerçek
Eckball M SPORT korner **Ecke** F ⟨-n⟩ köşe, kenar **eckig** ADJ köşeli **Eckzahn** M köpekdişi
edel ADJ asil, soylu **Edelmetall** N soy metal **Edelstein** M değerli taş
EDV: **Elektronische Datenverarbeitung** F elektronik bilgi işlem
Efeu M ⟨*kein pl*⟩ BOT sarmaşık
Effekt M ⟨-e⟩ etki **effektiv** ADJ FIN gerçek, hakikî; (*wirksam*) etkili
egal ADJ eşit, (hep) aynı; **das ist mir ~** (benim için) fark etmez
Egoismus M bencillik, egoizm **egoistisch** ADJ bencil
ehe KONJ *-meden* önce
Ehe F ⟨-n⟩ evlilik **Ehebruch** M zina **Ehefrau** F eş, *umg* karı **ehelich** ADJ evlilikle ilgili, meşru
ehemalig ADJ eski, önceki
Ehemann M eş, koca **Ehepaar** N evli çift, karı koca
eher ADV (*früher*) daha önce, daha erken; (*lieber*) tercihen
Ehering M alyans
eheste(r, s) **A** ADJ (*früheste*) en erken **B** ADV **am ~n** (*am einfachsten*) en kolay
Ehre F ⟨-n⟩ namus; (*Ruhm*) şan

ehren VT şereflendirmek **ehrenamtlich** ADJ fahrî **ehrenhaft** ADJ saygın **Ehrenmitglied** N fahrî üye **Ehrensache** F şeref konusu **Ehrenwort** N namus sözü
Ehrfurcht F REL saygı
Ehrgeiz M hırs, gayret
ehrlich ADJ dürüst; (*aufrichtig*) samimî **ehrlos** ADJ namussuz **ehrwürdig** ADJ saygıdeğer
Ei N ⟨-er⟩ yumurta; **hartes** ~ (hazır)lop yumurta; **weiches** ~ rafadan yumurta
Eiche F ⟨-n⟩ BOT meşe **Eichel** F ⟨-n⟩ BOT meşe palamudu
Eichhörnchen N ⟨-⟩ ZOOL sincap
Eid M ⟨-e⟩ yemin, ant; **e-n** ~ **leisten** ant içmek; JUR **an** ~**es statt** yemin yerine geçerli
Eidechse F ⟨-n⟩ ZOOL kertenkele
Eidotter M & N ⟨-⟩ yumurta sarısı **Eierbecher** M yumurta hokkası **Eierkuchen** M omlet
Eifer M ⟨*kein pl*⟩ gayret, çaba **Eifersucht** F ⟨*kein pl*⟩ kıskançlık **eifersüchtig** ADJ kıskanç **eifrig** ADJ gayretli, ateşli
Eigelb N ⟨-⟩ yumurta sarısı
eigen ADJ (*j-m*) *-e* ait; kendi; özel **eigenartig** ADJ tuhaf, acayip **Eigenbedarf** M şahsî ihtiyaç **eigenhändig** ADJ kendi eliyle **Eigenheim** N *b-nin kendi evi* **eigenmächtig** ADJ keyfî, izinsiz **Eigenname** M özel ad **Eigenschaf**t F ⟨-en⟩ nitelik, özellik **eigen**sinnig ADJ inatçı, dik kafalı
eigentlich **A** ADJ gerçek, as**B** ADV gerçekten, aslında doğrusu
Eigentum N ⟨*kein pl*⟩ mül**k** mal **Eigentümer(in)** M(F) mal sahibi
eigentümlich ADJ özel; (*sel*t*sam*) tuhaf, acayip
Eigentumswohnung F k*at* *mülkiyeti olan daire*
eignen V/R **sich** ~ yaramak, e**l**verişli olmak (**für** *akk -e*)
Eilbrief M ekspres (mektu**p**)
Eile F acele **eilen** V/I acele e**t**mek; koşmak; **es eilt** acele(di**r**)
eilig ADJ acele **Eilzug** M hız**lı** tren
Eimer M ⟨-⟩ kova
ein ADV ~ - **aus** (*Schalter*) açık kapalı
ein(e) UNBEST ART bir; ~**es T**a**ges** bir gün
einander PRON birbirine, bi**r**birini
einarbeiten V/T (*Person*) *b-i* b**ir** işe alıştırmak, işi öğretme**k**; (*zufügen*) eklemek, katmak
einarmig ADJ tek kollu, çola**k**
einatmen **A** V/T nefes ile iç**e** çekmek **B** V/I nefes alma**k**
Einbahnstraße F AUTO t**ek** yönlü yol
Einband M cilt
Einbauküche F gömme mu**t**fak **Einbauschrank** M göm**me** dolap

einberufen VT (*Konferenz*) -e çağırmak, davet etmek
Einbettzimmer N tek yataklı oda
einbiegen VI sapmak (**in** *akk* -e)
einbilden VR **sich ~** hayal görmek; (*meinen*) sanmak **Einbildung** F hayal; kuruntu; (*Dünkel*) gurur
einbinden VT (*Buch*) ciltlemek
Einblick M **~ haben** (**in** -e) görme ve bilme fırsatına sahip olmak
einbrechen VI (*Dach*) çökmek; (zorla) girmek (**in** *akk* -e)
Einbrecher(in) M(F) eve giren hırsız **Einbruch** M (*in Haus*) ev soyma; WIRTSCH düşüş
einbürgern **A** VT vatandaşlığa kabul etmek **B** VR **sich ~** yaygınlaşmak
einbüßen VT (*verlieren*) kaybetmek, yitirmek
einchecken **A** VI (*am Flughafen*) bilet işlemini yaptırmak; (*in Hotel*) kaydolmak **B** VT FLUG (*Koffer*) teslim etmek; (*im Hotel*) kaydolunmak
eindämmen VT *fig* önlemek
eindeutig ADJ açık, belli, kesin
eindringen VI zorla girmek (**in** *akk* -e) **eindringlich** ADJ acil, zorunlu
Eindruck M ⟨⸚e⟩ etki **eindrucksvoll** ADJ etkili; dokunaklı
eine(r, s) INDEF PR biri(si)

einerseits ADV bir taraftan
einfach ADJ sade, basit; (*leicht*) kolay; (*Fahrkarte*) yalnız gidiş, tek yön
Einfahrt F (araç) giriş(i)
Einfall M fikir **einfallen** VI *j-m b-in* aklına gelmek; (*Ruine*) yıkılmak, çökmek; istilâ etmek (**in** *akk* -e)
Einfamilienhaus N *tek ailelik müstakil ev*
einfarbig ADJ tek renkli
Einfluss M ⟨⸚e⟩ etki, tesir
einförmig ADJ tekdüze; tek tip
einfrieren **A** VT (*Speisen*) dondurmak **B** VI (*See*) donmak
einfügen VT katmak, eklemek (**in** *akk* -e)
Einfuhr F ⟨-en⟩ WIRTSCH ithalât **einführen** VT WIRTSCH ithal etmek; (*Sonde, a. einschmuggeln*) sokmak; (*in Thema*) -e girişmek **Einfuhrgenehmigung** F ithal izni **Einfuhrverbot** N ithal yasağı
Eingabe F IT giriş
Eingang M giriş (kapısı); WIRTSCH geliş
eingeben VT IT girmek, (bilgisayara) vermek
eingebildet ADJ kendini beğenen, kibirli; hayalî
eingeboren ADJ, **Eingeborene(r)** M/F(M) yerli
eingehen **A** VT (*Wette*) -e girmek **B** VI (*Ware*) gelmek; (*Stoff*) küçülmek; (*Pflanze*) ölmek, kurumak; **~ auf** *akk* -e ra-

zı olmak **eingehend** ADJ *(genau)* etraflı; esaslı
Eingemachte(s) N ⟨*kein pl*⟩ konserve; turşu
eingeschrieben ADJ *(Brief)* taahhütlü, kayıt edilmiş
Eingeständnis N itiraf, kabul
Eingeweide *pl* iç organlar
eingießen V/T dökmek
eingleisig ADJ BAHN tek raylı
eingliedern V/T dahil etmek
eingreifen V/I karışmak (**in** *akk -e*) **Eingriff** M müdahale
einhalten V/T *akk -e* riayet etmek, uymak
einhändig ADJ tek elli
einheimisch ADJ, **Einheimische(r)** M/F(M) yerli
Einheit F ⟨-en⟩ birim; MIL birlik **einheitlich** ADJ tek tip; birlikte
einholen V/T *(Auskunft)* almak; *(erreichen) -e* yetişmek; *(Segel)*. çekmek; *(Rückstand)* (farkı) kapatmak, telâfi etmek; → *a.* **einkaufen**
einhüllen V/T *(in Decke)* sarmak
einhundert *Zahl* yüz
einig ADJ hemfikir, uzlaşmış; **sich ~ sein** aynı fikirde olmak
einige INDEF PR *pl* birkaç, birtakım, bazı; **~ Tage** birkaç gün
einigen **A** V/T uzlaştırmak **B** V/R **sich ~** uzlaşmak, anlaşmak
einigermaßen ADV oldukça; şöyle böyle
Einigkeit F ⟨*kein pl*⟩ birlik, ahenk **Einigung** F uzlaşma; anlaşma
einkalkulieren V/T hesaba katmak
Einkauf M satın alma; alışveriş
einkaufen **A** V/T satın almak; **~ gehen** alışverişe çıkmak **B** V/I alışveriş yapmak
Einkaufsbummel M alışveriş gezintisi **Einkaufszentrum** N alışveriş merkezi
Einkommen N ⟨-⟩ gelir
Einkommen(s)steuer F gelir vergisi
einladen V/T *j-n* davet etmek. *(Koffer)* yüklemek **Einladung** F davet; davetiye
Einlage F WIRTSCH pay; FIN mevduat; *(Slipeinlage)* pad *(im Schuh)* mantar taban
Einlass M ⟨*kein pl*⟩ kabul, giriş
einlassen **A** V/T içeri almak **B** V/R **sich ~** girişmek (**au**… *akk -e*)
einlaufen SCHIFF, BAHN (limana *veya* istasyona) girmek varmak; *(Kleidung)* daralmak
einleben V/R **sich ~** alışmak (**in** *dat -e*)
einlegen V/T *(Film)* koymak *(Gang)* (vitese) geçirmek *(Fleisch)* salamura yapmak
einleiten V/T *akk -e* başlamak *-i* açmak **Einleitung** F giriş önsöz
einlenken V/T *fig -e* razı olma
einleuchten V/I *dat -in* aklın sığmak **einleuchtend** AD… inandırıcı
einliefern V/T yatırmak, sev…

ketmek (**in** *akk -e*)
einloggen V/I IT oturum açmak
einlösen V/T *Scheck* bozdurmak
einmachen V/T konserve etmek, (*Gemüse*) turşu kurmak
einmal ADV bir defa, bir kere; **auf ~** birdenbire; **noch ~** bir daha **Einmaleins** N ⟨-⟩ MATH çarpım tablosu **einmalig** ADJ eşsiz; (*Zahlung*) bir kerelik
einmischen V/R **sich ~** karışmak (**in** *akk -e*)
Einmündung F ⟨-en⟩ (*Straße*) yol ağzı
Einnahme F WIRTSCH gelir; (*Arznei*) içme, yutma **einnehmen** V/T FIN kazanmak; (*Platz*) almak; (*Mahlzeit*) yemek; (*Arznei*) içmek, yutmak
einordnen **A** V/T dizmek, sıralamak (**in** *akk -e*) **B** V/R **sich ~** sıraya girmek
einpacken V/T paketlemek, sarmak; (*in Koffer*) bavula koymak
einparken V/T & V/I park etmek
einprägen V/R **sich ~** aklına yerleştirmek
einquartieren V/T (*in Haus*) yerleştirmek
einrahmen V/T çerçevelemek
einräumen V/T (*Schrank*) yerleştirmek; (*Fehler*) itiraf etmek; (*Frist*) tanımak
einreden V/T inandırmak (*j-m etw b-i b.ş-e*)
einreiben V/T ovalamak
einreichen V/T (*Antrag*) sunmak, vermek
Einreise F giriş **Einreisevisum** N giriş vizesi
einrenken V/T MED (çıkığı) yerine koymak; *fig* düzeltmek
einrichten **A** V/T (*gründen*) kurmak; (*arrangieren*) donatmak; (*Zimmer*) döşemek **B** V/R **sich ~** (*in Wohnung*) yerleşmek; (*erwarten*) hazırlıklı olmak (**auf** *-e*) **Einrichtung** F (*Wohnung*) döşeme, mobilya; (*Institution*) kuruluş
einrosten V/I paslanmak
eins *Zahl* bir
einsalzen V/T tuzlamak
einsam ADJ (*allein*) yalnız; (*menschenleer*) tenha, ıssız **Einsamkeit** F (*Alleinsein*) yalnızlık; (*Ferne*) ıssızlık
einsammeln V/T toplamak
Einsatz M (*Tätigkeit*) görev, iş başı; (*in Kleidung*) ek; (*Spiel*) banko; (*Gebrauch*) kullan(ıl)ma; (*Engagement*) angajman
einscannen V/T IT taramak
einschalten V/T (*Gerät*) açmak; (*Licht*) yakmak; (*Motor*) çalıştırmak
einschätzen V/T (*Kosten*) tahmin etmek; (*beurteilen*) değerlendirmek
einschenken V/T (*Getränk*) *ile* doldurmak; (içki) koymak
einschicken V/T göndermek, yollamak
einschlafen V/I uykuya dal-

mak; (*Bein*) uyuşmak

einschlagen **A** VT (*Nagel*) çakmak; (*Weg*) tutmak; (*Glas*) kırmak; → einwickeln **B** VI (*Blitz*) isabet etmek; vurmak (**auf** *akk -e*); *fig* beğenilmek, başarılı olmak

einschlägig ADJ ilgili

einschleichen VR **sich ~** gizlice sokulmak (**in** *akk -e*)

einschließen VT kilitlemek, kapatmak; *fig* içermek **einschließlich** ADJ & PRÄP *+gen* dahil olarak, ... ile birlikte

einschmieren VT *umg* yağlamak; *-e -i* sürmek

einschneidend ADJ *fig* esaslı, kesin, kökten **Einschnitt** M kesik, yarık; *fig* dönüm noktası

einschränken **A** VT kısıtlamak **B** VR **sich ~** idareli yaşamak **Einschränkung** F kısıntı, kayıt

Einschreibebrief M, **Einschreiben** (-) *n* taahhütlü mektup **einschreiben** **A** VT kaydetmek, yazmak **B** VR **sich ~** yazılmak (**in** *akk -e*)

einschreiten VI karışmak (**bei** *dat -e*)

einschüchtern VT korkutmak

einschulen VT okula başlatmak

einsehen VT (*verstehen*) anlamak, görmek

einseitig ADJ tek taraflı

einsenden VT göndermek

einsetzen **A** VT yerleştirmek, eklemek (**in** *akk -e*); (*ernennen*) tayin etmek **B** VR **sich ~** desteklemek (**für** *akk -i*)

Einsicht F anlayış; **~ nehmen in** *akk -i* gözden geçirmek

einsilbig ADJ tek heceli; *fig* az konuşan

einsinken VI batmak (**in** *akk -e*)

einsparen VT tasarruf etmek

einsperren VT kilitlemek; hapsetmek

einspringen VI (**für** *akk -in*) yerine iş görmek

Einspritzmotor M AUTO enjeksiyonlu motor

Einspruch M *a.* JUR itiraz; **~ erheben gegen** *akk -e* itiraz etmek

einspurig ADJ AUTO tek şeritli

einst ADV eskiden; bir zamanlar

einstecken VT (*Stecker*) *-e* sokmak; (*Geld*) cebine atmak

einsteigen VI binmek (**in** *akk -e*)

einstellen **A** VT (*Personal*) işe almak; (*beenden*) bitirmek; TECH ayarlamak **B** VR **sich ~ auf** *akk -e* hazırlanmak **Einstellung** F (*Ansicht*) görüş; (*in Firma*) işe al(ın)ma; TECH ayar(lama)

einstimmig ADJ (*Chor*) tek sesli; POL oybirliğiyle

einstufen VT derecelendirmek

einstürzen VI çökmek, yıkılmak

einstweilen ADV geçici ola

rak, şimdilik **einstweilig** ADJ geçici; **~e Verfügung** JUR ihtiyati tedbir
eintägig ADJ bir günlük
einteilen V/T ayırmak, bölmek (**in** *akk -e*) **einteilig** (*Kleidung*) bir parçadan oluşan **Einteilung** F ayırma, bölme
eintönig ADJ monoton; sıkıcı
Eintopf M türlü (yemeği)
Eintracht F ⟨*kein pl*⟩ barış; birlik **einträchtig** ADJ geçimli
eintragen **A** V/T (*in Liste*) yazmak, kaydetmek (**in** *akk -e*); (*Gewinn*) getirmek, bırakmak **B** V/R **sich ~ (lassen)** *-e* yazılmak **einträglich** ADJ verimli, kârlı **Eintragung** F kayıt; not
eintreffen V/I varmak (**in** *dat -e*)
eintreten V/I (içeri) girmek (**in** *akk -e*); savunmak (**für** *akk -i*) **Eintritt** M (*Beginn*) başlangıç; (*Zutritt*) giriş; (*Eintrittsgeld*) giriş ücreti **Eintrittskarte** F giriş bileti **Eintrittspreis** M giriş ücreti
einverstanden ADJ **~ sein** (**mit** *dat -e*) razı olmak; **~!** kabul! **Einverständnis** N kabul, rıza
Einwand M itiraz
Einwanderer M, **Einwanderin** F göçmen **einwandern** V/I *-e* göçmek
einwandfrei ADJ (*fehlerlos*) kusursuz; (*zweifelsfrei*) şüphesiz
einwechseln V/T değiştirmek; SPORT oyuna sokmak
Einwegflasche tek kullanımlık şişe
einweihen V/T (*Gebäude*) törenle açmak; *fig* ilk defa kullanmak; bildirmek (*j-n in akk b-e b.ş-i*)
einweisen V/T yerleştirmek, yatırmak (**in** *akk -e*)
einwenden V/T *akk -e* itiraz etmek
einwerfen V/T (*Brief*) atmak (**in** *akk -e*); (*Scheibe*) kırmak
einwickeln V/T (*Geschenk*) sarmak
einwilligen V/I uygun görmek (**in** *akk -i*); evet demek **Einwilligung** F onay
Einwohner M ⟨-⟩, **Einwohnerin** F oturan, sakin; *pl* nüfus
Einwurf M (*Einwand*) itiraz; SPORT taç atışı
Einzahl F ⟨*kein pl*⟩ GRAM tekil
einzahlen V/T ödemek, yatırmak **Einzahlungsbeleg** M ödeme makbuzu
Einzel N ⟨-⟩ SPORT tekler *pl*
Einzelfall M özel vaka **Einzelhändler(in)** M(F) perakendeci **Einzelheit** F ⟨-en⟩ ayrıntı, detay **Einzelkind** N tek çocuk **einzeln** **A** ADJ tek, ayrı; teker teker; **im Einzelnen** ayrıntılı olarak **B** ADV teker teker **Einzelzimmer** N tek kişilik oda **Einzelzimmerzuschlag** M tek kişilik oda ücret farkı

einziehen **A** VT (*Wand*) çekmek; (*Geld*) toplamak; MIL silâh altına almak; JUR müsadere etmek **B** VI taşınmak (in *akk -e*); (*Flüssigkeit*) içine geçmek
einzig ADJ tek, yegâne **einzigartig** ADJ eşsiz, benzersiz
Einzug M girme; taşınma
Eis N ⟨*kein pl*⟩ buz; (*Speiseeis*) dondurma **Eisbär** M ZOOL kutup ayısı **Eisberg** M buzdağı **Eisdiele** F dondurma salonu
Eisen N ⟨-⟩ demir **Eisenbahn** F demiryolu **eisern** ADJ demirden (yapılmış); (*Nerven*) çelik gibi
Eishockey N SPORT buz hokeyi **eisig** ADJ buz gibi **Eiskaffee** M dondurmalı kahve **Eiskunstlauf** M SPORT artistik patinaj **Eislaufen** N buz pateni **Eistüte** F dondurma külahı **Eiswürfel** M buz kübü
eitel ADJ kendine beğenmiş, kibirli
Eiter M ⟨*kein pl*⟩ MED irin **eitern** VI MED irin toplanması
Eiweiß N yumurta akı; CHEM albümin
Ekel M ⟨-⟩ iğrenti, nefret **ekelhaft** ADJ iğrenç
EKG → Elektrokardiogramm
Ekzem N ⟨-e⟩ MED ekzema, mayasıl
elastisch ADJ elastikî, esnek **Elastizität** F esneklik
Elefant M ⟨-en⟩ ZOOL fil
elegant ADJ şık, zarif, ince
Elektriker(in) M(F) elektrikçi
elektrisch ADJ elektrikli
Elektrizität F elektrik **Elektrogeschäft** N elektrikçi dükkânı **Elektroherd** M elektrikli fırın **Elektrokardiogramm** N MED elektrokardiyogram **Elektronik** F ⟨*kein pl*⟩, **elektronisch** ADJ elektronik
Element N ⟨-e⟩ öğe, unsur; CHEM eleman **elementar** ADJ temel (nitelikte)
elend ADJ sefil; **sich ~ fühlen** kendini çok kötü hissetmek
Elend N ⟨*kein pl*⟩ yoksulluk, sefillik
elf *Zahl* on bir
Elfenbein N ⟨*kein pl*⟩ fildişi
Elfenbeinküste F Fildişi Kıyısı
Elfmeter ⟨-⟩ *m* SPORT penaltı
Elite F ⟨-n⟩ elit; seçkinler *pl*
Ell(en)bogen M ⟨-⟩ ANAT dirsek
Elsass N Alsas bölgesi
Elster F ⟨-n⟩ ZOOL saksağan
Eltern *pl* ebeveyn, anne-baba
E-Mail F ⟨-s⟩ IT e-posta, mail
emailliert ADJ emaye, mineli
Emanzipation F eşit haklara ulaşma
Emigrant M ⟨-en⟩, **Emigrantin** F göçmen **Emigration** F göç
empfahl → empfehlen
empfand → empfinden
Empfang M (*Veranstaltung*) kabul; (*Ware*) teslim alma; (*Ho-*

tel) resepsiyon **empfangen** V/T *(bekommen)* almak; *(Person)* kabul etmek; *(begrüßen)* karşılamak **Empfänger** M ⟨-⟩, **Empfängerin** F alan; alıcı **Empfängnisverhütung** F gebeliği önleme **Empfangsbescheinigung** F alındı **Empfangschef(in)** M(F) resepsiyon görevlisi

empfehlen V/T *j-m etw* tavsiye etmek; önermek **empfehlenswert** ADJ tavsiyeye değer **Empfehlung** F *(Rat)* tavsiye; *(Referenz)* referans

empfinden V/T hissetmek, duymak **empfindlich** ADJ hassas; alıngan **Empfindung** F his, duygu

empfohlen ADJ tavsiye edilmiş

empfunden → empfinden

empor ADV yukarıya doğru

empören V/R **sich ~** kızmak (**über** *akk -e)* **empört** ADJ öfkelenmiş, kızgın (**über** *akk -den)* **Empörung** F kızma

Ende N ⟨-n⟩ son; *(Spitze)* uç; *(Seite)* yan; **zu ~ sein** bitmiş olmak **enden** V/I bitmek, sona ermek **endgültig** ADJ kesin, katî, son olarak **Endhaltestelle** F son durak

Endivie F ⟨-n⟩ BOT hindiba

endlich **A** ADJ MATH sonlu **B** ADV nihayet, sonunda **endlos** ADJ sonsuz **Endspiel** N SPORT final **Endung** F GRAM (son)ek

Energie F ⟨-n⟩ enerji

energisch ADJ enerjik; iradeli

eng ADJ dar; sık; *fig* yakın, samimî

engagieren **A** V/T *(Künstler)* tutmak, angaje etmek; *(Band etc)* kiralamak **B** V/R **sich ~ für** *b. ş-e* bağlanmak; *-e* angaje olmak

Enge F ⟨-n⟩ darlık

Engel M ⟨-⟩ melek

England N İngiltere **Engländer** M ⟨-⟩ İngiliz; TECH İngiliz anahtarı **Engländerin** F İngiliz (kadın) **englisch** ADJ İngiliz **Englisch** N İngilizce

Enkel(in) M(F) torun

enorm ADJ kocaman; fevkalâde

Ensemble N ⟨-s⟩ THEAT, MUS topluluk

entbehren V/T *akk -den* mahrum kalmak **entbehrlich** ADJ gereksiz

Entbindung F MED doğum

entdecken V/T bulmak, keşfetmek **Entdeckung** F keşif

Ente F ⟨-n⟩ ördek; *fig* balon (haber)

entfallen V/I *dat (vergessen) -in* hatırından çıkmak, unutmak; *(ausfallen)* iptal edilmek; *(Anteil)* isabet etmek (**auf** *akk -e)*

entfernen **A** V/T uzaklaştırmak; kaldırmak; *(Fleck)* çıkarmak **B** V/R **sich ~** uzaklaşmak (**von** *dat -den)* **entfernt** ADJ uzak **Entfernung** F uzaklık, mesafe

entführen V/T kaçırmak

entgegen **A** PRÄP *+dat* -*e* doğru, karşı **B** ADV -*e* rağmen, aykırı **entgegengesetzt** ADJ ters **entgegenkommen** V/I *dat* -*i* karşılamağa gitmek; *fig* -*e* kolaylık göstermek **entgegennehmen** V/T almak
entgegnen V/T *j-m etw* cevap vermek
entgehen V/I *dat* -*den* kurtulmak, -*i* kaçırmak
Entgelt N ⟨-e⟩ ücret, bedel
entgiften V/T *akk* -*in* zehirini almak
entgleisen V/I BAHN rayından çıkmak
enthalten **A** V/T içermek **B** V/R **sich** ~ POL çekimser kalmak
enthüllen V/T açıklamak, açığa vurmak
entkoffeiniert ADJ kafeinsiz
entkommen V/I *dat* -*den* kaçıp kurtulmak
entkorken V/T *akk* -*in* mantarını çıkarmak
entkräften V/T zayıflatmak; çürütmek
entladen V/T (yükü) boşaltmak
entlang PRÄP *akk* boyunca *nom*
entlassen V/T (*beruflich*) *akk* işinden çıkarmak; (*Patienten*) taburcu etmek **Entlassung** F (*beruflich*) işten çıkarılma
entlasten V/T *akk* -*in* yükünü hafifletmek, -*e* yardım etmek; JUR aklamak
entlaufen V/I (*Tier*) kaçmak (*j-m b-den*)
entlegen ADJ (*enfernt*) uzak; (*menschenleer*) ıssız
entleihen V/T ödünç almak
entlüften V/T (*Heizung*) havalandırmak
entmutigen V/T *akk* -*in* cesaretini kırmak, yıldırmak
entnehmen V/T -*den* almak, çıkarmak; *fig* anlamak (*dat* -*den*)
entrüstet ADJ~ **sein** öfkelenmek, kızmak (**über** *akk* -*e*)
entschädigen V/T *akk* -*e* tazminat vermek, zararını ödemek
entscheiden **A** V/T kararlaştırmak, karara bağlamak **B** V/I karar vermek **C** V/R **sich** ~ karar vermek (**für** *akk* için) **entscheidend** ADJ kesin; (*wichtig*) önemli **Entscheidung** F karar, hüküm **entschieden** ADJ kesin; kararlı
entschließen V/R **sich** ~ (**zu** *D-i*) kararlaştırmak; karara varmak **entschlossen** ADJ kararlı **Entschluss** M karar
entschuldigen **A** V/T affetmek; ~ **Sie!** özür dilerim!; affedersiniz! **B** V/R **sich** ~ özür dilemek (**bei** *dat* -*den*) **Entschuldigung** F özür; **Entschuldigung!** özür dilerim!, pardon!
Entsetzen N ⟨*kein pl*⟩ dehşet, korku **entsetzlich** ADJ korkunç, dehşetli **entsetzt** ADJ ~ **sein** ürkmek, yılmak (**über** *akk* -*den*)

entsinnen V/R **sich ~** *gen* -i hatırlamak
entsorgen V/T (*Müll*) toplamak ve yok etmek
entspannen V/I (V/R) **(sich) ~** dinlenmek; gevşemek
entsprechen V/T *dat* uymak, uygun olmak **entsprechend** **A** PRÄP +*dat* göre **B** ADJ uygun
entstehen V/I oluşmak, meydana gelmek **Entstehung** F oluşum
entstellen V/T *akk* -in şeklini bozmak, çirkinleştirmek
enttäuschen V/T hayal kırıklığına uğratmak **enttäuscht** ADJ üzgün **Enttäuschung** F hayal kırıklığı; **e-e ~ erleben** hayal kırıklığına uğramak
entweder KONJ **~ ... oder ...** ya ... ya (da) ...
entweichen V/I (*fliehen*) kaçmak; (*Gas*) uçup gitmek
entwenden V/T çalmak (*j-m etw b-den b. ş-i*)
entwerfen V/T tasarlamak; çizmek
entwerten V/T FIN devalüe etmek; (*Fahrschein*) damgalayarak iptal etmek
entwickeln **A** V/T geliştirmek; FOTO filmi banyo etmek **B** V/R **sich ~** gelişmek **entwickelt** ADJ gelişmiş **Entwicklung** F gelişme **Entwicklungshilfe** F gelişme yardımı **Entwicklungsland** N gelişmekte olan ülke
entwischen V/I *dat* -den kaçmak
entwürdigend ADJ onur kırıcı, alçaltıcı
Entwurf M plan; taslak, tasarı
entziehen V/T (-*in* elinden) almak; mahrum bırakmak (*j-m etw b-i -den*)
entziffern V/T çözmek, okuyabilmek, sökmek, deşifre etmek
Entzücken N ⟨*kein pl*⟩ coşku **entzückend** ADJ büyüleyici; şirin
Entzug M ⟨*kein pl*⟩ al(ın)ma; MED -*den* kesilme
entzünden **A** V/T yakmak, tutuşturmak **B** V/R **sich ~** tutuşmak; MED iltihaplanmak **Entzündung** F MED iltihap
Enzym N ⟨-e⟩ enzim
Ephesus N Efes
Epidemie F ⟨-n⟩ salgın (hastalık)
Epilepsie F ⟨*kein pl*⟩ sara
Epoche F ⟨-n⟩ çağ, devir
er PERS PR M o (*eril*)
erarbeiten V/T çalışarak elde etmek
Erbarmen N ⟨*kein pl*⟩ merhamet **erbärmlich** ADJ zavallı; alçak **erbarmungslos** ADJ amansız
erbauen V/T inşa etmek **Erbauer** M ⟨-⟩, **Erbauerin** F yapan, kurucu
Erbe **A** M ⟨-n⟩ mirasçı **B** N ⟨*kein pl*⟩ miras **erben** V/T miras almak
erbeuten V/T ganimet olarak ele geçirmek

Erbin F (kadın) mirasçı
erbitten V/T -i rica etmek
erbittert ADJ (*Person*) kızmış; (*Kampf*) amansız
erblich ADJ irsi, soydan kalma
erblicken V/T -i görmek
erblinden V/I kör olmak
erbrechen V/R **sich ~** kusmak
Erbschaft F ⟨-en⟩ veraset, miras
Erbse F ⟨-n⟩ BOT bezelye
Erdball M yerküre **Erdbeben** N ⟨-⟩ deprem **Erdbeere** F BOT çilek **Erdboden** M yeryüzü; toprak **Erde** F ⟨-n⟩ (*Erdkugel*) yerküre; (*Boden*) yer; (*Erdreich*) toprak; (*Welt*) dünya
erden V/T ELEK topraklamak
erdenklich ADJ akla gelir
Erdgas N doğalgaz **Erdgeschoss** N zemin katı **Erdkugel** F yerküre **Erdkunde** F coğrafya **Erdnuss** F BOT yerfıstığı **Erdoberfläche** F yeryüzü **Erdöl** N petrol
erdrücken V/T ezmek
Erdrutsch M heyelân, toprak kayması **Erdstoß** M yersarsıntısı; POL oy kayması **Erdteil** M kıta
erdulden V/T *akk -e* tahammül etmek; çekmek
Erdung F ELEK toprak hattı
ereignen V/R **sich ~** olmak, vuku bulmak **Ereignis** N olay
erfahren **A** V/T öğrenmek, tecrübe etmek **B** ADJ tecrübeli, becerikli **Erfahrung** F tecrübe, deneyim
erfassen V/T (*Bedeutung*) kavramak; (*Daten*) toplamak
erfinden V/T bulmak, icat etmek; (*Lüge*) uydurmak **Erfinder(in)** M(F) mucit **Erfindung** F icat; (*Lüge*) uydurma
Erfolg M ⟨-e⟩ başarı; (*Resultat*) sonuç; **~ haben in, bei** *dat -i* başarmak
erfolgen V/I gerçekleşmek, olmak
erfolglos ADJ başarısız, (*ergebnislos*) neticesiz **erfolgreich** ADJ başarılı
erforderlich ADJ gerekli **erfordern** V/T gerektirmek
erforschen V/T araştırmak
erfreuen **A** V/T sevindirmek **B** V/R **sich ~** hoşlanmak (**an** *dat -den*) **erfreulich** sevindirici **erfreut** ADJ **~ sein** sevinmek (**über** *akk -e*); memnun olmak (*-den*)
erfrieren V/I donarak ölmek; (*Gliedmaßen*) donmak
erfrischen **A** V/T serinletmek **B** V/R **sich ~** serinlemek **erfrischend** ADJ serinletici **Erfrischung** F serinleme; (*Getränk*) soğuk içecek
erfüllen **A** V/T (*Wunsch*) yerine getirmek; (*Versprechen*) tutmak **B** V/R **sich ~** gerçekleşmek
ergänzen V/T tamamlamak **Ergänzung** F tamamlama; ek
ergeben **A** V/T (*Betrag*) etmek tutmak **B** **sich ~** ortaya çıkmak (**aus** *dat -den*); MIL teslim olmak **C** ADJ *dat* bağlı, sadık

Ergebnis N ⟨-sse⟩ sonuç, netice
ergiebig ADJ verimli
ergreifen V/T *akk* tutmak, yakalamak; (*Beruf*) edinmek; (*Maßnahme*) almak; *fig -e* dokunmak **ergreifend** ADJ dokunaklı
erhaben ADJ kabarık; *fig* yüce, ulu
erhalten **A** V/T (*bekommen*) almak; (*erwerben*) edinmek; (*bewahren*) korumak **B** ADJ **gut ~** iyi durumda **erhältlich** ADJ edinilebilir (**bei** *dat -den*)
erheben **A** V/T (*Gebühr*) istemek; **Klage ~** dava açmak **B** V/R **sich ~** kalkmak; yükselmek
erheblich ADJ önemli, epey
Erhebung F (*Gelände*) yükseklik; (*Umfrage*) anket; (*Rebellion*) ayaklanma
erhellen V/T aydınlatmak
erhitzen V/T ısıtmak
erhöhen V/T yükseltmek, artırmak; *-e* zam yapmak
erholen V/R **sich ~** dinlenmek; (*genesen*) iyileşmek **Erholung** F dinlenme
erinnern **A** V/T hatırlatmak (*j-n* **an** *akk b-e -i*) **B** V/R **sich ~** hatırlamak (**an** *akk -i*) **Erinnerung** F hafıza, bellek; **zur ~** (**an** *akk -in*) hatıra(sı) olarak
erkälten V/R **sich ~** üşütmek
Erkältung F üşütme
erkennen V/T *akk* tanımak; (*einsehen*) *-i* anlamak **erkenntlich** ADJ **sich ~ zeigen** minnetarlığını belirtmek **Erkenntnis** F ⟨-sse⟩ bilgi
Erker M ⟨-⟩ cumba
erklären V/T *j-m etw* anlatmak, açıklamak; POL beyan etmek
Erklärung F açıklama; POL beyan
erkranken V/I hastalanmak
erkundigen V/R **sich ~ nach** *dat -i* sormak, … hakkında bilgi almak **Erkundigung** F soru(şturma)
erlangen V/T almak; elde etmek
Erlass M ⟨-e⟩ (*Anordnung*) genelge, kararname
erlassen V/T (*Gesetz*) çıkarmak; (*j-m etw b-ine b.ş-i*) bağışlamak
erlauben V/T *j-m etw* izin vermek, müsaade etmek **Erlaubnis** F ⟨*kein pl*⟩ izin, müsaade
erläutern V/T *j-m etw* açıklamak, aydınlatmak
Erle F ⟨-n⟩ BOT kızılağaç
erleben V/T *b.ş-i* yaşamak, görmek **Erlebnis** N ⟨-sse⟩ yaşantı
erledigen V/T bitirmek; yerine getirmek **erledigt** ADJ bitmiş; *fig* (*müde*) bitkin
erleichtern V/T (*vereinfachen*) kolaylaştırmak; (*Last*) hafifletmek **erleichtert** ADJ ferah, rahatlamış **Erleichterung** F (**über** *-den*) ferahlık; (*Vereinfachung*) kolaylaştırma
erleiden V/T (*Enttäuschung*) *akk -e* uğramak, *-i/-den* çekmek
erlernen V/T *-i* öğrenmek

erlesen ADJ (*Möbel*) seçkin
erlogen ADJ yalan, uydurma
Erlös M ⟨-e⟩ WIRTSCH kâr, kazanç
erlöschen V/I sönmek
erlösen V/T kurtarmak (**von** *-den*)
ermächtigen V/T yetki vermek (*j-n* **zu** *dat b-e b.ş.* için)
ermahnen V/T uyarmak
ermäßigen V/T (*Preis*) indirmek **ermäßigt** ADJ indirimli **Ermäßigung** F indirim
ermessen V/T değerlendirmek **Ermessen** N ⟨*kein pl*⟩ JUR takdir **Ermessensspielraum** M takdir payı
ermitteln **A** V/T bulmak **B** V/I JUR soruşturma açmak **Ermittlung** F **~en** *pl* JUR soruşturma *sg*
ermöglichen V/T *j-m etw* mümkün kılmak
ermorden V/T öldürmek
ermüden **A** V/T yormak **B** V/I yorulmak
ermuntern V/T, **ermutigen** V/T teşvik etmek (**zu** *dat -e*)
ernähren **A** V/T beslemek **B** V/R **sich ~** beslenmek **Ernährung** F besleme; besin
ernennen V/T atamak, tayin etmek (**zu** *dat -e*)
erneuern V/T yenile(ştir)mek **Erneuerung** F yenilik **erneut** **A** ADJ yeni, bir dahaki **B** ADV yeniden
erniedrigen V/T aşağılamak
ernst **A** ADJ ciddî; ağırbaşlı **B** ADV **~ nehmen** ciddîye almak **Ernst** M ⟨*kein pl*⟩ ciddiyet
ernsthaft ADJ ciddî
Ernte F ⟨-n⟩ hasat; (*Ertrag*) (alınan) ürün **ernten** V/T (ekin) biçmek, (ürün) toplamak
erobern V/T fethetmek
eröffnen V/T açmak **Eröffnung** F açılış
erörtern V/T tartışmak; görüşmek
erotisch ADJ erotik
erpressen V/T *akk* JUR *b-e* şantaj yapmak; *b.ş-i* şantajla almak **Erpresser(in)** M(F) şantajcı **Erpressung** F şantaj
erproben V/T denemek
erraten V/T (*Versteck*) bulmak, tahmin etmek
erregen **A** V/T heyecanlandırmak; (*verursachen*) uyandırmak **B** V/R **sich ~** (**über** *-e*) kızmak **Erreger** M MED *hastalığa yol açan virüs veya bakteri* **Erregung** F heyecan; (*Aufregung*) telâş
erreichen V/T *akk -e* (*Ort*) ulaşmak; (*Zug*) yetişmek; (*Ziel*) erişmek
errichten V/T (*Haus*) inşa etmek; *fig* kurmak
erröten V/I kızarmak
Errungenschaft F ⟨-en⟩ kazanım
Ersatz M ⟨*kein pl*⟩ (*Ausgleich*) karşılık; yedek **Ersatzteil** N yedek parça
erschaffen V/T yaratmak
erscheinen V/I görünmek;

(*kommen*) gelmek; (*Buch*) çıkmak **Erscheinung** F görünüş; görüntü **Erscheinungsjahr** N yayın(lanma) senesi
erschießen VT kurşunla öldürmek
erschlagen VT vurarak öldürmek
erschließen VT WIRTSCH açmak; (*Bauland*) altyapısını getirmek
erschöpfen VT tüketmek, bitirmek **erschöpfend** ADJ yorucu; *fig* ayrıntılı **erschöpft** ADJ bitkin **Erschöpfung** F bitkinlik
erschrak → erschrecken **erschrecken** **A** VT korkutmak, ürkütmek **B** VI korkmak, ürkmek **erschrocken** ADJ korkmuş, ürkmüş
erschüttern VT sarsmak **Erschütterung** F sarsıntı; üzüntü
erschweren VT *j-m etw* zorlaştırmak, güçleştirmek
erschwinglich ADJ keseye uygun
ersehen VT öğrenmek, anlamak (**aus** *dat* -*den*)
ersetzen VT *j-m etw b-in ş-ini* ödemek; telâfi etmek
ersparen VT biriktirmek; *fig* esirgemek (*j-m etw b-i -den*)
Ersparnisse F/PL tasarruf; biriktirilen para
erst ADV (ilk) önce; ancak
erstarren VI donakalmak
erstatten VT (geri) vermek; → Anzeige, Bericht
erstaunen **A** VI hayret etmek **B** VT şaşırtmak **erstaunlich** ADJ şaşılacak **erstaunt** ADJ şaşkın
erste(r, s) ADJ birinci, ilk; **zum ~n Mal** ilk defa; **Erste Hilfe** ilkyardım
erstechen VT bıçakla öldürmek, bıçaklamak
erstens ADV ilk olarak, birincisi
ersticken **A** VT boğmak **B** VI boğulmak, bunalmak
erstklassig ADJ birinci sınıf
erstmalig ADV ilk defa olarak
erstrecken V/R **sich ~** uzanmak; (*zeitlich*) sürmek
ersuchen VT rica etmek, dilemek (*j-n* **um** *akk -den b.ş-i*)
ertappen VT yakalamak
erteilen VT *j-m etw* vermek
Ertrag M ⟨¨e⟩ gelir, verim **ertragen** VT *akk -e* dayanmak, katlanmak, tahammül etmek
erträglich ADJ katlanılır, dayanılır, çekilir
ertrinken VI (suda) boğulmak
erwachen VI uyanmak
erwachsen ADJ büyük, yetişkin, erişkin **Erwachsene(r)** M/F(M) büyük, yetişkin
erwägen VT düşünmek, tartmak **Erwägung** F **in ~ ziehen** -*in* üzerinde düşünmek
erwähnen VT -*den* bahsetmek, söz etmek
erwärmen VT ısıtmak
erwarten VT -*i* beklemek **Erwartung** F beklenti

erweisen **A** VT (*Dienst, Gefallen*) *j-m etw* göstermek **B** **sich ~ (als)** ortaya çıkmak; anlaşılmak (**dass** *-diği*)
erweitern VT genişletmek
Erwerb M ‹*kein pl*› edinme; kazanç **erwerben** VT kazanmak, elde etmek, edinmek **erwerbslos** ADJ işsiz **erwerbstätig** ADJ çalışan **erwerbsunfähig** ADJ iş göremez
erwidern VT *j-m etw* cevap vermek; (*Besuch*) karşılık vermek
erwischen VT yakalamak
Erz N ‹-e› maden filizi
erzählen VT *j-m etw* anlatmak **Erzählung** F hikâye, öykü, anlatı
Erzbischof M REL başpiskopos
erzeugen VT WIRTSCH üretmek, imal etmek, yaratmak **Erzeuger** M ‹-› WIRTSCH üretici; (*Vater*) baba **Erzeugnis** N ‹-sse› WIRTSCH mal, ürün, mahsul
erziehen VT eğitmek, terbiye etmek **Erzieher(in)** M(F) eğitmen **Erziehung** F eğitim, terbiye **Erziehungsberechtigte(r)** M/F(M) veli
erzielen VT elde etmek
erzwingen VT zorla elde etmek
es PERS PR *nom od akk* N o (*nötr*); **~ gibt** var; **~ gibt kein(e)** yok; **ich weiß ~ nicht** (bunu) bilmiyorum
Esche F ‹-n› BOT dişbudak
Esel M ‹-› ZOOL eşek
essbar ADJ yenilebilir, yenir
essen VT yemek; (*Suppe*) içmek **Essen** N ‹-› yemek
Essig M ‹*kein pl*› sirke **Essiggurke** F hıyar turşusu
Esslöffel M çorba kaşığı **Esstisch** M sofra **Esszimmer** N yemek odası
Etage F ‹-n› kat
Etappe F ‹-n› aşama
Etat M ‹-s› WIRTSCH bütçe
Ethik F ‹*kein pl*› etik, törebilim
Etikett N ‹-s› etiket
etliche INDEF PR *pl* bazı, birkaç
Etui N ‹-s› kutu, kılıf
etwa ADV (*ungefähr*) aşağı yukarı, yaklaşık; (*vielleicht*) acaba
etwas INDEF PR bir şey; (*ein wenig*) biraz
EU → Europäische Union
euch PERS PR *von* **ihr**; siz(ler)i; siz(ler)e
euer, (*im Brief*) **Euer** POSS PR M siz(ler)in
Eukalyptus M ‹*kein pl*› BOT okaliptüs
Eule F ‹-n› ZOOL baykuş
Eunuch M ‹-en› hadım
Euphrat M Fırat
eure, (*im Brief*) **Eure** POSS PR F siz(ler)in
Euro M Avro, *Avrupa para birimi*
Europa N Avrupa **Europäer(in)** M(F) Avrupalı **europäisch** ADJ Avrupa(lı); **Europäische Union** Avrupa Birliğ

Europaparlament N Avrupa Parlamentosu **Europarat** M Avrupa Konseyi

Euter N ‹-› ZOOL hayvan memesi

ev.: **evangelisch** Protestan

e. V.: **eingetragener Verein** tescilli dernek

Evangelium N ‹-ien› REL İncil

eventuell ADV belki

ewig ADJ ebedi; *umg* sonsuz **Ewigkeit** F ‹*kein pl*› REL ebediyet; sonsuzluk

exakt **A** ADJ kusursuz, doğru **B** ADV tam

Examen N ‹-, -mina› sınav

Exekutive F ‹-n› POL yürütme yetkisi

Exemplar N ‹-e› nüsha, adet; örnek

Exil N ‹-e› sürgün

Existenz F ‹-en› varlık **existieren** V/I varolmak

Experiment N ‹-e› deney

Experte M ‹-n›, **Expertin** F uzman, exper

explodieren V/I patlamak **Explosion** F patlama

Export M ‹-e› WIRTSCH dış satım, ihracat **exportieren** WIRTSCH ihraç etmek

extra ADV ayrı; ayrıca, ekstra

extrem ADJ aşırı

F

F N MUS fa (notası)

Fa. → Firma

Fabel F ‹-n› masal **fabelhaft** ADJ harika

Fabrik F fabrika **Fabrikant** M ‹-en› **Fabrikantin** F fabrikatör **Fabrikat** N ‹-e› mal

Fach N ‹¨er› (*Schule*) ders; (*Schubfach*) göz, bölme; (*Berufszweig*) branş **Facharbeiter(in)** M(F) kalifiye işçi **Facharzt** M, **Fachärztin** F uzman doktor/hekim **Fachausdruck** M ‹¨e› terim

Fächer M ‹-› yelpaze

Fachfrau F, **Fachmann** M ‹-leute› uzman

Fackel F ‹-n› meşale

fade ADJ (*Essen*) tatsız, lezzetsiz; (*langweilig*) cansıkıcı

Faden M ‹¨› iplik

fähig ADJ yetenekli **Fähigkeit** F ‹-en› kabiliyet, yetenek

fahnden V/I JUR aramak (**nach** *dat -i*)

Fahne F ‹-n› bayrak, bandıra

Fahrausweis M bilet **Fahrbahn** F araba yolu, asfalt

fahrbar ADJ seyyar

Fähre F ‹-n› feribot, araba vapuru

fahren **A** V/I (taşıtla) gitmek **B** V/T (*Zug*) kullanmak; (*Auto*) sürmek; (*befördern*) götürmek **Fahrer(in)** M(F) şoför, sürücü **Fahrerflucht** F ⟨*kein pl*⟩ **~ begehen** kazadan sonra kaçmak **Fahrgast** M yolcu **Fahrgeld** N yol parası **Fahrgestell** N AUTO şasi **Fahrkarte** F bilet **Fahrkartenschalter** M bilet gişesi

fahrlässig ADJ JUR ihmalci, kusurlu

Fahrplan M tarife; sefer planı **Fahrpreis** M bilet ücreti

Fahrrad N bisiklet **Fahrradverleih** M bisiklet kiralama **Fahrradweg** M bisiklet yolu

Fahrschein M bilet **Fahrschule** F şoför kursu **Fahrspur** F AUTO şerit **Fahrstuhl** M asansör

Fahrt F ⟨-en⟩ gidiş; (*Reise*) yolculuk; (*Ausflug*) gezi; **auf der ~** yolda; **gute ~!** iyi yolculuklar! **Fahrtkosten** *pl* yol parası

fahrtüchtig ADJ trafiğe çıkabilir

Fahrzeug N ⟨-e⟩ taşıt

fair ADJ dürüst, doğru; SPORT centilmen(ce)

Faktor M ⟨-en⟩ etmen, faktör

Fakultät F ⟨-en⟩ fakülte

Falke M ⟨-n⟩ ZOOL doğan, şahin

Fall M ⟨¨-e⟩ (*Sturz*) düşme; (*Ereignis*) olay; GRAM hâl; **auf jeden ~** her ne olursa olsun; **auf keinen ~** asla, hiçbir surette

Falle F ⟨-n⟩ tuzak

fallen V/I düşmek; FIN inmek; *mil.* şehit olmak

fällen V/T (*Baum*) kesmek; (*Urteil*) vermek

fällig ADJ vadesi gelen

falls KONJ *-diği* takdirde, *-diği* hâlde, ise, eğer

Fallschirm M paraşüt **Fallschirmspringer(in)** M(F) paraşütçü

falsch ADJ yanlış; (*künstlich*) sahte; (*verkehrt*) ters; *fig* yalancı, ikizyüzlü **fälschen** V/T taklit etmek **Falschfahrer(in)** M(F) yanlış yoldan giden (şoför) **Falschgeld** N sahte para

fälschlich ADJ yanlışlıkla

Falschmünzer (-) *m* kalpazan **Falschparker(in)** M(F) yanlış yerde park yapan **Fälschung** F taklitçilik, sahtekârlık; (*Gefälschtes*) sahte, taklit

Faltblatt N broşür

Falte F ⟨-n⟩ (*Haut*) kırışık, (*Knick*) büklüm; (*Rock*) pli **falten** V/T katlamak

Familie F ⟨-n⟩ aile **Familienangehörige(r)** M/F(M) aile ferdi **Familienname** M soyad **Familienstand** M medeni hâl

Fan M ⟨-s⟩ hayran; SPORT taraftar

fanatisch ADJ fanatik

fand → finden

Fang M ⟨¨-e⟩ yakalama; (*Beute*) av **fangen** V/T tutmak, yakalamak

Fantasie F ⟨-n⟩ hayal gücü

fantazi **fantastisch** ADJ hayalî; *umg* harika **Farbe** F ‹-n› renk; (*Malfarbe*) boya **färben** V/T boyamak **Farbfilm** M renkli film **Farbfoto** N renkli fotoğraf **farbig** ADJ renkli **Farbstift** M boya kalemi **Farbstoff** M boya maddesi **Färbung** F renk, nüans

Farm F ‹-en› çiftlik

Farn M ‹-e›, **Farnkraut** N BOT eğrelti otu

Fasan M ‹-e› ZOOL sülün

Fasching M ‹-e, -s› karnaval, faşing

faschistisch ADJ faşist(çe)

Faser F ‹-n› tel, lif

Fass N ‹¨er› fıçı, varil

Fassade F ‹-n› yüz, cephe

fassen **A** V/T (*Dieb*) tutmak, yakalamak; (*enthalten*) almak; *fig* anlamak **B** V/R **sich ~** kendini toparlamak **Fassung** F (*Rahmen*) çerçeve; (*Art*) şekil, tarz; ELEK duy; *fig* soğukkanlılık **fassungslos** ADJ şaşkın **Fassungsvermögen** N kapasite

fast ADV nerdeyse; âdeta

fasten V/I perhiz yapmak; REL oruç tutmak

Fastnacht F ‹*kein pl*› karnaval

fatal ADJ uğursuz

faul ADJ tembel; (*Obst*) çürük; (*Ei*) cılk **faulen** V/I çürümek **Faulheit** F ‹*kein pl*› tembellik

Faust F ‹¨e› yumruk **Faustschlag** M yumruk darbesi

Fax N ‹-, -e› faks; **per ~** faks ile **faxen** V/T fakslamak

Fazit N ‹-e, -s› sonuç

FC: **Fußballclub** M futbol klübü

Februar M şubat

Fechten N eskrim **Fechter(in)** M (F) eskrimci

Feder F ‹-n› tüy; (*Schreibfeder*) kalem ucu; TECH yay **Federball(spiel** N) M badminton **Federbett** N kuştüyü yatak **federn** V/I yaylanmak **Federung** F TECH esneklik, süspansiyon

Fee F ‹-n› peri

fegen V/I & V/T süpürmek

Fehlbetrag M WIRTSCH açık

fehlen V/I eksik olmak; (*abwesend sein*) bulunmamak; **was fehlt Ihnen?** neyiniz var?

Fehler (-) *m* hata, yanlışlık; kusur; (*Defekt*) TECH bozukluk **fehlerfrei** ADJ kusursuz; hatasız **fehlerhaft** ADJ hatalı, kusurlu **fehlerlos** ADJ → fehlerfrei

Fehlgeburt F düşük **Fehlschlag** M başarısızlık **Fehlzündung** F ateşleme arızası

Feier F ‹-n› tören **Feierabend** M paydos **feierlich** **A** ADJ törensi **B** ADV törenle **feiern** **A** V/T (*Geburtstag*) kutlamak **B** V/I eğlenmek; bayram yapmak **Feiertag** M tatil günü; (*Festtag*) bayram günü; **frohe ~e!** bayramınız kutlu olsun!

feig(e) ADJ korkak, ödlek

Feige F ⟨-n⟩ BOT incir **Feigheit** F ⟨*kein pl*⟩ korkaklık **Feigling** M ⟨-e⟩ ödlek
Feile F ⟨-n⟩ eğe, törpü **feilen** V/I & V/T eğelemek, törpülemek
feilschen V/I pazarlık etmek (**um** *akk* için)
fein ADJ ince; (*elegant*) zarif
Feind M ⟨-e⟩, **Feindin** F düşman **feindlich** ADJ düşman(ca) **Feindschaft** F ⟨-en⟩ düşmanlık
Feinheit F ⟨-en⟩ incelik; nüans **Feinkostgeschäft** N mezeci (*od* şarküteri) dükkânı **Feinmechanik** F TECH ince mekanik **Feinschmecker** ⟨-⟩ *m* ağzının tadını bilen; gurme **Feinwäsche** F ⟨*kein pl*⟩ narin çamaşır
Feld N ⟨-er⟩ tarla; (*Spielfeld u. fig*) alan; (*Schach*) kare **Feldstecher** M çifte dürbün **Feldweg** M patika, keçi yolu **Feldzug** M MIL sefer
Felge F ⟨-n⟩ TECH jant
Fell N ⟨-e⟩ post, kürk
Fels M ⟨*kein pl*⟩, **Felsen** M ⟨-⟩ kaya **felsig** ADJ kayalık, taşlık
feminin ADJ, **Femininum** N ⟨-na⟩ GRAM dişil, feminin
Fenchel M ⟨*kein pl*⟩ BOT rezene
Fenster N ⟨-⟩ pencere; (*Schaufenster*) vitrin **Fensterbrett** N pencere içi (eşiği) **Fensterglas** N, **Fensterscheibe** F pencere camı **Fensterplatz** M cam kenarı (koltuğu)

Ferien *pl* tatil, izin *sg* **Feriendorf** N tatil köyü **Ferienhaus** N, **Ferienwohnung** F tatil evi; yazlık
Ferkel ⟨-⟩ *n* domuz yavrusu
fern ADJ uzak **Fernbedienung** F (uzaktan) kumanda **Ferne** F ⟨-n⟩ uzaklık; **aus der ~** uzaktan
ferner ADV bundan başka, ayrıca
Fernfahrer(in) M(F) uzun yol şoförü **Ferngespräch** N şehirlerarası telefon konuşması **ferngesteuert** ADJ uzaktan kumandalı **Fernglas** N dürbün **fernhalten** **A** V/T uzak tutmak (**von** *dat* *-den*) **B** V/R **sich ~** sakınmak, kaçınmak (**von** *dat* *-den*) **Fernlicht** N ⟨*kein pl*⟩ uzun far **Fernrohr** N dürbün, teleskop **Fernschreiben** N teleks **fernsehen** V/I televizyon seyretmek **Fernsehen** N televizyon **Fernseher** M *umg* televizyon (aygıtı)
Fernsprech... → Telefon...
Fernstudium N açık öğretim **Fernverkehr** M şehirlerarası ulaşım
Ferse F ⟨-n⟩ ANAT topuk
fertig ADJ bitmiş, hazır, tamam; **sich ~ machen** hazırlanmak **fertigbringen** V/T -i becermek **Fertiggericht** N hazır yemek **Fertighaus** N prefabrike ev **fertigstellen** V/T bitirmek

fesch ADJ şık, zarif **Fessel** F ⟨-n⟩ zincir **fesseln** V/T bağlamak; *fig* büyülemek **fest** ADJ sağlam, sabit; PHYS katı
Fest N ⟨-e⟩ REL bayram; (*Feier*) şenlik; festival; parti
festbinden V/T sıkıca bağlamak
Festessen N şölen
festhalten A V/T tutmak; alıkoymak B V/R **sich** ~ tutunmak (**an** *dat* -*e*) **festigen** V/T kuvvetlendirmek **Festland** N kara
festlich ADJ törensi; bayramlık
Festnahme F tutuklama **festnehmen** V/T tutuklamak
Festnetz N TEL sabit telefon ağı **Festplatte** F IT sabit disk
festsetzen V/T (*Preis*) tespit etmek, belirlemek
feststellen V/T saptamak; TECH sabitleştirmek
Festtag M bayram günü
Festung F kale, hisar
Fete F *umg* (*Party*) parti
fett ADJ yağlı; (*Person*) şişman **Fett** N ⟨-e⟩ yağ **Fettfleck** M yağ lekesi **fettig** ADJ yağlı
feucht ADJ nemli, rutubetli; ~ **werden** nemlenmek **Feuchtigkeit** F ⟨*kein pl*⟩ nem, rutubet
Feuer N ⟨-⟩ ateş; (*Brand*) yangın **Feueralarm** M yangın alarmı **feuerfest** ADJ ateşe dayanıklı **feuergefährlich** ADJ yanıcı **Feuerlöscher** M yangın söndürücü **Feuermelder** M yangın alarm aygıtı **feuern** A V/I ateş etmek B V/T *umg* görevinden çıkarmak **Feuerstein** M çakmak taşı **Feuerwehr** F ⟨-en⟩ itfaiye **Feuerwerk** N havaî fişek **Feuerzeug** N ⟨-e⟩ çakmak
Fichte F ⟨-n⟩ BOT ladin
ficken V/I & V/T *vulg* sikmek
Fieber N ⟨*kein pl*⟩ MED ateş; ~ **haben** ateşi olmak **fieberhaft** ADJ ateşli **fiebersenkend** ADJ MED ateş düşürücü **Fieberthermometer** N termometre; *umg* derece
fiel → fallen
fies ADJ *umg* kötü
Figur F ⟨-en⟩ figür; MATH şekil; (*Schach etc*) taş
Filet N ⟨-s⟩ bonfile
Filiale F ⟨-n⟩ şube
Film M ⟨-e⟩ film **filmen** A V/T filme almak B V/I film çekmek **Filmkamera** F kamera
Filter M & N ⟨-⟩ filtre; süzgeç **Filterkaffee** M filtre kahve **Filterzigarette** F filtreli sigara
Filz M ⟨-e⟩ keçe
Finale N ⟨-, -ls⟩ final, son
Finanzamt N vergi dairesi **finanziell** ADJ malî, parasal **finanzieren** V/T finanse etmek
finden V/T *akk* bulmak; -*e* rast gelmek **Finder(in)** M(F) bulan
findig ADJ hünerli, yaratıcı
fing → fangen
Finger ⟨-⟩ *m* parmak **Finger-**

abdruck M ⟨¨-e⟩ parmak izi **Fingerhut** M yüksük **Fingernagel** M el parmağı tırnağı **Fingerspitze** F parmak ucu

Fink M ⟨-en⟩ ZOOL ispinoz

Finne M ⟨-n⟩, **Finnin** F Fin (-landiyalı) **finnisch** ADJ Fin **Finnisch** N Fince **Finnland** N Finlandiya

finster ADJ karanlık; (*Miene*) asık

Firewall F IT güvenlik duvarı

Firma F ⟨-men⟩ firma, şirket

Fisch M ⟨-e⟩ balık **fischen** V/I & V/T balık tutmak **Fischer(in)** M(F) balıkçı **Fischerboot** N balıkçı teknesi **Fischgericht** N balık yemeği **Fischrestaurant** N balık lokantası

Fistel F ⟨-n⟩ MED fistül

fit ADJ sağlıklı, formunda **Fitnesscenter** N ⟨-⟩, **Fitnessstudio** N fitnes kulübü, jimnastik stüdyosu

fix ADJ (*fest*) sabit; *umg* tez, çabuk

Fixer(in) M(F) *umg* uyuşturucu bağımlısı

flach ADJ (*Gelände*) düz, yassı; (*Schuh*) alçak; (*Gewässer*) sığ

Fläche F ⟨-n⟩ yüzey, alan

flackern V/I (*Kerze*) titreyerek yanmak

Flagge F ⟨-n⟩ bayrak, bandıra

Flamme F ⟨-n⟩ alev

Flanke F ⟨-n⟩ SPORT yan; ANAT böğür, döş

Flasche F ⟨-n⟩ şişe **Flaschenöffner** M şişe açacağı **Flaschenpfand** N şişe depozitosu

flattern V/I (*Fahne*) uçuşmak; rüzgârda dalgalanmak

flechten V/T örmek

Fleck M ⟨-en⟩ leke; (*Stelle*) yer **Fleckentferner** M leke giderici **fleckig** ADJ lekeli

Fledermaus F ZOOL yarasa

Flegel M ⟨-⟩ *fig* terbiyesiz

flehen V/I yalvarmak

Fleisch N ⟨*kein pl*⟩ et **Fleischbrühe** F et suyu **Fleischer** M ⟨-⟩ kasap **Fleischerei** F ⟨-en⟩ kasap dükkânı

Fleiß M ⟨*kein pl*⟩ gayret, çaba; çalışkanlık **fleißig** ADJ çalışkan

flexibel ADJ bükülür, esnek

flicken V/T yamamak

Flieder M ⟨*kein pl*⟩ BOT leylak

Fliege F ⟨-n⟩ ZOOL sinek; (*Krawatte*) papyon

fliegen V/I & V/T uçmak; (uçakla) gitmek **Flieger(in)** M(F) pilot; (*Flugzeug*) uçak

fliehen V/I kaçmak

Fliese F ⟨-n⟩ fayans

Fließband N akarbant **fließen** V/I akmak **fließend** ADJ akar; akıcı; *fig* su gibi

flimmern V/I parıldamak

flink ADJ çevik, tez, atik

Flinte F ⟨-n⟩ tüfek, filinta

Flipper M ⟨-⟩ oyun otomatı

flirten V/I flört etmek, oynaşmak

Flitterwochen *pl* balayı *sg*

flocht → flechten
Flocke F ⟨-n⟩ (*Schneeflocke*) kar tanesi
flog → fliegen
floh → fliehen
Floh M ⟨¨-e⟩ ZOOL pire **Flohmarkt** M bitpazarı
floss → fließen
Floß N ⟨¨-e⟩ sal
Flosse F ⟨-n⟩ ZOOL yüzgeç; (*Schwimmflosse*) palet
Flöte F ⟨-n⟩ flüt
flott ADJ (*schnell*) tez; şık
Flotte F ⟨-n⟩ MIL donanma; SCHIFF filo
Fluch M ⟨¨-e⟩ lanet; küfür **fluchen** V/I küfretmek, sövmek
Flucht F ⟨-en⟩ kaçma, firar **flüchten** V/I kaçmak **flüchtig** ADJ kaçak; geçici **Flüchtigkeitsfehler** M dikkatsizlik hatası **Flüchtling** M ⟨-e⟩ kaçak; sığınmacı; POL mülteci
Flug M ⟨¨-e⟩ uçuş **Flugbegleiter**(*in*) M(F) FLUG kabin görevlisi
Flügel M ⟨-⟩ kanat; MUS kuyruklu piyano
Fluggast M uçak yolcusu **Fluggesellschaft** F havayolu şirketi **Flughafen** M havalimanı **Flughafengebühr** F havaalanı vergisi **Flugkapitän** M kaptan pilot **Fluglotse** M FLUG uçak kılavuzu **Flugplan** M uçuş tarifesi **Flugplatz** M havaalanı **Flugschein** M uçak bileti **Flugschreiber** M FLUG kara kutu **Flugsteig** M uçağa biniş kapısı **Flugzeit** F uçuş süresi **Flugzeug** N ⟨-e⟩ uçak **Flugzeugabsturz** M uçak düşmesi **Flugzeugentführer**(**in**) M(F) hava korsanı **Flugzeugträger** M uçak gemisi
Fluor N ⟨*kein pl*⟩ flor
Flur M ⟨-e⟩ koridor
Fluss M ⟨¨-e⟩ ırmak, nehir; (*Fließen*) akma **flussabwärts** ADV nehir aşağı **flussaufwärts** ADV nehir yukarı **Flussbett** N nehir yatağı
flüssig ADJ sıvı; akıcı **Flüssigkeit** F ⟨-en⟩ sıvı
flüstern V/I & V/T fısıldamak
Flut F ⟨-en⟩ GEOG met; kabarma; (*Hochwasser*) sel; *fig* bolluk **Flutlicht** N ⟨*kein pl*⟩ ELEK projektör ışığı
Fohlen N ⟨-⟩ ZOOL tay
Föhn M ⟨-e⟩ (*Wind*) lodos; (*Haartrockner*) fön®
Folge F (*Reihenfolge*) sıra, devam; (*Ergebnis*) sonuç; (*Fernsehserie*) bölüm; **zur ~ haben** yol açmak (*akk -e*);
folgen V/I *dat -i* izlemek, takip etmek; *-in* arkasından gitmek; (*gehorchen*) *-e* itaat etmek; anlaşılmak (**aus** *dat -den*) **folgend** ADJ (*Tag*) ertesi; **Folgendes** şu **folgendermaßen** ADV şöyle, şu şekilde **folgenschwer** ADJ sonuçları ağır
folgern V/T sonuç çıkarmak
folglich ADV buna göre; demek ki

folgsam ADJ itaatli
Folie F ⟨-n⟩ folye, folyo; *umg* naylon
Folter F ⟨-n⟩ işkence **foltern** V/T *akk -e* işkence etmek
Fön® → **Föhn**
Fondue N ⟨-s⟩ fondü
förderlich ADJ *dat* faydalı, yararlı
fordern V/T istemek, talep etmek
fördern V/T ilerletmek, teşvik etmek; BERGB çıkarmak
Forderung F talep; WIRTSCH alacak
Forelle F ⟨-n⟩ ZOOL alabalık
Form F ⟨-en⟩ şekil, biçim; (*Gussform*) kalıp **Formalitäten** F/PL gerekli işlemler **Format** N ⟨-e⟩ büyüklük, boy (*a.* IT) **formatieren** V/T IT formatlamak, şekillendirmek
Formel F ⟨-n⟩ formül
formell ADJ resmî
formen V/T şekil vermek, biçimlendirmek
förmlich ADJ resmî
Formular N ⟨-e⟩ form(üler)
forsch ADJ cüretli; cesur
forschen V/I araştırmak (**nach** *dat -i*) **Forscher(in)** M(F) araştırıcı **Forschung** F araştırma
Forst M ⟨-e, -en⟩ koru, orman **Förster(in)** M(F) ormancı
fort ADV kaybolmuş, gitmiş
fortbestehen V/I varlığını sürdürmek **fortbewegen** V/R **sich ~** hareket etmek **Fortdauer** F devam **fortfahren** V/I ayrılıp gitmek; *fig* devam etmek (**zu** *inf -meğe*) **fortgeschritten** ADJ ilerlemiş **fortlaufend** ADJ devamlı, sürekli **Fortpflanzung** F üreme
Fortschritt M ilerleme **fortschrittlich** ADJ ilerici
fortsetzen V/T *akk -e* devam etmek
fortwährend ADJ hiç durmadan
Forum N ⟨-ren⟩ forum
Foto N ⟨-s⟩ fotoğraf **Fotoapparat** M fotoğraf makinası **Fotograf** M ⟨-en⟩ fotoğrafçı **Fotografie** F ⟨-n⟩ fotoğraf **fotografieren** V/T *akk -in* fotoğrafını çekmek **Fotografin** F fotoğrafçı **Fotohandy** N ⟨-s⟩ fotoğraf çeken cep telefonu **Fotokopie** F fotokopi
Foul N ⟨-s⟩ SPORT faul
Foyer N ⟨-s⟩ fuaye
Fr.: **Frau** F Bayan
Fracht F ⟨-en⟩ yük, FLUG, SCHIFF *a.* kargo **Frachter** M ⟨-⟩, **Frachtschiff** N şilep, yük gemisi
Frack M ⟨¨-e⟩ frak
Frage F ⟨-n⟩ soru; (*Problem*) mesele, sorun **Fragebogen** M anket kâğıdı **fragen** V/I & V/T sormak (*j-n* **nach** *dat b-e b. ş-i*) **Fragezeichen** N soru işareti **fraglich** ADJ konusu geçen; şüpheli **fragwürdig** ADJ şüpheli
Fraktion F POL parti grubu
Franken M (*Schweizer Wäh-*

rung) frank
frankieren V/T *(Brief)* pullamak
Frankreich N Fransa
Franzose M ⟨-n⟩, **Französin** F Fransız **französisch** ADJ Fransız **Französisch** N Fransızca
fraß → fressen **Fraß** M ⟨*kein pl*⟩ yem; MED çürüme
Frau F ⟨-en⟩ kadın; bayan; *(Ehefrau)* karı, eş **Frauenarzt** M, **Frauenärztin** F kadın doktoru, jinekolog **Frauenzeitschrift** F kadın dergisi
Fräulein N ⟨-, -s⟩ *bekâr bayan*; *(a. Anrede)* küçükhanım
frech ADJ küstah, edepsiz, yaramaz; saygısız **Frechheit** F ⟨-en⟩ küstahlık, edepsizlik
frei ADJ serbest; hür; özgür; açık; *(leer)* boş; *(gratis)* parasız; **im Freien** açık havada **Freibad** N açık yüzme havuzu **freigeben** V/T salıvermek, serbest bırakmak **freigebig** ADJ cömert **Freigepäck** N bagaj hakkı **Freihafen** M serbest liman **freihalten** V/T *akk* ayırtmak (**für** *akk -e*); *(Platz)* boş tutmak **Freiheit** F ⟨-en⟩ özgürlük, hürriyet **Freikarte** F ücretsiz bilet **freilassen** V/T serbest bırakmak, salıvermek
freilich ADV elbette, şüphesiz; ama
Freilichtbühne F açıkhava tiyatrosu
freimachen A V/T *(Brief)* pullamak B V/R **sich ~ von** *-i* başından almak **freimütig** ADJ açık sözlü **freinehmen** V/T tatil almak **freisprechen** V/T JUR beraat ettirmek (**von** *dat -den*) **Freistilringen** N serbest güreş **Freistoß** M SPORT frikik
Freitag M cuma
freiwillig ADJ gönüllü
Freizeit F boş zaman
fremd ADJ yabancı **fremdartig** ADJ garip **Fremde** F ⟨*kein pl*⟩ *(Ort)* gurbet **Fremde(r)** M/F(M) yabancı **Fremdenführer(in)** M(F) turist rehberi
Fremdenverkehr M turizm
Fremdenverkehrsamt N turist danışma bürosu
Fremdsprache F yabancı dil **Fremdsprachenkenntnisse** *pl* **~ besitzen** yabancı dil bilgisi olmak **Fremdwort** N yabancı kelime
Frequenz F ⟨-en⟩ sıklık; RADIO, TV frekans
fressen V/I & V/T *(Tier)* yemek
Freude F ⟨-n⟩ sevinç, neşe **freudig** ADJ sevindirici **freuen** A V/T sevindirmek B V/R **sich ~** sevinmek (**auf** *akk -e*); memnun olmak (**über** *akk -den* dolayı)
Freund M ⟨-e⟩ arkadaş, dost **Freundin** F kız (kadın) arkadaş **freundlich** ADJ samimî, dostça **...freundlich** ADJ ... dostu **Freundlichkeit** F samimiyet, iyilik **Freundschaft**

F ⟨-en⟩ dostluk **freundschaftlich** ADJ dostça, arkadaşça

Frieden M ⟨-⟩ POL barış; huzur **Friedensvertrag** M POL barış anlaşması

Friedhof M mezarlık

friedlich ADJ huzurlu, sakin **friedliebend** ADJ barışsever

frieren V/I donmak; (*pers*) üşümek

Frikadelle F ⟨-n⟩ köfte

frisch ADJ taze; (*kühl*) serin; (*neu*) yeni **Frischhaltepackung** F taze tutan ambalaj

Friseur M ⟨-e⟩ (*Herrenfriseur*) berber; (*Damenfriseur*) kuaför **Friseurin** F, **Friseuse** F ⟨-n⟩ kadın berber **frisieren** V/T taramak

Frist F ⟨-en⟩ süre, vade **fristlos** ADJ derhal; süresiz

Frisur F ⟨-en⟩ saç biçimi

frittieren V/T bol yağda kızartmak

froh ADJ mutlu, memnun

fröhlich ADJ şen, neşeli

fromm ADJ REL dindar; sofu **Frömmigkeit** F ⟨*kein pl*⟩ dindarlık

Fronleichnam M REL *Katoliklerde İsa'nın cesedinin anıldığı yortu*

Front F ⟨-en⟩ ön taraf; MIL cephe **Frontscheibe** F AUTO ön cam

fror → frieren

Frosch M ⟨¨-e⟩ ZOOL kurbağa

Frost M ⟨¨-e⟩ don **frösteln** V/I soğuktan titremek **Frostschutzmittel** N antifriz

Frucht F ⟨¨-e⟩ meyva; *fig* ürün; verim **fruchtbar** ADJ verimli **Fruchtsaft** M meyve suyu

früh ADJ erken; (*vorzeitig*) vakitsiz; **morgen ~** yarın sabah **früher** ADV daha erken; evvelce, eskiden **frühestens** en erken **Frühjahr** N, **Frühling** M ⟨-e⟩ ilkbahar

Frühstück N kahvaltı **frühstücken** V/I kahvaltı etmek **Frühstücksbüfett** N kahvaltı büfesi **Frühstücksraum** M kahvaltı salonu

frustriert ADJ bezgin; **~ sein** hayal kırıklığına uğramak

Fuchs M ⟨¨-e⟩ ZOOL tilki

Fuge F ⟨-n⟩ ara; yarık; ARCH derz; MUS füg

fügen V/R **sich ~** *dat* boyun eğmek

fühlen V/T duymak, hissetmek

Fühler M ZOOL duyarga, anten

fuhr → fahren

führen **A** V/I götürmek (**nach, zu** *dat* -e) **B** V/T (*herführen*) getirmek; (*verwalten*) yönetmek; (*geleiten*) -e yol göstermek; (*Namen*) taşımak **Führer(in)** M(F) POL lider, önder; (*Reiseführer*) rehber **Führerschein** M sürücü ehliyeti **Führung** F yönetim; (*im Museum etc*) rehberle gezme

Fülle F ⟨*kein pl*⟩ bolluk **füllen** V/T doldurmak **Füller** M ⟨-⟩,

Füllfederhalter M dolmakalem **Füllung** F dol(dur)ma; (*Zahn*) dolgu
fummeln V/I *umg* mıncıklamak; kurcalamak
Fund M ⟨-e⟩ bulgu; bulunan şey
Fundament N ⟨-e⟩ temel, esas **fundamental** ADJ esaslı, temelli **fundamentalistisch** ADJ REL radikal
Fundbüro N ⟨-s⟩ kayıp eşya bürosu **Fundsache** F ⟨-n⟩ bulunmuş eşya
fünf *Zahl* beş **fünfhundert** *Zahl* beş yüz **fünfmal** ADV beş kere **Fünftel** N beşte (bir *etc*) **fünfte(r, s)** ADJ beşinci **fünftens** ADV beşinci(si) **fünfzehn** *Zahl* on beş **fünfzig** *Zahl* elli
Funk M ⟨*kein pl*⟩ ELEK telsiz (yayılış)
Funke M ⟨-n⟩ kıvılcım **funkeln** V/I pırıldamak
funken V/I & V/T telsizle bildirmek **Funker** M telsizci **Funkspruch** M telsiz telgraf(name)
Funktion F görev, işlev, fonksiyon **funktionieren** V/I işlemek
für PRÄP +*akk* için *nom -e*; *-e* göre; yerine *nom*; **Tag ~ Tag** günbegün
Furche F ⟨-n⟩ derin iz; yarık
Furcht F ⟨*kein pl*⟩ korku **furchtbar** ADJ korkunç; feci **fürchten** V/T *akk*, V/R **sich ~ vor** *dat -den* korkmak **furchtlos** ADJ korkusuz **furchtsam** ADJ korkak
füreinander ADV birbiri için
Fürsorge F bakım; yardım
Fürsprache F aracılık
Fürst M ⟨-en⟩ prens, derebeyi **Fürstin** F prenses, kadın derebeyi
Furt F ⟨-en⟩ akarsu geçiti
Furunkel M ⟨-⟩ MED kançıbanı
Furz M ⟨¨-e⟩ *vulg* osuruk **furzen** V/I *vulg* osurmak
Fuß M ⟨¨-e⟩ ayak; **zu ~** yaya(n); yürüyerek
Fußball M futbol, ayak topu **Fußballer(in)** M(F) futbolcu **Fußballmannschaft** F futbol takımı **Fußballspiel** N futbol maçı
Fußboden M döşeme, oda tabanı
Fußgänger(in) M(F) yaya **Fußgängerüberweg** M yaya geçidi **Fußgängerzone** F yaya bölgesi;
Fußnote F dipnot **Fußsohle** F ayak tabanı **Fußtritt** M tekme **Fußweg** M yaya yolu
Futter N ⟨*kein pl*⟩ (*Tierfutter*) yem; (*Kleidung*) astar
Futteral N ⟨-e⟩ kutu, kılıf
füttern V/T *akk -e* yem vermek; (*Kind*) *-e* yemeğini yedirmek; (*Kleidung*) *-i* astarlamak
Futur N ⟨*kein pl*⟩ GRAM gelecek zaman

G

G N MUS sol (notası)
gab → geben
Gabe F ⟨-n⟩ armağan; bağış
Gabel F ⟨-n⟩ çatal
gackern V/I (*Huhn*) gıdaklamak
gähnen V/I esnemek
Galerie F ⟨-n⟩ galeri
Galle F ⟨-n⟩ MED safra, öd **Gallenstein** M MED safra kesesi taşı
Galopp M ⟨-e, -s⟩ dörtnal
galt → gelten
Gämse F ⟨-n⟩ ZOOL dağ keçisi
Gang M ⟨¨-e⟩ (*Gehen*) yürüyüş; (*Verlauf*) gidiş; (*Flur*) koridor; (*Essen*) kap; AUTO vites **Gangschaltung** F AUTO vites
Ganove M ⟨-n⟩ dolandırıcı, sahtekâr
Gans F ⟨¨-e⟩ ZOOL kaz; **Gänseblümchen** N BOT papatya **Gänsefüßchen** *pl umg* tırnak işareti **Gänsehaut** F e-e ~ **bekommen** *fig* tüyleri ürpermek **Gänserich** M ⟨-e⟩ ZOOL, **Ganter** M ⟨-⟩ erkek kaz
ganz **A** ADJ tam; (*heil*) sağlam; (*Tag*) bütün **B** ADV (*völlig*) tamamıyla; (*ziemlich*) oldukça **gänzlich** ADV tamamen, büsbütün
gar **A** ADJ (*Speise*) pişmiş **B** ADV ~ **nicht(s)** hiç (bir şey)
Garage F ⟨-n⟩ garaj
Garantie F ⟨-n⟩ garanti **garantieren** V/T garanti vermek (**für** için)
Garderobe F ⟨-n⟩ THEAT vestiyer; (*Kleidung*) elbiseler *pl*, gardrop
Gardine F ⟨-n⟩ tül perde
gären V/I mayalanmak, ekşimek
Garn N ⟨-e⟩ iplik, tire
Garnele F ⟨-n⟩ ZOOL karides
Garnitur F ⟨-en⟩ takım; garnitür
Garten M ⟨¨⟩ bahçe **Gärtner** M ⟨-⟩ bahçıvan **Gärtnerei** F ⟨-en⟩ bahçecilik (işletmesi) **Gärtnerin** F bahçıvan
Gas N ⟨-e⟩ gaz; ~ **geben** gaza basmak **Gasflasche** F gaz tüpü **Gasherd** M gazlı ocak, (*Backrohr*) gazlı fırın **Gasmaske** F gaz maskesi **Gaspedal** N AUTO gaz pedalı
Gasse F ⟨-n⟩ sokak
Gast M ⟨¨-e⟩ misafir, konuk; (*eingeladen*) davetli; (*Hotelgast*) müşteri **Gastarbeiter(in)** M(F) *neg!* yabancı işçi **gastfreundlich** ADJ konuksever, misafirperver **Gastgeber(in)** M(F) ev sahibi **Gasthaus** N, **Gasthof** M, **Gaststätte** F lokanta **Gastwirt(in)** M(F) lokantacı
Gatte M ⟨-n⟩ koca, eş **Gattin** F karı, eş
Gattung F cins, tür

Gaul M ⟨¨-e⟩ ZOOL beygir, at
Gaumen M ⟨-⟩ ANAT damak
Gauner(in) M(F) dolandırıcı, sahtekâr; *umg* üçkâğıtçı
Gazelle F ⟨-n⟩ ZOOL ceylan
geb.: **geboren** ADJ doğumlu; **geborene** kızlık soyadı
Gebäck N ⟨*kein pl*⟩ bisküvi, kek, çörek **gebacken** **A** ADJ pişmiş; kızarmış **B** → backen
gebar → gebären
Gebärde F ⟨-n⟩ hareket, jest
gebären **A** V/I doğum yapmak **B** V/T doğurmak **Gebärmutter** F ANAT rahim, dölyatağı
Gebäude N ⟨-⟩ bina, yapı
geben V/I & V/T *j-m etw* vermek; **es gibt** *akk* var(dır) *nom*
Gebet N ⟨-e⟩ dua; namaz
gebeten → bitten
Gebiet N ⟨-e⟩ bölge, arazi
Gebilde N ⟨-⟩ şekil, oluşum
gebildet ADJ kültürlü, aydın
Gebirge N ⟨-⟩ dağlar *pl* **gebirgig** ADJ dağlık **Gebirgspass** M dağ geçidi
Gebiss N ⟨-e⟩ dişler dizisi; (*künstlich*) takma dişler *pl* **gebissen** → beißen
Gebläse N ⟨-⟩ vantilatör
geblieben → bleiben
gebogen **A** ADJ bük(ül)müş **B** → biegen
geboren **A** ADJ doğmuş; doğumlu **B** → gebären
geborgen **A** ADJ korunmuş **B** → bergen
Gebot N ⟨-e⟩ emir, buyruk
geboten → bieten
gebracht → bringen
gebrannt → brennen
gebraten ADJ kızart(ıl)mış
Gebrauch M ⟨¨-e⟩ kullan(ıl)ış, kullan(ıl)ma **gebrauchen** V/T kullanmak **gebräuchlich** ADJ çok kullanılan **Gebrauchsanweisung** F kullanma kılavuzu; tarife **gebraucht** ADJ kullanılmış **Gebrauchtwagen** M AUTO ikinci elden otomobil
gebrechlich ADJ zayıf, sakat
gebrochen **A** ADJ kırılmış, kırık **B** → brechen
Gebrüder *pl* (erkek) kardeşler, biraderler
Gebühr F ⟨-en⟩ ücret, harç **gebührenpflichtig** ADJ ücretli
gebunden **A** ADJ bağlı **B** → binden
Geburt F ⟨-en⟩ doğum **Geburtenkontrolle** F doğum kontrolü **gebürtig** ADJ doğumlu **Geburtsdatum** N doğum tarihi **Geburtsort** M doğum yeri **Geburtstag** M doğum günü
Gebüsch N ⟨-e⟩ çalı(lık)
gedacht → denken, gedenken
Gedächtnis N ⟨-sse⟩ hafıza, bellek; hatır
Gedanke M ⟨-n⟩ düşünce **gedankenlos** ADJ düşüncesiz **Gedankenstrich** M GRAM tire
Gedeck N ⟨-e⟩ sofra/servis ta-

kımı
gedeihen VI (*Pflanze, Kind*) büyümek, gelişmek
gedenken VI *gen* (*erinnern*) *-i* anmak; (*beabsichtigen*) ~ **zu** *inf -mek* niyetinde olmak
Gedicht N ⟨-e⟩ şiir
gedieh(en) → gedeihen
Gedränge N ⟨*kein pl*⟩ kalabalık
gedroschen → dreschen
gedrungen **A** → dringen **B** ADJ kısa boylu, bodur
Geduld F ⟨*kein pl*⟩ sabır **gedulden** VR **sich** ~ sabretmek **geduldig** ADJ sabırlı
gedünstet ADJ az yağla haşlanmış
gedurft → dürfen
geehrt ADJ **sehr ~e(r)** sayın
geeignet ADJ uygun; yararlı (**für** *akk -e*)
Gefahr F ⟨-en⟩ tehlike **gefährden** VT tehlikeye sokmak **gefährlich** ADJ tehlikeli **gefahrlos** ADJ tehlikesiz
Gefährte M ⟨-n⟩, **Gefährtin** F arkadaş, yoldaş
Gefälle N ⟨-⟩ iniş; *fig* seviye farkı
gefallen **A** VI *dat -in* hoşuna gitmek **B** → fallen **Gefallen** M: **j-m e-n ~ tun** *-e* iyilik yapmak **gefällig** ADJ hatır sayan
gefangen **A** ADJ yakalanmış; tutuklu; ~ **nehmen** esir almak **B** → fangen **Gefangene(r)** M/F(M) tutuklu **Gefangenschaft** F ⟨*kein pl*⟩ tutukluluk; MIL esirlik **Gefängnis** N ⟨-sse⟩ cezaevi, hapishane
Gefäß N ⟨-e⟩ kap; ANAT damar
gefasst ADJ sakin, hazır; ~ **sein auf** *akk -e* hazırlıklı olmak
Gefecht N ⟨-e⟩ MIL çarpışma
Gefieder ⟨-⟩ *n* tüyler *pl*
gefleckt ADJ benekli, alaca
geflochten → flechten
geflogen → fliegen
geflohen → fliehen
geflossen → fließen
Geflügel N ⟨*kein pl*⟩ kümes hayvanları *pl*
gefragt ADJ aranan, beğenilen
gefräßig ADJ *vulg* obur, pisboğaz
gefrieren VI donmak **Gefrierfach** N buzluk **Gefrierpunkt** M donma noktası **gefroren** **A** ADJ donmuş **B** → frieren
Gefühl N ⟨-e⟩ duygu, his **gefühllos** ADJ duygusuz **gefühlvoll** ADJ duygulu; duygusal
gefüllt ADJ dolu, doldurulmuş; **~e Paprikaschoten** biber dolması
gefunden → finden
gegangen → gehen
gegeben ADJ verilmiş **gegebenenfalls** ADV gerektiğinde
gegen PRÄP +*akk -e* karşı, -e doğru; *-in* karşılığında; ~ **fünf** (**Uhr**) (saat) beş sularında, beşe doğru
Gegend F ⟨-en⟩ yöre; (*Stadt*

viertel) semt; (Region) bölge
egeneinander ADV birbirine karşı **Gegenfahrbahn** F karşı şerit **Gegengewicht** N denk **Gegengift** N panzehir **Gegenleistung** F karşılık **Gegenmaßnahme** F önlem **Gegensatz** M zıt, karşıt **gegensätzlich** ADV karşıt **gegenseitig** ADJ karşılıklı
iegenstand M nesne; (Thema) konu
iegenströmung F ters akıntı **Gegenstück** N karşılık, eş **Gegenteil** N zıt, ters; **im ~** tersine
egenüber A PRÄP +dat -in karşısında; -in karşısı; -e göre B ADV karşıda **gegenüberliegend** ADV karşıda(ki) **gegenüberstellen** V/T j-m etw karşılaştırmak
egenverkehr M AUTO karşı yöndeki) trafik
egenwart F ⟨kein pl⟩ a. GRAM şimdiki zaman **gegenwärtig** A ADJ şimdiki B ADV hâlen, şimdi
egenwert M bedel, karşı değer
egenwind M karşıdan esen rüzgâr
egessen → essen
eglichen → gleichen
eglitten → gleiten
eglommen → glimmen
egner(in) M(F), **gegnerisch** ADJ rakip **Gegnerschaft** F ⟨kein pl⟩ rakiplik

gegolten → gelten
gegoren A ADJ mayalanmış B → gären
gegossen → gießen
gegr.: **gegründet** ADJ kuruluşu
gegraben → graben
gegriffen → greifen
gegrillt ADJ ızgarada, kızartılmış
Gehalt A N ⟨¨er⟩ (Einkommen) maaş, aylık B M ⟨-e⟩ (Inhalt) içerik, kapsam
gehangen → hängen
gehässig ADJ kinci, garazcı
Gehäuse N ⟨-⟩ kılıf, kutu
geheim ADJ gizli; **~ halten** gizli tutmak **Geheimdienst** M gizli servis **Geheimnis** N ⟨-sse⟩ sır **geheimnisvoll** ADJ esrarengiz **Geheimnummer** F, **Geheimzahl** F (von Kreditkarte) (kişisel) kod, şifre
gehen A V/I gitmek; yürümek B V/I unpers **es geht** olur; **es geht nicht** olmaz; **wie geht es Ihnen?** nasılsınız?; **es geht mir gut** iyiyim; **es geht um** akk nom söz konusu(dur); **~ lassen** bırakmak; **sich ~ lassen** kendini bırakmak
geheuer ADJ **nicht ~** tekin değil
Gehilfe M ⟨-n⟩, **Gehilfin** F yardımcı
Gehirn N ⟨-e⟩ beyin; akıl **Gehirnerschütterung** F beyin sarsıntısı **Gehirnschlag** M beyin sektesi
gehoben A ADJ yüksek B →

heben
geholfen → helfen
Gehör N *(kein pl)* işitme (duyusu)
gehorchen V/I *dat* itaat etmek
gehören A V/I *dat* (*od* **zu** *dat*) *-e* ait olmak; *-e* dahil olmak B **sich ~** uygun olmak **gehörig** ADV iyice
gehorsam ADJ itaatli, uysal
Gehorsam M *(kein pl)* itaat
Gehsteig M kaldırım **Gehweg** M yaya yolu
Geier M (-) akbaba
Geige F (-n) keman **Geiger(in)** M(F) kemancı, viyolonist
geil ADJ şehvetli; *umg* (*toll*) harika
Geisel F (-n) rehine
Geist M A *(kein pl)* (*Seele*) ruh; (*Verstand*) akıl B (-er) (*Gespenst*) görüntü, hayalet
Geisterbahn F korku tüneli
Geisterfahrer(in) M(F) ters yöndeki sürücü **Geistesgegenwart** F soğukkanlılık
Geisteshaltung F zihniyet
geistig ADJ manevî; zihinsel
geistlich ADJ dinî, ruhanî
Geistliche(r) M/F(M) ruhban
geistlos ADJ akılsız, ruhsuz, boş **geistreich** ADJ akıllı, esprili
Geiz M *(kein pl)* cimrilik **Geizhals** M cimri **geizig** ADJ cimri, pinti
gekannt → kennen
geklungen → klingen
gekniffen → kneifen
gekränkt ADJ **~ sein** gücenmek, incinmek (**über** *akk -e*)
gekrochen → kriechen
gekünstelt ADJ yapmacık(lı)
Gel N (-e, -s) jöle
Gelächter N *(kein pl)* gülme, kahkaha
geladen A ADJ dolu B → laden
Gelände N *(kein pl)* arazi
Geländer N (-) korkuluk, parmaklık, tırabzan
Geländewagen M arazi arabası
gelang → gelingen
gelangen V/I varmak, erişmek (**zu, nach** *dat -e*)
gelassen A → lassen B ADJ sakin, soğukkanlı
Gelatine F *(kein pl)* jelatin
geläufig ADJ bilinen
gelaunt ADJ **gut ~** keyifli **schlecht ~** keyifsiz
gelb ADJ sarı **Gelbsucht** *(kein pl)* MED sarılık
Geld N (-er) para **Geldautomat** M bankamatik, otomat para veznesi, ATM **Geldbeutel** M, **Geldbörse** F cüzdan
Geldschein M banknot
Geldschrank M para kasası
Geldstrafe F para cezası
Geldstück N madeni para
Geldwechsel M kambiyo, döviz bozma
Gelee N (-s) *od* M jöle; reçel
gelegen A → liegen B ADJ (*Ort*) bulunan; (*passend*) u

gun, yerinde; **das kommt mir sehr ~** işime gelir **Gelegenheit** F ⟨-en⟩ fırsat **gelegentlich** A ADJ kimi zaman B ADV (*ab und zu*) ara sıra
elehrig ADJ çabuk öğrenen, kavrayışlı
ielenk N ⟨-e⟩ MED, TECH eklem **gelenkig** ADJ kolay bükülen, esnek
elernt ADJ kalifiye
elesen → lesen
eliebte(r) M/F(M) sevgili
eliehen → leihen
elingen V/I *dat* başarmak *nom* (**zu** *inf -meyi*)
elitten → leiden
eloben V/T *akk -e* ahdetmek, *-i* vaat etmek
elogen → lügen
elten V/I (*gültig sein*) geçerli olmak, geçmek; sayılmak (**als** *nom*, **für** *akk* olarak); **~d machen** ileri sürmek; (*Anspruch*) (hak) iddia etmek **Geltung** F geçerlilik; itibar
elübde N ⟨-⟩ adak
elungen A ADJ başarılı, başarılmış B → gelingen
emächlich ADJ yavaş, rahat
emahl M ⟨*kein pl*⟩ koca, eş
emahlen A ADJ övütülmüş; çekilmiş B → mahlen
emahlin F karı, eş
emälde N ⟨-⟩ tablo, resim
emäß PRÄP *+dat -e* göre, *nom* gereğince; uygun
emäßigt ADJ ölçülü
emein ADJ (*niederträchtig*) âdi; (*allgemein*) genel
Gemeinde F ⟨-n⟩ POL belde, köy; REL cemaat
Gemeinheit F ⟨-en⟩ alçaklık
gemeinnützig ADJ kamuya yararlı **gemeinsam** ADJ birlikte (**mit** ile); ortak(laşa) **Gemeinschaft** F ⟨-en⟩ topluluk; birlik **gemeinschaftlich** ADJ birlikte **Gemeinschafts...** ortak ...
gemessen A → messen B ADJ ölçülü
gemieden → meiden
Gemisch N ⟨-e⟩ karışım
gemischt ADJ karma; karışık; **~er Salat** karışık salata
gemocht → mögen
gemolken → melken
Gemurmel N ⟨*kein pl*⟩ mırıltı
Gemüse N ⟨-⟩ sebze **Gemüsehändler(in)** M(F) manav, sebzeci **Gemüsesuppe** F sebze çorbası
gemustert ADJ (*Stoff*) desenli
Gemüt N ⟨-er⟩ ruh; huy
gemütlich ADJ rahat
Gen N ⟨-e⟩ gen
genannt → nennen
genas → genesen
genau A ADJ tam; doğru B ADV **~ genommen** doğrusu **Genauigkeit** F ⟨*kein pl*⟩ kesinlik, hassasiyet **genauso** ADV tam; öyle
genehmigen V/T *akk* onaylamak; *-e* ruhsat vermek **Genehmigung** F izin; ruhsat
General M ⟨-e, ⸚e⟩ (kor)gene-

ral **Generaldirektor(in)** M(F) genel müdür **Generalkonsulat** N başkonsolosluk **Generalstreik** M genel grev
Generation F nesil, kuşak
generell ADJ genel
genesen **A** VI şifa bulmak, iyileşmek **B** ADJ iyileşmiş **Genesung** F iyileşme, şifa
genetisch ADJ genetik
Genf N Cenevre
Genforschung F genetik araştırmaları
genial ADJ dâhice
Genick N ⟨-e⟩ ANAT ense (kökü)
Genie N ⟨-s⟩ dâhi
genieren V/R **sich** ~ utanmak, sıkılmak (**vor** *dat -den*)
genießbar ADJ (*Speise*) yenilebilir; (*Getränk*) içilebilir **genießen** V/T *akk -in* tadını çıkarmak; (*profitieren*) *-den* faydalanmak
Genitiv M ⟨-e⟩ GRAM ismin -in hâli; tamlayan durumu
genommen → nehmen
genormt ADJ standart, standardize edilmiş
genoss → genießen
Genosse M ⟨-n⟩ yoldaş
genossen → genießen
Genossenschaft F ⟨-en⟩ kooperatif
Genossin F yoldaş
Gentechnik F gen teknolojisi
genug ADV yeter **genügen** VI *dat* yetmek **genügend** ADJ yeterli, yetecek kadar

Genuss M ⟨¨-e⟩ (*Vergnügen*) lezzet, zevk
geöffnet ADJ açık
Geografie F ⟨*kein pl*⟩ coğrafya
geografisch ADJ coğrafi
Geologie F ⟨*kein pl*⟩ jeoloji
Geometrie F ⟨*kein pl*⟩ geometri
Gepäck N ⟨*kein pl*⟩ bagaj **Gepäckabfertigung** F FLU bagaj gişesi **Gepäckaufbewahrung** F bagaj deposu, emanet **Gepäckschließfach** N bagaj (emanet) dolabı
Gepäckträger M (*Person*) hamal; (*am Fahrrad*) sele; AUTO portbagaj
gepfiffen → pfeifen
gepriesen → preisen
gerade **A** ADJ doğru; (*aufrecht*) dik; (*soeben*) demin; (*Zahl*) çift **B** ADV tam **Gerade** F ⟨-n⟩ MATH doğru çizgi **geradeaus** ADV doğru, sapmadan **geradestehen** VI *fig* sorumlu olmak (**für** *akk -den*) **geradewegs** ADV doğrudan doğruya
Geranie F BOT sardunya
gerann → gerinnen
gerannt → rennen
Gerät N ⟨-e⟩ cihaz, alet
geraten **A** VI olmak; düşmek (**in** *akk -e*); **außer sich** ~ kendini kaybetmek (**vor** *dat -den*) **B** → raten
Geratewohl N **aufs** ~ gelişigüzel
geräumig ADJ geniş

Geräusch N ⟨-e⟩ ses; (*störend*) gürültü

gerecht ADJ adaletli; haklı **Gerechtigkeit** F ⟨*kein pl*⟩ adalet

Gerede N ⟨*kein pl*⟩ dedikodu

Gericht N ⟨-e⟩ (*Essen*) yemek; JUR mahkeme **gerichtlich** ADJ adli **Gerichtsbeschluss** M JUR (ara) karar **Gerichtsurteil** N karar **Gerichtsverfahren** N dava; yargılama **Gerichtsverhandlung** F duruşma **Gerichtsvollzieher(in)** M(F) icra memuru

gerieben → reiben

gering ADJ (*wenig*) az; (*unbedeutend*) önemsiz; ufak; **~ schätzen** küçümsemek **geringfügig** ADJ önemsiz

gerinnen V/I (*Blut*) pıhtılaşmak; koyulaşmak

Gerippe N ⟨-⟩ iskelet

gerissen A → reißen B ADJ kurnaz, yırtık

geritten → reiten

Germane M ⟨-n⟩, **Germanin** F, **germanisch** Cermen

Germanistik F Alman filolojisi

gern(e) A ADV memnuniyetle, seve seve B INT hayhay; **~ geschehen!** bir şey değil!

gernhaben V/T sevmek, beğenmek

gerochen → riechen

geronnen → rinnen, gerinnen

geröstet ADJ (*Brot*) kızartılmış; (*Kaffee*) kavrulmuş

Gerste F ⟨-n⟩ BOT arpa **Gerstenkorn** N MED arpacık

Geruch M ⟨¨-e⟩ koku

Gerücht N ⟨-e⟩ söylenti

gerufen → rufen

Gerümpel N ⟨*kein pl*⟩ kırık dökük eşya *pl*, pılı-pırtı

gerungen → ringen

Gerüst N ⟨-e⟩ TECH inşaat iskeleti

Ges.: **Gesellschaft** F şirket, kurum; **Gesetz** *n* kanun

gesalzen ADJ tuzlu

gesamt ADJ bütün, tüm **Gesamtheit** F ⟨*kein pl*⟩ bütün (-lük) **Gesamtzahl** F toplam

gesandt → senden

Gesang M ⟨¨-e⟩ şarkı; ZOOL ötüş

Gesäß N ⟨-e⟩ ANAT makat; *vulg* kıç

geschaffen A ADJ yaratılmış B → schaffen

Geschäft N ⟨-e⟩ (*Laden*) mağaza; (*Gewinn*) kazanç; **~e** *pl* işler *pl* **geschäftig** ADJ çalışkan, faal **geschäftlich** ADJ ticarî **Geschäftsfrau** F işkadını **Geschäftsführer(in)** M(F) müdür **Geschäftsmann** M ⟨-leute⟩ işadamı, tüccar **Geschäftsordnung** F tüzük **Geschäftsreise** F iş gezisi **Geschäftsschluss** M kapanış saati **Geschäftsstelle** F büro; şube **Geschäftszeiten** *pl* mesai saatleri *pl*

geschah → geschehen

geschehen **A** VI olmak **B** ADJ olmuş **Geschehen** N ⟨-⟩ olay
gescheit ADJ akıllı, zeki
Geschenk N ⟨-e⟩ hediye
Geschichte F **A** ⟨*kein pl*⟩ tarih **B** ⟨-en⟩ hikâye **geschichtlich** ADJ tarihî, tarihsel
Geschick N **A** ⟨*kein pl*⟩ (*Fähigkeit*) yetenek **B** ⟨-e⟩ (*Schicksal*) kader **Geschicklichkeit** F ⟨*kein pl*⟩ beceriklilik **geschickt** ADJ becerikli
geschieden **A** → scheiden **B** ADJ boşanmış
geschienen → scheinen
Geschirr N ⟨-e⟩ kap-kacak; (*schmutziges* ~) bulaşık; (*Pferdegeschirr*) koşum **Geschirrspüler** M bulaşık makinası **Geschirrtuch** N kurulama bezi
geschlafen → schlafen
geschlagen → schlagen
Geschlecht N ⟨-er⟩ cins; soy **geschlechtlich** ADJ cinsel, cinsî **Geschlechtsverkehr** M cinsel ilişki
geschlichen → schleichen
geschliffen → schleifen
geschlossen **A** ADJ kapalı **B** → schließen
geschlungen → schlingen
Geschmack M ⟨¨er⟩ (*e-r Speise*) tat, lezzet; *fig* zevk **geschmacklos** ADJ tatsız; *fig* zevksiz **geschmackvoll** ADJ *fig* zarif
geschmeidig ADJ yumuşak
geschmissen → schmeißen
geschmolzen → schmelzen
geschnitten → schneiden
geschoben → schieben
gescholten → schelten
Geschöpf N ⟨-e⟩ yaratık
geschoren → scheren
Geschoss N ⟨-e⟩ MIL mermi, kurşun; ARCH kat **geschossen** → schießen
Geschrei N ⟨*kein pl*⟩ çığlık, feryat
geschrieben → schreiben
geschrie(e)n → schreien
geschritten → schreiten
Geschütz N ⟨-e⟩ MIL top
Geschwätz N ⟨*kein pl*⟩ dedikodu
geschweige KONJ **~ denn** kaldı ki
geschwiegen → schweigen
Geschwindigkeit F ⟨-en⟩ sürat, hız **Geschwindigkeitsbeschränkung** F hız sınırlaması
Geschwister *pl* kardeşler *pl*
geschwollen **A** ADJ şiş(miş) **B** → schwellen
geschwommen → schwimmen
geschworen → schwören
Geschworene(r) M/F(M) JUR jüri üyesi
Geschwulst F ⟨¨e⟩ MED ur, tümör
geschwunden ADJ azalmış
geschwungen → schwingen
Geschwür N ⟨-e⟩ MED çıban

tümör, ur
gesehen → sehen
Geselle M ⟨-n⟩ kalfa
Gesellschaft F ⟨-en⟩ POL toplum; (*Verein*) kurum; WIRTSCH şirket; (*geladene* ~) toplantı; (*feine* ~) sosyete; ~ **leisten** eşlik *veya* arkadaşlık etmek **Gesellschafter(in)** M(F) WIRTSCH ortak **gesellschaftlich** ADJ toplumsal
gesessen → sitzen
Gesetz N ⟨-e⟩ kanun, yasa **Gesetzgebung** F yasama (yetkisi) **gesetzlich** ADJ kanunî, yasal **gesetzwidrig** ADJ kanuna aykırı
Gesicht N ⟨-er⟩ yüz **Gesichtscreme** F yüz kremi **Gesichtspunkt** M bakım **Gesichtswasser** N yüz losyonu
Gesindel N ⟨*kein pl*⟩ *umg* ayaktakımı
Gesinnung F zihniyet
gesoffen → saufen
gesogen → saugen
gesondert ADJ ayrı, özel
gesotten → sieden
gespannt ADJ (*Seil*) gergin; (*neugierig*) meraklı
Gespenst N ⟨-er⟩ hayalet, hortlak
gesponnen → spinnen
Gespräch N ⟨-e⟩ konuşma, görüşme
gesprochen → sprechen
gesprossen → sprießen
gesprungen → springen
Gestalt F ⟨-en⟩ biçim; (*Form*) şekil; (*Wuchs*) boy; (*Person*) şahıs
gestalten V/T biçimlendirmek; (*Feier*) düzenlemek
gestanden → stehen, gestehen
Geständnis N ⟨-sse⟩ itiraf; ~ **ablegen** JUR itirafta bulunmak
Gestank M ⟨*kein pl*⟩ pis koku
gestatten V/T (*erlauben*) *j-m etw* müsaade etmek
gestehen V/T itiraf etmek
Gestell N ⟨-e⟩ ayaklık, sehpa; (*Brillengestell*) çerçeve; TECH şasi
gestern ADV dün; ~ **Abend** dün akşam; ~ **früh** dün sabah
gestiegen → steigen
gestochen → stechen
gestohlen → stehlen
gestorben → sterben
gestoßen → stoßen
gestreift ADJ çizgili
gestrichen → streichen; **frisch** ~! dikkat boyalı!
gestrig ADJ dünkü
gestritten → streiten
Gestrüpp N ⟨*kein pl*⟩ çalılık
gestunken → stinken
gesund ADJ sıhhatli, sağlıklı; (*pers a.*) iyi **Gesundheit** F ⟨*kein pl*⟩ sağlık; ~! çok yaşa! **gesundheitlich** ADV sağlık bakımından **gesundheitsschädlich** ADJ sağlığa zararlı
gesungen → singen
gesunken → sinken
getan → tun

getragen → tragen
Getränk N ⟨-e⟩ içecek; (*alkoholisch*) içki **Getränkeautomat** M içecek otomatı **Getränkekarte** F içecek(ler) listesi
Getreide N ⟨*kein pl*⟩ tahıl
getrennt ADJ ayrı
getreten → treten
Getriebe N ⟨-⟩ mekanizma; AUTO vites kutusu, şanjman/şanzıman **getrieben** → treiben **Getriebeöl** N dişli yağı
getrocknet ADJ kuru(tulmuş)
getroffen → treffen
getrogen → trügen
getrunken → trinken
Gewächs N ⟨-e⟩ bitki **gewachsen** → wachsen **Gewächshaus** N sera
Gewähr F ⟨*kein pl*⟩ garanti, teminat **gewähren** V/T *j-m etw* vermek, bağışlamak **gewährleisten** V/T garanti etmek
Gewalt F ⟨-en⟩ kuvvet; şiddet **gewaltig** ADJ (*riesig*) kocaman; (*stark*) kuvvetli, şiddetli **gewaltlos** ADJ zor kullanmayarak **gewaltsam** ADJ zorla **gewalttätig** ADJ zorba
gewandt **A** → wenden **B** ADJ becerikli
gewann → gewinnen
gewaschen → waschen
Gewässer N ⟨*kein pl*⟩ akarsular ve göller *pl*
Gewebe N ⟨-⟩ (*Stoff*) dokuma; MED doku
Gewehr N ⟨-e⟩ tüfek
Geweih N ⟨-e⟩ ZOOL çatal boynuz
Gewerbe N ⟨-⟩ (*Beruf*) meslek; (*Handwerk*) zanaat; (*Handel*) ticaret; (*Industrie*) endüstri **Gewerbegebiet** N sanayi bölgesi **Gewerbeschein** M WIRTSCH ticaret belgesi, (işyeri) işletme ruhsatı **gewerblich** ADJ meslekî, ticarî
Gewerkschaft F ⟨-en⟩ sendika **Gewerkschaft(l)er(in)** M(F) sendikacı **gewerkschaftlich** ADJ sendikal
gewesen → sein
gewichen → weichen
Gewicht N ⟨-e⟩ ağırlık **Gewichtheber** M SPORT halterci
gewieft ADJ *umg* kurnaz, uyanık
gewiesen → weisen
gewillt ADJ istekli, niyetli
Gewimmel N ⟨*kein pl*⟩ kargaşa
Gewinde N ⟨-⟩ TECH yiv
Gewinn M ⟨-e⟩ kazanç, kâr; çıkar; (*in Lotterie*) ikramiye **gewinnen** V/T kazanmak **Gewinner(in)** M(F) kazanan SPORT galip; (*Glückspilz*) talihl
gewiss **A** ADJ belli **B** ADV şüphesiz; elbette; **ein(e) gewisse(r)** ... diye (biri)
Gewissen N ⟨-⟩ vicdan **gewissenhaft** ADJ özenli **gewissenlos** ADJ vicdansız, insafsız
gewissermaßen ADV âdeta

Gewissheit F ⟨-en⟩ kesinlik
Gewitter N ⟨-⟩ fırtına
gewoben → weben
gewogen → wiegen
gewöhnen **A** V/T alıştırmak (**an** *akk -e*) **B** V/R **sich ~** alışmak (**an** *akk -e*) **Gewohnheit** F ⟨-en⟩ alışkanlık **gewöhnlich** **A** ADJ (*alltäglich*) günlük, âdi; bayağı **B** ADV (*meist*) genellikle **gewöhnt** ADJ alışkın (**an** *akk -e*)
Gewölbe N ⟨-⟩ ARCH tonoz
gewonnen → gewinnen
geworben → werben
geworden → werden
geworfen → werfen
gewrungen → wringen
Gewühl N ⟨*kein pl*⟩ kargaşa
gewunden → winden
Gewürz N ⟨-e⟩ bahar, baharat *pl* **Gewürzgurke** F hıyar turşusu, kornişon **Gewürznelke** F kuru karanfil
gewusst → wissen
Gezeiten *pl* gel-git *sg*, met ve cezir *sg*
geziert ADJ yapmacıklı, nazlı
gezogen → ziehen
gezwungen → zwingen
Gicht F ⟨*kein pl*⟩ MED gut/damla hastalığı
Giebel M ⟨-⟩ ARCH çatı tepesi
Gier F ⟨*kein pl*⟩ hırs **gierig** ADJ açgözlü
gießen V/T dökmek; (*Pflanze*) sulamak; **es gießt in Strömen** bardaktan boşanırcasına yağıyor **Gießkanne** F ibrik
Gift N ⟨-e⟩ zehir **giftig** ADJ zehirli
Gigant M ⟨-en⟩ dev
Gin M ⟨-s⟩ cin (içki)
ging → gehen
Gipfel M ⟨-⟩ zirve, doruk
Gips M ⟨-e⟩ alçı **Gipsverband** M alçı sargı
Giraffe F ⟨-n⟩ ZOOL zürafa
Girokonto N FIN cari hesap
Gitarre F ⟨-n⟩ gitar
Gitter N ⟨-⟩ parmaklık, kafes
Glanz M ⟨*kein pl*⟩ parlaklık **glänzen** V/I parlamak
Glas N ⟨=er⟩ cam; (*Trinkglas*) bardak **Glaser(in)** M(F) camcı
Glasur F ⟨-en⟩ sır, mine
glatt ADJ düz; (*rutschig*) kaygan **Glatteis** N ⟨*kein pl*⟩ buzlanma **glätten** V/T düzlemek
Glatze F ⟨-n⟩ *başın saçsız yeri*, kel **Glatzkopf** M dazlak
Glaube M ⟨*kein pl*⟩ inanç; iman **glauben** V/T & V/I *akk -e* inanmak; (*meinen*) *-i* zannetmek **glaubhaft** ADJ inanılır **Gläubige(r)** M/F(M) REL inanan, inançlı **Gläubiger(in)** M(F) WIRTSCH alacaklı **glaubwürdig** ADJ inanılır
gleich **A** ADJ (*Rechte*), *a.* MATH eşit; aynı **B** ADV (*sofort*) hemen; **bis ~!** sonra görüşürüz
gleichaltrig ADJ yaşıt
gleichartig ADJ aynı cinsten
gleichberechtigt ADJ eşit haklara sahip **gleichen** V/I *dat* benzemek **gleichfalls** ADV **danke, ~!** ben de teşekkür

ederim! **Gleichgewicht** N denge **gleichgültig** ADJ ilgisiz, kayıtsız **Gleichheit** F ⟨kein pl⟩ eşitlik **gleichmäßig** ADJ (regelmäßig) düzenli; (Verteilung) eşit (ölçüde) **Gleichstrom** M ⟨kein pl⟩ ELEK doğru akım **Gleichung** F MATH denklem **gleichzeitig** ADV aynı zamanda

Gleis N ⟨-e⟩ BAHN ray; *fig* yol

gleiten V/I kaymak

Gletscher M ⟨-⟩ buzul

glich → gleichen

Glied N ⟨-er⟩ ANAT organ; (*Kette*) halka

gliedern V/T bölmek, ayırmak

glimmen V/I kor hâlinde yanmak

glimpflich ADJ **~ davonkommen** ucuz kurtulmak

glitschig ADJ kaygan

glitt → gleiten

glitzern V/I (*Schmuck*) pırıldamak

Globus M ⟨-ben⟩ küre

Glocke F ⟨-n⟩ çan; (*Klingel*) çıngırak, zil

glomm → glimmen

glotzen V/I dik bakmak

Glück N ⟨kein pl⟩ mutluluk; şans, talih; **~ haben** şanslı olmak (**bei, mit, in** *dat -de*); **viel ~!** bol şans(lar)! **glücken** V/I *dat* başarmak *nom* **glücklich** ADJ mutlu; şanslı **glücklicherweise** ADV hamdolsun ki **Glücksspiel** N kumar **Glückwunsch** M tebrik; **herzlichen ~!** tebrik ederim!; (**zu** *dat -iniz*) kutlu olsun!

Glühbirne F ampul **glühen** V/I kızgın olmak; yanmak **glühend** ADJ kızgın; ateşli **Glühwürmchen** N ZOOL ateşböceği

Glut F ⟨kein pl⟩ kızgınlık; kor

GmbH: **Gesellschaft mit beschränkter Haftung** F limitet şirket

Gnade F ⟨-n⟩ merhamet; JUR af **gnädig** ADJ merhametli

Gold N ⟨kein pl⟩ altın **golden** ADJ altın(dan yapılmış) **Goldfisch** M ZOOL kırmızıbalık **Goldschmied(in)** M(F) kuyumcu

Golf **A** N ⟨kein pl⟩ golf (oyunu) **B** M ⟨-e⟩ GEOG körfez **Golfplatz** M golf sahası

gönnen V/I *j-m etw* çok görmemek; **nicht ~** kıskanmak (*j-m etw b-in s-ini*)

gor → gären

goss → gießen

Gott M **A** ⟨kein pl⟩ Allah, Tanrı **B** ⟨⸚er⟩ tanrı; **~ sei Dank!** çok şükür! **Gottesdienst** M ayin; ibadet **Göttin** F tanrıça **göttlich** ADJ ilâhî; *fig umg* nefis

Grab N ⟨⸚er⟩ kabir, mezar

graben V/I & V/T kazmak **Graben** M ⟨⸚⟩ hendek

Grabmal N türbe **Grabstein** N mezar taşı

Grad M ⟨-e⟩ derece

Graf M ⟨-en⟩ kont

Grafik F ⟨-en⟩ grafik; TECH di-

yagram, çizim **Grafikkarte** F IT ekran kartı
Gräfin F kontes
Gramm N ‹-, -e› gram
Grammatik F ‹-en› gramer, dilbilgisi
Granatapfel M BOT nar
Granit M ‹-e› granit
Grapefruit F ‹-s› BOT greyfrut
Gras N ‹¨er› (yeşil) ot; (*Rasen*) çim(en) **grasen** V/I otla(n)mak
grässlich ADJ korkunç; iğrenç
Gräte F ‹-n› kılçık
gratis ADJ bedava, ücretsiz
Gratulation F tebrik **gratulieren** V/I kutlamak, tebrik etmek (**zu** *dat b-in ş-ini*)
grau ADJ gri, boz; (*Haar*) kırçıl
Gräuel *pl* vahşet *sg*
grauenhaft ADJ, **grauenvoll** ADJ korkunç **grausam** ADJ acımasız, gaddar **Grausamkeit** F ‹-en› acımasızlık, gaddarlık
graziös ADJ lâtif, zarif
greifbar ADJ elle tutulur, gözüken **greifen** **A** V/T tutmak **B** V/I elini sokmak (**in** *akk -e*); elini uzatmak (**nach** *dat* için)
Greis M ‹-e› çok yaşlı adam **Greisin** F çok yaşlı kadın
grell ADJ göz kamaştırıcı; keskin
Grenze F ‹-n› sınır; had **grenzen** V/I bitişik olmak (**an** *akk -e*) **grenzenlos** ADJ hadsiz, sınırsız **Grenzkontrolle** F sınır kontrolü **Grenzübergang** M sınır kapısı
Grieche M ‹-n› Rum; (*in Griechenland*) Yunanlı **Griechenland** N Yunanistan **Griechin** F Rum (kadını); Yunanlı (kadın)
griechisch ADJ Rum, Yunan (-lı) **Griechisch** Yunanca; Rumca; (*Altgriechisch*) Grekçe
Grieß M ‹*kein pl*› irmik
griff → greifen **Griff** M ‹-e› tutma; (*Türgriff*) kol; (*Stiel*) sap; (*Henkel*) kulp; **im ~ haben** *-e* hâkim olmak
Grill M ‹-s› ızgara
Grille F ‹-n› ZOOL ağustosböceği
grillen V/T & V/I ızgara yapmak
Grimasse F ‹-n› yüz göz oynatma
grimmig ADJ öfkeli; hiddetli
grinsen V/I sırıtmak
Grippe F ‹-n› MED grip
grob ADJ kaba; iri; (*Fehler*) ağır **Grobheit** F ‹-en› kabalık
Groll M ‹*kein pl*› kin **grollen** V/I kin beslemek (*j-m -e* karşı)
groß ADJ büyük; kocaman **großartig** ADJ şahane
Großbritannien N Büyük Britanya
Größe F ‹-n› büyüklük; (*Körpergröße*) boy; (*Kleider*) beden; (*Schuhe*) numara
Großeltern *pl* büyük anne-baba **Großhändler(in)** M(F) toptancı **Großmacht** F POL büyük devlet **Großmutter** F büyükanne, nine; anneanne (*mütterlicherseits*); babaanne (*väterlicherseits*) **Großreine-**

machen N büyük temizlik **Großstadt** F büyük şehir **Großvater** M büyükbaba, dede **großzügig** ADJ cömert; hoşgörülü; (*weitläufig*) geniş
grotesk ADJ tuhaf, gülünç
Grotte F ⟨-n⟩ mağara
grub → graben **Grube** F ⟨-n⟩ çukur
grübeln V/I düşünceye dalmak
Gruft F ⟨⸚e⟩ mahzen, yeraltı mezarı
grün ADJ yeşil; (*Bohnen etc*) taze; (*unreif*) olgunlaşmamış; **~ werden** yeşermek; **die Grünen** *pl* POL Yeşiller **Grünanlage** F yeşil alan
Grund M ⟨⸚e⟩ (*Unterseite*) dip; (*Boden*) toprak; (*Ursache*) neden **Grundbesitz** M mülk **Grundbuch** N tapu sicili
gründen V/T kurmak **Gründer(in)** M(F) kurucu
Grundgesetz N POL anayasa **Grundlage** F temel, esas; zemin **grundlegend** ADJ esaslı, köklü
gründlich ADJ titiz, özenle; köklü
Gründonnerstag M REL Paskalya'dan önceki perşembe
Grundrecht N temel hak
Grundriss M ARCH yatay kesit
Grundsatz M prensip, ilke **grundsätzlich** ADJ ilke olarak
Grundschule F ilkokul
Grundstein M temel
Grundstück N arsa
Gründung F kuruluş
Grundwasser N yeraltı suyu
Gruppe F ⟨-n⟩ grup; heyet **Gruppenermäßigung** F grup indirimi **Gruppenreise** F grup gezisi
Gruß M ⟨⸚e⟩ selâm; **viele Grüße** bol bol selâm **grüßen** V/T & V/I *akk* selâmlamak; *-e* selâm söylemek (**von** *dat -den*)
gucken V/I bakmak
Gulasch N ⟨-e⟩ *od* M gulaş; kuşbaşı et
Gully M ⟨-s⟩ kanalizasyon bacası
gültig ADJ geçer(li) **Gültigkeit** F ⟨*kein pl*⟩ geçer(li)lik
Gummi N ⟨-, -s⟩ *od* M lastik **Gummiband** N lastik şerit **Gummiknüppel** M cop **Gummistiefel** M lastik çizme
günstig ADJ uygun; (*Preis*) ucuz; **~e Gelegenheit** fırsat
Gurgel F ⟨-n⟩ ANAT gırtlak, boğaz **gurgeln** V/I gargara etmek
Gurke F ⟨-n⟩ BOT salatalık, hıyar
Gurt M ⟨-e⟩ kemer; (*Tragegurt*) kayış
Gürtel M ⟨-⟩ kuşak, kemer **Gürtelreifen** M AUTO radyal lastik
Guss M ⟨⸚e⟩ dökme, döküm **Gusseisen** N dökme demir
gut ADJ iyi; *int* peki, pekalâ; **es geht mir ~** iyiyim
Gut N ⟨⸚er⟩ WIRTSCH mal; AGR

büyük çiftlik **Gutachten** N rapor; belge **Güte** F ⟨*kein pl*⟩ iyilik; kalite **Güterbahnhof** M BAHN yük istasyonu **Güterwagen** M yük vagonu **Güterzug** M yük treni **Guthaben** N ⟨-⟩ WIRTSCH alacak **gutheißen** V/T uygun bulmak **gutmütig** ADJ iyi huylu, uysal **Gutschein** M kupon **Gymnasium** N ⟨-ien⟩ lise **Gymnastik** F ⟨*kein pl*⟩ jimnastik **Gynäkologe** M ⟨-n⟩, **Gynäkologin** F MED jinekolog, kadın doktoru

H

H N MUS si (notası)
Haar N ⟨-e⟩ saç; kıl; tüy; **sich die ~e schneiden lassen** saçlarını kestirmek; **um ein ~** kıl payı **Haarausfall** M sac dökülmesi **Haarbürste** F saç fırçası **Haarfarbe** F saç rengi **Haarnadelkurve** F keskin viraj **Haarschnitt** M saç kesimi **Haarspange** F saç tokası **Haarspray** N saç spreyi **Haarwaschmittel** N şampuan
Habe F ⟨*kein pl*⟩ mal, servet
haben V/T, *v/hilf akk -e* sahip olmak; **~ Sie ...?** sizde ... var mı?; **was ~ Sie?** neyiniz var?
Habgier F ⟨*kein pl*⟩ hırs
Hacke F ⟨-n⟩ (*Gerät*) kazma; (*Ferse*) topuk **hacken** V/T & V/I oymak; kıymak **Hackfleisch** N kıyma **Hackfleischbällchen** *pl* köfte *sg*
Hafen M ⟨¨⟩ liman **Hafenstadt** F liman şehri
Hafer M ⟨*kein pl*⟩ BOT yulaf **Haferflocken** *pl* yulaf ezmesi *sg*
Haft F ⟨*kein pl*⟩ tutukluluk **haftbar** ADJ sorumlu (**für** *akk -den*) **Haftbefehl** M JUR tutuklama emri **haften** V/I (*kleben*) yapışmak; (**für** *akk -den*) sorumlu olmak **Häftling** M ⟨-e⟩ tutuklu **Haftpflichtversicherung** F malî sorumluluk sigortası **Haftschale** F kontakt lens **Haftung** F **A** ⟨*kein pl*⟩ TECH yapışma **B** ⟨-en⟩ (*Verantwortung*) sorumluluk; **Gesellschaft mit beschränkter ~ (GmbH)** limitet şirket
Hagel M ⟨*kein pl*⟩ dolu **hageln** V/I *unpers* dolu yağmak
Hahn M ⟨¨e⟩ ZOOL horoz; TECH musluk **Hähnchen** N piliç
Hai(fisch) M ⟨-e⟩ ZOOL köpekbalığı
häkeln V/T tığla örmek; dantel örmek **Häkelnadel** F tığ
Haken M ⟨-⟩ çengel; *fig* engel
halb ADJ yarım; (*nach Zahlen*)

buçuk; **auf ~em Weg** yarı yolda; **um ~ zwei** bir buçukta; **alle ~e(n) Stunden** yarım saatte bir **halbieren** V/T ikiye bölmek **Halbinsel** F yarımada **Halbjahr** N yarıyıl **Halbkugel** F yarı küre **Halbmond** M yarımay, hilâl **Halbpension** F yarım pansiyon **Halbschuh** M iskarpin **halbtags** ADV yarım gün(lük) **Halbtagsarbeit** F yarım günlük iş **halbwegs** ADV oldukça **Halbwüchsige(r)** M/F(M) yeniyetme **Halbzeit** F SPORT haftaym, devre
half → helfen
Hälfte F ⟨-n⟩ yarı; **zur ~** yarı yarıya
Halle F ⟨-n⟩ hol, salon
hallen V/I çınlamak
Hallenbad N kapalı yüzme havuzu
hallo! INT merhaba!; TEL alo; (*Zuruf*) bakar mısınız?
Hals M ⟨¨-e⟩ boyun; boğaz **Halsband** N kolye; (*Hundehalsband*) tasma **Halsentzündung** F MED boğaziltihabı **Halskette** F gerdanlık, kolye **Hals-Nasen-Ohren-Arzt** M, **Hals-Nasen-Ohren-Ärztin** F MED kulak-burun-boğaz doktoru **Halsschmerzen** M/PL MED boğaz ağrısı *sg* **Halstuch** N boyun atkısı, fular
halt! INT dur!, stop! **Halt** M ⟨-e⟩ durma; (*Stütze*) destek; → Haltestelle
haltbar ADJ (*robust*) sağlam; dayanıklı **Haltbarkeitsdatum** N son kullanma tarihi
halten **A** V/T tutmak; saymak (**für** *akk nom*) **B** V/I durmak; dayanıklı olmak **C** V/R **sich ~** (*rechts etc*) devam etmek; (*Lebensmittel*) bozulmamak **Haltestelle** F durak **Halteverbot** N durma yasağı
haltlos ADJ temelsiz, asılsız
Haltung F (*Körperhaltung*) duruş; (*Verhalten*) davranış
Hammel M ⟨-⟩ ZOOL koyun **Hammelkeule** F koyun budu
Hammer M ⟨¨-⟩ çekiç **hämmern** V/I çekiçle dövmek *veya* işlemek
Hämorrhoiden *pl* MED basur *sg*
Hampelmann M (*Puppe, a. fig*) kukla
Hamster M ⟨-⟩ ZOOL hamster, dağ faresi **hamstern** V/I & V/T istiflemek
Hand F ⟨¨-e⟩ el **Handarbeit** F el işi; nakış **Handball(spiel** N) M SPORT el topu **Handbremse** F AUTO el freni
Handel M ⟨*kein pl*⟩ ticaret **handeln** **A** V/I ticaret yapmak; (*feilschen*) pazarlık etmek; (*sich verhalten*) davranmak; bahsetmek (**von** *dat -den* **B** V/R **sich ~ um** *akk* söz konusu olmak *nom* **Handelskammer** F ticaret odası **Han**

delsschule F ticaret okulu **Handfläche** F ANAT el ayası **Handgelenk** N ANAT bilek **Handgepäck** N FLUG el bagajı **Handgriff** M sap, kol **Händler(in)** M(F) satıcı; tüccar **handlich** ADJ kullanışlı **Handlung** F iş, eylem; (*Roman, Film*) olay; konu **Handschellen** *pl* kelepçe *sg* **Handschrift** F el yazısı **Handschuh** M eldiven **Handschuhfach** N AUTO torpido gözü **Handtasche** F el çantası **Handtuch** N havlu **Handvoll** F ⟨-⟩ avuç **Handwerk** N zanaat **Handwerker(in)** M(F) zanaatçı; *pl* esnaf **Handwerkskasten** M avadanlık, alet kutusu **Handy** N ⟨-s⟩ cep telefonu, cep **Hanf** M ⟨*kein pl*⟩ BOT kenevir, kendir **Hang** M **A** ⟨¨-e⟩ (*Abhang*) yokuş, iniş **B** ⟨*kein pl*⟩ *fig* düşkünlük **Hängebrücke** F asma köprü **Hängematte** F hamak **hängen** **A** V/T asmak, takmak (**an** *akk -e*) **B** V/I asılı olmak **hantieren** V/I kullanmak (**mit** *dat -i*) **Happen** M ⟨-⟩ lokma **Hardware** F ⟨-s⟩ IT donanım **Harfe** F ⟨-n⟩ MUS harp **harmlos** ADJ saf; zararsız **harmonisch** ADJ ahenkli; uyumlu

Harn M ⟨*kein pl*⟩ idrar, sidik **Harnblase** F ANAT sidik torbası **Harpune** F ⟨-n⟩ zıpkın **hart** ADJ sert, katı; kuru; **~ gekocht** (*Ei*) hazırlop **Härte** F ⟨-n⟩ sertlik, katılık **hartnäckig** ADJ inatçı **Harz** N ⟨-e⟩ reçine, çam sakızı **Haschisch** N ⟨*kein pl*⟩ esrar **Hase** M ⟨-n⟩ ZOOL tavşan **Haselnuss** F BOT fındık **Hasenscharte** F ANAT tavşandudağı **Hass** M ⟨*kein pl*⟩ kin, nefret **hassen** V/T kin beslemek (*akk -e* karşı); *-den* nefret etmek **hässlich** ADJ çirkin; berbat **Hast** F ⟨*kein pl*⟩ acele **hastig** ADJ acele(ci); telâşlı **hatte** → **haben** **Haube** F şapka; AUTO kaput, motor kapağı **Hauch** M ⟨*kein pl*⟩ üfleme; (*Atem*) nefes, soluk **hauchdünn** ADJ incecik **hauchen** V/I hohlamak **hauen** V/T *akk* (*schlagen*) dövmek; *-e* vurmak **Haufen** M ⟨-⟩ yığın, küme **häufen** V/R **sich ~** yığılmak, toplanmak **haufenweise** ADJ küme küme **häufig** **A** ADV sık **B** ADV sık sık, çok defa **Haupt...** baş(lıca), esas **Hauptbahnhof** M (merkez) gar, istasyon **Haupteingang** M ana giriş, **Hauptgericht** *n* baş yemek **Hauptgewinn** M büyük ikramiye **Häuptling** M ⟨-e⟩ kabile reisi **Hauptmann** M MIL yüzbaşı **Hauptquartier** N MIL karargâh **Hauptrolle** F başrol **Hauptsache** F en önemli şey **hauptsächlich** ADJ & ADV özellikle **Hauptsaison** F ana sezon **Hauptschule** F orta okul **Hauptstadt** F başkent **Hauptstraße** F ana cadde; ana yol **Hauptverkehrszeit** F yoğun trafik zamanı

Haus N ⟨¨er⟩ ev; bina; **nach ~e** eve; **zu ~e** evde **Hausapotheke** F ecza dolabı **Hausaufgabe** F ev ödevi **Hausbesitzer(in)** M(F) ev sahibi **Hausflur** M antre; koridor **Hausfrau** F ev kadını **Haushalt** M ⟨-e⟩ ev idaresi; (*Etat*) bütçe **Hausierer** M seyyar satıcı **häuslich** ADJ eve bağlı; evcil **Hausmann** M ev erkeği **Hausmeister(in)** M(F) kapıcı; (*Amt*) hademe **Hausnummer** F kapı numarası **Hausratversicherung** F eşya sigortası **Hausschlüssel** M ev anahtarı **Hausschuhe** *pl* terlik *sg* **Haustier** N ev hayvanı **Haustür** F sokak kapısı

Haut F ⟨¨e⟩ cilt, deri **Hautabschürfung** F *Med* sıyrıntı **Hautarzt** M, **Hautärztin** F cilt doktoru; cildiye **Hautausschlag** M MED egzema **Hautcreme** F cilt kremi **Hautfarbe** F cilt rengi

Havarie F ⟨-n⟩ SCHIFF avarya, deniz kazası

h. c.: **honoris causa** fahrî

Hebamme F ⟨-n⟩ ebe

Hebel M ⟨-⟩ PHYS kaldıraç; kol

heben V/T (yukarı) kaldırmak; (*anheben*) yükseltmek

Hebräisch N ⟨*kein pl*⟩ İbranice

Hecht M ⟨-e⟩ ZOOL turnabalığı **Hechtsprung** M SPORT kaplan atlaması

Heck N ⟨-s⟩ SCHIFF kıç

Hecke F ⟨-n⟩ çalılık, çit

Heckklappe F AUTO bagaj kapağı **Heckscheibe** F AUTO arka cam

Heer N ⟨-e⟩ MIL ordu; kara kuvvetleri *pl*

Hefe F ⟨-n⟩ maya

Heft N ⟨-e⟩ defter

heften (*nähen*) teyellemek; (*befestigen*) çivilemek (**an** *akk* -e)

heftig ADJ şiddetli, sert

Heftpflaster N flaster, bant

Hehler(in) M(F) yardakçı

Heide F ⟨-n⟩ kıraç yer; fundalık

Heidelbeere F BOT yabanmersini

heikel ADJ (*wählerisch*) titiz; (*Angelegenheit*) sakıncalı

heil ADJ sağ, sağlam **Heil** N ⟨*kein pl*⟩ sağlık, selâmet **Heilanstalt** F sanatoryum **heilen** **A** V/T iyileştirmek, kurtar-

mak **B** VI iyileşmek **heilig** ADJ kutsal **Heiligabend** M Noel **Heilige(r)** M/F(M) aziz; evliya **Heiligtum** N ⟨¨er⟩ tapınak; kutsal yer/şey **heilkräftig** ADJ şifa verici **Heilmittel** N ilaç **Heilpraktiker(in)** M(F) doğal tedavi uzmanı **Heilquelle** F kaplıca **Heilsarmee** F Selâmet Ordusu
heim ADV eve **Heim** N ⟨-e⟩ ev, yurt **Heimarbeit** F evde yapılan iş
Heimat F ⟨-en⟩ yurt, vatan, memleket
Heimfahrt F dönüş yolculuğu **heimisch** ADJ yerli **Heimkehr** F eve dönüş **heimkehren** VI eve dönmek
heimlich ADJ gizli(ce)
heimtückisch ADJ (*Krankheit*) sinsi; (*Mord*) haince
Heimweg M dönüş yolu **Heimweh** N ⟨*kein pl*⟩ sıla hasreti
Heirat F ⟨-en⟩ evlenme **heiraten** VI & VT evlenmek (*akk* ile) **Heiratsanzeige** F evlenme ilânı **Heiratsurkunde** F evlilik belgesi
heiser ADJ kısık, boğuk **Heiserkeit** F ⟨*kein pl*⟩ ses kısıklığı
heiß ADJ kızgın, çok sıcak
heißen VI adı ... olmak, denilmek *nom*; **wie ~ Sie?** adınız ne?; **ich heiße ...** adım ... (dir); **das heißt** demek ki, yani
heiter ADJ neşeli; (*Wetter*) açık, bulutsuz **Heiterkeit** F ⟨*kein pl*⟩ neşe, şenlik
heizbar ADJ ısıtılabilir **heizen** VT ısıtmak **Heizkissen** N elektrikli minder **Heizkörper** M kalorifer **Heizöl** N kalorifer yakıtı **Heizung** F ısıtma, kalorifer
hektisch VT telâşlı, hummalı
Held M ⟨-en⟩ kahraman, yiğit **Heldin** F kadın kahraman
helfen VI *dat* yardım etmek **Helfer(in)** M(F) yardımcı
hell ADJ aydınlık, parlak; (*Farbe*) açık **hellhörig** ADJ ses geçiren; **~ werden** dikkat kesilmek
Helm M ⟨-e⟩ miğfer; kask
Hemd N ⟨-en⟩ gömlek
hemmen VT azaltmak, hafifletmek, yavaşlatmak, frenlemek **Hemmung** F **~en haben** çekinmek (**zu** *-den*) **hemmungslos** ADJ çekinmeden, pişkin
Hengst M ⟨-e⟩ ZOOL aygır
Henkel M ⟨-⟩ kulp
Henne F ⟨-n⟩ ZOOL tavuk
Hepatitis F ⟨-titiden⟩ MED hepatit, sarılık
her ADV buraya; **es ist zwei Jahre ~** iki yıl oluyor
herab ADV aşağıya **herablassend** ADJ kibirli **herabsetzen** VT indirmek; *fig* itibardan düşürmek
heran ADV yanına, buraya **heranbringen** VT, **heranholen** VT alıp getirmek, yaklaştırmak **heranwachsen** VI

büyümek **heranziehen** VT (**zu** *dat* ile) görevlendirmek
herauf ADV yukarıya **heraufbeschwören** VT *akk* -*e* yol açmak **heraufkommen** VI yukarı çıkmak
heraus ADV dışarıya **herausbekommen** VT (*erfahren*) öğrenmek; (*Rätsel*) çözmek, bulmak; (*Fleck*) çıkarmak **herausbringen** VT (*Buch*) yayımlamak; THEAT sahneye koymak; *fig* ortaya çıkarmak **herausfinden** VT bulmak, ortaya çıkarmak **herausfordern** VT meydan okumak **herausgeben** VT (*zurückgeben*) teslim etmek, geri vermek; (*Buch*) yayımlamak; (*Wechselgeld*) üstünü vermek **Herausgeber(in)** M(F) yayınlayan; hazırlayan **herausholen** VT çıkarmak **herauskommen** VI (*Buch*) yayımlanmak; (dışarı) çıkmak **herausreißen** VT koparmak **herausstellen** V/R **sich ~** gerçekleşmek, meydana çıkmak
herb ADJ kekre(msi); (*Wein*) sek
herbei ADV yanına, buraya **herbeiführen** VT *akk fig* -*e* neden olmak **herbeisehnen** VT, **herbeiwünschen** VT özlemek
Herbst M ⟨-e⟩ sonbahar, güz **Herbstzeitlose** F ⟨-n⟩ BOT çiğdem
Herd M ⟨-e⟩ ocak
Herde F ⟨-n⟩ sürü
herein ADV içeriye; **~!** buyurun, giriniz! **hereinbrechen** VI (*Nacht*) olmak **hereinfallen** VI *fig* aldanmak, faka basmak **hereinkommen** VI girmek **hereinlassen** VT içeriye almak **hereinlegen** VT *fig* aldatmak
hergeben VT vermek
Hering M ⟨-e⟩ ZOOL ringa balığı; (*Zelthering*) çadır kazığı
herkommen VI (buraya) gelmek; **wo kommen Sie her?** nerelisiniz?
Herkunft F ⟨*kein pl*⟩ asıl, köken; soy
hermetisch ADJ sımsıkı
Heroin N ⟨*kein pl*⟩ eroin
Herpes M ⟨*kein pl*⟩ MED uçuk
Herr M ⟨-en⟩ sahip; efendi; bay (*vor dem Namen*); bey (*nach dem Namen*) **Herrenfriseur** M erkek berberi **Herrenmode** F erkek modası **Herrentoilette** F erkekler tuvaleti
herrichten VT (*bereiten*) hazırlamak; (*ordnen*) düzeltmek
Herrin F sahibe; hanımefendi
herrisch ADJ sert
herrlich ADJ harika, parlak **Herrschaft** F ⟨-en⟩ saltanat, egemenlik **herrschen** VI hüküm sürmek **Herrscher(in)** M(F) hükümdar
herrühren VI gelmek, çıkmak (**von** *dat* -*den*)
herstellen VT yapmak, imal etmek **Hersteller(in)** M(F

üretici, imalatçı **Herstellung** F imal, yapım
herüber ADV buraya, bu tarafa
herum ADV **um** *akk* ~ *-in* etrafında; -dan **herumdrehen** V/T çevirmek **herumführen** V/T *akk* gezdirmek; **an der Nase** ~ *akk* aldatmak **herumsprechen** V/R **sich** ~ duyulmak **herumtreiben** V/R **sich** ~ başıboş dolaşmak
herunter ADV aşağıya **herunterholen** V/T, **herunternehmen** V/T indirmek **herunterschlucken** V/T yutmak
hervor ADV içinden, dışarıya, ileri **hervorbringen** V/T yaratmak **hervorgehen** V/I çıkmak, anlaşılmak (**aus** *dat* -den) **hervorheben** V/T vurgulamak **hervorragend** ADJ seçkin, göze çarpan **hervorrufen** V/T uyandırmak, doğurmak **hervortun** V/R **sich** ~ kendini göstermek, sivrilmek
Herz N ⟨-en⟩ kalp, yürek; gönül **Herzanfall** M MED kalp krizi **Herzinfarkt** M ⟨-e⟩ MED kalp enfarktüsü **Herzklappe** F ANAT kalp kapakçığı **Herzklopfen** N ⟨*kein pl*⟩ çarpıntı **herzlich** **A** ADJ candan, içten, samimî **B** ADV ~ **gern** memnuniyetle
Herzog M dük, duka **Herzogin** F düşes **Herzogtum** N ⟨=er⟩ dukalık
Herzschlag M kalp atışı **Herzschrittmacher** M MED kalp pili **Herzversagen** N MED kalp yetersizliği
Hetze F ⟨*kein pl*⟩ (*Eile*) acele; *fig* kışkırtma **hetzen** **A** V/T kovalamak; üstüne salmak (**auf** *-in*) **B** V/I kışkırtmak (**gegen** *-i*) **C** **sich** ~ acele etmek
Heu N ⟨*kein pl*⟩ kuru ot
Heuchelei F ⟨-en⟩ ikiyüzlülük
Heuchler(in) M(F), **heuchlerisch** ADJ iki yüzlü
heulen V/I (*Hund*) ulumak; (*Wind*) uğuldamak; (*weinen*) ağlamak
Heuschnupfen M saman nezlesi
Heuschrecke F ⟨-n⟩ ZOOL çekirge
heute ADV bugün; **~e in e-r Woche** haftaya bugün; **~e Morgen** bu sabah **heutig** ADJ bugünkü **heutzutage** ADV bu zamanlarda
Hexe F ⟨-n⟩ cadı, cadaloz
Hexenschuss M MED lumbago
Hexerei F ⟨-en⟩ büyü, cadılık
Hieb M ⟨-e⟩ vuruş, darbe
hieb → hauen
hielt → halten
hier ADV burada; işte; burası; **von** ~ buradan
Hierarchie F ⟨-n⟩ hiyerarşi
hierauf ADV bunun üzerine, ondan sonra **hieraus** ADV bundan **hierdurch** ADV bu taraftan; bu yüzden **hierher** ADV buraya **hierin** ADV bunun

içinde, bunda **hiermit** ADV bununla **hierüber** ADV bunun üzerinde, bu hususta **hierunter** ADV bunun altın(d)a; buna dahil **hiervon** ADV bundan **hierzu** ADV bundan başka
hiesig ADJ buradaki
hieß → heißen
Hilfe F ⟨-n⟩ yardım; ~! imdat! **hilflos** ADJ çaresiz **Hilfsmittel** N çare, araç
Himbeere F BOT ahududu
Himmel M ⟨-⟩ gök; **unter freiem ~** açık havada **Himmelfahrt** F REL *İsa'nın göğe çıkışı (yortusu)* **Himmelsrichtung** F yön **himmlisch** ADJ göksel; *fig* harika
hin ADV oraya, şuraya; **~ und her** şuraya buraya, bir aşağı bir yukarı; **~ und wieder** arasıra, bazan; **~ und zurück** gidiş dönüş
hinab ADV aşağıya **hinabfahren** V/I, **hinabgehen** V/I, **hinabsteigen** V/I inmek
hinauf ADV yukarı(ya) **hinaufsteigen** V/I binmek, çıkmak (**auf** *akk* -*e*)
hinaus ADV dışarıya **hinausgehen** V/I çıkmak; (*Fenster*) bakmak (**auf** *akk* -*e*) **hinauslaufen** V/I sonuçlanmak (**auf** *akk* ile) **hinausschieben** V/T ertelemek
Hinblick M **im ~ auf** *akk* -*e* göre, nazaran
hindern V/T *akk* -*e* engel olmak; (**an** *dat* -*mesini*) engellemek **Hindernis** N ⟨-sse⟩ mâni, engel
hindeuten V/I göstermek; ima etmek (**auf** *akk* -*i*)
hindurch ADV arasından
hinein ADV içeriye; içine **hineingeraten** V/I (**in** *akk* -*in*) içine düşmek **hineinstecken** V/T -*i* -*e* sokmak
Hinfahrt F gidiş
hinfallen V/I yere düşmek
hinfällig ADJ (*ungültig*) hükümsüz
hing → hängen
hinhalten V/T oyalamak
hinken V/I topallamak
hinlegen **A** V/T (yere) yatırmak **B** V/R **sich ~** uzanmak, (yere) yatmak
hinnehmen V/T kabullenmek
hinreichend ADJ yeterli, oldukça
hinreißend ADJ coşturucu, çekici
hinrichten V/T idam etmek **Hinrichtung** F idam
hinsetzen V/R **sich ~** oturmak
Hinsicht F **in dieser ~** bu bakımdan **hinsichtlich** PRÄP +*gen nom* hakkında
hinstellen **A** V/T (bir yere) koymak **B** V/R **sich ~** dikilmek
hinten ADV arkada, geride **nach ~** arkaya; **von ~** arkadan
hinter PRÄP +*dat* -*in* arkasında *akk* -*in* arkasına **Hinter...** arka **Hinterachse** F arka dingil **Hinterbein** N arka bacak **Hinterbliebene(r)** M/F(M) ge-

ride kalan **hintereinander** ADV art arda, hiç durmadan **Hintergedanke** M art niyet **Hintergrund** M arka plan **Hinterhalt** M ⟨-e⟩ pusu **hinterher** ADV arkasından; (*zeitlich*) sonra(dan) **Hinterkopf** M artkafa **hinterlassen** V/T *j-m etw* bırakmak **hinterlegen** V/T bırakmak, yatırmak **hinterlistig** ADJ hilekâr **Hintern** M ⟨-⟩ *umg* kıç, popo **Hinterrad** N arka tekerlek **Hinterteil** N arka taraf **Hintertür** F arka kapı

hinüber ADV öbür tarafa, karşıya **hinüberbringen** V/T karşıya götürmek **hinüberfahren** V/I, **hinübergehen** V/I karşıya geçmek

hinunter ADV aşağı(ya) **hinunterschlucken** V/T yutmak

Hinweg M gidiş yolu; **auf dem ~** gidişte

Hinweis M ⟨-e⟩ işaret; (*Auskunft*) bilgi **hinweisen** V/T & V/I işaret etmek (**auf** *akk -e*)

hinzu ADV bundan başka **hinzufügen** V/T *dat akk* eklemek, katmak **hinzukommen** V/I katılmak, eklenmek **hinzurechnen** V/T, **hinzuzählen** hesaba katmak **hinzuziehen** V/T katmak (**zu** *dat -e*)

Hirn N ⟨-e⟩ ANAT beyin **Hirngespinst** N ⟨-e⟩ kuruntu **Hirnhautentzündung** F MED menenjit

Hirsch M ⟨-e⟩ ZOOL geyik

Hirse F ⟨*kein pl*⟩ BOT darı

Hirt M ⟨-en⟩, **Hirtin** F çoban

hissen V/T (*Segel*) açmak; (*Fahne*) çekmek

historisch ADJ tarihî, tarihsel

Hitze F ⟨*kein pl*⟩ şiddetli sıcak **hitzebeständig** ADJ ısıya dayanıklı **hitzig** ADJ kızgın **Hitzschlag** M MED güneş çarpması

HIV-positiv ADJ HIV pozitif, AIDS hastası

hob → heben

Hobby N ⟨-s⟩ hobi; merak

Hobel M ⟨-⟩ planya **hobeln** V/T & V/I rendelemek

hoch ADJ yüksek; yüce **Hochachtung** F saygı **Hochbetrieb** M yoğun çalışma; hummalı işleklik **Hochburg** F *fig* kale **Hochdruckgebiet** N yüksek basınç alanı **Hochebene** F yayla **Hochhaus** N yüksek bina, gökdelen **hochkant** ADV dik(lemes)ine, dikey **Hochmut** M kibir, gurur **Hochsaison** F yüksek sezon **Hochschule** F yüksek okul **Hochsommer** M yaz ortası **Hochspannung** F yüksek gerilim **Hochsprung** M yüksek atlama

höchst ADV son derece(de)

Hochstapler(in) M(F) dolandırıcı

höchste(r, s) ADJ en üst; maksimum **höchstens** ADV en çok; olsa olsa **Höchstgeschwindigkeit** F azamî sü-

rat
Hochverrat M vatan hainliği
Hochwasser N su baskını, sel
Hochzeit F düğün **Hochzeitskleid** N gelinlik **Hochzeitsreise** F balayı **Hochzeitstag** M evlenme yıldönümü
hocken V/I çömelmek **Hocker** M ⟨-⟩ iskemle, tabure
Höcker M ⟨-⟩ hörgüç
Hockey N ⟨*kein pl*⟩ SPORT hokey
Hof M ⟨¨-e⟩ (*Innenhof*) avlu; (*Bauernhof*) çiftlik; (*Palast*) saray
hoffen V/T & V/I ümit etmek, ummak **hoffentlich** ADV ümit ederim ki, inşallah **Hoffnung** F ümit **hoffnungslos** ADV ümitsiz
höflich ADJ nazik; terbiyeli **Höflichkeit** F ⟨-en⟩ nezaket
hohe(r, s) ADJ yüksek
Höhe F ⟨-n⟩ yükseklik; **in ~ von …** miktarında, civarında
Hoheitsgewässer N/PL karasuları
Höhepunkt M en yüksek nokta, doruk
höher ADJ daha yüksek
hohl ADJ oyuk, boş
Höhle F ⟨-n⟩ mağara, in
Hohlraum M boşluk
Hohn M ⟨*kein pl*⟩ alay, hor görme **höhnisch** ADJ alaycı, hor görücü
holen V/T alıp getirmek
Holland N Hollanda
Hölle F ⟨-n⟩ cehennem
Holunder M ⟨*kein pl*⟩ BOT mürver
Holz N ⟨¨-er⟩ ağaç; tahta; (*Brennholz*) odun; (*Bauholz*) kereste **hölzern** ADJ ağaç(tan yapılmış), ahşap **Holzkohle** F mangal kömürü
Homepage F ⟨-s⟩ IT ana sayfa
homogen ADJ homojen
homosexuell ADJ homoseksüel, eşcinsel; *vulg* top
Honig M ⟨*kein pl*⟩ bal
Honorar N ⟨-e⟩ ücret
hörbar ADJ işitilebilir
horchen V/I (**auf** *akk -e*) kulak vermek, *-i* dinlemek
hören **A** V/T işitmek, duymak, dinlemek **B** V/I itaat etmek (**auf** *akk -e*), dinlemek (*-i*) **Hörer** M ⟨-⟩ TEL ahize **Hörer(in)** M(F) dinleyici **Hörgerät** N işitme cihazı
Horizont M ⟨-e⟩ ufuk **horizontal** ADJ yatay
Horn N ⟨¨-er⟩ boynuz; MUS boru **Hörnchen** N ay çöreği
Hornisse F ⟨-n⟩ ZOOL eşekarısı
Horoskop N ⟨-e⟩ yıldız falı
Hort M ⟨-e⟩ kreş, yuva
Hose F ⟨-n⟩ pantolon **Hosentasche** F pantolon cebi **Hosenträger** M pantolon askısı
Hospital N ⟨-e⟩ hasta(ha)ne
Hostess F ⟨-en⟩ hostes
Hotel N ⟨-s⟩ otel **Hotelhalle** F lobi **Hotelzimmer** N otel odası

Hubraum M AUTO silindir hacmi
hübsch ADJ güzel, sevimli, zarif
Hubschrauber M helikopter
Huf M ⟨-e⟩ toynak; tırnak **Hufeisen** N nal
Hüfte F ⟨-n⟩ ANAT kalça
Hügel M ⟨-⟩ tepe, yükseklik **hügelig** ADJ tepeli, inişli yokuşlu
Huhn N ⟨¨-er⟩ ZOOL tavuk **Hühnerauge** N MED nasır **Hühnerbrühe** F tavuk suyu
Hülle F ⟨-n⟩ zarf, kılıf; (*Packung*) ambalaj
Hülse F ⟨-n⟩ kabuk; zarf **Hülsenfrüchte** *pl* baklagiller
human ADJ insanca; insaflı
Hummel F ⟨-n⟩ ZOOL yabanarısı
Hummer M ⟨-⟩ ZOOL ıstakoz
Humor M ⟨*kein pl*⟩ mizah
humpeln V/I topallayarak yürümek
Hund M ⟨-e⟩ köpek, it **Hundefutter** N köpek maması **Hundeleine** F köpek tasması
hundert *Zahl* yüz **Hunderter** M yüzlük banknot
Hündin F dişi köpek
Hunger M ⟨*kein pl*⟩ açlık; **~ haben** (karnı) aç olmak **hungern** V/I aç kalmak **hungrig** ADJ karnı aç
Hupe F ⟨-n⟩ AUTO klakson, korna **hupen** V/I klakson çalmak
hüpfen V/I hoplamak, zıplamak
Hürde F ⟨-n⟩ çit; engel
Hure F ⟨-n⟩ orospu, fahişe
husten V/I öksürmek **Husten** M ⟨-⟩ öksürük **Hustenbonbon** M *od* N öksürük şekeri **Hustensaft** M öksürük şurubu
Hut M ⟨¨-e⟩ şapka
hüten **A** V/T *akk -e* bakmak; *-i* korumak **B** V/R **sich ~** sakınmak (**vor** *dat -den*)
Hütte F ⟨-n⟩ kulübe
Hydrant M ⟨-en⟩ yangın musluğu
Hygiene F ⟨*kein pl*⟩ sıhhî temizlik, hijyen **hygienisch** ADJ sıhhî, hijyenik
Hyperlink M ⟨-s⟩ IT hiperlink
Hypnose F ⟨-n⟩ hipnoz
Hypothek F ⟨-en⟩ ipotek
hysterisch ADJ histerik

I

i. A.: **im Auftrag** yetki ile, vekâleten
IC® M → Intercity(zug)
ICE® M → Intercityexpress (-zug)
ich PERS PR ben; **~ selbst** kendim
ideal ADJ ideal, ülkü
Idee F ⟨-n⟩ fikir, düşünce

identisch ADJ aynı, özdeş
Ideologie F ⟨-n⟩ ideoloji
Idiot M ⟨-en⟩, **Idiotin** F, **idiotisch** ADJ *umg* aptal
IG: **Industriegewerkschaft** F sanayi sendikası
Igel M ⟨-⟩ ZOOL kirpi
IHK: **Industrie- und Handelskammer** F sanayi ve ticaret odası
ihm PERS PR *dat von* **er/es** ona; **mit ~** onunla
ihn PERS PR *akk von* **er** onu; **~en** onlara
ihnen PERS PR *dat von* **sie** siz(ler)e
Ihnen PERS PR *dat von* **Sie** size
ihr **A** PERS PR *dat von* **sie** *sg* ona **B** PERS PR *2. pers pl nom* siz **C** POSS PR *von* **sie** *sg* onun; kendi; *pl* onların
Ihr(e) POSS PR sizin
ihre(r, s) POSS PR onun; kendi; onların
Ikone F ikona
illegal ADJ yasadışı
Illustrierte F ⟨-n⟩ magazin
im (= **in dem**) *präp* **~ Bett** yatakta
Imbiss M ⟨-e⟩ ayaküstü yemek **Imbissstube** F büfe
Imitation F taklit
Imker(in) M(F) arıcı
immer ADV daima, her zaman; **~ noch** hâlâ; **~ mehr** gittikçe fazla; **~, wenn** -dikçe
Immobilien *pl* gayrimenkuller *pl*, emlâk *sg*
immun ADJ bağışık (**gegen** *akk* -e karşı)
Imperativ M ⟨-e⟩ GRAM emir kipi
Imperfekt N ⟨-e⟩ GRAM hikâye (zamanı)
impfen V/T aşılamak **Impfpass** M aşı belgesi **Impfung** F aşı
imponieren V/I *dat* -i etkilemek
Import M ⟨-e⟩ WIRTSCH ithal, dışalım **importieren** V/T ithal etmek
impotent ADJ iktidarsız
improvisieren V/I uyduruvermek, doğaçlamak
Impuls M ⟨-e⟩ güdü, tepi
imstande ADJ **~ sein** yapacak durumda olmak (**zu** *dat* -e)
in **A** PRÄP *+dat* -de, *-in* içinde **B** PRÄP *+akk* -e, *-in* içine **C** ADJ **~ sein** moda olmak
inbegriffen dahil
indem KONJ -ken, -erek, *-mek* suretiyle
Inder(in) M(F) Hintli
Index M ⟨-dices⟩ endeks; fihrist
Indianer(in) M(F) kızılderili
Indien N Hindistan
Indikativ M ⟨-e⟩ GRAM bildirme kipi
indirekt ADJ dolaylı
indisch ADJ Hint(li)
indiskret ADJ sır saklamaz (*taktlos*) saygısız, densiz
individuell ADJ bireysel
Indiz N ⟨-ien⟩ belirti, iz
Indonesien N Endonezya

Industrie F ⟨-n⟩ sanayi

ineinander ADV birbirine, iç içe

Infektion F MED bulaşma, enfeksiyon

Infinitiv M ⟨-e⟩ GRAM mastar

Inflation F FIN enflasyon

infolge PRÄP *+gen -den* dolayı **infolgedessen** ADV bundan dolayı

Informatik F ⟨*kein pl*⟩ informatik, bilişim

Information F bilgi; danışma **informieren** A V/T *akk -e* bilgi vermek (**über** *akk* hakkında); (*benachrichtigen*) *-e* haber vermek B V/R **sich ~** bilgi almak

Ingenieur M ⟨-e⟩, **Ingenieurin** F mühendis

Ingwer M ⟨*kein pl*⟩ BOT zencefil

Inh.: **Inhaber(in)** M(F) sahip

inhaftieren V/T hapsetmek

inhalieren V/T & V/I nefesle içine çekmek

Inhalt M ⟨-e⟩ içerik, kapsam **Inhaltsverzeichnis** N fihrist; içindekiler *pl*

Initiative F ⟨-n⟩ inisiyatif; girişim

Injektion F enjeksiyon

inklusive PRÄP *+gen* dahil

Inland N yurtiçi **Inlandsflug** M yurt içi uçak seferi

Inlineskates *pl* SPORT paten *sg*

inmitten PRÄP *+gen -in* ortasında

innen ADV içinde, içeride; **nach ~** içeriye; **von ~** içeri(si)nden **Innenarchitekt(in)** M(F) iç mimar **Innenminister(in)** M(F) içişleri bakanı **Innenstadt** F şehir merkezi

inner... iç, dahili **Innereien** *pl* sakatat *pl* **innerhalb** PRÄP *+gen* dahilinde, zarfında *nom*

innig ADJ candan, içten

inoffiziell ADJ resmî olmayan

Insasse M ⟨-n⟩ içinde oturan

insbesondere ADV özellikle

Inschrift F ⟨-en⟩ yazıt

Insekt N ⟨-en⟩ böcek **Insektenschutzmittel** N haşarat ilacı **Insektenstich** M böcek sokması

Insel F ⟨-n⟩ ada **Inselgruppe** F takımada

Inserat N ⟨-e⟩ (gazete) ilânı

insgeheim ADV gizlice

insgesamt ADV hepsi birden

insofern ADV, **insoweit** ADV bu bakımdan

Inspektion F teftiş, denetim

Installateur M ⟨-e⟩, **Installateurin** F tesisatçı **installieren** V/T IT proğram yüklemek

instand ADV **~ halten** korumak; **~ setzen** tamir etmek, çalışır hâle getirmek

Instanz F ⟨-en⟩ merci; derece

Instinkt M ⟨-e⟩ içgüdü

Institut N ⟨-e⟩ enstitü

Institution F kuruluş, kurum

Instrument N ⟨-e⟩ alet; MUS enstrüman, çalgı

Insulin N ⟨*kein pl*⟩ ensülin

intelligent ADJ zeki, anlayışlı **Intelligenz** F zekâ
intensiv ADJ yoğun; kuvvetli **Intensivkurs** M yoğun kurs **Intensivstation** F yoğun bakım servisi
Interaktiv ADJ etkileşimli
Intercity(zug)® M ‹-s› *şehirlerarası hızlı tren*
Intercityexpress(zug)® M ‹-s› şehirlerarası ekspres (tren)
interessant ADJ ilginç **Interesse** N ‹-n› ilgi **interessieren** **A** V/T ilgilendirmek **B** V/R **sich ~** ilgi göstermek; ilgilenmek (**für** *akk* ile)
Interface N ‹-s› IT (*Schnittstelle*) arabirim, arayüz
Internat N ‹-e› yatılı okul
international ADJ uluslararası
Internet N ‹-s› internet; **im ~ surfen** internette gezinmek **Internetanschluss** M internet bağlantısı **Internetcafé** N internet kafe **Internetseite** F internet sayfası
Internist M ‹-en›, **Internistin** F MED iç hastalıkları uzmanı
Interview N ‹-s› görüşme, söyleşi
intim ADJ içli-dışlı; (*sexuell*) cinsel
intolerant ADJ hoşgörüsüz
intransitiv ADJ GRAM geçişsiz
Invalide M ‹-n› sakat, özürlü
Invasion F istilâ
Inventar N ‹-e› demirbaş
investieren V/T yatırmak
inzwischen ADV bu arada
i.R.: **im Ruhestand** emekli
Irak M Irak
Iran M İran
Ire M İrlandalı
irgendeine(er, es) INDEF PR herhangi bir **irgendetwas** INDEF PR herhangi bir şey **irgendjemand** INDEF PR herhangi biri **irgendwie** ADV herhangi bir şekilde **irgendwo** ADV bir yerde **irgendwoher** ADV bir yerden **irgendwohin** ADV bir yere
Irin F İrlandalı (kadın) **Irland** N İrlanda
ironisch ADJ alaylı
irre ADJ *umg fig* korkunç, müthiş **irreführen** V/T aldatmak **irremachen** V/T şaşırtmak **irren** V/R **sich ~** yanılmak **irritieren** V/T şaşırtmak **Irrsinn** M ‹*kein pl*› delilik **Irrtum** M ‹¨er› yanlışlık **irrtümlich** **A** ADJ yanlış **B** ADV yanlışlıkla
Ischias M ‹*kein pl*› MED siyatik
Islam M ‹*kein pl*› İslâm(iyet), Müslümanlık
Island N İzlanda
Isolierband N yalıtım bantı **isolieren** V/T izole etmek, yalıtmak **Isolierkanne** F termos
Israel N İsrail
Italien N İtalya **Italiener(in)** M(F) İtalyan **italienisch** ADJ İtalyan **Italienisch** N İtalyanca
i. V.: **in Vertretung** vekâleten

J

ja ADV evet; **das sagte ich ~** söyledim ya
Jacht F ⟨-en⟩ yat **Jachthafen** M yat limanı, marina
Jacke F ⟨-n⟩ hırka; ceket
Jagd F ⟨-en⟩ av, avcılık **jagen** V/T & V/I avla(n)mak **Jäger(in)** M(F) avcı
Jahr N ⟨-e⟩ yıl, sene **jahrelang** ADJ yıllarca **Jahrestag** M yıldönümü **Jahreszeit** F mevsim **Jahrhundert** N ⟨-e⟩ yüzyıl, asır **jährlich** **A** ADJ yıllık **B** ADV her sene **Jahrmarkt** M panayır **Jahrtausend** N ⟨-e⟩ binyıl **Jahrzehnt** N ⟨-e⟩ onyıl
jähzornig ADJ çabuk öfkelenir
Jalousie F ⟨-n⟩ panjur
jammern V/I inlemek, ahlamak
Januar M ⟨-e⟩ ocak (ayı)
Japan N Japonya **Japaner(in)** M(F) Japon **japanisch** ADJ Japon **Japanisch** N Japonca
Jasmin M ⟨-e⟩ BOT yasemin
Jauche F *⟨kein pl⟩* gübre şerbeti
jaulen V/I *(Hund)* ulumak
Jazz M *⟨kein pl⟩* caz (müziği)
je ADV *(pro)* başına; her … için; → jemals; **~ …, desto** … ne kadar … *-se*, o kadar …; **~ nachdem** *-diğine* göre
Jeans *pl* blucin, kot
jede(r, s) **A** *unbest. Zahlwort* her, **jedes Mal** her defa **B** INDEF PR herkes, her biri **jedenfalls** ADV bu bir yana **jedermann** INDEF PR herkes **jederzeit** ADV her zaman
jedoch ADV hâlbuki, fakat
jemals ADV her hangi bir zaman(da), hiç
jemand INDEF PR biri(si), bir kimse
Jemen M Yemen
jene(r, s) DEM PR şu, o, öbür
jenseits PRÄP *+gen -in* ötesinde
Jerusalem N Kudüs
Jesus M İsa
jetzig ADV şimdiki **jetzt** ADV şimdi
jeweils ADV duruma göre
Jh. → Jahrhundert
Job M ⟨-s⟩ *umg* iş
Joch N ⟨-e⟩ boyunduruk
Jod N *⟨kein pl⟩* iyot **Jodtinktur** F tentürdiyot
joggen V/I jogging/koşu yapmak
Joghurt M & N ⟨-s⟩ yoğurt
Johannisbeere F BOT frenküzümü
Joker M ⟨-⟩ koz, joker, jokey
Jordanien N Ürdün
Journalismus M *⟨kein pl⟩* gazetecilik **Journalist** M ⟨-en⟩, **Journalistin** F gazeteci
Joystick M ⟨-s⟩ IT oyun çubuğu
Jubel M *⟨kein pl⟩* sevinç
Jubiläum N ⟨-äen⟩ yıldönü-

mü
jucken **A** VT kaşımak **B** VI kaşınmak
Jude M ‹-n›, **Jüdin** F Yahudi
jüdisch ADJ Yahudi, Musevî
Judo N ‹-s› judo
Jugend F ‹kein pl› gençlik, gençler *pl* **Jugendherberge** F gençlik oteli, hostel **Jugendliche(r)** M/F(M) genç
Juli M ‹-s› temmuz
jung ADJ genç; taze; (*Geschwister*) küçük
Junge M ‹-n› oğlan
Junge(s) N ZOOL yavru
Jungfrau F bakire
Junggeselle M, **Junggesellin** F bekâr
Juni M ‹-s› haziran
Jura *pl* hukuk **Jurist** M ‹-en›, **Juristin** F hukukçu **juristisch** ADJ hukukî (olarak)
Jury F ‹-s› jüri
Justiz F ‹kein pl› adliye, adalet
Juwelen *pl* mücevher *sg* **Juwelier** M ‹-e› kuyumcu

K

Kabarett N ‹-s, -e› kabare
Kabel N ‹-› kablo; SCHIFF halat **Kabel...** kablolu
Kabeljau M ‹-s od -e› ZOOL morina
Kabine F ‹-n› *a.* FLUG kabin; (*Schiff*) kamara
Kachel F ‹-n› fayans, çini
Käfer M ‹-› ZOOL böcek
Kaffee M ‹*kein pl*› kahve **Kaffeemühle** F kahve değirmeni **Kaffeesatz** M telve **Kaffeetasse** F kahve fincanı
Käfig M ‹-e› kafes
kahl ADJ (*Wand*) çıplak; (*kahlköpfig*) kel
Kahn M ‹¨-e› kayık
Kai M ‹-e, -s› rıhtım
Kairo N Kahire
Kaiser(in) M(F) imparator(içe)
Kajüte F ‹-n› SCHIFF kamara
Kakao M ‹*kein pl*› kakao
Kakerlak M ‹-en› ZOOL hamamböceği
Kaktus M ‹-teen› BOT kaktüs
Kalb N ‹¨-er› dana **Kalbfleisch** N dana eti
Kalender M ‹-› takvim
Kalif M ‹-en› REL halife
Kalk M ‹-e› kireç **Kalklöser** M kireç çözücü
Kalorie F ‹-n› kalori
kalt ADJ soğuk; **es ist ~** hava soğuk; **mir ist ~** üşüyorum **kaltblütig** ADJ soğukkanlı **Kälte** F ‹*kein pl*› soğuk(luk) **Kaltmiete** F net kira **Kalt- und Warmwasser** N soğuk ve sıcak su
kam → kommen
Kamel N ‹-e› ZOOL deve
Kamera F ‹-s› fotoğraf makinası; film makinası; (*Digitalkamera*) kamera
Kamerad M ‹-en›, **Kamera-**

din F arkadaş **Kameradschaft** F ⟨*kein pl*⟩ arkadaşlık
Kameramann M ⟨¨er, -leute⟩ kameraman
Kamille F ⟨-n⟩ BOT papatya **Kamillentee** M papatya çayı
Kamin M ⟨-e⟩ (*offener*) şömine; (*Schornstein*) baca
Kamm M ⟨¨e⟩ tarak; ZOOL ibik **kämmen** A V/T taramak B V/R **sich ~** taranmak
Kammer F ⟨-n⟩ küçük oda; POL kamara; JUR daire **Kammermusik** F oda müziği
Kampf ⟨¨e⟩ çatışma; dövüş; (*Krieg*) *m* savaş; SPORT yarış **kämpfen** V/I savaşmak; dövüşmek; SPORT yarışmak **Kämpfer** M ⟨-⟩, **Kämpferin** F savaşçı; SPORT yarışan **Kampfrichter** M SPORT hakem
kampieren V/I kamp yapmak
Kanadier(in) M(F) Kanadalı
Kanal M ⟨¨e⟩ kanal; GEOG Manş Denizi **Kanalisation** F kanalizasyon
Kanarienvogel M ZOOL kanarya
Kandidat M ⟨-en⟩, **Kandidatin** F aday **kandidieren** V/I adaylığını koymak
kandiert ADJ şekerli
Känguru N ⟨-s⟩ ZOOL kanguru
Kaninchen N ZOOL adatavşanı
Kanister M ⟨-⟩ teneke, bidon
Kanne F ⟨-n⟩ güğüm; (*Teekanne*) çaydanlık; (*Kaffeekanne*) kahvedenlik; (*Wasserkanne*) ibrik
kannte → kennen
Kanone F ⟨-n⟩ MIL top
Kante F ⟨-n⟩ kenar
Kantine F ⟨-n⟩ kantin
Kanu N ⟨-s⟩ kano, bot
Kanzel F ⟨-n⟩ (*Moschee*) mimber; kürsü **Kanzlei** F ⟨-en⟩ ofis, büro **Kanzler** M ⟨-⟩, **Kanzlerin** F POL şansölye; başbakan
Kap N ⟨-s⟩ GEOG burun
Kap. → Kapitel
Kapelle F ⟨-n⟩ REL şapel, küçük kilise; MUS bando **Kapellmeister** M orkestra şefi
kapieren V/T *umg* anlamak
Kapital N ⟨-ien⟩ kapital, sermaye **Kapitalismus** M kapitalizm
Kapitän M ⟨-e⟩ kaptan
Kapitel N ⟨-⟩ bölüm
Kapitell N ⟨-e⟩ ARCH sütun başlığı
kapitulieren V/I teslim olmak; *fig* pes etmek; boyun eğmek
Kappe F ⟨-n⟩ (*Mütze*) başlık; TECH kapak
Kapsel F ⟨-n⟩ kapsül
kaputt ADJ bozuk, kırık; (*Person*) bitkin; **~ machen** kırmak
kaputtgehen V/I kırılmak, bozulmak
Kapuze F ⟨-n⟩ kukuleta
Karaffe F ⟨-n⟩ sürahi
Karat N ⟨-e⟩ kırat; (*Feingehalt*) ayar

Karawane F ⟨-n⟩ kervan
Karfreitag M REL Paskalya'dan önceki cuma
karg ADJ, **kärglich** ADJ (*Boden*) kısır, verimsiz; (*Leben*) fakir
kariert ADJ kareli
Karikatur F ⟨-en⟩ karikatür
Karneval M ⟨-e⟩ karnaval
Karo N ⟨-s⟩ kare; karo
Karosserie F ⟨-n⟩ AUTO kaporta
Karotte F ⟨-n⟩ BOT havuç
Karpfen M ⟨-⟩ ZOOL sazan (balığı)
Karre F ⟨-n⟩, **Karren** M ⟨-⟩ el arabası
Karriere F ⟨-n⟩ kariyer
Karte F ⟨-n⟩ kart, kâğıt; → Eintrittskarte, Fahrkarte, Landkarte, Postkarte, Speisekarte
Kartei F ⟨-en⟩ kart arşivi
Kartenspiel N iskambil oyunu **Kartentelefon** N kartlı telefon **Karten(vor)verkauf** M bilet (ön) satışı
Kartoffel F ⟨-n⟩ BOT patates **Kartoffelbrei** M, **Kartoffelpüree** N patates püresi
Karton M ⟨-s⟩ karton
Karussell N ⟨-s⟩ atlıkarınca
Käse M ⟨-⟩ peynir
Kaserne F ⟨-n⟩ MIL kışla
Kasino N ⟨-s⟩ gazino
Kasko(versicherung) F kasko (sigortası)
Kasperl(e)theater N kukla oyunu
Kasse F ⟨-n⟩ kasa; (*Bank*) vezne; THEAT gişe **Kassenzettel** M kasa fişi
Kassette F ⟨-n⟩ kutu; kaset
Kassettenrekorder M teyp
Kassierer(in) M(F) veznedar, kasiyer
Kastanie F ⟨-n⟩ BOT kestane
Kasten M ⟨=⟩ kutu; (*Truhe*) sandık
Kasus M ⟨-⟩ GRAM hâl, durum
Katalog M ⟨-e⟩ katalog
Katalysator M ⟨-en⟩ AUTO katalizatör
Katastrophe F ⟨-n⟩ felâket
Kategorie F ⟨-n⟩ kategori
Kater M ⟨-⟩ ZOOL erkek kedi; *umg fig* akşamdan kalmalık
kath. → katholisch **Katholik** M ⟨-en⟩, **Katholikin** F, **katholisch** ADJ REL Katolik
Katze F ⟨-n⟩ ZOOL kedi; dişi kedi
kauen V/T & V/I çiğnemek
kauern V/I çömelmek
Kauf M ⟨=e⟩ satın alma, alım **kaufen** V/T satın almak **Käufer(in)** M(F) müşteri, alıcı
Kauffrau F ticaret kadını
Kaufhaus N büyük mağaza
käuflich ADJ satılık **Kaufmann** M ⟨-leute⟩ tüccar, ticaret adamı
Kaugummi M çiklet
kaum ADV hemen hemen; -imez; (*fast nicht*) pek az; **~ zu glauben** inanılır gibi değil
Kaution F ⟨-en⟩ depozit(o)
Kaviar M ⟨*kein pl*⟩ havyar

keck ADJ küstah; (*mutig*) cesur
Kegel M ⟨-⟩ MATH koni; (*Bergkegel*) tepe **kegeln** V/I (bir tür) bovling oynamak
Kehle F ⟨-n⟩, **Kehlkopf** M ANAT gırtlak
kehren V/T süpürmek
Kehrseite F ters taraf
kehrtmachen V/I dönmek
Keil M ⟨-e⟩ kama **Keilriemen** M AUTO motor kayışı
Keim M ⟨-e⟩ tohum **keimen** V/I çimlenmek **keimfrei** ADJ steril(ize)
kein(e) hiç; bir ... değil; **ich habe ~** ...m yok
kein(e, er, es) INDEF PR hiçbir(i) **keinesfalls** ADV, **keineswegs** ADV hiç, asla **Keks** M ⟨-e⟩ bisküvi
Kelch M ⟨-e⟩ ayaklı kupa; BOT çanak
Kelle F ⟨-n⟩ kepçe; (*Maurerkelle*) mala
Keller M ⟨-⟩ bodrum; (*Weinkeller*) mahzen
Kellner(in) M(F) garson
kennen V/T tanımak; (*wissen*) bilmek **kennenlernen** V/T (*Person*) tanışmak (*j-n b.* ile); *akk* (*erfahren*) öğrenmek **Kenner(in)** M(F) iş bilen, eksper
Kenntnis F ⟨-sse⟩ bilgi; haber **Kennzeichen** N işaret, belirti; AUTO araba plakası **kennzeichnend** ADJ karakteristik
kentern V/I SCHIFF alabora olmak

Keramik F ⟨-en⟩ seramik, çini
Kerbe F ⟨-n⟩ çentik
Kerl M ⟨-e⟩ herif; (*ganzer* ~) yiğit
Kern M ⟨-e⟩ çekirdek **Kernenergie** F nükleer enerji **Kernwaffen** *pl* nükleer silâhlar
Kerze F ⟨-n⟩ mum
Kessel M ⟨-⟩ kazan
Ketchup M ⟨-s⟩ ketçap
Kette F ⟨-n⟩ zincir; → Halskette **Kettenglied** N zincir halkası
keuchen V/I nefes nefese kalmak **Keuchhusten** M MED boğmaca
Keule F ⟨-n⟩ (*Gerät*) topuz; (*Lammkeule*) but
keusch ADJ iffetli
Kfm. → Kaufmann
Kfz. → Kraftfahrzeug **Kfz-Schein** M trafik ruhsatı **Kfz-Steuer** F motorlu taşıt vergisi **Kfz-Werkstatt** F otomobil tamirhanesi
KG: **Kommanditgesellschaft** F komandit şirket
Kichererbse(n *pl*) F BOT nohut; (*geröstet*) leblebi
kichern V/I kıkırdamak
Kiefer **A** M ⟨-⟩ ANAT çene **B** F ⟨-n⟩ BOT çam (ağacı)
Kiel M ⟨-e⟩ ZOOL tüy sapı; SCHIFF omurga
Kieme F ⟨-n⟩ ZOOL solungaç
Kies ⟨-e⟩ **A** M iri taneli kum; çakıl **B** ⟨*kein pl*⟩ *umg* para
Kiesel(stein) M çakıl

Kilo(gramm) N kilo **Kilometer** M kilometre **Kilowatt** N kilovat
Kind N ⟨-er⟩ çocuk **Kinderarzt** M, **Kinderärztin** F çocuk doktoru **Kindergarten** M yuva **Kinderlähmung** F çocuk felci **Kinderspielplatz** M çocuk bahçesi **Kindertagesstätte** F ⟨-n⟩ çocuk yuvası, kreş **Kinderwagen** M çocuk arabası **Kinderzimmer** N çocuk odası **Kindheit** F ⟨*kein pl*⟩ çocukluk **kindisch** ADJ çocukça, budala **kindlich** ADJ çocuksu, saf
Kinn N ⟨-e⟩ ANAT çene
Kino N ⟨-s⟩ sinema
Kiosk M ⟨-e⟩ satış kulübesi, büfe
Kippe F ⟨-n⟩ (*Zigarette*) izmarit
kippen A VT devirmek B VI devrilmek
Kirche F ⟨-n⟩ kilise
Kirsche F ⟨-n⟩ BOT kiraz
Kissen N ⟨-⟩ (*Kopfkissen*) yastık; (*Sitzkissen*) minder **Kissenbezug** M yastık kılıfı
Kiste F ⟨-n⟩ sandık
Kita F ⟨-s⟩ (= **Kindertagesstätte**) çocuk yuvası, kreş
Kitsch M ⟨*kein pl*⟩ aşırı duygusal zevksizlik
Kitt M ⟨-e⟩ camcı macunu
Kittel M ⟨-⟩ üstlük, önlük
kitzeln VT gıdıklamak
Kiwi F ⟨-s⟩ BOT kivi
klaffen VI açık kalmak
Klage F ⟨-n⟩ şikâyet; JUR dava
klagen VI şikâyet etme (**über** *akk -den*); JUR dava aç mak (**gegen** *akk -e*) **Kläger(in** M(F) davacı **kläglich** ADJ acıklı berbat
Klammer F ⟨-n⟩ (*Wäscheklam mer*) mandal; GRAM parantez ayraç
klang → klingen **Klang** M ⟨¨-e⟩ ses **Klangfarbe** F se tonu
Klappbett N çekyat **Klappe** F ⟨-n⟩ kapak; *umg* ağız
klappen VI *fig* yolunda olma
klappern VI takırdamak
Klappstuhl M açılır-kapanı sandalye
klar A ADJ açık, aydınlık; bell (*Wasser*) berrak B INT elbett
klären A VT aydınlatmak B **sich ~** VR belli olmak **klar machen** VT *j-m etw* anlatma
klarstellen VT belirtmek
Klasse F ⟨-n⟩ sınıf; BAHN mev ki
klassisch ADJ klasik
Klatsch M ⟨*kein pl*⟩ dedikod
klatschen VI (*reden*) dediko du etmek; (*Beifall*) alkışlamak
Klaue F ⟨-n⟩ ZOOL pençe
klauen VT *umg* çalmak
Klausel F ⟨-n⟩ şart, kayıt
Klausur F ⟨-en⟩ (*Schule*) yazı sınav; POL kapalı toplantı
Klavier N ⟨-e⟩ piyano
Klebeband N yapışkan ban seloteyp® **kleben** A VT ya pıştırmak (**an, auf** *akk -e*) B VI yapışmak **Klebestreife**

M yapışkan şerit **klebrig** ADJ yapışkan **Klebstoff** M zamk, yapışkan
Klecks M ⟨-e⟩ leke
Klee M ⟨*kein pl*⟩ BOT yonca **Kleeblatt** N yonca yaprağı
Kleid N ⟨-er⟩ elbise **Kleiderbügel** M elbise askısı **Kleiderschrank** M elbise dolabı **Kleidung** F giyim
klein ADJ küçük, ufak; **zu ~** (*Kleidung*) çok dar **Kleinbus** M minibüs **Kleingeld** N ⟨*kein pl*⟩ bozuk para **Kleinigkeit** F ⟨-en⟩ ufak şey; kolay iş **kleinlich** ADJ dar fikirli, titiz **Kleinstadt** F küçük şehir, kasaba **Kleinwagen** M küçük otomobil
Kleister M ⟨-⟩ tutkal, çiriş
Klemme F ⟨-n⟩ TECH maşa; *fig* sıkıntı, güç durum **klemmen** **A** V/I sıkışmak **B** V/T sık(ıştır)mak
Klempner M ⟨-⟩ muslukçu
klettern V/I tırmanmak (**auf** *akk -e*)
klicken V/I IT tıklamak
Klima N ⟨-s, -ate⟩ iklim; hava **Klimaanlage** F klima
Klinge F ⟨-n⟩ (*Messer*) demir
Klingel F ⟨-n⟩ zil; çıngırak **klingeln** V/I zile basmak; TEL çalmak
klingen V/I ses çıkarmak; çınlamak; (**nach, wie** ... *-e*) benzemek
Klinik F ⟨-en⟩ klinik
Klinke F ⟨-n⟩ kapı kolu
Klippe F ⟨-n⟩ sarp kayalık; *fig* engel
klirren V/I şakırdamak
Klo N ⟨-s⟩ *umg* tuvalet, ayakyolu; (*Kloschüssel*) klozet **Klopapier** N ⟨-⟩ *umg* tuvalet kâğıdı
klopfen V/I vurmak (**an, auf** *akk -e*); çalmak (*-i*); (*Herz*) çarpmak
Kloß M ⟨¨-e⟩ hamur köftesi
Kloster N ⟨¨-⟩ REL manastır
Klotz M ⟨¨-e⟩ kütük
Klub M ⟨-s⟩ kulüp
Kluft F ⟨¨-e⟩ yarık; uçurum
klug ADJ akıllı, zeki **Klugheit** F ⟨*kein pl*⟩ akıllılık, zekâ
Klumpen M ⟨-⟩ topak, külçe
knabbern V/T & V/I çıtır çıtır yemek, çerez yemek
Knabe M ⟨-n⟩ erkek çocuk, oğlan
knacken **A** V/I çatırdamak **B** V/T (*Nuss*) kırmak; *fig* deşifre etmek
Knall M ⟨-e⟩ patlama **knallen** V/I patlamak
knapp ADJ (*eng*) dar, sıkı; (*spärlich*) kıt, az bulunur
knarren V/I gıcırdamak
Knäuel N ⟨-⟩ yumak, yığın
knaus(e)rig ADJ cimri, pinti
kneifen **A** V/T çimdiklemek **B** V/I *umg* kaçınmak
Kneipe F ⟨-n⟩ *umg* meyhane
kneten V/T yoğurmak
Knick M ⟨-e⟩ kıvrım, büküm **knicken** V/T bükmek
Knie N ⟨-⟩ ANAT diz; TECH dir-

sek **knien** VI diz çökmek **Kniescheibe** F ANAT dizkapağı
kniff → kneifen
Kniff M ⟨-e⟩ püf noktası; hile
knipsen A VT (*Fahrschein etc*) delmek, zımbalamak; *umg* FOTO fotoğrafını çekmek B VI *umg* FOTO fotoğraf çekmek
knirschen VI gıcırdamak
knistern VI çatırdamak
knitterfrei ADJ buruşmaz
knittern VI buruşmak
Knoblauch M ⟨*kein pl*⟩ BOT sarmısak
Knöchel M ⟨-⟩ ANAT parmak orta mafsalı; ayak bileği
Knochen M ⟨-⟩ kemik
Knopf M ⟨¨-e⟩ düğme **knöpfen** VT iliklemek **Knopfloch** N ilik
Knorpel M ⟨-⟩ ANAT kıkırdak
Knospe F ⟨-n⟩ BOT tomurcuk
knoten VT düğümlemek **Knoten** M ⟨-⟩ düğüm **Knotenpunkt** M düğüm noktası
knüpfen VT bağlamak, *Teppich* dokumak
Knüppel M ⟨-⟩ sopa; (*Polizei*) cop
knurren VI hırlamak; guruldamak
knusprig ADJ gevrek, kıtır-kıtır
Koch M ⟨¨-e⟩ aşçı **Kochbuch** N yemek kitabı **kochen** A VT kaynatmak, pişirmek B VI kaynamak, pişmek **Kocher** M ⟨-⟩ ocak **Kochgelegenheit** F pişirme imkânı **Köchin** F aşçı kadın **Kochlöffel** M kepçe **Kochtopf** M tencere
Kode M ⟨-s⟩ → Code
Köder M ⟨-⟩ tuzak yemi
kodieren VT kodlama, şifreleme
koffeinfrei ADJ kafeinsiz
Koffer M ⟨-⟩ bavul, valiz **Kofferkuli** M ⟨-s⟩ bagaj arabas[ı]
Kofferradio N portatif rady[o]
Kofferraum M AUTO bagaj
Kognak M ⟨-s⟩ kanyak
Kohl M ⟨-e⟩ BOT lahana
Kohle F ⟨-n⟩ kömür; *umg* par[a]
Kohlensäure F karbonik as[it]
Kohlenstoff M ⟨*kein pl*⟩ karbon **Kohlepapier** N karbo[n] kâğıdı **Kohletablette** F kar[]bonlu tablet
Koje F ⟨-n⟩ SCHIFF ranza
Kokosnuss F BOT hindistan cevizi
Koks M ⟨-e⟩ kok kömürü
Kolben M ⟨-⟩ TECH piston, it[]nek; (*Mais*) koçan; (*Geweh[r]*) dipçik
Kolik F ⟨-en⟩ MED kolik
Kollege M ⟨-n⟩, **Kollegin** [F] iş arkadaşı; (*Berufskollege*) mes[]lektaş
Köln N Köln **Kölnischwasser** N kolonya
Kolonie F ⟨-n⟩ sömürge; kolo[]ni
Kolonne F ⟨-n⟩ kafile, gru[p]; konvoy
kolossal ADJ devasa
Kombi M ⟨-s⟩ AUTO steyş[n]

Kombination F bağlantı
kombinieren V/T birleştirmek
Komet M ⟨-en⟩ ASTRON kuyruklu yıldız
Komfort M ⟨*kein pl*⟩ konfor **komfortabel** ADJ konforlu
komisch ADJ tuhaf; komik
Komma N ⟨-s⟩ GRAM virgül
Kommando N ⟨-s⟩ kumanda
kommen V/I gelmek; (*ankommen*) varmak (**nach** *-e*); (**durch, über** *-den*) geçmek **kommend** ADJ gelecek
Kommentar M ⟨-e⟩ yorum
Kommissar M ⟨-e⟩, **Kommissarin** F komiser
Kommission F komisyon; kurul
Kommode F ⟨-n⟩ konsol
kommunal ADJ komüne ait; yerel
Kommunikation F iletişim, haberleşme
Kommunist M ⟨-en⟩, **Kommunistin** F, **kommunistisch** ADJ komünist
Komödie F ⟨-n⟩ komedi
Kompass M ⟨-e⟩ pusula
kompetent ADJ yetkili
komplett ADJ tam, komple
Komplex M ⟨-e⟩ kompleks, karmaşık; ARCH külliye
Komplikation F komplikasyon, güçlük
Kompliment N ⟨-e⟩ iltifat
Komplize M ⟨-n⟩ suç ortağı
kompliziert ADJ karışık
Komponist M ⟨-en⟩, **Komponistin** F bestekâr
Kompott N ⟨-e⟩ hoşaf
Kompromiss M ⟨-e⟩ uzlaşma
Kondensmilch F koyu süt
Kondition F şart; SPORT form
Konditorei F ⟨-en⟩ pasta(ha)ne
Kondom N ⟨-e⟩ prezervatif
Konfektion F konfeksiyon
Konferenz F ⟨-en⟩ toplantı
Konfession F REL mezhep
Konfirmation F REL *Protestan mezhebine kabul töreni*
Konflikt M ⟨-e⟩ anlaşmazlık, çatışkı
Kongress M ⟨-e⟩ kongre
König M ⟨-e⟩ kral; (*Schach*) şah; (*Spielkarte*) papaz **Königin** F kraliçe **Königreich** N krallık
Konjunktur F ⟨-en⟩ konjonktür
konkret ADJ somut
Konkurrenz F ⟨-en⟩ rekabet
Konkurs M ⟨-e⟩ iflas
können V/T & V/I bilmek, (yap)abilmek; **ich kann nicht schwimmen** yüzme bilmem; (**das**) **kann sein** öyle olabilir **Können** N ⟨*kein pl*⟩ bilgi, beceri
konsequent ADJ tutarlı **Konsequenz** F ⟨-en⟩ tutarlılık; (*Folge*) sonuç
konservativ ADJ tutucu
Konserve F ⟨-n⟩ konserve **Konservenbüchse** F, **Konservendose** F konserve kutusu

Konservierungsstoffe M/PL koruyucu maddeler **konstant** ADJ sabit; sürekli **konstruieren** V/T yapmak, kurmak **Konstruktion** F yapı **Konsul** M ⟨-n⟩ konsolos **Konsulat** N ⟨-e⟩ konsolosluk **Konsulin** F konsolos **Konsum** M ⟨*kein pl*⟩ tüketim **Konsument** M ⟨-en⟩, **Konsumentin** F tüketici **Kontakt** M ⟨-e⟩ temas, ilişki; ELEK kontak **Kontaktlinse** F kontakt lens **Kontinent** M ⟨-e⟩ kıta **Kontingent** N ⟨-e⟩ kontenjan **Konto** N ⟨-ten⟩ hesap **Kontonummer** F hesap numarası **Kontostand** M hesap mevcudu **Kontrast** M ⟨-e⟩ karşıtlık **Kontrollabschnitt** M kupon **Kontrolle** F ⟨-n⟩ kontrol **Kontrolleur** M ⟨-e⟩, **Kontrolleurin** F kontrolör, denetçi **kontrollieren** V/T kontrol etmek **Konversation** F sohbet **konvertieren** V/T dönüştürmek, çevirmek (**in** *akk -e*) **konzentrieren** **A** V/T yığmak **B** V/R **sich ~** (kendini) toplamak; (**auf** *akk -e*) dikkatini vermek, konsantre olmak **Konzept** N ⟨-e⟩ taslak **Konzern** M ⟨-e⟩ holding **Konzert** N ⟨-e⟩ konser; konçerto **Kopf** M ⟨¨-e⟩ baş, kafa; **aus dem ~** ezberden; **pro ~** kişi başına **Kopfhörer** M kulaklık **Kopfkissen** N yastık **Kopfsalat** M yeşil salata **Kopfschmerzen** *pl* başağrısı *sg* **Kopftuch** N başörtü, türban, eşarp **Kopfweh** N başağrısı **Kopie** F ⟨-n⟩ kopya **kopieren** V/T kopya etmek **Kopierer** M ⟨-⟩ fotokopi makinası **Koralle** F ⟨-n⟩ mercan **Koran** M ⟨*kein pl*⟩ Kuran **Korb** M ⟨¨-e⟩ sepet **Korbmöbel** *pl* hasır mobilya *sg* **Kordel** F ⟨-n⟩ kurdele **Korinthe** F ⟨-n⟩ kuşüzümü **Korken** M ⟨-⟩ mantar, tapa **Korkenzieher** M tirbuşon **Korn** **A** N ⟨¨-er⟩ tane; (*Getreide*) tahıl **B** M ⟨-⟩ tahıl içkisi **Kornblume** F BOT mavi peygamberçiçeği **Körper** M ⟨-⟩ vücut, beden; cisim **Körperbau** M bünye **körperbehindert** ADJ sakat, özürlü **Körpergröße** F boy **körperlich** ADJ bedensel **Körperpflege** F vücut bakımı **Körperteil** M organ **korrekt** ADJ doğru; (*Kleidung*) uygun **Korrektur** F ⟨-en⟩ düzeltme **Korrespondent** M ⟨-en⟩, **Korrespondentin** F muhabir **Korrespondenz** F ⟨-en⟩ yazışma **Korridor** M ⟨-e⟩ koridor **korrigieren** V/T düzeltmek **Korruption** F rüşvetçilik

Kosmetik F kozmetik, güzellik bakımı **Kosmetika** *pl* güzellik malzemesi *sg* **Kosmetiksalon** M güzellik salonu

Kost F ⟨*kein pl*⟩ gıda, besin

kostbar ADJ değerli

kosten **A** V/T *-in* tadına bakmak **B** V/I (*wert sein*) fiyatı olmak **Kosten** *pl* masraflar **kostenlos** ADJ ücretsiz

köstlich ADJ nefis

kostspielig ADJ masraflı

Kostüm N ⟨-e⟩ (*Verkleidung*) kostüm; (*Damenkostüm*) tayyör, döpyez

Kot M ⟨*kein pl*⟩ dışkı

Kotelett N ⟨-s⟩ pirzola

Kotflügel M AUTO çamurluk

Krabbe F ⟨-n⟩ ZOOL karides

krabbeln V/I sürünmek

Krach M ⟨¨-e⟩ gürültü; *umg* çıngar; dargınlık **krachen** V/I çatırdamak

Kraft F ⟨¨-e⟩ kuvvet, güç; (*Fachkraft*) eleman; **in ~** JUR yürürlükte **Kraftfahrer(in)** M(F) şoför **Kraftfahrzeug** N motorlu taşıt; → Kfz-Schein, Kfz-Steuer, Kfz-Werkstatt

kräftig ADJ kuvvetli, dinç **kräftigen** V/T kuvvetlendirmek

Kraftstoff M akaryakıt **Kraftwerk** N elektrik santralı

Kragen M ⟨-⟩ yaka **Kragenweite** F yaka numarası

Krähe F ⟨-n⟩ ZOOL karga

Kralle F ⟨-n⟩ pençe, tırnak

Kram M ⟨*kein pl*⟩ pılı-pırtı

Krampf M ⟨¨-e⟩ MED kramp **Krampfader** F MED varis

Kran M ⟨¨-e⟩ vinç

Kranich M ⟨-e⟩ ZOOL turna

krank ADJ rahatsız, hasta; **~ werden** hastalanmak

kränken V/T gücendirmek

Krankenhaus N hasta(ha)ne **Krankenpfleger(in)** M(F) hastabakıcı **Krankenschwester** F hemşire **Krankenversicherung** F hastalık sigortası **Krankenwagen** M cankurtaran, ambülans **krankhaft** ADJ hasta, patolojik **Krankheit** F ⟨-en⟩ hastalık **kränklich** ADJ hastalıklı **krankschreiben** V/T hasta raporu vermek (*akk -e*)

Kranz M ⟨¨-e⟩ çelenk

krass ADJ aşırı, kaba, katı; *umg* olağanüstü

Krater M ⟨-⟩ krater

kratzen **A** V/T kaşımak **B** V/I (*Pullover*) kaşındırmak **C** V/R **sich ~** kaşınmak **Kratzer** M ⟨-⟩ çizik, sıyrık

kraus ADJ kıvırcık

Kraut N ⟨¨-er⟩ BOT ot, bitki; (*Kohl*) lahana

Kräutertee M baharat çayı

Krawall M ⟨-e⟩ (*Lärm*) gürültü-patırtı; (*Streit*) kavga

Krawatte F ⟨-n⟩ kravat

kreativ ADJ yaratıcı

Krebs M ⟨-e⟩ ZOOL yengeç; MED kanser

Kredit M ⟨-e⟩ kredi; **auf ~** veresiye **Kreditkarte** F ⟨-n⟩

kredi kartı
Kreide F ⟨-n⟩ tebeşir
kreieren V/T yaratmak
Kreis M ⟨-e⟩ MATH daire; POL kaza, ilçe
kreischen V/I ciyaklamak
kreisen V/I dönmek **kreisförmig** ADJ daire şeklinde **Kreislauf** M dolaşım; MED kan dolaşımı
Kreißsaal M ⟨-säle⟩ MED doğum odası
Kreisverkehr M dönel kavşak, göbek
krepieren V/I gebermek
Kresse F ⟨-n⟩ BOT tere
Kreta N Girit (Adası)
Kreuz N ⟨-e⟩ haç; istavroz; ANAT sağrı *od* sırt kemiği **kreuzen** **A** V/T (*Arme*) kavuşturmak; (*Straße*) geçmek **B** V/R **sich ~** karşılaşmak; keşişmek **Kreuzfahrt** F deniz yolculuğu **Kreuzung** F melez (-leşme); (*Verkehr*) kavşak **Kreuzworträtsel** N bulmaca
kriechen V/I (yerde) sürünmek **Kriechspur** F AUTO tırmanma şeridi
Krieg M ⟨-e⟩ savaş; **~ führen gegen** *akk* ... ile savaşmak
kriegen V/T *umg* (*bekommen*) ele geçirmek; (*Krankheit*) *-e* tutulmak
Krim F Kırım (yarımadası)
Krimi M ⟨-s⟩ polisiye film, polis romanı; → Kriminalroman
Kriminalität F ⟨*kein pl*⟩ suçluluk **Kriminalpolizei** F hırsızlık ve cinayet masası **Kriminalroman** M dedektif romanı **Kripo** F ⟨*kein pl*⟩ → Kriminalpolizei
Krippe F ⟨-n⟩ (*für Babys*) bebek kreşi, bebek yuvası; (*für Tierfutter*) yemlik
Krise F ⟨-n⟩ kriz, buhran
Kristall **A** N ⟨*kein pl*⟩ kristal **B** M ⟨-e⟩ billur, kristal
Kritik F ⟨-en⟩ tenkit, eleştiri
Kritiker(in) M(F) eleştirmen
kritisch ADJ eleştirici; tehlikeli **kritisieren** V/T eleştirmek
Kroate M ⟨-n⟩ Hırvat **Kroatien** N Hırvatistan **Kroatin** F Hırvat **kroatisch** ADJ Hırvat
kroch → kriechen
Kroketten F/PL patates köftesi
Krokodil N ⟨-e⟩ ZOOL timsah
Krone F ⟨-n⟩ taç; (*Baum*) ağaç tepesi
Kronleuchter M avize
Kropf M ⟨¨-e⟩ MED guatr
Kröte F ⟨-n⟩ ZOOL karakurbağası
Krücke F ⟨-n⟩ koltuk değneği
Krug M ⟨¨-e⟩ testi, küp
Krume F ⟨-n⟩, **Krümel** M ⟨-⟩ kırıntı
krumm ADJ eğri, bükük
krümmen **A** V/T eğmek, bükmek **B** V/R **sich ~** eğrilmek bükülmek
Kruste F ⟨-n⟩ kabuk
Kto. → Konto
Kuba N Küba
Kübel M ⟨-⟩ tekne, kova

Kubikmeter M metre küp **Küche** F ⟨-n⟩ mutfak **Kuchen** M ⟨-⟩ pasta; (*trockener* ~) kek **Kuchengabel** F pasta çatalı **Kuckuck** M ⟨-e⟩ ZOOL guguk **Kugel** F ⟨-n⟩ küre, yuvarlak; MIL mermi **Kugellager** N TECH bilyeli yatak **Kugelschreiber** M tükenmezkalem **Kugelschreibermine** F tükenmezkalem içi **Kugelstoßen** N ⟨*kein pl*⟩ SPORT gülle atma

Kuh F ⟨¨-e⟩ ZOOL inek

kühl ADJ serin **kühlen** V/T soğutmak **Kühler** M ⟨-⟩ AUTO radyatör **Kühlschrank** M buzdolabı **Kühlung** F soğutma **Kühlwasser** N AUTO radyatör suyu

kühn ADJ cesur, pervasız

Küken N ⟨-⟩ ZOOL civciv

Kultur F A ⟨*kein pl*⟩ kültür B ⟨-en⟩ uygarlık **Kulturbeutel** M tuvalet çantası **kulturell** ADJ kültürel

Kümmel M ⟨*kein pl*⟩ BOT kimyon

Kummer M ⟨*kein pl*⟩ keder, dert

kümmern V/R **sich ~** ilgilenmek (**um** *akk* ile)

Kunde M ⟨-n⟩ müşteri **Kundendienst** M müşteri servisi

Kundgebung F gösteri

kündigen A V/I *j-m b-i* işinden çıkarmak; işten çıkmak B V/T (*Abonnement*) iptal etmek; feshetmek **Kündigung** F fesih; işten çık(ar)ma; çıkış

Kundin F bayan müşteri

Kundschaft F ⟨*kein pl*⟩ müşteriler *pl*

künftig ADJ ilerde; gelecek

Kunst F ⟨¨-e⟩ sanat; ustalık; **die schönen Künste** *pl* güzel sanatlar **Kunstfaser** F sentetik lif **Kunstgeschichte** F sanat tarihi **Kunsthandwerk** N el sanatları *pl* **Künstler(in)** M(F) sanatçı **künstlich** ADJ yapay, sunî **Kunstseide** F sunî ipek **Kunststoff** M sunî madde, plastik **Kunststück** N hüner; marifet **Kunstwerk** N sanat eseri

kunterbunt ADJ karışık; rengârenk

Kupfer N ⟨*kein pl*⟩ bakır

Kuppe F ⟨-n⟩ uç; tepe

Kuppel F ⟨-n⟩ ARCH kubbe

Kupplung F AUTO debriyaj

Kur F ⟨-en⟩ MED kür, tedavi

Kurbel F ⟨-n⟩ TECH manivela, kol **Kurbelwelle** F AUTO eksantrik (mili)

Kürbis M ⟨-sse⟩ BOT kabak

Kurde M ⟨-n⟩, **Kurdin** F Kürt **kurdisch** ADJ Kürt **Kurdisch** N Kürtçe

Kurort M kür tedavi yeri

Kurs M ⟨-e⟩ yol, rota; WIRTSCH kur; (*Sprachkurs etc*) kurs **Kursbuch** N tren rehberi

Kürschner M ⟨-⟩, **Kürschnerin** F kürkçü

kursieren V/I dolaşmak

Kurswagen M BAHN direkt vagon
Kurve F ⟨-n⟩ viraj; dönemeç; MATH eğri
kurz A ADJ kısa B ADV kısaca; ~ **und gut** kısacası; **vor Kurzem** geçenlerde **kurzärm(e)lig** ADJ kısa kollu **Kürze** F ⟨*kein pl*⟩ kısalık; **in** ~ yakında
kürzen V/T kısaltmak **kürzlich** ADV geçenlerde **Kurzschluss** M ELEK elektrik kontağı, kısa devre **kurzsichtig** ADJ miyop; *fig* uzak görüşlü olmayan
Kurzwaren *pl* tuhafiye *pl*
Kurzwelle F RADIO, TV kısa dalga
Kusine F → Cousine
Kuss M ⟨⸚e⟩ öpücük, öpüş **küssen** A V/T öpmek B V/R **sich** ~ öpüşmek
Küste F ⟨-n⟩ sahil, deniz kıyısı **Küstenstraße** F sahil yolu
Kutsche F ⟨-n⟩ fayton **Kutscher** M ⟨-⟩ arabacı
Kutteln *pl* işkembe *sg*
Kuvert N ⟨-s⟩ mektup zarfı

L

labil ADJ dengesiz; kararsız
Labor N ⟨-s⟩ laboratuar
lächeln V/I gülümsemek **Lächeln** N ⟨*kein pl*⟩ gülümseme
lachen V/I gülmek (**über** *akk* -*e*) **Lachen** N ⟨*kein pl*⟩ gülme, gülüş **lächerlich** ADJ gülünç
Lachs M ⟨-e⟩ ZOOL sombalığı, somon
Lack M ⟨-e⟩ cilâ, vernik; AUTO boya **lackieren** V/T cilâlamak; boyamak
Ladegerät N ⟨-e⟩ ELEK şarj aleti **laden** V/T (*Batterie*) şarj etmek, doldurmak; (*Waren*) yüklemek; → aufladen, einladen
Laden M ⟨⸚⟩ dükkân, mağaza **Ladenhüter** M ⟨-⟩ sürümsüz mal **Ladenschlusszeit** F dükkânların kapanma saati **Ladentisch** M tezgâh
Ladung F ELEK, SCHIFF yük; ELEK doldurma
lag → liegen
Lage F ⟨-n⟩ yer; *fig* durum, hâl; (*Schicht*) kat, tabaka; **in der ~ sein zu** *inf* (*od dat*) -*ecek* durumda olmak
Lager N ⟨-⟩ yatak, döşek; WIRTSCH depo, ambar; (*Zeltlager*) kamp **lagern** A V/T depo etmek B V/I yatmak, uzanmak
Lagune F lagün, deniz kulağı
lahm ADJ MED felçli, kötürüm; (*Ausrede*) sudan **lähmen** V/T felce uğratmak **Lähmung** F felç
Laib(-e) M (*Brot*) somun
Laie M ⟨-n⟩ acemi, uzman olmayan
Laken N ⟨-⟩ yatak çarşafı
Lakritze F ⟨-n⟩ meyankökü şekerlemesi

Lamm N ⟨¨er⟩ ZOOL kuzu **Lammfell** N kuzu derisi *veya* pöstekisi

Lampe F ⟨-n⟩ lamba **Lampenfieber** N sahne heyecanı **Lampenschirm** M abajur

Land N ⟨¨er⟩ ülke; (*Bundesland*) eyalet; (*Festland*) kara; (*Boden*) toprak, arazi; **an ~ gehen** karaya çıkmak

Landebahn F iniş pisti **landen** V/I (*Flugzeug*) *-e* inmek; (*Boot*) *-e* yanaşmak

Länderspiel N millî maç

Landkarte F harita

ländlich ADJ kırsal

Landschaft F ⟨-en⟩ civar, bölge; manzara

Landsmann M ⟨-leute⟩ vatandaş

Landstraße F şose

Landung F iniş **Landungsbrücke** F, **Landungssteg** M SCHIFF iskele

Landwirt(in) M(F) çiftçi **Landwirtschaft** F ⟨-en⟩ ziraat, tarım

lang ADJ uzun; (*Person*) uzun boylu; (*entlang*) boyunca; **fünf Meter ~** beş metre uzunluğunda; **drei Wochen ~** üç hafta süresince

lange ADV uzun zaman; **schon ~** çoktan beri; **wie ~** ne kadar (zaman)?; **so ~ bis** *-diği* kadar **Länge** F ⟨-n⟩ uzunluk; GEOG boylam

langen V/I *umg* (*ausreichen*) *dat* yetmek; (*greifen*) elini uzatmak (**nach** *dat -e*)

Langeweile F can sıkıntısı

länglich ADJ uzunca

längs PRÄP *+gen* boyunca *nom*

langsam ADJ yavaş

längst ADV **schon ~** çoktan beri

Languste F ⟨-n⟩ ZOOL langust

langweilen V/R **sich ~** canı sıkılmak **langweilig** ADJ can sıkıcı

langwierig ADJ uzun süren

Lappen M ⟨-⟩ bez, paçavra

Laptop M ⟨-s⟩ dizüstü bilgisayar, leptop

Lärche F ⟨-n⟩ BOT kara çam

Lärm M ⟨*kein pl*⟩ gürültü, şamata

Larve F ⟨-n⟩ ZOOL kurtçuk

las → lesen

Laser M ⟨-⟩ lazer **Laserdrucker** M ⟨-⟩ IT lazer yazıcı

lassen V/T (*zurück~, bleiben ~*) bırakmak; (*nicht tun*) yapmamak; (*machen ~*) -tırmak; (*gestatten*) *-e* izin vermek; **sich die Haare schneiden ~** saçını kestirmek

lässig ADJ kayıtsız, kaygısız; gevşek; (*Kleidung*) rahat

Last F ⟨-en⟩ yük

Lastauto N, *umg* **Laster** M ⟨-⟩ kamyon

lästern V/I (**über** *akk -i*) kötülemek

lästig ADJ üzücü, rahatsız edici

Last-Minute-Flug M son dakika uçuşu, lastminit

Lastschrift F borç kaydı

Lastwagen M kamyon

Latein N ⟨*kein pl*⟩, **lateinisch** ADJ Latin **Lateinisch** N Latince

Laterne F ⟨-n⟩ fener

latschen V/I *umg* ayağını sürüyerek yürümek

Latte F ⟨-n⟩ çıta, lata

Latzhose F bahçıvan pantolonu

lau ADJ ılık

Laub N ⟨*kein pl*⟩ yapraklar *pl* **Laubbaum** M BOT düz yapraklı ağaç

Laube F ⟨-n⟩ çardak, kameriye

Lauch M ⟨-e⟩ BOT pırasa

lauern V/I pusuda beklemek, gözetlemek (**auf** *akk -i*)

Lauf M ⟨¨-e⟩ koşu; akıntı; gidiş; (*Gewehr*) namlu **Laufbahn** F (*beruflich*) kariyer; SPORT koşu pisti **laufen** V/I koşmak; (*Wasser*) akmak; (*Maschine*) işlemek **Läufer** M ⟨-⟩, **Läuferin** F koşucu; (*Schach*) fil; (*Teppich*) merdiven halısı **Laufmasche** F kaçık, çorap söküğü **Laufsteg** M geçit köprüsü

Lauge F ⟨-n⟩ CHEM eriyik; sabunlu su

Laune F ⟨-n⟩ keyif, neşe **launenhaft** ADJ, **launisch** ADJ kaprisli, geçimsiz

Laus F ⟨¨-e⟩ ZOOL bit

lauschen V/I kulak vermek, dinlemek (*dat -e*)

laut **A** ADJ gürültülü; yüksek sesli **B** ADV yüksek sesle 3. *präp +gen, dat*) -*e* göre, nazaran **Laut** M ⟨-e⟩ ses

Laute F ⟨-n⟩ MUS ut

lauten V/I şöyle olmak

läuten V/T & V/I çalmak

lauter ADV *umg* (*nichts als*) hepsi, sırf

Lautsprecher M hoparlör

lauwarm ADJ ılık

Lava F ⟨*kein pl*⟩ lav

Lavendel M ⟨-⟩ BOT lavanta

Lawine F ⟨-n⟩ çığ

Layout N ⟨-s⟩ sayfa düzeni

leben V/I yaşamak; hayatta olmak **Leben** N ⟨-⟩ hayat, ömür, yaşam; can **lebend** ADJ canlı **lebendig** ADJ sağ; canlı; hareketli **Lebensbedingungen** *pl* hayat şartları **Lebensgefahr** F ölüm tehlikesi **lebensgefährlich** ADJ hayatî tehlike *nom* **Lebenshaltungskosten** *pl* geçim masrafları **lebenslänglich** ADJ JUR müebbet; ömür boyu **Lebenslauf** M özgeçmiş **Lebensmittel** *pl* yiyecekler; gıda *sg* **Lebensmittelmarkt** M gıda pazarı **Lebensunterhalt** M geçim **Lebensversicherung** F hayat sigortası **Lebenswandel** M yaşayış **lebenswichtig** ADJ hayatî

Leber F ⟨-n⟩ ANAT karaciğer **Leberpastete** F ciğer ezmesi

Lebewesen N canlı (varlık)

lebhaft ADJ canlı, heyecanlı; işlek

leck ADJ ~ **sein** su almak **Leck**

N ⟨-s⟩ delik, çatlak **lecken** A V/I su almak B V/I & V/T yalamak (**an** *dat* -i)

lecker ADJ lezzetli **Leckerbissen** M nefis yemek

Leder N ⟨-⟩ kösele; deri **Ledermantel** M deri palto, deri manto **Lederwaren** *pl* deri eşya

ledig ADJ bekâr

lediglich ADV ancak, sadece

leer ADJ boş **leeren** V/T boşaltmak **Leergut** N ⟨*kein pl*⟩ (depozitolu) boş şişeler *pl* **Leerlauf** M TECH boşa işleme, patinaj **Leerung** F boşalt(ıl)ma

legal ADJ meşru, yasal

legen A V/T (düz) koymak, yatırmak; döşemek B V/R **sich ~** yatmak, uzanmak (**in, auf** *akk -e*); (*Wind*) durmak, kesilmek

Lehm M ⟨-e⟩ balçık

Lehne F ⟨-n⟩ arkalık **lehnen** A V/T dayamak (**an** *akk -e*) B V/R **sich ~** dayanmak (**an** *akk -e*) **Lehnstuhl** M koltuk

Lehrbuch N ders kitabı **Lehre** F ⟨-n⟩ çıraklık; meslek eğitimi; ders; doktrin **lehren** V/T öğretmek, okutmak (*j-n etw -e -i*) **Lehrer(in)** M(F) öğretmen; hoca **Lehrgang** M kurs **Lehrling** M ⟨-e⟩ çırak **Lehrstuhl** M kürsü

Leib M ⟨-er⟩ (*Körper*) vücut, beden **Leibwächter** M ⟨-⟩, **Leibwächterin** F koruma (görevlisi)

Leiche F ⟨-n⟩ ölü, ceset **Leichenschauhaus** N morg

leicht ADJ hafif; kolay **Leichtathletik** F SPORT atletizm **leichtgläubig** ADJ saf **leichtsinnig** ADJ hoppa, düşüncesiz, dikkatsiz

leid ADJ **ich bin es ~** bıktım

leiden V/I acı çekmek; **~ an** *dat* tutulmak; **nicht ~ können** *akk -den* hoşlanmamak **Leiden** N ⟨-⟩ acı, ızdırap; cefa; MED hastalık

Leidenschaft F ⟨-en⟩ tutku; heyecan **leidenschaftlich** ADJ ateşli, coşkulu

leider ADV maalesef, ne yazık ki

leidig ADJ nahoş, sıkıcı

leidtun V/I **es tut mir leid** üzgünüm

Leierkasten M laterna

Leihbibliothek F, **Leihbücherei** F (ödünç veren) kütüphane **leihen** A V/T ödünç vermek (*j-m b-e*) B V/R **sich ~** ödünç almak (**von** *dat -den*) **Leihgebühr** F kira bedeli **Leihwagen** M kiralık otomobil **leihweise** ADV ödünç olarak

Leim M ⟨-e⟩ tutkal

Leine F ⟨-n⟩ ip

Leinen N ⟨-⟩ keten bezi **Leinwand** F (*Kino*) beyazperde

leise ADJ sessiz; ince; (*Stimme*) yavaş, alçak

Leiste F ⟨-n⟩ pervaz; ANAT kasık

leisten VT yapmak, yerine getirmek; (*Eid*) içmek
Leistenbruch M MED fıtık
Leistung F yapma; (*Arbeitsleistung*) verim; (*Erfolg*) başarı; (*Dienst*) hizmet **leistungsfähig** ADJ verimli
Leitartikel M başyazı
leiten VT yönetmek, idare etmek; ELEK iletmek
Leiter **A** F ⟨-n⟩ (seyyar) merdiven **B** M ⟨-⟩ yönetici, müdür; ELEK iletken **Leiterin** F yönetici, müdire
Leitung F yönetim; ELEK iletme; hat; (*Wasserleitung*) boru
Leitungswasser N musluk suyu
Lektion F ders; ders bölümü
Lektüre F ⟨-n⟩ okuma
Lende F ⟨-n⟩ kalça; bel
lenken VT yönetmek; (*Fahrzeug*) kullanmak **Lenkrad** N direksiyon **Lenkstange** F direksiyon mili/çubuğu **Lenkung** F yönetim; TECH güdüm
Leopard M ⟨-en⟩ ZOOL pars, leopar
Lepra F ⟨*kein pl*⟩ MED cüzzam
Lerche F ⟨-n⟩ ZOOL çayır kuşu, toygar
lernen **A** VT öğrenmek **B** VI ders çalışmak
lesbar ADJ okunaklı
lesbisch ADJ lezbiyen
lesen VT & VI okumak; (*sammeln*) toplamak; (*aussondern*) ayıklamak/seçmek **Leser(in)** M(F) okur
letzte(r, s) ADJ son, sonuncu; en yeni; **~ Woche** geçen hafta
leuchten VI parlamak, ışık
leuchtend ADJ parlak, parlayan **Leuchter** M ⟨-⟩ şamdan
Leuchtturm M deniz feneri
leugnen VT inkâr etmek
Leukämie F ⟨-n⟩ MED lösemi, kan kanseri
Leute *pl* insanlar; **zehn ~** on kişi
Leutnant M ⟨-s⟩ MIL teğmen
Lexikon N ⟨-ka⟩ sözlük
Libanon M Lübnan
Libelle F ⟨-n⟩ ZOOL kızböceği
liberal ADJ liberal, hür fikirli
Libyen N Libya
Licht N ⟨-er⟩ ışık
lichten VT **den Anker ~** demir almak
Lichthupe F AUTO selektör **Lichtmaschine** F AUTO şarj dinamosu **Lichtschalter** M elektrik düğmesi **Lichtschutzfaktor** M (güneşten) koruma faktörü **Lichtstrahl** M ışın, ışık
Lichtung F (*Wald*) ağaçsız saha
Lid N ⟨-er⟩ göz kapağı **Lidschatten** M far
lieb ADJ sevimli; (*Anrede*) sevgili; **am ~sten** en çok **Liebe** F ⟨*kein pl*⟩ sevgi; aşk **lieben** VT sevmek **liebenswürdig** ADJ nazik, sevimli **lieber** ADV daha (çok) **Liebesbrief** M aşk mektubu **liebevoll** ADJ

şefkatli **Liebhaber** M ‹-›, **Liebhaberin** F dost, (*Mann*) âşık; (*von Dingen*) -*e* meraklısı **Liebling** M ‹-e› sevgili; gözde **Lieblings...** en çok sevilen
Lied N ‹-er› şarkı; (*Volkslied*) türkü
liederlich ADJ ihmalkâr, pasaklı
lief → laufen
Lieferant M ‹-en›, **Lieferantin** F (malı) teslim eden; imalatçı **liefern** V/T *j-m etw* göndermek, teslim etmek; (*beschaffen*) temin etmek **Lieferung** F WIRTSCH (*Geliefertes*) parti (mal); sevkiyat, teslimat
Liege F ‹-n› sedir; (*Gartenliege*) şezlong **liegen** V/I (*Person*) yatmak, uzanmak; (*Sache*) durmak; bulunmak; ~ **bleiben** yatıp kalmak; ~ **lassen** bırakmak; unutmak **Liegestuhl** M şezlong **Liegewagen** M BAHN kuşetli vagon
lieh → leihen
ließ → lassen
Lift M ‹-e, -s› asansör
lila ADJ mor, eflatun
Lilie F ‹-n› BOT zambak
Limonade F ‹-n› limonata
Linde F ‹-n› BOT ıhlamur ağacı **Lindenblütentee** M ıhlamur çayı
lindern V/T dindirmek; yatıştırmak
Lineal N ‹-e› cetvel
Linie F ‹-n› hat, çizgi; satır **Linienbus** M hat otobüsü **Linienflug** M FLUG tarifeli uçuş **Linienmaschine** F FLUG tarifeli uçak **Linienrichter** M SPORT yan hakem
linke(r, s) ADJ sol **links** ADV solda; **nach** ~ sola; **von** ~ soldan **Linksabbieger** M ‹-› sola dönen (taşıtla) **Linkshänder(in** F) M solak
Linse F ‹-n› BOT mercimek; PHYS mercek
Lippe F ‹-n› dudak **Lippenstift** M ruj
lispeln V/I pelteklemek
List F ‹-en› hile, düzen
Liste F ‹-n› liste
listig ADJ kurnaz
Liter N ‹-› *od* M litre
Literatur F ‹-en› edebiyat
Litfaßsäule F ilân kulesi
litt → leiden
live ADJ canlı **Liveübertragung** F RADIO, TV naklen yayın
Lizenz F ‹-en› lisans, ruhsat
Lkw: **Lastkraftwagen** M kamyon
Lob N ‹*kein pl*› övgü, övme
Lobby F ‹-s› POL lobi; (*Hotel*) hol
loben V/T övmek
Loch N ‹¨er› delik **lochen** delmek **Locher** M ‹-› delik zımbası
Locke F ‹-n› lüle, bukle
locken V/T cezbetmek, çekmek; (*Haar*) kıvırmak
Lockenwickler M ‹-› bigudi

locker ADJ oynak, gevşek; *fig* rahat **lockern** V/T gevşetmek
lockig ADJ kıvırcık
Löffel M ⟨-⟩ kaşık **löffeln** V/T kaşıklamak
log → lügen
Loge F ⟨-n⟩ THEAT loca; (*Freimaurerloge*) lonca
logisch ADJ mantıkî
Lohn M ⟨¨-e⟩ ücret; *fig* ödül **lohnen** V/R **sich ~** zahmete değmek, yararlı olmak **lohnend** ADJ verimli, kârlı **Lohnerhöhung** F ücret zammı **Lohnsteuer** F gelir vergisi **Lohnsteuerkarte** F vergi karnesi
lokal ADJ yerel, mahallî
Lokal N ⟨-e⟩ lokanta; (*Vereinslokal*) lokal
Lokativ M ⟨-e⟩ GRAM kalma durumu
Lokomotive F ⟨-n⟩ BAHN lokomotif
London N Londra
Lorbeer M ⟨-en⟩ BOT defne
los **A** ADJ gitmiş; ayrılmış **B** **~!** INT ha(y)di!; **was ist ~?** ne var?; ne oldu?
Los N ⟨-e⟩ (*Lotterie*) piyango bileti; (*Schicksal*) talih, kader
lösbar ADJ çözülebilir
Löschblatt N kurutma kâğıdı
löschen V/T (*Feuer*) söndürmek; (*Durst*) gidermek; IT silmek
lose ADJ gevşek; çözük; açık
Lösegeld N fidye
losen V/I kura çekmek
lösen V/T çözmek; (*Fahrkarte*) almak; JUR feshetmek; CHEM eritmek
losgehen V/I (*beginnen*) başlamak; (*weggehen*) yollanmak; (*Bombe*) patlamak; yürümek (**auf** *akk* **zu** *-e* doğru) **loslassen** V/T *akk* serbest bırakmak, salıvermek
löslich ADJ çözülebilir; (*wasser~*) suda erir
Losung F parola
Lösung F çözüm; CHEM çözelti
loswerden V/T *akk -den* kurtulmak; *-i* başından atmak
Lot N ⟨-e⟩ MATH dikey; TECH düşey
löten V/T lehimlemek
Lotse M ⟨-n⟩ SCHIFF, *fig* kılavuz
Lotterie F ⟨-n⟩ piyango **Lotteriegewinn** M ikramiye
Lotto N ⟨-s⟩ loto
Löwe M ⟨-n⟩ ZOOL aslan
Luchs M ⟨-e⟩ ZOOL vaşak
Lücke F ⟨-n⟩ boşluk **lückenhaft** ADJ eksik **lückenlos** ADJ eksiksiz
lud → laden
Luft F ⟨¨-e⟩ hava **Luftangriff** M MIL hava saldırısı **Luftballon** M balon **luftdicht** ADJ hava kaçırmaz **Luftdruck** M hava basıncı
lüften V/T havalandırmak
Luftfahrt F havacılık **Luftfracht** F FLUG uçak kargosu **Luftlinie** F hava hattı **Luft-**

matratze F deniz yatağı **Luftpirat** M hava korsanı **Luftpost** F uçak postası **Luftpumpe** F pompa **Luftröhre** F ANAT soluk borusu
Lüftung F havalandır(ıl)ma
Luftverschmutzung F hava kirliliği **Luftwaffe** F MIL hava kuvvetleri *pl*
Lüge F ⟨-n⟩ yalan **lügen** V/I yalan söylemek **Lügner(in)** M(F) yalancı
Luke F ⟨-n⟩ çatı deliği; SCHIFF lombar
lukrativ ADJ kârlı, kazançlı
Lumpen M ⟨-⟩ paçavra
Lunge F ⟨-n⟩ ANAT akciğer **Lungenentzündung** F MED zatürree
Lupe F ⟨-n⟩ büyüteç
Lust F ⟨*kein pl*⟩ heves, arzu; tat, zevk, keyif; **~ haben zu** *dat -i* istemek, *-mek* hevesinde olmak
lustig ADJ neşeli; şakacı; **sich ~ machen** alay etmek (**über** *akk* ile) **Lustspiel** N komedi, güldürü
luth.: **lutherisch** Protestan
lutschen V/T & V/I *akk* (*od* **an** *dat*) *-i* emmek **Lutscher** M ⟨-⟩ horozşekeri
luxuriös ADJ lüks **Luxus** M ⟨*kein pl*⟩ lüks
Lymphdrüse F ⟨-n⟩ ANAT lenf bezi **Lymphknoten** F ⟨-⟩ MED lenf boğumu
Lyrik F ⟨*kein pl*⟩ şiir

M

machbar ADJ yapılabilir **machen** V/T yapmak; hazırlamak; (*Betten*) düzeltmek; (*Licht*) yakmak; **wie viel macht das?** ne kadar ediyor?; **das macht nichts** zararı yok, fark etmez
Macht F ⟨¨-e⟩ kuvvet, güç, iktidar **Machthaber** M (*pl*) iktidardaki(ler) **mächtig** ADJ kuvvetli, kudretli **machtlos** ADJ güçsüz, zayıf
Mädchen N kız **Mädchenname** M kızlık adı
Made F ⟨-n⟩ ZOOL kurt(çuk)
mag → **mögen**
Magazin N ⟨-e⟩ (*Zeitschrift*) dergi, magazin
Magen M ⟨¨-⟩ ANAT mide **Magengeschwür** N MED ülser **Magenverstimmung** F mide bozukluğu
mager ADJ zayıf; yağsız **Magermilch** F yağsız süt
magisch ADJ büyücü; sihirli
Magnet M ⟨-e, -en⟩ mıknatıs **magnetisch** ADJ mıknatıslı
Mahagoni N ⟨*kein pl*⟩ BOT mahon ağacı
mähen V/T (*Rasen*) biçmek
Mahl N ⟨-e, ¨-er⟩ yemek
mahlen V/T övütmek
Mahlzeit F öğün yemek; **~!** afiyet olsun!

Mähne F ⟨-n⟩ (*Löwe etc*) yele
Mahnung F ihtar, uyarı
Mai M ⟨-e⟩ mayıs **Maikäfer** M ZOOL mayısböceği
Mail F ⟨-⟩ IT e-posta, mail **Mailbox** F ⟨-⟩ IT e-posta kutusu **mailen** V/T e-posta yazmak/yollamak
Mais M ⟨-e⟩ BOT mısır **Maiskolben** M mısır koçanı
majestätisch ADJ heybetli
Major M ⟨-e⟩ MIL binbaşı
Majoran M ⟨-e⟩ BOT mercanköşk
Makel M ⟨-⟩ kusur, leke **makellos** ADJ lekesiz
mäkeln V/I kusur bulmak (**an** *dat -e*)
Make-up N ⟨-s⟩ makyaj
Makkaroni *pl* makarna *sg*
Makler(in) M(F) komisyoncu
Makrele F ⟨-n⟩ ZOOL uskumru
mal ADV MATH çarpı, kere **2 ~ 2 ist** (*od* **macht**) **4** 2 kere 2 4 eder (*od* eşittir 4); *umg* **irgendwann ~** herhangi bir zaman
Mal **A** N ⟨-e⟩ (*Zeichen*) işaret; (*Fleck*) leke, ben **B** N ⟨-e⟩, ... **mal** ADV ... defa, kez, kere
Malaria F ⟨*kein pl*⟩ MED sıtma
malen V/T *akk -in* resmini yapmak; *-i* boyamak **Maler** M ⟨-⟩ ressam; boyacı **Malerei** F ⟨-en⟩ ressamlık **Malerin** F ressam **malerisch** ADJ *fig* pitoresk, resim gibi
malnehmen V/T MATH çarpmak
Malz N ⟨*kein pl*⟩ malt
Mama F ⟨-s⟩ *umg* anne(cik), ana
man INDEF PR insan; **wenn ~ will** istenilirse
Manager M ⟨-⟩, **Managerin** F yönetici; menecer
manche(r,)s INDEF PR bazı
manchmal ADV bazen
Mandant M ⟨-en⟩, **Mandantin** F müvekkil
Mandarine F ⟨-n⟩ BOT mandalina
Mandat N ⟨-e⟩ JUR vekâlet
Mandel F ⟨-n⟩ BOT badem; ANAT bademcik **Mandelentzündung** F MED anjin, bademcik iltihabı
Mangel M **A** ⟨=̈⟩ eksiklik; kusur **B** ⟨*kein pl*⟩ kıtlık; yokluk **mangelhaft** ADJ eksik, kusurlu **mangeln** V/T eksik olmak (**an** *dat nom*) **mangels** PRÄP *+gen* bulunmadığından *nom*
Manieren *pl* görgü *sg*, terbiye *sg*
Maniküre F ⟨-n⟩ manikür
manipulieren V/T etkilemek, yönlendirmek; hile katmak
Mann M ⟨=̈er⟩ erkek, adam; (*Ehemann*) koca, eş **Männchen** N ZOOL erkek, eril *adj*; **~ machen** (*Hund*) salta durmak
Mannequin N ⟨-s⟩ manken
männlich ADJ erkek; GRAM eril; *fig* mert, yiğit
Mannschaft F ⟨-en⟩ takım; ekip; SCHIFF tayfa
Manöver N ⟨-⟩ manevra

Mansarde F ‹-n› çatı odası
Manschette F ‹-n› kolluk; manşet
Mantel M ‹¨› palto, pardösü; (*Damenmantel*) manto
manuell ADJ elle (yapılan)
Mappe F ‹-n› (*Aktentasche*) çanta; dosya
Märchen N ‹-› masal **märchenhaft** ADJ masal gibi; inanılmaz
Marder M ‹-› ZOOL sansar
Margarine F ‹kein pl› margarin
Maria F Meryem
Marinade F ‹-n› sos
Marine F ‹-n› bahriye
mariniert ADJ salamura(lı)
Marionette F ‹-n› kukla
Mark N ‹kein pl› (*Knochenmark*) ilik
Marke F ‹-n› marka; (*Briefmarke etc*) pul
Marketing N ‹kein pl› WIRTSCH pazarlama
markieren V/T işaretlemek
Markt M ‹¨e› pazar; (*Jahrmarkt*) panayır; WIRTSCH piyasa **Marktplatz** M pazar yeri
Marmarameer N Marmara Denizi
Marmelade F ‹-n› marmelat, reçel
Marmor M ‹-e› mermer **marmoriert** ADJ ebrulu
Marokko N Fas
Marone F ‹-n› BOT kestane
Mars M ASTRON Mars, Merih
Marsch M ‹¨e› yürüyüş; marş
marschieren V/I yürümek
Märtyrer(in) M(F) şehit
März M ‹-e› mart
Marzipan N ‹-e› badem ezmesi
Masche F ‹-n› ilmik; *fig* hile, numara
Maschine F ‹-n› makina **maschinell** ADJ mekanik **Maschinenbau** M makina mühendisliği **maschinengeschrieben** ADJ daktilo ile yazılmış **Maschinengewehr** N makinalı tüfek **maschinenwaschbar** ADJ makina ile yıkanabilir
Masern *pl* MED kızamık *sg*
Maske F ‹-n› maske **maskiert** ADJ maskeli
maskulin ADJ GRAM eril
maß → messen
Maß N ‹-e› ölçü; genişlik; **nach ~** ısmarlama
Massage F ‹-n› masaj
Massaker N ‹-› kırım
Masse F ‹-n› (*Menge*) kitle, yığın; (*Materie*) madde, kütle
Massenmedien *pl* medya *sg*
maßgebend ADJ, **maßgeblich** ADJ önemli, esas olan
massieren V/T masaj etmek; ovmak; (*anhäufen*) yığmak
mäßig ADJ ölçülü; az **mäßigen** **A** V/T yatıştırmak; indirmek **B** V/R **sich ~** kendine hâkim olmak
massiv ADJ som
maßlos ADJ ölçüsüz
Maßnahme F önlem, tedbir

Maßstab M ölçü; ölçek **maßvoll** ADJ ölçülü
Mast M ⟨-en⟩ TECH direk
mästen V/T semirtmek
Material N ⟨-ien⟩ malzeme, gereç; madde
Materie F ⟨-n⟩ madde **materiell** ADJ maddî, maddesel
Mathematik F ⟨*kein pl*⟩ matematik
Matratze F ⟨-n⟩ döşek, şilte
Matrose M ⟨-n⟩ SCHIFF gemici, tayfa
Matsch M ⟨*kein pl*⟩ çamur
matt ADJ (*Person*) bitkin, güçsüz; (*Farbe*) donuk; (*Schach, Foto*) mat
Matte F ⟨-n⟩ hasır; paspas
Mauer F ⟨-n⟩ duvar; sur
Maul N ⟨¨er⟩ ZOOL hayvan ağızı **Maulbeere** F BOT dut **Maulesel** M ZOOL katır **Maulkorb** M tasma **Maulwurf** M ZOOL köstebek
Maurer(in) M(F) duvarcı
Maus F ⟨¨e⟩ ZOOL fare; IT *a.* maus **Mausefalle** F fare kapanı **Mausklick** M IT fare tıklaması
Maut(gebühr) F yol geçiş ücreti
max.: **maximal** ADJ azamî, maksimal
Maximum N ⟨-ma⟩ maksimum
Mayonnaise F ⟨-n⟩ mayonez
m.E.: **meines Erachtens** bence, benim kanımca
Mechaniker M ⟨-⟩, **Mechanikerin** F tamirci, teknisyen
mechanisch ADJ mekanik
Medikament N ⟨-e⟩ ilaç
Medium N ⟨-ien⟩ araç
Medizin F ⟨-en⟩ tıp; ilaç **Mediziner** M ⟨-⟩, **Medizinerin** F hekim, doktor
Meer N ⟨-e⟩ deniz **Meerblick** M **mit ~** deniz manzaralı
Meerenge F boğaz **Meeresspiegel** M deniz seviyesi
Meerschweinchen N ZOOL kobay
Mehl N ⟨-e⟩ un
mehr **A** INDEF PR daha çok; fazla; **~ als** *-den* daha **B** ADV daha; artık; **nie ~** bir daha asla
mehrdeutig ADJ çok anlamlı
mehrere INDEF PR *pl* birçok
mehrfach ADV tekrar tekrar
Mehrheit F ⟨-en⟩ çoğunluk
mehrmals ADV çok defa
Mehrwegflasche dönüşümlü şişe **Mehrwertsteuer** F katma değer vergisi, KDV
Mehrzahl F çoğunluk; GRAM çoğul **Mehrzweckhalle** çok amaçlı salon
meiden V/T *akk -den* sakınmak
Meile F ⟨-n⟩ mil
meine(r, s) POSS PR benim(ki)
Meineid M yalan yere yemin
meinen V/T & V/I sanmak, düşünmek; (*äußern*) söylemek; (*sagen wollen*) amaçlamak
Meinung F fikir, oy
Meißel M ⟨-⟩ keski
meist(ens) ADV en çok, çoğunlukla; **die meisten** *pl* çoğu

Meister M ‹-› usta; üstat; SPORT şampiyon **meisterhaft** **A** ADJ olağanüstü **B** ADJ ustaca **Meisterin** F usta (kadın); SPORT şampiyon **meistern** V/T *akk -in* başarmak **Meisterschaft** F ‹-en› ustalık; şampiyona **Meisterstück** N, **Meisterwerk** N şaheser
melancholisch ADJ melankolik
melden V/T *dat akk* bildirmek **Meldung** F haber (verme); bildiri
melken V/T sağmak
Melodie F ‹-n› melodi, ezgi
Melone F ‹-n› BOT (*Wassermelone*) karpuz; (*Honigmelone*) kavun
Menge F ‹-n› miktar; yığın, küme; (*Menschen*) kalabalık
Mensa F ‹-sen› üniversite yemekhanesi
Mensch M ‹-en› insan **Menschenmenge** F kalabalık **Menschenverstand** M **gesunder ~** sağduyu **Menschheit** F ‹*kein pl*› insanlık, beşeriyet **menschlich** ADJ insanca **Menschlichkeit** F ‹*kein pl*› insanlık, insaf
Menstruation F aybaşı, âdet görme
Mentalität F ‹-en› zihniyet, anlayış
Menü N ‹-s› mönü; IT menü
merken **A** V/T (*spüren*) *-i* duymak; (*bemerken*) *-in* farkına varmak **B** V/R **sich ~** *akk* aklında tutmak **Merkmal** N ‹-e› belirti, işaret **merkwürdig** ADJ garip
Messe F ‹-n› REL ayin; WIRTSCH fuar
messen V/T ölçmek
Messer N ‹-› bıçak; (*Taschenmesser*) çakı
Messgerät N ölçme aygıtı
Messing N ‹*kein pl*› pirinç (metal)
Messung F ölçme
Metall N ‹-e› maden **metallisch** ADJ madenî
Meteor M ‹-e› meteorit, gök taşı
Meteorologie F ‹*kein pl*› meteoroloji; hava bilgisi
Meter M ‹-› *od* N metre **Metermaß** N şerit metre
Methode F ‹-n› metot, yöntem
Metzger M ‹-› kasap **Metzgerei** F ‹-en› kasap (dükkânı)
Meute F ‹-n› sürü, küme
Meuterei F ‹-en› ayaklanma **meutern** V/I ayaklanmak
Mexiko N Meksika
MEZ: **Mitteleuropäische Zeit** Orta Avrupa Saati
miauen V/I miyavlamak
mich PERS PR *akk von* **ich** beni; **für ~** benim için
mied → meiden
Miene F ‹-n› yüz ifadesi
mies ADJ *umg* fena, berbat **Miesmacher** M ‹-›, **Miesmacherin** F bozguncu

Miesmuschel F midye
Miete F ‹-n› kira **mieten** V/T kiralamak **Mieter(in)** M(F) kiracı **Mietshaus** N apartman **Mietvertrag** M kira kontratı **Mietwagen** M kiralık araba
Migräne F ‹-n› MED migren
Mikrobe F ‹-n› mikrop
Mikrochip M mikroçip
Mikrofon N ‹-e› mikrofon
Mikroskop N ‹-e› mikroskop
Mikrowelle(nherd M**)** F mikrodalga(lı fırın)
Milch F ‹*kein pl*› süt **Milchkaffee** M sütlü kahve **Milchpulver** N süt tozu **Milchstraße** F Samanyolu **Milchzahn** M sütdişi
mild ADJ yumuşak; hafif **mildern** V/T hafifletmek
Milieu N ‹-s› ortam, çevre
Militär N ‹*kein pl*› askeriye **Militärdienst** M askerlik hizmeti
Mill. → Million(en) **Milliarde** F ‹-n› milyar **Millimeter** M milimetre **Million** F ‹-en› milyon **Millionär** M ‹-e›, **Millionärin** F milyoner
Milz F ‹-en› ANAT dalak
Min. → Minute(n)
Minarett N ‹-e, -s› minare
Minderheit F ‹-en› azınlık **minderjährig** ADJ reşit olmayan **mindern** V/T azaltmak **minderwertig** ADJ az değerli, bayağı **Minderwertigkeitskomplex** M aşağılık kompleksi **mindeste(r, s)** ADJ en az, asgarî **mindestens** ADV hiç olmazsa
Mine F ‹-n› BERGB maden ocağı; MIL mayın; (*Kugelschreibermine*) iç
Mineral N ‹-e› maden, mineral **Mineralwasser** N maden suyu
Miniatur F ‹-en› minyatür
minimal ADJ en az; çok az **Minimum** N ‹-ima› minimum
Minirock M mini etek
Minister(in) M(F) bakan **Ministerium** N ‹-ien› bakanlık **Ministerpräsident(in)** M(F) başbakan
minus ADV *a.* MATH eksi; **fünf Grad ~** eksi beş derece
Minute F ‹-n› dakika **Minutenzeiger** M yelkovan
Mio. → Million(en)
mir PERS PR *dat von* **ich** bana; **mit ~** benimle
mischen V/T karıştırmak **Mischling** M ‹-e› melez **Mischung** F karışım
miserabel ADJ berbat
missachten V/T hiçe saymak
missbilligen V/T uygun bulmamak; kınamak **Missbrauch** M kötüye kullanma; (*sexuell*) cinsel taciz **missbrauchen** V/T kötüye kullanmak; taciz etmek **Misserfolg** M başarısızlık **Missfallen** N ‹*kein pl*› beğenmeyiş **Missgeschick** N talihsizlik, aksilik **missglücken** → misslingen **misshandeln** V/T *akk -e* fena

muamele etmek, kötü davranmak

Mission F ⟨-en⟩ misyon **Missionar** M ⟨-e⟩, **Missionarin** F misyoner

Misskredit M **in ~ bringen** gözden düşürmek **misslang** → misslingen **misslich** ADJ müşkül; aksi **misslingen** V/I başaramamak (*j-m nom b. ş-i*)

misslungen ADJ başarısız

misstrauen V/I *dat* güvenmemek **misstrauisch** ADJ güvensiz **Missverständnis** N yanlış anlama **missverstehen** V/T yanlış anlamak

Mist M ⟨*kein pl*⟩ gübre; (*zum Heizen*) tezek; *umg* meret

Mistel F ⟨-n⟩ BOT ökseotu

mit **A** PRÄP +*dat* ile; ile beraber **B** ADV **~ das Schönste sein** en güzellerden olmak; **~ dabei** katılanların arasında

Mitarbeit F iş birliği **Mitarbeiter(in)** M(F) iş arkadaşı; eleman

Mitbestimmung F söz hakkı; yönetime katılım

mitbringen V/T *j-m etw* yanında getirmek **Mitbringsel** N ⟨-⟩ küçük hediye

Mitbürger(in) M(F) yurttaş

miteinander ADV birlikte

mitfahren V/I birlikte gitmek

Mitgefühl N dert ortaklığı, duygudaşlık

mitgehen V/I birlikte gitmek

mitgenommen *fig* sarsılmış

Mitglied N üye **Mitgliedsbeitrag** M üye aidatı **Mitgliedskarte** F üye kartı

mitkommen V/I birlikte gelmek; geri kalmamak

mitkriegen V/T *umg* anlamak

Mitleid N acıma, merhamet

mitmachen **A** V/T katılmak (**bei** *dat* -e); (*Schmerzen*) çekmek **B** V/I katılmak

mitnehmen V/T yanına almak; (alıp) götürmek

Mitreisende(r) M/F(M) yolculuk arkadaşı, yolcu, yoldaş

Mitschuld F suç ortaklığı

Mitschüler(in) M(F) okul arkadaşı

mitspielen V/I oyuna katılmak

Mittag M ⟨-e⟩ öğle **Mittagessen** N öğle yemeği **mittags** ADV öğleyin

Mitte F ⟨-n⟩ orta, merkez

mitteilen V/T *j-m etw* bildirmek **Mitteilung** F bildirme, haber

Mittel N ⟨-⟩ araç; çare

Mittelalter N ⟨*kein pl*⟩ ortaçağ **Mitteleuropa** N Orta Avrupa **Mittelfinger** M orta parmak **Mittelklasse** F (*Auto*) orta büyüklük; (*Hotel*) orta sınıf

mittellos ADJ yoksul

mittelmäßig ADJ orta (dereceli) **Mittelmeer** N Akdeniz **Mittelohrentzündung** F MED orta kulak iltihabı **Mittelpunkt** M merkez **Mittelstand** M orta sınıf **Mittelstreifen** M AUTO orta şerit

Mittelstürmer(in) M(F) santrfor **Mittelwelle** F orta dalga
mitten ADV **~ in** (*od* **unter**) *akk* -*in* ortasına; *dat* -*in* ortasında; **~ durch** *akk* -*in* ortasından
Mitternacht F ⟨*kein pl*⟩ gece yarısı
mittlere(r, s) ADJ orta(lama); ortadaki; (*zwischen zwei Punkten*) aradaki
Mittwoch M ⟨-e⟩ çarşamba
mitwirken V/I katkısı olmak
mitzählen V/I hesaba katmak
mixen V/T karıştırmak **Mixer** M ⟨-⟩ mikser
Mobbing N ⟨*kein pl*⟩ mobing
Möbel *pl* mobilya *sg* **Möbelstück** N möble **Möbelwagen** M eşya nakil arabası
Mobiltelefon N ⟨-e⟩ cep telefonu
möbl.: **möbliert** möbleli, dayalı döşeli
mochte, möchte → mögen
Mode F ⟨-n⟩ moda
Modell N ⟨-e⟩ örnek, model
Modem N ⟨-s⟩ IT modem
Modenschau F defile
modern ADJ modern, çağdaş
Modeschmuck M (ucuz) moda süs/takı
Mofa N ⟨-s⟩ motorlu bisiklet
mogeln V/I hile yapmak
mögen V/T istemek, sevmek
möglich ADJ mümkün, olabilir; **so früh wie ~** bir an evvel **Möglichkeit** F imkân, olanak **möglichst** ADV olabildiğince
Mohair M ⟨-e⟩ tiftik, moher
Mohammed M Hazreti Muhammed
Mohn M ⟨-e⟩ BOT haşhaş; gelincik
Möhre F ⟨-n⟩, **Mohrrübe** F ⟨-n⟩ BOT havuç
Mole F ⟨-n⟩ mendirek
Molkerei F ⟨-en⟩ süthane
Moll N ⟨*kein pl*⟩ MUS minör
mollig ADJ (*Pullover*) yumuşak; (*dicklich*) tombul
Moment M ⟨-e⟩ an; **einen ~!** bir dakika!; **jeden ~** her an
momentan **A** ADJ şimdiki **B** ADV şimdilik
Monat M ⟨-e⟩ ay **monatlich** **A** ADJ aylık **B** ADV her ay **Monatsblutung** F âdet kanaması **Monatskarte** F paso; aylık kart
Mönch M ⟨-e⟩ REL rahip, keşiş
Mond M ⟨-e⟩ ay **Mondfinsternis** F ay tutulması **Mondschein** M ay ışığı
Monitor M ⟨-e⟩ monitör
Monopol N ⟨-e⟩ tekel
Montag M ⟨-e⟩ pazartesi
Montage F ⟨-n⟩ montaj, kurma **Monteur** M ⟨-e⟩ montör
montieren V/T kurmak, monte etmek
Moor N ⟨-e⟩ bataklık
Moos N ⟨-e⟩ BOT yosun
Moped N ⟨-s⟩ hafif motosiklet
Moral F ⟨*kein pl*⟩ ahlâk; moral
moralisch ADJ ahlâkî
Morast M ⟨-e⟩ bataklık, çamur
Mord M ⟨-e⟩ cinayet, katliam

Mörder(in) M(F) katil
morgen ADV yarın; ~ **früh** yarın sabah **Morgen** M ⟨-⟩ sabah; **guten ~!** günaydın! **Morgendämmerung** F şafak **Morgenrock** M sabahlık **morgens** ADV sabahleyin; **um sechs Uhr ~** sabah saat altıda **morgig** ADJ yarınki; **der ~e Tag** yarın
Morphium N ⟨*kein pl*⟩ morfin
morsch ADJ (*Holz*) çürük
Mörtel M ⟨-⟩ harç
Mosaik N ⟨-e, -en⟩ mozaik
Moschee F ⟨-n⟩ cami
Moskau N Moskova
Moskito M ⟨-s⟩ ZOOL sivrisinek **Moskitonetz** N cibinlik
Moslem M ⟨-s⟩, **Moslemin** F Müslüman
Motel N ⟨-s⟩ motel
Motiv N ⟨-e⟩ (*Grund*) sebep; MUS, FOTO motif
Motor M ⟨-en⟩ motor **Motorboot** N motorlu sandal **Motorhaube** F AUTO kaporta **Motorrad** N motosiklet **Motorradfahrer(in)** M(F) motosiklet sürücüsü **Motorroller** M skuter **Motorschaden** M motor hasarı
Motte F ⟨-n⟩ ZOOL güve
Motto N ⟨-s⟩ vecize; parola
Mountainbike N ⟨-s⟩ SPORT dağ bisikleti
Möwe F ⟨-n⟩ ZOOL martı
MP3-Player M ⟨-⟩ MP3-çalar
Mücke F ⟨-n⟩ ZOOL sivrisinek **Mückenstich** M ⟨-e⟩ sivrisinek sokması
müde ADJ yorgun
muffig ADJ küflü
Mühe F ⟨-n⟩ zahmet; gayret; **sich ~ geben** zahmete girmek, gayret göstermek
Mühle F ⟨-n⟩ değirmen
mühsam ADJ, **mühselig** ADJ zahmetli, yorucu
Müll M ⟨*kein pl*⟩ çöp **Müllbeutel** M çöp torbası **Mülldeponie** F çöplük **Mülleimer** M çöp kovası
Müller(in) M(F) değirmenci
Mülltonne F ⟨-n⟩ çöp bidonu
Mullwindel F gaz bezi
multinational ADJ multinasyonal
multiplizieren V/T MATH çarpmak
München N Münih
Mund M ⟨¨-er⟩ ağız **Mundart** F şive
münden V/I (*Fluss*) dökülmek (**in** *akk -e*); (*Straße*) kesişmek
mündig ADJ reşit
mündlich ADJ sözlü **Mundstück** N ağızlık
Mündung F (*Fluss*) akarsu ağzı
Mundwasser N gargara suyu
Munition F ⟨*kein pl*⟩ MIL cephane
munter ADJ canlı, uyanık
Münze F ⟨-n⟩ madeni para **Münztelefon** N jetonlu *veya* paralı telefon
mürbe ADJ yumuşak, gevrek
Murmel F ⟨-n⟩ bilye, zıpzıp

murmeln V/T & V/I mırıldanmak
Murmeltier N ZOOL dağ sıçanı
murren V/I homurdanmak
mürrisch ADJ somurtkan
Mus N ⟨-e⟩ ezme
Muschel F ⟨-n⟩ midye; (*Schale*) midye kabuğu
Museum N ⟨-een⟩ müze
Musical N ⟨-s⟩ müzikal
Musik F ⟨*kein pl*⟩ müzik **musikalisch** ADJ (*Person*) müzikten anlar **Musiker(in)** M(F) müzisyen **Musikinstrument** N çalgı
Muskatnuss F BOT küçük hint cevizi
Muskel M ⟨-n⟩ ANAT kas, adale **Muskelkater** M kas tutulması
Müsli N ⟨-⟩ (*kahvaltılık*) *sütlü meyve ve tahıl karışımı*
Muslim M ⟨- od -s⟩, **Muslimin** F, **muslimisch** ADJ Müslüman
Muße F ⟨*kein pl*⟩ boş zaman, avarelik, aylaklık
müssen *v/hilf inf -meye* mecbur olmak, *-mesi* gerek olmak
müßig ADJ aylak, avare
Muster N ⟨-⟩ (*Dessin*) desen; (*Probe*) nümune; (*Vorlage*) örnek **mustern** V/T süzmek; MIL yoklamak
Mut M ⟨*kein pl*⟩ cesaret **mutig** ADJ cesur, yürekli **mutlos** ADJ yüreksiz
Mutmaßung F tahmin, sanı
Mutter **A** F ⟨¨⟩ anne, ana **B** ⟨-n⟩ TECH somun **mütterlich** ADJ anne gibi **Muttersprache** F anadil
mutwillig ADJ kasıtlı
Mütze F ⟨-n⟩ kasket, bere
MwSt.: **Mehrwertsteuer** F KDV, katma değer vergisi
Myrte F ⟨-n⟩ BOT mersin
mysteriös ADJ esrarengiz, esrarlı
Mythologie F ⟨-n⟩ mitoloji
Mythos M ⟨-then⟩ mit, efsane

N

Nabel M ⟨-⟩ göbek **Nabelschnur** F göbek bağı
nach PRÄP *+dat* (*örtlich*) -e, *-e* doğru; (*zeitlich u. Reihenfolge*) *-den* sonra; (*gemäß*) *-e* göre; **fünf** (**Minuten**) **~ eins** (saat) biri beş geçiyor; **~ und ~** yavaş yavaş, azar azar
nachahmen V/T taklit etmek
Nachbar M ⟨-n⟩, **Nachbarin** F komşu **Nachbarschaft** F ⟨*kein pl*⟩ civar; komşular *pl*
nachdem KONJ *-dikten* sonra; **je ~** duruma (*veya* işine) göre
nachdenken V/I düşünmek
nachdenklich ADJ düşünceli
Nachdruck M vurgu; (*Buch*) tıpkıbasım **nachdrücklich**

ADJ önemli; kesin
nacheinander ADV (*zeitlich*) art arda; arka arkaya, sıra ile
Nachfolge F yerine geçme
Nachfolger(in) M(F) halef, ardıl
nachforschen V/I *dat -i* araştırmak **Nachforschung** F araştırma
Nachfrage F soruşturma; talep
nachfühlen V/T *j-m etw -in dertlerine* iştirak etmek
nachgeben V/I gevşemek; *fig* vazgeçmek (**in** *dat -den*)
nachgehen V/I *j-m -in* peşinden gitmek; (*Uhr*) geri kalmak
nachgiebig ADJ (*Person*) uysal; (*Material*) esnek
nachhaltig ADJ devamlı, etkili
nachher ADV (ondan) sonra; sonradan; **bis ~!** görüşürüz!
Nachhilfe F özel ders
nachholen V/T telâfi etmek
nachkommen V/I sonradan gelmek **Nachkommen** *pl* soy sop *sg*; çocuklar
Nachlass M ⟨¨e⟩ miras; WIRTSCH indirim **nachlassen** **A** V/I azalmak, gevşemek **B** V/T (*vom Preis*) indirim yapmak
nachlässig ADJ dikkatsiz; ihmalci
nachlaufen V/I *dat -in* peşinden koşmak
nachlösen V/T (bileti) sonradan almak
nachm. → nachmittags
nachmachen → nachahmen
Nachmittag M ⟨-e⟩ öğle sonrası, ikindi **nachmittags** ADV öğleden sonra
Nachnahme F ⟨-n⟩ (*Post*) ödemeli
Nachname M soyadı
nachprüfen V/T gözden geçirmek; kontrol etmek
nachrechnen V/T yeniden hesap etmek
Nachricht F ⟨-en⟩ haber
Nachruf M anma yazısı
Nachsaison F mevsim sonu (dönemi)
nachschicken V/T *j-m etw b-in* arkasından *-i* göndermek
nachschlagen V/T (*Information*) kitapta aramak
Nachschlüssel M uydurma anahtar
Nachschub M ⟨*kein pl*⟩ ikmal
nachsehen **A** V/I bakmak (**ob** *-ip -mediğini*) **B** V/T kontrol etmek; (*Wort etc*) aramak
nachsenden → nachschicken
nachsichtig ADJ hoşgörücü
Nachsilbe F GRAM sonek, takı
Nachspeise F → Nachtisch
Nachspiel N *fig* sonuç, izleyen olaylar
nächste(r, s) ADJ en yakın; gelecek
nachstehen V/I *dat -den* geri kalmak
nachstellen **A** V/T (*Gerät*) yeniden ayarlamak **B** V/I (*j-m*) *-i* takip etmek
Nächstenliebe F ⟨*kein pl*⟩

hayırseverlik
Nacht F ⟨¨-e⟩ gece; **gute ~!** iyi geceler! **Nachtdienst** M gece nöbeti
Nachteil M zarar, dezavantaj
Nachthemd N gecelik
Nachtigall F ⟨-en⟩ ZOOL bülbül
Nachtisch M (*Dessert*) tatlı
Nachtlokal N gece kulübü
nachträglich ADV sonradan; tamamlayıcı
nachts ADV geceleyin **Nachtschicht** F gece vardiyası **Nachtschwester** F gece hemşiresi **Nachttisch** M komodin **Nachtwächter** M bekçi
Nachuntersuchung F MED ikinci muayene, kontrol
Nachweis M ⟨-e⟩ ispat, delil **nachweisen** V/T ispatlamak
nachwirken V/I sonradan etkisini göstermek
Nachwort N sonsöz
Nachwuchs M yeni kuşak; (*Kinder*) çocuklar
nachzahlen V/T & V/I sonradan ödemek
nachzählen V/T tekrar saymak
nachzeichnen V/T *akk -in* kopyasını çizmek
Nachzügler M ⟨-⟩, **Nachzüglerin** F geç kalan
Nacken M ⟨-⟩ ense **Nackenstütze** F enselik
nackt ADJ çıplak
Nadel F ⟨-n⟩ *a.* BOT iğne **Nadelbaum** M BOT iğne yapraklı (ağaç) **Nadelöhr** N iğne deliği
Nagel M ⟨¨-⟩ çivi; ANAT tırnak **Nagelfeile** F tırnak törpüsü **Nagellack** M oje **Nagellackentferner** M ⟨-⟩ aseton **nageln** V/T çivilemek; mıhlamak (**an, auf** *akk -e*) **nagelneu** ADJ yepyeni
nagen V/I kemirmek (**an** *dat -i*)
Nagetiere *pl* ZOOL kemirgenler
nah(e) ADJ & PRÄP *+dat* yakın (**bei** *dat -e*), *-e* bitişik **Nähe** F ⟨*kein pl*⟩ yakınlık; **in der ~ von** *dat -in* yakınında **nahelegen** V/T (*j-m etw*) *dat akk* tavsiye etmek
naheliegend ADJ akla yakın
nähen V/T (dikiş) dikmek
näher ADJ & ADV daha yakın
nähern V/R **sich ~** *dat* yaklaşmak
nahestehend ADJ yakın; samimî
nahezu ADV hemen hemen, âdeta
Nähgarn N tire, iplik
nahm → nehmen
Nähmaschine F dikiş makinası **Nähnadel** F dikiş iğnesi
nähren V/T beslemek **nahrhaft** ADJ besleyici **Nahrung** F gıda, besin **Nahrungsmittel** N yiyecek, gıda maddesi
Nähseide F dikiş ipliği
Naht F ⟨¨-e⟩ dikiş (yeri); TECH kaynak yeri
Nahverkehr M banliyö trafiği

Nähzeug N dikiş takımı **naiv** ADJ saf(dil), naif **Name** M ⟨-n⟩ ad, isim **namens** ADV adlı **Namenstag** M isim günü **namentlich** **A** ADJ adı belirtilerek **B** ADV özellikle **namhaft** ADJ isim yapmış **nämlich** ADV yani **nannte** → nennen **Napf** M ⟨¨-e⟩ çanak, kâse **Narbe** F ⟨-n⟩ MED yara izi **Narkose** F ⟨-n⟩ MED narkoz **Narr** M ⟨-en⟩ deli; soytarı **närrisch** ADJ akılsız, deli **Narzisse** F ⟨-n⟩ BOT nergis **naschen** V/T *(probieren)* tatmak *(akk od* **von** *dat -i od -den)*; *(Süßigkeiten)* (gizlice) yemek **Nase** F ⟨-n⟩ ANAT burun **Nasenbluten** N burun kanaması **Nasenspitze** F burun ucu **nass** ADJ ıslak, yaş **Nässe** F *⟨kein pl⟩* ıslaklık, yaşlık **Nation** F ⟨-en⟩ ulus, millet **national** ADJ millî, ulusal **Nationalelf** F SPORT millî takım **Nationalismus** M milliyetçilik **Nationalität** F milliyet **Nationalpark** M millî park **Natrium** N *⟨kein pl⟩* sodyum **Natron** N *⟨kein pl⟩* natron **Natur** F ⟨-en⟩ tabiat, doğa **naturgetreu** ADJ gerçeğe uygun **Naturkost** F doğal besin **Naturkunde** F doğa bilgisi **natürlich** ADJ doğal, tabiî **Naturschutz** M doğa koruma **Naturschutzgebiet** N doğal millî park **Naturwissenschaften** *pl* doğa bilimleri **Navigationssystem** N AUTO navigasyon **n. Chr.**: **nach Christus** İsa'dan sonra **Nebel** M ⟨-⟩ sis **Nebelscheinwerfer** M AUTO sis farı **Nebel(schluss)leuchte** F AUTO (arka) sis ışığı **neben** PRÄP *+akk -in* yanına; *präp +dat -in* yanında **nebenan** ADV yanda (oda, ev) **nebenbei** ADV yanı sıra; bunun yanında; *(übrigens)* söz arasında **Nebenberuf** M ikinci meslek **nebeneinander** ADV yan yana **Nebeneingang** M yan kapı **Nebenfach** N yan bilim dalı **Nebenfluss** M ırmak/nehir kolu **Nebengebäude** N yan bina; *(Anbau)* ek bina **nebenher** ADV aynı zamanda **Nebenkosten** *pl* ek masraflar **nebensächlich** ADJ önemsiz **Nebensatz** M GRAM yan cümle **Nebenstraße** F yan sokak **Nebenwirkung** F yan etki **Nebenzimmer** N bitişik oda **neblig** ADJ sisli **necken** V/T *-e* takılmak; alay etmek *(j-n* ile) **Neffe** M ⟨-n⟩ (erkek) yeğen **negativ** ADJ olumsuz, negatif **Negativ** N ⟨-e⟩ FOTO negatif **nehmen** V/T *j-m -den* almak *(a.*

v/r **sich ~**); (*Zimmer*) tutmak; (*Tablette*) yutmak
Neid M ⟨*kein pl*⟩ gıpta, kıskançlık **neidisch** ADJ kıskanç, haset
neigen **A** V/T eğmek **B** V/I (V/R **sich**) **~ zu** *dat -e* eğilmek **Neigung** F meyil; *fig* eğilim
nein ADV hayır; *umg a.* yok
Nelke F ⟨-n⟩ BOT karanfil (*a. Gewürz*)
nennen **A** V/T adlandırmak; nitelendirmek **B** V/R **sich ~** adı olmak **nennenswert** ADJ kayda değer **Nenner** M ⟨-⟩ MATH payda
Neonlicht N floresan ışığı
Nerv M ⟨-en⟩ sinir; **j-m auf die ~en gehen** *b-in* sinirine dokunmak **Nervenzusammenbruch** M sinir buhranı **nervös** ADJ sinirli; **~ werden** sinirlenmek **Nervosität** F sinirlilik
Nerz M ⟨-e⟩ ZOOL vizon
Nessel F ⟨-n⟩ BOT ısırgan
Nest N ⟨-er⟩ yuva; *umg* (*Ort*) köy
nett ADJ sevimli, nazik, zarif
netto ADJ safi, net
Netz N ⟨-e⟩ ağ; ELEK şebeke; IT net **Netzanschluss** M ELEK şebeke bağlantısı **Netzhaut** F ANAT ağtabaka **Netzwerk** N IT şebeke
neu ADJ yeni; **~(e)ste** *a.* en son **neuartig** ADJ yeni tarzda **Neubau** M yeni yapı **neuerdings** ADV geçenlerde **Neuerung** F yenilik
Neugier F ⟨*kein pl*⟩ merak **neugierig** ADJ meraklı
Neuheit F ⟨-en⟩ yenilik **Neuigkeit** F ⟨-en⟩ haber **Neujahr** N yılbaşı **neulich** ADV geçenlerde **Neuling** M ⟨-e⟩ acemi; yeni gelen **Neumond** M yeni ay
neun *Zahl* dokuz **neunzehn** *Zahl* on dokuz **neunzig** *Zahl* doksan
Neuseeland N Yeni Zelanda
neutral ADJ *a.* POL tarafsız, yansız; CHEM nötr **Neutralität** F tarafsızlık
Neutron N ⟨-en⟩ PHYS nötron
Neutrum N ⟨-ra⟩ GRAM cinssiz
Neuwert M alım fiyatı **neuwertig** ADJ yeni gibi
nicht ADV değil; (*~ vorhanden etc*) yok; **ich weiß ~** bilmiyorum; **~ mehr** artık ... değil
Nichte F ⟨-n⟩ (kız) yeğen
Nichtraucher(in) M(F) sigara içmeyen **Nichtraucherzone** F sigara içilmeyen alan
nichts INDEF PR hiç, hiçbir şey
Nichtschwimmer(in) M(F) yüzme bilmeyen **Nichtschwimmerbecken** N yüzme bilmeyenler havuzu
nichtssagend ADJ boş, anlamsız
Nichtzutreffendes: **~ streichen** uygun olmayanı çizin
Nickel N ⟨*kein pl*⟩ nikel
nicken V/I **mit dem Kopf ~**

(evet diye) baş sallamak
nie ADV hiçbir zaman, asla; **~ mehr** bir daha asla
nieder **A** ADJ (*niedrig*) alçak, basık **B** ADV aşağı(ya) **niedergeschlagen** ADJ cesareti kırık
niederkommen V/I doğurmak (**mit** *dat -i*) **Niederlage** F yenilgi
Niederlande *pl* Hollanda *sg*
niederländisch ADJ Hollandalı
niederlassen V/R **sich ~** oturmak, yerleşmek (**in** *dat -e*)
Niederlassung F WIRTSCH şube
niederlegen **A** V/T *akk* yere koymak; (*Amt*) *-den* istifa etmek **B** V/R **sich ~** yatmak, uzanmak
Niedersachsen N Aşağı Saksonya (eyaleti)
Niederschlag M yağış
niederschlagen **A** V/T (*Aufstand*) bastırmak **B** V/R *fig* **sich ~** (**in** *-e*) yansımak
niedersetzen **A** V/T yere koymak **B** V/R **sich ~** oturmak
niederträchtig ADJ (*gemein*) alçak, rezil
niedlich ADJ zarif, cici
niedrig ADJ alçak; *fig* bayağı
niemals ADV hiçbir zaman, asla
niemand INDEF PR hiç kimse
Niere F ⟨-n⟩ ANAT böbrek
Nierenstein M MED böbrek taşı
nieseln V/I çiselemek
niesen V/I aksırmak, hapşırmak
Niete **A** F ⟨-n⟩ TECH perçin **B** F ⟨-n⟩ (*Los*) boş numara; *fig* başarısız eser *veya* kişi **nieten** V/T perçinlemek
Niger M Nijer
Nigeria N Nijerya
Nikotin N ⟨*kein pl*⟩ nikotin
nirgends ADV, **nirgendwo** ADV hiçbir yerde
Nische F ⟨-n⟩ niş, girinti
nisten V/I yuva yapmak
Niveau N ⟨-s⟩ seviye, düzey
Nobelpreis M Nobel Ödülü
noch ADV daha, henüz, hâlâ
Nomade M ⟨-n⟩, **Nomadin** F göçebe
nominell ADJ itibarî, nominal
nominieren V/T atamak; aday göstermek
Nonne F ⟨-n⟩ REL rahibe
Nonstop-Flug M FLUG direkt uçak seferi
Nord... kuzey **Norden** M kuzey **nördlich** ADJ kuzeyi
Nordpol M Kuzey Kutbu
Nordrhein-Westfalen N Kuzey Ren Vestfalya (eyaleti)
Nordsee F Kuzey Denizi
Nörgler M ⟨-⟩, **Nörglerin** F mızmız
Norm F ⟨-en⟩ ölçü, düzgü; (*Regel*) kural **normal** ADJ normal (*a. Benzin*) **normalerweise** ADV normal olarak
Norwegen N Norveç
Nostalgie F ⟨*kein pl*⟩ nostalji, geçmişe özlem
Not F ⟨¨-e⟩ zaruret; sıkıntı; dar-

lık
Notar M ⟨-e⟩, **Notarin** F noter
Notarzt M, **Notärztin** F acil servis doktoru **Notausgang** M imdat kapısı **Notbremse** F imdat freni **Notdienst** M acil servis
Note F ⟨-n⟩ not; MUS nota
Notfall M **im ~**, **notfalls** ADV gerekirse **nötig** ADJ gerek(li), lâzım (**für** *akk -e*); **es ist (nicht) ~ zu ...** ...mek gerek(m)iyor, ...mek lâzım (değil); **~ haben** ihtiyacı olmak (*akk -e*)
Notiz F ⟨-en⟩ not, kayıt **Notizbuch** N not defteri
Notlage F sıkıntılı durum **Notlandung** F FLUG mecburî iniş **Notquartier** N barınak **Notruf** M polis *veya* itfaiye *veya* ilkyardım çağırma **Notrufnummer** F imdat (telefon) numarası **Notsignal** N tehlike işareti **Notstand** M ⟨*kein pl*⟩ olağanüstü hâl **Notwehr** F JUR meşru müdafaa
notwendig ADJ zorunlu; gerek(li) **Notwendigkeit** F ⟨-en⟩ zorunluluk; gereklilik
Novelle F ⟨-n⟩ (uzun) hikâye
November M ⟨-⟩ kasım
Nr. → Nummer
nüchtern ADJ aç karnına; ayık; *fig* aklı başında, nesnel
Nudel(n *pl*) F makarna
nuklear ADJ nükleer
null *Zahl*, **Null** F ⟨-en⟩ sıfır
Nummer F ⟨-n⟩ numara, sayı
nummerieren V/T numaralamak **Nummernschild** N AUTO plaka
nun **A** ADV şimdi, şu anda **B** INT **~ gut** peki
nur ADV yalnız, sadece, ancak
Nuss F ⟨⸚e⟩ (*Erdnuss*) fıstık; (*Walnuss*) ceviz; (*Haselnuss*) fındık **Nussknacker** M ⟨-⟩ fındıkkıran **Nussschale** F ceviz *v.s.* kabuğu
Nutte F ⟨-e⟩ *umg* orospu
nutzbar ADJ faydalı, yararlı
Nutzen M ⟨*kein pl*⟩ fayda, yarar; (*Gewinn*) kazanç, menfaat
nutzen, nützen **A** V/I *dat* yaramak; *-in işine* yaramak **B** V/T kullanmak, *-den* yararlanmak **nützlich** ADJ faydalı, yararlı **nutzlos** ADJ faydasız
Nutzung F kullanma, yararlanma

Oase F ⟨-n⟩ vaha
ob KONJ acaba, -ip -mediğini; **als ~** sanki, güya
Obdach N ⟨*kein pl*⟩ sığınak, barınak **obdachlos** ADJ evsiz, yurtsuz
Obelisk M ⟨-en⟩ dikilitaş
oben ADV yukarıda; **nach ~** yukarıya; **von ~** yukarıdan
obendrein ADV üstelik

Ober M ⟨-⟩ garson **obere(r, s)** ADJ üst(teki); yüksek; yukarı(daki) **Oberfläche** F yüz, yüzey **oberflächlich** ADJ yüzeysel; *fig* üstünkörü **Obergeschoss** N üst kat **oberhalb** ADV & PRÄP *+gen -in* yukarısında **Oberhemd** N gömlek **Oberkiefer** M ANAT üst çene **Oberkörper** M üst gövde **Oberschenkel** M ANAT uyluk **Oberschicht** F üst tabaka **Oberschule** F ortaokul ve lise
Oberst M ⟨-en⟩ MIL albay
oberste(r, s) ADJ en yüksek, üst, baş
Oberteil N üst kısım
obgleich → obwohl
Obhut F ⟨*kein pl*⟩ koruma, himaye
obige(r, s) ADJ yukarıdaki
Objekt N ⟨-e⟩ şey; konu, nesne; GRAM tümleç **objektiv** ADJ nesnel, objektif; tarafsız **Objektiv** N ⟨-e⟩ FOTO objektif
obligatorisch ADJ mecburî
Obst N ⟨*kein pl*⟩ meyve, yemiş **Obstsaft** M meyve suyu
obszön ADJ müstehcen, açık saçık
obwohl KONJ *-e* rağmen, *-diği* hâlde; gerçi
Ochse M ⟨-n⟩ ZOOL öküz
öd(e) ADJ ıssız, tenha
oder KONJ veya, ya, yahut; yoksa
Ofen M ⟨¨⟩ soba; (*Backofen*) fırın
offen **A** ADJ açık; (*Stelle*) boş **B** ADV açıkça; **~ lassen** açık bırakmak **offenbar** **A** ADJ belli **B** ADV galiba **offenkundig** ADJ belli; açık **offensichtlich** **A** ADJ göze çarpan **B** ADV galiba
Offensive F ⟨-n⟩ hücum, saldırı
öffentlich ADJ kamusal; resmî; (*~ zugänglich*) halka açık; **~er Dienst** *m* kamu hizmeti; **~e Meinung** *f* kamuoyu
offiziell **A** ADJ resmî **B** ADV resmen
Offizier M ⟨-e⟩ MIL subay
offline ADV IT off-line, çevirim dışı
öffnen **A** V/T açmak **B** V/R **sich ~** açılmak **Öffner** M ⟨-⟩ açacak **Öffnung** F açılma; açık(lık); (*Loch*) delik **Öffnungszeiten** *pl* açılış saatleri
oft ADV, **öfters** ADV, **oftmals** ADV çok defa, sık sık
ohne PRÄP *+akk* -siz; **~ zu** *inf* -meksizin
Ohnmacht F ⟨-en⟩ MED baygınlık; **in ~ fallen** bayılmak **ohnmächtig** ADJ baygın; *fig* güçsüz
Ohr N ⟨-en⟩ ANAT kulak **Ohrenarzt** M, **Ohrenärztin** F kulak doktoru **Ohrfeige** F tokat; sille **Ohrring** M küpe
okay INT tamam, okey, hay hay
Ökologie F ⟨*kein pl*⟩ ekoloji, çevrebilim **ökologisch** ADJ

ekolojik, çevrebilimsel
ökonomisch ADJ iktisadî; (*preisgünstig*) ekonomik
Oktober M ⟨-⟩ ekim (ayı)
Öl N ⟨-e⟩ (sıvı) yağ; (*Salatöl*) salata yağı; (*Erdöl*) petrol
Oleander M ⟨-⟩ BOT zakkum
ölen V/T yağlamak **Ölfarbe** F yağlıboya **Ölheizung** F mazotlu kalorifer **ölig** ADJ yağlı
Olive F ⟨-n⟩ zeytin **Olivenöl** N zeytinyağı
Ölofen M gaz (yağı) sobası **Ölpest** F petrol felâketi **Ölsardine** F sardalye konservesi **Öltank** M yakıt tankı **Ölwechsel** M AUTO yağ değişimi
Olympiade F ⟨-n⟩ olimpiyat
Oma F ⟨-s⟩ *umg* nine
Omelett N ⟨-e, -s⟩ omlet
Omnibus M → Bus
Onkel M ⟨-s⟩ (*väterlicherseits*) amca; (*mütterlicherseits*) dayı; (*angeheiratet*) enişte
online ADV IT on-line, çevirim içi
Opa M ⟨-s⟩ *umg* dede
Open-Air-Konzert N açıkhava konseri
Oper F ⟨-n⟩ opera
Operation F MED ameliyat; MIL operasyon **operieren** **A** V/T MED ameliyat etmek **B** V/I kullanmak (**mit** *dat -i*)
Opfer N ⟨-⟩ kurban; (*von Unglück*) kazazede **Opferfest** N REL kurban bayramı **opfern** V/T *fig* feda etmek; kurban etmek
Opium N ⟨*kein pl*⟩ afyon
Opposition F POL muhalefet
Optiker(in) M(F) gözlükçü
optimistisch ADJ iyimser, optimist
orange ADJ turuncu, portakal rengi **Orange** F ⟨-n⟩ BOT portakal **Orangensaft** M portakal suyu
Orchester N ⟨-⟩ orkestra
Orchidee F ⟨-n⟩ BOT orkide
Orden M ⟨-⟩ nişan, madalya, REL tarikat
ordentlich **A** ADJ düzenli **B** ADV usulüne göre
ordinär ADJ bayağı, kaba, âdi
ordnen V/T düzeltmek; düzenlemek **Ordner** M ⟨-⟩ (*für Akten*) klasör; (*Person*) düzen görevlisi **Ordnung** F düzen (*Satzung*) tüzük; **in ~** yolunda, iyi; **in ~!** tamam!, olur!
Organ N ⟨-e⟩ ANAT organ
Organisation F tertip, organizasyon, düzenleme; (*Gruppe*) örgüt **organisieren** V/T organize etmek, düzenlemek; *umg* çalmak
Orgel F ⟨-n⟩ MUS org
Orient M ⟨*kein pl*⟩ doğu, şark
orientieren V/R **sich ~** yönünü bulmak; yönelmek
Original N ⟨-e⟩ asıl, orijinal
Orkan M ⟨-e⟩ kasırga
Ort M ⟨-e⟩ yer; (*Dorf*) köy (*Kleinstadt*) kasaba
orthodox REL Ortodoks; *fig* ortodoks

ɔrtlich ADJ yerel; (*einheimisch*) yerli **Ortschaft** F ⟨-en⟩ köy, kasaba **Ortsgespräch** N TEL şehir içi telefon konuşması **ortskundig** ADJ çevreyi bilen
Öse F ⟨-n⟩ kopça halkası
Öst... doğu **Osten** M ⟨*kein pl*⟩ doğu
Ostern N ⟨-⟩ REL Paskalya
Österreich N Avusturya **Österreicher(in)** M(F) Avusturyalı **österreichisch** ADJ Avusturya(lı)
östlich ADJ doğu **Ostsee** F Baltık Denizi
oval ADJ oval
Overall M ⟨-s⟩ tek parça iş elbisesi, tulum
Oxid N ⟨-e⟩ oksit
Ozean M ⟨-e⟩ okyanus
Ozon N ⟨*kein pl*⟩ ozon **Ozonloch** N ozon deliği **Ozonschicht** F ozon tabakası

P

Paar INDEF PR **ein ~** birkaç
Paar N ⟨-e⟩ çift **paaren** V/R **sich ~** çiftleşmek **Paarung** F ⟨-en⟩ çiftleşme
Pacht F ⟨-en⟩ kira **pachten** V/T kiralamak **Pächter(in)** M(F) kiracı
Pack ⟨*kein pl*⟩ **A** M (*Bündel*) deste **B** N ayaktakımı
Päckchen N küçük paket **packen** V/T (*ergreifen*) yakalamak, tutmak; (*Koffer*) hazırlamak **packend** ADJ heyecanlandırıcı **Packpapier** N ambalaj kâğıdı **Packung** F paket; ambalaj; MED kompres
Pädagogik F ⟨*kein pl*⟩ pedagoji
Paddelboot N kürekli bot/kayık
Paket N ⟨-e⟩ paket, koli **Paketannahme** F (*Postschalter*) paket gişesi **Paketkarte** F koli gönderi formu
Pakistan N Pakistan
Palast M ⟨¨-e⟩ saray
Palästina N Filistin
Palme F ⟨-n⟩ BOT palmiye
Pampelmuse F ⟨-n⟩ greyfrut
Paniermehl N galeta unu
paniert ADJ pane
Panik F ⟨*kein pl*⟩ panik
Panne F ⟨-n⟩ arıza **Pannenhilfe** F AUTO arıza servisi
Panther M ⟨-⟩ ZOOL pars, panter
Pantoffel M ⟨-n⟩ terlik
Panzer M ⟨-⟩ zırh; MIL tank
Papa M ⟨-s⟩ *umg* baba(cık)
Papagei M ⟨-en⟩ ZOOL papağan
Papier N ⟨-e⟩ kâğıt **Papiergeld** N ⟨*kein pl*⟩ kâğıt para
Papierkorb M kâğıt sepeti
Papierserviette F kâğıt peçete **Papiertaschentuch** N kâğıt mendil
Pappe F ⟨-n⟩ mukavva, karton

Pappel F ⟨-n⟩ BOT kavak
Pappteller M ⟨-⟩ kâğıt tabak
Paprika M ⟨-s⟩ BOT **grüner ~** yeşil biber; **roter ~** kırmızı biber **Paprikaschote** F dolmalık biber
Papst M ⟨¨-e⟩ REL papa
Parabolantenne F çanak anten
Parade F ⟨-n⟩ geçit töreni
Paradies N ⟨-e⟩ cennet
paradox ADJ paradoks, çelişik
Paragraf M ⟨-en⟩ madde
parallel ADJ paralel, koşut
parat ADJ hazır
Pärchen N ⟨-⟩ (*Liebespaar*) iki sevgili, çift
Parfüm N ⟨-s od -e⟩ parfüm **Parfümerie** F ⟨-n⟩ parfümeri
Park M ⟨-s⟩ park
parken V/T & V/I park etmek
Parkett N ⟨-e⟩ (*Holzboden*) parke; THEAT *girişkattaki yerler*
Parkplatz M otopark; park yeri **Parkuhr** F park saati **Parkverbot** N park yasağı **Parkwächter** M otopark bekçisi
Parlament N ⟨-e⟩ parlamento
Parodie F ⟨-n⟩ parodi, alaylı nazire
Parole F ⟨-n⟩ parola, slogan
Partei F ⟨-en⟩ POL parti; JUR taraf **parteiisch** ADJ, **parteilich** ADJ taraf tutan **parteilos** ADJ bağımsız
Parterre N ⟨-s⟩ zemin kat
Partizip N ⟨-ien⟩ GRAM ortaç
Partner(in) M(F) eş; WIRTSCH ortak
Party F ⟨-s⟩ eğlence, parti
Parzelle F parsel
Pass M ⟨¨-e⟩ pasaport; GEO geçit; SPORT pas
Passagier M ⟨-e⟩, **Passagierin** F yolcu
passen V/I (*Kleidung*) *dat* (o **für** *akk*) uymak; yakışmak (*beim Spiel*) pas/geç deme
passend ADJ uygun
passieren **A** V/T (*Ort*) geçme **B** V/I (*geschehen*) olmak
passiv ADJ pasif; GRAM edi gen
Passwort N ⟨¨-er⟩ IT şifre
Paste F ⟨-n⟩ macun
Pastete F ⟨-n⟩ (*Blätterteigpastete*) börek
Pastor M ⟨-en⟩, **Pastorin** REL papaz
Pate M ⟨-n⟩ (*Taufpate*) vaft (babası)
Patient M ⟨-en⟩, **Patienti** F hasta
Patin F (*Taufpatin*) vaftiz (ar nesi)
Patrone F ⟨-n⟩ fişek; kartuş
Pauke F ⟨-n⟩ davul
pauken V/T *akk fig* hafızlama
pauschal ADJ WIRTSCH götür **Pauschalreise** F ⟨-n⟩ karm tur
Pause F ⟨-n⟩ teneffüs; ara
Pavillon M ⟨-s⟩ köşk, pavyor
Pazifik M Büyük Okyanus
PC M: **Personal Computer** bi gisayar
Pech N ⟨*kein pl*⟩ zift; *fig* şan

sızlık
Pedal N ⟨-e⟩ pedal
pedantisch ADJ titiz(ce)
peinlich ADJ utandırıcı; **~ genau** aşırı titiz
Peitsche F ⟨-n⟩ kamçı
Pellkartoffeln *pl kabuğu ile haşlanmış patates*
Pelz M ⟨-e⟩ kürk **Pelzmantel** M kürk manto, kürk palto
Pendel N ⟨-⟩ sarkaç **pendeln** V/I (*schwingen*) sallanmak; (*als Pendler*) gidip gelmek **Pendler** M ⟨-⟩, **Pendlerin** F *uzaktan işe gelip giden kişi*
penetrant ADJ (*Geruch*) keskin
Pension F ⟨-en⟩ (*für Gäste*) pansiyon; (*Ruhestand*) (memur) emekli aylığı; **in ~**, **pensioniert** *adj* emekli
per PRÄP +*akk* **~ Post (Fax, Telefon ...)** posta (faks, telefon ...) ile
perfekt ADJ mükemmel, kusursuz
Perfekt N ⟨-e⟩ GRAM geçmiş zaman
Periode F ⟨-n⟩ devir, dönem; MED aybaşı
Perle F ⟨-n⟩ inci
Perlmutt N ⟨*kein pl*⟩ sedef
Persisch N Farsça; → Iran
Person F ⟨-en⟩ şahıs, kişi **Personal** N ⟨*kein pl*⟩ kadro, personel **Personalausweis** M kimlik belgesi **Personalien** *pl* kimlik **Personalpronomen** N GRAM kişi zamiri **Personenbeschreibung** F eşkâl **Personenkraftwagen** M AUTO binek otomobili **persönlich** **A** ADJ şahsî, kişisel **B** ADV şahsen **Persönlichkeit** F ⟨-en⟩ şahsiyet
Perspektive F ⟨-n⟩ perspektif; *fig* bakış açısı
Perücke F ⟨-n⟩ peruk(a)
pessimistisch ADJ kötümser, karamsar
Pest F ⟨*kein pl*⟩ veba
Petersilie F ⟨-n⟩ BOT maydanoz
Petroleum N ⟨*kein pl*⟩ gaz (-yağı)
petzen V/I & V/T *umg* gammazlamak, ele vermek
Pfad M ⟨-e⟩ patika, keçiyolu **Pfadfinder(in)** M(F) izci
Pfahl M ⟨¨-e⟩ kazık, direk
Pfalz F GEOG Palatina
Pfand N ⟨¨-er⟩ rehin; depozito **Pfand...** depozitolu ... **pfänden** V/T haczetmek
Pfanne F ⟨-n⟩ tava **Pfannkuchen** M krep
Pfarrer(in) M(F) REL papaz
Pfau M ⟨-en⟩ ZOOL tavus (kuşu)
Pfeffer M kara biber **Pfefferminze** F ⟨*kein pl*⟩ BOT nane
Pfeife F ⟨-n⟩ düdük; pipo **pfeifen** V/I ıslık çalmak
Pfeil M ⟨-e⟩ ok
Pfeiler M ⟨-⟩ direk; destek
Pferd N ⟨-e⟩ ZOOL at, beygir **Pferdestärke** F beygirgücü
Pfiff M ⟨-e⟩ ıslık; düdük sesi
pfiff → pfeifen

pfiffig ADJ kurnaz, açıkgöz
Pfingsten N ⟨kein pl⟩ REL Pantekot
Pfirsich M ⟨-e⟩ BOT şeftali
Pflanze F ⟨-n⟩ bitki **pflanzen** V/T dikmek, ekmek
Pflaster N ⟨-⟩ (*Straßenpflaster*) taş döşeme; MED yakı, yara bantı; flaster **pflastern** V/T taş döşemek
Pflaume F ⟨-n⟩ BOT erik
Pflege F ⟨kein pl⟩ bakım, koruma **pflegeleicht** ADJ bakımı kolay **pflegen** V/T *akk -e* bakmak, *-i* korumak **Pfleger(in)** M(F) bakıcı
Pflicht F ⟨-en⟩ görev, ödev ... **pflichtig** ADJ ... mükellefi, *-e* tabi
pflücken V/T koparmak
Pflug M ⟨=e⟩ saban **pflügen** (toprağı) sürmek
Pforte F ⟨-n⟩ (cümle) kapı(sı) **Pförtner(in)** M(F) kapıcı
Pfosten M ⟨-⟩ direk
Pfote F ⟨-n⟩ pençe, ayak
Pfropfen M ⟨-⟩ tıpa, tıkaç
pfui! INT pöf!, tüh!; ayıp!
Pfund N ⟨-e⟩ yarım kilo
pfuschen V/I *umg* (işi) şişirmek
Pfütze F ⟨-n⟩ su birikintisi
Phänomen N ⟨-e⟩ fenomen
Phase F ⟨-n⟩ safha; TECH devir, dönem
Philippinen *pl* Filipinler
Philosoph M ⟨-en⟩ filozof **Philosophie** F ⟨-n⟩ felsefe **Philosophin** F filozof **philosophisch** ADJ felsefi
Phosphor M ⟨kein pl⟩ fosfor
Physik F ⟨kein pl⟩ fizik **physikalisch** ADJ fiziksel
physisch ADJ bedensel
Pianist M ⟨-en⟩, **Pianistin** F piyanist
Pickel M ⟨-⟩ sivilce
picken V/T & V/I gagalamak
Picknick N ⟨-s⟩ piknik
piep(s)en V/I cıvıldamak
Piercing N delme
Pilger(in) M(F) REL hacı **Pilgerfahrt** F REL hac
Pille F ⟨-n⟩ hap; *umg* **die ~ nehmen** doğum kontrol hap kullanmak
Pilot M ⟨-en⟩, **Pilotin** F pilo **Pilotprojekt** N pilot proje
Pilz M ⟨-e⟩ BOT mantar
PIN-Code M ⟨-s⟩ kişisel şifre
Pinie F ⟨-n⟩ BOT fıstık çamı **Pinienkern** M çamfıstığı
pinkeln V/I *umg* işemek
Pinsel M ⟨-⟩ boya fırçası
Pinzette F ⟨-n⟩ pens, cımbız
Pionier M ⟨-e⟩, **Pionierin** F öncü
Pirat M ⟨-en⟩ korsan
Pistazie F ⟨-n⟩ BOT şamfıstığ antepfıstığı
Piste F ⟨-n⟩ *Luftw.* pist; (*Skipiste*) kayak pisti
Pistole F ⟨-n⟩ tabanca
Pizza F ⟨-s⟩ pizza **Pizzeria** F ⟨-s, -rien⟩ pizza lokantası
Pkw, PKW → Personenkraftwagen
Plage F ⟨-n⟩ (*Ärgernis*) belâ (*Mückenplage*) istilâ **plagen**

A VT rahatsız etmek, *-in* canını sıkmak **B** VR **sich ~** didinmek

Plakat N ⟨-e⟩ afiş, duvar ilânı

Plakette F ⟨-n⟩ (*Abzeichen*) plaka

Plan M ⟨¨-e⟩ plan

Plane F ⟨-n⟩ tente, branda

planen VT tasarlamak, planlamak

Planet M ⟨-en⟩ ASTRON gezegen

Planke F ⟨-n⟩ tahta

planlos ADJ plansız **planmäßig** ADJ plana uygun, planlı

planschen VI su içinde oynamak

Planung F planlama

Plastik **A** N ⟨*kein pl*⟩ plastik **B** F ⟨-en⟩ heykel **plastisch** ADJ plastik; *fig* canlı

Platane F ⟨-n⟩ BOT çınar

Platin N ⟨*kein pl*⟩ platin

plätschern VI şırıldamak

platt ADJ düz, yassı; *umg* (*Reifen*) patlamış, patlak

Platte F ⟨-n⟩ (*Schallplatte*) plak; (*Teller*) tabak **Plattenspieler** M pikap **Plattform** F platform, düzlem **Plattfuß** M ANAT düztaban; *umg* AUTO havası kaçmış lastik

Platz M ⟨¨-e⟩ yer; (*in Stadt*) meydan; *bes* SPORT alan

Plätzchen N (*Gebäck*) bisküvi; kurabiye

platzen VI patlamak, çatlamak

Platzkarte F BAHN yer bileti, numara kuponu

plaudern VI sohbet etmek

pleite ADJ **~ sein** parasız kalmak, iflas etmiş olmak **Pleite** F ⟨-n⟩ iflas

Plombe F ⟨-n⟩ (*Zahn*) dolgu

plötzlich ADJ birdenbire, ansızın

plump ADJ hantal, beceriksiz

plündern VT yağma etmek; *umg* (*Vorräte*) boşaltmak

Plural M ⟨-e⟩ GRAM çoğul

plus ADV artı

PLZ → Postleitzahl

Po M ⟨-s⟩ *umg* popo

pochen VI vurmak (**an, auf** *akk -e*), çalmak (*-i*); zonklamak

Pocken *pl* MED çiçek hastalığı *sg*

Podium N ⟨-ien⟩ podyum

Poesie F ⟨*kein pl*⟩ şiir **poetisch** ADJ şairane, şiirle ilgili

Pokal M ⟨-e⟩ kupa

Pol M ⟨-e⟩ kutup **Polarstern** M Kutup yıldızı

Pole M ⟨-n⟩ Polonyalı **Polen** N Polonya

polieren VT parlatmak, cilâlamak

Polin F Polonyalı (kadın)

Politik F ⟨*kein pl*⟩ siyaset, politika **Politiker(in)** M(F) politikacı **politisch** ADJ siyasî, siyasal

Politur F ⟨-en⟩ cilâ, perdah

Polizei F ⟨*kein pl*⟩ polis; zabıta **Polizeipräsidium** N emniyet müdürlüğü **Polizeirevier** N polis karakolu **Polizeistreife** F polis devriyesi **Poli-**

zeistunde F *umg* kapanış saati **Polizist** M ⟨-en⟩ polis (memuru) **Polizistin** F polis (memuresi)
polnisch ADJ Polonyalı **Polnisch** N Lehçe
Polohemd N ⟨-en⟩ polo (*veya* lakost®) gömlek
Polster(-) N doldurma; (*Kissen*) yastık **polstern** V/T (kıtık *v.b.* ile) doldurmak
poltern V/I takırdamak, gürültü yapmak
Pommes frites *pl* patates kızartması *sg*, pomes, cips
Pony ⟨-s⟩ **A** N ZOOL midilli **B** M (*Frisur*) kâkül
Popcorn N ⟨*kein pl*⟩ patlamış mısır
Popmusik F pop müziği
populär ADJ popüler
Pore F ⟨-n⟩ gözenek **porös** ADJ gözenekli; (*durchlässig*) geçirgen
Portal N ⟨-e⟩ kapı
Portemonnaie N ⟨-s⟩ cüzdan
Portier M ⟨-s⟩ kapıcı
Portion F ⟨-en⟩ porsiyon
Porto N ⟨-s, -ti⟩ posta ücreti
Porträt N ⟨-s⟩ portre
Portugal N Portekiz **Portugiese** M ⟨-n⟩, **Portugiesin** F Portekizli **portugiesisch** ADJ Portekiz(li) **Portugiesisch** N Portekizce
Porzellan N ⟨-e⟩ porselen
Posaune F ⟨-n⟩ MUS trombon
Position F ⟨-en⟩ durum, konum
positiv ADJ olumlu, pozitif
Possessivpronomen N GRAM iyelik zamiri
Post® F ⟨*kein pl*⟩ posta; posta(ha)ne **Postamt** N posta(ha)ne **Postanweisung** F posta havalesi **Postbote** M, **Postbotin** F postacı
Posten M ⟨-⟩ görev, makam; MIL posta, nokta; WIRTSCH çeşit, parti, kalem
Postfach N posta kutusu
Postkarte F kartpostal **postlagernd** ADJ postrestant
Postleitzahl F posta kodu
Postscheck M posta çeki
Postsparbuch N posta tasarruf cüzdanı **postwendend** ADJ *fig* derhal
Potenz F ⟨-en⟩ güç, iktidar
Potenzial N ⟨-e⟩ potansiyel, kapasite
Pracht F ⟨*kein pl*⟩ görkem, ihtişam **prächtig** ADJ görkemli; *fig* şahane
Prädikat N ⟨-e⟩ GRAM yüklem
prägnant ADJ özlü, anlatımlı
prahlen V/I övünmek
Praktikant M ⟨-en⟩, **Praktikantin** F stajyer **Praktikum** N ⟨-ken, -ka⟩ staj **praktisch** ADJ pratik; kullanışlı; **~er Arzt** pratisyen hekim
prall ADJ dolgun
prallen V/I çarpmak (**gegen** *akk* -e)
Prämie F ⟨-n⟩ ikramiye, ödül; prim
Präparat N ⟨-e⟩ MED hazır

ilaç
Präposition F ⟨-en⟩ GRAM edat
Präsens N ⟨-ntia, -nzien⟩ GRAM şimdiki zaman
Präservativ N ⟨-e⟩ prezervatif, kaput
Präsident M ⟨-en⟩, **Präsidentin** F başkan **Präsidium** N ⟨-ien⟩ başkanlık
prasseln V/I şakırdamak
Praxis F **A** ⟨-ktiken⟩ (*Anwendung*) pratik, uygulama **B** ⟨-axen⟩ MED muayenehane; JUR büro
Präzision F incelik, özen
predigen V/T vaaz etmek **Prediger(in)** M(F) REL hatip, vaiz
Predigt F ⟨-en⟩ REL vaaz
Preis M ⟨-e⟩ fiyat, değer; (*Auszeichnung*) ödül
Preiselbeere F BOT kırmızı yabanmersini
Preiserhöhung F zam
preisgeben V/T bırakmak; açığa vurmak
preisgekrönt ADJ ödül kazanmış **Preisliste** F fiyat listesi
Preisrichter(in) M(F) SPORT jüri üyesi **Preisschild** N fiyat etiketi **preiswert** ADJ ucuz
prellen V/T ezmek; *fig* dolandırmak **Prellung** F MED ezik
Premiere F ⟨-n⟩ THEAT prömiyer, gala
Premierminister M ⟨-⟩, **Premierministerin** F başbakan
Presse **A** ⟨*kein pl*⟩ basın **B** F ⟨-n⟩ TECH pres; (*Saftpresse*) sıkacak **Pressekonferenz** F basın toplantısı **pressen** V/T sıkmak, basmak **Pressluft** F ⟨*kein pl*⟩ basınçlı hava
Priester(in) M(F) REL rahip
prima ADJ harika; çok iyi
Primel F ⟨-n⟩ BOT çuha çiçeği
primitiv ADJ ilkel, basit, kaba
Prinz M ⟨-en⟩ şehzade; prens **Prinzessin** F prenses
Prinzip N ⟨-ien⟩ prensip, ilke
prinzipiell ADJ ilke/prensip olarak
Prise F ⟨-n⟩ tutam
privat ADJ özel, kişiye özel **Privateigentum** N özel mülkiyet **Privatleben** N özel hayat
Privileg N ⟨-e, -ien⟩ imtiyaz, ayrıcalık
pro PRÄP +*akk* ~ **Person** kişi başına; ~ **Stück** tanesi
Probe F ⟨-n⟩ prova, deneme
probieren V/T (*versuchen*) denemek, tecrübe etmek; (*kosten*) tadına bakmak
Problem N ⟨-e⟩ sorun, problem
Produkt N ⟨-e⟩ WIRTSCH ürün; *fig* sonuç **Produktion** F WIRTSCH üretim; yapım
produktiv ADJ verimli; üretken **produzieren** V/T üretmek
Professor M ⟨-en⟩, **Professorin** F profesör
Profi M ⟨-s⟩ profesyonel
Profil N ⟨-e⟩ profil; (*Reifen*) tırtıl

Profit M ⟨-e⟩ kâr, kazanç **Prognose** F ⟨-n⟩ tahmin, öngörü **Programm** N ⟨-e⟩ RADIO, TV, IT program **programmieren** V/T IT programlamak **progressiv** ADJ ilerleyen; (*Person*) ilerici **Projekt** N ⟨-e⟩ proje **Projektor** M ⟨-en⟩ projektör **Promenade** F ⟨-n⟩ gezinti yeri, kordon **Promille** N ⟨-⟩ binde, bin üzerinden **Promillegrenze** F ⟨*kein pl*⟩ alkol sınırı (*kanda*) **prominent** ADJ ileri gelen, *fig* ünlü, tanınmış **Prominente(r)** M/F(M) ünlü **promovieren** V/I doktora yapmak **prompt** A ADJ tez, çabuk B ADV derhal **Pronomen** N ⟨-, -mina⟩ GRAM zamir, adıl **Propangas** N tüpgaz **Propeller** M ⟨-⟩ TECH pervane **Prophet** M ⟨-en⟩ REL peygamber **prophezeien** V/T kehanet etmek **Proportion** F oran(tı) **Prosa** F ⟨*kein pl*⟩ düzyazı, nesir **Prospekt** M ⟨-e⟩ broşür **prost!** INT şerefe! **Prostituierte** F fahişe, orospu **Protest** M ⟨-e⟩ protesto **Protestant** M ⟨-en⟩, **Protestantin** F REL Protestan **protestieren** V/I protesto etmek (**gegen** *akk -i*) **Prothese** F ⟨-n⟩ protez **Protokoll** N ⟨-e⟩ tutanak **protzen** V/I böbürlenmek, hava atmak **Proviant** M yolluk (yiyecek) **Provinz** F ⟨-en⟩ il; (*Land*) taşra **Provision** F WIRTSCH komisyon **provisorisch** ADJ geçici, eğreti **provozieren** V/T *akk* kışkırtmak (**zu** *dat -e*); *-e* sebep vermek **Prozent** N ⟨-e⟩ yüzde; **zehn ~** yüzde on **Prozess** M ⟨-e⟩ süreç; JUR dava **Prozession** F REL (dinî) alay **prüde** ADJ aşırı iffetli **prüfen** V/T (*Schule*) imtihan etmek; (*kontrollieren*) denemek **Prüfung** F (*Überprüfung*) inceleme; (*Schule*) sınav **Prügel** *pl* dayak *sg* **Prügelei** F ⟨-en⟩ dövüş(me) **prügeln** A V/T *akk -e* dayak atmak B V/R **sich ~** dövüşmek **prunkvoll** ADJ debdebeli, aşırı süslü **PS:** **Pferdestärke** F beygirgücü **Psychiater** M ⟨-⟩, **Psychiaterin** F psikiyatrist **psychisch** ADJ ruhî **Psychoanalyse** F psikanaliz **Psychologe** M ⟨-⟩ psikolog **Psychologie** F ⟨*kein pl*⟩ psikoloji **Psychologin** F psikolog **psychologisch** ADJ psikolojik

Publikum N ⟨*kein pl*⟩ (*Volk*) halk; (*Zuhörer, Zuschauer*) izleyiciler *pl*
publizieren V/T yayımlamak
Pudding M ⟨-s⟩ muhallebi
Pudel M ⟨-⟩ (*Hunderasse*) kaniş köpeği
Puder M ⟨-⟩ pudra; toz **pudern** V/T *akk -e* pudralamak
Puff M ⟨-s⟩ *umg* genelev, kerhane
Pulli M ⟨-s⟩, **Pullover** M ⟨-⟩ kazak
Puls M ⟨-e⟩ nabız; **den ~ fühlen** *dat -in* nabzını ölçmek
Pult N ⟨-e⟩ yazı masası
Pulver N ⟨-⟩ toz; (*Schießpulver*) barut **Pulverkaffee** M ⟨*kein pl*⟩ neskafe®
Pumpe F ⟨-n⟩ tulumba **pumpen** V/T pompalamak; *umg* borç almak
Punkt M ⟨-e⟩ nokta; SPORT puan; **~ zehn Uhr** saat tam on
pünktlich ADV zamanında
Pupille F ⟨-n⟩ gözbebeği
Puppe F ⟨-n⟩ kukla, (oyuncak) bebek; ZOOL koza
pur ADJ katıksız, halis
Püree N ⟨-s⟩ ezme, püre
Purzelbaum M takla
pusten V/I üflemek
Pute F ⟨-n⟩ ZOOL dişi hindi **Puter** M ⟨-⟩ baba hindi
Putsch M ⟨-e⟩ hükümet darbesi **Putschist** M ⟨-en⟩ darbeci
Putz M ⟨*kein pl*⟩ (*Mörtel*) sıva
putzen V/T temizlemek; (*polieren*) parlatmak; (*Schuhe*) boyamak; **die Nase ~** burun silmek
Putzfrau F temizlikçi kadın
Putzlappen M silme/temizlik bezi
Puzzle N ⟨-s⟩ yapboz
Pyjama M ⟨-s⟩ pijama
Pyramide F ⟨-n⟩ piramit

Quadrat N ⟨-e⟩ kare **quadratisch** ADJ kare (şeklinde)
Quadratmeter M metre kare
quaken V/I (*Frosch*) vıraklamak; (*Gans*) vak vak etmek
Qual F ⟨-en⟩ eziyet, ıstırap
quälen **A** V/T *akk -e* işkence etmek **B** V/R **sich ~** eziyet çekmek
qualifizieren **A** V/T nitelenmek **B** V/R **sich ~** kalifiye olmak **qualifiziert** ADJ kalifiye; uzman
Qualität F kalite; nitelik; özellik **Qualitätskontrolle**(-*n*) F kalite kontrolü
Qualle F ⟨-n⟩ ZOOL denizanası
Qualm M ⟨*kein pl*⟩ duman **qualmen** V/I duman çıkarmak
Quantität F nicelik; adet
Quarantäne F ⟨-n⟩ karantina
Quark M ⟨*kein pl*⟩ (*tuzsuz*) *yumuşak beyaz peynir*; *umg* (*Un-*

sinn) saçma
Quartal N ⟨-e⟩ çeyrek yıl
Quartett N ⟨-e⟩ MUS kuartet, dörtlü
Quartier N ⟨-e⟩ konak
Quarz M ⟨-e⟩ kuvars
quasi ADV âdeta, sanki
Quatsch M ⟨*kein pl*⟩ saçma **quatschen** V/I *umg* gevezelik etmek
Quecksilber N cıva
Quelle F ⟨-n⟩ kaynak
quellen V/I su çekmek, şişmek
quer ADV enine, çapraz **Querschnitt** M enine kesit **Querstraße** F kesen sokak
quetschen V/T ezmek; MED berelemek **Quetschung** F MED ezik
quietschen V/I *(Reifen)* gıcırdamak
Quirl M ⟨-e⟩ mikser
quitt ADJ ödeşmiş, pat
Quitte F ⟨-n⟩ BOT ayva
quittieren V/T makbuz vermek; *(Dienst)* bırakmak **Quittung** F makbuz, alındı
Quiz N ⟨-⟩ soru yarışması

R

Rabatt M ⟨-e⟩ iskonto
Rabbi M ⟨-s⟩, **Rabbiner** M ⟨-⟩ REL haham
Rabe M ⟨-n⟩ ZOOL karga
Rache F ⟨*kein pl*⟩ öç, intikam
Rachen M ⟨-⟩ ANAT ağız, boğaz
rächen **A** V/T *akk -in* intikamını almak **B** V/R **sich ~** intikam almak (**an** *dat -den*) **Rachsucht** F ⟨*kein pl*⟩ kin
Rad N ⟨¨er⟩ tekerlek; çark; *(Fahrrad)* bisiklet; **~ fahren** bisiklet sürmek
Radar M&N ⟨*kein pl*⟩ radar **Radarkontrolle** F radar kontrolü
radeln V/I bisiklet sürmek **Radfahrer(in)** M(F) bisikletli
radieren V/T silmek **Radiergummi** M silgi
Radieschen N BOT kırmızı turp
radikal ADJ kökten; radikal
Radio N ⟨-s⟩ radyo
radioaktiv ADJ radyoaktif **Radiologe** M ⟨-n⟩, **Radiologin** F MED radyolog
Radiorekorder M kasetli radyo **Radiowecker** M radyolu (çalar) saat
Radius M ⟨-ien⟩ MATH yarıçap
Radkappe F AUTO jant (kapağı)
Radler M ⟨-⟩, **Radlerin** F bisikletli **Radtour** F bisiklet turu **Radweg** M bisiklet yolu
Raffinerie F ⟨-n⟩ rafineri
Rafting N ⟨*kein pl*⟩ rafting
Rahm M ⟨*kein pl*⟩ kaymak, krema
Rahmen M ⟨-⟩ *(Bilderrahmen)* çerçeve; *(Fahrrad)* kadro;

(*Auto*) şasi
Rakete F ⟨-n⟩ roket; MIL füze
rammen V/T çarpmak, bindirmek (*akk -e*)
Ramsch M ⟨*kein pl*⟩ döküntü eşya, değersiz mal
ran → heran
Rand M ⟨¨er⟩ kenar; (*Straße*) kıyı
randalieren V/I olay çıkarmak
Randbemerkung F kenar notu, çıkma **Randstreifen** M AUTO emniyet şeridi
rang → ringen
Rang M ⟨¨e⟩ sınıf; derece; MIL rütbe; THEAT balkon
rangieren V/I AUTO manevra yapmak
Ranke F ⟨-n⟩ BOT sülük
rann → rinnen
rannte → rennen
Ranzen M ⟨-⟩ (*Schulranzen*) sırt çantası
ranzig ADJ (*Butter*) acılaşmış, bozuk
Rap M ⟨-s⟩ MUS rap
rapide **A** ADJ hızlı, tez **B** ADV hızla
Rappen M ⟨-⟩ FIN (*Schweizer Münze*) santim; ZOOL siyah at
rar ADJ seyrek, az bulunur, ender **Rarität** F az bulunan şey
rasch ADJ çabuk, tez
rascheln V/I (*Laub*) hışırdamak
Rasen M ⟨-⟩ çim(en)
rasen V/I çok acele etmek; (*mit dem Auto*) delice sürmek; (*vor Wut*) çıldırmak **rasend** ADJ (*schnell*) çok çabuk; (*wütend*) çıldırmış, azgın
Rasenmäher M çim biçme makinası
Raserei F çılgınlık; hızlı gidiş
Rasierapparat M tıraş makinası **rasieren** **A** V/T tıraş etmek **B** V/R **sich ~** tıraş olmak **Rasierklinge** F jilet; tıraş bıçağı **Rasierschaum** M tıraş köpüğü **Rasierwasser** N tıraş losyonu
Rasse F ⟨-n⟩ ırk; (*Tier*) cins
rasseln V/I (*Kette*) çıngırdamak
Rast F ⟨-en⟩ dinlenme; mola; **~ machen**, **rasten** *v/i* dinlenmek; mola vermek **Rastplatz** M, **Raststätte** F mola *veya* dinlenme yeri
Rat M **A** ⟨*kein pl*⟩ (*Ratschlag*) nasihat, öğüt; **um ~ fragen** *akk -in* fikrini sormak **B** ⟨¨e⟩ POL kurul, konsey; (*Ratsmitglied*) meclis üyesi
Rate F ⟨-n⟩ (*Geburtenrate etc*) oran; WIRTSCH taksit; **in ~n** taksitle
raten (*erraten*) V/T & V/I çözmek; **rate mal!** bil bakalım!; *j-m -e* öğüt vermek; (*empfehlen*) tavsiye etmek (**zu** *dat od inf -i*) **Ratgeber** M ⟨-⟩, **Ratgeberin** F (*Person*) danışman; (*Buch*) kılavuz kitap
Rathaus N belediye binası
rationalisieren V/T rasyonalize etmek
ratlos ADJ çaresiz, şaşkın **ratsam** ADJ tavsiye edilir
Rätsel N ⟨-⟩ bilmece, bulmaca

rätselhaft ADJ şaşırtıcı, akıl ermez
Ratte F ⟨-n⟩ ZOOL fare, keme
rattern V/I takırdamak
rau (*Klima*) sert; (*Stimme*) kısık, boğuk; (*Hände*) çatlak
Raub M ⟨*kein pl*⟩ haydutluk; (*Beute*) ganimet **rauben** V/T *akk* çalmak, aşırmak (*j-m -den*) **Räuber** M ⟨-⟩ hırsız, harami, haydut **Raubkopie** F korsan kopya **Raubtier** N yırtıcı hayvan **Raubüberfall** M soygun
Rauch M ⟨*kein pl*⟩ duman **rauchen** **A** V/T (tütün) içmek **B** V/I tütmek **Raucher(in)** M(F) sigara içen
räuchern V/T tütsülemek
Rauchverbot N sigara içme yasağıuman
rauf → herauf
Rauferei F ⟨-en⟩ boğuşma
Raum M ⟨¨-e⟩ (*Ort*) yer, mekân; (*Zimmer*) oda; ASTRON uzay
räumen V/T boşaltmak
Raumfahrt F uzay uçuşu **Rauminhalt** M hacim **räumlich** ADJ mekânla ilgili **Raumschiff** N uzay gemisi
Räumung F tahliye, boşaltma
Raupe F ⟨-n⟩ ZOOL, TECH tırtıl
Raureif M ⟨*kein pl*⟩ kırağı
raus → heraus, hinaus
Rausch M ⟨¨-e⟩ sarhoşluk
rauschen V/I fışırdamak; (*Wasser*) şırıldamak
Rauschgift N uyuşturucu madde **Rauschgiftsüchtige(r)** M/F(M) uyuşturucu bağımlısı
räuspern V/R **sich ~** hafifçe öksürmek
rausschmeißen V/T *umg* dışarı atmak
Razzia F ⟨-ien⟩ baskın
rd.: **rund** yaklaşık
reagieren V/I tepki göstermek (**auf** *akk -e*) **Reaktion** F tepki
Reaktor M ⟨-en⟩ reaktör
real ADJ gerçek; doğru **realisieren** V/T gerçekleştirmek; *fig* farkına varmak **realistisch** ADJ gerçekçi **Realität** F gerçek, hakikat
Rebell M ⟨-en⟩ isyancı, asi **rebellieren** V/I ayaklanmak, isyan etmek **Rebellin** F isyancı
Rebhuhn N ZOOL keklik
Rechen M ⟨-⟩ tırmık
Rechenmaschine F hesap makinası
Rechenschaft F ⟨*kein pl*⟩ hesap (verme)
rechnen **A** V/T hesap etmek; saymak (**zu** *-den*) **B** V/I hesaba katmak, beklemek (**mit** *dat -i*) **C** V/R **sich ~** (*lohnen*) değmek
Rechnung F hesap; WIRTSCH fatura
recht ADJ doğru; JUR yasal; **~ haben** haklı olmak
Recht N ⟨-e⟩ hak; adalet; JUR hukuk
rechte(r, s) ADJ sağ
Rechteck N ⟨-e⟩ dikdörtgen
rechtfertigen **A** V/T haklı göstermek; haklı kılmak **B**

VI/R kendini savunmak
rechtlich ADJ hukukî, yasal
rechtlos ADJ haksız **rechtmäßig** ADJ yasal, kanunî, meşru
rechts ADV sağda; **nach ~** sağa; **von ~** sağdan
Rechtsanwalt M, **Rechtsanwältin** F avukat
Rechtschreibung F imlâ
rechtsextrem ADJ aşırı sağcı
Rechtsschutzversicherung F hukukî sigorta **Rechtsstaat** M hukuk devleti **rechtswidrig** ADJ kanuna aykırı
rechtwinklig ADJ dik açılı
rechtzeitig ADJ & ADV zamanında
recyceln V/T yeniden kullanmak **Recycling** N *⟨kein pl⟩* (geri) dönüşüm; yeniden kullanım
Redakteur M ⟨-e⟩, **Redakteurin** F redaktör **Redaktion** F redaksiyon, yazı işleri kurulu
Rede F ⟨-n⟩ konuşma, söylev
reden V/T & V/I konuşmak; (**von** *dat*, **über** *akk -den*) bahsetmek **Redensart** F deyim
redlich ADJ doğru, namuslu
Redner(in) M(F) konuşmacı
reduzieren V/T azaltmak, eksiltmek
Reederei F ⟨-en⟩ SCHIFF gemi şirketi
Referat N ⟨-e⟩ rapor; (*Abteilung*) şube
Referendum N ⟨-da, -den⟩ POL referandum, halkoylaması
Reflex M ⟨-e⟩ yansıma; refleks
reflexiv GRAM dönüşlü
Reform F ⟨-en⟩ reform **reformieren** V/T yeniden düzenlemek
Regal N ⟨-e⟩ raf
Regatta F ⟨-ten⟩ SCHIFF yelken/kürek yarışı
rege ADJ canlı, uyanık
Regel F ⟨-n⟩ kural; **in der ~** genellikle **regelmäßig** ADJ düzenli **regeln** V/T düzeltmek, yoluna koymak **regelrecht** ADV tam anlamıyla **Regelung** F düzenleme
regen V/R **sich ~** hareket etmek, kımıldamak
Regen M ⟨-⟩ yağmur **Regenbogen** M gökkuşağı **Regenmantel** M yağmurluk **Regenschirm** M şemsiye **Regenwurm** M ZOOL yersolucanı
Regie F *⟨kein pl⟩* THEAT, *Film* reji
regieren **A** V/T yönetmek, idare etmek **B** V/I hüküm sürmek
Regierung F hükümet
Regime N ⟨-⟩ POL rejim
Region F ⟨-en⟩ bölge **regional** ADJ bölgesel
Regisseur M ⟨-e⟩, **Regisseurin** F rejisör, yönetmen
registrieren V/T kaydetmek
regnen V/I yağmur yağmak
regnerisch ADJ yağmurlu
regulär ADJ olağan, normal; düzenli **regulieren** V/T ayar-

lamak
regungslos ADJ hareketsiz
Reh N ⟨-e⟩ ZOOL karaca
reiben V/T ov(uştur)mak **Reibung** F sürt(ün)me, ovma
reich ADJ zengin, varlıklı
Reich N ⟨-e⟩ imparatorluk
reichen **A** V/T *j-m etw* uzatmak, vermek **B** V/I *dat* yetmek; (*sich erstrecken*) uzanmak (**bis** *-e*); **das reicht** yeter, kâfi
reichhaltig ADJ bol; verimli
reichlich ADJ çok, bol, zengin
Reichtum M ⟨⸚er⟩ zenginlik, varlık, servet
Reichweite F erim, menzil
reif ADJ olgun; **~ werden** (*Obst*) olmak
Reif M ⟨*kein pl*⟩ (*Tau*) kırağı
Reife F ⟨*kein pl*⟩ olgunluk **reifen** V/I olgunlaşmak, olmak
Reifen M ⟨-⟩ çember; (*Armreif*) bilezik; AUTO lastik **Reifenpanne** F lastik patlaması
Reifglätte F ⟨*kein pl*⟩ don, buzlanma
Reihe F ⟨-n⟩ sıra, dizi; **nach der ~** sırayla **Reihenfolge** F sıralama **Reihenhaus** N dizi evler *pl*
Reim M ⟨-e⟩ (*Gedicht*) kafiye **reimen** V/R **sich ~** kafiyeli olmak
rein **A** ADJ saf; (*sauber*) temiz, pak **B** → herein
Reinfall M aldanma; fiyasko
reinigen V/T temizlemek; (*Luft*) arıtmak **Reinigung** F temizleme; **chemische ~** kuru temizleme
Reis M ⟨*kein pl*⟩ BOT pirinç
Reise F ⟨-n⟩ yolculuk, seyahat; **gute ~!** iyi yolculuklar! **Reisebüro** N seyahat bürosu **Reiseführer(in)** M(F) kılavuz, rehber **Reisegepäck** N yol bagajı **reisen** V/I yolculuk yapmak, seyahat etmek **Reisende(r)** M(F) yolcu, turist **Reisepass** M pasaport **Reisescheck** M seyahat çeki
Reisig N ⟨*kein pl*⟩ çalı çırpı
reißen **A** V/T (*Papier*) yırtmak; (*abreißen*) koparmak; (**an** *dat -i*) şiddetle çekmek **B** V/I çatlamak; (*Stoff*) yırtılmak
Reißverschluss M fermuar
Reißzwecke F ⟨-n⟩ raptiye
reiten V/I & V/T ata binmek; atla gitmek **Reiter(in)** M(F) atlı, binici
Reiz M ⟨-e⟩ teşvik; (*Verlockung*) alımlılık, cazibe; MED uyarma
reizbar ADJ çabuk darılan
reizen V/T tahrik etmek, uyandırmak; cezbetmek **reizend** ADJ alımlı **Reizung** F MED tahrik
Reklamation F şikâyet
Reklame F ⟨-n⟩ reklam
Rekord M ⟨-e⟩ rekor
relativ **A** ADJ nispî, göreli **B** ADV nispeten
Relativpronomen N GRAM ilgi zamiri
Religion F ⟨-en⟩ din **religiös** ADJ dinî
Remoulade F ⟨-n⟩ baharatlı

mayonez
Renaissance F ⟨kein pl⟩ Rönesans
Rennbahn F yarış pisti **rennen** V/I koşmak **Rennen** N ⟨-⟩ yarış **Rennfahrer(in)** M(F) otomobil yarışçısı **Rennwagen** M yarış arabası
renovieren V/T (*Haus*) restore etmek
Rente F ⟨-n⟩ gelir; (*Altersrente*) (işçi) emekli aylığı; emeklilik
rentieren V/R **sich ~** kâr getirmek
Rentner(in) M(F) emekli (işçi)
Reparatur F ⟨-en⟩ tamir **Reparaturwerkstatt** F tamirhane **reparieren** V/T tamir etmek, onarmak
Reportage F ⟨-n⟩ röportaj
Reporter(in) M(F) muhabir
repräsentieren V/T temsil etmek
Reptil N ⟨-ien⟩ ZOOL sürüngen
Republik F ⟨-en⟩ POL cumhuriyet; **~ Türkei** Türkiye Cumhuriyeti
Reserve F ⟨-n⟩ yedek, ihtiyat **Reservekanister** M AUTO yedek bidon **Reserverad** N AUTO yedek tekerlek
reservieren V/T ayırmak; **~ lassen** ayırtmak **reserviert** ADJ rezerve, tutulmuş; *fig* mesafeli, çekingen
resignieren V/I yılmak; vazgeçmek
Respekt M ⟨kein pl⟩ saygı **respektieren** V/T *akk -e* saygı göstermek; (*beachten*) *-e* riayet etmek
Rest M ⟨-e⟩ geri kalan, artık
Restaurant N ⟨-s⟩ lokanta, restoran
restaurieren V/T restore etmek
restlich ADJ geri kalan **restlos** ADV tam(amen); eksiksiz
Resultat N ⟨-e⟩ sonuç, netice
Resümee N ⟨-s⟩ özet
retten V/T kurtarmak
Rettich M ⟨-e⟩ BOT turp
Rettung F kurtarma; kurtuluş **Rettungsboot** N filika **Rettungshubschrauber** M cankurtaran helikopteri **Rettungsring** M cankurtaran simidi
Reue F ⟨kein pl⟩ pişmanlık
revanchieren V/R **sich für etw ~** *b.ş-e* karşılık vermek
revidieren V/T değiştirmek
Revier N ⟨-e⟩ bölge; MIL revir; (*Polizeirevier*) karakol
Revision F revizyon; JUR temyiz
Revolte F ⟨-n⟩ ayaklanma **Revolution** F ihtilâl, devrim **Revolutionär** M ⟨-e⟩, **Revolutionärin** F devrimci
Revolver M ⟨-⟩ tabanca
Rezept N ⟨-e⟩ MED reçete; (*Kochrezept*) yemek tarifi **rezeptfrei** ADJ reçetesiz (satılan)
Rezeption F resepsiyon
Rhein M Ren nehri

Rheuma(tismus M) N ⟨*kein pl*⟩ MED romatizma
Rhythmus M ⟨-men⟩ ritim
richten A V/T (*Kamera*) doğrultmak (**auf** *akk -e*); (*Zimmer*) hazırlamak; (*Frage*) yöneltmek, (*Brief*) göndermek (**an** *akk -e*); yargılamak (**über** *akk -i*) B V/R **sich ~** yönelmek, uymak (**nach** *dat -e*)
Richter(in) M(F) hâkim
richtig ADJ doğru, gerçek; **~ stellen** (*Uhr*) doğrultmak **richtigstellen** JUR tekzip etmek
Richtung F istikamet, yön
rieb → reiben
riechen A V/T *akk -in* kokusunu almak B V/I kokmak
rief → rufen
Riegel M ⟨-⟩ (*Schieber*) sürme, sürgü; (*Schokolade*) kalıp
Riemen M ⟨-⟩ kayış; SCHIFF kürek
Riese M ⟨-n⟩ dev
rieseln V/I (*Sand*) ince ince akmak, (*Schnee*) serpiştirmek
riesig ADJ koskoca
riet → raten
rigoros ADJ sert, şiddetli
Rille F ⟨-n⟩ yiv, oluk
Rind N ⟨-er⟩ ZOOL sığır
Rinde F ⟨-n⟩ kabuk
Rindfleisch N sığır eti
Ring M ⟨-e⟩ halka, çember; (*Fingerring*) yüzük; SPORT ring
ringen V/I güreşmek **Ringer** M ⟨-⟩ güreşçi, pehlivan **Ringkampf** M güreş
rings ADV **~ um** *akk -in* etrafında; *-in* etrafına **rings(her)um** ADV her tarafta
Ringstraße F çevre yolu
Rinne F ⟨-n⟩ oluk
rinnen V/I akmak, sızmak
Rippe F ⟨-n⟩ ANAT kaburga
Rippenfellentzündung F MED zatülcenp
Risiko N ⟨-s, -ken⟩ riziko, risk **riskant** ADJ rizikolu, riskli
riss → reißen
Riss M ⟨-e⟩ yırtık, yarık **rissig** ADJ çatlak, yarık
ritt → reiten
Ritt M ⟨-e⟩ atla gidiş
Ritter M ⟨-⟩ şövalye
Ritze F ⟨-n⟩ aralık **ritzen** V/T çizmek
Rivale M ⟨-n⟩, **Rivalin** F rakip
Rizinusöl N hintyağı
Robbe F ⟨-n⟩ ZOOL fok
robust ADJ dayanıklı, sağlam
roch → riechen
Rock M ⟨¨-e⟩ etek(lik)
rodeln V/I kızakla kaymak **Rodelschlitten** M kızak
roden V/T ağaçları köklemek
Roggen M ⟨*kein pl*⟩ BOT çavdar
roh ADJ çiğ; ham; *fig* kaba **Rohbau** M kaba inşaat **Rohkost** F çiğ besin
Rohr N ⟨-e⟩ boru; BOT kamış
Röhre F ⟨-n⟩ boru
Rohstoff M hammadde
Rollbahn F FLUG pist **Rolle** F ⟨-n⟩ (*Spule*) makara; silindir; (*Papierrolle*) tomar; THEAT rol

rollen **A** VI yuvarlanmak **B** VT yuvarlamak **Rollkragenpullover** M balıkçı yakalı kazak **Rollladen** M kepenk **Rollschuh** M tekerlekli paten **Rollsplitt** M mıcır **Rollstuhl** M tekerlekli sandalye **Rolltreppe** F yürüyen merdiven
Rom N Roma
Roman M ⟨-e⟩ roman
romantisch ADJ romantik
röntgen VT röntgen çekmek
rosa ADJ pembe
Rose F ⟨-n⟩ BOT gül
Rosenkohl M BOT Brüksel lahanası
Rosenkranz M tespih
Rosé(wein) M pembe şarap
rosig ADJ gül gibi; hoş; (*Teint*) pembe
Rosine F ⟨-n⟩ kuru üzüm
Rosmarin M ⟨*kein pl*⟩ BOT biberiye
Rost M **A** ⟨-e⟩ (*Grillrost*) ızgara **B** ⟨*kein pl*⟩ pas **rosten** VI paslanmak **rösten** VT kavurmak **rostfrei** ADJ paslanmaz **rostig** ADJ paslı
rot ADJ kırmızı; **Rote(r) Halbmond** *m* Kızılay; **Rote(s) Kreuz** *n* Kızılhaç **Röte** F ⟨*kein pl*⟩ kızıllık
Röteln *pl* MED kızamık *sg*
rotieren VI dönmek
Rotkehlchen N ZOOL kızılgerdan (kuşu) **Rotkohl** M BOT kırmızı lahana **Rotwein** M kırmızı şarap
Roulade F ⟨-n⟩ et sarması
Roulett(e) N ⟨-s⟩ rulet
Route F ⟨-n⟩ yol, rota
Rübe F ⟨-n⟩ BOT (*weiße*) şalgam; (*rote*) pancar; (*gelbe*) havuç
rüber → herüber
Rubin M ⟨-e⟩ yakut
Rubrik F ⟨-en⟩ kolon, sütun
Ruck M ⟨-e⟩ sarsma
rückbestätigen VT (*Flugzeit*) onaylatmak
Rückblick M geriye bakış
rücken **A** VT itmek, oynatmak **B** VI kımıldanmak; **näher ~** (birbirine) yaklaşmak
Rücken M ⟨-⟩ arka, sırt, bel **Rückenlehne** F arkalık **Rückenschmerzen** *pl* MED sırt *od* bel ağrısı *sg*
Rückerstattung F iade **Rückfahrkarte** F dönüş bileti **Rückfahrt** F, **Rückflug** M dönüş yolculuğu **Rückgabe** F iade **Rückgang** M azalma **rückgängig** ADJ **~ machen** geri almak, iptal etmek **Rückgrat** N ⟨-e⟩ belkemiği **Rückhalt** M ⟨*kein pl*⟩ destek **Rückkehr** F ⟨*kein pl*⟩ dönüş **Rücklicht** N arka lambası
Rucksack M sırt çantası **Rucksacktourist(in)** M(F) sırt çantalı (turist)
Rückschritt M gerileme **Rückseite** F arka taraf
Rücksicht F saygı; riayet; **~ nehmen** dikkat etmek (**auf** *akk* -e), hesaba katmak (-i) **rücksichtslos** ADJ saygısız;

(*grob*) kaba **rücksichtsvoll** ADJ saygılı

Rücksitz M arka koltuk **Rückspiegel** M AUTO dikiz aynası **Rücksprache** F danışma

rückständig ADJ (*Mensch*) geri kafalı; (*Land*) geri kalmış

Rücktritt M istifa

rückwärts ADJ geri(ye) **Rückwärtsgang** M AUTO geri vites **Rückweg** M dönüş (yolu) **Rückwirkung** F tepki **Rückzahlung** F geri ödeme **Rückzug** M geri çekilme

Rudel N ⟨-⟩ (*Wölfe etc*) sürü

Ruder N ⟨-⟩ kürek; (*Steuerruder*) dümen **Ruderboot** N sandal **rudern** V/I kürek çekmek

Ruf M ⟨-e⟩ çağırma, ses; sesleniş; *fig* şan, ün **rufen** bağırmak; çağırmak **Rufname** M *önadlar içinde kullanılır olam* **Rufnummer** F telefon numarası

Rüge F ⟨-n⟩ azar, tekdir

Ruhe F ⟨*kein pl*⟩ hareketsizlik; sessizlik; rahat(lık); **in ~ lassen** rahat bırakmak **ruhen** V/I durmak; (*ausruhen*) dinlenmek **Ruhestand** M emeklilik **ruhig** ADJ sakin, sessiz

Ruhm M ⟨*kein pl*⟩ şan, ün

Rührei N çırpılmış *od* sahanda yumurta **rühren** A V/T karıştırmak, kımıldatmak; *fig* -e dokunmak B V/R **sich ~** kımıldanmak **rührend** ADJ dokunaklı, acıklı

Ruhrgebiet N Ruhr (nehri) havzası

Ruine F ⟨-n⟩ harabe **ruinieren** V/T mahvetmek

rülpsen V/I geğirmek

rum → herum

Rum M ⟨*kein pl*⟩ rom

Rumäne M ⟨-n⟩ Rumen **Rumänien** N Romanya **Rumänin** F Rumen (kadını) **rumänisch** ADJ Romanyalı **Rumänisch** N Rumence

Rummelplatz M lunapark

Rumpf M ⟨¨-e⟩ ANAT gövde, beden

rümpfen V/T **die Nase ~** burun kıvırmak (**über** *akk -e*)

rund A ADJ yuvarlak B ADV yaklaşık; **~ um** *akk -in* etrafin(d)a; **~ um die Uhr** günde 24 saat **Runde** F ⟨-n⟩ devir; tur; SPORT raunt; (*Gesellschaft*) meclis **Rundfahrt** F tur **Rundfunk** M ⟨*kein pl*⟩ radyo ve televizyon **Rundgang** M dolaşma, tur **Rundreise** F → Rundfahrt **Rundschreiben** N genelge; sirküler

runter → herunter

runzeln V/T (*Stirn*) buruşturmak

rupfen V/T (*Huhn*) yolmak

Ruß M ⟨*kein pl*⟩ is, kurum

Russe M ⟨-n⟩ Rus

Rüssel M ⟨-⟩ (*Elefant*) hortum; (*Schwein*) burun

Russin F Rus (kadını) **russisch** ADJ Rus **Russisch** N Rusça **Russland** N Rusya

rüsten **A** VI silâhlanmak **B** V/R **sich ~** hazırlanmak (**zu** *dat -e*)
rüstig ADJ dinç, kuvvetli
Rüstung F silâhlanma; zırh
Rute F ⟨-n⟩ değnek
Rutschbahn F kaydırak **rutschen** kaymak; (*Auto*) patinaj yapmak **rutschig** ADJ kaygan
rütteln V/T sarsmak, sallamak

S

s.: **siehe** bakınız
S.: **Seite** F sayfa
Saal (*Säle*) M (büyük) salon
Saat F ⟨-en⟩ ekin; tohum
Sabotage F ⟨-n⟩ sabotaj **sabotieren** V/T baltalamak, sabote etmek
Sachbearbeiter(in) M(F) daire memuru
Sache F ⟨-n⟩ şey; madde; (*Angelegenheit*) iş; *pl* eşya; elbiseler **sachgemäß** ADJ, **sachgerecht** ADJ uygun, yerinde **sachkundig** ADJ uzman **sachlich** ADJ objektif; nesnel **sächlich** ADJ GRAM nötr **Sachschaden** M maddî hasar
Sachsen N Saksonya
sacht(e) ADJ yavaş, usulca
Sachverhalt M durum
Sachverständige(r) M/F(M) bilirkişi, eksper
Sack M ⟨¨-e⟩ çuval, torba
Sackgasse F çıkmaz (sokak)
säen V/T AGR (tohum) ekmek
Safe M ⟨-s⟩ FIN (çelik) kasa
Saft M ⟨¨-e⟩ öz; su; (*Obstsaft*) meyve suyu **saftig** ADJ sulu
Sage F ⟨-n⟩ efsane, destan
Säge F ⟨-n⟩ testere; bıçkı **Sägemehl** N talaş
sagen V/T *j-m etw* söylemek, demek
sägen V/T testere ile kesmek **Sägespäne** *pl* talaş *sg*
sah → sehen
Sahne F ⟨*kein pl*⟩ kaymak, krema **Sahnetorte** F kremalı pasta
Saison F ⟨-s⟩ mevsim, sezon
Saite F ⟨-n⟩ tel, kiriş
Sakko N ⟨-s⟩ (erkek) ceket
Salami F ⟨-⟩ salam
Salat M ⟨-e⟩ salata
Salbe F ⟨-n⟩ merhem
Salbei M ⟨-⟩ BOT adaçayı
Saldo M ⟨-s, -den⟩ WIRTSCH bakiye
Salmonelle F ⟨-n⟩ salmonel bakterisi
Salon M ⟨-s⟩ salon
salopp ADJ özensiz; lâubali
salutieren MIL selâm vermek
Salz N ⟨-e⟩ tuz **salzarm** ADJ tuzu az **salzen** V/T tuzlamak **salzig** ADJ tuzlu **Salzsäure** F tuzruhu **Salzstreuer** M ⟨-⟩ tuzluk **Salzwasser** N tuzlu su
Samen M ⟨-⟩ BOT tohum
sammeln **A** V/T toplamak;

(*Briefmarken etc*) biriktirmek, koleksiyon yapmak **B** V/R **sich ~** toplanmak **Sammler(in)** M(F) koleksiyoncu **Sammlung** F toplama; koleksiyon
Samstag M cumartesi
samt PRÄP *+dat ile* birlikte, ... dahil
Samt M ⟨-e⟩ kadife
sämtliche(r, s) ADJ bütün, tüm
Sanatorium N ⟨-ien⟩ sanatoryum
Sand M ⟨-e⟩ kum
Sandale F ⟨-n⟩ sandal(et)
sandig ADJ kumlu **Sandkasten** M kum sandığı **Sandstrand** M kumsal
sandte → senden
sanft **A** ADJ (*Mensch*) yumuşak; (*Wind*) hafif **B** **ruhe ~** nur içinde yat
sang → singen **Sänger(in)** M(F) şarkıcı
sanieren V/T (*Haus*) sıhhîleştirmek; WIRTSCH (*Unternehmen*) yeniden sermayelendirmek
sanitär ADJ sıhhî **Sanitäter** M ⟨-⟩, **Sanitäterin** F mobil sağlık görevlisi **Sanitätswagen** M ⟨¨-⟩ ambülans, cankurtaran (arabası)
sank → sinken
Sardelle F ⟨-n⟩ ZOOL hamsi
Sardine F ⟨-n⟩ ZOOL sardalye
Sarg M ⟨¨-e⟩ tabut
Sarkophag M ⟨-e⟩ lahit, sanduka
saß → sitzen
Satellit M ⟨-en⟩ uydu **Satellitenschüssel** F RADIO, TV çanak anten
Satire F ⟨-n⟩ yergi, hiciv
satt ADJ tok, doymuş; **ich bin ~** doydum, karnım tok
Sattel M ⟨¨-⟩ eyer; (*Fahrrad*) sele; (*Packsattel*) semer
satthaben V/T *akk -den* bıkmak
sättigen V/T doyurmak
Satz M ⟨¨-e⟩ GRAM cümle; (*Sprung*) sıçrayış; (*Bodensatz*) telve; SPORT set; (*Geschirr etc*) takım
Satzung F tüzük
Sau F ⟨¨-e, -en⟩ ZOOL dişi domuz
sauber ADJ temiz; (*ordentlich*) düzgün; **~ machen** *v/t* temizlik yapmak, temizlemek **Sauberkeit** F ⟨*kein pl*⟩ temizlik **säubern** V/T temizlemek
Saubohne F BOT bakla
Sauce F ⟨-n⟩ → Soße
Saudi-Arabien N Suudi Arabistan
sauer ADJ ekşi; (*Milch*) kesilmiş; **~ werden** ekşimek; *fig* (*Mensch*) bozulmak, kızmak; **saure Gurken** hıyar turşusu **Sauerkirsche** F vişne **Sauerkraut** N lahana turşusu **säuerlich** ADJ ekşimsi **Sauerstoff** M ⟨*kein pl*⟩ oksijen
saufen V/T & V/I (*Tier*) içmek; *umg* kafayı çekmek **Säufer(in)** M(F) ayyaş
saugen **A** V/T (*Staub*) süpürmek **B** V/I emmek (**an** *dat -i*)

säugen V/T *akk* emzirmek **Säugetier** N ZOOL memeli (hayvan) **Säugling** M ⟨-e⟩ meme çocuğu
Säule F ⟨-n⟩ sütun, direk **Säulendiagramm** N ⟨-e⟩ çubuklu grafik
Saum M ⟨¨-e⟩ kenar; (*Rocksaum*) etek baskısı **säumen** V/T *akk -in* kenarını dikmek; *fig* kenarını süslemek
Sauna F ⟨-s, -nen⟩ sauna; Fin hamamı
Säure F ⟨-n⟩ ekşilik; CHEM asit
sausen V/I (*Wind*) vınlamak; (*rennen*) koşmak; **~ lassen** *umg -i* bırakmak, -den vazgeçmek
S-Bahn F banliyö treni
scannen V/T IT taramak **Scanner** M ⟨-⟩ IT tarayıcı
schaben V/T kazımak (**von** *-den*)
schäbig ADJ (*Gegenstand, Lokal*) eski püskü; *fig* alçak
Schach N ⟨*kein pl*⟩ satranç **Schachbrett** N satranç tahtası **Schachfigur** F satranç taşı **schachmatt** ADJ mat
Schachtel F ⟨-n⟩ kutu
schade ADJ yazık
Schädel M ⟨-⟩ ANAT kafatası
schaden V/I *dat* zarar vermek **Schaden** M ⟨¨-⟩ zarar, hasar; **~ erleiden** zarar görmek **Schadenersatz** M tazminat **Schadenfreude** F başkasının zararına sevinme **schadhaft** ADJ kusurlu; bozuk **schädigen** V/T *akk -e* zarar vermek **schädlich** ADJ zararlı **Schädling** M ⟨-e⟩ haşere **Schadstoff** M zararlı madde
Schaf N ⟨-e⟩ ZOOL koyun **Schäfer(in)** M(F) çoban **Schäferhund** M ZOOL çoban köpeği; (*Deutscher* ~) kurt köpeği
schaffen **A** V/T yaratmak; (*bewältigen*) becermek, yerine getirmek **B** V/I *umg* (*arbeiten*) çalışmak
Schaffner(in) M(F) BAHN biletçi
Schafskäse M koyun peyniri; beyaz peynir
Schaft M ⟨¨-e⟩ sap, kol; TECH şaft **Schaftstiefel** M konçlu çizme
Schal M ⟨-s⟩ şal, atkı
Schale F ⟨-n⟩ (*Geschirr*) kâse; BOT kabuk
schälen V/T *akk -in* kabuğunu soymak
Schall M ⟨-e⟩ (*Geräusch*) ses; (*Echo*) yankı **Schalldämpfer** M AUTO susturucu **schallen** V/I çınlamak **Schallplatte** F plak **Schallwelle** F ses dalgası
schalt → schelten
schalten V/I AUTO vites değiştirmek **Schalter** M ⟨-⟩ (*Postschalter*) gişe; (*Bankschalter*) vezne; (*Hauptschalter*) ana şalter **Schalthebel** M AUTO vites kolu **Schaltjahr** N artıkyıl
Scham F ⟨*kein pl*⟩ utanma
schämen V/R **sich ~** utanmak

schamhaft ADJ utangaç **Schande** F ⟨*kein pl*⟩ ayıp, namussuzluk; yüzkarası **schändlich** ADJ ayıp, iğrenç **Schanze** F ⟨-n⟩ (*Sprungschanze*) atlama şeridi **Schar** F ⟨-en⟩ grup, yığın, sürü **scharf** ADJ (*Kurve, Messer*) keskin; (*Essen*) acı; FOTO net; *umg* **~ sein auf etw** (*akk*) *b. ş-e* can atmak **Schärfe** F ⟨-n⟩ keskinlik; yakıcılık **schärfen** V/T bilemek **Scharfsinn** M ⟨*kein pl*⟩ keskin zekâ **Scharlach** M ⟨*kein pl*⟩ MED kızıl (hastalığı) **Scharnier** N ⟨-e⟩ menteşe **scharren** V/I eşinmek **Scharte** F ⟨-n⟩ kertik **Schatten** M ⟨-⟩ gölge **schattig** ADJ gölgeli **Schatz** M ⟨¨-e⟩ hazine; define; *fig* (*Mensch*) **~** canım, sevgilim **schätzen** V/T (*vermuten*) tahmin etmek; (*Wert*) değer biçmek; (*j-n*) saymak, değer vermek **Schätzung** F tahmin **Schau** F ⟨-en⟩ gösteriş; (*Ausstellung*) sergi **schauderhaft** ADJ korkunç; iğrenç **schaudern** V/I ürpermek (**vor** *dat -den*) **schauen** V/I bakmak (**auf** *akk -e*) **Schauer** M ⟨-⟩ (*Schauder*) ürperme, titreme;(*Regen*) sağanak **schauerlich** ADJ korkunç **Schaufel** F ⟨-n⟩ (*Spaten*) kürek; (*Kehrschaufel*) faraş **Schaufenster** N vitrin, camekân **Schaukel** F ⟨-n⟩ salıncak **schaukeln** V/I sallanmak **Schaum** M ⟨¨-e⟩ köpük **schäumen** V/I köpürmek **Schaumgummi** M sunî sünger **schaumig** ADJ köpüklü **Schaumwein** M (*Sekt*) köpüklü şarap **Schauplatz** M *fig* sahne **Schauspiel** N THEAT oyun **Schauspieler** M aktör, oyuncu **Schauspielerin** F aktris, kadın oyuncu **Scheck** M ⟨-s⟩ çek **Scheckbuch** N, **Scheckheft** N çek defteri **Scheckkarte** F çek kartı **Scheibe** F ⟨-n⟩ levha, disk; (*Brot etc*) dilim; (*Fensterscheibe*) cam **Scheibenwischer** M AUTO cam sileceği **Scheide** F ⟨-n⟩ kılıf; ANAT döl yolu; (*Schwertscheide*) kın **scheiden** **A** V/T ayırmak **B** V/R **sich ~ lassen** boşanmak (**von** *dat -den*) **Scheidung** F boşanma **Schein** M **A** ⟨-e⟩ kâğıt, belge; (*Geldschein*) banknot **B** ⟨*kein pl*⟩ (*Sonne*) ışık, (*Glanz*) parıltı; *fig* (*Anschein*) görünüm **scheinbar** **A** ADJ görünen **B** ADV görünürde **scheinen** V/I (*den Anschein haben*) görünmek; (*glänzen*) parıldamak; **die Sonne scheint** güneş var **scheinheilig** ADJ ikiyüzlü

Scheinwerfer M ışıldak, projektör; AUTO far
Scheiß... *vulg* lanet ... **Scheiße** F ⟨*kein pl*⟩ bok **scheißen** V/I *vulg* sıçmak
Scheitel M ⟨-⟩ (*Scheitelpunkt*) tepe; (*Haarscheitel*) saç ayrığı
scheitern V/I başarısızlığa uğramak
schellen (*klingeln*) V/T & V/I zil çalmak
schelten V/T azarlamak, paylamak
Schema N ⟨-s, -ata⟩ şema
Schemel M ⟨-⟩ tabure
Schenkel M ⟨-⟩ ANAT uyluk, baldır, but; MATH kenar
schenken V/T *j-m etw* hediye etmek
Scherbe F ⟨-n⟩ kırık
Schere F ⟨-n⟩ makas
Scherereien *pl* külfet, zahmet
Scherz M ⟨-e⟩ şaka; muziplik
scherzen V/I şaka etmek
scherzhaft ADJ şakadan, ciddî olmayan
scheu ADJ (*ängstlich*) korkak; (*schüchtern*) çekingen **Scheu** F ⟨*kein pl*⟩ ürkeklik, çekingenlik
scheuchen V/T korkutmak
scheuen **A** V/T ürkmek (*akk -den*) **B** V/R **sich ~** korkmak, çekinmek (**vor** *dat -den*)
scheuern V/T (*reiben*) ovmak; (*reinigen*) temizlemek **Scheuerpulver** N temizleme tozu **Scheuertuch** N tahta bezi
Scheune F ⟨-n⟩ ambar, samanlık
scheußlich ADJ iğrenç
Schicht F ⟨-en⟩ tabaka; (*Arbeitsschicht*) vardiya **schichten** V/T istif etmek
schick ADJ şık, zarif
schicken V/T *j-m etw* göndermek, yollamak
Schicksal N ⟨-e⟩ talih, kader
Schiebedach N açılır *od* sürme tavan **schieben** V/T itmek, sürmek **Schiebetür** F sürme kapı
Schiebung F hile
schied → scheiden
Schiedsgericht N hakem kurulu **Schiedsrichter(in)** M(F) SPORT hakem
schief ADJ eğri, yamuk
schielen V/I MED şaşı bakmak
schien → scheinen
Schienbein N ANAT baldır *od* kaval kemiği **Schiene** F ⟨-n⟩ ray; MED cebire
schießen **A** V/T vurmak **B** V/I ateş etmek, atmak (**auf** *akk -e*); SPORT *a.* şut çekmek; *fig* fırlamak **Schießscheibe** F SPORT hedef tahtası
Schiff N ⟨-e⟩ gemi **schiffbar** ADJ gemiciliğe elverişli **Schiffbruch** M deniz kazası; *fig* batmış **Schiffer(in)** M(F) gemici **Schifffahrt** F ⟨*kein pl*⟩ gemicilik; gemi işletmesi **Schiffsschraube** F SCHIFF uskur
schikanieren V/T *akk -e* eziyet etmek
Schild **A** N ⟨-er⟩ (*Verkehrs-*

schild) levha, tabela **B** M ⟨-e⟩ (*Schutzschild*) kalkan
schildern V/T *j-m etw* anlatmak **Schilderung** F tasvir, anlatma
Schildkröte F ZOOL kaplumbağa
Schilf N ⟨-e⟩, **Schilfrohr** N BOT kamış, saz
schillern V/I parıldamak
Schimmel M **A** ⟨-⟩ ZOOL beyaz at **B** ⟨*kein pl*⟩ *Biologie* küf **schimm(e)lig** ADJ küflü **schimmeln** V/I küflenmek
Schimmer M ⟨*kein pl*⟩ ışık, pırıltı; *fig* iz **schimmern** V/I pırıldamak
schimpfen V/I küfretmek, sövmek (**auf** *akk* -*e*) **Schimpfwort** N kaba söz, küfür
Schinken M ⟨-⟩ jambon; (*türkischer*) pastırma
Schippe F ⟨-n⟩ (*Schaufel*) kürek
Schirm M ⟨-e⟩ şemsiye; (*Mützenschirm*) siper; (*Lampenschirm*) abajur; *fig* himaye **Schirmherrschaft** F himaye **Schirmmütze** F siperli kasket **Schirmständer** M şemsiyelik
schiss → scheißen
Schlacht F ⟨-en⟩ MIL çatışma **schlachten** V/T kesmek **Schlachter** M ⟨-⟩ kasap **Schlachtfeld** N MIL savaş alanı **Schlachthof** M mezbaha
Schlaf M ⟨*kein pl*⟩ uyku **Schlafanzug** M pijama
Schläfe F ⟨-n⟩ ANAT şakak
schlafen V/I uyumak; yatmak; **~ gehen, sich ~ legen** uykuya yatmak
schlaff ADJ gevşek
Schlaflosigkeit F ⟨*kein pl*⟩ uykusuzluk **Schlafmittel** N uyku ilacı **Schlafmütze** F *fig* uyuşuk **schläfrig** ADJ uykusu gelmiş **Schlafsack** M uyku tulumu **Schlaftablette** F uyku hapı **Schlafwagen** M BAHN yataklı vagon **Schlafzimmer** N yatak odası
Schlag M ⟨¨-e⟩ vuruş; *a. fig* darbe; **Schläge** *pl* dayak *sg*
Schlagader F ANAT atardamar **Schlaganfall** M MED inme **Schlagbaum** M bariyer
schlagen **A** V/T vurmak; (*persbes*) dövmek; (*besiegen*) yenmek; (*Eier, Sahne*) çırpmak **B** V/I (*Uhr*) çalmak
Schlager M ⟨-⟩ MUS günün şarkısı
Schläger M ⟨-⟩ kavgacı; SPORT raket **Schlägerei** F ⟨-en⟩ dövüşme **schlagfertig** ADJ hazırcevap **Schlagloch** N çukurluk **Schlagsahne** F kremşanti **Schlagzeile** F manşet **Schlagzeug** N MUS bateri
Schlamm M ⟨-e, ¨-e⟩ çamur **schlammig** ADJ çamurlu
schlampig ADJ derbeder, dağınık; (*Arbeit*) üstünkörü
schlang → schlingen

Schlange F ⟨-n⟩ ZOOL yılan; ~ **stehen** kuyruk olmak **schlängeln** V/R **sich** ~ kıvrılmak
schlank ADJ ince boylu, zayıf
schlapp ADJ yorgun, bitkin
Schlappe F ⟨-n⟩ bozgun(luk)
schlau ADJ (*klug*) akıllı, zeki; açıkgöz; (*verschlagen*) kurnaz
Schlauch M ⟨¨-e⟩ hortum; AUTO iç lastik **Schlauchboot** N şişirme bot
schlecht ADJ kötü, fena; (*verdorben*) çürümüş, bozuk; **mir ist (wird)** ~ fena oluyorum, fenalaşıyorum
schleichen V/I gizlice sokulmak
Schleier M ⟨-⟩ peçe, örtü; (*Braut*) duvak
Schleife F ⟨-n⟩ fiyonk; ilmik
schleifen V/I (*über den Boden*) sürüklemek; (*schärfen*) bilemek; (*Glas*) yontmak **Schleifstein** M bileği taşı
Schleim M ⟨-e⟩ sümük, balgam **Schleimhaut** F ANAT mukoza zarı **schleimig** ADJ sümüklü
schlendern V/I dolaşmak
schleppen V/T (*Auto*) çekmek, sürüklemek; (*Koffer*) zor taşımak **Schlepper** M ⟨-⟩ SCHIFF römorkör; AUTO traktör
schleudern **A** V/T (*Ball*) atmak, fırlatmak; (*Wäsche*) sıkmak **B** V/I AUTO patinaj yapmak
schleunigst ADV hemen, derhal, bir an önce
Schleuse F ⟨-n⟩ bent, savak
schlich → schleichen
schlicht ADJ basit, sade
schlichten V/T (*Streit*) uzlaştırmak, arabulmak
schlief → schlafen
schließen **A** V/T kapa(t)mak; (*Vertrag*) akdetmek; (*beenden*) bitirmek; (*folgern*) çıkarmak, anlamak **B** V/I (*Halbzeit*) kapanmak, bitmek **Schließfach** N emanet dolabı
schließlich ADV sonunda, nihayet
Schliff M ⟨-e⟩ perdah, cilâ; *fig* terbiye
schliff → schleifen
schlimm ADJ fena, kötü
Schlinge F ⟨-n⟩ ilmik, düğüm; (*Falle*) tuzak **schlingen** V/T (*Schal*) sarmak; (*Essen*) oburca yutmak **Schlingpflanze** F BOT sarılgan bitki
Schlips M ⟨-e⟩ kravat
Schlitten M ⟨-⟩ kızak **Schlittschuh** M paten
Schlitz M ⟨-e⟩ (*Rock*) yırtmaç; (*für Münze etc*) delik
schloss → schließen
Schloss N ⟨¨-er⟩ (*Türschloss*) kilit; (*Gebäude*) saray; şato
Schlosser M ⟨-⟩ çilingir; (*Maschinenschlosser*) tesviyeci
Schlucht F ⟨-en⟩ GEOG boğaz, uçurum
schluchzen V/I hıçkıra hıçkıra ağlamak
Schluck M ⟨-e⟩ yudum

Schluckauf M ⟨*kein pl*⟩ hıçkırık **schlucken** V/T & V/I yutmak

schlug → schlagen

Schlummer M ⟨*kein pl*⟩ uyuklama

Schlund M ⟨¨-e⟩ ANAT gırtlak, boğaz

schlüpfen V/I gizlice sokulmak (**in** *akk -e*); sıyrılıp kaçmak (**aus** *dat -den*); (*Küken*) (*yumurtadan*) çıkmak **Schlüpfer** M ⟨-⟩ külot, slip **schlüpfrig** ADJ kaygan; *fig* açık saçık

schlürfen V/T & V/I höpürdeterek içmek

Schluss M **A** ⟨*kein pl*⟩ son; **am ~** sonunda, bitiminde; **~ machen** son vermek (**mit** *dat -e*) **B** ⟨¨-e⟩ sonuç

Schlüssel M ⟨-⟩ anahtar **Schlüsselbein** N ANAT köprücük kemiği **Schlüsselbund** M *od* N anahtar destesi **Schlüsselloch** N anahtar deliği

Schlusslicht N arka lambası

schmackhaft ADJ lezzetli

schmal ADJ dar; ince

Schmalz N ⟨-e⟩ domuz yağı; kaz yağı

Schmarotzer M ⟨-⟩ asalak, parazit; *fig* otlakçı

schmatzen V/I ağzını şapırdatarak yemek

schmecken **A** V/T *akk -in* tadına bakmak **B** V/I (**nach** *dat -in*) tadı olmak; **schmeckt es?** tadı nasıl?

Schmeichelei F ⟨-en⟩ yağcılık **schmeichelhaft** ADJ gönül okşayıcı **schmeicheln** V/I *dat -in* yüzüne gülmek

schmeißen V/T (*Ball*) atmak, fırlatmak

schmelzen **A** V/T eritmek **B** V/I erimek

Schmerz M ⟨-en⟩ ağrı, sancı; acı, ıstırap (*a. fig*); (*Trauer*) üzüntü **schmerzen** V/I ağrımak; ıstırap vermek (*j-n b-e*) **schmerzhaft** ADJ, **schmerzlich** ADJ acıyan; üzüntülü **schmerzstillend** ADJ ağrı kesici *od* dindirici

Schmetterling M ⟨-e⟩ ZOOL kelebek

Schmied M ⟨-e⟩ demirci **Schmiede** F ⟨-n⟩ demirci atölyesi **schmieden** V/T (*Eisen*) dövmek; (*Plan*) kurmak

schmiegsam ADJ kolay bükülen, uysal

schmieren V/T TECH yağlamak; (**auf** *akk -e*) (*Butter*) sürmek **schmierig** ADJ yağlı **Schmieröl** N TECH makina yağı

Schminke F ⟨-n⟩ makyaj; fondöten **schminken** V/R **sich ~** makyaj yapmak

Schmirgelpapier N zımpara kâğıdı

schmiss → schmeißen

schmollen V/I gücenmek, naz yapmak

schmolz → schmelzen

schmoren **A** V/T buğuda pişir-

mek **B** V/I pişmek
Schmuck M ⟨*kein pl*⟩ süs; süslenme **schmücken** **A** V/T süslemek **B** V/R **sich ~** süslenmek **schmucklos** ADJ süssüz, sade **Schmuckstück** N takı, ziynet
Schmuggel M ⟨*kein pl*⟩ kaçakçılık **schmuggeln** V/T & V/I kaçırmak **Schmuggler** M ⟨-⟩, **Schmugglerin** F kaçakçı
schmunzeln V/I gülümsemek
Schmutz M ⟨*kein pl*⟩ kir, çamur; **~ abweisend** kir tutmaz; **schmutzig** ADJ kirli, çamurlu
Schnabel M ⟨¨-⟩ ZOOL gaga
Schnalle F ⟨-n⟩ toka **schnallen** V/T tokalamak (**an** *akk -e*)
schnappen **A** V/T (*Dieb*) kapmak; **Luft ~** hava almak **B** V/I **nach Luft ~** zorla nefes almak
Schnaps M ⟨¨-e⟩ sert içki
schnarchen V/I horlamak
schnarren V/I gıcırdamak
schnattern V/I (*Gans etc*) vakvaklamak; *fig* çene çalmak
schnauben V/I, **schnaufen** V/I solumak
Schnauzbart M bıyık
Schnauze F ⟨-n⟩ ZOOL ağız, burun; *vulg* çene
schnäuzen V/R **sich die Nase ~** sümkürmek
Schnauzer M (*Schnauzbart*) bıyık
Schnecke F ⟨-n⟩ ZOOL sümüklüböcek, salyangoz
Schneckentempo N kaplumbağa hızı
Schnee M ⟨*kein pl*⟩ kar
Schneeball M kar topu
Schneeflocke F kar tanesi
Schneeglöckchen N BOT kardelen **Schneeketten** *pl* AUTO kar zinciri *sg*
Schneide F ⟨-n⟩ (bıçak) ağız
schneiden **A** V/T kesmek **B** V/R **sich ~** kesişmek; (**in** *akk -ini*) kesmek **Schneider(in)** M(F) terzi
schneien V/I kar yağmak
schnell **A** ADJ hızlı, seri **B** ADV çabuk, hızla **Schnelligkeit** F ⟨*kein pl*⟩ çabukluk; (*Tempo*) sürat, hız
Schnellimbiss(stube) M büfe **Schnellstraße** F AUTO çift yönlü karayolu **Schnellzug** M BAHN ekspres tren
Schnippchen N **ein ~ schlagen** *dat -e* bir oyun oynamak
schnippisch ADJ hazırcevap, ukalâ
schnitt → schneiden
Schnitt M ⟨-e⟩ kesme, kesik; (*Kleider, Haare*) biçim; **im ~** ortalama olarak **Schnittblumen** *pl* vazo çiçekleri **Schnitte** F ⟨-n⟩ (*Scheibe*) dilim
Schnittpunkt M kesişme noktası
Schnitzel N ⟨-⟩ şnitsel, kemiksiz kotlet
schnitzen V/T oymak **Schnitzer** M ⟨-⟩ oymacı; *fig* hata
schnöde ADJ seviyesiz, bayağı, âdi
Schnorchel M ⟨-⟩ SPORT

şnorkel
Schnörkel M ⟨-⟩ süs **schnörkellos** ADJ sade, süssüz
schnorren V/T dilencilikle elde etmek; ondan bundan geçinmek; *fig* otlanmak
schnüffeln V/I burnunu çekmek; *fig* burnunu sokmak
Schnuller M ⟨-⟩ emzik
Schnupfen M ⟨-⟩ nezle; **einen ~ bekommen (haben)** nezle olmak
schnuppern V/T & V/I koklamak
Schnur F ⟨¨-e⟩ ip, sicim; ELEK kablo **schnurlos** ADJ (*Telefon*) kablosuz
Schnurrbart M bıyık
schnurren (*Katze*) mırıldanmak, guruldamak
Schnürschuh M bağlı ayakkabı **Schnürsenkel** M bağcık
schob → schieben
Schock M ⟨-s⟩ şok
Schöffe M ⟨-n⟩ JUR jüri üyesi **Schöffengericht** N JUR jürili mahkeme **Schöffin** F JUR jüri üyesi
Schokolade F ⟨-n⟩ çikolata
Scholle F ⟨-n⟩ (*Erde*) kesek; (*Eis*) parça, kütle; ZOOL dilbalığı
schon ADV bile, artık; (*bereits*) önceden, çoktan; (*ohnehin*) zaten; **~ wieder** yine
schön **A** ADJ güzel; iyi, hoş **B** **ganz ~** ADV iyice, bayağı, epey
schonen **A** V/T korumak, esirgemek **B** V/R **sich ~** sağlığına bakmak; kendini yormamak
Schönheit F ⟨-en⟩ güzellik
Schonung F (*Erhaltung*) koruma; (*Ruhe*) dinlenme; (*Wald*) fidanlık, koru
schöpfen V/T çekmek, çıkarmak; **Atem ~** nefes almak; **Verdacht ~** şüphelenmek
Schöpfer M ⟨-⟩ yaratıcı; (*Gott*) Yaradan **Schöpferin** F yaratıcı **schöpferisch** ADJ yaratıcı **Schöpfung** F yaratma; yaradılış
schor → scheren
Schorf M ⟨-e⟩ yara kabuğu
Schornstein M baca
Schornsteinfeger(in) M(F) baca temizleyicisi
schoss → schießen
Schoß M ⟨¨-e⟩ kucak; (*Mutterleib*) karın
Schote F ⟨-n⟩ BOT bezelye *v.b.* kabuğu
Schotte M ⟨-n⟩ İskoçyalı
Schotter M ⟨*kein pl*⟩ kırma taş, çakıl
Schottin F İskoçyalı **schottisch** ADJ İskoç(yalı), Skotç
Schottland N İskoçya
schräg ADJ eğri; verev
Schramme F ⟨-n⟩ sıyrık, yara
Schrank M ⟨¨-e⟩ dolap
Schranke F ⟨-n⟩ bariyer; *fig* engel
Schraube F ⟨-n⟩ vida; cıvata
schrauben V/T vidalamak
Schraubenmutter F ⟨-n⟩ somun **Schraubenschlüssel** M somun anahtarı

Schraubenzieher M tornavida **Schraubstock** M mengene
Schreck M ⟨kein pl⟩, **Schrecken** M ⟨-⟩ korku, dehşet; **einen ~ bekommen** ürkmek
schrecklich ADJ korkunç
Schrei M ⟨-e⟩ haykırış, bağırma
schreiben V/T & V/I *j-m etw* yazmak **Schreiben** N ⟨-⟩ (*Brief*) yazı **Schreibmaschine** F daktilo **Schreibtisch** M yazı masası **Schreibwarenladen** M kırtasiye *pl*
schreien V/I bağırmak, haykırmak
Schreiner(in) M(F) marangoz
schreiten V/I adım atmak
schrie → schreien
schrieb → schreiben
Schrift F ⟨-en⟩ yazı **schriftlich** **A** ADJ yazılı **B** ADV yazılı olarak **Schriftsteller(in)** M(F) yazar **Schriftstück** N yazı; belge **Schriftverkehr** M, **Schriftwechsel** M yazışma **Schriftzeichen** N harf
schrill ADJ tiz, keskin
schritt → schreiten
Schritt M ⟨-e⟩ adım; **im ~(tempo) fahren** yavaş sürmek **Schrittmacher** M MED kalp pili
schroff ADJ sarp, yalçın; sert
Schrot N od M **A** ⟨kein pl⟩ (*Getreide*) kaba öğütülmüş un **B** ⟨-e⟩ (*Gewehr*) saçma
Schrott M ⟨-e⟩ hurda
schrottreif ADJ külüstür, hurdalık
schrubben V/T & V/I fırçalamak
Schrubber M ⟨-⟩ uzun saplı fırça
schrumpfen V/I buruşmak; azalmak
Schub M ⟨¨-e⟩ PHYS itiş **Schubkarren** M el arabası **Schublade** F ⟨-n⟩ çekmece
schubsen V/T itmek, kakmak
schüchtern ADJ sıkılgan, utangaç
schuf → schaffen
Schuft M ⟨-e⟩ alçak herif
schuften V/I *umg* eşek gibi çalışmak
Schuh M ⟨-e⟩ ayakkabı, kundura **Schuhcreme** F ayakkabı boyası **Schuhgeschäft** N ayakkabı mağazası **Schuhgröße** F ayakkabı numarası **Schuhlöffel** M çekecek, kerata **Schuhmacher** M ⟨-⟩ kunduracı **Schuhputzer** M ayakkabı boyacısı **Schuhsohle** F taban, pençe
Schulbus M öğrenci servis otobüsü
schuld ADJ suçlu **Schuld** F **A** ⟨kein pl⟩ suç, kabahat **B** ⟨-en⟩ WIRTSCH borç **schulden** V/T borçlu olmak (*j-m etw b-e -den* dolayı) **schuldig** ADJ (*schuld sein*) suçlu; (*Schulden haben*) borçlu **schuldlos** ADJ suçsuz **Schuldner(in)** M(F) borçlu
Schule F ⟨-n⟩ okul **schulen**

VT eğitmek, alıştırmak **Schüler(in)** M(F) öğrenci **Schulferien** *pl* okul tatili *sg* **Schuljahr** N ders yılı

Schulter F ⟨-n⟩ ANAT omuz **Schulterblatt** N ANAT kürek kemiği

Schulung F eğitim; (*Veranstaltung*) kurs

schummeln VI hile yapmak

Schund M ⟨*kein pl*⟩ değersiz şey

Schuppe F ⟨-n⟩ (*Fisch*) pul; (*Haar*) kepek

Schuppen M ⟨-⟩ ambar, depo

Schurke M ⟨-n⟩ alçak *adj*, rezil *adj*

Schurwolle F yapağı, koyun yünü

Schürze F ⟨-n⟩ önlük

Schuss M ⟨¨-e⟩ atış; (*Geräusch*) silâh sesi; (*Spritzer*) tutam

Schüssel F ⟨-n⟩ çanak, sahan

Schusswaffe F ateşli silâh

Schuster M ⟨-⟩ kundura tamircisi

Schutt M ⟨*kein pl*⟩ moloz, enkaz

Schüttelfrost M MED nöbet titremesi **schütteln** VT (*ausschütteln*) sarsmak, çalkamak; (*Hand*) sıkmak

schütten **A** VT (*ausschütten*) dökmek, boşaltmak, akıtmak **B** VI *unpers* **es schüttet** yağmur boşandı

Schutz M ⟨*kein pl*⟩ koru(n)ma, himaye; savunma

Schütze M ⟨-n⟩ vurucu; atıcı

schützen **A** VT korumak; savunmak **B** VR **sich ~** korunmak, sakınmak (**vor** *dat*, **gegen** *akk* -den) **Schutzhelm** M miğfer **Schutzhütte** F barınak **Schutzimpfung** F koruma aşısı

schwach ADJ kuvvetsiz, zayıf **Schwäche** F ⟨-n⟩ güçsüzlük, zayıflık **schwächen** VT zayıflatmak **schwachsinnig** ADJ *umg* aptal, salak

Schwager M ⟨-, ¨-⟩ (*Ehemann der Schwester od Tante*) enişte; (*Bruder des Ehemanns*) kayınbirader; (*Ehemänner von Schwestern*) bacanak **Schwägerin** F (*Ehefrau des Bruders od Onkels*) yenge; (*Ehefrauen von Brüdern*) elti; (*Schwester des Ehemanns*) görümce; (*Schwester der Ehefrau*) baldız

Schwalbe F ⟨-n⟩ ZOOL kırlangıç

schwamm → schwimmen

Schwamm M ⟨¨-e⟩ sünger; (*Pilz*) mantar

Schwan M ⟨¨-e⟩ ZOOL kuğu

schwand → schwinden

schwang → schwingen

schwanger ADJ hamile, gebe **Schwangerschaft** F hamilelik, gebelik **Schwangerschaftsabbruch** M MED kürtaj, çocuk aldırma **Schwangerschaftstest** M gebelik testi

schwanken VI (*Boden*) sallanmak, titremek; (*Preise*) inip çık-

mak **Schwankung** F (*Beben*) sallanma; (*Unsicherheit*) kararsızlık
Schwanz M ⟨¨e⟩ ZOOL kuyruk; *vulg* (*Penis*) kamış
schwänzen V/T *umg* (okulu) asmak, kırmak
Schwarm M ⟨¨e⟩ (*Bienen*) sürü
schwärmen V/I (*ausschwärmen*) uçuşmak; (*Bienen*) kovanı terketmek; *fig* hayran olmak (**für** *akk -e*)
schwarz ADJ siyah; *fig* kara; *umg* kaçak, karaborsa; **~ auf weiß** yazılı olarak **Schwarzarbeit** F kaçak iş/çalışma **schwärzen** V/T karartmak **Schwarze(r)** M/F(M) zenci **Schwarze(s) Meer** N Karadeniz **Schwarzfahrer(in)** M(F) biletsiz yolcu **Schwarzhandel** M kaçakçılık **Schwarzhändler(in)** M(F) karaborsacı **Schwarzmarkt** M karaborsa **Schwarz-Weiß-Film** M siyah beyaz film
schwatzen V/I, **schwätzen** V/I gevezelik etmek
Schwebe F **in der ~ sein** JUR askıda olmak **schweben** V/I (*Vogel etc*) süzülerek uçmak; (*unklar sein*) belirsiz olmak; **in Gefahr ~** tehlikede bulunmak
Schwede M İsveçli **Schweden** N İsveç **Schwedin** F İsveçli **schwedisch** ADJ İsveç (-li) **Schwedisch** N İsveççe
Schwefel M ⟨*kein pl*⟩ kükürt **Schwefelsäure** F sülfürik asit
schweigen V/I susmak; **zum Schweigen bringen** susturmak **schweigend** ADJ ses çıkarmadan **schweigsam** ADJ az konuşan
Schwein N ⟨-e⟩ ZOOL domuz; *fig* **~ haben** şanslı olmak **Schweinefleisch** N domuz eti **Schweinerei** F ⟨-en⟩ domuzluk; *fig* alçaklık, âdilik
Schweiß M ⟨-e⟩ ter
schweißen V/T & V/I kaynak yapmak
Schweiz F İsviçre **Schweizer(in)** M(F) İsviçreli **schweizerisch** ADJ İsviçre(li)
schwelen V/I (*Feuer*) için için yanmak
schwelgen V/I mest olmak
Schwelle F ⟨-n⟩ (*Türschwelle*) eşik; BAHN travers
schwellen V/I şişmek, kabarmak **Schwellung** F MED kabartı
schwenken V/T (*Fahne*) sallamak
schwer **A** ADJ ağır; *fig* (*schwierig*) güç, zor; **drei Kilo ~** üç kilo ağırlığında **B** ADV **~ verdaulich** hazmı güç; **~ verletzt** ağır yaralı **schwerbehindert** ADJ, **schwerbeschädigt** ADJ ağır sakat, özürlü, engelli **schwerfällig** ADJ hantal; kalın kafalı **Schwergewicht** N ağır sıklet **Schwerhörigkeit** F ağır işitme **Schwerkraft** F PHYS yer-

çekimi **Schwerpunkt** M ağırlık merkezi
Schwert N ⟨-er⟩ kılıç
schwerwiegend ADJ ağır, önemli, ciddî
Schwester F ⟨-n⟩ kız kardeş; MED hemşire, hastabakıcı
schwieg → schweigen
Schwiegereltern *pl* kaynata ve kaynana **Schwiegermutter** F kaynana, kayınvalide **Schwiegersohn** M damat **Schwiegertochter** F gelin **Schwiegervater** m kaynata, kayınpeder
schwielig ADJ (*Hände*) nasırlı
schwierig ADJ zor, güç **Schwierigkeit** F ⟨-en⟩ güçlük
Schwimmbad N, **Schwimmbecken** N yüzme havuzu **schwimmen** V/I yüzmek; (*Gegenstand a.*) sürüklenmek **Schwimmen** N yüzme **Schwimmer(in)** M(F) yüzücü **Schwimmweste** F cankurtaran yeleği
Schwindel M ⟨*kein pl*⟩ MED baş dönmesi, göz kararması; *fig* (*Betrug*) dolandırıcılık **schwind(e)lig** ADJ **mir wird** *od* **ist ~** başım dönüyor
schwindeln V/I (*lügen*) yalan söylemek, uydurmak; (*betrügen*) dolandırıcılık yapmak **Schwindler(in)** M(F) dolandırıcı **schwindlig** → schwind(e)lig
schwingen **A** V/T (*Fahne*) sallamak **B** V/I (*beben*) sallanmak, titremek **Schwingung** F PHYS salınım
Schwips M ⟨-e⟩ *umg* hafif sarhoşluk
schwirren V/I (*Mücke*) vızıldamak
schwitzen V/I terlemek
schwoll → schwellen
schwören V/T & V/I *akk -e* yemin etmek
schwul ADJ homoseksüel, eşcinsel; *umg* nonoş, top
schwül ADJ (*Wetter*) bunaltıcı, boğucu **Schwüle** F ⟨*kein pl*⟩ bunaltıcı sıcaklık
Schwung M ⟨¨-e⟩ (*Bewegung*) hız(lı hareket), hamle; (*Begeisterung*) canlılık
Schwur M ⟨¨-e⟩ ant, yemin
Science-Fiction F ⟨*kein pl*⟩ bilim-kurgu
sechs *Zahl* altı **sechzehn** *Zahl* on altı **sechzig** *Zahl* altmış
See **A** M ⟨-n⟩ göl **B** F ⟨*kein pl*⟩ (*Meer*) deniz **Seefahrt** F SCHIFF denizcilik **Seegang** M ⟨*kein pl*⟩ SCHIFF dalgalar *pl*; **hoher ~** dalgalı deniz **Seehund** M ZOOL fok **Seeigel** M ZOOL deniz kestanesi **Seekrankheit** F deniz tutması
Seele F ⟨-n⟩ can, ruh **seelisch** ADJ ruhsal
Seemann M ⟨-leute⟩ denizci, gemici **Seemeile** F SCHIFF deniz mili **Seeräuber** M korsan **Seereise** F deniz yolculuğu **Seestern** M ZOOL deniz-

yıldızı **Seezunge** F ZOOL dilbalığı
Segel N ⟨-⟩ yelken **Segelboot** N yelkenli (kayık) **Segelflieger(in)** M(F) planörcü **Segelflugzeug** N FLUG planör **segeln** V/T & V/I yelkenliyle gitmek; yelken açmak **Segelschiff** N yelkenli **Segeltuch** N yelken bezi
Segen M ⟨-⟩ kutsama, takdis
Segler M ⟨-⟩, **Seglerin** F yelkenci
segnen V/T REL kutsamak; takdis etmek
sehen **A** V/T görmek **B** V/R **sich ~** (*sich treffen*) görüşmek **sehenswert** ADJ görülmeye değer **Sehenswürdigkeit** F ⟨-en⟩ görülecek yer
Sehne F ⟨-n⟩ ANAT kiriş
sehnen V/R **sich ~ nach** *dat -in* özlemini çekmek **sehnlich(st)** ADJ hasretli, hararetli **Sehnsucht** F hasret, özlem
sehr ADV çok, pek, gayet
seicht ADJ (*Gewässer*) sığ; *fig* (*Unterhaltung*) üstünkörü, yüzeysel
Seide F ⟨-n⟩ ipek **Seidenraupe** F ZOOL ipekböceği
Seife F ⟨-n⟩ sabun **Seifenblase** F sabun köpüğü kabarcığı **Seifenschaum** M sabun köpüğü
Seil N ⟨-e⟩ halat **Seilbahn** F ⟨-en⟩ teleferik **Seiltänzer(in)** M(F) ip cambazı
sein V/I, *v/hilf* olmak; bulunmak
Sein N ⟨*kein pl*⟩ var olma, varlık
sein(e, er, es) POSS PR M & N onun; kendi **seinerseits** ADV onun tarafından **seinerzeit** ADV vaktiyle **seinesgleichen** *Indefinitivpron. -in* eşi, benzeri
seit KONJ & PRÄP *dat -den* beri; (*Zeitraum a.*) -dir **seit(dem)** **A** KONJ *-diğinden* beri, -eli **B** ADV o zamandır, o zamandan
Seite F ⟨-n⟩ yan, taraf; (*Buch*) sayfa **Seitensprung** M *fig* kaçamak **Seitenstechen** N böğür sancısı **Seitenstraße** F yan sokak **seitlich** ADJ yanda(n), yan **seitwärts** ADV yan tarafa, yana
Sekretär M ⟨-e⟩ sekreter **Sekretariat** N ⟨-e⟩ sekreterlik, kalem **Sekretärin** F sekreter kadın
Sekt M ⟨-e⟩ köpüklü şarap, *umg* şampanya
Sekte F ⟨-n⟩ tarikat, mezhep
Sekunde F ⟨-n⟩ saniye **Sekundenkleber** M Japon yapıştırıcısı **Sekundenzeiger** M saniye ibresi
selber PRON kendi, bizzat; şahsen
selbst **A** PRON → selber; **ich ~** kendim; ben bizzat; **von ~** kendiliğinden; (*sogar*) hatta, bile; **~ gemacht** kendi eliyle *veya* evde yap(ıl)mış **B** ADV bile **Selbstbedienung** F selfservis **Selbstbeteiligung** F (*bei Versicherung*) katılım payı

selbstbewusst ADJ kendine güvenen **selbstlos** ADJ fedakâr, kendini düşünmeyen **Selbstmord** M intihar **Selbstmörder(in)** M(F) intihar eden **selbstständig** ADJ bağımsız; (*allein*) tek başına; (*beruflich* ~) serbest (meslekli) **Selbstständigkeit** F ⟨*kein pl*⟩ bağımsızlık; serbest çalışma **selbstsüchtig** ADJ bencil **selbstverständlich** ADJ kendiliğinden anlaşılan; *adv* elbette, tabiî **Selbstvertrauen** N özgüven **Selbstverwaltung** F özerklik

selig ADJ (*glücklich*) mutlu; (*Verstorbener*) rahmetli

Sellerie M ⟨-s⟩ BOT kereviz

selten **A** ADJ nadir **B** ADV seyrek, nadir olarak **Seltenheit** F ⟨-en⟩ azlık, seyreklik; az bulunan şey

Selter(s)wasser N soda, maden suyu

seltsam ADJ acayip, garip, tuhaf

Semester N ⟨-⟩ sömestr, yarıyıl **Semesterferien** *pl* sömestr tatili *sg*

Semikolon N ⟨-s, -la⟩ noktalı virgül

Seminar N ⟨-e⟩ seminer

Semmel F ⟨-n⟩ küçük ekmek

Senat M ⟨-e⟩ POL senato

senden **A** V/T (*Brief*) *j-m etw* göndermek, yollamak; RADIO, TV yayınlamak **B** V/I RADIO, TV yayınlamak **Sender** M ⟨-⟩ RADIO, TV radyo/televizyon istasyonu; TECH (*Anlage*) verici (*Absender*) gönderen **Sendung** F yayın; (*Postsendung*) gönderi

Senf M ⟨-e⟩ *a.* BOT hardal

Senior M ⟨-en⟩ yaşlı **Senioren...** yaşlılar ... **Seniorin** F yaşlı kadın

senken **A** V/T (*Preis*) indirmek alçaltmak; (*Kopf*) eğmek **B** V/R sich ~ inmek, alçalmak **senkrecht** ADJ dikey; düşey

Sensation F ⟨-en⟩ sansasyon **sensationell** ADJ sansasyonel

Sense F ⟨-n⟩ tırpan

sensibel ADJ duygulu, hassas

sentimental ADJ içli, duygusal

separat ADJ ayrı **separatistisch** ADJ POL bölücü

September M ⟨-⟩ eylül

Serie F ⟨-n⟩ seri; sıra, dizi

seriös ADJ ciddî, güvenilir **Seriosität** F ⟨*kein pl*⟩ ciddiyet

Serum N ⟨-ren⟩ MED serum

Server M ⟨-⟩ IT sunucu, server

Service **A** M ⟨-s⟩ (*Bedienung*) hizmet, servis **B** N ⟨*kein pl*⟩ (*Tafelgeschirr*) yemek takımı **servieren** V/T (*Speisen*) servis yapmak **Serviette** F ⟨-n⟩ peçete

Servolenkung F AUTO hidrolik direksiyon

Sesam M ⟨*kein pl*⟩ BOT susam

Sessel M ⟨-⟩ koltuk **Sessellift** M telesiyej

setzen **A** VT koymak, oturtmak **B** VR **sich ~** oturmak (**auf, in** *akk -e*)
Seuche F ⟨-n⟩ salgın
seufzen VI ah çekmek, içini çekmek
Sex M ⟨*kein pl*⟩ seks, cinsiyet
sexuell ADJ cinsel, cinsî, seksüel
Shampoo N ⟨-s⟩ şampuan
Shorts *pl* şort *sg*
Shuttlebus M servis otobüsü
sich REFL PR kendini, kendine; birbir(ler)ini, birbir(ler)ine
Sichel F ⟨-n⟩ orak; ASTRON hilâl
sicher **A** ADJ emin, sağlam **B** ADV muhakkak, şüphesiz **Sicherheit** F ⟨-en⟩ güvenlik, emniyet; WIRTSCH teminat, garanti; **mit ~** kesinlikle; **zur ~** emin olmak için **Sicherheitsgurt** M emniyet kemeri **Sicherheitsnadel** F çengelli iğne **sicherlich** ADV elbette, şüphesiz **sichern** VT emniyet/güvenlik altına almak; (*schützen*) korumak; IT safe etmek **sicherstellen** VT sağlamak, temin etmek, garanti etmek; (*beschlagnahmen*) *-e* el koymak **Sicherung** F garanti, teminat; ELEK sigorta; IT yedekleme, safe
Sicht F ⟨*kein pl*⟩ görüş; (*Ausblick*) görünüş **sichtbar** ADJ görülebilen, görünen **sichten** VT elemek; gözden geçirmek; SCHIFF görmek, farketmek
sichtlich ADJ belli, gözle görülür **Sichtvermerk** M (*Visum*) vize
sickern VI (*Wasser*) sızmak
sie PERS PR F *sg* o, onu (*dişil*); *pl* onlar, onları
Sie PERS PR siz, sizi
Sieb N ⟨-e⟩ süzgeç, kalbur, elek **sieben**[1] VT süzmek, elemek
sieben[2] *Zahl* yedi **siebzehn** *Zahl* on yedi **siebzig** *Zahl* yetmiş
siedeln VI yerleşmek
sieden **A** VT (*kochen*) kaynatmak, haşlamak **B** VI (*kochen*) kaynamak, haşlanmak
Siedlung F site; yerleşim bölgesi
Sieg M ⟨-e⟩ MIL zafer; SPORT galibiyet
Siegel N ⟨-⟩ mühür; damga
siegen VI zafer kazanmak, galip gelmek; yenmek (**über** *akk -i*) **Sieger(in)** M(F) galip
Signal N ⟨-e⟩ sinyal, işaret
Silbe F ⟨-n⟩ hece
Silber N ⟨*kein pl*⟩ gümüş **silbern** ADJ gümüş(ten)
Silo M ⟨-s⟩ *od* N silo, ambar
Silvester(abend M) ⟨-⟩ M *od* N yılbaşı gecesi
simpel ADJ basit
simsen VT & VI *umg* mesaj çekmek
simultan ADJ anında, simültan
singen **A** VI şarkı söylemek **B** VT (*Lied*) söylemek; (*Vogel*) ötmek

Single M ⟨-s⟩ tek (eşsiz) yaşayan
Singular M ⟨-e⟩ GRAM tekil
sinken V/I inmek (*a. Preis*); (*Sonne, Schiff*) batmak; (*weniger werden*) azalmak
Sinn M **A** (*Empfindung*) (-*e*) duyu **B** ⟨*kein pl*⟩ (*Bedeutung*) anlam; **~ haben für** *akk* -den anlamak; **im ~ haben** kastetmek **sinngemäß** ADJ mealen **sinnlich** ADJ duyu(m)sal; erotik **sinnlos** ADJ anlamsız; (*vergebens*) boşuna **sinnvoll** ADJ mantıklı, makul
Sippe F ⟨-n⟩ soy; akrabalar *pl*
Sirene F ⟨-n⟩ TECH siren
Sirup M ⟨-e⟩ şurup
Sitte F töre, örf, âdet; **~n** *pl* ahlâk *sg* **sittlich** ADJ ahlâkî, edepli, törel
Situation F durum
Sitz M ⟨-e⟩ oturma; (*Sitzplatz*) oturacak yer, oturak; (*Firmensitz*) merkez **sitzen** V/I oturmak; **~ bleiben** (*Schüler*) sınıfta kalmak **Sitzplatz** M oturacak yer **Sitzung** F oturum
Sizilien N Sicilya
Skala F ⟨-len⟩ kadran, ölçek
Skandal M ⟨-e⟩ rezalet, skandal
Skandinavien N İskandinavya
Skelett N ⟨-e⟩ iskelet
skeptisch ADJ şüpheci
Ski M ⟨-er⟩ kayak; **~ laufen** (*od* **fahren**) (kayak) kaymak **Skiläufer(in)** M(F) kayakçı **Skilift** M teleski
Skinhead M ⟨-s⟩ dazlak
Skizze F ⟨-n⟩ taslak; kroki
Skonto M ⟨-s⟩ *od* N WIRTSCH iskonto
Skorpion M ⟨-e⟩ ZOOL akrep
Skrupel M ⟨-⟩ vicdan azabı
Skulptur F ⟨-en⟩ heykel
Slip M ⟨-s⟩ slip, külot **Slipeinlage** F pad
Slowakei F Slovakya
Slowenien N Slovenya
Smaragd M ⟨-e⟩ zümrüt
Smoking M ⟨-s⟩ smokin
SMS F: **Short Message Service** TEL (*Nachricht*) (kısa) mesaj
so **A** ADV öyle, böyle, şöyle (*damit, dadurch*) böylece; (~ *sehr, viel*) o kadar; **~ ... wie** (-*diği*) gibi, (-*diği*) kadar, -ir -mez; **~ bald wie möglich** bir an evvel (*od* önce); **~ viel** o kadar **B** KONJ (*daher, deshalb*) bu yüzden, bunun için **C** INT işte
sobald KONJ -ince, -ir - mez
Socke F ⟨-n⟩ çorap
Soda F ⟨*kein pl*⟩ soda
sodass KONJ -ebilmek için; öyle ki
Sodbrennen N MED mide yanması
soeben ADV şimdi; demin
Sofa N ⟨-s⟩ divan, kanape
sofern KONJ -*diği* takdirde eğer
soff → saufen
sofort ADV hemen, derhal
Software F ⟨*kein pl*⟩ IT yazılım program

sog → saugen
sog. → sogenannt
sogar ADV bile, hatta
sogenannt ADJ denilen, sözümona
sogleich → sofort
Sohle F ⟨-n⟩ taban; pençe
Sohn M ⟨¨-e⟩ oğul
Soja F ⟨-jen⟩ *od* N BOT soya
solange KONJ -dikçe, *-diği* sürece
Solarenergie F ⟨-⟩ güneş enerjisi **Solarium** N ⟨-ien⟩ solaryum **Solarzelle** F ⟨-n⟩ fotopil, güneş bataryası
solch(e, er, es) DEM PR böyle, bunun gibi
Soldat M ⟨-en⟩, **Soldatin** F asker; er
Solidarität F dayanışma
solide ADJ (*haltbar*) sağlam, dayanıklı; (*Person*) ciddî, ağırbaşlı
Soll N ⟨*kein pl*⟩ FIN borç; (*Plansoll*) hedef
sollen *v/hilf* (*verpflichtend*) -*i* -meli, -meye mecbur olmak; (*geplant, bestimmt*) -ecek; (*angeblich*) -diği söylenmek; (*wahrscheinlich*) *-diği* muhtemel(dir)
solo ADJ (*allein*) *umg* tek başına, yalnız **Solo** N ⟨-s, -li⟩ MUS, SPORT solo
somit ADV böylece
Sommer M ⟨-⟩ yaz **Sommersprosse** F çil **Sommerzeit** F yaz saati
Sonder... özel **Sonderangebot** N ⟨-e⟩ özel indirim **sonderbar** ADJ tuhaf, garip **Sondermüll** M zehirli çöp
sondern KONJ bilakis, tersine; **nicht Kaffee, ~ Tee** kahve değil, çay
Sonnabend M cumartesi
Sonne F ⟨-n⟩ güneş **sonnen** V/R **sich ~** güneşlenmek **Sonnenaufgang** M güneş doğması **Sonnenblume** F BOT ayçiçeği **Sonnenbrand** M ⟨*kein pl*⟩ güneş yanığı **Sonnenschirm** M güneş şemsiyesi **Sonnenstich** M MED güneş çarpması **Sonnenuntergang** M güneş batması **sonnig** ADJ güneşli
Sonntag M pazar (günü)
sonst ADV (*andernfalls*) yoksa, aksi takdirde; (*außerdem*) bundan başka; (*immer*) genellikle
sonstig ADJ başka, diğer
sooft KONJ -dikçe
Sorge F ⟨-n⟩ (*Kummer*) üzüntü, sıkıntı, dert, kaygı, kuşku, endişe; (*Fürsorge*) bakım; **sich ~n machen** merak etmek, endişelenmek **sorgen** **A** V/I sağlamak (**für** *akk -i*), bakmak (*-e*) **B** V/R **sich ~** kaygılanmak
Sorgfalt F ⟨*kein pl*⟩ özen, itina
sorgfältig ADJ itinalı, dikkatli
sorglos ADJ kaygısız, düşüncesiz
Sorte F ⟨-n⟩ cins, çeşit, tür
sortieren V/T (*ordnen*) düzenlemek; (*auswählen*) seçmek
sosehr KONJ, **~ (auch)** her ne kadar … ise de

Soße F ⟨-n⟩ sos, salça
Soundkarte F IT ses kartı
Souvenir N ⟨-s⟩ hediyelik eşya, yol hatırası
souverän ADJ POL egemen, bağımsız; *fig* soğukkanlı
soviel KONJ *-diğine* göre **soweit** KONJ *-diği* kadar **sowie** KONJ ve, hem de **sowieso** ADV zaten **sowohl** KONJ ~ ... **als auch** ... hem ... hem de ...
sozial ADJ sosyal, toplumsal **Sozialhilfe** F sosyal yardım **Sozialismus** M sosyalizm **sozialistisch** ADJ sosyalist **Sozialversicherung** F sosyal sigorta
sozusagen ADV güya, diyelim ki
Spachtel M ⟨-⟩ spatula; boyacı malası
Spaghetti *pl* spagetti *sg*
Spalier N ⟨-e⟩ (*für Bäume*) ispalya; (*Reihe*) sıra, saf
Spalt M ⟨-en⟩ (*Riss*) yarık, ara, çatlak; (*Zwischenraum*) aralık
Spalte F ⟨-n⟩ yarık; (*Zeitung*) sütun, kolon
spalten **A** V/T ayırmak, yarmak **B** V/R **sich** ~ yarılmak; bölünmek **Spaltung** F ayrılma; bölünme
Spammail F ⟨-s⟩ IT istenmeyen e-posta
Span M ⟨¨-e⟩ yonga; *pl* talaş
Spange F ⟨-n⟩ toka; (*Zahnspange*) köprücük
Spanien N İspanya **Spanier** M ⟨-⟩, **Spanierin** F İspanyol
spanisch ADJ İspanyol **Spanisch** N İspanyolca
spann → spinnen
Spann M ⟨-e⟩ ANAT ayaküstü
Spanne F ⟨-n⟩ (*Handspanne*) karış; (*Zeitspanne*) süre; WIRTSCH marj
spannen **A** V/T germek **B** V/I sıkmak, dar gelmek **spannend** ADJ heyecanlı **Spannung** F heyecan; gerginlik; ELEK gerilim
Sparbuch N hesap cüzdanı
Sparbüchse F, **Spardose** F kumbara **sparen** **A** V/T (*zusammensparen*) biriktirmek; (*einsparen*) tasarruf etmek **B** V/I idareli olmak; (*Geld ansparen*) para biriktirmek
Spargel M ⟨-⟩ BOT kuşkonmaz
Sparkasse F (*Bank*) banka
spärlich ADJ az, seyrek **sparsam** ADJ tutumlu, idareli
Spaß M ⟨¨-e⟩ şaka; eğlence; zevk; **~ machen** (*spaßen*) şaka etmek; *b-e* zevk vermek
spät ADJ & ADV geç; **wie ~ ist es?** saat kaç?
Spaten M ⟨-⟩ kürek, bel
später ADJ & ADV daha sonra **spätere(r, s)** sonraki **spätestens** ADV en geç
Spatz M ⟨-en⟩ ZOOL serçe
spazieren V/I, **~ gehen** (yaya) gezinmek, dolaşmak **Spaziergang** M yürüyüş; **e-n ~ machen** yürüyüşe çıkmak
Specht M ⟨-e⟩ ZOOL ağaçkakan

Speck M ⟨-e⟩ içyağı; (*Frühstücksspeck*) jambon
Spediteur M ⟨-e⟩, **Spediteurin** F nakliyeci **Spedition** F nakliyat (firması)
Speiche F ⟨-n⟩ tekerlek parmağı, bisiklet/jant teli
Speichel M ⟨*kein pl*⟩ MED tükürük, salya
Speicher M ⟨-⟩ ambar; (*Wasserspeicher*) depo, tank; (*Dachboden*) tavan arası; IT bellek **speichern** V/T depo etmek; IT hafızaya geçmek **Speicherplatz** M ⟨*kein pl*⟩ IT hafıza **Speicherung** M IT hafızaya alma
Speise F ⟨-n⟩ yemek **Speiseeis** N dondurma **Speisekammer** F kiler **Speisekarte** F yemek listesi, mönü **speisen** V/I yemek yemek **Speiseröhre** F ANAT yemek borusu **Speisesaal** M yemek salonu **Speisewagen** M BAHN yemekli vagon **Speisezimmer** N yemek odası
Spekulation F WIRTSCH spekülasyon **spekulieren** V/I FIN borsada oynamak; *fig* elde etmeyi ummak (**auf** *akk -i*)
Spelunke F ⟨-n⟩ *umg* batakhane
Spende F ⟨-n⟩ bağış; REL sadaka **spenden** V/T bağışta bulunmak
spendieren V/T ikram etmek
Sperre F ⟨-n⟩ (*Straßensperre*) kapat(ıl)ma; (*Schranke*) bariyer; TECH kilit(leme) **sperren** V/T kapamak, bloke etmek; **gesperrt** kapalı **Sperrgebiet** N yasak bölge
Sperrholz N kontrplak
sperrig ADJ battal
Spesen *pl* masraflar
Spezial... özel **spezialisieren** V/R **sich ~ auf** *-de* uzmanlaşmak **Spezialist(in)** M(F) uzman **Spezialität** F spesiyalite; özellik **speziell** ADJ özel, belirli
spezifisch ADJ *-e* özgü; **~es Gewicht** PHYS özgül ağırlık
Spiegel (-) M ayna **Spiegelei** N sahanda yumurta **spiegeln** V/R **sich ~** yansımak (**in, auf** *dat -e*)
Spiel N ⟨-e⟩ oyun; kumar; MUS çalma; SPORT maç **Spielautomat** M oyun otomatı **spielen** V/T & V/I oynamak; MUS çalmak **spielend** ADV *fig* kolaylıkla **Spieler(in)** M(F) oyuncu **Spielfilm** M uzun metrajlı film **Spielhalle** F kumar (oyunu) salonu **Spielkarte** F oyun kâğıdı **Spielkasino** N kumarhane **Spielplan** M THEAT program, repertuar **Spielraum** M TECH aralık; *fig* karar serbestliği **Spielverderber(in)** M(F) oyunbozan **Spielzeug** N oyuncak(lar)
Spieß M ⟨-e⟩ şiş
Spießbürger(in) M(F), **Spießer(in)** M(F) *dar görüşlü sıradan insan*, küçük burjuva

Spikes *pl* (*Schuhe*) kabara *sg*; AUTO çivi
Spinat M ⟨-e⟩ BOT ıspanak
Spinne F ⟨-n⟩ ZOOL örümcek
spinnen A V/T bükmek, örmek B V/I *umg* saçmalamak
Spinnwebe F ⟨-n⟩ örümcek ağı
Spion M ⟨-e⟩ casus **Spionage** F ⟨*kein pl*⟩ casusluk **spionieren** V/I casusluk etmek **Spionin** F casus
Spirale F ⟨-n⟩ sarmal, *a.* MED spiral
Spirituosen *pl* alkollü içkiler
Spiritus M ⟨*kein pl*⟩ ispirto
spitz ADJ (*Nase*) sivri, (*Messer*) keskin; (*Winkel*) dar **Spitze** F ⟨-n⟩ uç, baş, tepe; (*Gewebe*) dantel(a)
Spitzel M ⟨-⟩ ajan
spitzen V/T sivriltmek, yontmak
Spitzname M lakap
Splitter M ⟨-⟩ yonga, kıymık **splittern** V/I parçalanmak **splitternackt** ADJ çırılçıplak
sponsern V/T *-e* sponsorluk etmek, desteklemek **Sponsor** M ⟨-en⟩, **Sponsorin** F sponsor, hami
spontan ADJ anîden, düşünmeden
sporadisch ADJ seyrek
Sport M ⟨*kein pl*⟩ spor; ~ **treiben** spor yapmak **Sportanlage** F spor tesisi **Sporthalle** F spor salonu **Sportler(in)** M(F) sporcu **sportlich** ADJ (*Mensch*) sportif, spor seven; (*Aussehen*) atletik; (*Auto, Kleidung*) spor **Sportplatz** M spor sahası **Sportverein** N spor kulübü
Spott M ⟨*kein pl*⟩ alay **spottbillig** ADJ *umg* sudan ucuz **spotten** V/I alay etmek (**über** *akk* ile) **spöttisch** ADJ alaylı, iğneli
sprach → sprechen
Sprache F ⟨-n⟩ dil, lisan **Sprachenschule** F yabancı dil okulu **Sprachführer** M yabancı dil kitabı **Sprachkenntnisse** *pl* yabancı dil bilgisi *sg* **sprachlich** ADJ dille ilgili **sprachlos** ADJ dilsiz; *fig* ağzı açık **Sprachunterricht** M dil dersi
sprang → springen
Spray M ⟨-s⟩ *od* N sprey
Sprechanlage F diafon
sprechen V/T & V/I konuşmak, bahsetmek (**über** *akk*, **von** *dat* -*den*); (*förmlich*) görüşmek (**mit** *dat* ile *nom*) **Sprecher(in)** M(F) sözcü; RADIO, TV spiker **Sprechstunde** F kabul saati; MED muayene saati **Sprechzimmer** N MED muayene odası
sprengen V/T (*in die Luft* ~) havaya uçurmak; (*Rasen wässern*) sulamak **Sprengstoff** M patlayıcı madde **Sprengung** F havaya uçurma
Sprichwort N ata sözü
sprießen V/I BOT filizlenmek

Springbrunnen M fıskiye **springen** V/I atlamak, sıçramak; (*Glas*) çatlamak **springend**: **der ~e Punkt** püf noktası
Sprit M *umg* (*Benzin*) benzin
Spritze F ⟨-n⟩ MED iğne; (*Gerät*) şırınga, iğne; (*Feuerwehr*) yangın tulumbası **spritzen** A V/T fışkırtmak; şırınga etmek B V/I fışkırmak **spritzig** ADJ esprili
spröde ADJ çabuk kırılır; gevrek; kuru; *fig* çekingen
spross → sprießen
Spross M ⟨-e, -en⟩ BOT filiz; fidan
Spruch M ⟨¨-e⟩ söz; vecize; JUR yargı
Sprudel M ⟨-⟩ maden suyu **sprudeln** V/I fışkırmak
Sprühdose F sprey şişesi **sprühen** A V/I sıçramak B V/T fışkırtmak; sıçratmak **Sprühregen** M çise
Sprung M ⟨¨-e⟩ atlayış, sıçrayış; (*Riss*) kırık, çatlak **Sprungbrett** N SPORT tramplen **Sprungschanze** F SPORT atlama pisti
Spucke F ⟨*kein pl*⟩ tükürük, salya **spucken** V/I & V/T tükürmek; (*sich übergeben*) kusmak
spuken V/I (*Geist*) görünmek; **es spukt** tekin değil
Spule F ⟨-n⟩ makara, bobin
spülen V/T (*Geschirr*) bulaşık yıkamak; (*Wäsche*) durulamak; (*Mund*) çalkalamak **Spülmaschine** F bulaşık makinası **Spülmittel** N bulaşık deterjanı
Spur F ⟨-en⟩ iz; (*Fahrspur*) şerit
spüren V/T (*fühlen*) duymak, hissetmek
St.: **Stück** N adet
Staat M ⟨-en⟩ devlet **staatlich** ADJ devlet *subst.*; kamusal, resmî **Staatsangehörigkeit** F ⟨-en⟩ vatandaşlık **Staatsanwalt** M, **Staatsanwältin** F savcı **Staatsbürger(in)** M(F) vatandaş **Staatsbürgerschaft** F vatandaşlık **Staatsmann** M devlet adamı **Staatspräsident(in)** M(F) devlet başkanı **Staatsreligion** F resmî din **Staatssekretär(in)** M(F) müsteşar
Stab M ⟨¨-e⟩ (*Gegenstand*) baston, sopa; *fig* kadro; MIL kurmay **Stabhochsprung** M SPORT sırıkla atlama
stabil ADJ sağlam, dayanıklı; (*Preise*) değişmez **Stabilität** F sağlamlık; kararlılık; POL istikrar
stach → stechen
Stachel M ⟨-⟩ BOT, ZOOL diken; (*Insekt*) iğne; (*Igel*) ok **Stachelbeere** F BOT bektaşîüzümü **Stacheldraht** M dikenli tel **stach(e)lig** ADJ dikenli
Stadion N ⟨-ien⟩ stadyum
Stadium N ⟨-ien⟩ safha, evre
Stadt F ⟨¨-e⟩ şehir, kent **Städtchen** N ⟨-⟩ kasaba, küçük şehir **Städter(in)** M(F) şe-

hirli **Stadtführer(in)** M(F) (*a. Heft*) şehir rehberi **Stadtführung** F rehberle şehir turu
städtisch ADJ POL belediye/şehir *subst.* ..., kentsel **Stadtmauer** F sur **Stadtmitte** F şehir merkezi **Stadtplan** M şehir planı *od* haritası **Stadtrat** M (*Gremium*) belediye meclisi; (*Person*) belediye meclisi üyesi **Stadträtin** F belediye meclisi üyesi **Stadtrundfahrt** F şehir turu **Stadtteil** M semt, mahalle **Stadtverwaltung** F belediye **Stadtviertel** N → Stadtteil
stagnieren V/I durgunlaşmak
stahl → stehlen
Stahl M ⟨¨e⟩ çelik
stak → stecken
Stall M ⟨¨e⟩ ahır; kümes
Stamm M ⟨¨e⟩ (*Baumstamm*) kütük, gövde; (*Geschlecht*) soy; (*Volksstamm*) kabile **Stammaktie** F FIN âdi hisse senedi **Stammbaum** M soyağacı, şecere
stammeln V/I tutuk konuşmak, kekelemek
stammen V/I gelmek, çıkmak (**von** *dat* -*den*); **~ aus** *dat* ...li olmak **Stammgast** M, **Stammkunde** M, **Stammkundin** F devamlı müşteri **Stammtisch** M müdavimler masası
stampfen **A** V/T (*Kartoffeln*) ezmek **B** V/I (*trampeln*) tepinmek
stand → stehen
Stand M ⟨¨e⟩ (*Zustand*) durum; (*Stehen*) duruş; (*Messestand*) stand; (*Verkaufsstand*) satış tezgâhı
Standard M ⟨-s⟩ standart **Standardwerk** N temel başvuru kitabı
Stand-by N ⟨-s⟩ ELEK bekleme durumu; standbay **Stand-by-Ticket** N ⟨-s⟩ FLUG rezervasyonsuz *od* standbay bilet
Ständer M ⟨-⟩ (*Kleiderständer*) portmanto; (*Zeitungsständer*) gazetelik
Standesamt N nikâh/evlendirme dairesi
standhaft ADJ sarsılmaz, sebatlı; sağlam
standhalten V/I *dat* dayanmak
ständig ADJ devamlı, sürekli (olarak); daimî
Standlicht N AUTO park lambası **Standort** M yer, mevki **Standpunkt** M görüş (açısı) **Standspur** F AUTO emniyet şeridi
Stange F ⟨-n⟩ sırık, çubuk
Stängel M ⟨-⟩ BOT sap
stank → stinken
stanzen V/T zımbalamak
Stapel M ⟨-⟩ yığın, istif **Stapellauf** M SCHIFF denize indirme **stapeln** **A** V/T yığmak, istif etmek **B** V/R **sich ~** yığılmak
Star **A** M ⟨-e⟩ ZOOL sığırcık **B** M ⟨-s⟩ (*Film etc*) yıldız **C** (-e) M MED **grauer ~** katarakt; grü-

ner ~ karasu
starb → sterben
stark ADJ kuvvetli, dayanıklı; (*heftig*) şiddetli; (*Tee*) koyu; (*Tabak, Alkohol*) sert **Stärke** F ⟨-n⟩ kuvvet; kalınlık; (*Stärkemehl*) nişasta; (*Wäschestärke*) kola **stärken** V/T kuvvetlendirmek; (*Wäsche*) kolalamak
Starkstrom M ELEK yüksek gerilim(li akım)
starr ADJ (*unbeweglich*) hareketsiz; (*erstarrt*) donmuş; (*unbeugsam*) eğilmez **starren** V/I dik bakmak (**auf** *akk -e*); donmak (**vor** *dat -den*) **starrköpfig** ADJ dik kafalı
Start M ⟨-s⟩ (*Beginn*) başlama; FLUG kalkış, havalanma **Startbahn** F FLUG kalkış pisti **starten** **A** V/I (*beginnen*) başlamak; FLUG kalkmak; havalanmak **B** V/T (*Motor*) çalıştırmak; başlatmak **Starter** M ⟨-⟩ AUTO marş
Station F istasyon; (*Krankenstation*) koğuş; (*Halt*) durak **stationär** ADJ sabit; MED hastanede (tedavi)
Statistik F ⟨-en⟩ istatistik
Stativ N ⟨-e⟩ ayak(lık), FOTO sehpa
statt KONJ & PRÄP *+gen* yerine *nom*
Stätte F ⟨-n⟩ yer, mevki
stattfinden V/I vuku bulmak, yapılmak, olmak
stattlich ADJ yakışıklı
Statue F ⟨-n⟩ heykel
Statusleiste F ⟨-n⟩, **Statuszeile** F ⟨-n⟩ IT bilgi şeridi
Stau M ⟨-s⟩ (*im Verkehr*) tıkanıklık
Staub M ⟨-e, ¨-e⟩ toz **stauben** V/I tozlaşmak **staubig** ADJ tozlu **Staubsauger** M ⟨-⟩ elektrik süpürgesi
Staudamm M bent, baraj
Staude F ⟨-n⟩ BOT gövde; çalı
stauen **A** V/T (*Fluss*) biriktirmek **B** V/R **sich ~** (*Menschenmenge*) yığılmak; (*Verkehr*) tıkanmak
staunen V/I hayret etmek **Staunen** N ⟨*kein pl*⟩ hayret, şaşkınlık
Stausee M baraj gölü; gölet
Std: **Stunde(n)** saat
Steak N ⟨-s⟩ biftek
stechen **A** V/T (**mit** *dat -i*, **in** *akk -e*) (*Insekt*) sokmak; batırmak **B** V/I (*Sonne*) yakmak; SCHIFF **in See ~** denize açılmak
Steckdose F ELEK priz **stecken** **A** V/T sokmak (**in** *akk -e*) **B** V/I sokulu olmak; **~ bleiben** saplanıp kalmak, saplanmak
Steckenpferd N *fig* merak, hobi
Stecker M ⟨-⟩ ELEK fiş **Stecknadel** F topluiğne
Steg M ⟨-e⟩ ahşap yaya köprüsü, iskele
stehen V/I (dik) durmak; bulunmak; (*geschrieben*) yazılı olmak; (*Kleidung*) yakışmak *dat*; **~ bleiben** durmak; **~ lassen**

bırakmak **Stehkragen** M dik yaka **Stehlampe** F ayaklı lamba
stehlen **A** V/T çalmak (*j-m* -*den*) **B** V/I hırsızlık yapmak
Stehplatz M ayakta duracak yer
steif ADJ katı, sert, dik; (*vor Kälte*) donmuş
Steigbügel M üzengi
steigen V/I (*Preise*) yükselmek, artmak; binmek (**auf, in** *akk* -*e*)
steigern V/I artırmak, çoğaltmak, yükseltmek **Steigerung** F artış; GRAM sıfat dereceleme
Steigung F yokuş
steil ADJ sarp, dik **Steilhang** M dik yamaç **Steilküste** F (yalı)yar
Stein M ⟨-e⟩ taş **Steinbock** M ZOOL dağkeçisi; ASTRON Oğlak **Steinbruch** M taş ocağı **steinern** ADJ taştan **Steingut** N ⟨*kein pl*⟩ âdi seramik; çömlek **steinig** ADJ taşlı **Steinkohle** F maden/taş kömürü
Stelle F ⟨-n⟩ (*Ort*) yer; (*Arbeit*) iş, görev; (*Amt*) makam **stellen** **A** V/T koymak, yerleştirmek (**auf, in** *akk* -*e*); (*Uhr*) ayar etmek **B** V/R **sich ~** (*hinstellen*) (-*e* gidip) durmak; (*Polizei*) teslim olmak; *fig* (**gegen** -*e*) karşı çıkmak *od* gelmek **Stellenangebot** N iş ilânı **Stellengesuch** N iş arama ilânı **...stellig** ... *adj* haneli (sayı) **Stellung** F (*Lage*) durum, konum, hâl; (*Arbeitsplatz*) iş, görev, memuriyet; (*Amt*) makam; MIL mevzi **Stellungnahme** F ⟨-n⟩ tavır (alma)
Stellvertreter(in) M(F) yardımcı, vekil
Stemmeisen N TECH marangoz kalemi **stemmen** **A** V/T dayatmak **B** V/R **sich ~** dayanmak (**gegen** *akk* -*e* karşı)
Stempel M ⟨-⟩ damga; mühür **Stempelmarke** F damga pulu **stempeln** V/T damgalamak
Stenografie F ⟨-n⟩ stenografi
Stenotypistin F stenograf
Steppdecke F yorgan
Steppe F ⟨-n⟩ bozkır, step
Sterbehilfe F ötanazi **sterben** V/I ölmek, vefat etmek (**an** *dat* -*den*) **sterblich** ADJ ölümlü
Stereoanlage F müzik seti
sterilisieren V/T kısırlaştırmak; sterilize etmek
Stern M ⟨-e⟩ yıldız **Sternbild** N ASTRON takımyıldız **Sternschnuppe** F ⟨-n⟩ ASTRON akanyıldız, yıldız kayması **Sternwarte** F ASTRON rasathane
stetig ADJ devamlı, sürekli
stets ADV daima, her zaman
Steuer **A** F ⟨-n⟩ FIN vergi **B** N ⟨-⟩ SCHIFF dümen; AUTO direksiyon **Steuerberater(in)** M(F) FIN vergi danışmanı **Steuerbord** N SCHIFF sancak **Steuererklärung** F FIN vergi beyannamesi **steuerfrei**

ADJ FIN vergiden muaf, vergisiz **Steuerknüppel** M ⟨-⟩ FLUG, IT kumanda kolu **steuerlich** ADJ FIN vergi ile ilgili **Steuermann** M ⟨-leute⟩ SCHIFF dümenci **steuern** V/T idare etmek; (*Auto bes*) kullanmak, sürmek; *fig* yönlendirmek **steuerpflichtig** ADJ FIN vergiye tabi **Steuerrad** N AUTO direksiyon **Steuerung** F ELEK, TECH kumanda **Steuerzahler** M ⟨-⟩ FIN vergi mükellefi

Steward M ⟨-s⟩ SCHIFF kamarot **Stewardess** F ⟨-en⟩ FLUG hostes

Stich M ⟨-e⟩ (*Insekt*) sokma, ısırma; (*Nadelstich*) batma; (*Kupferstich*) gravür; (*beim Kartenspiel*) el alma **Stichflamme** F fışkıran alev **Stichprobe** F rasgele alınmış örnek **Stichtag** M belirlenmiş gün **Stichwort** N parola, replik; (*in Buch*) madde (başı kelime)

sticken V/T & V/I (nakış) işlemek **Stickerei** F ⟨-en⟩ nakış

stickig ADJ boğucu, bunaltıcı

Stickstoff M ⟨*kein pl*⟩ nitrojen, azot

Stief... üvey

Stiefel M ⟨-⟩ çizme

Stiefmütterchen N BOT hercaîmenekşe

stieg → steigen

Stiel M ⟨-e⟩ sap

Stier M ⟨-e⟩ ZOOL boğa

stieß → stoßen

Stift **A** M ⟨-e⟩ (*Schreibstift*) kalem; TECH çivi **B** N ⟨-e⟩ REL manastır **stiften** V/T (*gründen*) kurmak; (*spenden*) bağışlamak, vakfetmek **Stiftung** F vakıf

Stil M ⟨-e⟩ stil, üslup, tarz

still ADJ (*ruhig*) sakin, sessiz; (*unbewegt*) hareketsiz, durgun **Stille** F ⟨*kein pl*⟩ sessizlik **stillen** V/T (*Blut*) durdurmak; (*Hunger, Durst*) gidermek; (*Schmerz*) dindirmek; (*Baby*) emzirmek **stilllegen** V/T (*Betrieb*) kapatmak; (*Fahrzeug*) trafikten çekmek **stillschweigend** ADJ göz yumarak; JUR zımnî **Stillstand** M durgunluk

Stimmabgabe F POL oy (verme), oylama **Stimme** F ⟨-n⟩ ses; POL oy **stimmen** **A** V/I POL oy vermek; (*korrekt sein*) doğru olmak **B** V/T MUS akort etmek **Stimmrecht** N POL oy hakkı

Stimmung F *fig* hava, atmosfer

stinken V/I pis kokmak; **~ nach** *dat* ... kokusu olmak

Stipendium N ⟨-ien⟩ burs

Stirn F ⟨-en⟩ ANAT alın **Stirnhöhlenentzündung** F MED sinüzit

Stock M **A** ⟨¨-e⟩ sopa; (*Stütze*) değnek; (*Gehstock*) baston **B** ⟨-⟩ (*Stockwerk*) kat

stockdunkel ADJ kapkaranlık

Stöckelschuh M sivri topuklu ayakkabı

stocken VI (*stoppen*) durmak, kesilmek; (*zögern*) duraklamak; (*Verkehr*) tıkanmak
Stockwerk N kat
Stoff M ⟨-e⟩ madde; (*Gewebe*) kumaş; (*Thema*) konu **Stoffwechsel** M MED metabolizma
stöhnen VI inlemek
Stollen (-) *m* BERGB galeri
stolpern VI sendelemek
stolz ADJ gururlu; (*würdig*) onurlu **Stolz** M ⟨*kein pl*⟩ gurur, onur
stopfen VI (*füllen*) doldurmak, tıkmak; (*Strümpfe*) örmek
Stoppeln *pl* (*Getreidestoppeln*) anızlar; (*Bartstoppeln*) iki günlük sakal *sg*
stoppen **A** VT durdurmak; (*Zeit*) tutmak **B** VI durmak
Stoppschild N dur işareti
Stoppuhr F kronometre
Stöpsel (-) *m* tıkaç, tapa
Storch M ⟨¨-e⟩ ZOOL leylek
stören **A** VT (*belästigen*) rahatsız etmek; (*Unterhaltung*) bozmak **B** VI *-e* engel olmak; (*belästigen*) rahatsızlık vermek **störend** ADJ rahatsız edici
stornieren VT iptal etmek
störrisch ADJ inatçı, dik kafalı
Störung F rahatsızlık; TECH arıza
Stoß M ⟨¨-e⟩ vuruş, darbe; (*Haufen*) yığın, küme **Stoßdämpfer** M AUTO amortisör **stoßen** **A** VI çarpmak, vurmak (**an, gegen** *akk -e*) **B** VT itmek **Stoßstange** F AUTO tampon
stottern VI kekelemek
Str. → Straße
strafbar ADJ cezayı gerektiren
Strafe F ⟨-n⟩ ceza **strafen** VT cezalandırmak
straff ADJ gergin; *fig* sert, sıkı
straffrei → straflos **Strafgesetzbuch** N JUR ceza kanunu
straflos ADJ cezadan muaf
Strafrecht N ⟨*kein pl*⟩ JUR ceza hukuku **Strafstoß** M SPORT penaltı **Straftat** F ⟨-en⟩ JUR suç, cürüm **Strafzettel** M ceza kâğıdı
Strahl M ⟨-en⟩ (*Sonne*) ışın; (*Wasserstrahl*) fışkıran su
strahlen VI parlamak (*a. fig*); (*Sonne*) ışın yaymak **Strahlung** F ışın; (*radioaktive*) radyasyon
Strähne F ⟨-n⟩ saç lülesi; (*Farbsträhne*) meç
stramm ADJ gergin; dinç
strampeln VI tepinmek
Strand M ⟨¨-e⟩ (*Ufer*) sahil; (*Badestrand*) plaj **stranden** VI SCHIFF karaya oturmak
Strapaze F ⟨-n⟩ zahmet **strapazieren** VT aşındırmak, yormak **strapazierfähig** ADJ dayanıklı
Straße F ⟨-n⟩ sokak, (*größer*) cadde; yol; SCHIFF boğaz **Straßenarbeiten** *pl* yol yapım çalışmaları **Straßenbahn** F tramvay **Straßenecke** F köşe başı **Straßen-**

graben M şarampol **Straßenhändler(in)** M(F) seyyar satıcı **Straßenkarte** F karayolları haritası **Straßenkreuzung** F kavşak **Straßenschild** N sokak levhası **Straßensperre** F barikat; yol kapama **Straßenverkehr** M karayolu trafiği **Straßenverkehrsordnung** F trafik tüzüğü **Straßenwacht** F yol yardım servisi

strategisch ADJ stratejik

sträuben V/R **sich ~** ürpermek; direnmek (**gegen** *akk -e*)

Strauch M ⟨¨er⟩ BOT çalı(lık), küçük ağaç

Strauß **A** M ⟨¨e⟩ (*Blumen*) demet, buket **B** M ⟨-e⟩ ZOOL devekuşu

streben V/I çalışmak, uğraşmak (**nach** *dat -meye*) **Streber** M ⟨-⟩, **Streberin** F *umg* hırslı öğrenci

Strecke F ⟨-n⟩ yol, mesafe

strecken **A** V/T germek, uzatmak **B** V/R **sich ~** uzanmak

Streich M ⟨-e⟩ (*Hieb*) vuruş, darbe; *fig* muziplik; **j-m einen ~ spielen** b-ne bir oyun oynamak

streicheln V/T okşamak

streichen **A** V/T (*anmalen*) boyamak; (*löschen*) silmek; (**auf** *akk -e*) sürmek **B** V/I (**über** *akk -i*) sıvazlamak; üstünden geçmek **Streichholz** N kibrit **Streichinstrument** N yaylı çalgı **Streichung** F si(lin)me, iptal

Streife F ⟨-n⟩ devriye

streifen **A** V/T *akk -e* dokunmak; *-e* sürünmek **B** V/I gezmek, dolaşmak

Streifen M ⟨-⟩ şerit; çizgi

Streik M ⟨-s⟩ grev; boykot **streiken** V/I grev yapmak

Streit M ⟨-e⟩ kavga, çekişme; (*Diskussion*) tartışma **streiten** V/I (V/R **sich**) **~** kavga etmek, çekişmek, tartışmak (**mit** *dat* ile) **Streitigkeiten** *pl* tartışmalar **Streitkräfte** *pl* MIL silâhlı kuvvetler **streitsüchtig** ADJ kavgacı

streng ADJ sert, şiddetli, sıkı; **~ genommen** kelimenin tam anlamıyla

Stress M ⟨*kein pl*⟩ stres **stressen** V/T strese sokmak **stressig** ADJ stresli

streuen V/T (*Salz*) serpmek, dağıtmak (**auf** *akk -e*)

strich → streichen

Strich M ⟨-e⟩ (*Linie*) çizgi **Strichcode** M barkod **Strichpunkt** M noktalı virgül

Strick M ⟨-e⟩ ip, sicim

stricken V/T & V/I örmek **Strickjacke** F hırka **Stricknadel** F örgü şişi

strikt ADJ kesin, sıkı

stritt → streiten

strittig ADJ JUR davalı; tartışmalı

Stroh N ⟨*kein pl*⟩ saman **Strohhalm** M saman çöpü **Strohhut** M hasır şapka

Strohmann M *fig* kukla adam
Strolch M ⟨-e⟩ serseri
Strom M ⟨¨-e⟩ GEOG ırmak; ELEK, *fig* cereyan, akım **Stromanschluss** M ELEK elektrik bağlantısı **Stromausfall** M ELEK elektrik kesilmesi **strömen** V/I akmak **Stromkreis** M ELEK devre, çevrim **Stromschnelle** F ⟨-n⟩ GEOG ivinti yeri **Stromstärke** F ELEK elektrik akım şiddeti **Strömung** F akıntı; *fig* eğilim **Stromzähler** M ELEK sayaç; *umg* saat
Strophe F ⟨-n⟩ (*Lied etc*) kıta
strotzen V/I dolup taşmak (**vor** *dat* ile)
Strudel ⟨-⟩ *m* (*Wasserstrudel*) girdap, anafor; (*Gebäck*) Alman böreği
Struktur F ⟨-en⟩ yapı, bünye
Strumpf M ⟨¨-e⟩ çorap **Strumpfhose** F külotlu çorap
struppig ADJ (*Hund*) kaba tüylü; (*Haare*) dağınık
Stube F ⟨-n⟩ oda
Stuck M ⟨*kein pl*⟩ alçı kabartma; kartonpiyer
Stück N ⟨¨-e⟩ tane, parça; (*Teil a.*) kısım; THEAT piyes
Student M ⟨-en⟩ (yüksek okul) öğrenci(si), üniversiteli **Studentenausweis** M öğrenci kimliği **Studentenwohnheim** N öğrenci yurdu **Studentin** F üniversiteli (bayan)
Studie F ⟨-n⟩ araştırma, inceleme **studieren** **A** V/T okumak, ... öğrenimi görmek; (*untersuchen*) incelemek **B** V/I öğrenim yapmak; *umg* üniversiteye gitmek
Studio N ⟨-s⟩ stüdyo
Studium N ⟨-ien⟩ öğrenim, tahsil
Stufe F ⟨-n⟩ (*Treppe*) basamak; *fig* derece
Stuhl M ⟨¨-e⟩ sandalye **Stuhlgang** M ANAT dışkı, büyük tuvalet
stumm ADJ dilsiz
Stummel M ⟨-⟩ (*Zigarette*) izmarit
Stummfilm M sessiz film
stumpf ADJ kör; küt; MATH (*Winkel*) geniş **Stumpf** M ⟨¨-e⟩ (*Baum*) kütük **stumpfsinnig** ADJ sıkıcı, usandırıcı
Stunde F ⟨-n⟩ saat; (*Unterrichtsstunde*) ders **Stundenkilometer** M saatte ... kilometre **Stundenlohn** M saat ücreti **Stundenplan** M ders programı **Stundenzeiger** M akrep **...stündig** ADJ saatlik, ... saat süren **stündlich** ADV her saat
stur ADJ inatçı, söz dinlemez
Sturm M ⟨¨-e⟩ fırtına, kasırga; *fig* akın **stürmen** **A** V/I şiddetle esmek **B** V/T *akk -e* hücum etmek **Stürmer** M ⟨-⟩, **Stürmerin** F SPORT forvet
stürmisch ADJ fırtınalı; *fig* heyecanlı

Sturz M ⟨¨-e⟩ (*Fall*) düşme; (*Einsturz*) yıkılma **stürzen** A V/I düşmek; devrilmek B V/T düşürmek C V/R **sich ~** atılmak, saldırmak (**auf** *akk -e*) **Sturzflug** M FLUG pike **Sturzhelm** M miğfer, kask
Stute F ⟨-n⟩ ZOOL kısrak
Stütze F ⟨-n⟩ destek, dayak
stutzen A V/T (*kürzen*) kısaltmak, kesmek; yontmak B V/I (*zögern*) durmak
stützen A V/T desteklemek, dayamak B V/R **sich ~** dayanmak (**auf** *akk -e*)
stutzig ADJ şaşkın; kuşkulu
Stützpunkt M MIL üs
s. u.: **siehe unten** aşağıya bakınız
Subjekt N ⟨-e⟩ GRAM özne **subjektiv** ADJ öznel, sübjektif
Substantiv N ⟨-e⟩ GRAM ad, isim
Substanz F ⟨-en⟩ öz madde, cevher
subtrahieren V/T MATH çıkarmak **Subtraktion** F MATH çıkarma
Subvention F parasal teşvik; WIRTSCH sübvansiyon
Suche F ⟨*kein pl*⟩ arama; araştırma **suchen** V/T & V/I aramak (**nach** *dat -i*)
Sucht F ⟨¨-e, -en⟩ düşkünlük, tutku; MED bağımlılık **süchtig** ADJ düşkün (**nach** *-e*); MED bağımlı
Süd..., **Süden** M ⟨*kein pl*⟩ güney **Südfrüchte** *pl tropik meyveler* **südlich** ADJ güney **Südpol** M Güney Kutbu **Südwind** M lodos
Suffix N ⟨-e⟩ GRAM sonek
Sülze F ⟨-n⟩ jöleli et *v.s.*
Summe F ⟨-n⟩ tutar, toplam
summen A V/I (*Insekt*) vızıldamak B V/T (*Lied*) mırıldanmak
summieren V/R **sich ~** birikmek
Sumpf M ⟨¨-e⟩ bataklık **sumpfig** ADJ bataklı(k)
Sünde F ⟨-n⟩ REL günah; *fig* suç, kabahat **Sünder(in)** M(F) REL günahkâr
super ADJ *umg* süper **Super(-benzin)** N süper benzin **Supermarkt** M süpermarket
Suppe F ⟨-n⟩ çorba
Surfbrett N SPORT sörf tahtası **surfen** V/I sörf yapmak (*a. im Internet*); internette gezinmek **Surfer(in)** M(F) SPORT sörfçü
Sushi N suşi, *Japon usulü balık*
suspekt ADJ şüpheli
süß ADJ (*Speise*) tatlı, şekerli; *fig* şirin, güzel **süßen** V/T *akk* tatlandırmak, *-e* şeker koymak **Süßigkeit** F ⟨-en⟩ şekerleme; tatlı **süßsauer** ADJ (*Speise*) mayhoş **Süßstoff** M sunî tatlandırıcı **Süßwasser** N tatlısu
Swimmingpool M yüzme havuzu
Symbol N ⟨-e⟩ sembol, simge **symbolisch** ADJ sembolik, simgesel **Symbolleiste** F IT sembol şeridi

Sympathie F ⟨-n⟩ sempati **sympathisch** ADJ sempatik **Symphonie** F ⟨-n⟩ senfoni **Symptom** N ⟨-e⟩ semptom, belirti **Synagoge** F ⟨-n⟩ sinagog, havra **synchronisieren** V/T (*Film*) senkronize etmek **synonym** ADJ eşanlamlı **synthetisch** ADJ sentetik **Syrer(in)** M(F) Suriyeli **Syrien** N Suriye **syrisch** ADJ Suriye(li) **System** N ⟨-e⟩ sistem, dizge; usul **Systemabsturz** M IT sistem kilitlenmesi **systematisch** ADJ planlı, sistematik **Systemsteuerung** F IT kontrol tuşu **Szene** F ⟨-n⟩ THEAT sahne; *fig* kavga; ortam; **eine ~ machen** mesele çıkarmak

T

Tabak M ⟨-e⟩ tütün **Tabelle** F ⟨-n⟩ cetvel, liste, çizelge **Tablett** N ⟨-s⟩ tepsi **Tablette** F ⟨-n⟩ tablet **Tacho** M ⟨-s⟩, **Tachometer** M AUTO takometre, kilometre saati **tadellos** ADJ kusursuz, hatasız **tadeln** V/T azarlamak; (*kritisieren*) eleştirmek **Tafel** F ⟨-n⟩ (*Schild*) levha; tabela; (*Wandtafel*) yazı tahtası; (*Tisch*) sofra; (*Schokolade*) tablet **täfeln** V/T (*verkleiden*) lambri kaplamak **Taft** M ⟨-e⟩ tafta **Tag** M ⟨-e⟩ gün; gündüz; **~ und Nacht** gece gündüz; **guten ~!** iyi günler!; **jeden ~** her gün **Tagebuch** N günce, günlük **tagelang** ADJ günlerce **tagen** V/I toplanmak; JUR, POL oturumda olmak **Tagesgericht** N (*im Lokal*) günün yemeği **Tageskarte** N günlük bilet **Tageslicht** N gün ışığı **Tagesordnung** F gündem **Tageszeit** F günün saati **Tageszeitung** F günlük gazete **täglich** A ADJ günlük, gündelik B ADV her gün **tagsüber** ADV gündüzün **Tagung** F toplantı, kongre **Taille** F ⟨-n⟩ bel **Takt** M ⟨-e⟩ MUS vuruş; (*Feingefühl*) incelik **Taktik** F ⟨-en⟩ taktik **taktlos** ADJ kaba **taktvoll** ADJ ince, nazik **Tal** N ⟨¨-er⟩ GEOG vadi **Talent** N ⟨-e⟩ yetenek **Talisman** M ⟨-e⟩ muska, tılsım **Talsperre** F baraj, bent **Tamburin** N ⟨-e⟩ MUS tef **Tampon** M ⟨-s⟩ tampon **Tang** M ⟨-e⟩ BOT deniz yosunu **Tank** M ⟨-s⟩ depo, tank **tanken** V/I (benzin *v. b.*) almak/

doldurmak **Tanker** M ‹-› tanker **Tankstelle** F benzin istasyonu **Tankwart** M ‹-e› benzinci
Tanne F ‹-n› BOT köknar, çam **Tannenzapfen** M köknar kozalağı
Tante F ‹-n› (*väterlicherseits*) hala; (*mütterlicherseits*) teyze; (*Ehefrau eines Onkels*) yenge
Tanz M ‹¨-e› dans **tanzen** V/I dans etmek **Tänzer** M dansör **Tänzerin** F dansöz
Tapete F ‹-n› duvar kâğıdı **tapezieren** V/T & V/I duvarı kâğıtlamak
tapfer ADJ cesur, yiğit
Tarif M ‹-e› tarife **Tarifvertrag** M toplu ücret sözleşmesi
tarnen V/T kamufle etmek, gizlemek **Tarnung** F kamuflaj
Tasche F ‹-n› çanta; (*Kleidertasche*) cep **Taschenbuch** N cep kitabı **Taschendieb(in)** M(F) yankesici **Taschengeld** N ‹*kein pl*› harçlık **Taschenlampe** F el feneri **Taschenmesser** N çakı **Taschenrechner** M cep hesap makinası **Taschentuch** N mendil
Tasse F ‹-n› fincan
Tastatur F ‹-en› IT klavye
Taste F ‹-n› tuş; (*zum Drücken*) *a.* düğme **tasten** V/T & V/I yoklamak, el yordamıyla aramak (**nach** *dat -i*) **Tastenkombination** F tuş düzeneği **Tastentelefon** N tuşlu telefon
tat → tun
Tat F ‹-en› iş, fiil, hareket; **auf frischer ~** suçüstü; **in der ~** gerçekten **tatenlos** ADJ seyirci kalarak **Täter(in)** M(F) fail, suçlu **tätig** ADJ faal, çalışan, aktif **Tätigkeit** F (*Handeln*) faaliyet, eylem, hareket; (*Arbeit*) iş; (*Beruf*) meslek **tatkräftig** ADJ enerjik **Tatort** M JUR olay yeri
Tätowierung F dövme
Tatsache F gerçek **tatsächlich** **A** ADJ gerçek **B** ADV gerçekten
Tattoo M ‹-s› *od* N dövme
Tatze F ‹-n› ZOOL pençe
Tau **A** M ‹*kein pl*› çiy **B** N ‹-e› SCHIFF halat
taub ADJ (*gehörlos*) sağır; (*Nuss*) içi boş
Taube F ‹-n› ZOOL güvercin
Taubheit F ‹*kein pl*› sağırlık
taubstumm ADJ sağır ve dilsiz
tauchen **A** V/T (**in** *akk -e*) batırmak, daldırmak **B** V/I dalmak, batmak **Taucher(in)** M(F) SPORT dalgıç **Taucherausrüstung** F dalgıç takımı **Tauchsieder** M ‹-› ELEK ısıtaç
tauen V/I (*Eis etc*) erimek
Taufe F ‹-n› ad koyma; REL vaftiz **taufen** V/T *akk -e* ad koymak; REL *-i* vaftiz etmek
taugen V/I yaramak (**für** *akk*, **zu** *dat -e*) **tauglich** ADJ yararlı, elverişli; yetenekli

taumeln VI sendelemek, sallanmak
Tausch M ⟨*kein pl*⟩ değiş(tir)me; değiş tokuş **tauschen** VT değiş(tir)mek (**gegen** *akk* ile *nom*); (*Geld*) bozdurmak
täuschen **A** VT aldatmak **B** VR **sich ~** aldanmak, yanılmak **täuschend** ADJ şaşırtıcı **Täuschung** F (*Betrug*) aldatma, hile; (*Irrtum*) aldanma, yanılış
tausend *Zahl* bin **tausendmal** ADV bin kere/defa **Tausendstel** N (*Bruchteil*) binde bir
Tauwetter N kar eriten hava
Taxi N ⟨-s⟩ taksi **Taxifahrer(in)** M(F) taksi şoförü **Taxistand** M taksi durağı
Team N ⟨-s⟩ ekip, tim
Technik F ⟨-en⟩ teknik **Techniker** M ⟨-⟩, **Technikerin** F teknisyen **technisch** ADJ teknik
Techno N ⟨-⟩ MUS teknomüzik **Technofan** M ⟨-s⟩ teknomüzik tutkunu
Teddybär M oyuncak ayı
Tee M ⟨-s⟩ çay **Teebeutel** M çay poşeti **Teegebäck** N bisküvi **Teeglas** N çay bardağı **Teekanne** F çaydanlık **Teelöffel** M tatlı kaşığı, çay kaşığı
Teer M ⟨-e⟩ katran, zift **teeren** VT katranlamak
Teich M ⟨-e⟩ gölet, gölcük
Teig M ⟨-e⟩ hamur **Teigwaren** *pl* hamur işleri
Teil M & N ⟨-e⟩ kısım, parça; (*Anteil*) pay; (*Abschnitt*) bölüm; **zum ~** kısmen **teilbar** ADJ bölünebilir **teilen** **A** VT bölmek, ayırmak (**in** *akk* -e); parçalamak; pay etmek **B** VR **sich ~** ayrılmak, bölünmek; *akk* bölüşmek **Teilhaber** M ⟨-⟩, **Teilhaberin** F WIRTSCH ortak
Teilnahme F ⟨-n⟩ (**an** *dat* -e) katılma, katılım; *fig* ilgi; sempati **teilnahmslos** ADJ ilgisiz, kayıtsız **teilnehmen** VI katılmak (**an** *dat* -e) **Teilnehmer(in)** M(F) -e katılan
teils ADV kısmen **Teilung** F böl(ün)me **teilweise** ADV kısmen **Teilzahlung** F kısmî ödeme; (*Ratenzahlung*) taksitle ödeme; (*Rate*) taksit **Teilzeitarbeit** F part-time iş
Teint M ⟨-s⟩ ten
Telefax N ⟨-, -e⟩ faks
Telefon N ⟨-e⟩ telefon **Telefonbuch** N telefon rehberi **Telefongespräch** N telefon konuşması **telefonieren** VI telefon etmek (**mit** *dat* -e); (*miteinander*) telefonlaşmak **telefonisch** ADV telefonla **Telefonkarte** F telefon kartı **Telefonnummer** F telefon numarası **Telefonzelle** F telefon kulübesi
Telegramm N ⟨-e⟩ telgraf
Teleobjektiv N FOTO teleobjektif
Teleskop N ⟨-e⟩ teleskop

Teller M ⟨-⟩ tabak
Tempel M ⟨-⟩ tapınak, mabet
Temperament N ⟨-e⟩ mizaç, tabiat, huy; (*Schwung*) canlılık **temperamentvoll** ADJ ateşli, canlı, coşkun
Temperatur F ⟨-en⟩ sıcaklık; MED ~ **haben** ateşi olmak
Tempo N ⟨-s, -pi⟩ (*Geschwindigkeit*) hız, sürat; tempo **Tempolimit** N ⟨-s⟩ hız sınırı
Tendenz F ⟨-en⟩ eğilim
Tennis N ⟨*kein pl*⟩ SPORT tenis **Tennisplatz** M kort **Tennisschläger** M raket
Teppich M ⟨-e⟩ halı; (*Gebetsteppich*) seccade; (*Webteppich*) kilim **Teppichboden** M halıfleks® **Teppichhändler(in)** M(F) halıcı
Termin M ⟨-e⟩ (*beim Arzt*) randevu; (*Frist*) vade, mühlet
Terminal N ⟨-s⟩ FLUG, IT terminal
Terpentin N ⟨-e⟩ terebentin
Terrasse F ⟨-n⟩ teras; AGR taraça
Territorium N ⟨-ien⟩ alan, saha; POL toprak
Terror M ⟨*kein pl*⟩ terör **Terrorist(in)** M(F) terörist
Tesafilm® M ⟨-⟩ seloteyp®
Test M ⟨-s⟩ test, deney
Testament N ⟨-e⟩ vasiyet (-name); REL **Altes** ~ Tevrat; **Neues** ~ İncil
testen V/T denemek
teuer ADJ pahalı; **wie ~ ist das?** bunun fiyatı ne?, bu kaça?
Teufel M ⟨-⟩ şeytan
Text M ⟨-e⟩ metin; MUS güfte
Textil... tekstil **Textilien** *pl* tekstil *sg*, dokuma *sg*
Textverarbeitung F IT metin işlem
Thailand N Tayland
Theater N ⟨-⟩ tiyatro **Theaterstück** N oyun, piyes
Theke F ⟨-n⟩ tezgâh
Thema N ⟨-men⟩ konu
Theologe M ⟨-n⟩ ilâhiyatçı **Theologie** F ⟨-n⟩ ilâhiyat
theoretisch ADJ teorik, kuramsal **Theorie** F teori, kuram
Therapeut M ⟨-en⟩, **Therapeutin** F terapist, tedavi eden
Therapie F ⟨-n⟩ tedavi, terapi
Thermalbad N kaplıca, ılıca
Thermometer N ⟨-⟩ termometre, *umg* derece
Thermosflasche® F termos
Thermostat M ⟨-en⟩ termostat
These F ⟨-n⟩ tez, sav
Thrazien N Trakya
Thron M ⟨-e⟩ taht
Thunfisch M tonbalığı
Thymian M BOT kekik
Tick M ⟨-s⟩ tik
ticken V/I (*Uhr*) tik-tak etmek
Ticket N ⟨-s⟩ bilet
tief ADJ derin (*a. fig*); (*niedrig*) alçak **Tief** N ⟨-s⟩, **Tiefdruckgebiet** N alçak basınç alanı **Tiefe** F ⟨-n⟩ derinlik **Tiefga-**

rage F yeraltı garajı **tiefgekühlt** ADJ derin dondurulmuş **Tiefkühltruhe** F derin dondurucu
Tier N ⟨-e⟩ hayvan **Tierarzt** M, **Tierärztin** F veteriner **Tierpark** M hayvanat bahçesi **Tierquälerei** F hayvan(lar)a eziyet
Tiger M ⟨-⟩ ZOOL kaplan
tilgen V/T yok etmek; WIRTSCH (borç) ödemek
timen V/T *umg* zamanlamak
Tinte F ⟨-n⟩ mürekkep **Tintenfisch** M ZOOL mürekkepbalığı
Tipp M ⟨-s⟩ (*Rat*) tavsiye, öneri **tippen** **A** V/I hafifçe dokunmak (**an, auf** *akk -e*); (*raten*) tahminde bulunmak (**auf** *akk -i*); (*Toto, Lotto*) bahse girmek **B** V/T (*schreiben*) daktilo etmek
Tisch M ⟨-e⟩ masa; sofra **Tischdecke** F masa örtüsü **Tischler(in)** M(F) marangoz **Tischtennis** N SPORT masa tenisi, pinpon **Tischtuch** N masa örtüsü
Titel ⟨-⟩ *m* (*Ehrenbezeichnung*) unvan; (*Buch*) ad; (*Überschrift*) başlık
Toast M ⟨-e, -s⟩ tost
toben V/I azmak; (*Kinder*) gürültü yapmak
Tochter F ⟨=⟩ kız (evlât)
Tod M ⟨-e⟩ ölüm **Todesanzeige** F ölüm ilânı **Todesopfer** N ölü **Todesstrafe** F ölüm cezası **Todesurteil** N idam kararı **tödlich** **A** ADJ öldürücü **B** ADV **~ verunglückt** kazada ölmüş **todmüde** ADJ yorgun argın, bitkin
Toilette F ⟨-n⟩ tuvalet **Toilettenpapier** N tuvalet kâğıdı
tolerant ADJ hoşgörülü
toll ADJ (*großartig*) harika, müthiş
Tollpatsch M ⟨-e⟩ çolapa
Tollwut F ⟨*kein pl*⟩ MED kuduz
Tomate F ⟨-n⟩ BOT domates **Tomatenmark** N ⟨*kein pl*⟩ (domates) salça(sı)
Ton **A** M ⟨-e⟩ (*Erde*) balçık, kil **B** M ⟨=e⟩ PHYS ses, ton **Tonband** N ⟨=er⟩ ses bandı **Tonbandgerät** N teyp
Toner M ⟨-⟩ (*für Drucker*) toner **Tonerkassette** F toner kaseti
Tonleiter F MUS gam dizisi
Tonne F ⟨-n⟩ (*Gewicht*) ton; (*Fass*) fıçı, varil; (*Mülltonne*) çöp bidonu
Tönung F ⟨-en⟩ tonlama; (*für Haar*) saç boyası
Tonwaren *pl* seramik eşya *sg*
Topf M ⟨=e⟩ (*Kochtopf*) tencere; (*Gefäß*) çömlek, çanak; (*Blumentopf*) saksı **Töpfer(in)** M(F) çömlekçi
Tor N ⟨-e⟩ kapı; SPORT kale; **ein ~ schießen** gol atmak
Torf M ⟨*kein pl*⟩ (*Moor*) turba
Torheit F ⟨-en⟩ (*Dummheit*) budalalık, salaklık
Torhüter(in) M(F) kaleci

torkeln VI sendelemek
Torte F ⟨-n⟩ turta, tart, pasta
Tortur F ⟨-en⟩ işkence, azap
Torwart M ⟨-e⟩ kaleci
tosen VI *(Sturm)* gürlemek
tot ADJ ölmüş, ölü
total **A** ADJ tam, bütün **B** ADV tamamen
totalitär ADJ POL totaliter
Tote(r) M/F(M) ölü **töten** VT öldürmek **Totenkopf** M kurukafa
Toto N ⟨*kein pl*⟩ toto
Totschlag M JUR adam öldürme **totschlagen** VT öldürmek
Tour F ⟨-en⟩ gezi, tur **Tourismus** M turizm **Tourist** M ⟨-en⟩, **Touristin** F turist
Tournee F ⟨-n⟩ turne
Trab M ⟨*kein pl*⟩ tırıs **traben** VI tırıs gitmek
Tracht F ⟨-en⟩ *(Kleidung)* millî kıyafet, kılık
Tradition F ⟨-en⟩ gelenek **traditionell** ADJ geleneksel
traf → treffen
Tragbahre F sedye **tragbar** ADJ portatif; *(Kleidung)* giyinebilir
träge ADJ tembel, uyuşuk
tragen VT taşımak; *(forttragen)* götürmek; *(herbeitragen)* getirmek; *(Kleider)* giymek **Träger** M ⟨-⟩ *(Gepäckträger)* hamal, taşıyıcı; *(am Kleid)* askı; *(Balken)* destek, kiriş **Tragetasche** F torba **Tragfläche** F FLUG kanat
Trägheit F ⟨*kein pl*⟩ *(Person)* tembellik; PHYS atalet
tragisch ADJ feci, acıklı; trajik
Tragödie F ⟨-n⟩ facia; THEAT trajedi
Trainer(in) M(F) antrenör **trainieren** **A** VI antrenman yapmak **B** VT çalıştırmak **Training** N ⟨-s⟩ antrenman **Trainingsanzug** M eşofman
Traktor M ⟨-en⟩ traktör
Trambahn F ⟨-en⟩ tramvay
trampeln VI tepinmek; ezip/çiğneyip geçmek
trampen VI otostopla gitmek **Tramper(in)** M(F) otostopçu
Träne F ⟨-n⟩ gözyaşı **tränen** VI gözü yaşarmak
trank → trinken
Transfer M ⟨-s⟩ transfer
Transformator M ⟨-en⟩ ELEK transformatör
Transistor M ⟨-en⟩ transistör
Transit M ⟨-e⟩ transit
transitiv ADJ GRAM geçişli
transparent ADJ saydam, şeffaf
Transplantation F MED organ nakli
Transport M ⟨-e⟩taşıma; nakliyat **transportieren** VT nakletmek, taşımak
Transvestit M transseksüel
Trapez N ⟨-e⟩ SPORT, MATH trapez
Trasse F ⟨-n⟩ hat
trat → treten
Traube F ⟨-n⟩ BOT salkım; *(Weintraube)* üzüm salkımı;

(*einzelne Weintraube*) üzüm **Traubenzucker** M glikoz
trauen A VT (*Paar*) evlendirmek B VI *j-m dat* güvenmek C V/R **sich ~** cesaret etmek (**zu** *inf -meye*)
Trauer F ⟨*kein pl*⟩ yas; üzüntü **trauern** VI yas tutmak
Traum M ⟨¨e⟩ düş, rüya **träumen** A VI rüya görmek B VT *fig* hayal görmek
traurig ADJ kederli, üzüntülü; (*Person*) üzgün; (*Sache*) üzücü
Trauring M evlenme yüzüğü, alyans **Trauschein** M evlenme kâğıdı **Trauung** F nikâh
Travellerscheck M seyahat çeki
treffen A VT (*Ball*) *akk -i* vurmak; (*Ziel*) *-e* isabet etmek; (*Person*) *-e* rastlamak; (*Maßnahmen*) *-i* almak B V/R **sich ~** buluşmak, görüşmek **Treffen** N ⟨-⟩ (*geplant*) toplantı; (*zufällig*) karşılaşma **treffend** ADJ yerinde; (*passend*) uygun **Treffer** M ⟨-⟩ isabet **Treffpunkt** M buluşma yeri
treiben A VT (*Tiere*) sürmek; (*schieben*) itmek; (*antreiben*) dürtmek; (*vorantreiben*) ilerletmek; (*Sport*) yapmak; (*Blüten*) vermek B VI (*im Wasser*) sürüklenmek **Treibhaus** N sera **Treibstoff** M yakıt
Trend M ⟨-s⟩ eğilim, trent
trennen A VT çözmek, ayırmak B V/R **sich ~** ayrılmak **Trennung** F ayırma; (*Paar*) ayrılma
Treppe F ⟨-n⟩ merdiven **Treppenhaus** N merdiven boşluğu
Tresor M ⟨-e⟩ kasa
Tretboot N ⟨-e⟩ deniz/göl bisikleti
treten A VT tepmek, çiğnemek B VI ayakla basmak (**auf** *akk -e*); girmek (**in** *akk -e*)
treu ADJ sadık, vefalı; *-e* bağlı **Treue** F ⟨*kein pl*⟩ vefa, sadakat **treulos** ADJ hain, vefasız
Tribüne F ⟨-n⟩ SPORT tribün; (*Rednertribüne*) kürsü
Trichter M ⟨-⟩ huni
Trick M ⟨-s⟩ hile **Trickfilm** M çizgifilm
trieb → treiben
Trieb M ⟨-e⟩ *Psych.* içgüdü, dürtü; BOT filiz **Triebkraft** F TECH itici güç **Triebwerk** N FLUG motor
triefen VI akmak; sırsıklam olmak
triftig ADJ sağlam, önemli
Trikot N ⟨-s⟩ triko; SPORT forma
trinkbar ADJ içil(ebil)ir **trinken** VT & VI içmek **Trinker(in)** M(F) ayyaş **Trinkgeld** N bahşiş **Trinkhalm** M kamış **Trinkwasser** N içme suyu
Trio N ⟨-s⟩ *a.* MUS üçlü
Tripper M ⟨-⟩ MED belsoğukluğu
Tritt M ⟨-e⟩ (*Schritt*) adım; (*Fußtritt*) tekme **Trittbrett** N basamak

Triumph M ‹-e› zafer **triumphieren** (**über** *-e*) galip gelmek
trivial ADJ sıradan
trocken ADJ kuru; kurak, çorak **Trockenheit** F ‹*kein pl*› susuzluk, kuraklık **Trockenobst** N kuruyemiş **trocknen** A VT kurutmak, kurulamak B VI kurumak
Trödel M ‹*kein pl*› *umg* eski eşya **Trödelmarkt** M bitpazarı
trödeln VI *umg* tembel davranmak; yavaş olmak, sallanmak
troff → triefen
trog → trügen
Trog M ‹¨e› tekne; (*für Tierfutter*) yalak
Troja N Truva
Trommel F ‹-n› davul; trampet(e) **Trommelfell** N ANAT kulak zarı **trommeln** VT & VI davul çalmak
Trompete F ‹-n› MUS borazan; trompet **Trompeter** M ‹-›, **Trompeterin** F borazan çalan
Tropen *pl* tropikal kuşak *sg*
tröpfeln VI damla damla akmak
tropfen A VI damlamak B VT damlatmak **Tropfen** M ‹-› damla **tropfnass** ADJ sırılsıklam **Tropfsteinhöhle** F damlataş mağarası
tropisch ADJ tropikal
Trost M ‹*kein pl*› avuntu, teselli **trösten** A VT teselli etmek, avutmak B VR **sich ~** teselli bulmak, avunmak (**mit** *dat* ile) **trostlos** ADJ ümitsiz; (*Gegend*) ıssız; (*Wetter*) kasvetli
Trottel M ‹-› *umg* budala, salak
trotz PRÄP *+gen -e* rağmen; *-e* karşın **Trotz** M ‹*kein pl*› inatlık **trotzdem** ADV buna rağmen, bununla beraber **trotzig** ADJ inatçı
trüb(e) ADJ bulanık, donuk **trüben** A VT bulandırmak; (*Stimmung*) bozmak B VR **sich ~** (*Wasser*) bulanmak; (*Wetter*) bulutlanmak
trug → tragen
trügen A VT aldatmak B VI (*Schein*) yanıltmak **trügerisch** ADJ aldatıcı
Truhe F ‹-n› sandık
Trümmer *pl* enkaz; yıkıntı *sg* **Trümmerhaufen** M enkaz yığını
Trumpf M ‹¨e› koz
Trunkenheit F ‹*kein pl*› sarhoşluk; **~ am Steuer** içkili araba kullanma
Trupp M ‹-s› grup, takım
Truppe F ‹-n› MIL birlik; THEAT takım, grup
Truthahn M ZOOL baba hindi
Tscheche M ‹-n›, **Tschechin** F, **tschechisch** ADJ Çek **Tschechisch** N Çekçe
Tschechische Republik F Çek Cumhuriyeti
Tschetschenien N Çeçenis-

tan
tschüs! INT eyvallah!, hoşça kal(ın)!
T-Shirt N ⟨-s⟩ tişört
Tube F ⟨-n⟩ tüp
Tuberkulose F ⟨-n⟩ MED tüberkulöz, verem
Tuch N ⟨¨-er⟩ bez; (*Gewebe*) kumaş; → Hals-, Kopftuch
tüchtig ADJ becerikli, yetenekli; *adv* iyice
tückisch ADJ sinsi, kötü
Tugend F ⟨-en⟩ erdem, fazilet
Tüll M ⟨-e⟩ (*Gewebe*) tül
Tulpe F ⟨-n⟩ BOT lâle
tummeln V/R **sich ~** koşuşmak, cirit atmak
Tumor M ⟨-en⟩ MED tümör, ur
Tümpel M ⟨-⟩ su birikintisi
Tumult M ⟨-e⟩ gürültü; kargaşalık
tun V/T & V/I (*machen*) etmek, yapmak, işlemek; (*legen*) koymak (**auf, in** *akk -e*); **~ als ob** ... *-miş* gibi hareket etmek; **zu ~ haben** işi olmak; ilgisi olmak (**mit** *dat* ile *nom*)
tünchen V/T & V/I badanalamak
Tunesien N Tunus
Tunke F ⟨-n⟩ (*Soße*) sos
Tunnel M ⟨-, -s⟩ tünel
Tupfen M ⟨-⟩ benek
Tür F ⟨-en⟩ kapı
Turban M ⟨-e⟩ kavuk, sarık
Turbine F ⟨-n⟩ TECH türbin
Türke M ⟨-n⟩ Türk **Türkei** F Türkiye **Türkin** F Türk (kadını)
Türkis M ⟨-e⟩ firuze, turkuvaz
türkisch ADJ Türk **Türkisch** N Türkçe
Türklinke F kapı kolu
Turkmene M ⟨-n⟩ Türkmen
Turkologie F ⟨*kein pl*⟩ Türkoloji
Turm M ⟨¨-e⟩ kule
turnen V/I cimnastik yapmak
Turnen N ⟨*kein pl*⟩ SPORT cimnastik **Turnhalle** F spor salonu
Turnier N ⟨-e⟩ turnuva
Turnschuh M spor ayakkabısı
Tusche F ⟨-n⟩ çini mürekkebi
Tüte F ⟨-n⟩ (*Papiertüte*) kesekâğıdı; (*Pastiktüte*) poşet; (*Eistüte*) külah
TÜV M: **Technischer Überwachungsverein** AUTO *umg* teknik muayene
Typ M ⟨-en⟩ (*Modell*) tip, örnek; *umg* herif
Typhus M ⟨*kein pl*⟩ MED tifo; (*Flecktyphus*) tifüs
typisch ADJ tipik

U

u. a. → unter anderem
U-Bahn F metro, yeraltı treni
übel A ADJ fena, kötü B ADV **mir ist ~** midem bulanıyor; **~ nehmen** darılmak (*j-m etw b-e b. ş.* için) **Übelkeit** F ⟨*kein pl*⟩ bulantı
üben A V/T (*lernen*) ders çalış-

mak; (*wiederholen*) tekrarlamak **B** VI alıştırma yapmak

über PRÄP *+dat -in* üzerinde; *präp +akk -in* üzerine; hakkında, ... ile ilgili; (*mehr als*) *-den* fazla

überall ADV her yerde

überanstrengen **A** VT fazla yormak **B** V/R **sich ~** çok yorulmak

überarbeiten **A** VT bir daha gözden geçirmek **B** V/R **sich ~** fazla çalışmak

überbieten VT *akk -e* üstün gelmek; *-i* artırmak

Überbleibsel N ‹-› artık, kalıntı

Überblick M genel bakış; (*Zusammenfassung*) özet **überblicken** VT kavramak

überbringen VT (*Brief*) getirmek

überbrücken VT (*Zeit*) atlatmak; bağlamak

überbuchen VT (*Hotel*) fazla bilet satmak

überdauern VT *akk -e* dayanmak

überdenken VT iyice düşünmek

überdrüssig ADJ **~ werden** bıkmak, usanmak (*gen -den*)

überdurchschnittlich ADJ olağanüstü; ortalamanın üstünde

übereilt ADJ iyi düşünmeden; aceleyle

übereinander ADV (*angeordnet*) üst üste; (*sprechen*) birbiri üzerine *od* hakkında

übereinkommen VI anlaşmak, uzlaşmak

übereinstimmen VI uzlaşmak; uygun gelmek **Übereinstimmung** F görüş birliği, anlaşma

überfahren VT AUTO arabayla ezmek **Überfahrt** F (*über Fluss etc*) karşıya geçiş

Überfall M baskın; (*Raubüberfall*) soygun **überfallen** VT *akk* baskına uğratmak; *-e* saldırmak

überfällig ADJ WIRTSCH (fazla) gecikmiş

überfliegen VT uçakla geçmek; *fig* gözden geçirmek

überflügeln VT *fig* geçmek, geride bırakmak

Überfluss M ‹*kein pl*› bolluk, çokluk, zenginlik **überflüssig** ADJ fazla, gereksiz

überfluten VT sel basmak

überführen VT *akk* nakletmek; JUR *-in* suçunu ispat etmek

überfüllt ADJ tıka basa dolu

Übergabe F teslim

Übergang M geçiş; geçit

Übergangs... geçici ...

übergeben **A** VT *j-m etw* teslim etmek, vermek **B** V/R **sich ~** MED kusmak

übergehen **A** VI geçmek (**zu** *dat -e*) **B** VT (*Person*) atlamak

Übergewicht N ‹*kein pl*› ağırlık fazlası; fazla kilo(lar); *fig* üstünlük

überglücklich ADJ çok mutlu
übergreifen V/I geçmek (**auf** *akk -e*)
überhandnehmen V/I fazlalaşmak, baskın çıkmak
überhaupt ADV hiç; esasen; **~ nicht** asla, hiç
überheblich ADJ kendini beğenmiş, kurumlu
überholen **A** V/T geçmek; geride bırakmak; TECH elden geçirmek **B** V/I AUTO (*links* ~) sollamak **Überholspur** F sollama şeridi **überholt** ADJ modası geçmiş **Überholung** F revizyon **Überholverbot** N AUTO sollama yasağı
überhören V/T işitmemek
überkochen V/I kaynarken (*veya* pişerken) taşmak
überladen V/T fazla yüklemek *veya* doldurmak
Überlandbus M şehirlerarası otobüs
überlassen V/T *j-m etw* terketmek, feragat; (*übrig lassen*) bırakmak; (*übergeben*) teslim etmek
überlaufen V/I (*Milch*) taşmak; MIL saf değiştirmek
überleben **A** V/I artakalmak; kurtulmak **B** V/T daha uzun zaman yaşamak (*akk -den*) **überlebend** ADJ hayatta kalan
überlegen **A** V/T düşünmek **B** ADJ üstün (*dat -den*)
Überlieferung F gelenek; rivayet
überlisten V/T aldatmak
Übermacht F ⟨*kein pl*⟩ üstünlük
übermäßig ADJ ziyade, aşırı
übermitteln V/T *j-m etw* bildirmek
übermorgen ADV öbürgün
übermüdet ADJ bitkin
übermütig ADJ haddini bilmeyen
übernächste(r, s) ADJ öbürü, ikinci
übernachten V/I gecelemek
Übernachtung F geceleme
übernatürlich ADJ doğaüstü
übernehmen **A** V/T (*Kosten*) üzerine almak, (*Idee*) kabul etmek **B** V/R **sich ~** ifrata kaçmak
überprüfen V/T yoklamak, kontrol etmek
überqueren V/T (*Straße*) geçmek
überragen V/T üstün olmak (*akk -den*) **überragend** ADJ üstün
überraschen V/T şaşırtmak; hayrete düşürmek; sürpriz yapmak **Überraschung** F şaşırtı; (*freudige* ~) sürpriz
überreden V/T ikna etmek (**zu** *dat -e*)
überreichen V/T *j-m etw* vermek, sunmak
Überrest M artık, kalıntı
überrumpeln V/T gafil avlamak
übersäen V/T serpmek, saçmak (*etw* **mit** *dat -e -i*)
überschätzen V/T *akk -e* fazla

değer vermek; gözde büyütmek
überschauen → überblicken
Überschlag M tahmin; SPORT takla **überschlagen** **A** V/T (*auslassen*) atlamak; (*schätzen*) tahmin etmek **B** V/R **sich ~** (*Auto*) devrilmek
überschreiten V/T aşmak
Überschrift F başlık
Überschuss M fazla, artık **überschüssig** ADJ fazla olan
überschütten V/T yağdırmak, saçmak (*akk* **mit** *dat -e -i*)
überschwänglich ADJ aşırı duygulu
Überschwemmung F su baskını
überseeisch ADJ denizaşırı
übersehen V/T kavramak; *fig* gözden kaçırmak
übersenden V/T (*Dokument*) *j-m etw* göndermek, yollamak
übersetzen **A** V/T tercüme etmek, çevirmek **B** V/I (*mit Boot*) geçmek **Übersetzer(in)** M(F) çevirmen **Übersetzung** F tercüme, çeviri
Übersicht F ⟨-en⟩ kuşbakışı; (*Darstellung*) özet **übersichtlich** ADJ (*ordentlich*) düzgün, düzenli; (*Gelände*) açık
übersiedeln V/I göçmek
überspannen V/T (*zu sehr spannen*) fazla germek; (*bedecken*) örtmek **überspannt** ADJ *fig* (*verrückt*) kaçık
überspringen V/T atlamak
überstehen V/T *akk* geçirmek; *-e* katlanmak
übersteigen V/T (*Kräfte*) aşmak
überstimmen V/T POL oylamada yenmek
Überstunde F fazla mesai; **~n machen** mesai yapmak
überstürzen **A** V/T aceleye getirmek **B** V/R **sich ~** birbirini izlemek
übertragbar ADJ JUR devredilebilir **übertragen** **A** V/T JUR devretmek; RADIO, TV yayınlamak; (*übersetzen*) aktarmak; MED bulaştırmak **B** ADJ (*bildlich*) mecazî **Übertragung** F (*Übersetzung*) aktarma, çevirme; RADIO, TV nakil, yayın
übertreffen V/T *akk -e* üstün olmak, aşmak, geride bırakmak
übertreiben V/T abartmak
übertreten **A** V/I SPORT, REL geçmek **B** V/T *-e -e* aykırı davranmak
übertrieben ADJ aşırı
übertrumpfen V/T *akk -e* üstün gelmek
überwachen V/T gözetmek
Überwachung F gözetim
überwältigen V/T etkisiz hâle getirmek
überweisen V/T (*Geldbetrag*) *j-m etw* havale etmek **Überweisung** F FIN havale; MED nakil
überwiegen V/I ağır basmak
überwiegend **A** ADJ çoğunlukla; (*Mehrheit*) büyük **B** ADV

daha çok
überwinden **A** V/T yenmek, aşmak **B** V/R **sich ~** nefsini bastırmak
überwintern V/I kışı geçirmek
überzählig ADJ fazla
überzeugen **A** V/T ikna etmek, inandırmak (**von** *dat -i*) **B** V/R **sich ~** kendi gözleriyle görmek (**von** *dat -i*) **Überzeugung** F kanı, kanaat
überziehen V/T (*bedecken*) kaplamak; (*Kleidung*) üstüne giymek; (*Konto*) *-den* fazla para çekmek **Überzug** M örtü; kılıf
üblich ADJ olağan; alışılmış
U-Boot N → Unterseeboot
übrig ADJ kalan; **die Übrigen** *pl* diğerleri; **~ bleiben** (arta-) kalmak; **~ lassen** bırakmak
übrigens ADV ayrıca; hem de
Übung F alıştırma; egzersiz; (*Erfahrung*) tecrübe, pratik, deneyim
Ufer N ⟨-⟩ kenar, kıyı, sahil **Uferstraße** F sahil yolu
Uhr F ⟨-en⟩ saat; **wie viel ~ ist es?** saat kaç?; **um neun ~** saat dokuzda **Uhrmacher(in)** M(F) saatçı
Uhu M ⟨-s⟩ ZOOL baykuş
ulkig ADJ tuhaf, gülünç
ultra... ultra, aşırı
um **A** PRÄP *+akk* (*räumlich*) *-in* etrafına, etrafında, etrafından; (*zeitlich*) -de, -da; **~** *gen* **willen** ... uğruna **B** ADV (*vorbei*) geçmiş, bitmiş; (*etwa*) aşağı yukarı **C** KONJ **~ zu** *inf -mek* için, *-mek* üzere
umarmen **A** V/T kucaklamak **B** V/R **sich ~** kucaklaşmak
Umbau M ⟨-ten⟩ ARCH değiştirme, tadilat
umbiegen V/T bükmek
umbinden V/T (*Krawatte*) bağlamak
umblättern V/T & V/I (*Seite*) çevirmek
umbringen V/T öldürmek
umbuchen V/T *-in* rezervasyonunu değiştirmek
umdrehen **A** V/T çevirmek, döndürmek **B** V/R **sich ~** (arkasını) dönmek **Umdrehung** F dönme, devir
umfallen V/I yere düşmek, devrilmek; (*zusammenbrechen*) yıkılmak, çökmek
Umfang M ⟨¨-e⟩ *a.* MATH çevre; (*Ausmaß*) kapsam, ölçü
umfangreich ADJ geniş, kapsamlı
umfassen V/T kapsamak
umformen V/T *akk -in* şeklini değiştirmek
Umfrage F anket
Umgang M ⟨*kein pl*⟩ (*Kontakt*) ilişki; (*Gebrauch*) kullanma **Umgangsformen** *pl* davranış tarzı *sg* **Umgangssprache** F gündelik dil, konuşma dili
umgeben **A** V/T çevirmek, kuşatmak **B** ADJ çevrili (**von** *dat* ile) **Umgebung** F çevre; (*nähere* ~) civar; (*Milieu*) ortam

umgehen **A** VT *fig* (*Problem*) sakınmak **B** VI **~ mit** *dat b.* ile ilişkisi olmak; *b. ş-i* kullanmak **umgehend** ADJ derhal **Umgehungsstraße** F çevre yolu
umgekehrt **A** ADJ ters **B** ADV *-in* tersine
umgestalten → umformen
umgrenzen VT sınırlamak
Umhang M ⟨⸚e⟩ pelerin
Umhängetasche F (omuzdan) askılı çanta
umher ADV etrafında; her tarafa **umherlaufen** VI gezmek, dolaşmak
umhinkönnen VI **nicht ~ zu** *inf* -meden edememek
umhören VR **sich ~** bilgi edinmek
Umkehr F ⟨*kein pl*⟩ dönüş **umkehren** **A** VI (geri) dönmek **B** VT çevirmek, döndürmek
umkippen **A** VT devirmek **B** VI devrilmek
umkleiden VR **sich ~** üstünü değiştirmek **Umkleideraum** M soyunma odası
umknicken VI (*Fuß etc*) (ayağını *v. s.*) incitmek
umkommen VI ölmek
Umkreis M ⟨*kein pl*⟩ çevre, muhit
umladen VT aktarmak
Umlauf M ⟨*kein pl*⟩ dolaşım; (*Geld*) tedavül **Umlaufbahn** F yörünge
Umlaut M GRAM *Almanca ä, ö, ü*
umlegen VT *akk* (*Schal*) giymek; (*Kosten*) bölmek, dağıtmak; *umg* (*töten*) öldürmek
umleiten VT başka yöne çevirmek; aktarmak **Umleitung** F başka yoldan geçirme; AUTO aktarma (yolu)
umliegend ADJ etrafındaki
umrechnen VT WIRTSCH başka paraya çevirmek **Umrechnungskurs** M döviz kuru
umreißen VT (*umstürzen*) *akk* devirmek; (*skizzieren*) *-in* taslağını çizmek
umringen VT kuşatmak
Umriss M ⟨-e⟩ kenar çizgisi; (*Skizze*) taslak, kroki
umrühren VT & VI karıştırmak
Umsatz M WIRTSCH sürüm
umschalten VT (*Fernsehkanal etc*) değiştirmek
umschauen VR **sich ~** bakınmak
Umschlag M (*Brief*) zarf; (*Buch*) kapak; MED kompres **umschlagen** **A** VI (*Wetter*) değişmek; WIRTSCH aktarmak **B** VT (*Buchseite*) çevirmek; (*Ärmel*) kıvırmak
umschnallen VT kuşanmak
umschreiben VT (*Text*) başka sözlerle anlatmak; JUR devretmek **Umschrift** F ⟨-en⟩ transkripsiyon
umschulen VT yeni meslek için eğitmek **Umschulung** F yeniden meslek eğitimi
Umschweife *pl*: **ohne ~** doğ-

rudan doğruya
umsehen V/R **sich ~** etrafına bakmak, bakınmak
umsetzen V/T WIRTSCH satmak
Umsicht F ⟨*kein pl*⟩ özen
umsiedeln V/I göç ettirmek
Umsiedler(in) M(F) göçmen
umso KONJ o kadar
umsonst ADV bedava, ücretsiz (*vergeblich*) boşuna
Umstand M ⟨¨-e⟩ durum; nitelik; **unter Umständen** belki; gerekirse; **machen Sie sich keine Umstände!** zahmet etmeyin! **umständlich** ADV zahmetli, külfetli; *pers* titiz **Umstandskleid** N gebelik elbisesi
umsteigen V/I aktarma yapmak
umstellen V/T (*Möbel*) (*-in* yerini) değiştirmek; (*Uhr*) ayarlamak; **~ auf** *-e* geçirmek
umstimmen V/T caydırmak
umstoßen V/T devirmek
umstritten ADJ çekişmeli
Umsturz M devrim **umstürzen** **A** V/T devirmek **B** V/I devrilmek
umtaufen V/T *akk -in* adını değiştirmek
Umtausch M ⟨*kein pl*⟩ değiş(tir)me; değiş-tokuş **umtauschen** V/T değiştirmek (**gegen** *akk* ile); (*Geld*) bozdurmak
umwandeln V/T değiştirmek; çevirmek (**in** *akk -e*)
Umweg M dolambaç
Umwelt F ⟨*kein pl*⟩ çevre **umweltbelastend** ADJ çevreye zararlı **umweltfreundlich** ADJ çevre dostu **Umweltschutz** M çevre koruma **Umweltverschmutzung** F çevre kirlenmesi
umwenden **A** V/T çevirmek **B** V/R **sich ~** dönmek
umwerfen V/T (*stürzen*) devirmek **umwerfend** ADJ *fig* olağanüstü
umwickeln V/T sarmak (*akk* **mit** *dat -e -i*)
umziehen **A** V/I taşınmak **B** V/R **sich ~** üstünü değiştirmek
umzingeln V/T kuşatmak
Umzug M (*Wohnungsumzug*) taşınma; (*Prozession*) alay
UN → Vereinte Nationen
unabhängig ADJ bağımsız **Unabhängigkeit** F ⟨*kein pl*⟩ bağımsızlık
unabsichtlich **A** ADJ bilmeden; istemeyerek **B** ADV **~ tun** kazara yapmak
unabwendbar ADJ önüne geçil(e)mez
unachtsam ADJ dikkatsiz
unangebracht ADJ yersiz
unangenehm ADJ nahoş, rahatsız edici
unannehmbar ADJ kabul edilemez **Unannehmlichkeiten** *pl* güçlük *sg*, tatsızlık *sg*
unanständig ADJ edepsiz; ayıp; açık saçık
unantastbar ADJ dokunulmaz
unappetitlich ADJ tiksindirici

Unart F kötü alışkanlık, yakışıksız davranış
unartig ADJ yaramaz, aksi, küstah
unauffällig ADJ gösterişsiz, dikkat çekmeyen **unaufhaltsam** ADJ durdurulmaz **unaufhörlich** **A** ADJ devamlı **B** ADV hiç durmadan **unaufmerksam** ADJ dikkatsiz
unausbleiblich ADJ kaçınılmaz **unausgeglichen** ADJ dengesiz **unauslöschlich** ADJ sönmez, silinmez **unausstehlich** ADJ katlanılmaz **unausweichlich** ADJ kaçınılmaz
unbarmherzig ADJ insafsız, acımasız
unbeachtet ADJ dikkati çekmeyen **unbedeutend** ADJ önemsiz **unbedingt** **A** ADJ kesin **B** ADV kesinlikle, mutlaka, muhakkak **unbefriedigend** ADJ kâfi gelmeyen; memnun etmeyen **unbefriedigt** ADJ hoşnutsuz **unbefugt** ADJ yetkisiz **unbegreiflich** ADJ anlaşılmaz **unbegrenzt** ADJ sınırsız **unbegründet** ADJ yersiz, gerekçesiz **Unbehagen** N ⟨*kein pl*⟩ sıkıntı **unbehelligt** ADJ rahat bırakılan **unbeholfen** ADJ beceriksiz **unbekannt** ADJ bilinmeyen **unbeliebt** ADJ sevilmeyen **unbequem** ADJ rahatsız **unberechenbar** ADJ hesap olunamayan; *umg* delibozuk **unberechtigt** → unbefugt
unbeschrankt ADJ **~er Bahnübergang** bariyersiz geçit **unbeschränkt** ADJ sınırsız; şartsız **unbeschreiblich** ADJ tanımı *od* tarifi güç **unbeschwert** ADJ kaygısız **unbesetzt** ADJ boş, serbest **unbesonnen** ADJ düşüncesiz **unbesorgt** ADJ endişesiz; **seien Sie ~!** tasalanmayın! **unbeständig** ADJ kararsız; (*Wetter*) çabuk değişen **unbestimmt** ADJ belirsiz **unbestreitbar** ADJ tartışılmaz **unbetont** ADJ vurgusuz
unbeugsam ADJ boyun eğmez
unbeweglich ADJ sabit, hareketsiz **unbewohnbar** ADJ oturulamaz **unbewohnt** ADJ boş, oturulmayan **unbewusst** ADJ bilinçsiz **unbezahlbar** ADJ fiyatı ödenemez; *umg* son derece iyi
unbrauchbar ADJ işe yaramaz
und KONJ ve, ile; **~ so weiter** ve saire
undankbar ADJ nankör **undenkbar** ADJ düşünülemez **undeutlich** ADJ belirsiz **undicht** ADJ (*Schuhe*) su geçirebilir; (*Wasserhahn*) su kaçıran **undurchdringlich** ADJ geçilemez **undurchführbar** ADJ uygulaması imkânsız, yapılamaz **undurchsichtig** ADJ saydam olmayan; belirsiz
uneben ADJ düz olmayan **un-**

echt ADJ sahte; (*künstlich*) yapma **unehelich** ADJ evlilik dışı; gayri meşru **uneigennützig** ADJ egoist(çe) olmayan; çıkarsız **uneinig** ADJ anlaşamamış **Uneinigkeit** F ⟨*kein pl*⟩ uyuşmazlık, anlaşmazlık **unempfindlich** ADJ (*Person*) alıngan olmayan; (*widerstandsfähig*) dayanıklı (**gegen** *akk* -*den*) **unendlich** ADJ sonsuz **unentbehrlich** ADJ zorunlu, gerekli **unentgeltlich** ADJ bedava, parasız **unentschieden** ADJ karara bağlanmamış; SPORT berabere **unentschlossen** ADJ kararsız **unentwegt** ADJ (*ständig*) durmadan

unerbittlich ADJ insafsız **unerfahren** ADJ acemi, tecrübesiz **unerfreulich** ADJ hoşa gitmeyen **unerhört** ADJ görülmedik **unerklärlich** ADJ açıklanamaz **unerlässlich** ADJ (*notwendig*) zorunlu **unerlaubt** ADJ izinsiz **unermesslich** ADJ *fig* sonsuz **unermüdlich** ADJ yorulmaz **unerreichbar** ADJ ulaşılmaz **unersättlich** ADJ doymaz **unerschöpflich** ADJ tükenmez **unerschrocken** ADJ korkusuz **unerschütterlich** ADJ sarsılmaz **unerschwinglich** ADJ çok pahalı, ödenemez **unersetzlich** ADJ eşi bulunmaz **unerträglich** ADJ dayanılmaz, katlanılmaz **unerwartet** **A** ADJ beklenmedik **B** ADV anî **unerwünscht** ADJ istenilmeyen

unfähig ADJ yeteneksiz, beceriksiz **Unfähigkeit** F ⟨*kein pl*⟩ yetersizlik

unfair ADJ yakışık olmayan

Unfall M kaza **Unfallschaden** M kaza hasarı **Unfallversicherung** F kaza sigortası

unfassbar ADJ akıl ermez

unfehlbar ADJ yanılmaz

unförmig ADJ biçimsiz

unfreiwillig **A** ADJ isteksiz, gönülsüz **B** ADV istemeyerek, gönülsüz olarak

unfreundlich ADJ dostça olmayan, kaba

unfruchtbar ADJ verimsiz; kısır

Ungar M ⟨-n⟩, **Ungarin** F Macar **ungarisch** ADJ Macar **Ungarisch** N Macarca **Ungarn** N Macaristan

ungebildet ADJ bilgisiz; eğitimsiz, cahil

Ungeduld F ⟨*kein pl*⟩ sabırsızlık **ungeduldig** ADJ sabırsız

ungeeignet ADJ elverişsiz

ungefähr **A** ADV aşağı yukarı **B** ADJ yaklaşık

ungefährlich ADJ tehlikesiz

ungeheuer ADJ kocaman, olağanüstü, müthiş

Ungeheuer N ⟨-⟩ canavar

ungehorsam ADJ itaatsiz **ungelegen** ADJ vakitsiz **ungelernt** ADJ kalifiye olmayan

ungemütlich ADJ rahat olmayan **ungenau** ADJ kesin olmayan, belirsiz **ungeniert** ADJ sıkılmaz, serbest **ungenießbar** ADJ (*Essen*) yenmez, (*Getränk*) içilmez **ungenügend** ADJ yetersiz **ungepflegt** ADJ bakımsız **ungerade** ADJ MATH tek
ungerecht ADJ haksız, adaletsiz **Ungerechtigkeit** F ⟨-en⟩ haksızlık
ungern ADV istemeyerek
ungeschickt ADJ beceriksiz **ungesetzlich** ADJ kanuna aykırı, yasadışı, illegal **ungespritzt** ADJ (*Obst*) ilaçlanmamış **ungestüm** ADJ atılgan **ungesund** ADJ sağlıksız; sağlığa aykırı
Ungetüm N ⟨-e⟩ canavar
ungeübt ADJ acemi, tecrübesiz **ungewiss** ADJ şüpheli, belirsiz **Ungewissheit** F ⟨-en⟩ belirsizlik **ungewöhnlich** ADJ olağanüstü **ungewohnt** ADJ alış(ıl)mamış **ungezählt** ADJ sayısız
Ungeziefer N ⟨*kein pl*⟩ haşarat *pl*
ungezogen ADJ (*Kind*) terbiyesiz **ungezwungen** ADJ serbest, kendiliğinden
ungläubig ADJ REL imansız, dinsiz
unglaublich ADJ inanılmaz
ungleich ADJ eşit olmayan, farklı **Ungleichheit** F ⟨-en⟩ eşitsizlik
Unglück N ⟨-e⟩ (*Unfall*) kaza; (*Katastrophe*) felâket; uğursuzluk, talihsizlik **unglücklich** ADJ talihsiz; mutsuz, kederli **unglücklicherweise** ADJ (*leider*) maalesef
ungültig ADJ hükümsüz; geçersiz
ungünstig ADJ uygun olmayan
ungut ADJ **nichts für ~!** kusura bakma(yın)!
unhaltbar ADJ dayanıksız
Unheil N (*Unglück*) felâket
unheilbar ADJ tedavi edilemez
unheimlich ADJ korkutucu, tekin olmayan; *umg* son derece
unhöflich ADJ nezaketsiz, kaba
unhygienisch ADJ sağlığa zararlı, sıhhî olmayan, hijensiz
Uniform F ⟨-en⟩ üniforma
Union F ⟨-en⟩ birlik
universal ADJ evrensel; genel
Universität F ⟨-en⟩ üniversite
Universum N ⟨*kein pl*⟩ evren
unkenntlich ADJ tanınmaz
Unkenntnis F ⟨*kein pl*⟩ bilgisizlik, cehalet
unklar ADJ belirsiz
unklug ADJ akılsız
Unkosten *pl* masraflar
Unkraut N yabanî ot
unkündbar ADJ fesholunamaz, daimî
unlängst ADV geçenlerde
unleserlich ADJ okunaksız

unlogisch ADJ mantıksız
Unmenge F ⟨-n⟩ büyük miktar
unmenschlich ADJ gaddar, insanlık dışı
unmerklich ADJ duyulmaz
unmittelbar **A** ADJ doğrudan doğruya, dolaysız **B** ADV ~ **darauf** hemen sonra
unmöglich ADJ imkânsız, olanaksız
unmoralisch ADJ ahlâksız(ca)
unmündig ADJ reşit olmayan
unnatürlich ADJ doğal olmayan; (*geziert*) yapmacıklı
unnötig ADJ gereksiz
UNO → Vereinte Nationen
unordentlich ADJ düzensiz **Unordnung** F karışıklık
unparteiisch ADJ tarafsız **unpassend** ADJ uygunsuz, yersiz **unpassierbar** ADJ (*Straße*) geçilemez **unpässlich** ADJ (*unwohl*) rahatsız **unpersönlich** ADJ kişilik dışı; *fig* soğuk **unpraktisch** ADJ kullanışsız **unpünktlich** ADJ dakik olmayan
unrasiert ADJ tıraşsız
unrecht ADJ doğru olmayan, yanlış; ~ **haben** haklı olmamak **Unrecht** N ⟨*kein pl*⟩ haksızlık; **zu** ~ haksız yere
unregelmäßig ADJ düzensiz; kuraldışı
unreif ADJ ham, olmamış; *fig* olgun olmayan
unrein ADJ kirli, pis
unrentabel ADJ kârsız
Unruhe F huzursuzluk; endişe **unruhig** ADJ huzursuz; endişeli
uns PERS PR *von* **wir**; bizi; bize
unsachlich ADJ nesnel *od* tarafsız olmayan
unschädlich ADJ zararsız **unschätzbar** ADJ paha biçilmez **unscheinbar** ADJ göze çarpmayan, gösterişsiz **unschlüssig** ADJ kararsız
Unschuld F ⟨*kein pl*⟩ suçsuzluk **unschuldig** ADJ suçsuz
unser(e, er, es) POSS PR bizim, -miz; **~erseits** bizim tarafımızdan
unsicher ADJ (*Person*) güvensiz; (*Lage*) şüpheli; (*gefährlich*) güvenilmez, emniyetsiz **Unsicherheit** F emniyetsizlik
unsichtbar ADJ görünmez
Unsinn M ⟨*kein pl*⟩ saçma(lık) **unsinnig** ADJ anlamsız; (*absurd*) saçma
Unsitte F ⟨*kein pl*⟩ kötü alışkanlık **unsittlich** ADJ ahlâksız(ca)
unsterblich ADJ ölümsüz, ebedi
Unstimmigkeiten *pl* tutarsızlık(lar), anlaşmazlık *sg*
unsympathisch ADJ sevimsiz, antipatik
untadelig ADJ kusursuz **untätig** hareketsiz, tembel **untauglich** ADJ işe yaramaz **unteilbar** ADJ bölünemez
unten ADV aşağıda; **nach** ~ aşağıya; **von** ~ aşağıdan

unter PRÄP *+dat -in* altında; *-in* arasında; *präp +akk -in* altına; *-in* arasına; (*weniger als*) *-den* aşağı; **~ anderem** diğerleri *veya* benzerleri arasında **unter(e, r, s)** ADJ alt(taki); aşağı (-daki) **Unterarm** M ANAT ön kol **Unterbewusstsein** N bilinç altı
unterbinden V/T (*stoppen*) durdurmak; (*verhindern*) önlemek **unterbleiben** V/I olmamak, yapılmamak
unterbrechen V/T *akk* kesmek; *-e* ara vermek **Unterbrechung** F ara
unterbreiten V/T (*Vorschlag*) *j-m etw* sunmak, arz etmek **unterbringen** V/T barındırmak, yerleştirmek (**in** *dat -e*) **unterdessen** ADV bu sırada **unterdrücken** V/T bastırmak **untereinander** ADV aralarında; alt alta **unterernährt** ADJ yetersiz beslenmiş, hipotrof
Unterführung F alt geçit
Untergang M batma; çöküş; iflas
Untergebene(r) M/F(M) ast, *-nin* emri altındaki
untergehen V/I (*Boot*) batmak; (*Kultur*) çökmek
untergraben V/T *fig* (*Autorität*) sarsmak
Untergrund M yeraltı **Untergrundbahn** F → U-Bahn **Untergrundbewegung** F gizli örgüt
unterhalb PRÄP *+gen -den* aşağı, *-in* altında
Unterhalt M ⟨*kein pl*⟩ geçim; JUR nafaka **unterhalten** **A** V/T (*Familie*) geçindirmek; (*Publikum*) eğlendirmek **B** V/R **sich ~** konuşmak; eğlenmek **Unterhaltung** F (*Gespräch*) konuşma, sohbet; (*Vergnügen*) eğlence; **gute ~!** iyi eğlenceler!
Unterhemd N fanila, atlet **Unterholz** N çalılık **Unterhose** F don, külot
unterirdisch ADJ yeraltı
Unterkiefer M ⟨-⟩ ANAT altçene **Unterkunft** F ⟨⸚e⟩ barınak, konut; kalacak yer **Unterlage** F (*Basis*) temel; altlık; **~n** *pl* (*Akten*) belgeler
unterlassen V/T bırakmak, yapmamak, ihmal etmek
Unterleib M belden aşağısı
unterliegen V/I (*in Auseinandersetzung*) yenilmek; (*einer Weisung*) *dat* bağlı olmak
Unterlippe F ANAT alt dudak
Untermieter(in) M(F) kiracının kiracısı
unternehmen V/T *akk -e* girişmek; (*Ausflug*) *-i* yapmak **Unternehmen** N (*Vorhaben*) girişim; (*Firma*) kuruluş **Unternehmer(in)** M(F) girişimci; (*Arbeitgeber*) iş veren **Unternehmung** F girişim, faaliyet **unternehmungslustig** ADJ girişken, faal
Unteroffizier M MIL çavuş;

astsubay
unterordnen VR **sich ~** *dat -nin* emri altına girmek
Unterredung F (*Gespräch*) görüşme
Unterricht M ⟨-e⟩ öğretim; ders(ler) **unterrichten** A VT öğretmek; bilgi vermek (*j-n* **über** *akk b-e b. ş.* hakkında) B VR **sich ~** bilgi edinmek (**über** *akk* hakkında)
Unterrock M jüpon, iç eteklik
Untersatz M altlık
unterschätzen VT küçümsemek, hafifsemek
unterscheiden A VT ayırmak B VI ayırt etmek (**zwischen** *dat -i*) C VR **sich ~** farklı olmak (**von** *dat -den*)
Unterschenkel (-) *m* ANAT baldır
Unterschied M ⟨-e⟩ fark **unterschiedlich** ADJ farklı
unterschlagen VT JUR zimmetine geçirmek, ihtilas etmek
unterschreiben VT imza etmek, imzalamak **Unterschrift** F imza
Unterseeboot N denizaltı
Unterseite F alt taraf **Untersetzer** M altlık
unterstehen A VI *dat -in* emrinde bulunmak B VR **sich ~** *-meğe* kalkışmak; **untersteh dich!** sakın ha!
unterstellen A VT yerleştirmek; (*Auto*) garaja bırakmak; *fig b-in* emrine vermek; suçlamak, isnat etmek (*j-m etw b-i b. ş.* ile) B VR **sich ~** sığınmak
unterstreichen VT *akk -in* altını çizmek; *fig -i* vurgulamak
unterstützen VT desteklemek
Unterstützung F destek
untersuchen VT araştırmak; MED muayene etmek; (*Blut*) tahlil yapmak; JUR soruşturmak **Untersuchung** F inceleme, araştırma; MED muayene; JUR soruşturma
Untertasse F fincan tabağı
Unterteil N alt kısım **Untertitel** M (*Film*) altyazı **Unterwäsche** F iç çamaşırı **Unterwasser...** sualtı
unterwegs ADV yolda; **~ nach** ... ... yolunda
unterwerfen A VT itaat altına almak, tabi kılmak B VR **sich ~** *dat -in* itaat altına girmek **unterwürfig** ADJ yaltakçı, boyun eğen
unterzeichnen VT imzalamak
Untiefe F ⟨-n⟩ sığlık
untrennbar ADJ ayrılmaz **untreu** ADJ vefasız, sadakatsız; ihanet **unüberlegt** ADJ düşüncesiz **unübersichtlich** ADJ karmaşık **unüberwindlich** ADJ atlatılamaz, yenilmez
unumwunden ADJ açıkça
ununterbrochen A ADJ arasız, devamlı B ADV durmadan
unveränderlich ADJ değişmez **unverändert** ADJ değiş-

(tiril)memiş **unverantwortlich** ADJ sorumsuz **unveräußerlich** ADJ devredilemez **unverbesserlich** ADJ düzelmez **unverbindlich** ADJ yükümlü kılmayan **unverbleit** ADJ AUTO kurşunsuz **unverblümt** ADJ açık **unvereinbar** ADJ bağdaşmaz **unverfroren** ADJ küstah, arsız **unvergesslich** ADJ unutulmaz **unvergleichlich** ADJ eşsiz **unverheiratet** ADJ bekâr **unverhofft** ADJ umulmadık **unverkennbar** ADJ besbelli **unvermeidlich** ADJ kaçınılmaz **unvernünftig** ADJ akılsız, mantıksız **unverschämt** ADJ utanmaz **unverschuldet** ADJ suçsuz yere **unversehens** ADJ birdenbire **unversehrt** ADJ tam, sağlam **unverständlich** ADJ anlaşılmaz **unversteuert** ADJ vergisiz **unverzeihlich** ADJ affolunmaz **unverzichtbar** ADJ vazgeçilmez **unverzollt** ADJ gümrüksüz **unverzüglich** ADJ derhal, hemen
unvollendet ADJ tamamlanmamış **unvollkommen** ADJ eksik; kusurlu **unvollständig** ADJ eksik; tamamlanmamış; bitmemiş
unvorbereitet ADJ hazırlıksız **unvoreingenommen** ADJ önyargısız **unvorhergesehen** ADJ beklenmedik; ummadık **unvorsichtig** ADJ dikkatsiz **unvorstellbar** ADJ akıl almaz
unwahr ADJ yanlış, yalan **unwahrscheinlich** ihtimal dışı **unwegsam** ADJ yolu kötü, geçilmez **unweigerlich** ADJ mutlaka **unwesentlich** ADJ önemsiz
Unwetter N ⟨-⟩ fırtına
unwichtig ADJ önemsiz **unwiderruflich** ADJ iptal edilemez **unwiderstehlich** ADJ karşı konulmaz **unwillig** ADJ (*ärgerlich*) öfkeli; (*widerwillig*) isteksiz **unwillkürlich** ADJ irade dışı **unwirklich** ADJ gerçek dışı *od* olmayan **unwirksam** ADJ etkisiz **unwirsch** ADJ hırçın, ters, kaba **unwissend** ADJ bilgisiz; cahil **unwissentlich** ADV bilmeyerek **unwohl** ADJ rahatsız, keyifsiz **unwürdig** ADJ *gen* -*e* lâyık olmayan, yaraşmayan
unzählig ADJ sayısız **unzerbrechlich** ADJ kırılmaz **unzertrennlich** ADJ ayrılmaz
Unzucht F fuhuş **unzüchtig** ADJ ahlâksız; müstehcen
unzufrieden ADJ memnun değil, hoşnutsuz **unzugänglich** ADJ ulaşılmaz; erişilmez **unzulänglich** ADJ yetersiz **unzulässig** ADJ yasak, caiz olmayan **unzurechnungsfähig** ADJ JUR cezaî sorumluluğu olmayan **unzureichend** ADJ yetersiz **unzuverlässig** ADJ güvenilmez

unzweifelhaft ADJ şüphesiz
Update N ⟨-s⟩ IT güncelleme
üppig ADJ bol; zengin, bereketli; (*Figur*) tombul
uralt ADJ çok eski; (*Person*) çok yaşlı
Uran N ⟨*kein pl*⟩ uranyum
Uraufführung F gala
Ureinwohner(in) M(F) yerli
Urenkel M torunun çocuğu **Urgroßmutter** F ninenin *veya* dedenin annesi **Urgroßvater** M dedenin *veya* ninenin babası
Urheberrecht N telif hakkı
Urin M ⟨-e⟩ sidik, idrar **Urinprobe** F ⟨-n⟩ MED idrar örneği
Urkunde F ⟨-n⟩ belge, senet, vesika **Urkundenfälschung** F belgede sahtekârlık
Urlaub M ⟨-e⟩ izin; **~ machen** tatil yapmak; izinli olmak **Urlauber(in)** M(F) tatil yapan, izinli **Urlaubsort** M tatil yeri **Urlaubszeit** F tatil/izin dönemi
Urne F ⟨-n⟩ *yakılan ölünün kül kabı*; POL oy sandığı
Urologe M ⟨-n⟩, **Urologin** F MED ürolog
Ursache F sebep, neden; **keine ~!** bir şey değil!, estağfurullah!
Ursprung M asıl, köken, kaynak **ursprünglich** **A** ADJ asıl, orijinal **B** ADV esasen
Urteil N ⟨-e⟩ JUR hüküm, karar; (*Beurteilung*) yargı **urteilen** V/I hüküm vermek (**über** *akk* hakkında)
Urwald M balta girmemiş orman
USA → Vereinigte Staaten von Amerika
User(in) M(F) IT kullanıcı
usw.: **und so weiter** ve saire, v.s.
Utensilien *pl* malzeme *sg*; alet-edevat
Utopie F ⟨-n⟩ ütopya

V

vage ADJ belirsiz
Vagina F ⟨-nen⟩ ANAT vajina
Vakuum N ⟨-kua⟩ vakum
Vandalismus M ⟨*kein pl*⟩ vandalizm
Vanille F ⟨*kein pl*⟩ BOT vanilya
Vase F ⟨-n⟩ vazo
Vaseline F ⟨*kein pl*⟩ vazelin
Vater M ⟨¨⟩ baba **Vaterland** N vatan, anavatan **väterlich** ADJ baba gibi, babacan **Vaterschaft** F JUR babalık
V-Ausschnitt M V-yaka
v. Chr.: **vor Christus** İsa'dan önce
Veganer(in) M(F) vegan **Vegetarier(in)** M(F) vejetaryen; *umg* etyemez
Vegetation F bitki örtüsü
Veilchen N BOT menekşe

Vene F ⟨-n⟩ ANAT toplardamar
Ventil N ⟨-e⟩ sübap, valf
Ventilator M ⟨-en⟩ vantilatör
Venus F ASTRON Zühre, Venüs
verabreden A V/T kararlaştırmak B V/R **sich ~** anlaşmak, sözleşmek **Verabredung** F (*Übereinkunft*) anlaşma; (*Treffen*) buluşma, randevu
verabreichen V/T *j-m etw* vermek
verabscheuen V/T *akk -den* tiksinmek, iğrenmek
verabschieden A V/T (*Gehender*) *-e* veda etmek, (*Bleibender*) *-i* uğurlamak; (*Gesetz*) kabul etmek B V/R **sich ~** vedalaşmak (**von** *dat* ile)
verachten V/T hor görmek, küçümsemek **verächtlich** ADJ hor, hakir **Verachtung** F aşağılama, küçümseme
verallgemeinern V/T genelle(ştir)mek
veraltet ADJ eskimiş, modası geçmiş
Veranda F ⟨-den⟩ veranda
veränderlich ADJ değişken
verändern A V/T değiştirmek B V/R **sich ~** değişmek **Veränderung** F değişiklik
Veranlagung F (*Talent*) yetenek; (*Charakter*) huy, tabiat; FIN vergilendirme
veranlassen V/T *akk -e* sebep vermek; yaptırmak
veranschaulichen V/T *j-m etw* (*deutlich machen*) anlatmak
veranstalten V/T düzenlemek; hazırlamak **Veranstalter(in)** M(F) düzenleyici; SPORT, THEAT organizatör **Veranstaltung** F gösteri, toplantı; etkinlik
verantworten A V/T üzerine almak B V/R **sich ~** hesap vermek (**wegen** *gen* **bei** *dat b. ş-den* dolayı *b-e*) **verantwortlich** ADJ sorumlu (**für** *akk -den*); **~ machen** sorumlu tutmak **Verantwortung** F sorumluluk
verarbeiten V/T işlemek
verärgern V/T kızdırmak
verarschen V/T *umg* (*j-n* ile) dalga geçmek, kafa bulmak
Verb N ⟨-en⟩ GRAM fiil, eylem
Verband M (*Vereinigung*) dernek, (kon)federasyon; MED sargı, pansuman **Verband(s)kasten** M ilkyardım kutusu **Verband(s)zeug** N sargı malzemesi
verbannen V/T sürgüne göndermek; *fig* kovmak, uzaklaştırmak
verbergen V/T gizlemek, saklamak
verbessern A V/T düzeltmek B V/R **sich ~** iyileşmek, düzelmek
verbeugen V/R **sich ~** eğilmek
verbiegen A V/T eğriltmek B V/R **sich ~** bükülmek, eğrilmek
verbieten V/T *j-m etw* yasak etmek; (*amtlich*) yasaklamak
verbinden A V/T (*Telefon*) bağlamak, birleştirmek; (*Wun-*

de) sarmak **B** VR **sich ~** birleşmek (**mit** *dat* ile) **verbindlich** ADJ bağlayıcı; mecburî; *(Person)* nazik **Verbindung** F bağla(n)ma, bağlantı; *(Vereinigung)* birlik; *(Kontakt)* ilişki; CHEM bileşim; **sich in ~ setzen** temasa geçmek (**mit** *dat* ile)
verbissen ADJ hiddetli, hırslı
verbleiben VI kalmak (**bei** *dat* -*de)*
verbleit ADJ AUTO kurşunlu
verblüffen VT şaşırtmak **verblüfft** ADJ şaşkın; afal afal
verblühen VI solmak
verbluten VI kan kaybından ölmek
verborgen ADJ gizli, saklı
Verbot N ⟨-e⟩ yasak **verboten** ADJ yasak
Verbrauch M ⟨*kein pl*⟩ tüketim **verbrauchen** VT *(konsumieren)* tüketmek; *(ausgeben)* sarf etmek, harcamak **Verbraucher** M ⟨-⟩, **Verbraucherin** F tüketici
Verbrechen N ⟨-⟩ cürüm, suç; **ein ~ begehen** suç işlemek **Verbrecher(in)** M(F) suçlu
verbreiten **A** VT yaymak **B** VR **sich ~** yayılmak **verbreitern** VT genişletmek **verbreitet** ADJ yaygın
verbrennen **A** VT yakmak **B** VI yanmak **Verbrennung** F yakma, yanma; MED yanık
verbringen VT geçirmek
verbrochen → verbrechen
verbunden ADJ TEL **falsch ~** yanlış bağlanmış
verbünden VR **sich ~** birleşmek; POL ittifak kurmak
verbürgen VR **sich ~** kefil olmak (**für** *akk -e)*
verbüßen VT **e-e (Haft-)Strafe ~** cezasını çekmek
Verdacht M ⟨*kein pl*⟩ şüphe **verdächtig** ADJ şüpheli **verdächtigen** VT şüphelenmek; *(beschuldigen)* suçlamak
verdammt **A** ADJ *umg* lanetli **B** INT **~!** Allah kahretsin!
verdampfen VI buharlaşmak
verdanken VT **j-m etw ~** *b-e (-den* dolayı) teşekkür borçlu olmak
verdarb → verderben
verdauen VT hazmetmek, sindirmek **Verdauung** F sindirim
verdecken VT örtmek; gizlemek
verdenken VT **j-m etw ~** *b.-in -ine* gücenmek
verderben **A** VT bozmak **B** VI bozulmak; çürümek **C** VR **sich den Magen ~** midesini bozmak **verderblich** ADJ *(Ware)* kolay bozulur; *(Einfluss)* zararlı
verdeutlichen VT *j-m etw* açıklamak, belirtmek
verdienen VT *(Geld)* kazanmak; *fig (Respekt)* hak etmek
Verdienst ⟨-e⟩ **A** M *(Gewinn)* kazanç, kâr; *(Einkommen)* üc-

ret; aylık **B** N *fig* başarı, hizmet, liyakat
verdoppeln **A** V/T ikilemek **B** V/R **sich ~** ikiye katlanmak
verdorben ADJ çürümüş, bozuk, kokmuş; → verderben
verdrängen V/T (*vertreiben*) defetmek, kovmak (**aus** *dat* *-den*); PHYS taşırmak; *Psych.* bastırmak
verdrecken V/I pislenmek
verdrehen V/T çevirmek, burkmak
verdreifachen **A** V/T üçlemek **B** V/R **sich ~** üçe katlanmak
verdrücken V/R **sich ~** *umg* (*verschwinden*) sıvışmak, kaçmak
Verdruss M ⟨*kein pl*⟩ güceniklik
verduften V/I (*verschwinden*) *umg* sıvışmak
verdünnen V/T sulandırmak **Verdünner** M ⟨-⟩ inceltici, tiner
verdunsten V/I buharlaşmak
verdursten V/I susuzluktan ölmek
verdutzt ADJ şaşkın, afallamış
verehren V/T REL *akk -e* tap(ın)mak; (*bewundern*) *-i* saymak; (*schenken*) *-e -i* hediye etmek **Verehrer(in)** M(F) hayran
verehrt ADJ sayın **Verehrung** F REL tap(ın)ma; (*Respekt*) saygı
vereidigt ADJ yeminli
Verein M ⟨-e⟩ dernek, birlik
vereinbaren V/T kararlaştırmak **Vereinbarung** F uzlaşma, sözleşme, anlaşma
vereinfachen V/T sadeleştirmek, basitleştirmek, kolaylaştırmak
vereinheitlichen V/T tektip hâle getirmek, standartlaştırmak
vereinigen **A** V/T birleştirmek **B** V/R **sich ~** birleşmek **vereinigt** ADJ birleşik, birleşmiş; **die Vereinigten Staaten von Amerika** Amerika Birleşik Devletleri **Vereinigung** F birlik
vereint **A** ADJ birleşmiş; **die Vereinten Nationen** Birleşmiş Milletler **B** ADV birlikte
vereinzelt ADJ tek tük
vereist ADJ buzla örtülü, buzlu
vereiteln V/T önlemek
vereitert ADJ MED irinli, cerahatlı
verengen **A** V/T daraltmak **B** V/R **sich ~** daralmak
vererben **A** V/T *j-m etw* miras bırakmak **B** V/R **sich ~** miras yoluyla geçmek (**auf** *akk -e*)
verfahren **A** V/I (*handeln*) hareket etmek **B** V/R **sich ~** AUTO yolunu şaşırmak **C** ADJ (*Situation*) çıkmaza girmiş **Verfahren** N ⟨-⟩ yöntem, usul; JUR dava
Verfall M ⟨*kein pl*⟩ çökme, yıkılma **verfallen** **A** V/I (*Haus*) çöküp, kırık dökük; (*Lage*) düşmek (**in** *akk -e*); WIRTSCH vadesi geçmek **B** ADJ (*Ruine*) yıkık;

(*abgelaufen*) süresi bitmiş **Verfallsdatum** N son kullanma tarihi
verfassen V/T (*schreiben*) yazmak, kaleme almak **Verfasser(in)** M(F) yazar **Verfassung** F (*Lage*) durum; POL anayasa **Verfassungsgericht** N JUR anayasa mahkemesi
verfaulen V/I çürümek
verfehlen V/T kaçırmak
verfeinern V/T inceltmek
verfilmen V/T filme almak
verfluchen V/T lanetlemek
verfolgen V/T izlemek, takip etmek; (*Dieb*) kovalamak **Verfolgung** F takip; JUR takibat *pl*
verfrüht ADJ vakitsiz; erken
verfügbar ADJ elde bulunan
verfügen **A** V/T (*anordnen*) emretmek **B** V/I (*Geld*) tasarruf etmek (**über** *akk -de*) **Verfügung** F JUR kararname, emir; **zur ~ stehen** *dat -in* emrinde olmak; **zur ~ stellen** *j-m etw b.ş-i b-in* emrine vermek, kullanıma sunmak
verführen V/T baştan çıkarmak, ayartmak; kandırmak
vergangen ADJ geçmiş **Vergangenheit** F ⟨*kein pl*⟩ geçmiş (zaman) **vergänglich** ADJ geçici
Vergaser M ⟨-⟩ AUTO karbüratör
vergaß → vergessen
vergeben V/T (*Orden*) vermek; (*verzeihen*) affetmek (*j-m etw b-in ş-ini*) **vergeblich** ADJ boşuna
vergehen V/I geçmek **Vergehen** N JUR suç, cürüm
Vergeltung F intikam, öç
vergessen **A** V/T unutmak **B** ADJ unut(ul)muş
vergeuden V/T israf etmek; *umg* saçıp savurmak
vergewaltigen V/T *-e* tecavüz etmek
vergewissern V/R **sich ~** *gen -e* kanaat getirmek, emin olmak
vergießen V/T (*Blut, Tränen*) dökmek
vergiften V/T zehirlemek
Vergissmeinnicht N BOT unutmabeni, mine çiçeği
vergittert ADJ parmaklıklı
Vergleich M ⟨-e⟩ karşılaştırma; JUR uzlaşma **vergleichen** V/T karşılaştırmak (**mit** *dat* ile)
Vergnügen N ⟨-⟩ eğlence, zevk; **viel ~!** iyi eğlenceler! **Vergnügungspark** M lunapark
vergoldet ADJ yaldızlı, altın kaplama(lı)
vergraben **A** V/T gömmek **B** ADJ gömülmüş
vergriffen ADJ tükenmiş
vergrößern **A** V/T çoğaltmak; (*Foto*) büyütmek **B** V/R **sich ~** artmak, büyümek **Vergrößerung** F büyütme **Vergrößerungsglas** N büyüteç, mer-

cek
Vergünstigung F (fiyat) indirimi; imtiyaz
Vergütung F (*Bezahlung*) maaş, ücret, ödeme
verhaften V/T tutuklamak, tevkif etmek **verhaftet** ADJ tutuklu
verhalten A ADJ (*zögernd*) tutuk B V/R **sich ~** davranmak, hareket etmek **Verhalten** N ⟨*kein pl*⟩ davranış
Verhältnis N ⟨-sse⟩ (*Beziehung*) ilişki; MATH oran, nispet; **~se** *pl* şartlar; durum *sg* **verhältnismäßig** A ADJ oranlı B ADV nispeten
verhandeln A V/I (**über** *akk* -*i*) görüşmek; (*Preis*) pazarlık etmek B V/T JUR -*e* bakmak **Verhandlung** F görüşme; JUR duruşma
Verhängnis N ⟨-sse⟩ kötü kader, belâ **verhängnisvoll** ADJ uğursuz
verharren V/I durmak (**in** *dat* -*de*)
verhasst ADJ iğrenç, sevilmeyen
verhauen V/T *akk* -*e* dayak atmak
verheddern V/R **sich ~** takılmak
verheerend ADJ yıkıcı
verheilen V/I (*Wunde*) kapanmak, iyileşmek
verheimlichen V/T gizlemek, saklamak (**vor** *dat* -*den*)
verheiratet ADJ evli
verhindern V/T *akk* önlemek; -*e* engel olmak
verhöhnen V/T alay etmek (*j-n b.* ile)
Verhör N ⟨-e⟩ JUR sorgu(lama) **verhören** A V/T JUR sorguya çekmek B V/R **sich ~** yanlış işitmek
verhungern ADJ açlıktan ölmek
verhüten V/T *akk* önlemek; -*den* korumak **Verhütungsmittel** N korunma
verirren V/R **sich ~** yolunu kaybetmek/şaşırmak
verjagen V/T kov(ala)mak
Verjährung F zamanaşımı
verkabeln V/T kablo döşemek
Verkauf M ⟨¨-e⟩ satış **verkaufen** V/T *j-m etw* satmak; **zu ~** satılık **Verkäufer(in)** M(F) satıcı
Verkehr M ⟨*kein pl*⟩ (*Verkehrswesen*) ulaşım; trafik; (*Umgang*) ilişki **verkehren** A V/I (*Bus*) işlemek; ilişkide olmak (**mit** *dat* ile) B V/T (**ins Gegenteil**) **~** ters çevirmek **Verkehrsampel** F trafik ışığı **Verkehrsamt** N turizm bürosu **Verkehrsmittel** *pl* (**öffentliche** kamusal) ulaşım araçları **Verkehrspolizist(in)** M(F) trafik polisi **Verkehrsregel** F AUTO trafik kuralı **Verkehrsschild** N AUTO trafik levhası **Verkehrsunfall** M trafik kazası **Verkehrsverbindung** F ulaşım bağlantısı

Verkehrszeichen N AUTO trafik işareti **verkehrt** **A** ADJ ters, yanlış **B** ADV ~ **herum** ters yüz(ün)de **verkennen** V/T yanlış anlamak, değerlendirememek **verklagen** V/T dava açmak **verkleiden** **A** V/T (*Wand*) kaplamak **B** V/R **sich** ~ kılık değiştirmek **verkleinern** **A** V/T küçültmek, azaltmak **B** V/R **sich** ~ küçülmek **Verkleinerung** F küçültme **verknüpfen** V/T bağlamak **verkommen** **A** V/I bozulmak **B** ADJ ahlâksız, sefil **verkörpern** V/T THEAT canlandırmak; (*vertreten*) temsil etmek **verkraften** V/T kaldırmak **verkriechen** V/R **sich** ~ sinmek, saklanmak **verkünden** V/T *j-m etw* bildirmek, ilân etmek **verkürzen** **A** V/T kısaltmak **B** V/R **sich** ~ azalmak **Verlag** M ‹-e› yayınevi **verlangen** V/T istemek; (*fordern*) talep etmek; (*erfordern*) gerektirmek **verlängern** V/T uzatmak **Verlängerung** F uzat(ıl)ma; devam **Verlängerungsschnur** F ELEK ara kablosu **Verlängerungswoche** F -*i* bir hafta uzatma **verlangsamen** **A** V/T yavaşlatmak **B** V/R **sich** ~ yavaşlamak **Verlass** M: **auf** *akk* **ist kein** ~ -*e* güvenilmez **verlassen** **A** V/T terk etmek, bırakmak **B** V/R **sich** ~ güvenmek (**auf** *akk* -*e*) **C** ADJ ıssız, tenha **Verlauf** M ‹*kein pl*› gidiş; gelişme; **im** ~ **von** *dat* sırasında *nom* **verlaufen** **A** V/I geçmek **B** V/R **sich** ~ yolunu şaşırmak **verlegen** **A** V/T (*Truppen*) götürmek, nakletmek (**nach** *dat* -*e*); (*Buch*) yayımlamak; (*Brille etc*) bulamamak; (*Termin*) ertelemek (**auf** *akk* -*e*) **B** ADJ utangaç **Verlegenheit** F ‹*kein pl*› sıkılganlık; sıkıntı **Verleih** M ‹-e› kiralama (servisi) **verleihen** V/T (ödünç) vermek; (*vermieten*) kiralamak **verleiten** V/T ayartmak (**zu** *dat* -*e*) **verlernen** V/T unutmak **verlesen** **A** V/T (*Text*) yüksek sesle okumak **B** V/R **sich** ~ hatalı okumak **verletzen** **A** V/T yaralamak; *fig* gücendirmek **B** V/R **sich** ~ yaralanmak **verletzt** ADJ yaralı **Verletzte(r)** M/F(M) yaralı **Verletzung** F MED yara; (*Grenze etc*) ihlâl; *fig* incitme **verleugnen** V/T inkâr etmek **verleumden** V/T *akk* -*e* iftira etmek **verlieben** V/R **sich** ~ âşık olmak (**in** *akk* -*e*) **verliebt** ADJ âşık **verlieren** V/T & V/I kaybetmek;

(*Orientierung*) yitirmek
verloben V/R **sich ~** nişanlanmak (**mit** *dat* ile) **verlobt** ADJ nişanlı **Verlobte(r)** M/F(M) nişanlı **Verlobung** F nişan (-lanma)
verlockend ADJ cazip, çekici
verlogen ADJ yalancı; kalleş
verlor → verlieren **verloren** ADJ kayıp, kaybolmuş; **~ gehen** kaybolmak
verlosen V/T kura çekmek (*etw* için)
Verlust M ⟨-e⟩ kayıp; hasar
vermachen V/T *j-m etw* miras bırakmak, vasiyetle bırakmak
vermag → vermögen
vermarkten V/T pazarlamak
vermehren **A** V/T artırmak **B** V/R **sich ~** artmak, çoğalmak
vermeiden V/T *akk -den* sakınmak, kaçınmak
vermeintlich ADJ sanılan, denilen
vermengen **A** V/T karıştırmak **B** V/R **sich ~** karışmak
Vermerk M ⟨-e⟩ not, kayıt
vermessen **A** V/T ölçmek **B** ADJ haddini bilmez
vermieten V/T *j-m etw* kiraya vermek; **zu ~** kiralık **Vermieter(in)** M(F) kiraya veren
vermindern **A** V/T eksiltmek, azaltmak **B** V/R **sich ~** eksilmek
vermischen → vermengen
vermissen V/T *akk -in* yokluğunu hissetmek, *-i* aramak, özlemek
vermitteln **A** V/T sağlamak **B** V/I aracılık etmek (**in** *dat -de*) **Vermittler(in)** M(F) aracı **Vermittlung** F aracılık; TEL santral
vermögen V/T yapabilmek **Vermögen** N ⟨-⟩ servet, varlık **vermögend** ADJ varlıklı
vermuten V/T sanmak, zannetmek, tahmin etmek **vermutlich** ADJ tahminen **Vermutung** F sanı, tahmin
vernachlässigen V/T ihmal etmek
Vernehmung F JUR sorgu; (*Zeugen*) şahitlerin dinlenmesi
verneigen V/R **sich ~** eğilmek
verneinen V/T reddetmek; hayır demek **Verneinung** F hayır cevabı; GRAM olumsuzlama
vernichten V/T yok etmek, ortadan kaldırmak **Vernichtung** F imha
Vernunft F ⟨*kein pl*⟩ akıl, us; mantık **vernünftig** ADJ (*klug*) akıllı; (*logisch*) mantıklı; (*einsichtig*) makul
veröffentlichen V/T yayınlamak; yayımlamak **Veröffentlichung** F yayın
verordnen V/T emretmek; kararlaştırmak; MED (ilaç) yazmak **Verordnung** F (*Gesetz*) kararname; yönetmelik
verpachten V/T (*Grund, Lokal*) kiraya vermek
verpacken V/T paketlemek **Verpackung** F ambalaj
verpassen V/T (*Bus*) kaçırmak

verpetzen V/T *umg* gammazlamak, ele vermek
verpfänden V/T rehine koymak
verpfeifen V/T *umg* ele vermek
verpflegen V/T beslemek, yedirip içirmek **Verpflegung** F yiyecek, erzak, iaşe
verpflichten A V/T yükümü kılmak B V/R **sich ~** üzerine almak (**zu** *dat -i*) **verpflichtet** ADJ yükümlü (**zu** *dat* ile) **Verpflichtung** F yüküm(lülük); WIRTSCH borç
verpönt ADJ kötü sayılan, ayıp
verprügeln V/T *akk -e* dayak atmak, dövmek
verputzen V/T (*Wand*) sıvamak; *umg* (*Essen*) silip süpürmek
Verrat M ⟨*kein pl*⟩ hıyanet, hainlik **verraten** V/T (*Person*) ele vermek; (*Geheimnis etc*) açığa vurmak **Verräter(in** F) M hain
verrechnen A V/T **~ mit** *dat -in* hesabına geçirmek B V/R **sich ~** hesabında yanılmak **Verrechnungsscheck** M hesaba mahsup çek
verreiben V/T ovarak yaymak
verreisen V/I yolculuğa çıkmak
verrenken V/T MED **sich** *etw* **~** *-ini* burkmak
verriegeln V/T sürgülemek
verriet → verraten
verringern A V/T azaltmak B V/R **sich ~** azalmak
verrosten V/I paslanmak **verrostet** ADJ paslı
verrückt ADJ deli, çılgın
Vers M ⟨-e⟩ mısra; beyit
versagen A V/I işlememek; başaramamak B V/T vermemek
versalzen V/T fazla tuzlamak; *umg* berbat etmek
versammeln A V/T toplamak B V/R **sich ~** toplanmak **Versammlung** F toplantı
Versand M ⟨*kein pl*⟩ gönderi **Versandhandel** M ⟨*kein pl*⟩ postayla yapılan ticaret
versäumen V/T (*Zug*) kaçırmak; (*Pflicht*) ihmal etmek; (*zu tun*) unutmak
verschaffen V/T *j-m etw* sağlamak
verschärfen A V/T artırmak B V/R **sich ~** şiddetlenmek, artmak
verschenken V/T hediye etmek (**an** *akk -e*)
verscheuchen V/T (*Insekten*) kovmak, kaçırmak
verschicken V/T yollamak
verschieben V/T (*Termin*) ertelemek (**auf** *akk -e*)
verschieden ADJ farklı, ayrı (**von** *dat -den*); değişik; **~e** *pl a.* çeşitli **verschiedenartig** ADJ çeşit çeşit **verschiedentlich** ADV birçok defa
verschimmelt ADJ küflenmiş
verschlafen A V/T uyuyakalmak; uyuyarak kaçırmak B ADJ uykulu

Verschlag M ⟨¨e⟩ tahta bölme
verschlagen ADJ kurnaz, hilekâr; cin fikirli
verschlechtern A V/T fenalaştırmak B V/R **sich ~** fenalaşmak, kötüleşmek; (*Wetter*) bozulmak
verschleiern A V/T (*Tat*) örtmek B V/R **sich ~** örtünmek
Verschleiß M ⟨*kein pl*⟩ aşınma, eskime
verschließen V/T kapa(t)mak, kilitlemek
verschlimmern A V/T fenalaştırmak B V/R **sich ~** fenalaşmak; MED ağırlaşmak
verschlingen V/T çok ve hızlı yutmak
verschlissen ADJ aşınmış
verschlossen ADJ kapalı
verschlucken A V/T yutmak B V/R **sich ~** genzine kaçırmak
Verschluss M ⟨¨e⟩ kapak; kilit
verschlüsselt ADJ şifreli
verschmelzen V/I kaynaşmak, birleşmek
verschmerzen V/T hazmetmek
verschmutzen V/T kirletmek
verschnaufen V/I, *a.* V/R **sich ~** soluk almak
verschneit ADJ karla örtülü
verschollen ADJ kayıp
verschonen V/T esirgemek; korumak (**mit** *dat -den*)
verschönern V/T güzelleştirmek
verschreiben A V/T MED yazmak B V/R **sich ~** yanlış yazmak **verschreibungspflichtig** ADJ (*Medikament*) reçete ile satılır
verschrotten V/T hurdaya çıkarmak
verschulden V/T *akk -e* neden olmak **verschuldet** ADJ borçlu
verschütten V/T dökmek **verschüttet** ADJ gömülü
verschwägert ADJ evlenmeden dolayı akraba, dünürleşmiş
verschweigen V/T gizlemek
verschwenden V/T israf etmek **verschwenderisch** ADJ savurgan
verschwiegen ADJ ağzı sıkı
verschwinden V/I yok olmak
verschwommen ADJ belirsiz
Verschwörer(in) M(F) komplocu **Verschwörung** F komplo
verschwunden ADJ kayıp
versehen A V/T donatmak (**mit** *dat* ile) B V/R **sich ~** yanılmak, hata yapmak **Versehen** N ⟨-⟩ hata, dikkatsizlik; **aus ~**, **versehentlich** *adv* farkında olmadan, yanlışlıkla
versehrt ADJ malûl, sakat
versenden V/T göndermek
versetzen A V/T başka yere koymak; (*Schüler*) sınıf geçirmek; (*verpfänden*) rehine koymak; (*in e-e Lage*) getirmek; **j-m einen Schlag ~** *-e* bir darbe indirmek B V/R **sich ~** ken-

dini koymak (**in** *akk -e*) **Versetzung** F (*beruflich*) başka yere tayin; (*schulisch*) sınıf geçirme
verseuchen V/T bulaştırmak
versichern V/T (*Versicherung abschließen*) sigorta etmek; (*beteuern*) temin etmek **versichert** ADJ sigortalı **Versicherung** F sigorta; (*Beteuerung*) teminat **Versicherungsprämie** F sigorta primi
versilbert ADJ gümüş kaplı
versinken V/I batmak
Version F (*Fassung*) tarz, şekil; (*Modell*) biçim; IT *a.* versiyon
versöhnen **A** V/T uzlaştırmak **B** V/R **sich ~** barışmak, uzlaşmak **Versöhnung** F barışma
versorgen V/T *akk -e* sağlamak (**mit** *dat -i*); (*Kinder*) -e bakmak **Versorgung** F tedarik; bakım; geçim
verspäten V/R **sich ~** geç kalmak, gecikmek **Verspätung** F gecikme
verspeisen V/T yiyip bitirmek
versperren V/T kapatmak
verspielen V/T (*verlieren*) (kumarda) kaybetmek
verspotten V/T alay etmek (*j-n b.* ile)
versprechen **A** V/T *j-m etw* söz vermek, vaadetmek **B** V/R **sich ~** dili sürçmek **Versprechen** N ⟨-⟩ söz, vaat
Verstand M ⟨*kein pl*⟩ akıl, zekâ
verständigen **A** V/T *akk* haberdar etmek; *-e* bilgi vermek **B** V/R **sich ~** anlaşmak, uzlaşmak (**mit** *dat* ile) **Verständigung** F haberleşme; TEL birbirini anlama **verständlich** ADJ anlaşılır **Verständnis** N ⟨*kein pl*⟩ anlayış **verständnisvoll** ADJ anlayışlı
verstärken **A** V/T kuvvetlendirmek **B** V/R **sich ~** şiddetlenmek **Verstärker** M ⟨-⟩ TECH amplifikatör; yükseltici **Verstärkung** F takviye
verstauchen V/T **sich etw ~** -ini burkmak
Versteck N ⟨-e⟩ saklanma yeri
verstecken **A** V/T saklamak **B** V/R **sich ~** saklanmak
verstehen **A** V/T anlamak, kavramak **B** V/R **sich ~** anlaş(ıl)mak
Versteigerung F artırma
verstellbar ADJ ayar edilebilir, sabit olmayan **verstellen** **A** V/T (*Sache*) yerini değiştirmek; (*Uhr, Sitz*) ayarlamak *veya* ayarını değiştirmek **B** V/R **sich ~** sahte tavır takınmak
versteuern V/T vergisini ödemek
verstimmt ADJ MUS akordu bozuk; (*Magen*) bozuk; (*verärgert*) kızgın
verstohlen ADJ gizli(ce)
verstopfen V/T (*Straßen*) tıkamak **verstopft** ADJ tıkanmış; tıkalı
verstorben ADJ ölü, merhum
verstört ADJ şaşkın; sersem

Verstoß M ⟨¨-e⟩ aykırılık; yolsuzluk **verstoßen** V/I ~ **gegen** *akk* -e aykırı davranmak **verstreichen** V/I (*Zeit*) geçmek; (*Frist*) süresi dolmak **verstreuen** V/T dağıtmak **verstümmeln** V/T sakat etmek **Versuch** M ⟨-e⟩ deneme; deney **versuchen** V/T denemek, tecrübe etmek; (**zu** *inf* -*meye*) çalışmak **Versuchung** F baştan çıkarma
vertagen V/T ertelemek
vertauschen V/T değiş(tir)mek
verteidigen V/T savunmak (**sich** kendini) **Verteidiger(in)** M(F) savunan; JUR vekil; SPORT bek **Verteidigung** F savunma
verteilen V/T dağıtmak **Verteiler** M ⟨-⟩ TECH distribütör **Verteilung** F dağıtım
verteuern V/R **sich** ~ pahalılaşmak
vertiefen **A** V/T derinleştirmek **B** V/R **sich** ~ *fig* dalmak (**in** *akk* -*e*) **Vertiefung** F çukur derinlik
vertikal ADJ dikey, düşey
vertilgen V/T yok etmek
Vertrag M ⟨¨-e⟩ sözleşme, anlaşma; kontrat(o)
vertragen **A** V/T hazmetmek; -*e* dayanmak **B** V/R **sich** ~ arası iyi olmak (**mit** *dat* ile) **verträglich** ADJ -*e* uysal; uyumlu
vertrauen V/I güvenmek (**auf** *akk* -*e*) **Vertrauen** N ⟨*kein pl*⟩ güven **vertraulich** ADJ samimî; (*geheim*) gizli **vertraut** ADJ alışık (**mit** *dat* -*e*)
vertreiben V/T (*Insekt*) kovmak, defetmek; WIRTSCH satmak; **sich die Zeit** ~ vakit geçirmek
vertreten V/T (*repräsentieren*) temsil etmek; (*Kollegen*) -*in* yerini tutmak, yerine bakmak; (*Meinung*) savunmak **Vertreter(in)** M(F) vekil; (*Handelsvertreter*) temsilci
Vertrieb M dağıtım, sürüm; pazarlama, satış
vertrocknen V/I kurumak
vertrösten V/T oyalamak
verunglücken V/I kazaya uğramak **verunreinigen** V/T kirletmek, pisletmek **verunsichern** V/T kuşkulandırmak **verunstalten** V/T *akk* -*in* biçimini bozmak **veruntreuen** V/T zimmetine geçirmek
verursachen V/T *akk* -*e* sebep olmak
verurteilen V/T hüküm vermek, yargılamak
vervielfältigen V/T çoğaltmak, teksir etmek
vervollkommnen V/T mükemmelleştirmek **vervollständigen** V/T tamamlamak, bütünlemek
verwackelt ADJ FOTO sallanmış
verwählen V/R **sich** ~ yanlış numara çevirmek
verwahrlost ADJ bakımsız
verwalten V/T yönetmek, ida-

re etmek **Verwaltung** F yönetim, idare **Verwaltungsgericht** N JUR idarî mahkeme **Verwaltungsrat** M yönetim kurulu
verwandeln A V/T çevirmek, değiştirmek, dönüştürmek (**in** *akk -e*) B V/R **sich ~** değişmek, çevrilmek
verwandt A → verwenden B ADJ akraba **Verwandte**(r) M/F(M) akraba **Verwandtschaft** F ‹-en› akrabalık; *fig* yakınlık; (*die Verwandten*) akrabalar
Verwarnung F uyarı, ihtar
verwechseln V/T karıştırmak **Verwechslung** F karıştırma
verwegen ADJ atılgan, gözüpek
verweigern V/T reddetmek
Verweis M ‹-e› (*Tadel*) azar, ihtar, tekdir; (*Hinweis*) (**auf** *akk -e*) işaret **verweisen** V/T *-in* dikkatini çekmek (**auf** *akk -e*); (*schicken*) göndermek (**an** *akk -e*)
verwelken V/T solmak
verwenden V/T kullanmak **Verwendung** F kullanım
verwerten V/T değerlendirmek
verwirklichen A V/T gerçekleştirmek B V/R **sich ~** gerçekleşmek
verwirren V/T şaşırtmak
verwitwet ADJ dul
verwöhnen V/T şımartmak
verworren ADJ karmakarışık
verwunden V/T yaralamak
Verwunderung F hayret
verwundet ADJ yaralı
verwüsten V/T çöle çevirmek; *fig* tahrip etmek
verzählen V/R **sich ~** sayıda yanılmak
verzaubern V/T büyülemek
verzehren V/T yiyip (bitirmek)
Verzeichnis N ‹-sse› liste
verzeihen V/T affetmek (*j-m etw b-in ş-ini*); **~ Sie!** affedersiniz! **Verzeihung** F af(fetme); **~!** affedersiniz!
verzerrt ADJ çarpıtılmış
verzichten V/I vazgeçmek, caymak (**auf** *akk -den*)
verzieh → verzeihen
verziehen A V/I (*wegziehen*) taşınmak B V/T (*Kind*) şımartmak; (*Miene*) buruşturmak C V/R **sich ~** şekli bozulmak; (*Nebel*) gitmek D ADJ affetmiş *veya* affolunmuş
verzieren V/T süslemek
verzinnen V/T kalaylamak
verzogen (*Kind*) şımartılmış
verzögern A V/T geciktirmek B V/R **sich ~** gecikmek **Verzögerung** F gecikme
verzollen V/T *akk -in* gümrüğünü vermek/ödemek
verzweifeln V/I ümitsizliğe düşmek (**an** *dat -den*) **verzweifelt** ADJ ümitsiz(ce) **Verzweiflung** F ümitsizlik
verzweigen V/R **sich ~** dallanmak
Veterinär M ‹-e›, **Veterinä-**

rin F veteriner
Veto N ⟨-s⟩ veto
Vetter M ⟨-n⟩ kuzen
vgl.: **vergleiche** karşılaştırınız
Video... video
Vieh N ⟨*kein pl*⟩ (büyük baş) hayvanlar *pl* **Viehzucht** F ⟨*kein pl*⟩ hayvancılık
viel A INDEF PR çok; birçok; **zu ~ *a.*** fazla B ADV çok **viele** INDEF PR *pl* çok; birçok
vielleicht ADV belki; acaba
vielmals ADV çok, birçok defa **vielmehr** ADV bilakis **vielsagend** ADJ anlamlı **vielseitig** ADJ çok yönlü
vier *Zahl* dört **Viereck** N ⟨-e⟩ dörtgen **viereckig** ADJ dört köşe **vierfach** ADJ dört kat **vierhundert** *Zahl* dört yüz **viermal** ADV dört defa **vierspurig** ADJ (*Straße*) dört şeritli **viert** ADJ **zu ~** dört kişi **Viertel** N ⟨-⟩ çeyrek; dörtte bir; (*Stadtviertel*) mahalle **vierzehn** *Zahl* on dört **vierzig** *Zahl* kırk
Vignette F ⟨-n⟩ AUTO vinyet
Villa F ⟨-llen⟩ villa
violett ADJ mor
Violine F ⟨-n⟩ MUS keman
virtuell ADJ sanal
Virus N ⟨-ren⟩ *od* M MED, IT virüs
Visitenkarte F kartvizit
Visum N ⟨-sa, -sen⟩ vize
Vitamin N ⟨-e⟩ vitamin
Vize... ... vekili, ... yardımcısı
Vogel M ⟨⸚⟩ kuş **Vogelfutter** N kuş yemi **Vogelgrippe** N MED kuş gribi **Vogelscheuche** F ⟨-n⟩ bostan korkuluğu
Vokabel F ⟨-n⟩ söz, kelime
Vokal M ⟨-e⟩ GRAM ünlü; MUS vokal
Volk N ⟨⸚er⟩ halk; (*Nation*) ulus, millet **Völkerkunde** F etnoloji **Völkermord** M ⟨*kein pl*⟩ soykırım **Völkerrecht** N JUR devletler hukuku **Volksabstimmung** F POL halkoyu **Volksentscheid** M POL referandum, halk oylaması **Volksfest** N panayır, şenlik **Volkshochschule** F halk eğitim merkezi **Volkszählung** F nüfus sayımı
voll ADJ dolu; dolmuş; tam **vollautomatisch** ADJ tam otomatik **Vollbart** M (uzun) sakal **vollbringen** V/T yerine getirmek, tamamlamak **vollenden** V/T tamamlamak, bitirmek
Volleyball(spiel N) M SPORT voleybol
völlig A ADJ tam B ADV tamamen, büsbütün
volljährig ADJ ergin, reşit
Vollkaskoversicherung F AUTO tam kasko sigorta(sı)
vollkommen A ADJ kusursuz, tam B ADV tamamiyle
Vollkorn... kepekli un ... **Vollkornbrot** N taneli ekmek **Vollmacht** F ⟨-en⟩ yetki; vekâlet **Vollmilch** F kaymağı alınmamış süt **Voll-**

mond M dolunay **Vollpension** F tam pansiyon
vollständig A ADJ tam, eksiksiz B ADV tamamen
vollstrecken V/T JUR yürütmek
volltanken V/T depoyu doldurmak
Vollwertkost F doğal besin
vollzählig ADJ tam, eksiksiz
Volt N ⟨-⟩ ELEK volt
Volumen N ⟨-, -mina⟩ hacim
von PRÄP +*dat* -den, -dan; tarafından *nom;* ~ *dat* **ab** (*od* **an**) -*den* itibaren
voneinander ADV birbirinden
vor PRÄP +*akk* -*in* önüne; *präp* +*dat* -*in* önünde; -*den* önce; **zehn ~ fünf** beşe on var; **~ allem** özellikle, her şeyden önce
Vorabend M arife günü
voran ADV ileri; önde, başta
vorangehen V/I önden/ileriye gitmek; (*zeitlich*) -*den* önce gelmek **vorankommen** V/I (*Arbeit*) ilerlemek
Voranmeldung F ön kayıt
Voranschlag M ⟨=e⟩ tahmin
voraus ADV önde, ileride; önden; **im Voraus** önceden; peşin; **vielen Dank im Voraus** şimdiden teşekkürler **voraussagen** V/T peşin söylemek **voraussehen** V/T önceden kestirmek; tahmin etmek **voraussetzen** V/T farz etmek; **vorausgesetzt, dass ...** ... olması şartiyle **voraussichtlich** A ADJ muhtemel(en), olası, tahminen B ADV beklendiği üzere; *umg* belki **Vorauszahlung** F peşin (para)
Vorbedingung F ön koşul
Vorbehalt M ⟨-e⟩ şart, koşul **vorbehalten** ADJ saklı, mahfuz
vorbei ADV geçmiş, bitmiş; (**an** *dat* -*in*) önünden **vorbeifahren** V/I, **vorbeigehen** V/I geçmek **vorbeikommen** V/I uğramak (**an, bei** *dat* -*e*)
vorbereiten A V/T hazırlamak B V/R **sich ~** hazırlanmak (**für** *akk*, **zu** *dat* için) **Vorbereitung** F hazırlık
vorbestellen V/T *akk* -*in* rezervasyonunu yap(tır)mak
vorbestraft ADJ sabıkalı
Vorbeter M ⟨-⟩ REL imam
vorbeugen V/I *dat* -*i* önlemek
Vorbild N örnek, model
vorbringen V/T ileri sürmek
Vorderbein N ön ayak **vordere(r, s)** ADJ ön(deki) **Vordergrund** M ön plan **Vorderrad** N ön tekerlek **Vorderseite** F ön taraf, yüz **Vordersitz** M ön koltuk
vordringen V/I ilerlemek (**in** *akk* -*e*)
vordringlich ADJ acele, ivedi
Vordruck M formüler, form dilekçe
voreilig ADJ acele, vakitsiz
voreingenommen ADJ taraflı
vorenthalten V/T *j-m etw* vermemek

vorerst ADV her şeyden önce; şimdilik
Vorfahrt F ⟨*kein pl*⟩ AUTO öncelik **Vorfahrtsrecht** N AUTO önce geçiş hakkı
Vorfall M olay **vorfallen** V/I olmak, vuku bulmak
vorführen V/T ortaya çıkarmak, göstermek
Vorgang M olay; gidiş; vaka
Vorgänger(in) M(F) selef; önceki, öncül
vorgehen V/I önden gitmek; (*geschehen*) vuku bulmak, olmak; (*Uhr*) ileri gitmek; (*Sache*) öncelikli olmak
Vorgesetzte(r) M/F(M) üst, şef; patron
vorgestern ADV evvelsi/önceki gün
vorhaben V/T *akk -mek* niyetinde olmak; *-meyi* düşünmek **Vorhaben** N ⟨-⟩ niyet, amaç
Vorhalle F antre, hol
vorhanden ADJ mevcut, bulunan; ... **ist ~** ... var
Vorhang M ⟨¨-e⟩ perde
Vorhaut F ANAT sünnet derisi
vorher ADV (*früher*) önce, (*soeben*) demin **vorherig** ADJ önceki
vorherrschen V/I hâkim olmak
vorhersagen V/T evvelden söylemek; tahmin etmek
vorhin ADV az önce, demin
vorig(e, er, es) ADJ önceki, geçen
Vorkehrung F: **~en** *pl* **treffen** tedbir *sg veya* önlem *sg* almak
vorkommen V/I (*Rohstoff*) bulunmak; (*geschehen*) olmak
Vorladung F JUR celp
Vorlage F ⟨-n⟩ (*Muster*) örnek; POL tasarı; SPORT ileri pas
vorlassen V/T *akk -in* öne geçmesine müsaade etmek
vorläufig **A** ADJ geçici **B** ADV şimdilik
vorlegen V/T *j-m etw* sunmak
vorlesen V/T *j-m etw* okumak **Vorlesung** F konferans, ders
vorletzte(r, s) ADJ sondan önceki
Vorliebe F ⟨-n⟩ tercih, eğilim
vorliebnehmen V/I yetinmek (**mit** *dat* ile)
vorliegen V/I bulunmak, var olmak
vormachen V/T *j-m etw* göstermek; **etw ~** *j-m b-i* göz boyamak
vormerken V/T not etmek; önceden ayırtmak
Vormittag M ⟨-e⟩: **am ~**, **vormittags** ADV öğleden önce
Vormund M ⟨-e, ¨-er⟩ vasi, veli
vorn(e) ADV önde; **nach ~** öne (doğru); **von ~** önden
Vorname M (ön) ad
vornehm ADJ kibar
vornehmen V/T **sich ~** ele almak; **sich ~ zu** *-meyi* tasarlamak
vornherein ADV **von ~** ilk baş-

tan
Vorort M banliyö, varoş
Vorrang M ⟨*kein pl*⟩ üstünlük, öncelik
Vorrat M ⟨¨e⟩ yedek malzeme, stok
Vorrichtung F aygıt, mekanizma
vorrücken **A** V/T ilerletmek **B** V/I ilerlemek
Vorsatz M niyet, kasıt
Vorschau F ⟨-en⟩ program
Vorschein M: **zum ~ bringen** çıkarmak, göstermek; **zum ~ kommen** görünmek, çıkmak
vorschieben V/T öne sürmek
vorschießen V/T FIN *j-m etw* avans vermek
Vorschlag M teklif, öneri **vorschlagen** V/T *j-m etw* teklif etmek, önermek
vorschreiben V/T *j-m etw* emretmek
Vorschrift F talimat; kural **vorschriftsmäßig** ADJ usulüne uygun
Vorschuss M FIN avans, öndelik
vorsehen **A** V/T öngörmek **B** V/R **sich ~** dikkat etmek, sakınmak **Vorsicht** F ihtiyat; dikkat; **~!** dikkat! **vorsichtig** ADJ dikkatli; tedbirli **vorsichtshalber** ADV her ihtimale karşı
Vorsilbe F GRAM önek
Vorsitz M ⟨*kein pl*⟩ başkanlık **Vorsitzende(r)** M/F(M) başkan
Vorsorge F ⟨*kein pl*⟩ tedbir, korunma; **~ treffen** tedbir almak
Vorspeise F meze, ordövr
Vorsprung M çıkıntı; *fig* öncelik
Vorstadt F banliyö, varoş
Vorstand M yönetim kurulu; (*Person*) başkan **vorstehen** V/I (*herausragen*) çıkmak; (*einem Verein etc*) *dat* -in başkanı olmak
vorstellbar ADJ düşünülebilir
vorstellen **A** V/T (*bekannt machen*) *j-m etw* tanıtmak; göstermek; (*Uhr*) öne almak **B** V/R **sich ~** *akk* (*geistig*) tasavvur etmek; kendini tanıtmak; tanıştırmak (*j-m b.* ile) **Vorstellung** F takdim, tanıştırma; tasavvur, fikir; THEAT temsil; ihtar
Vorstoß M teşebbüs
Vorstrafe F JUR sabıka
vortäuschen V/T yalandan yapmak, yapar gibi görünmek
Vorteil M fayda; yarar, çıkar **vorteilhaft** ADJ faydalı, yararlı
Vortrag M ⟨¨e⟩ konferans **vortragen** V/T (*Idee*) *j-m etw* bildirmek; (*Gedicht*) okumak, söylemek; MUS yorumlamak
vortrefflich ADJ mükemmel
vortreten V/I öne çıkmak **Vortritt** M ⟨*kein pl*⟩ öncelik
vorüber ADV geçmiş
vorübergehen V/I geçmek **vorübergehend** ADJ geçici
Vorurteil N önyargı

Vorverkauf M ⟨*kein pl*⟩ ön satış
Vorwahl(nummer) F TEL alan kodu
Vorwand M ⟨¨-e⟩ bahane
vorwärts ADV ileri(ye doğru)
vorweg ADV önceden **vorwegnehmen** V/T vaktinden önce yapmak
vorweisen V/T (*Referenzen*) göstermek
vorwerfen V/T suçlamak (*j-m etw b-i* ile)
vorwiegend ADV en çok
Vorwort N ⟨-e⟩ önsöz
Vorwurf M ⟨¨-e⟩ suçlama **vorwurfsvoll** ADJ sitemli
Vorzeichen N belirti
vorzeigen → vorweisen
vorzeitig ADJ vaktinden önce, vakitsiz
vorziehen V/T (*lieber haben*) tercih etmek; (*Termin*) öne almak; (*Vorhang*) çekmek
Vorzimmer N bekleme odası
Vorzug M tercih; yarar; öncelik
vorzüglich ADJ üstün, mükemmel
Votum N ⟨-ten⟩ POL oy; karar
vulgär ADJ âdi, bayağı, kaba
Vulkan M ⟨-e⟩ yanardağ, volkan

W

Waage F ⟨-n⟩ terazi **waag(e)recht** ADJ yatay **Waagschale** F kefe
Wabe F ⟨-n⟩ petek
wach ADJ uyanık; **~ werden** uyanmak
Wache F ⟨-n⟩ nöbet; (*Polizeiwache*) karakol; (*Wächter*) nöbetçi **wachen** V/I nöbet beklemek
Wacholder M ⟨-⟩ BOT ardıç
Wachs N ⟨-e⟩ (*Bienenwachs*) balmumu; mum
wachsam ADJ uyanık, dikkatli
wachsen **A** V/I büyümek, gelişmek; (*zunehmen*) artmak, çoğalmak **B** V/T (*Ski etc*) mumlamak **Wachstuch** N muşamba **Wachstum** N ⟨*kein pl*⟩ büyüme, gelişme
Wächter M ⟨-⟩, **Wächterin** F bekçi
Wachtmeister(in) M(F) polis memuru **Wachtturm** M nöbetçi kulesi
Wackelkontakt M ELEK temassızlık **wackeln** V/I sallanmak, oynamak; (*mit dat -i*) sallamak
Wade F ⟨-n⟩ ANAT baldır
Waffe F ⟨-n⟩ silâh
Waffel F ⟨-n⟩ gofret
Waffenschein M silâh taşıma

ruhsatı **Waffenstillstand** M ⟨¨-e⟩ POL ateşkes
wagen V/T *akk -e* cesaret etmek
Wagen M ⟨-⟩ AUTO araba; BAHN vagon **Wagenheber** M AUTO kriko **Wagenpapiere** *pl* AUTO otomobil belgeleri
Waggon M ⟨-s⟩ BAHN vagon
waghalsig ADJ gözüpek, cesur
Wagnis N ⟨-sse⟩ riziko
Wahl F ⟨-en⟩ POL seçim; **erste ~** birinci kalite **wahlberechtigt** ADJ POL seçim hakkına sahip **wählen** **A** V/T seçmek **B** V/I POL oy kullanmak; TEL numarayı çevirmek **Wähler(in)** M(F) seçmen **wählerisch** ADJ güç beğenir **Wahlfach** N (*Schule*) seçmeli ders **Wahlrecht** N ⟨*kein pl*⟩ POL (*aktives*) seçme hakkı; (*passives*) seçilme hakkı
Wahnsinn M ⟨*kein pl*⟩ çılgınlık **wahnsinnig** ADJ deli, çılgın
wahr ADJ doğru, gerçek; **nicht ~?** değil mi?
während **A** PRÄP *+gen* esnasında *nom* **B** KONJ iken; *-diği* sırada; *-diği* hâlde
Wahrheit F ⟨-en⟩ doğruluk, gerçek(lik), hakikat
wahrnehmbar ADJ duyulabilir, görülebilir **wahrnehmen** V/T algılamak **Wahrnehmung** F idrak, algı
Wahrsager(in) M(F) falcı
wahrscheinlich **A** ADJ muhtemel, olası **B** ADV galiba, olasılıkla **Wahrscheinlichkeit** F ⟨*kein pl*⟩ ihtimal
Währung F FIN para (sistemi)
Wahrzeichen N simge
Waise F ⟨-n⟩ yetim, öksüz
Wal M ⟨-e⟩ ZOOL balina
Wald M ⟨¨-er⟩ orman; (*kleiner* ~) koru **Waldbrand** M orman yangını **waldig** ADJ ormanlık **Waldsterben** N ormanların ölmesi
Walfisch M → Wal
Wall M ⟨¨-e⟩ sur, duvar
Wallfahrt F REL ziyaret, hac
Walnuss F BOT ceviz
Walze F ⟨-n⟩ silindir, merdane
wälzen **A** V/T yuvarlamak **B** V/R **sich ~** yuvarlanmak, dönmek
Walzer M ⟨-⟩ vals
wand → winden
Wand F ⟨¨-e⟩ duvar; **spanische ~** paravan(a)
Wandel M ⟨*kein pl*⟩ değişiklik; değişim **wandeln** V/R **sich ~** değişmek
Wanderer M ⟨-⟩, **Wanderin** F yaya gezen, gezgin **wandern** V/I yürümek, yaya gezmek **Wanderung** F yaya gezinti
Wandlung F değişiklik
wandte → wenden
Wange F ⟨-n⟩ ANAT yanak
wankelmütig ADJ kararsız
wanken V/I sendelemek, sallanmak
wann ADV ne zaman, ne vakit; **bis ~?** ne zamana kadar?; **seit**

~? ne zamandan beri?
Wanne F ⟨-n⟩ tekne; küvet
Wanze F ⟨-n⟩ ZOOL tahtakurusu; *umg* gizli dinleme aleti
Wappen N ⟨-⟩ arma
war → sein
warb → werben
Ware F ⟨-n⟩ mal **Warenhaus** N mağaza **Warenzeichen** N marka
warf → werfen
warm ADJ sıcak; (*lauwarm*) ılık **Wärme** F ⟨*kein pl*⟩ ısı, sıcaklık **wärmen** **A** V/T ısıtmak **B** V/R **sich ~** ısınmak
Warnblinkanlage F AUTO flaşör; *umg* dörtlü **Warndreieck** N AUTO ikaz üçgeni **warnen** V/T uyarmak, ikaz etmek **Warnschild** N uyarı levhası **Warnung** F ihtar, ikaz, uyarı
warten **A** V/I beklemek (**auf** *akk -e*) **B** V/T *akk* TECH *-e* bakmak
Wärter(in) M(F) bekçi
Wartesaal M bekleme salonu **Wartezimmer** N bekleme odası
Wartung F bakım
warum ADV niçin, neden
Warze F ⟨-n⟩ siğil; et beni
was **A** INT PR ne, neler; **~ für ein(e)** nasıl bir; **~ kostet das?** bunun fiyatı ne?; **~ mich betrifft** bana gelince **B** REL PR ne; **ich weiß, ~ ich will** istediğimi biliyorum **C** INDEF PR *umg* bir şey
Waschbecken N lavabo **Wäsche** F ⟨-n⟩ çamaşır; (*Waschen*) yıkama **Wäscheklammer** F çamaşır mandalı **Wäscheleine** F çamaşır ipi **waschen** **A** V/T yıkamak **B** V/R **sich ~** yıkanmak **Wäscherei** F ⟨-en⟩ çamaşırhane **Waschlappen** M banyo kesesi **Waschmaschine** F çamaşır makinası **Waschmittel** N, **Waschpulver** N çamaşır tozu **Waschung** F REL aptes, abdest
Wasser N ⟨-, ⸚⟩ su **Wasserball** M su topu **wasserdicht** ADJ su geçirmez **Wasserfall** M çağlayan **Wasserfarbe** F suluboya **Wasserhahn** M su musluğu **Wasserleitung** F su boru hattı **Wassermelone** F BOT karpuz **Wasserski** M SPORT su kayağı **Wasserspülung** F sifon **Wasserstoff** M ⟨*kein pl*⟩ CHEM hidrojen **Wasserzeichen** N filigran, suyolu
waten V/I suda yürümek
Watt N ⟨-⟩ ELEK vat
Watte F ⟨*kein pl*⟩ (hidrofil) pamuk **Wattestäbchen** N ⟨-⟩ pamuklu çubuk
WC N ⟨-, -s⟩ tuvalet, helâ
weben V/I & V/T (*Teppich*) dokumak; örmek **Weber(in)** M(F) dokumacı **Webstuhl** M dokuma tezgâhı
Wechsel M ⟨-⟩ (*Änderung*) değişiklik; WIRTSCH senet
Wechselgeld N bozuk para

Wechseljahre *pl* menopoz *sg* **Wechselkurs** M FIN döviz kuru **wechseln** **A** V/T değiştirmek; (*Geld*) boz(dur)mak **B** (*Farbe*) V/I değişmek **Wechselstrom** M ELEK dalgalı akım **Wechselstube** F FIN döviz bürosu
wecken V/T uyandırmak **Wecker** M ⟨-⟩ çalar saat
wedeln V/I (*Hundeschwanz*) sallamak (**mit** *dat -i*)
weder ... noch KONJ ne ... ne (de)
weg ADJ (*verschwunden*) yok; (*gegangen*) gitmiş; (*verloren*) kaybolmuş; **~ da!** çekil (yoldan)!
Weg M ⟨-e⟩ yol; (*Pfad*) patika; *fig* metod
wegbleiben V/I gelmemek; uzak kalmak **wegbringen** V/T (*Müll*) götürmek
wegen PRÄP *+gen -den* dolayı; dolayısıyla, yüzünden *nom*
wegfahren V/I (*mit Fahrzeug*) gitmek **wegfallen** V/I (*Vorschrift*) kaldırılmak **weggehen** V/I (*zu Fuß*) gitmek; (*ausgehen*) dışarı çıkmak; (*Fleck*) çıkmak **weglassen** V/T (*j-n*) (serbest) bırakmak; (*etw*) atlamak **weglaufen** V/I kaçmak **weglegen** V/T bir yere kaldırmak **wegnehmen** V/T *akk* almak (*j-m -den*); kapmak **wegsehen** V/I başka tarafa bakmak **wegstellen** V/T bir yere koymak
Wegweiser M ⟨-⟩ AUTO yol işareti
Wegwerf... tek kullanımlık **wegwerfen** V/T atmak **wegziehen** **A** V/I başka yere taşınmak **B** V/T (*Stuhl*) kenara çekmek
weh INT **o ~!** eyvah!, vay! **wehe!** INT sakın ha!
Wehe F ⟨-n⟩ (*meist pl*) MED doğum sancısı
wehen V/I esmek; (*Fahne*) dalgalanmak
wehleidig ADJ çıtkırıldım
wehmütig ADJ kederli
Wehr N ⟨-e⟩ TECH set, baraj, su bendi
wehren V/R **sich ~** kendini savunmak **wehrlos** ADJ savunmasız; âciz **Wehrpflicht** F ⟨*kein pl*⟩ zorunlu askerlik ödevi
wehtun **A** V/I ağrımak **B** V/R **sich ~** *-ini* acıtmak
Weibchen N ZOOL dişi hayvan **weiblich** ADJ kadınca; BOT dişi; GRAM dişil
weich ADJ yumuşak, gevşek; (*Ei*) **~ gekocht** rafadan
Weiche F ⟨-n⟩ BAHN makas
weichen V/I çekilmek
weichherzig ADJ yumuşak kalplı **weichlich** ADJ mülâyim, zayıf
Weide F ⟨-n⟩ BOT (*Baum*) söğüt; (*Kuhweide*) otlak **weiden** V/I otlamak
weigern V/R **sich ~** reddetmek (**zu** *inf -meyi*); kaçınmak (**zu** *inf -mekten*) **Weigerung** F kaçın-

ma, ret
weihen VT REL kutsamak, takdis etmek **Weihnacht** F ‹*kein pl*›, **Weihnachten** N ‹-› Noel **Weihnachtsbaum** M Noel ağacı **Weihnachtsgeld** N Noel ikramiyesi **Weihnachtsmann** M Noel Baba
Weihrauch M ‹*kein pl*› buhur
weil KONJ çünkü; *-diği* için, -diğinden; zira, dolaysıyla; mademki
Weile F: **e-e ~** bir süre
Wein M ‹-e› şarap; BOT asma; üzüm **Weinbau** M bağcılık **Weinbauer** M bağcı **Weinbeere** F BOT üzüm tanesi **Weinberg** M bağ **Weinbrand** M kanyak
weinen VI ağlamak
Weinernte F → Weinlese **Weinglas** N şarap bardağı, kadeh **Weinkarte** F şarap listesi **Weinkeller** M şarap mahzeni **Weinlese** F bağbozumu **Weintraube** F BOT üzüm salkımı
weise ADJ akıllı, bilge
Weise F ‹-n› tarz, biçim, şekil; MUS melodi, hava; **auf diese (Art und) ~** böylece, bu şekilde
weisen VT (*Weg*) göstermek
Weisheit F hikmet, bilgelik **Weisheitszahn** M yirmi yaş dişi
weiß ADJ beyaz; ak
weissagen VI (*Wahrsager*) fal açmak; (*j-m b.in*) falına bakmak
Weißbrot N beyaz ekmek
weißen VT (*Wand*) badanalamak **Weißkohl** M, **Weißkraut** N BOT lahana **Weißwein** M beyaz şarap
weit **A** ADJ (*fern*) uzak; (*breit*) geniş; (*Kleidung*) bol; (*Reise*) uzun **B** ADV **von Weitem** uzaktan **weitblickend** ADJ öngörülü **weiten** **A** VT genişletmek, açmak **B** VR **sich ~**genişlemek; (*Pupillen*) büyümek
weiter **A** ADJ daha, fazla; **~e** *pl a.* başka; **bis auf Weiteres** şimdilik **B** ADV **und so ~** ve saire **weiterfahren** VI AUTO yola devam etmek **weiterführen** VT *akk -e* devam ettirmek **weitergeben** VT başkasına vermek; aktarmak **weitergehen** VI (yola) devam etmek, ilerlemek **weitermachen** VI devam etmek (**mit** *dat -e*)
weitgehend **A** ADJ geniş kapsamlı **B** ADV geniş ölçüde **weitläufig** **A** ADJ (*Park*) geniş; (*ausführlich*) ayrıntılı **B** ADV (*verwandt*) uzaktan; uzağından, ayrıntılı olarak **weitsichtig** ADJ MED hipermetrop; *fig* sağgörülü
Weizen M ‹*kein pl*› BOT buğday
welche(r, s) **A** INT PR hangi(si), ne (gibi) **B** REL PR -en, -diği; … ki **C** INDEF PR -den
welk ADJ soluk; (*Blume*) solgun

welken V/I solmak **Welle** F ⟨-n⟩ dalga; TECH mil, şaft **wellenförmig** ADJ dalgalı **Wellenlänge** F dalga boyu **Wellenreiten** N dalga sörfü yapmak **Wellensittich** M ZOOL muhabbet kuşu **Welpe** M ⟨-n⟩ ZOOL köpek yavrusu **Welt** F ⟨-en⟩ dünya **Weltall** N ⟨*kein pl*⟩ kozmos, evren **Weltanschauung** F dünya görüşü **Weltkrieg** M dünya savaşı **weltlich** ADJ dünyevi, laik **Weltmeister(in)** M(F) dünya şampiyonu **Weltraum** M ⟨*kein pl*⟩ uzay **Weltrekord** M dünya rekoru **weltweit** ADV dünya çapında

wem PRON *dat von* **wer**; kime, kimlere; **von ~?** kimden?

wen PRON *akk von* **wer**; kimi, kimleri; **für ~?** kimin için?

Wende F ⟨-n⟩ dönüşüm; (*Änderung*) değişiklik **Wendekreis** M AUTO dönüş çapı; GEOG dönence **Wendeltreppe** F döner merdiven **wenden** **A** V/T çevirmek, döndürmek **B** V/R **sich ~** (*umdrehen*) dönmek; başvurmak, müracaat etmek (**an** *akk -e*) **Wendepunkt** M dönüm noktası **Wendung** F çevrim, dönüş; GRAM deyim

wenig ADJ & ADV az; **ein ~** biraz; **weniger** daha az **wenigstens** ADV en azından, hiç olmazsa

wenn KONJ eğer -se; -ince; -*diği* zaman; **~ auch** -se de; **selbst ~** se bile **wenngleich** KONJ → **~ auch**

wer **A** INT PR kim(ler); hangisi **B** REL PR her kim ki **C** INDEF PR *umg* biri(si); (*fragend*) kimse; (*verneinend*) hiçbiri(si), hiç kimse

Werbeagentur F reklam ajansı **Werbefernsehen** N televizyon reklamları *pl* **werben** **A** V/I reklam yapmak (**für** *akk* için); almaya çalışmak (**um** *akk -i*) **B** V/T (*Mitglieder, Kunden*) kazanmaya çalışmak **Werbespot** M ⟨-s⟩ reklam sloganı **Werbung** F reklam

werden **A** V/I olmak; gelişmek; dönmek, çevrilmek (**zu** *dat -e*) **B** *v/hilf* (*mit inf, Futur*) -ecek; (*Passiv*) olunmak

werfen V/T atmak, fırlatmak

Werft F ⟨-en⟩ SCHIFF tersane

Werk N ⟨-e⟩ (*Bauwerk*) eser, yapıt; fabrika; TECH mekanizma **Werkstatt** F ⟨=en⟩, **Werkstätte** F ⟨-n⟩ atölye **Werktag** M çalışma günü **Werkzeug** N alet

wert ADJ: **~ sein** *akk* değeri olmak; ... değerinde olmak; *gen -e* değer olmak; **nicht ~** *gen -e* değmez **Wert** M ⟨-e⟩ değer; (*Preis*) fiyat **werten** V/T *akk* değerlendirmek; *-in* değerini biçmek **Wertgegenstand** M değerli/kıymetli şey **wertlos** ADJ değersiz **Wertpapiere** *pl*

FIN menkul kıymetler **Wertsachen** *pl* değerli/kıymetli eşya *sg* **Wertung** F değerlendirme **wertvoll** ADJ değerli
Wesen N (*Kreatur*) varlık; (*Art*) nitelik; (*Lebewesen*) yaratık; (*Eigenheit*) özellik, karakter **wesentlich** **A** ADJ önemli, esaslı **B** ADV **~ besser** çok daha iyi; **im Wesentlichen** özünde
weshalb ADV niçin, neden
Wespe F ⟨-n⟩ ZOOL eşekarısı; sarıca (arı)
wessen PRON *gen von* **wer** kimin, kimlerin
West... batı
Weste F ⟨-n⟩ yelek
Westen M ⟨*kein pl*⟩ batı **westlich** ADJ batı; POL batılı
weswegen → weshalb
Wettbewerb M ⟨-e⟩ yarış (-ma); WIRTSCH *a.* rekabet **Wettbewerber(in)** M(F) rakip
Wette F ⟨-n⟩ bahis **wetten** V/I & V/T bahse girmek (**dass ...** -diğine, -eceğine; **um** *akk* için, **mit** *dat* ile)
Wetter N ⟨*kein pl*⟩ hava **Wetterbericht** M hava raporu **Wetterlage** F hava durumu **Wettervorhersage** F hava tahmini
Wettkampf M SPORT yarış **Wettkämpfer(in)** M(F) SPORT yarışmacı **Wettlauf** M yarış (koşusu) **Wettstreit** M ⟨*kein pl*⟩ yarışma
wetzen V/T (*Messer*) bilemek
Whirlpool® M ⟨-s⟩ jakuzi
Whisky M ⟨-s⟩ viski
wich → weichen
wichtig ADJ önemli **Wichtigkeit** F ⟨*kein pl*⟩ önem
wickeln V/T sarmak, dolamak (**auf, um** *akk -e*); (*Baby*) kundaklamak
Widder M ⟨-⟩ ZOOL, ASTRON koç
wider PRÄP *+akk -e* karşı; **~ Willen** istemeyerek, zoraki **widerfahren** V/I *dat -in* başına gelmek **widerhallen** V/I yankıla(n)mak **widerlegen** V/T (*These*) çürütmek, *-in* tersini kanıtlamak
widerlich ADJ iğrenç, tiksindirici
widerrechtlich **A** ADJ kanuna aykırı **B** ADV haksızlıkla **widerrufen** V/T (*Erlaubnis*) geri almak, yalanlamak **widerspenstig** ADJ inatçı, hırçın **widerspiegeln** V/T yansıtmak, aksettirmek
widersprechen V/I *dat* karşı gelmek, itirazda bulunmak **Widerspruch** M itiraz; çelişki tutarsızlık
Widerstand M direnç **widerstehen** V/I *dat* dayanmak
widerstreben V/I *dat -in* zıddına gitmek
widerwärtig ADJ iğrenç
Widerwille M nefret, tiksinti
widmen **A** V/T *j-m etw* ithaf etmek **B** V/R **sich ~** *dat* kendini adamak **Widmung** F ithaf, sunu

wie **A** ADV nasıl; gibi; kadar; ~ **bitte?** efendim?; ~ **früher** eskisi gibi; ~ **sehr** ne kadar çok; ~ **viel** ne kadar, kaç (tane) **B** KONJ gibi; *-diğine* göre; **weiß ~ Schnee** kar gibi beyaz; ~ **man sagt** söylendiğine göre
wieder ADV tekrar, bir daha, yeniden, gene
wiederbekommen V/T geri almak **wiederbeleben** V/T diriltmek, tekrar canlandırmak
wiederbringen V/T geri getirmek **wiedererkennen** V/T tanımak **wiedererlangen** V/T yeniden sahip olmak **wiederfinden** V/T tekrar bulmak
wiedergeben V/T (*zurückgeben*) geri vermek; TECH vermek, aktarmak **wiedergutmachen** V/T telâfi etmek, tazmin etmek **wiederherstellen** V/T eski hâline getirmek
wiederholen V/T tekrarlamak
Wiederholung F tekrar (-lama)
Wiederkehr F dönüş; tekrar
wiederkommen V/I bir daha gelmek; dönmek
wiedersehen **A** V/T tekrar görmek **B** V/R **sich ~** tekrar görüşmek **Wiedersehen** N: **auf ~!** Allaha ısmarladık!; (*Antwort*) güle güle!
wiederum ADV yeniden, tekrar
Wiedervereinigung F yeniden birleşme
Wiege F ⟨-n⟩ beşik
wiegen **A** V/T (*Obst etc*) tartmak; (*schaukeln*) (hafifçe) sallamak **B** V/I (*schwer sein*) ... ağırlığında olmak
wiehern V/I (*Pferd*) kişnemek
Wien N Viyana
wies → weisen
Wiese F ⟨-n⟩ çimenlik, çayır
Wiesel ⟨-⟩ *n* ZOOL gelincik
wieso ADV niçin, niye
wievielte(r, s) ADJ kaçıncı
wild ADJ vahşî; *bes* BOT yabanî; *fig* azgın, deli **Wild** N ⟨*kein pl*⟩ ZOOL av (hayvanı) **wildern** V/I ruhsatsız avlanmak
Wildleder N (podö)süet
Wildnis F ⟨-sse⟩ el değmemiş bölge **Wildschwein** N ZOOL yaban domuzu
Wille M ⟨*kein pl*⟩ irade; (*Wunsch*) istek, arzu; **böser ~** kötü niyet **Willenskraft** F irade kuvveti
willkommen ADJ sevilen, makbul; **~!** hoş geldiniz!
willkürlich ADJ keyfî
wimmeln V/I **es wimmelt von** ... kaynaşıyor, ... kaynıyor
wimmern V/I inlemek
Wimper F ⟨-n⟩ kirpik **Wimperntusche** F rimel
Wind M ⟨-e⟩ rüzgâr, yel
Winde F ⟨-n⟩ BOT kahkahaçiçeği; TECH bocurgat, çıkrık
Windel F ⟨-n⟩ kundak, çocuk bezi
winden **A** V/T sarmak, burmak, dolamak **B** V/R **sich ~** sarılmak; kıvranmak, kıvrılmak

windig ADJ rüzgârlı **Windjacke** F mont **Windmühle** F yel değirmeni **Windpocken** *pl* MED suçiçeği *sg* **Windschutzscheibe** F AUTO ön cam **Windstärke** F rüzgâr hızı

Windung F büklüm; dolambaç; yiv

Wink M ⟨-e⟩ işaret; ima

Winkel M ⟨-⟩ köşe; MATH açı; **rechter ~** dik açı; **spitzer ~** dar açı; **stumpfer ~** geniş açı

winken V/I el sallamak; *dat* işaret etmek

winseln V/I inlemek

Winter M ⟨-⟩ kış **winterlich** ADJ kışlık **Winterreifen** M AUTO kış lastiği **Winterschlaf** M ZOOL kış uykusu **Wintersport** M kış sporları *pl*

Winzer M ⟨-⟩, **Winzerin** F bağcı

winzig ADJ ufak, pek küçük

Wipfel M ⟨-⟩ zirve, tepe

Wippe F ⟨-n⟩ (*Spielgerät*) tahterevalli

wir PERS PR biz; **~ alle** hepimiz

Wirbel M ⟨-⟩ anafor; ANAT omur; (*im Haar*) gül **wirbeln** V/I hızla dönmek **Wirbelsäule** F belkemiği, omurga **Wirbelsturm** M kasırga, siklon

wirken V/I tesir etmek (**auf** *akk* -e); etki göstermek; (*tätig sein*) çalışmak; (*erscheinen*) görünmek

wirklich **A** ADJ gerçek **B** ADV gerçekten, hakikaten **Wirklichkeit** F ⟨-en⟩ gerçek(lik), hakikat

wirksam ADJ etkili; (*gültig*) geçerli **Wirkung** F etki, tesir; (*Ergebnis*) sonuç **wirkungslos** ADJ etkisiz **wirkungsvoll** ADJ etkili

wirr ADJ (karma)karışık; şaşkın **Wirrwarr** M ⟨*kein pl*⟩ karışıklık

Wirt M ⟨-e⟩, **Wirtin** F otelci, lokantacı **Wirtschaft** F iktisat, ekonomi; (*Geschäftswelt*) iş dünyası (*Gastwirtschaft*) lokanta **wirtschaftlich** ADJ ekonomik, idareli **Wirtshaus** N lokanta, meyhane, birahane

wischen V/T silmek; **Staub ~** toz almak

wissen V/T bilmek **Wissen** N ⟨*kein pl*⟩ bilgi; **meines ~s** bildiğime göre; **ohne mein ~** haberim olmadan

Wissenschaft F bilim, ilim **Wissenschaftler(in)** M(F) bilim adamı (kadını), bilgin **wissenschaftlich** ADJ bilimsel

wissentlich ADJ bilerek, kasten

wittern V/T *akk -in* kokusunu almak; *fig -i* sezmek

Witterung F (*Wetter*) hava

Witwe(r) F(M) dul

Witz M ⟨-e⟩ espri; fıkra **Witzbold** M ⟨-e⟩ şakacı **witzig** ADJ esprili, nükteli

wo ADV nerede; neresi; **~ ist (sind)** ... ... nerede?; **von ~**

nereden; **~ auch immer** nerede ... -irse -sin **woanders** ADV başka yerde **wobei** **A** ADV o münasebetle **B** KONJ ki o arada
Woche F ⟨-n⟩ hafta **Wochenende** N hafta sonu **Wochenkarte** F (*Bahn, Bus*) haftalık bilet **wochenlang** ADV haftalarca **Wochentag** M hafta günü; iş/çalışma günü **wöchentlich** **A** ADJ haftalık **B** ADV her hafta; **dreimal ~** haftada üç kere
Wöchnerin F loğusa
Wodka M ⟨-s⟩ vodka
wodurch **A** ADV ne ile, ne suretle **B** KONJ ki bu yüzden
wofür **A** ADV ne için, niye **B** KONJ ki onun için
wog → wiegen
Woge F ⟨-n⟩ dalga
woher ADV nereden
wohin ADV nereye
wohl ADV iyi, sağ; (*vielleicht*) belki; acaba
Wohl N ⟨*kein pl*⟩ iyilik; sağlık; refah; **auf Ihr ~!** şerefinize/sağlığınıza! **Wohlbefinden** N ⟨*kein pl*⟩ iyilik, sağlık **Wohlbehagen** N ⟨*kein pl*⟩ keyif, rahatlık **Wohlfahrtsstaat** M sosyal devlet **wohlfühlen** V/R **sich (nicht) ~**kendini iyi hisset(me)mek **wohlhabend** ADJ varlıklı, zengin **wohlig** ADJ hoş, keyifli **wohlriechend** ADJ güzel kokulu **Wohlstand** M ⟨*kein pl*⟩ refah **Wohltat** F iyilik, hayır **Wohltätigkeit** F hayır(-severlik) **wohltuend** ADJ ferahlatıcı **wohlweislich** ADV ihtiyatlı **wohlwollend** ADJ iyilik isteyen *veya* gösteren
wohnen V/I oturmak; (*vorübergehend*) kalmak **Wohngemeinschaft** F birlikte oturma **wohnhaft** ADJ (**in** *-de*) oturur **Wohnhaus** N ev; apartman **Wohnheim** N yurt **Wohnmobil** N ⟨-e⟩ AUTO karavan **Wohnort** M, **Wohnsitz** M ikametgâh **Wohnung** F konut; ev, daire **Wohnungstür** F daire kapısı **Wohnwagen** M AUTO karavan **Wohnzimmer** N oturma odası, salon
wölben V/R **sich ~** kubbelenmek
Wolf M ⟨¨-e⟩ ZOOL kurt
Wolke F ⟨-n⟩ bulut **Wolkenbruch** M sağanak **Wolkenkratzer** M gökdelen **wolkig** ADJ bulutlu
Wolldecke F battaniye **Wolle** F ⟨-n⟩ yün **wollen**[1] ADJ yünlü, yün(den)
wollen[2] **A** V/T & V/I *akk od inf* istemek **B** *v/hilf* yapmak istemek
womit **A** ADV ne ile **B** KONJ ki onunla
womöglich ADV belki
wonach **A** ADV neye göre **B** KONJ ki ona göre
woran ADV **~ denkst du?** ne(yi)

düşünüyorsun?
worauf A KONJ ne üzerin(d)e; ki bunun üzerine B ADV **~ wartest du?** ne(yi) bekliyorsun?
woraus A ADV neden, nereden B KONJ ki ondan
worden → werden
worin A ADV neyin içinde, nede B KONJ ki orada
Wort N ‹-e› söz; ‹⸚er› sözcük, kelime; **sein ~ halten** sözünü tutmak, sözünde durmak **Wörterbuch** N sözlük **wörtlich** ADJ kelimesi kelimesine **wortlos** ADJ sessiz **Wortschatz** M kelime haznesi **Wortspiel** N kelime oyunu **Wortwechsel** M *(Streit)* ağız kavgası
worüber A ADV neden, neyin üzerine B KONJ ki onun üzerine
worum A ADV ne hakkında B KONJ ki ondan
worunter A ADV neyin altın(d)a B KONJ ki onun arasında
wovon A ADV neden B KONJ ki ondan
wovor A ADV neyin önün(d)e; neden B KONJ ki ondan
wozu A ADV niçin B KONJ ki onun için
Wrack N ‹-s› SCHIFF enkaz
wrang → wringen
wringen V/T *(Wäsche)* sıkmak
Wucher M ‹*kein pl*› tefecilik **wuchern** V/I *(Unkraut)* üremek, azmak
Wuchs M ‹*kein pl*› büyüme, yetişme; boy
wuchs → wachsen
Wucht F ‹*kein pl*› hız, hamle
wühlen V/I karıştırmak, araştırmak (**in** *dat -i*)
Wulst M ‹⸚e› kabarıklık
wund ADJ yaralı; **sich ~ reiben** pişik oluşmak **Wunde** F ‹-n› yara
Wunder N ‹-› harika, mucize **wunderbar** ADJ şaşılacak; harika **wunderlich** ADJ *(Mensch)* garip, acayip **wundern** A V/T hayrete düşürmek, şaşırtmak B V/R **sich ~** şaşırmak, hayret etmek **wundervoll** ADJ muhteşem; çok güzel
Wundstarrkrampf M MED tetanos
Wunsch M ‹⸚e› arzu, istek; *(Glückwunsch)* dilek; *(Ziel)* amaç **wünschen** V/T arzu etmek; istemek; dilemek **wünschenswert** ADJ arzu edilen
wurde → werden
Würde F ‹-n› *(Ehre)* onur, şeref; vakar **würdig** ADJ onurlu, ağırbaşlı; *gen -e* değer, lâyık **würdigen** V/T takdir etmek
Wurf M ‹⸚e› fırlatma, atış; ZOOL yavrular *pl*
Würfel M ‹-› zar; MATH küp **würfeln** V/I zar atmak **Würfelzucker** M kesmeşeker
würgen V/T boğmak, sıkmak
Wurm M ‹⸚e› ZOOL kurt, solucan **wurmstichig** ADJ kurtlu

Wurst F ⟨¨-e⟩ sucuk; salam **Würstchen** N sosis
Würze F ⟨-n⟩ çeşni, tat; bahar
Wurzel F ⟨-n⟩ BOT kök **wurzeln** V/I kök salmak
würzen V/T *akk -e* çeşni vermek; baharat koymak **würzig** ADJ baharatlı
wusch → waschen
wusste → wissen
Wüste F ⟨-n⟩ çöl
Wut F ⟨*kein pl*⟩ öfke, kızgınlık **wüten** V/I hiddetlenmek; tahribat yapmak **wütend** ADJ kızgın, hiddetli

X

X-Beine *pl* çarpık bacaklar **x-beinig** ADJ çarpık bacaklı
x-beliebig A ADJ herhangi bir B ADV rasgele
x-mal ADV defalarca, yüz defa

Y

Yacht F ⟨-en⟩ → Jacht
Yoga N ⟨*kein pl*⟩ yoga
Ypsilon N ⟨-s⟩ y harfi

Z

Zacke F ⟨-n⟩, **Zacken** M ⟨-⟩ uç, diş **zackig** ADJ dişli; *fig* yiğit
zaghaft ADJ çekingen
zäh ADJ (*Konstitution*) dayanıklı; (*Fleisch*) sert **zähflüssig** ADJ yavaş akan; (*Verkehr*) ağır giden
Zahl F ⟨-en⟩ sayı; (*Ziffer*) rakam
zahlen V/I & V/T ödemek; **bitte ~!** hesap lütfen!
zählen A V/T saymak B V/I say(ıl)mak (**zu** *dat* arasında) **Zähler** M ⟨-⟩ TECH sayaç, saat; MATH pay
zahllos ADJ sayısız **zahlreich** ADJ pek çok, çok sayıda **Zahlung** F öde(n)me
Zählung F sayım
zahlungsunfähig ADJ ödemekten aciz
Zahlwort N GRAM sayı (sıfatı)
zahm ADJ evcil; *fig* uysal **zähmen** V/T alıştırmak
Zahn M ⟨¨-e⟩ diş **Zahnarzt** M, **Zahnärztin** F diş doktoru, dişçi **Zahnbürste** F diş fırçası **Zahnersatz** M takma diş(ler *pl*) **Zahnfleisch** N dişeti **Zahnpasta** F diş macunu **Zahnrad** N TECH dişli (çark) **Zahnschmerzen** *pl*

diş ağrısı *sg* **Zahnseide** F diş ipeği **Zahnspange** F diş teli **Zahnstein** M diştaşı **Zahnstocher** M kürdan
Zange F ⟨-n⟩ kıskaç, pens(e), kerpeten
zanken V/R (*streiten*) **sich ~** çekişmek, kavga etmek
Zäpfchen N ANAT küçükdil; MED fitil
zapfen V/T fıçıdan çekmek
Zapfen M ⟨-⟩ tıkaç, tapa, mil; BOT koza(la)k
Zapfhahn M fıçı musluğu **Zapfsäule** F benzin pompası
zappeln V/I (*Baby*) yerinde durmamak
zappen V/I *umg* zapping yapmak, kanal değiştirmek
zart ADJ ince, yumuşak
zärtlich ADJ şefkatli, sevecen **Zärtlichkeit** F ⟨-en⟩ okşama; şefkat
Zauber M ⟨-⟩ sihir, büyü **Zauberer** M ⟨-⟩, **Zauberin** F büyücü, sihirbaz **zauberhaft** ADJ *fig* büyüleyici, mucizevi **zaubern** V/I sihirbazlık yapmak; hokkabazlık etmek
zaudern V/I duraksamak
Zaum M ⟨¨-e⟩ gem
Zaun M ⟨¨-e⟩ çit; parmaklık
z. B.: **zum Beispiel** meselâ
Zebra N ⟨-s⟩ ZOOL zebra **Zebrastreifen** M yaya geçidi
Zeche F ⟨-n⟩ **A** (*im Lokal*) hesap, masraf **B** BERGB maden ocağı
Zecke F ⟨-n⟩ ZOOL kene
Zeder F ⟨-n⟩ BOT sedir (ağacı)
Zeh M ⟨-en⟩, **Zehe** F ⟨-n⟩ ANAT ayak parmağı
zehn *Zahl* on **Zehner** M ⟨-⟩ onluk **Zehntel** N ⟨-⟩ onda bir
Zeichen N ⟨-⟩ işaret, belirti **Zeichenblock** M resim kâğıdı bloku **Zeichensprache** F işaret dili **Zeichentrickfilm** M çizgifilm **zeichnen** V/I & V/T *akk* çizmek, *-in* resmini yapmak **Zeichner(in)** M(F) ressam **Zeichnung** F çizim, resim; kroki
Zeigefinger M işaret parmağı **zeigen** **A** V/I & V/T *j-m etw* göstermek **B** V/R **sich ~** görünmek, gözükmek **Zeiger** M ⟨-⟩ ibre, gösterge; (*Uhr*) **großer ~** (*Minutenzeiger*) yelkovan; **kleiner ~** (*Stundenzeiger*) akrep
Zeile F ⟨-n⟩ satır; dize; **neue ~** satırbaşı
Zeit F ⟨-en⟩ zaman, vakit; süre; çağ, devir; **eine ~ lang** bir müddet; **mit der ~** zamanla **Zeitabschnitt** M dönem, devir **Zeitalter** N çağ, asır **zeitgemäß** ADJ zamana uygun, çağdaş **zeitgenössisch** ADJ çağdaş **zeitig** ADJ vaktinde; (*früh*) erken **Zeitkarte** F paso; abonman **zeitlich** ADJ zamanla ilgili; **~ begrenzt** geçici **Zeitlupe** F ağır çekim; *iron* aşırı yavaşlık **Zeitpunkt** M an, zaman **Zeitraum** M müddet, süre

Zeitschrift F dergi, mecmua **Zeitung** F gazete **Zeitungsanzeige** F gazete ilânı **Zeitungsartikel** M makale **Zeitungskiosk** M gazeteci (büfe)

Zeitunterschied M ⟨*kein pl*⟩ FLUG saat farkı **Zeitvertreib** M ⟨-e⟩ vakit geçirme **zeitweilig** **A** ADJ geçici **B** ADV ara sıra, zaman zaman **zeitweise** ADV ara sıra; bir süre için **Zeitzone** F dünya saat dilimi

Zelle F ⟨-n⟩ hücre; ELEK bölme; TEL kulübe, kabin

Zellophan® N ⟨*kein pl*⟩ selofan

Zelt N ⟨-e⟩ çadır **zelten** V/I kamping yapmak **Zeltplatz** M kamp yeri

Zement M ⟨-e⟩ çimento

Zensur F **A** ⟨*kein pl*⟩ sansür **B** ⟨-en⟩ (*Schule*) not

Zentimeter M *od* N santim(etre)

Zentner M ⟨-⟩ (*in Deutschland*) elli kilo, (*in Österreich und der Schweiz*) 100 kg

zentral ADJ merkezî **Zentral...** orta, merkezî **Zentrale** F ⟨-n⟩ merkez; TEL santral **Zentralheizung** F kalorifer **Zentralverriegelung** F merkezî kilit **Zentrum** N ⟨-ren⟩ merkez

Zeppelin M ⟨-e⟩ FLUG zeplin

zerbeißen V/T ısırıp koparmak

zerbrechen **A** V/T kırmak **B** V/I kırılmak **zerbrechlich** ADJ kolayca kırılır

zerdrücken V/T ezmek

Zeremonie F ⟨-n⟩ tören, merasim; REL ayin

zerfallen V/I yıkılmak, parçalanmak; ayrılmak (**in** *akk* -*e*)

zerfetzen V/T yırtmak, parçalamak

zerfleischen V/T paralamak

zerfressen V/T aşındırmak, kemirmek

zergehen V/I erimek

zergliedern V/T bölmek

zerhacken V/T kıymak

zerhauen V/T parçalamak, kesmek

zerkleinern V/T ufalamak

zerknirscht ADJ pişman

zerknittert ADJ (*Kleidung*) buruşuk

zerkratzen V/T tırmalamak

zerlegen V/T ayırmak (**in** *akk* -*e*)

zerlumpt ADJ (*Kleidung*) hırpani

zermalmen V/T, **zerquetschen** V/T ezmek

zerreißen **A** V/T yırtmak **B** V/I yırtılmak

zerren V/I & V/T çekmek, germek (**an** *dat* -*i*) **Zerrung** F MED gerinim

zerschlagen **A** V/T vurup kırmak; parçalamak **B** V/R **sich** ~ *fig* suya düşmek

zerschmettern V/T paramparça etmek

zerschneiden V/T kesip parça-

lamak, doğramak
zersetzen A V/T eritmek, aşındırmak B V/R **sich ~** ayrışmak, bozulmak
zersplittern V/I kırılmak, yarılmak
zerspringen V/I patlamak; parçalanmak; çatlamak
Zerstäuber M ⟨-⟩ püskürteç
zerstören V/T bozmak, yıkmak **Zerstörung** F yık(ıl)ma, bozulma
zerstreuen A V/T dağıtmak B V/R **sich ~** dağılmak; eğlenmek **zerstreut** ADJ (*Mensch*) dalgın; unutkan **Zerstreuung** F *fig* eğlence
zerstückeln V/T parçalamak
zerteilen V/T bölmek
zertreten V/T çiğnemek
zertrümmern V/T yıkmak, kırmak
zerzaust ADJ darmadağın
Zettel M ⟨-⟩ pusula, kâğıt parçası
Zeug N ⟨*kein pl*⟩ eşya; (*Kram*) pılı-pırtı
Zeuge M ⟨-n⟩ tanık, şahit
zeugen A V/T (*Kind*) (çocuk) yapmak B V/I tanıklık etmek (**von** *akk -e*)
Zeugin F tanık, şahit
Zeugnis N ⟨-sse⟩ (*Schule*) karne; (*Universität*) diploma; (*Dienstzeugnis*) bonservis; (*Beweis*) tanıklık
Zeugung F üre(t)me, dölleme
Ziege F ⟨-n⟩ ZOOL keçi
Ziegel M ⟨-⟩ tuğla; (*Dachziegel*) kiremit **Ziegelei** F ⟨-en⟩ tuğla fabrikası
ziehen A V/T (*Wagen*) çekmek; (*Linie*) çizmek; (*Nutzen*) çıkarmak; (*Blumen*) yetiştirmek B V/I (*Tee*) demlenmek; **es zieht** cereyanı yapıyor **Ziehharmonika** F akordeon **Ziehung** F (*Lotterie*) çekiliş
Ziel N ⟨-e⟩ hedef, amaç **zielen** V/I nişan almak (**auf** *akk -i*) **Zielgruppe** F hedef grup
ziellos ADJ plansız, gelişigüzel
Zielscheibe F hedef tahtası
ziemlich ADJ & ADV oldukça
Zierde F ⟨-n⟩ süs **zieren** A V/T süslemek B V/R **sich ~** nazlanmak
zierlich ADJ narin
Ziffer F ⟨-n⟩ rakam **Zifferblatt** N (*Uhr*) kadran, mine
Zigarette F ⟨-n⟩ sigara **Zigarettenstummel** F ⟨-⟩ sigara izmariti **Zigarre** F ⟨-n⟩ puro
Zigeuner(in) M(F) *neg!* Çingene
Zikade F ⟨-n⟩ ZOOL ağustosböceği
Zimmer N ⟨-⟩ oda; salon **Zimmermädchen** N oda hizmetçisi (kız) **Zimmermann** M doğramacı, marangoz **Zimmervermittlung** F otel/pansiyon bulma servisi
zimperlich ADJ çok korkak, hanım evladı
Zimt M ⟨*kein pl*⟩ BOT tarçın
Zink N ⟨*kein pl*⟩ çinko
Zinke F ⟨-n⟩ (*Gabel etc*) diş

Zinn N ⟨*kein pl*⟩ kalay **Zinsen** *pl* FIN faiz *sg* **Zinssatz** M FIN faiz oranı **Zipfel** M ⟨-⟩ uç, köşe **zirka** → circa **Zirkel** M ⟨-⟩ MATH pergel; *fig* çevre **zirkulieren** V/I dolaşmak **Zirkus** M ⟨-sse⟩ sirk **zirpen** V/I (*Grille*) cırlamak **zischen** V/I (*Fett*) cızırdamak **Zisterne** F ⟨-n⟩ sarnıç **Zitat** N ⟨-e⟩ alıntı **zitieren** V/T zikretmek, alıntılamak **Zitrone** F ⟨-n⟩ BOT limon **Zitronensaft** M limon suyu **Zitrusfrüchte** F/PL narenciye *sg* **zittern** V/I titremek **zivil** ADJ sivil **Zivilbevölkerung** F sivil halk **Zivildienst** M *askerliği reddeden b-nin gördüğü sosyal hizmet* **Zivilgesetzbuch** N JUR medenî kanun **Zivilisation** F medeniyet, uygarlık **Zivilist** M ⟨-en⟩, **Zivilistin** F sivil **zocken** V/I *umg* kumar oynamak **Zoff** M ⟨*kein pl*⟩ *umg* anlaşmazlık **zog** → ziehen **zögern** V/I duraksamak **Zoll** **A** M ⟨¨-e⟩ gümrük **B** M ⟨-⟩ (*Maß*) inç **Zollamt** N gümrük müdürlüğü **Zollbeamte(r)** M, **Zollbeamtin** F gümrük memuru

zollen V/T (*Respekt*) *j-m etw* vermek, göstermek **Zollerklärung** F gümrük beyannamesi **zollfrei** ADJ gümrükten muaf **Zollkontrolle** F gümrük kontrolü **zollpflichtig** ADJ gümrüğe tabi **Zone** F ⟨-n⟩ (*Gebiet*) bölge, mıntaka **Zoo** M ⟨-s⟩ hayvanat bahçesi **Zoologie** F ⟨*kein pl*⟩ zooloji **Zoom** N ⟨-s⟩ FOTO zum, yaklaştırma **Zopf** M ⟨¨-e⟩ saç örgüsü **Zorn** M ⟨*kein pl*⟩ öfke, hiddet **zornig** ADJ öfkeli, hiddetli **zu** **A** PRÄP *+dat* -e, -a; için **B** KONJ *mit inf* -mek, -meyi, -meye; **ohne ~** *inf* -meksizin; **um ~** *inf -mek* için, *-mek* üzere **C** ADV pek, fazla; (*geschlossen*) kapalı; **~ viel** fazla, aşırı derecede; **~ wenig** pek az **zuallererst** ADV her şeyden önce **Zubehör** N ⟨-e⟩ ek parçalar *pl*; aksesuar **zubereiten** V/T hazırlamak **Zubereitung** F hazırlama **zubinden** V/T bağlamak **zubringen** V/T geçirmek **Zubringer** M ana yola açılan yol; otoyol bağlantısı **Zucchini** *pl* BOT (dolmalık) kabak *sg* **Zucht** F ⟨*kein pl*⟩ yetiştirme **züchten** V/T yetiştirmek **Zuchthaus** N cezaevi **zucken** **A** V/I titremek, seğir-

mek; silkmek (**mit** *dat -i*) **B** V/T **die Schultern ~** omuz silkmek
zücken V/T (*Geldbörse*) çıkarmak
Zucker M ⟨-⟩ şeker **Zuckerdose** F şekerlik **Zuckerkrankheit** F MED şeker hastalığı **zuckern** V/T şekerlemek
zudecken V/T örtmek
zudem ADV üstelik, bundan başka
zudrehen V/T kapa(t)mak
zudringlich ADV sırnaşık, arsız
zudrücken V/T **ein Auge ~** göz yummak (**bei** *dat -e*)
zueinander ADV birbirine
zuerst ADV ilk önce, ilk olarak; (*anfangs*) ilkin
Zufahrt F AUTO giriş yolu **Zufahrtsstraße** F -e götüren yol
Zufall M tesadüf, raslantı **zufällig** **A** ADJ tesadüfi **B** ADV tesadüfen
Zuflucht F ⟨*kein pl*⟩ sığınma; iltica
zufolge PRÄP *+dat -den* dolayı, *-e* göre; gereğince
zufrieden ADJ memnun, hoşnut **Zufriedenheit** F ⟨*kein pl*⟩ memnuniyet, hoşnutluk **zufriedenlassen** V/T rahat bırakmak **zufriedenstellend** ADJ memnun edici
zufügen V/T (*beifügen*) eklemek; (*Schaden*) vermek
Zug M ⟨¨-e⟩ BAHN tren; (*Ziehen*) çekme; (*Festzug*) alay; (*Linie*) hat, çizgi; (*Luftzug*) cereyan; (*Schach*) hamle; (*an Zigarette*) nefes; **in einem ~** bir defada; **zum ~ kommen** sırası gelmek
Zugabe F ek; ilâve; MUS program dışı parça; **~!** isteriz!
Zugang M giriş; IT erişim **zugänglich** ADJ (*Ort*) girilebilir, yaklaşılır, (*a. Mensch*) açık
zugeben V/T eklemek; *fig* itiraf etmek
Zügel M ⟨-⟩ dizgin **zügeln** V/T *fig* frenlemek
Zugeständnis N kabul, ödün **zugestehen** V/T *j-m etw* kabul etmek, oluruna gitmek
Zugführer(in) M(F) makinist
zugig ADJ cereyanlı
zügig ADJ çabuk
zugleich ADV aynı zamanda
Zugluft F hava cereyanı
zugrunde ADV **~ gehen** mahvolmak; **~ richten** mahvetmek
zugunsten PRÄP *+gen -in* lehin(d)e
zugutekommen V/I yaramak
Zugvogel M ZOOL göçmen kuş
zuhaben V/I kapalı olmak
Zuhälter M ⟨-⟩ pezevenk
zuhause → Haus
zuhören V/I *dat -i* dinlemek **Zuhörer(in)** M(F) dinleyici
zukleben V/T zamkla kapamak
zuknöpfen V/T düğmelemek, iliklemek
zukommen V/I **auf** *akk* **~** *-e* yaklaşmak
Zukunft F ⟨*kein pl*⟩ gelecek

(zaman); **in ~** ilerde **zukünftig** ADJ gelecek(teki)
Zulage F ⟨-n⟩ FIN zam, ilâve
zulassen V/T izin vermek; (*Tür etc*) kapalı bırakmak; AUTO kaydettirmek **zulässig** ADJ caiz **Zulassung** F AUTO ruhsat **Zulassungsstelle** F AUTO ruhsat dairesi
zuletzt ADV sonunda, nihayet; son olarak
zumachen V/T (*Tür*) kapamak; (*Loch*) tıkamak; (*Jacke*) düğmelemek
zumindest ADV en azından, bari
zumuten **A** V/T **j-m etw ~** *b.-den* (uygunsuz) *b.ş-i* beklemek **B** V/R **sich zu viel ~** gücüne fazla güvenmek **Zumutung** F küstah talep
zunächst ADV ilk olarak; (*vorerst*) şimdilik
Zunahme F ⟨-n⟩ artma, çoğalma
Zuname M soyadı
zünden V/T & V/I ateş almak, tutuşmak **Zündholz** N kibrit **Zündkerze** F AUTO buji **Zündschlüssel** M AUTO kontak anahtarı **Zündung** F AUTO kontak; ateşleme
zunehmen V/I artmak, çoğalmak; (*Mond*) büyümek; (*Person*) kilo almak
Zuneigung F sempati
Zunge F ⟨-n⟩ ANAT dil
zunichtemachen V/T (*Plan*) bozmak, boşa çıkarmak
zunutze ADV **sich ~ machen** *akk -den* yararlanmak
zupfen V/T (yavaşça) koparmak; (*Augenbrauen*) almak; MUS çektirmek
zurechnungsfähig ADJ JUR cezaî sorumluluğu olan
zurechtfinden V/I **sich ~** yolunu bulmak **zurechtkommen** V/I **~ mit** *b.* ile anlaşmak; *b.ş.* ile başa çıkmak **zurechtmachen** **A** V/T hazırlamak **B** V/R **sich ~** hazırlanmak, süslenmek
zureden V/I *dat -i* iknaya çalışmak, cesaretlendirmek
zurück ADV geri(ye); (*Person, wieder da*) dönmüş **zurückbehalten** V/T alıkoymak **zurückbekommen** V/T geri almak **zurückbleiben** V/I geri kalmak **zurückbringen** V/T geri getirmek *veya* götürmek **zurückdrängen** V/T geri itmek **zurückerstatten** V/T geri vermek **zurückfahren** V/I AUTO geri dönmek/gitmek **zurückfallen** V/I geri kalmak; tekrar kapılmak (**in** *akk -e*) **zurückführen** V/T geri götürmek **zurückgeben** V/T *j-m etw* geri vermek **zurückgeblieben** ADJ geri kalmış **zurückgehen** V/I dönmek, geri gitmek; *fig* azalmak **zurückgezogen** ADJ kabuğuna çekilmiş
zurückhalten V/T alıkoymak **zurückhaltend** ADJ sakın-

gan; (*schüchtern*) çekingen, utangaç
zurückkehren V/I, **zurückkommen** V/I geri dönmek/gelmek **zurücklassen** V/T geride bırakmak **zurücknehmen** V/T geri almak; kaldırmak
zurückrufen V/T geri çağırmak; TEL aramak **zurückschicken** V/T geri göndermek
zurückschrecken V/I ürkmek, korkmak (**vor** *dat* -*den*)
zurückstellen geri koymak; *fig* ertelemek **zurückstoßen** A V/T geri itmek B V/I AUTO geri gitmek **zurücktreten** V/I istifa etmek **zurückweichen** V/I geri çekilmek **zurückweisen** V/T geri çevirmek; reddetmek **zurückwerfen** V/T geri atmak **zurückzahlen** V/T geri ödemek **zurückziehen** A V/T geri çekmek, geri almak B V/R **sich ~** çekilmek (**nach, zu** *dat* -*e*)
Zuruf M ⟨-e⟩ sesleniş **zurufen** V/T *j-m etw* -*e* bağırarak söylemek
zurzeit ADV hâlen, şu sıralar, bu aralar
Zusage F ⟨-n⟩ kabul **zusagen** A V/T *akk* -*e* söz vermek B V/I *dat* -*in* hoşuna gitmek
zusammen ADV beraber, birlikte
Zusammenarbeit F ⟨*kein pl*⟩ işbirliği
zusammenbrechen V/I yıkılmak; (*Person*) yığılıp kalmak
Zusammenbruch M yıkılış, çöküş
zusammendrücken V/T sık(ıştır)mak **zusammenfahren** V/I *fig* ürkmek **zusammenfallen** V/I çökmek, yıkılmak; *fig* aynı zamana düşmek
zusammenfassen V/T özetlemek **Zusammenfassung** F özet
zusammenfügen V/T birleştirmek
zusammenhalten A V/T bir arada tutmak B V/I birbirine bağlı olmak
Zusammenhang M bağlantı, bağlam; **im ~ mit** *dat* ile ilgili **zusammenhängen** birbirine bağlı olmak; ilgili olmak (**mit** *dat* ile)
zusammenkommen V/I toplanmak, buluşmak **zusammenleben** V/I bir arada yaşamak **zusammenlegen** V/T (*Wäsche*) katlamak; (*Unternehmen*) birleştirmek; (*Geld*) toplamak **zusammennehmen** V/R **sich ~** kendini top(ar)lamak
zusammenrechnen V/T toplamak **zusammenrücken** A V/T yaklaştırmak B V/I sıkışmak
zusammensetzen A V/T bir araya getirmek; birleştirmek B V/R **sich ~** oluşmak (**aus** *dat* -*den*) **Zusammensetzung** F bileşim, terkip
zusammenstellen V/T bir araya toplamak; düzenlemek

Zusammenstellung F kombinasyon
zusammenstoßen V/I çarpışmak (**mit** *dat* ile) **zusammentreffen** V/I karşılaşmak; rastgelmek (**mit** *dat -e*) **zusammenzählen** V/T (*addieren*) toplamak **zusammenziehen** **A** V/T (*Truppen*) bir araya getirmek; toplamak **B** V/I (*Paar*) aynı eve taşınmak **C** V/R **sich ~** toplanmak; büzülmek
Zusatz M ek, ilâve; (*chemischer*) katkı (maddesi); (*Aufschlag*) zam **zusätzlich** **A** ADJ ek(lenen) **B** ADV ek olarak
zuschauen V/I *dat -i* seyretmek **Zuschauer(in)** M(F) seyirci
Zuschlag M zam, ek ücret; fark; WIRTSCH ihale
zuschließen V/T kilitlemek
zuschneiden V/T biçmek
zuschreiben V/T *j-m etw* atfetmek
Zuschrift F mektup, yazı
Zuschuss M FIN ek ödeme, yardım
zusehen V/I *dat -i* seyretmek; (*untätig* ~) *-e* seyirci kalmak
zusenden V/T *j-m etw* göndermek
zusetzen **A** V/T eklemek **B** V/I sıkıştırmak, rahatsız etmek (*j-m b-i*)
Zusicherung F garanti, güvence
zuspitzen V/R **sich ~** *fig* ciddîleşmek, tırmanmak
Zustand M durum, hâl
zustande ADV **~ bringen** gerçekleştirmek, meydana getirmek; **~ kommen** olmak, gerçekleşmek
zuständig ADJ ilgili; yetkili
zustehen V/I *-in* hakkı olmak
zustellen V/T (*Paket etc*) *j-m etw* teslim etmek
zustimmen V/I *dat* razı olmak; *-i* uygun görmek; (*j-m b.* ile) aynı fikirde olmak **Zustimmung** F rıza, onay
zustopfen V/T tıkamak
zustoßen **A** V/T iterek kapamak **B** V/I *j-m -in* başına gelmek
Zustrom M <*kein pl*> akın
Zutaten *pl* malzeme *sg*
zuteilen V/T *j-m etw* ayırmak, pay vermek
zutragen V/R **sich ~** vuku bulmak, olup bitmek
zutrauen V/T *j-m etw b-in b.ş-i* yapabileceğine inanmak
zutreffen V/I doğru olmak; (**auf** *akk -de*) geçerli olmak
Zutritt M giriş; **~ verboten!** girmek yasaktır!
zuverlässig ADJ güvenilir, emin
Zuversicht F <*kein pl*> güven; iyimserlik **zuversichtlich** ADJ ümitli, iyimser
zuvor ADV önce(den)
zuvorkommen V/I *dat -den* önce gelmek, *-i* önlemek **zuvorkommend** ADJ nazik

Zuwachs M ‹¨-e› artma, büyüme; *umg* (*Baby*) bebek **zuweilen** ADV arasıra, bazen **zuwenden** V/R **sich ~** *dat* yönelmek **zuwiderhandeln** V/I *dat* -e karşı hareket etmek **zuziehen** A V/T sık(ıştır)mak; (*Vorhänge*) kapamak B V/I yerleşmek C V/R **sich etw ~** *-e* uğramak, tutulmak **zuzüglich** PRÄP (*+gen*) ekiyle *nom*, artı *nom*
Zwang M ‹¨-e› zor(unluluk)
zwang → zwingen
zwängen A V/T tık(ıştır)mak (**in** *akk -e*) B V/R **sich ~** tıkışmak **zwanglos** ADJ teklifsiz **zwangsweise** ADV zorla **zwanzig** *Zahl* yirmi **zwar** ADV gerçi; **und ~** yani (şöyle ki)
Zweck M ‹-e› maksat, amaç; **das hat keinen ~** faydası yok **zwecklos** ADJ faydasız **zweckmäßig** ADJ elverişli, uygun **zwecks** PRÄP *+gen* amacıyla *nom*
zwei *Zahl* iki **zweideutig** ADJ iki anlamlı; belirsiz
Zweifel M ‹-› şüphe, kuşku **zweifelhaft** ADJ şüpheli **zweifellos** ADJ şüphesiz, kuşkusuz **zweifeln** V/I şüphe etmek (**an** *dat -den*)
Zweig M ‹-e› dal **Zweigstelle** F şube
zweihundert *Zahl* iki yüz **zweiseitig** ADJ iki taraflı **zweisprachig** ADJ iki dilli **zweispurig** ADJ AUTO çift şeritli **Zweitaktmotor** M AUTO ikizamanlı motor **zweite(r, s)** ADJ ikinci **zweiteilig** ADJ iki parçalı **zweitens** ADV ikinci olarak
Zwerchfell N ANAT diyafram
Zwerg M ‹-e›, **Zwergin** F cüce
zwicken V/T çimdiklemek
Zwieback M ‹¨-e› peksimet
Zwiebel F ‹-n› BOT soğan
Zwielicht N ‹*kein pl*› alacakaranlık, loş **Zwiespalt** M ‹-e, ¨-e› çelişme; anlaşmazlık **Zwietracht** F ‹*kein pl*› bozuşma
Zwilling M ‹-e› ikiz
zwingen V/T zorlamak (**zu** *dat -e*) **zwingend** ADJ zorlayıcı
zwinkern V/I göz kırpmak
zwischen PRÄP **~** *akk* **und** *akk* … ile … arasına; **~** *dat* **und** *dat* … ile … arasında **zwischendurch** ADV arasıra; o esnada **Zwischenfall** M olay **Zwischenhändler(in)** M(F) aracı **Zwischenlandung** F FLUG ara iniş **Zwischenraum** M ara **Zwischenruf** M sataşma **Zwischenstecker** M ara fiş **Zwischenzeit** F **in der ~** bu arada
zwitschern V/I (*Vogel*) cıvıldamak
zwölf *Zahl* on iki **Zwölffingerdarm** M ANAT on iki parmak barsağı

Zylinder M ⟨-⟩ TECH silindir; (*Hut*) silindir şapka **Zylinderkopf** M TECH silindir başı
zynisch ADJ alaycı
Zypern N Kıbrıs **Zyprer** M ⟨-⟩, **Zyprerin** F Kıbrıslı
Zypresse F ⟨-n⟩ BOT selvi
Zypriot M ⟨-en⟩, **Zypriotin** F Kıbrıslı
Zyste F ⟨-n⟩ MED kist

Türkische Kurzgrammatik

1 Die Vokalharmonie

Das Türkische ist eine sogenannte agglutinierende Sprache. Alle grammatischen Formen werden durch Endungen angezeigt und an das Grundwort „angeklebt“:

kitap-lar-ım-da (**kitaplarımda**)
Büch-er-meine-in (in meinen Büchern)

Bei der Anfügung von grammatischen Endungen ist das Lautgesetz der Vokalharmonie zu beachten: Die Vokale der Endungen müssen nach einem bestimmten Schema dem letzten Vokal des Grundworts angeglichen werden.

Die kleine Vokalharmonie (**e** nach hellen, **a** nach dunklen Vokalen) ist vor allem wichtig bei der Bildung von Richtungs- und Uhrzeitangaben:

otel-e ins Hotel, **istasyon-a** zum Bahnhof; **otel-de** im Hotel, **istasyon-da** am Bahnhof; **otel-den** aus dem Hotel, **istasyon--dan** vom Bahnhof; **beş-e kadar** bis um fünf, **altı-da** um sechs.

Die große Vokalharmonie (nach e und i → **i**; nach a und ı → **ı**; nach o und u → **u**; nach ö und ü → **ü**) gilt u. a. für die Konjugationsendungen und die Fragepartikel („gesprochenes Fragezeichen“):

oku-dum ich habe gelesen, **alır-ım** ich nehme; **gördün mü?** hast du gesehen?, **uzak mı?** ist es weit?, **... var mı?** gibt es ...?

2 Das Substantiv

Es gibt kein grammatisches Geschlecht und keinen bestimmten Artikel. Der unbestimmte Artikel heißt **bir** (ein, eine).

Die Pluralendung **-ler**/**-lar** folgt der kleinen Vokalharmonie:

otel-ler, istasyon-lar.

Die Endungen für die Deklinationsfälle sind für alle türkischen Substantive gleich. Sie müssen nur unter bestimmten lautlichen Gesichtspunkten an das Grundwort angeglichen werden. Wichtige Regeln dafür sind außer dem schon bekannten Gesetz der Vokalharmonie:

1. Zwischen Substantiven, die auf Vokal enden, und einer vokalischen Endung wird der Bindekonsonant **-y-** (in einigen Fällen auch **-n-**) eingefügt:

   çarşı-y-a zum Markt
   havaalanı-n-a zum Flughafen
   Edirne'ye, Ankara'ya

   aber:
   İzmir'e, İstanbul'a

2. Nach stimmlosen Konsonanten wird das **d** der Endungen zu **t**:

   uçak-ta im Flugzeug
   otobüs-te im Bus
   üç-te um drei
   İzmit'te, Sivas'ta

   aber:
   Bursa'da, Trabzon'da

3. Die Konsonanten **ç**, **k**, **p**, **t** werden meistens „erweicht", wenn sie durch eine Endung zwischen zwei Vokale geraten:

   yemek Essen → **yemeğ-e** zum Essen
   hesap Rechnung → **hesab-ımız** unsere Rechnung

Nominativ	wer?, was?	*keine Endung*
Genitiv	wessen?	-(n)**in**, -(n)**ın**, -(n)**un**, -(n)**ün**
Dativ	wem? wohin?	-(y)**e**, -(y)**a**
Akkusativ	wen? was?	-(y)**i** -(y)**ı**, -(y)**u**, -(y)**ü**
Lokativ	bei wem? wo?	**-de/-te, -da/-ta**
Ablativ	von wem? woher?	**-den/-ten, -dan/-tan**

3 Das Verb

Alle Verben enden im Infinitiv auf die Silbe **-mek** bzw. **-mak** (kleine Vokalharmonie): **gitmek** (gehen), **okumak** (lesen). Wenn man die Infinitivendung fortlässt, erhält man den Verbstamm.

Die Verben werden konjugiert, indem man an den Verbstamm und die Endung für die jeweilige Zeitform (Gegenwart, Vergangenheit usw.) die Personalendungen anfügt. Der Verbstamm selbst bleibt unverändert.

Unter Beachtung der Vokalharmonie und der übrigen Lautregeln (→ *Substantiv*) sind die Tempus- und Personalendungen für alle türkischen Verben gleich.

Gegenwart

Im Türkischen gibt es zwei Formen der Gegenwart: die bestimmte (eine Handlung findet im Augenblick statt) und die unbestimmte (die Handlung bringt eine Gewohnheit oder eine allgemeine Tatsache zum Ausdruck).

Die bestimmte Gegenwart: Vor der Tempusendung **-yor** und der Personalendung steht bei konsonantisch endenden Verbstämmen ein Bindevokal, der sich nach den Regeln der großen Vokalharmonie verändert: **-i**/**-ı**/**-u**-**ü**.

yapmak machen	**bulmak** finden
yapıyor-um ich mache (in diesem Augenblick)	**buluyor-um** ich finde (in diesem Augenblick)
yapıyor-sun du machst	**buluyor-sun** du findest
yapıyor er/sie/es macht	**buluyor** er/sie/es findet
yapıyor-uz wir machen	**buluyor-uz** wir finden
yapıyor-sunuz ihr macht/Sie machen	**buluyor-sunuz** ihr findet/Sie finden
yapıyor-lar sie machen	**buluyor-lar** sie finden

Um Verben in der bestimmten Gegenwart zu verneinen, wird ein besonderes Verneinungssuffix **-mi**/**-mı**/**-mu**/**-mü** (große Vokalharmonie) zwischen den Verbstamm und die Tempusendung eingefügt:

gel-mi-yorum ich komme nicht
yap-mı-yorum ich mache nicht
oku-mu-yorum ich lese nicht
gör-mü-yorum ich sehe nicht

Die unbestimmte Gegenwart: Bei vokalisch auslautendem Verbstamm ist die Tempusendung **-r**:

okur-um ich lese (gewöhnl.)	**okur-uz** wir lesen
okur-sun du liest	**okur-sunuz** ihr lest/Sie lesen
okur er/sie/es liest	**okur-lar** sie lesen

Bei einsilbigem, konsonantisch auslautendem Verbstamm wird zwischen die Tempusendung **-r** und die Personalendung ein Bindevokal eingefügt, in der Regel **-e**/**-a**, bei einigen Ausnahmeverben auch **-i**/**-ı**/**-u**/**-ü**:

içmek trinken → **içer-im** ich trinke
sormak fragen → **sorar** er/sie fragt
sevmek lieben → **sever-iz** wir lieben
vermek geben → **verir-siniz** ihr gebt/Sie geben

Bei mehrsilbigem, konsonantisch auslautendem Verbstamm ist der Bindevokal (nach den Regeln der großen Vokalharmonie) **-i**/**-ı**/**-u**/**-ü**:

dinlenmek sich ausruhen → **dinlenir-iz** wir ruhen uns aus;
düşünmek denken → **düşünür** er/sie denkt
konuşmak sprechen → **konuşur-um** ich spreche

Die Verneinungsendung der unbestimmten Gegenwart besteht aus dem Verneinungssuffix **-me**/**-ma** (kleine Vokalharmonie) und der Personalendung. In der 2. und 3. Person Singular und Plural wird vor der Personalendung ein **z** eingefügt:

okumak lesen

oku-ma-m ich lese nicht
oku-maz-sın du liest nicht
oku-maz er/sie/es liest nicht
oku-ma-yız wir lesen nicht
oku-maz-sınız
ihr lest nicht/Sie lesen nicht
oku-maz-lar sie lesen nicht

gelmek kommen

gel-me-m ich komme nicht
gel-mez-sin du kommst nicht
gel-mez er/sie/es kommt nicht
gel-me-yiz wir kommen nicht
gel-mez-siniz ihr kommt
nicht/Sie kommen nicht
gel-mez-ler
sie kommen nicht

Vergangenheit

An den Verbstamm wird entsprechend der großen Vokalharmonie die Tempusendung **-di**/**dı**/**-du**/**-dü** bzw. (nach stimmlosen Konsonanten) **-ti**/**-tı**/**-tu**/**-tü** angefügt, danach die Personalendungen (mit einem **k** statt **z** bei „wir"):

okumak lesen

okudu-m ich habe gelesen
okudu-n du hast gelesen
okudu er/sie/es hat gelesen
okudu-k wir haben gelesen
okudu-nuz ihr habt gelesen/
Sie haben gelesen
okudu-lar sie haben gelesen

yapmak machen

yaptı-m ich habe gemacht
yaptı-n du hast gemacht
yaptı er/sie/es hat gemacht
yaptı-k wir haben gemacht
yaptı-nız ihr habt gemacht/
Sie haben gemacht
yaptı-lar sie haben gemacht

Zur Verneinung der Vergangenheitsformen fügt man an den Verbstamm entsprechend der kleinen Vokalharmonie **-me**/**-ma** an, danach folgen Tempus- und Personalendung:

oku-ma-dım ich habe nicht gelesen
yap-ma-dım ich habe nicht gemacht
gör-me-dim ich habe nicht gesehen
gel-me-dim ich bin nicht gekommen

Zukunft

Die Tempusendung lautet entsprechend der kleinen Vokalharmonie **-ecek**/**-acak.** In der 1. Person Singular und Plural wird das **k** der Tempusendung zu **ğ** erweicht:

bulmak finden	**çözmek** lösen
bulacağ-ım ich werde finden	**çözeceğ-im** ich werde lösen
bulacak-sın du wirst finden	**çözecek-sin** du wirst lösen
bulacak er/sie/es wird finden	**çözecek** er/sie/es wird lösen
bulacağ-ız wir werden finden	**çözeceğ-iz** wir werden lösen
bulacak-sınız ihr werdet finden/Sie werden finden	**çözecek-siniz** ihr werdet lösen/ Sie werden lösen
bulacak-lar sie werden finden	**çözecek-ler** sie werden lösen

Zur Verneinung wird **-mey-**/**-may-** zwischen Verbstamm und Zukunftsendung geschoben: **bul-may-acağım** ich werde nicht finden, **çöz-mey-eceğim** ich werde nicht lösen.

Befehlsform

Im Singular ist der Imperativ gleich dem Verbstamm; im Plural wird entsprechend der großen Vokalharmonie die Endung **-in**/**-ın**/**-un**/**-ün** (förmlicher: **-iniz** usw.) angefügt:

yap! mach!
gel! komm!
yapın(**ız**)! macht!/machen Sie!
gelin(**iz**)! komm!/kommen Sie!

Verneint: **yap-ma!** mach nicht!
gel-mey-in! kommen Sie nicht!

„sein"

Es gibt keine Entsprechung des deutschen Verbs sein; stattdessen werden die Personalendungen nach den Regeln der großen Vokalharmonie direkt an Substantive, Pronomen oder Adjektive angefügt:

gazeteci Journalist → **gazeteci-yim** ich bin Journalist(in)
küçük klein → **küçük-tü** er/sie/es war klein
nasıl wie → **nasıl-sınız** „wie sind Sie" (d. h. wie geht es Ihnen)?

Als Bindekonsonant bei Wörtern, die auf Vokal enden, wird bei der 1. Person Singular und Plural **-y-** eingeschoben:

iyi gut → **iyiyim** „ich bin gut" (d. h. mir geht es gut)

Die Endungen für die dritten Personen werden nur in bestimmten Fällen gebraucht.

nach **e, i**	nach **a, ı**	nach **o, u**	nach **ö, ü**	
-(y)**im**	-(y)**ım**	-(y)**um**	-(y)**üm**	ich (bin)
-sin	**-sın**	**-sun**	**-sün**	du (bist)
-(y)**iz**	-(y)**ız**	-(y)**uz**	-(y)**üz**	wir (sind)
-siniz	**-sınız**	**-sunuz**	**-sünüz**	ihr (seid)/Sie (sind)

Die Endungen der Vergangenheit sind identisch mit denjenigen, die an Verbstämme angefügt werden: **-dim**/**-dım**/**dum**/**-düm** (nach stimmlosen Konsonanten: **-tim**/**-tım**/**-tum**/**-tüm**) ich war usw.

Zur Verneinung gebraucht man das Wort für „nicht":

değil-im ich bin nicht	**değildi-m** ich war nicht
değil-sin du bist nicht	**değildi-n** du warst nicht
değil-(**dir**) er/sie/es ist nicht	**değildi-** er/sie/es war nicht
değil-iz wir sind nicht	**değildi-k** wir waren nicht
değil-siniz ihr seid nicht/ Sie sind nicht	**değildi-niz** ihr wart nicht/ Sie waren nicht
değil-(**ler**) sie sind nicht	**değildi-ler** sie waren nicht

Der Satzbau erfolgt nach der Formel Subjekt + Objekt + Prädikat – das heißt, das Verb steht in der Regel am Schluss: **Turgut eve gidiyor**. (Turgut geht nach Hause.)

4 Das Pronomen

ben	ich	**sen**	du	**o**	er, sie, es
bana	mir	**sana**	dir	**ona**	ihm, ihr, ihm
beni	mich	**seni**	dich	**onu**	ihn, sie, es
bende	bei mir	**sende**	bei dir	**onda**	bei ihm
benden	von mir	**senden**	von dir	**ondan**	von ihm

biz	wir	**siz**	ihr, Sie	**onlar**	sie
bize	uns	**size**	euch, Ihnen	**onlara**	ihnen
bizde	bei uns	**sizde**	bei euch, bei Ihnen	**onlarda**	bei ihnen
bizi	uns	**sizi**	euch, Sie	**onları**	sie
bizden	von uns	**sizden**	von euch von ihnen	**onlardan**	von ihnen

Anstelle besitzanzeigender Fürwörter gibt es im Türkischen besitzanzeigende Endungen, die an das betreffende Wort angehängt werden.

In der 1. und 2. Person Singular und Plural gilt: wenn das Wort auf einen Konsonanten endet, wird ein Vokal eingeschoben (-**i**/-**ı**/-**u**/-**ü**); dabei muss die große Vokalharmonie beachtet werden.

In der dritten Person Singular gilt: wenn das Wort auf einen Vokal endet, wird der Konsonant -**s**- eingeschoben; die Endung folgt der großen Vokalharmonie:

baba-m	mein Vater	**otel-im**	mein Hotel
baba-n	dein Vater	**otel-in**	dein Hotel
baba-sı	sein/ihr Vater	**otel-i**	sein/ihr Hotel
baba-mız	unser Vater	**otel-imiz**	unser Hotel
baba-nız	euer Vater/ Ihr Vater	**otel-iniz**	euer Hotel/ Ihr Hotel
baba-ları	ihr Vater	**otel-leri**	ihr Hotel

Zahlwörter | Sayı Sıfatları

Grundzahlen | Asıl Sayılar

0 *null* sıfır
1 *eins* bir
2 *zwei* iki
3 *drei* üç
4 *vier* dört
5 *fünf* beş
6 *sechs* altı
7 *sieben* yedi
8 *acht* sekiz
9 *neun* dokuz
10 *zehn* on
11 *elf* on bir
12 *zwölf* on iki
13 *dreizehn* on üç
14 *vierzehn* on dört
15 *fünfzehn* on beş
16 *sechzehn* on altı
17 *siebzehn* on yedi
18 *achtzehn* on sekiz
19 *neunzehn* on dokuz
20 *zwanzig* yirmi
21 *einundzwanzig* yirmi bir
22 *zweiundzwanzig* yirmi iki
23 *dreiundzwanzig* yirmi üç
30 *dreißig* otuz
31 *einunddreißig* otuz bir
40 *vierzig* kırk
41 *einundvierzig* kırk bir
50 *fünfzig* elli
51 *einundfünfzig* elli bir
60 *sechzig* altmış
61 *einundsechzig* altmış bir
70 *siebzig* yetmiş
71 *einundsiebzig* yetmiş bir
80 *achtzig* seksen
81 *einundachtzig* seksen bir
90 *neunzig* doksan
91 *einundneunzig* doksan bir
100 *hundert* yüz
101 *hunderteins* yüz bir
200 *zweihundert* iki yüz
300 *dreihundert* üç yüz
572 *fünfhundertzweiundsiebzig* beş yüz yetmiş iki
1000 *tausend* bin
1966 *tausendneunhundertsechsundsechzig* bin dokuz yüz altmış altı
2000 *zweitausend* iki bin
1 000 000 *eine Million* bir milyon
2 000 000 *zwei Millionen* iki milyon
1 000 000 000 *eine Milliarde* bir milyar
10^{12} *eine Billion* bir trilyon
10^{15} *eine Billiarde* bir katrilyon

Ordnungszahlen | Sıra Sayıları

1. *erste* birinci, ilk
2. *zweite* ikinci
3. *dritte* üçüncü
4. *vierte* dördüncü
5. *fünfte* beşinci
6. *sechste* altıncı
7. *sieb(en)te* yedinci
8. *achte* sekizinci
9. *neunte* dokuzuncu
10. *zehnte* onuncu
11. *elfte* on birinci
12. *zwölfte* on ikinci
13. *dreizehnte* on üçüncü
14. *vierzehnte* on dördüncü
15. *fünfzehnte* on beşinci
16. *sechzehnte* on altıncı
17. *siebzehnte* on yedinci
18. *achtzehnte* on sekizinci
19. *neunzehnte* on dokuzuncu
20. *zwanzigste* yirminci
21. *einundzwanzigste* yirmi birinci
22. *Zweiundzwanzigste* yirmi ikinci
23. *dreiundzwanzigste* yirmi üçüncü
30. *dreißigste* otuzuncu
31. *einunddreißigste* otuz birinci
40. *vierzigste* kırkıncı
41. *einundvierzigste* kırk birinci
50. *fünfzigste* ellinci
51. *einundfünfzigste* elli birinci
60. *sechzigste* altmışıncı
61. *einundsechzigste* altmış birinci
70. *siebzigste* yetmişinci
71. *einundsiebzigste* yetmiş birinci
80. *achtzigste* sekseninci
81. *einundachtzigste* seksen birinci
90. *neunzigste* doksanıncı
91. *einundneunzigste* doksan birinci
100. *hundertste* yüzüncü
101. *hundert(und)erste* yüz birinci
200. *zweihundertste* iki yüzüncü
300. *dreihundertste* üç yüzüncü
572. *fünfhundertzweiundsiebzigste* beş yüz yetmiş ikinci
1000. *tausendste* bininci
2000. *zweitausendste* iki bininci
100 000. *hunderttausendste* yüz bininci
1 000 000. *millionste* milyonuncu